Let's
컴퓨터활용능력
1급 필기

인쇄 2022년 11월 25일
발행 2022년 12월 2일
지은이 박은선
기획 김응태, 정다운
감수 김수림
디자인 서제호, 서진희, 조아현
제작 조재훈
판매영업 김승규, 권기원, 문지영

발행처 ㈜아이비김영
펴낸이 김석철
등록번호 제22-3190호
주소 (06728)서울 서초구 서운로 32, 우진빌딩 5층
전화 (대표전화) 1661-7022
팩스 02)3456-8073

ISBN 978-89-6512-169-5 13000
정가 20,000원

잘못된 책은 바꿔드립니다.

Let's

컴퓨터 일반
스프레드시트
데이터베이스

컴퓨터
활용능력
1급 필기

박은선 지음

최신판
★★★★

엠제이씨북스

컴퓨터활용능력 1급 시험 정보

◆ **급수별 정보**

등급	평가방법	평가과목	평가형태	평가시간
1급	필기	• 컴퓨터일반 • 스프레드시트(엑셀) • 데이터베이스(액세스)	객관식 60문항 (과목별 20문항)	60분
	실기	• 스프레드시트(엑셀) • 데이터베이스(액세스)	컴퓨터 작업형	90분 (과목별 45분)
2급	필기	• 컴퓨디일반 • 스프레드시트(엑셀)	객관식 40문항 (과목별 20문항)	40분
	실기	• 스프레드시트(엑셀)	컴퓨터 작업형	40분

◆ **자격증 관련 정보**

응시자격	제한 없음
합격기준	• 필기 : 각 과목 100점 만점 중 과목당 40점 이상이면서 평균 60점 이상 • 실기 : 각 과목 100점 만점 중 모든 과목 70점 이상
자격 검정 수수료	• 필기 : 19,000원 　• 실기 : 22,500원
응시 가능 프로그램	MS Office 2016
상공회의소 검정사업단	http://license.korcham.net
시험접수	홈페이지 또는 모바일 어플(코참패스)을 통해 상시 접수

◆ **자격증 일반 사항**

질문1	자격 접수 시 중복 접수가 가능한가? ▶ 필기와 실기 모두 중복 접수가 가능합니다.
질문2	자격 응시 후 결과 발표는 언제인가? ▶ 필기는 응시 다음 날 오전 10시, 실기는 응시일로부터 2주 뒤 금요일입니다.
질문3	실기 응시 후 결과 발표 전에 재응시가 가능한가? ▶ 합격 여부를 확인하기 전이라도 재응시가 가능합니다.
질문4	여러 급수의 시험을 같은 날 접수하여 응시할 수 있는가? ▶ 급수가 다르다면, 1급과 2급 동시 접수 가능합니다.
질문5	1급 필기 합격 후 2급 실기 응시가 가능한가? ▶ 상위 급수 필기를 취득하면 하위 급수 실기 응시가 가능합니다.
질문6	필기 합격 후 실기 응시는 언제까지 가능한가? ▶ 필기 자격의 유효 기간은 합격일로부터 2년입니다.

필기 과목별 출제 비중 분석

◆ 시험 출제 비율 : 2018년~2020년 정시 기출문제 기준

구분	문항 비율		
1과목 **컴퓨터일반**	1. 한글 Windows 10	23%	
	2. 컴퓨터 시스템	15%	
	3. 소프트웨어 & 하드웨어	20%	
	4. 인터넷 활용	10%	
	5. 신기술 & 정보 보안	32%	
	6. 멀티미디어	10%	
	운영체제(OS)와 네트워크 관련 문항은 매 회차별로 4문제 이상 출제되고 있으며, 최근에는 정보보안과 신기술 관련 문항의 비중이 증가하고 있는 추세입니다.		
2과목 **스프레드시트**	1. 기본작업	42%	
	2. 계산작업	20%	
	3. 분석작업	18%	
	4. 기타작업	20%	
	각 작업별 출제 비중이 균일하고, 기초 입력 및 화면 구성 관련 문항도 꾸준히 출제되고 있습니다. 필터, 시나리오, 피벗테이블 관련 문항이 자주 출제되고 있으며, 수식 관련 문항은 난이도가 높은 편이기 때문에 집중적인 학습이 필요합니다.		
3과목 **데이터베이스**	1. DB구축	30%	
	2. 입력 및 수정	23%	
	3. 조회 및 출력	28%	
	4. 처리 기능 구현	19%	
	각 작업별 속성 설정과 관련된 문항 비중이 높은 편입니다. 데이터베이스의 기본 개념에 관한 문항도 2문제 이상 꾸준히 출제되고 있으며, SQL 관련 문항은 난이도는 높지만 출제 유형이 일정한 편이라 득점이 어렵지 않습니다.		

각 과목 40점 이상, 3과목 평균 60점 이상 취득 시 합격

Contents

CHAPTER

01

기출 문제를 통한
핵심 이론 정리

컴퓨터
활용능력
1급 필기

CHAPTER

01

기출 문제를 통한
핵심 이론 정리

- -

◆ 학습 내용

구분	내용	중요도
한글 Windows 10	한글 Windows 10의 특징 및 기능	★★
	한글 Windows 10의 부팅과 종료	★
	바로 가기 키	★★
	바탕 화면/작업 표시줄/바로 가기 아이콘	★
	파일 탐색기/파일과 폴더/폴더 옵션	★★★
	보조프로그램/휴지통	★★★
	제어판 및 설정	★★
	하드웨어 추가 제거/장치 관리자	
	작업 관리자/명령 프롬프트	
	시스템 유지 관리/레지스트리	★
	네트워크 정보 확인/네트워크 연결 설정	★★★
컴퓨터 시스템	컴퓨터의 개념	
	컴퓨터의 분류	★
	자료 구성의 단위	
	자료 구성의 표현 방식	★★
컴퓨터 하드웨어	중앙처리장치	★★★
	주기억장치	★★★
	보조기억장치	★★
	입력장치/출력장치	★
	기타 하드웨어	
	PC관리와 최적화/업그레이드/문제해결	★
컴퓨터 소프트웨어	시스템 소프트웨어	★★★
	응용 소프트웨어	★★
	프로그래밍 언어	★★
	웹 프로그래밍 언어	★
인터넷 활용	정보통신망	★
	인터넷의 개요	
	인터넷 주소 체계	★★
	인터넷 프로토콜	★★★
	인터넷 서비스	★
	웹 브라우저/검색엔진	
	정보통신기술	★★
멀티미디어 활용	멀티미디어 개요 및 특징	
	그래픽 기법	★
	그래픽 데이터/오디오 데이터/비디오 데이터	★★★
	멀티미디어 활용	
컴퓨터 시스템 보안	정보 사회의 윤리/컴퓨터 범죄	
	저작권 보호	★
	정보 보안/보안 위협	★★★
	바이러스	★★
	암호화 기법	★★

한글 Windows 10

01 한글 Windows 10의 특징

출제 ▶ 15년1회(2급)

01 다음 중 컴퓨터의 전원이 연결된 상태에서 장치를 연결하거나 분리할 수 있도록 하는 기능을 의미하는 것은?

① 플러그 앤 플레이(Plug and Play)

② 핫 스와핑(Hot swapping)

③ 채널(Channel)

④ 인터럽트(Interrupt)

출제 ▶ 16년2회(1급), 19년2회(1급)

02 다음 중 아래의 설명에 해당하는 한글 Windows 제공 기능은?

– 데이터와 데이터를 연결하여 원본 데이터를 수정할 때 연결된 데이터도 함께 수정되도록 지원하는 기능이다.
– 이 기능을 지원하는 그래픽 앱에서 그린 그림을 문서 편집기에 연결한 경우 그래픽 앱에서 그림을 수정하면 문서 편집기의 그림도 같이 변경된다.

① 선점형 멀티태스크(Preemptive Multitasking)

② GUI(Graphic User Interface)

③ PnP(Plug and Play)

④ OLE(Object Linking and Embedding)

출제 ▶ 16년2회(2급)

03 다음 중 하드웨어 장치의 설치나 드라이버 확장 시 사용자의 편의를 돕기 위해 사용자가 직접 설정할 필요 없이 운영체제가 자동으로 인식하게 하는 기능은?

① 원격지원(Remote Support)

② 플러그 앤 플레이(Plug and Play)

③ 핫 플러그인(Hot Plug-In)

④ 멀티스레딩(Multithreading)

핵심이론 001

한글 Windows 10 운영체제에는 시스템을 효율적으로 관리하기 위해 제공되는 다음과 같은 특징들이 있다.

플러그 앤 플레이 (Plug and Play)	자동 감지 기능으로 컴퓨터에 새롭게 하드웨어가 설치되면 시스템이 필요한 환경을 자동으로 구성하는 기능
핫 스와핑 (Hot swapping)	컴퓨터 전원이 켜져 있는 상태에서 장치의 연결 및 해세가 가능하도록 하는 기능
선점형 멀티태스킹	운영체제가 CPU를 선점하여 각 앱에 대한 CPU의 제어 권한을 통제하고, 특정 앱의 CPU 독점을 방지하는 기능
OLE (Object Linking and Embedding)	다른 앱에서 작성된 개체를 연결하거나 삽입하여 사용하고, 추후에 편집이 가능하도록 하는 기능
64비트 지원	64비트로 데이터를 처리하므로 빠르고 효율적인 시스템을 구축할 수 있으며, 32비트(이전 버전)는 지원하지 않음

출제 ▶ 16년2회(2급), 20년2회(1급)

04 다음 중 한글 Windows의 에어로 피크(Aero Peek) 기능에 대한 설명으로 옳은 것은?

① 파일이나 폴더의 저장된 위치에 상관없이 종류별로 파일을 구성하고 파일에 액세스할 수 있게 한다.

② 모든 창을 최소화할 필요 없이 바탕 화면을 빠르게 미리 보거나 작업 표시줄의 해당 아이콘을 가리켜서 열린 창을 미리 볼 수 있게 한다.

③ 바탕 화면의 배경으로 여러 장의 사진을 선택하여 슬라이드 쇼 효과를 주면서 번갈아 표시할 수 있게 한다.

④ 작업 표시줄에서 프로그램 아이콘을 마우스 오른쪽 단추로 클릭하여 최근에 열린 파일 목록을 확인할 수 있게 한다.

출제 ▶ 16년3회(2급)

05 다음 중 한글 Windows의 라이브러리 기능에 대한 설명으로 옳은 것은?

① 시작 메뉴의 검색 입력상자가 포함되어 프로그램이나 문서, 그림 등 파일을 신속하게 검색할 수 있다.

② 폴더와 달리 실제로 항목을 저장하지 않고 여러 위치에 저장된 파일 및 폴더의 모음을 표시함으로써 보다 신속 하고 편리하게 파일을 관리할 수 있도록 한다.

③ 작업표시줄 프로그램 단추에 마우스 오른쪽 단추를 클릭하면 최근 작업한 프로그램 내용을 보여준다.

④ 자녀들이 컴퓨터를 사용하는 시간뿐만 아니라 프로그램 사용여부 등을 제한하여 안전한 컴퓨터 사용을 유도한다.

핵심이론 002

한글 Windows 10 운영체제에는 사용자에게 편리한 작업 환경을 제공하기 위해 다음과 같은 특징들이 있다.

창 기능	활성 창을 화면 모서리로 끌면 자동으로 해당 화면의 크기를 조정하는 기능
Aero 흔들기	활성 창의 제목 표시줄을 클릭한 상태에서 흔들면, 활성 창 이외의 나머지 창들은 최소화 되는 기능
Aero Peek	바탕 화면을 빠르게 보거나, 작업 표시줄에 표시된 실행 프로그램 위에 마우스 포인터를 놓으면 축소판 미리 보기가 가능한 기능
GUI (Graphical User Interface)	명령어를 직접 입력하여 처리하지 않고, 아이콘과 같은 그래픽 이미지를 이용하여 작업을 수행하는 기능
라이브러리	여러 폴더에 있는 파일을 마치 하나의 폴더에 있는 것처럼 통합하여 사용하는 기능

02 ▶ 한글 Windows 10의 부팅과 종료

출제 ▶ 17년1회(1급)

01 다음 중 한글 Windows의 멀티 부팅 기능에 대한 설명으로 옳지 않은 것은?

① 컴퓨터의 디스크 공간이 충분한 경우 새 버전의 Windows를 별도의 파티션에 설치하고 이전 버전의 Windows를 컴퓨터에 유지할 수 있게 하는 기능이다.

② 멀티 부팅을 위해서는 컴퓨터의 하드 디스크에 각 운영 체제에 사용할 개별 파티션이 필요하다.

③ 멀티 부팅은 2개의 Windows 중에서 최신 버전을 먼저 설치하고 이전 버전을 다음에 설치해야 정상적으로 부팅된다.

④ 컴퓨터를 시작할 때마다 실행할 Windows 버전을 선택할 수 있다.

핵심이론 003

• 멀티 부팅(Multi Booting)은 하나의 컴퓨터에 두 개 이상의 운영체제를 설치하여 사용하는 것으로, 시스템 시동 시 여러 운영체제 중 선택할 수 있도록 다중 부팅 메뉴가 표시된다.

• 멀티 부팅을 하기 위해서는 컴퓨터 하드디스크에 파티션을 구성하고, 각 파티션별로 개별적인 운영체제를 설치해야 한다.

기출변형

02 다음 중 한글 Windows의 부팅 과정 순서로 옳게 나열한 것은?

a. Wininit.exe 실행　　b. Smss.exe 실행
c. MBR과 부트 섹터 검색　　d. Bootmgr.exe 실행

① a → b → c → d　　② c → d → b → a
③ d → a → c → b　　④ d → c → b → a

핵심이론 004

한글 Windows 운영체제 시스템의 부팅(Booting) 과정은 아래와 같다.

1step	전원 ON, ROM BIOS 작동
2step	POST 실행 및 하드웨어 점검
3step	MBR과 부팅 설정 읽기
4step	Bootmgr.exe 실행하여 부팅 설정 정보 읽기
5step	Winload.exe, Ntoskrnl.exe, Smss.exe 실행하여 윈도우 설정 파일 읽기
6step	Wininit.exe, Winlogon.exe 실행하여 시작 프로그램 및 로그온 화면 표시
7step	Explorer.exe 실행하여 바탕화면 표시

기출변형

03 다음 중 한글 Windows의 [전원] 메뉴에서 제공하고 있지 않은 종료 방식은?

① 시스템 종료　　② 사용자 전환
③ 절전　　④ 다시 시작

한글 Windows 시스템을 종료할 때 전원 메뉴에 표시되는 종료 유형은
아래와 같다.

절전	컴퓨터를 일정 시간 이상 사용하지 않을 경우 전력 소모량을 최소화하기 위한 모드
시스템 종료	실행 중인 모든 앱과 시스템을 종료하기 위한 모드
다시 시작	실행 중인 모든 앱을 종료한 후 시스템을 다시 시작하기 위한 모드

출제 ▶ 19년2회(1급)

4 다음 중 한글 Windows 운영체제에서 사용하는 NTFS 파일 시스템에 관한 설명으로 옳지 않은 것은?

① FAT32 파일 시스템과 비교하여 성능 및 안전성이 우수하다.

② 하드 디스크 논리 파티션의 크기에는 제한이 없다.

③ 비교적 큰 오버헤드가 있기 때문에 약 400MB 이하의 볼륨에서 사용하는 것은 좋지 않다.

④ 파일 및 폴더에 대한 액세스 제어를 유지하고 제한된 계정을 지원한다.

출제 ▶ 18년1회(1급)

5 다음 중 NTFS 파일 시스템에 관한 설명으로 옳지 않은 것은?

① 파일 및 폴더에 대한 액세스 제어를 유지하고 제한된 계정을 지원한다.

② Active Directory 서비스를 제공한다.

③ 하드 디스크의 파티션(볼륨) 크기를 100GB까지 지원한다.

④ FAT나 FAT32 파일 시스템보다 성능, 보안, 안전성이 높다.

출제 ▶ 12년1회(1급)

6 다음 중 한글 Windows 운영체제에서 파일 시스템으로 사용하는 NTFS에 관한 설명으로 옳지 않은 것은?

① 플로피디스크에서 사용할 수 없다.

② 2TB보다 큰 볼륨도 가능하다.

③ 보안과 압축 기능이 추가되어 속도 면에서는 느려진 파일 시스템이다.

④ 파일 크기는 볼륨 크기에 의해서만 제한된다.

파일 시스템에는 FAT(16), FAT32, NTFS가 있으며, 각 시스템별 특징은 다음과 같다.

FAT(16)	- 파티션 볼륨이 2GB로 제한적이다.
FAT32	- 파티션 볼륨이 2TB로 FAT(16)에 비해 대용량 하드디스크를 사용할 수 있다. - 하드 디스크의 공간 낭비를 줄여 전반적으로 시스템의 성능이 향상된다.
NTFS	- 파티션 볼륨이 256TB로 FAT32에 비해 성능, 보안, 안정성 면에서 뛰어나며, Active Directory를 지원하는 기능을 제공한다. - 파일 크기는 볼륨 크기에 의해서만 제한되고, 플로피 디스크에서는 사용할 수 없다. - 비교적 큰 오버헤드가 발생하기 때문에 약 400MB 보다 작은 볼륨에서는 사용하지 않는 것이 좋다.

03 바로 가기 키 (단축키)

출제 ▶ 20년2회(2급)

1 다음 중 한글 Windows에서 사용하는 바로 가기 키에 관한 설명으로 옳지 않은 것은?

① [Ctrl] + [Esc] : 시작 메뉴를 표시

② [Shift] + [F10] : 선택한 항목의 바로가기 메뉴 표시

③ [Alt] + [Enter] : 선택한 항목 실행

④ [Windows 로고 키] + [E] : 탐색기 실행

출제 ▶ 19년1회(2급)

2 다음 중 한글 Windows의 바로 가기 키에 대한 설명으로 옳지 않은 것은?

① [Ctrl] + [Esc]키를 누르면 Windows 시작 메뉴를 열수 있다.

② 바탕 화면에서 아이콘을 선택한 후 [Alt] + [Enter]키를 누르면 선택된 항목의 속성 창을 표시한다.

③ 바탕 화면에서 폴더나 파일을 선택한 후 [F2]키를 누르면 이름을 변경할 수 있다.

④ 폴더 창에서 [Alt] + [Spacebar] 키를 누르면 특정 폴더 내의 모든 파일이나 폴더를 선택할 수 있다.

출제 ▶ 19년1회(1급)

3 다음 중 한글 Windows에서 [Ctrl] 키를 사용해야 하는 작업으로 옳지 않은 것은?

① 마우스와 함께 사용하여 같은 드라이브 내의 다른

폴더로 파일이나 폴더를 복사할 때
② 마우스와 함께 사용하여 비연속적인 위치에 있는
여러 파일이나 폴더를 동시에 선택할 때
③ 마우스와 함께 사용하여 다른 드라이브로 파일을
이동시킬 때
④ [Esc]키와 함께 사용하여 시작 메뉴를 표시하고
자 할 때

출제 ▶ 18년1회(2급)

4 다음 중 한글 Windows 바탕 화면에서 아래 그림과 같이 열려 있는 모든 창들을 미리 보기로 보면서 활성창을 전환할 수 있는 바로 가기 키는?

① [Alt] + [Tab]
② [Windows 로고 키] + [Tab]
③ [Ctrl] + [Esc]
④ [Alt] + [Esc]

핵심이론 007

[Ctrl]을 이용한 바로 가기 키	
[Ctrl]+[A]	모든 폴더 및 파일 항목 선택
[Ctrl]+[Esc]	[시작] 메뉴를 표시
[Ctrl]+[F4]	실행 중인 앱의 문서 창을 종료
[Alt]를 이용한 바로 가기 키	
[Alt]+[Esc]	실행 중인 앱 목록을 볼 수 있고, 열린 순서 대로 창 전환
[Alt]+[Tab]	실행 중인 앱 목록을 화면 중앙에 표시하여 선택 후 해당 창으로 전환
[Alt]+[Enter]	선택 항목의 속성 창을 표시
[Alt]+[Sapcebar]	활성창의 창 조절 메뉴를 표시
[Alt]+[F4]	실행 중인 앱 또는 창을 종료
[Shift]를 이용한 바로 가기 키	
[Shift]+[Delete]	개체를 휴지통을 거치지 않고 바로 삭제
[Shift]+[F10]	바로 가기 메뉴를 표시

출제 ▶ 15년2회(2급)

5 다음 중 한글 Windows의 작업 표시줄에서 열려 있는 프로그램의 미리 보기를 차례대로 표시하는 바로 가기 키는?

① [Windows 로고 키] + [L]
② [Windows 로고 키] + [D]
③ [Windows 로고 키] + [T]
④ [Windows 로고 키] + [F]

출제 ▶ 15년2회(1급)

6 다음 중 한글 Windows에서 사용하는 바로 가기 키에 대한 설명으로 옳지 않은 것은?

① ▦ + [L] : 컴퓨터 잠금 또는 사용자 전환
② ▦ + [R] : 실행 대화상자 열기
③ ▦ + [Pause] : 제어판의 [시스템] 창 표시
④ ▦ + [E] : 장치 및 프린터 추가

핵심이론 008

[윈도우 로고 키]를 이용한 바로 가기 키	
▦	[시작] 메뉴를 표시하거나 숨김
▦+[D]	바탕화면 표시
▦+[E]	탐색기를 실행
▦+[L]	컴퓨터를 잠그거나 사용자를 전환
▦+[R]	[실행] 창 열기
▦+[T]	작업 표시줄의 앱을 차례로 선택
▦+[M]	열려 있는 모든 창을 최소화
▦+[Pause/Break]	[시스템] 창 열기

04 ▶ 바탕화면 & 바로 가기 아이콘

출제 ▶ 19년1회(1급)

1 다음 중 바탕 화면의 바로 가기 메뉴 [개인 설정]을 선택하여 설정할 수 있는 작업에 대한 설명으로 옳지 않은 것은?

① 바탕 화면의 배경, 창 색, 소리 등을 한 번에 변경할 수 있는 테마를 선택할 수 있다.
② 바탕 화면의 배경 이미지를 변경할 수 있다.
③ 바탕 화면에 시계, 일정, 날씨 등과 같은 가젯을 표시 하도록 설정할 수 있다.
④ 화면 보호기를 설정할 수 있다.

바탕 화면의 바로 가기 메뉴에서 [개인 설정]을 선택하면, 바탕 화면의 설정을 변경할 수 있다.

배경	- 바탕 화면 이미지와 화면 표시 방식을 변경한다. - 사용 가능한 이미지 파일 형식은 *.bmp, *.jpg, *.gif, *.png 등이 있다.
색	윈도우 및 앱의 색 모드를 변경한다.
잠금 화면	잠금 화면에 표시될 앱을 설정하거나, 화면 보호기 적용 여부를 설정한다.
테마	배경, 색, 소리, 마우스 커서 등을 한 번에 변경한다.
글꼴	사용 가능한 글꼴을 설치한다.
시작	시작 화면의 구성을 변경한다.

출제 ▶ 19년2회(2급)

02 다음 중 한글 Windows 작업 표시줄의 점프 목록 사용에 대한 설명으로 옳지 않은 것은?

① 프로그램의 점프 목록을 보려면 작업 표시줄의 프로그램 아이콘을 마우스 오른쪽 단추로 클릭한다.

② 점프 목록에서 항목을 열려면 프로그램의 점프 목록에서 해당 항목을 클릭한다.

③ 점프 목록에 항목을 고정하려면 프로그램의 점프 목록에서 항목을 가리킨 다음 압정 아이콘을 클릭한다.

④ 점프 목록에서 항목을 제거하려면 프로그램의 점프 목록에서 항목을 가리킨 다음 <Delete> 키를 누른다.

점프 목록은 최근 사용한 폴더, 파일 등이 그룹별로 저장되는 것으로 즐겨 찾는 항목을 고정하여 빠르게 실행할 수 있다.

작업 표시줄의 점프 목록 특징
- 고정된 프로그램과 현재 실행 중인 프로그램의 점프 목록을 확인할 수 있다. - 프로그램 아이콘을 마우스 오른쪽으로 클릭하면 점프 목록을 확인할 수 있다. - 사용자가 설정한 항목 이외에, 최근에 사용한 항목과 웹 사이트 항목이 추가될 수 있다. - 작업 표시줄에 점프 목록으로 등록되면, 시작 메뉴의 점프 목록에도 표시된다. - 항목을 고정하려면 해당 항목을 가리키면 나타나는 압정 모양을 클릭하거나, 바로 가기 메뉴에서 '이 목록에 고정'을 선택한다. - 항목을 제거하려면 바로 가기 메뉴에서 '이 목록에서 제거'를 선택한다.

출제 ▶ 20년상시(1급), 18년2회(2급)

03 다음 중 한글 Windows의 작업 표시줄에 대한 설명으로 옳지 않은 것은?

① 작업 표시줄 잠금을 설정하여 작업 표시줄의 위치나 크기를 변경하지 못하도록 할 수 있다.

② 마우스 포인터 위치에 따라 작업 표시줄이 표시되지 않도록 작업 표시줄 자동 숨기기를 설정할 수 있다.

③ 작업 표시줄의 오른쪽 끝에 있는 [바탕 화면 보기] 단추를 클릭하여 바탕 화면이 표시되도록 할 수 있다.

④ [작업 표시줄 아이콘 만들기] 기능을 이용하여 작업 표시줄의 바로 가기 아이콘을 바탕 화면에 설정할 수 있다.

출제 ▶ 20년1회(1급)

04 다음 중 Windows의 작업 표시줄에 대한 설명으로 옳지 않은 것은?

① 작업 표시줄의 위치나 크기를 변경할 수 있으며, 크기는 화면의 1/2까지만 늘릴 수 있다.

② 작업 표시줄에 있는 단추를 작은 아이콘으로 표시되도록 설정할 수 있다.

③ 작업 표시줄을 자동으로 숨길 것인지의 여부를 선택할 수 있다.

④ 작업 표시줄에 있는 시작 단추, 검색 상자(검색 아이콘), 작업 보기 단추의 표시 여부를 설정할 수 있다.

작업 표시줄은 기본적으로 현재 실행 중인 앱을 표시하고, 빠른 실행을 위해 앱을 등록할 수 있다.

작업 표시줄의 특징
- 위치(상하좌우)를 변경하거나 크기(최대 바탕 화면의 50%까지)를 조정할 수 있다. 　단, 잠금이 지정된 상태에서는 변경할 수 없다. - 작업 표시줄을 자동으로 숨길 것인지 여부를 선택할 수 있다. - 작업 표시줄에 단추를 작은 아이콘으로 표시할 수 있다. - 복수 모니터 사용 시 각 모니터별로 설정을 변경할 수 있다.

출제 ▶ 17년2회(2급)

05 다음 중 한글 Windows에서 작업 표시줄의 바로 가기 메뉴에서 설정할 수 있는 항목으로 옳지 않은 것은?

① 계단식 창 배열　　　② 창 가로 정렬 보기

③ 작업 표시줄 잠금　　④ 아이콘 자동 정렬

핵심이론 012

- 작업 표시줄의 바로 가기 메뉴

- 바탕 화면의 바로 가기 메뉴

출제 ▶ 15년1회(1급)

06 다음 중 한글 Windows 바로 가기 아이콘의 [속성] 창에 대한 설명으로 옳지 않은 것은?

① 대상 파일이나 대상 형식, 대상 위치 등에 관한 연결된 항목의 정보를 확인할 수 있다.

② 연결된 항목을 바로 열 수 있는 바로 가기 키를 지정 할 수 있다.

③ 연결된 항목의 디스크 할당 크기를 확인할 수 있다.

④ 바로 가기 아이콘을 만든 날짜와 수정한 날짜, 액세스한 날짜 등을 확인할 수 있다.

핵심이론 013

- 바로 가기 아이콘의 [속성] 대화상자

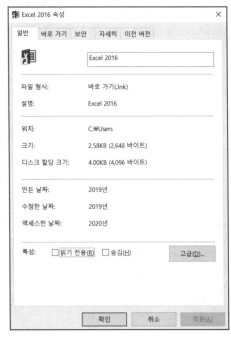

- 바로 가기 아이콘의 파일 형식, 설명, 위치, 크기, 만든 날짜, 수정한 날짜 등을 확인할 수 있다.
- 바로 가기 키를 지정하거나, 아이콘 이미지를 변경할 수 있으며, 원본 파일을 재설정할 수 있다.

출제 ▶ 15년3회(1급)

07 다음 중 바탕 화면에 바로 가기 아이콘을 만들기 위한 방법으로 옳지 않은 것은?

① 바탕 화면의 빈 곳에서 마우스 오른쪽 버튼을 눌러 [새로 만들기]-[바로 가기] 메뉴를 선택한다.

② 파일에서 마우스 오른쪽 버튼을 누른 채 빈 곳으로 드래그 한 후 [여기에 바로 가기 만들기] 메뉴를 선택한다.

③ [Windows 탐색기]에서 파일을 [Ctrl] 키를 누른 채 드래그하여 바탕 화면에 놓는다.

④ 파일을 [Ctrl] + [C] 키로 복사 한 후 바탕 화면의 빈곳에서 마우스 오른쪽 버튼을 눌러 [바로 가기 붙여넣기] 메뉴를 선택한다.

출제 ▶ 18년2회(2급)

08 다음 중 한글 Windows에서 바로 가기 아이콘에 대한 설명으로 옳지 않은 것은?

① 원본 파일이 있는 위치와 다른 위치에 만들 수 있다.

② 원본 파일을 삭제하여도 바로 가기 아이콘을 실행할 수 있다.

③ 바로 가기 아이콘의 확장자는 '*.LNK' 이다.

④ 하나의 원본 파일에 대하여 여러 개의 바로 가기 아이콘을 만들 수 있다.

출제 ▶ 17년2회(2급)

09 다음 중 바로 가기 아이콘에 대한 설명으로 옳지 않은 것은?

① 바로 가기 아이콘을 삭제해도 해당 프로그램은 지워지지 않는다.

② 바로 가기 아이콘은 폴더, 디스크 드라이버, 프린터 등 모든 항목에 대해 만들 수 있다.

③ 바로 가기 아이콘은 실제 프로그램이 아니라 응용 프로그램의 경로를 기억하고 있는 아이콘이다.

④ 바로 가기 아이콘의 확장자는 '*.exe'이다.

10 다음 중 한글 Windows에서 사용하는 바로 가기 아이콘에 관한 설명으로 옳지 않은 것은?

① 하나의 원본 파일에 대하여 하나의 바로 가기 아이콘만 만들 수 있다.

② 바로 가기 아이콘을 실행하면 연결된 원본 파일이 실행된다.

③ 다른 컴퓨터나 프린터 등에 대해서도 바로 가기 아이콘을 만들 수 있다.

④ 원본 파일이 있는 위치와 관계없이 만들 수 있다.

핵심이론 014

바로 가기 아이콘은 자주 사용하는 파일이나 앱을 빠르게 실행하기 위한 것으로, 원본 아이콘과 다르게 하단에 화살표가 표시되어 있다.

바로 가기 아이콘의 특징
- 바로 가기 아이콘을 실행하면 연결된 원본 파일이 실행된다. - 바로 가기 아이콘을 삭제 또는 이동하더라도 원본 파일은 삭제 또는 이동되지 않는다. - 폴더, 파일, 프로그램, 디스크 드라이브, 네트워크, 프린터 등 모든 개체에 대해 작성할 수 있다. - 하나의 원본 파일에 대해 이름을 다르게 하면 여러 개의 바로 가기 아이콘을 만들 수 있다. - 원본 파일의 위치와 관계없이 만들 수 있다. - 확장자는 '*.LNK'이다.

05 ▶ 파일 탐색기/파일과 폴더/폴더 옵션

01 다음 중 한글 Windows 탐색기에서 검색 상자를 사용하여 파일이나 폴더를 찾는 방법으로 옳지 않은 것은?

① 검색 상자에서 찾으려는 파일이나 폴더명을 입력하면 자동으로 필터링되어 결과가 표시된다.

② 검색 내용에 '$'를 붙이면 해당 내용이 포함되지 않은 파일이나 폴더를 검색한다.

③ '*'나 '?' 등의 와일드카드 문자를 사용하여 파일이나 폴더를 검색할 수 있다.

④ 특정 파일 그룹을 정기적으로 검색하는 경우 검색 저장 기능을 이용하면 다음에 사용할 때 원래 검색과 일치하는 최신 파일을 표시해 준다.

02 다음 중 한글 Windows의 파일이나 폴더 검색에 대한 설명으로 옳지 않은 것은?

① [시작] 메뉴의 검색 상자를 사용하면 색인된 파일만 검색 결과에 나타나며, 컴퓨터의 일반적인 파일들은 대부분 색인이 구성되어 있다.

② 검색 상자에서 내용 앞에 '-'를 붙이면 해당 내용이 포함되지 않은 파일이나 폴더를 검색할 수 있다.

③ 데이터를 검색한 후 검색 기준을 저장할 수 있고, 저장된 검색을 열기만 하면 원래 검색과 일치하는 최신 파일이 나타난다.

④ [시작] 메뉴의 검색 상자에서 검색 필터를 사용하여 파일을 검색할 수 있다.

핵심이론 015

파일 탐색기를 열고, 검색 상자에 단어를 입력하면 해당 단어를 포함하는 파일, 폴더 등이 표시된다.

검색 상자에서 개체 찾는 방법
- 검색어가 포함된 파일, 폴더, 앱을 검색한다. - 한 단어 이상의 검색어인 경우 각 단어를 포함하는 모든 개체를 검색한다. - 해당 라이브러리나 폴더에서 검색 결과가 없을 경우 검색 영역을 확장 또는 변경할 수 있다. - 데이터를 검색한 후 검색 기준을 저장할 수 있고, 저장된 검색을 열기만 하면 원래 검색과 일치하는 최신 결과가 표시된다. - '색인 옵션'을 사용하면 빠른 검색이 가능하다. - 검색어 앞에 '-'를 붙여 해당 내용이 포함되지 않은 개체만 검색할 수 있다. - 와일드카드(*, ?)를 사용하여 검색어 일부가 포함된 개체를 검색할 수 있다.

03 다음 중 한글 Windows 탐색기에서 [보기] 메뉴의 [내용]을 선택 했을 때 각 파일이나 폴더에 표시되는 내용으로 옳지 않은 것은?

① 수정한 날짜　　② 디스크 여유 공간

③ 파일의 크기　　④ 파일의 유형

핵심이론 016

• 파일 탐색기는 여러 기능을 분류하여 리본 메뉴에 탭 형식으로 표시한다.

파일	새 창 열기, 폴더 및 검색 옵션 변경, 창 닫기, 자주 사용하는 폴더 목록 등을 표시한다.
홈	폴더 및 파일의 선택/이동/복사/삭제/새로 만들기 등의 작업을 수행한다.

공유	폴더 및 파일의 공유/전송 작업을 수행한다.
보기	탐색기 창의 구성, 파일의 정보 표시 방식, 정렬 방식, 확장자 표시 여부를 변경한다.

• [보기] 메뉴의 [레이아웃] 그룹에서 '내용'을 선택하면 파일 이름, 만든 이, 수정한 날짜, 크기, 유형을 확인할 수 있다.

출제 ▶ 18년상시(1급)

04 다음 중 한글 Windows 탐색기에서 창의 기능과 구조에 대한 설명으로 옳지 않은 것은?

① 탐색 창과 파일 영역의 크기를 조절하려면 양쪽 영역을 구분하는 경계선을 좌우로 드래그한다.

② 탐색 창에서 폴더를 선택한 후에 숫자 키패드의 '/'를 누르면 선택된 폴더의 모든 하위 폴더를 표시해 준다.

③ 탐색 창에서 폴더를 선택한 후에 왼쪽 방향키(←)를 누르면 상위 폴더가 열려 있을 때는 닫고, 닫혀 있으면 상위 폴더가 선택된다.

④ 탐색 창에서 폴더를 선택한 후 Backspace 를 누르면 상위 폴더가 선택된다.

출제 ▶ 17년2회(2급)

05 다음 중 한글 Windows 탐색기에 대한 설명으로 옳지 않은 것은?

① 컴퓨터에 설치된 디스크 드라이브, 파일 및 폴더 등을 관리하는 기능을 가진다.

② 폴더와 파일을 계층 구조로 표시하며, 폴더 앞의 기호는 하위 폴더가 있음을 의미한다.

③ 현재 폴더에서 상위 폴더로 이동하려면 바로 가기 키인 [Home] 키를 누른다.

④ 검색 상자를 사용하여 파일이나 폴더를 찾을 수 있으며, 검색은 입력을 시작함과 동시에 시작된다.

핵심이론 017
파일 탐색기는 컴퓨터의 폴더와 파일을 계층 구조로 표시한다. 여러 기능을 분류하여 리본 메뉴에 탭 형식으로 표시한다.

탐색 창에서 이동
- 탐색 창에서 폴더를 선택한 후 숫자 키패드의 ★ 를 누르면 선택된 폴더의 모든 하위 폴더를 표시한다. - 탐색 창에서 폴더를 선택한 후 왼쪽 방향키(←)를 누르면 폴더가 열려 있을 때는 닫고, 닫혀 있으면 상위 폴더가 선택된다. - 탐색 창에서 폴더를 선택한 후 Backspace 를 누르면 상위 폴더

가 선택된다.
- 폴더 아이콘 앞에 [>] 표시가 있다면 하위 폴더가 있음을 의미한다.
- 폴더 아이콘 앞에 [∨] 표시가 있다면 하위 폴더가 모두 표시된 상태임을 의미한다.

출제 ▶ 20년1회(1급)

06 다음 중 한글 Windows의 [폴더 옵션] 창에서 설정할 수 있는 작업으로 옳지 않은 것은?

① 탐색 창, 미리 보기 창, 세부 정보 창의 표시 여부를 선택할 수 있다.

② 숨김 파일이나 폴더의 표시 여부를 지정할 수 있다.

③ 폴더에서 시스템 파일을 검색할 때 색인의 사용 여부를 선택할 수 있다.

④ 알려진 파일 형식의 파일 확장명을 숨기도록 설정할 수 있다.

출제 ▶ 18년상시(1급)

07 다음 중 한글 Windows의 [폴더 옵션]에서 설정할 수 있는 기능에 해당하지 않은 것은?

① 연결 프로그램 변경
② 한 번 클릭해서 열기
③ 항상 파일 이름 및 내용 검색
④ 같은 창에서 폴더 열기

핵심이론 018
[폴더 옵션]에서 폴더 및 파일의 보기 형식, 정보 표시 여부, 검색 방법 등을 설정할 수 있다.

[일반]탭	- 새롭게 폴더를 열 때 같은 창에서 열 것인지 새 창에서 열 것인지 설정한다. - 개체를 한 번 클릭하여 실행할 것인지 두 번 클릭하여 실행할 것인지 설정한다. - 즐겨찾기에 최근 항목 표시 여부를 설정하거나, 해당 목록을 삭제할 수 있다.
[보기]탭	- 현재 사용하는 보기 방식을 모든 폴더에 적용할 것인지 설정한다. - 탐색 창에 라이브러리, 모든 폴더, 숨긴 파일이나 폴더 표시 여부를 설정한다. - 알려진 파일 형식의 파일 확장명 표시 여부를 설정한다. - 폴더나 파일 아이콘 앞에 확인란 표시 여부를 설정한다.
[검색]탭	- 폴더에서 시스템 파일을 검색할 때 색인 사용 여부를 설정한다. - 색인되지 않은 위치 검색 시 포함할 대상을 설정한다.

출제 ▶ 19년1회(1급)

08 다음 중 한글 Windows에서 [Ctrl] 키를 사용해야 하는 작업으로 옳지 않은 것은?

① 마우스와 함께 사용하여 같은 드라이브 내의 다른 폴더로 파일이나 폴더를 복사할 때

② 마우스와 함께 사용하여 비연속적인 위치에 있는 여러 파일이나 폴더를 동시에 선택할 때

③ 마우스와 함께 사용하여 다른 드라이브로 파일을 이동시킬 때

④ [Esc] 키와 함께 사용하여 시작 메뉴를 표시하고자 할 때

출제 ▶ 20년2회(2급)

09 다음 중 파일이나 폴더를 복사하거나 이동하는 방법으로 옳지 않은 것은?

① 폴더를 마우스로 선택한 후 동일한 드라이브의 다른 폴더로 끌어서 놓으면 이동이 된다.

② USB에 저장되어 있는 파일을 마우스로 선택한 후 바탕화면으로 끌어서 놓으면 복사가 된다.

③ 파일을 마우스로 선택한 후 [Ctrl] 키를 누른 채 같은 드라이브의 다른 폴더로 끌어서 놓으면 복사가 된다.

④ 폴더를 마우스로 선택한 후 [Alt] 키를 누른 채 같은 드라이브의 다른 폴더로 끌어서 놓으면 이동이 된다.

출제 ▶ 20년1회(2급)

10 다음 중 한글 Windows에서 파일을 선택한 후 [Ctrl] + [Shift] 키를 누른 채 다른 위치로 끌어다 놓은 결과는?

① 해당 파일의 바로가기 아이콘이 만들어진다.

② 해당 파일이 복사된다.

③ 해당 파일이 이동된다.

④ 해당 파일이 휴지통을 거치지 않고 영구히 삭제된다.

핵심이론 019

폴더와 파일의 복사	
리본 메뉴	개체 선택 후 [홈]→[복사] 클릭하고, 복사될 위치에서 [홈]→[붙여넣기] 클릭한다.
바로 가기 키	개체 선택 후 [Ctrl] + [C]를 누르고, 복사될 위치에서 [Ctrl] + [V]를 누른다.
바로 가기 메뉴	개체 선택 후 바로 가기 메뉴에서 [복사]를 선택한 후, 복사될 위치에서 [붙여넣기]를 선택한다.
키보드 & 마우스	- 같은 드라이브인 경우 [Ctrl]을 누른 상태에서 클릭 & 드래그한다. - 다른 드라이브인 경우 클릭 & 드래그한다.
마우스 오른쪽	개체를 마우스 오른쪽 버튼으로 클릭 & 드래그한 후, 복사될 위치에서 [여기에 복사]를 선택한다.
폴더와 파일의 이동	
리본 메뉴	개체 선택 후 [홈] → [잘라내기]를 클릭하고, 복사될 위치에서 [홈] → [붙여넣기]를 클릭한다.
바로 가기 키	개체 선택 후 [Ctrl] + [X]를 누르고, 복사될 위치에서 [Ctrl] + [V]를 누른다.
바로 가기 메뉴	개체 선택 후 바로 가기 메뉴에서 [잘라내기]를 선택한 후, 복사될 위치에서 [붙여넣기]를 선택한다.
키보드 & 마우스	- 같은 드라이브인 경우 클릭 & 드래그한다. - 다른 드라이브인 경우 [Shift]를 누른 상태에서 클릭 & 드래그한다.
마우스 오른쪽	개체를 마우스 오른쪽 버튼으로 클릭 & 드래그한 후, 복사될 위치에서 [여기로 이동]을 선택한다.

출제 ▶ 15년1회(2급)

11 다음 중 한글 Windows 탐색기에서 파일이나 폴더를 선택하는 방법으로 옳은 것은?

① 폴더 내의 모든 항목을 선택하려면 [Alt] + [A] 키를 누른다.

② 선택한 항목 중에서 하나 이상의 항목을 제외하려면 [Ctrl] 키를 누른 상태에서 제외할 항목을 클릭한다.

③ 연속되어 있지 않은 파일이나 폴더를 선택하려면 [Shift] 키를 누른 상태에서 선택하려는 각 항목을 클릭한다.

④ 연속되는 여러 개의 파일이나 폴더 그룹을 선택하려면 첫째 항목을 클릭한 다음 [Ctrl] 키를 누른 상태에서 마지막 항목을 클릭한다.

핵심이론 020

폴더와 파일의 선택	
개체 선택	해당 항목 클릭
연속적인 개체 선택	[Shift]를 누른 상태에서 클릭
비연속적인 개체 선택	[Ctrl]을 누른 상태에서 클릭
전체 선택	[Ctrl] + [A]

06 ▶ 보조프로그램/휴지통

출제 ▶ 16년3회(1급)

01 다음 중 한글 Windows의 [메모장]에 관한 설명으로 옳지 않은 것은?

① 텍스트 파일이나 웹 페이지를 편집하는 간단한 도구로 사용할 수 있다.

② [이동] 명령으로 원하는 줄 번호를 입력하여 문서의 특정 줄로 이동할 수 있으며, 자동 줄 바꿈이 설정된 경우에도 이동 명령을 사용할 수 있다.

③ 특정 문자나 단어를 찾아서 바꾸거나, 창 크기에 맞추어 텍스트 줄을 바꾸어 문서의 내용을 표시할 수 있다.

④ 머리글과 바닥글을 설정하여 문서의 위쪽과 아래쪽 여백에 원하는 텍스트를 표시하여 인쇄할 수 있다.

핵심이론 021

메모장 프로그램에서 설정 가능한 주요 메뉴는 다음과 같다.

메모장 주요 메뉴	
페이지 설정	용지 크기, 방향, 여백, 머리글/바닥글
찾기	대/소문자 구분, 검색 방향 지정
바꾸기	특정 단어를 찾아 변경
이동	특정 줄로 이동할 수 있으나, '자동 줄바꿈'이 해제된 상태에서만 사용 가능
자동 줄 바꿈	창 크기에 맞추어 텍스트 줄을 바꾸고 문서의 내용을 표시

출제 ▶ 19년1회(2급)

02 다음 중 한글 Windows의 [메모장]에 대한 설명으로 옳지 않은 것은?

① 작성한 문서를 저장할 때 확장자는 기본적으로 '*.txt'가 부여된다.

② 특정한 문자열을 찾을 수 있는 찾기 기능이 있다.

③ 그림, 차트 등의 OLE 개체를 삽입할 수 있다.

④ 현재 시간/날짜를 삽입하는 기능이 있다.

기출변형

03 다음 중 한글 Windows의 [메모장]에 관한 설명으로 옳지 않은 것은?

① 간단한 문서 또는 웹페이지를 만들 때 사용할 수 있는 기본 텍스트 편집기이다.

② 서식이 필요한 파일을 만들거나 편집할 때 사용한다.

③ 메모장 파일은 유니코드, ANSI, UTF-8, big-endian 유니코드로 저장할 수 있다.

④ 자동 줄 바꿈, 찾기, 바꾸기, 시간/날짜 삽입 등의 기능을 제공한다.

핵심이론 022

메모장은 서식이 필요 없는 간단한(ASCII) 형식의 파일을 작성하는 프로그램이며 다음과 같은 특징이 있다.

메모장의 특징
- 기본 확장자는 '*.txt'이다.
- 그림, 차트 등의 OLE 개체를 삽입할 수 없다.
- 유니코드, ANSI, UTF-8, big-endian 유니코드로 저장할 수 있다.
- 문서 전체에 대해서만 글꼴, 크기 등의 제한적인 서식 변경이 가능하다.
- 자동 줄 바꿈, 찾기, 바꾸기, 시간/날짜 등의 기능을 제공한다.
- 용지 크기, 출력 방향, 머리글, 바닥글 등을 설정할 수 있다.
- 문서의 첫 행 왼쪽에 「.LOG」라고 입력하면 문서를 열 때마다 현재 시간과 날짜가 문서의 맨 마지막 줄에 자동으로 표시된다.

출제 ▶ 14년1회(1급), 11년2회(1급)

04 다음 중 한글 Windows의 [그림판]에 관한 설명으로 옳지 않은 것은?

① [그림판]으로 작성된 파일의 형식은 BMP, JPG, GIF 등으로 저장할 수 있다.

② 레이어 기능으로 그림의 작성과 편집 과정을 편리하게 해준다.

③ 배경색을 설정하려면 [홈] 탭의 [색] 그룹에서 '색 2'를 클릭한 후 선택한다.

④ 정원 또는 정사각형을 그리려면 타원이나 정사각형을 선택한 후에 [Shift]를 누른 상태로 그리면 된다.

핵심이론 023

그림판은 간단한 그림을 작성하거나 편집하는 프로그램으로 다음과 같은 특징이 있다.

그림판의 특징
- 비트맵 형식의 그림 파일을 작성 및 편집할 수 있다. 사용 가능한 파일 형식은 BMP, JPG, GIF, TIF, PNG 등이 있다.
- 기본 확장자는 '*.PNG'이다.
- 그림판에서 작성 및 편집한 파일은 바탕 화면의 배경으로 사용할 수 있다.
- 정원 또는 정사각형을 그리려면 타원이나 정사각형을 선택한 후에 [Shift]를 누른 상태로 그리면 된다.
- 수평선, 수직선, 45° 대각선은 선을 선택한 후에 [Shift]를 누른 상

태로 그리면 된다.
- 전경색은 [홈]→[색]→'색1'을 클릭하여 적용하고, 배경색은 [홈]→[색]→'색2'를 클릭하여 적용한다.

출제 ▶ 15년2회(2급)

05 다음 중 한글 Windows에서 Windows Media Player를 이용한 작업에 해당하지 않는 것은?

① 오디오나 비디오 파일 재생하기
② CD를 복사하여 디지털 음악 파일 만들기
③ 사진과 영상 파일을 편집하여 UCC 만들기
④ 자신의 음악 CD 제작하기

핵심이론 024

• Windows Media Player는 음원 CD, 오디오 파일, 비디오 파일 등의 멀티미디어 파일을 재생할 수 있는 프로그램이다.
• 파일 재생뿐만 아니라 CD/DVD 등의 매체로 기록할 수도 있지만, 한 번 기록된 내용은 편집이 불가능하다. 편집을 위해서는 별도의 응용 소프트웨어를 사용해야 한다.

출제 ▶ 19년상시(1급), 17년2회(1급)

06 다음 중 한글 Windows의 [휴지통]에 관한 설명으로 옳지 않은 것은?

① 휴지통에 지정된 최대 크기를 초과하면 보관된 파일 중 가장 용량이 큰 파일부터 자동 삭제된다.
② 휴지통에 보관된 실행 파일은 복원은 가능하지만 휴지통에서 실행하거나 이름을 변경할 수는 없다.
③ 휴지통 속성에서 파일이나 폴더가 삭제될 때마다 삭제 확인 대화상자가 표시되지 않도록 설정할 수 있다.
④ 휴지통의 파일이 실제 저장된 폴더 위치는 일반적으로 C:₩$Recycle.Bin이다.

출제 ▶ 15년3회(1급)

07 다음 중 한글 Windows에서 사용하는 [휴지통]에 대한 설명으로 옳지 않은 것은?

① [명령 프롬프트] 창에서 삭제한 파일은 휴지통과 관계 없이 영구히 삭제된다.
② 휴지통의 크기는 각각의 드라이브마다 다르게 지정할 수 있다.
③ USB 드라이브에서 삭제한 파일은 휴지통에서 복원 메뉴로 복원할 수 있다.
④ 휴지통의 최대 크기는 [휴지통 속성] 창에서 변경할 수 있다.

출제 ▶ 20년2회(2급)

08 다음 중 삭제된 파일이 [휴지통]에 임시 보관되어 복원이 가능한 경우는?

① 바탕 화면에 있는 파일을 [휴지통]으로 드래그 앤 드롭 하여 삭제한 경우
② USB 메모리에 저장되어 있는 파일을 <Delete> 키로 삭제한 경우
③ 네트워크 드라이브의 파일을 바로 가기 메뉴의 [삭제]를 클릭하여 삭제한 경우
④ [휴지통 속성]에서 최대 크기를 0MB로 설정한 후 [내 문서] 폴더 안의 파일을 삭제한 경우

출제 ▶ 19년2회(2급)

09 다음 중 한글 Windows에서 사용되는 휴지통에 관한 설명으로 옳은 것은?

① 휴지통은 하드 디스크 드라이브마다 한 개씩 만들 수 있다.
② 지정된 휴지통의 용량이 초과되면 새로 삭제된 파일이나 폴더는 보관되지 않는다.
③ 휴지통에 보관된 파일이나 폴더의 이름을 변경할 수 있다.
④ 휴지통에서 원하는 파일이나 폴더를 선택하여 실행할 수 있다.

핵심이론 025

휴지통은 삭제된 폴더나 파일이 임시 보관되는 장소로 다음과 같은 특징이 있다.

휴지통의 개요 및 특징
- 휴지통의 파일이 실제 저장된 폴더 위치는 일반적으로 C:₩$Recycle.Bin이다.
- 휴지통은 여러 하드디스크 또는 파티션마다 한 개씩 만들 수 있다.
- 기본적으로 드라이브 용량의 5%~10% 범위 내에서 설정하지만, 사용자가 MB 단위로 지정할 수 있다.
- 휴지통에 보관 중인 파일은 복원 가능하며, 복원 전까지는 실행이나 이름 변경이 불가능하다.
- 휴지통 용량을 초과하면 가장 오래된 파일부터 자동으로 삭제된다.

휴지통 속성 설정
- 휴지통의 크기를 드라이브마다 다르게 설정할 수 있다.
- 파일이나 폴더가 삭제될 때 휴지통을 거치지 않고 바로 삭제되도록 설정할 수 있다.
- 파일이나 폴더가 삭제될 때마다 삭제 확인 대화상자가 표시되지 않도록 설정할 수 있다.

휴지통에 보관되지 않는 경우
- [Shift]를 누른 채 삭제한 경우

- [휴지통 속성]에서 '파일을 휴지통에 버리지 않고 삭제할 때 바로 제거'를 선택한 경우
- 플로피디스크/USB 메모리/DOS 모드/네트워크 드라이브에서 삭제한 경우
- 휴지통 용량보다 큰 파일을 삭제한 경우

---

07 ▶ 제어판/설정 - 시스템/개인 설정

기출변형

01 다음 중 한글 Windows의 설정(제어판) 기능 중 [디스플레이]에서 설정할 수 없는 것은?

① 테마 기능을 이용하여 바탕화면의 배경, 창 색, 소리 및 화면 보호기 등을 한 번에 변경할 수 있다.

② 연결되어 있는 모니터의 개수를 감지하고 모니터의 방향과 화면 해상도를 설정할 수 있다.

③ 화면에 표시되는 텍스트를 읽기 쉽도록 사용자 지정 텍스트 크기(DPI)를 설정할 수 있다.

④ 밝기 및 색 모드를 야간 모드로 설정하여 눈의 피로를 낮출 수 있다.

핵심이론 026
'디스플레이'는 화면 해상도를 설정하거나, 표시되는 텍스트와 앱의 크기를 변경할 때 사용한다.

밝기 및 색	야간 모드를 설정하면 모니터에서 나오는 블루라이트를 눈에 편한 색으로 변경하여 눈의 피로감을 낮출 수 있다.
텍스트, 앱 및 기타 항목의 크기 변경	화면에 있는 텍스트, 앱 등의 항목 크기를 변경한다. 기본제공 비율 이외에 사용자가 임의 지정할 수 있다.
디스플레이 해상도	모니터의 해상도를 변경한다.
디스플레이 방향	모니터의 화면 표시 방향을 변경한다.
여러 디스플레이	복수 모니터를 인식하고 모니터마다 다른 작업을 수행할 수 있도록 설정할 수 있다.

출제 ▶ 18년2회(1급), 20년1회(2급)

02 다음 중 한글 Windows [설정]-[시스템]에서 실행 가능한 작업에 대한 설명으로 옳지 않은 것은?

① Windows의 버전과 시스템에 대한 기본 정보를 확인할 수 있다.

② Windows 정품 인증을 위한 제품키를 변경할 수 있다.

③ 네트워크에서 확인 가능한 사용자 컴퓨터 이름을 변경할 수 있다.

④ 컴퓨터에 설치된 응용 프로그램을 설치하거나 제거할 수 있다.

기출변형

03 다음 중 한글 Windows [설정]-[시스템]에서 [정보]에 관한 설명으로 옳지 않은 것은?

① Windows의 버전과 CPU의 종류, RAM의 크기를 직접 변경할 수 있다.

② 컴퓨터의 이름, 작업 그룹 등을 확인하거나 변경할 수 있다.

③ 컴퓨터 시스템의 등급(Windows 체험 지수)을 확인 할 수 있다.

④ Windows 정품 인증을 받을 수 있다.

핵심이론 027
'정보'는 시스템에 설치되어 있는 장치와 운영체제에 대한 정보를 확인할 때 사용하거나, 사용자 컴퓨터의 이름, 제품 키 등을 변경할 때 사용한다. '정보' 탭에서 확인 가능한 정보의 유형은 아래와 같다.

장치 사양	Windows 사양
장치 이름	에디션
프로세서	버전
설치된 RAM	설치날짜
장치 ID	OS빌드
제품 ID	경험
시스템 종류	
펜 및 터치	

출제 ▶ 17년2회(1급)

04 다음 중 한글 Windows에서 [시스템 속성] 창의 [고급] 탭에서 설정 가능한 기능으로 옳지 않은 것은?

① 프로세서 리소스 할당 방법, 가상 메모리의 크기 등을 지정할 수 있다.

② 컴퓨터의 디스크에 대해 시스템 보호를 설정하거나 해제할 수 있다.

③ 사용자 계정과 관련된 바탕 화면 설정과 기타 정보를 확인하고 사용자 유형 변경, 삭제, 복사 등의 작업을 할 수 있다.

④ 시스템에 이상이 있을 경우에 취할 수 있는 방법을 지정할 수 있다.

핵심이론 028

[설정]-[시스템]의 '정보'탭에서 '고급 시스템 설정'을 선택하면 '시스템 속성' 대화상자를 표시할 수 있다.

[고급] 탭에서 설정 가능한 항목	
성능	- 시각효과 : windows의 모양 및 성능에 사용할 시각 효과 설정 - 고급 : 프로세서 리소스의 할당 방법 선택, 가상 메모리 크기 변경 - 데이터 실행 방지 : 보안 문제로부터의 손상을 방지
사용자 프로필	- 사용자 정보 확인 - 저장된 프로필 유형 변경, 삭제, 복사 위치 설정
시작 및 복구	- 시스템 시작 : 운영체제가 2개 설치된 경우 기본 운영체제를 선택 - 시스템 오류 : 시스템에 이상이 있을 경우 처리 방법 지정

출제 ▶ 15년1회(1급)

05 다음 중 한글 Windows의 [설정]창에서 화면 설정과 관련된 [디스플레이]와 [개인 설정]에 대한 설명으로 옳지 않은 것은?

① [디스플레이]에서 화면 해상도를 설정할 수 있다.

② [디스플레이]에서 화면에 표시되는 텍스트 크기 및 기타 항목을 변경할 수 있다.

③ [개인 설정]에서 바탕 화면에 시계, 일정, 날씨 등과 같은 가젯을 표시하도록 설정할 수 있다.

④ [개인 설정]에서 바탕 화면 아이콘 변경을 할 수 있다.

출제 ▶ 15년2회(1급)

06 다음 중 Windows의 [글꼴]에 관한 설명으로 옳지 않은 것은?

① 글꼴 파일은 .txt 또는 .inf 의 확장자를 가지고 있다.

② 시스템에서 사용하는 글꼴은 C:\Windows\Fonts 폴더에 파일 형태로 저장되어 있다.

③ TrueType 글꼴과 OpenType 글꼴을 제공하며, 프린터 및 프로그램에서 작동한다.

④ 글꼴에는 기울임꼴, 굵게, 굵은 기울임꼴과 같은 글꼴 스타일이 있다.

기출변형

07 다음 중 한글 Windows의 글꼴에 대한 설명으로 옳지 않은 것은?

① 글꼴 추가 시 새로운 글꼴 파일들을 'C:\Windows\Fonts' 폴더에 복사하기만 하면 된다.

② 추가할 글꼴 파일들은 반드시 'C:\Windows\Fonts' 폴더에 존재해야 한다.

③ 설치된 글꼴을 삭제할 때에는 'C:\Windows\Fonts' 폴더에서 삭제할 글꼴을 선택한 다음 삭제하면 된다.

④ 글꼴을 추가하려면 설치할 글꼴의 바로 가기 메뉴에서 '설치'를 선택한다.

핵심이론 029

'개인 설정'은 바탕 화면의 배경을 변경하고, Windows에서 사용할 테마, 글꼴 등을 설정한다. 각 항목별 기능은 다음과 같다.

배경	- 바탕화면의 배경으로 사용할 종류, 이미지, 맞춤 방식을 지정한다.
색	- Window 기본 색 모드, 테마 컬러 선택을 설정한다.
잠금 화면	- 잠금화면의 배경으로 사용할 사진의 종류를 지정한다. - 잠금화면에 함께 표시할 앱을 선택한다. - 정해진 시간 동안 컴퓨터를 사용하지 않으면 화면 보호기가 실행되도록 설정한다.
테마	- 배경, 색 모드, 아이콘, 마우스 커서 등의 Windows 구성 요소들을 그룹으로 묶어 관리하는 것으로 기본 테마 이외의 테마를 추가로 설치하여 사용할 수 있다.
글꼴	- 컴퓨터에 글꼴을 추가 및 제거한다. - 글꼴 파일의 확장자는 *.otf, *.fon, *.ttc, *.ttf 등이 있다. - 글꼴이 설치되어 있는 폴더의 위치는 C:\Windows\Fonts이다.

08 ▶ 제어판/설정 - 앱/접근성

08 ▶ 제어판/설정 - 앱/접근성

출제 ▶ 17년2회(1급), 15년2회(1급)

01 다음 중 한글 Windows의 [설정]-[앱 및 기능]에 대한 설명으로 옳지 않은 것은?

① Windows에 설치되어 있는 앱을 변경하거나 제거할 수 있다.
② Windows에 포함되어 있는 다양한 기능의 사용 여부를 선택할 수 있다.
③ 설치된 앱의 설치 날짜, 크기 등의 정보를 확인할 수 있다.
④ Microsoft 사에서 제공하는 다양한 테마를 추가 설치할 수 있다.

기출변형

02 다음 중 한글 Windows에서 설정의 '앱 및 기능'에 대한 설명으로 옳지 않은 것은?

① Windows에 포함되어 있는 일부 프로그램 및 기능을 해제할 수 있으며, 기능 해제 시 하드 디스크 공간의 크기도 줄어든다.
② 설치된 응용 프로그램의 제거, 변경 또는 이동 등의 작업을 할 수 있다.
③ 컴퓨터에 설치된 앱 목록을 정렬하거나, 필터링하여 확인할 수 있다.
④ [앱 및 기능]을 이용하여 프로그램을 제거하면 Windows가 작동하는데 영향을 미치지 않도록 프로그램이 정상적으로 삭제된다.

출제 ▶ 15년2회(2급)

03 다음 중 한글 Windows의 [설정]-[앱 및 기능]에서 설정할 수 있는 기능으로 옳지 않은 것은?

① 설치된 앱의 설치 날짜와 크기를 확인할 수 있다.
② Windows 기능을 설정하거나 해제할 수 있다.
③ Windows 업데이트를 자동으로 수행하도록 설정할 수 있다.
④ Windows에 설치된 앱을 수정하거나 제거할 수 있다.

핵심이론 030
'앱 및 기능'은 컴퓨터에 설치된 앱의 제거, 수정, 이동 등의 기능을 설정할 때 사용한다.

[앱 및 기능]의 역할

- Windows에서 제공하는 기능을 추가로 설치하거나 제거할 수 있다.
- 명령 프롬프트에서 앱을 실행하는데 사용할 이름을 지정할 수 있다.
- 설치된 앱의 제거, 수정, 이동, 복구 등의 작업을 수행할 수 있다.
- 앱 및 기능의 사용 여부를 설정할 수 있다.

출제 ▶ 20년2회(2급)

04 다음 중 한글 Windows [설정]의 [접근성]에서 설정할 수 없는 기능은?

① 다중 디스플레이를 설정하여 두 대의 모니터에 화면을 확장하여 표시할 수 있다.
② 돋보기를 사용하여 화면에서 원하는 영역을 확대하여 크게 표시할 수 있다.
③ 내레이터를 사용하여 화면의 모든 텍스트를 소리 내어 읽어 주도록 설정할 수 있다.
④ 키보드가 없어도 입력 가능한 화상 키보드를 표시할 수 있다.

출제 ▶ 17년1회(2급)

05 다음 중 한글 Windows의 [설정]에서 시각 장애가 있는 사용자가 컴퓨터를 사용하기에 편리하도록 설정할 수 있는 기능은?

① 동기화
② 사용자 정의 문자 편집기
③ 접근성
④ 프로그램 호환성 마법사

출제 ▶ 16년2회(2급)

06 다음 중 한글 Windows의 [설정]-[접근성]에서 설정할 수 있는 기능으로 옳지 않은 것은?

① [돋보기]를 실행하여 화면의 항목을 더 크게 표시할 수 있다.
② [자녀 보호 설정]은 자녀가 컴퓨터를 사용할 수 있는 시간, 실행할 수 있는 게임 유형 및 실행할 수 있는 프로그램을 제한할 수 있다.
③ [화상 키보드]를 실행하여 실제 키보드를 사용하는 대신 화상 키보드를 사용하여 데이터를 입력할 수 있다.
④ [고대비 설정]으로 화면에서 텍스트와 이미지가 보다 뚜렷하고 쉽게 식별되도록 할 수 있다.

출제 ▶ 15년1회(2급)

07 다음 중 한글 Windows의 [설정]-[접근성]에서 설정할 수 있는 기능으로 옳지 않은 것은?

① 자녀 보호 설정 : 자녀가 컴퓨터를 사용할 수 있는 게임 유형 및 프로그램을 제한할 수 있다.
② 토글키 켜기 : 토글키 기능은 [Caps Lock], [Num Lock], [Scroll Lock] 키를 누를 때 신호음을 들을 수 있다.
③ 고대비 : 컴퓨터 화면에서 일부 텍스트와 이미지의 색상 대비를 강조하는 고대비 색 구성표를 설정하여 해당 항목을 보다 뚜렷하고 쉽게 식별되도록 할 수 있다.
④ 마우스 키 켜기 : 키보드의 숫사 키패드로 마우스 포인터의 움직임을 제어할 수 있다.

핵심이론 031
'접근성'은 장애가 있거나 컴퓨터 사용이 익숙하지 않은 사용자들이 컴퓨터를 보다 편리하게 사용할 수 있도록 지원하는 기능으로, 키보드, 마우스, 소리 등의 설정을 변경할 수 있다.

[시각] 그룹	
디스플레이	앱 및 텍스트의 크기를 변경하거나 밝기 자동 변경을 설정한다.
마우스 포인터	마우스 포인터의 크기나 색을 변경한다.
텍스트 커서	커서의 모양을 변경하거나, 텍스트 커서 표시기 사용 여부를 설정한다.
돋보기	화면 전체 혹은 일부를 확대한다.
색상 필터	화면에 회색조 등의 색 필터나 색맹 필터를 적용하여 사진 및 색을 보기 쉽게 변경한다.
고대비	고유 색을 사용하여 텍스트와 앱이 보다 뚜렷하고 쉽게 식별되도록 설정한다.
내레이터	화면의 내용을 소리 내어 읽어주는 프로그램으로, 키보드, 터치, 마우스 등으로 제어할 수 있다.
[청각] 그룹	
오디오	장치 또는 앱의 볼륨을 변경하거나, 오디오 경고를 시각적으로 표시하도록 설정할 수 있다.
선택 자막	오디오를 텍스트로 표시하여 사용할 수 있도록 자막의 색, 투명도, 스타일, 크기 등을 설정한다.
[상호작용] 그룹	
음성 명령	음성만 사용하여 텍스트 입력 및 장치를 제어할 수 있도록 설정한다.
키보드	화상 키보드, 고정 키, 토글 키, 필터 키 등의 사용 여부를 설정한다.
마우스	키패드로 마우스 포인터를 이동하도록 설정한다.

기출변형

08 다음 중 [Caps Lock], [Num Lock], [Scroll Lock]을 누를 때 신호음이 나도록 지정하는 기능을 수행하는 방법으로 옳은 것은?

① [설정]→[접근성]의 '상호작용'에서 '키보드'를 선택한 후 '토글 키 사용'을 켠다.
② [시스템 속성]의 '하드웨어' 탭에서 '토글 키 사용'을 켠다.
③ [설정]→[개인 설정]의 '디스플레이'에서 '토글 키 사용'을 켠다.
④ [설정]→[장치]의 '마우스'에서 '토글 키 사용'을 켠다.

기출변형

09 다음 중 한글 Windows의 [설정]-[접근성]에서 설정할 수 있는 기능에 대한 설명으로 옳지 않은 것은?

① [필터 키] 기능을 사용하면 너무 짧게 또는 반복되게 입력되는 키를 무시할 수 있으며 반복 속도를 조정할 수 있다.
② [고정 키] 기능을 사용하면 [Caps Lock], [Num Lock], [Scroll Lock]을 누를 때 신호음을 들을 수 있도록 설정할 수 있다.
③ [고대비] 기능을 사용하면 텍스트와 앱을 읽기 쉽도록 구성된 색상 및 글꼴을 사용할 수 있다.
④ [내레이터] 기능을 사용하면 화면의 모든 텍스트를 소리 내어 읽어주도록 설정할 수 있다.

핵심이론 032
'접근성'에서는 키보드 사용을 보다 편리하게 할 수 있는 고정 키, 토글 키 등의 기능을 추가로 설정할 수 있다.

고정 키	두 개 이상의 키를 동시에 누르기가 힘든 경우 특정 키를 고정시킬 수 있다.
토글 키	[Caps Lock], [Num Lock], [Scroll Lock]을 누를 때 신호음이 나도록 지정할 수 있다.
필터 키	사용자의 실수로 특정 키를 오래 누르고 있는 경우 이를 무시하거나 입력되는 속도를 조정할 수 있다.

09 ▶ 제어판/설정 - 계정/업데이트 및 보안

출제 ▶ 15년1회(1급)

01 다음 중 한글 Windows에서 [표준 사용자 계정]에 관한 설명으로 옳지 않은 것은?

① 표준 사용자 계정은 암호를 설정할 수 없다.

② 표준 사용자 계정은 소프트웨어나 하드웨어를 설치할 수 없다.

③ 관리자 계정은 다른 사용자 계정의 이름, 그림, 암호 및 계정 유형을 변경할 수 있다.

④ 표준 사용자 계정은 소프트웨어나 하드웨어 설치 및 보안 설정 등을 수행할 수 있다.

출제 ▶ 17년1회(2급)

02 다음 중 한글 Windows에서 [표준 사용자 계정]의 사용자가 할 수 있는 작업으로 옳지 않은 것은?

① 사용자 자신의 암호를 변경할 수 있다.

② 마우스 포인터의 모양을 변경할 수 있다.

③ 관리자가 설정해 놓은 프린터를 프린터 목록에서 제거할 수 있다.

④ 사용자의 사진으로 자신만의 바탕 화면을 설정할 수 있다.

핵심이론 033

컴퓨터를 여러 사람이 공유하는 경우 각 계정별로 설정을 다르게 지정할 수 있으며, 계정 유형별로 사용 가능한 권한이 다르다. 계정 유형에 따른 권한은 다음과 같다.

관리자 계정	- 컴퓨터 보안 설정 변경 가능 - 사용자 계정 작성/삭제/변경 가능 - SW/HW 설치/제거 가능 - 제한 없이 모든 파일에 접근 가능 - 다른 사용자의 계정 변경 가능
표준 사용자 계정	- 일반적인 컴퓨터 작업 가능 - SW/HW 설치/제거 불가능 단, 이미 설치된 앱은 실행 가능 - 주요 앱이나 파일 제거 불가능 - 본인 계정에 한해 암호 설정 가능

출제 ▶ 20년2회(1급)

03 다음 중 한글 Windows 운영체제에서의 백업과 복원에 관한 설명으로 옳지 않은 것은?

① 특정 날짜와 시간에 백업할 수 있도록 백업 주기를 예약할 수 있다.

② Windows에서 백업에 사용되는 파일의 확장자는 '*.bkf'이다.

③ 백업 파일을 복원할 경우 복원 위치를 지정할 수 있다.

④ 여러 파일이 백업되어 있는 경우 원하는 파일을 선택하여 복원할 수 없다.

출제 ▶ 20년1회(1급)

04 다음 중 한글 Windows의 백업과 복원에 관한 설명으로 옳지 않은 것은?

① 특정한 날짜나 시간에 주기적으로 백업이 되도록 예약할 수 있다.

② 백업에서 사용되는 파일의 확장자는 '*.bkf'이다.

③ 백업된 파일을 복원할 때 복원 위치를 설정할 수 있다.

④ 직접 선택한 폴더에 있는 알려진 시스템 폴더나 파일도 백업할 수 있다.

출제 ▶ 15년3회(1급)

05 다음 중 한글 Windows의 시스템 복원에 관한 설명으로 옳지 않은 것은?

① 시스템에 해를 끼칠 수 있는 변경사항을 시스템 복원을 이용하여 취소하고, 시스템의 설정 및 성능을 복원할 수 있다.

② 전자 메일, 문서 또는 사진과 같은 개인 파일에 영향을 주지 않고 컴퓨터에 대한 시스템 변경 내용을 실행 취소할 수 있다.

③ 시스템 복원을 수행하면 이전에 삭제된 파일이나 폴더가 휴지통에서 원래 위치로 복원된다.

④ 컴퓨터에서 자동으로 복원 지점을 만들고 저장되도록 설정할 수 있다.

출제 ▶ 19년2회(2급), 16년2회(2급)

06 다음 중 한글 Windows의 시스템 복원 기능에 대한 설명으로 옳지 않은 것은?

① 컴퓨터 시스템에 문제가 생겼을 경우 복원 지점을 이용하여 정상적인 상태로 만드는 기능이다.

② 복원 지점은 시스템에 의해 자동으로 설정되지만 사용자가 임의로 복원 지점을 설정할 수도 있다.

③ 시스템 복원은 개인 파일을 백업하지 않으므로 삭제되었거나 손상된 개인 파일은 복구할 수 없다.

④ 시스템 복원 시 Windows Update에 의한 변경 사항은 복원되지 않는다.

핵심이론 034

'백업'은 예상하지 못한 데이터 손실에 대비하여 외부 저장소에 데이터를 저장해 두는 기능으로, 백업에 사용되는 파일의 확장자는 '*.bkf'이다. Windows에서 제공하는 백업 기능은 다음과 같다.

파일을 OneDrive에 백업

- 백업 파일이 OneDrive에 저장되고 모든 장치에서 액세스 할 수 있다.

파일 히스토리를 사용하여 백업

- 백업 파일이 저장될 위치는 '드라이브 추가'를 이용하여 지정한다.
- 백업 저장 위치는 외장 메모리나 네트워크 드라이브 등으로 지정한다.
- 백업 드라이브가 지정되면 자동 백업 여부를 지정할 수 있다.

기타 옵션

- 특정 날짜와 시간에 백업할 수 있도록 백업 주기를 예약할 수 있다.
- 사용자가 백업할 폴더를 추가하거나 삭제할 수 있다.
- 백업 파일을 복원할 경우 복원 위치를 지정할 수 있다.

---

10 ▶ 제어판/설정 - 프린터 및 스캐너

출제 ▶ 15년3회(1급)

01 다음 중 한글 Windows에서의 프린터 설치에 관한 설명으로 옳지 않은 것은?

① Bluetooth 프린터를 설치하려면 컴퓨터에 Bluetooth 무선 어댑터를 연결하거나 켠 후 [프린터 또는 스캐너 추가]를 실행한다.

② 새로운 프린터를 설치하는 과정에서 네트워크 프린터를 기본 프린터로 설정하려면 반드시 스풀링의 설정이 필요하다.

③ 로컬 프린터 설치 시 프린터가 USB(범용 직렬버스) 모델인 경우에는 프린터를 컴퓨터에 연결하면 Windows에서 자동으로 검색하고 설치한다.

④ 공유 프린터 설정 후 프린터가 연결된 컴퓨터의 전원이 켜져 있어야 프린터의 사용이 가능하다.

출제 ▶ 19년1회(2급)

02 다음 중 한글 Windows에서 프린터 설치에 관한 설명으로 옳지 않은 것은?

① 새로운 프린터를 설치하기 위하여 [프린터 및 스캐너]창에서 [프린터 또는 스캐너 추가]를 클릭하여 설치한다.

② 설치할 프린터 유형은 로컬 프린터와 네트워크, 무선 또는 Bluetooth 프린터 중에서 하나를 선택할 수 있다.

③ 네트워크 프린터를 선택한 경우에는 연결할 프린터의 포트를 지정한다.

④ 컴퓨터에 설치된 여러 대의 프린터 중에 현재 설치 중인 프린터를 기본 프린터로 설정할 것인지 선택한다.

기출변형

03 다음 중 한글 Windows에서 새로운 프린터 설치에 관한 설명으로 옳지 않은 것은?

① [프린터 및 스캐너] 창에서 [프린터 또는 스캐너 추가]를 클릭하여 실행한다.

② 설치한 프린터를 다른 이름으로 다시 설치할 수 없으며, 프린터마다 개별적으로 이름을 부여하여 설치한다.

③ 한 대의 컴퓨터에 여러 개의 로컬 프린터를 설치할 수 있으며, 한 대의 프린터를 네트워크로 공유하여 여러 대의 컴퓨터에서 사용할 수 있다.

④ 기본 프린터는 한 대만 지정할 수 있으며, 네트워크 프린터도 기본 프린터로 설정할 수 있다.

핵심이론 035

한글 Windows에서 새롭게 프린터를 설치하는 경우 다음과 같은 특징을 갖는다.

프린터 설치 방법

[설정]→[장치]→[프린터 및 스캐너]에서 '프린터 또는 스캐너 추가'를 클릭하여 검색된 프린터 목록 중 설치할 프린터를 선택한 후 [장치 추가]를 클릭한다.

프린터 설치 시 특징

- 설치한 프린터를 다른 이름으로 다시 설치할 수 있으며, 프린터마다 개별적으로 이름을 부여하여 설치할 수 있다.
- 한 대의 컴퓨터에 여러 개의 프린터를 설치할 수 있으며, 한 대의 프린터를 네트워크로 공유하여 여러 대의 컴퓨터에서 사용할 수 있다.
- 네트워크 프린터를 설치하면, 다른 컴퓨터에 연결된 프린터를 내 컴퓨터에 연결 프린터처럼 사용할 수 있다.

출제 ▶ 19년1회(1급)

04 다음 중 한글 Windows에 설치된 기본 프린터에 관한 설명으로 옳지 않은 것은?

① 앱에서 사용할 프린터를 지정하지 않고 인쇄 명령을 내렸을 때 컴퓨터가 자동으로 문서를 보내는 프린터이다.

② 여러 개의 프린터가 설치된 경우 네트워크 프린터와 로컬 프린터 각각 1대씩을 기본 프린터로 설정할 수 있다.

③ 현재 설정되어 있는 기본 프린터를 다른 프린터로 변경할 수 있다.

④ 기본 프린터로 설정된 프린터도 삭제할 수 있다.

출제 ▶ 15년2회(2급)

05 다음 중 한글 Windows의 기본 프린터 설정에 관한 설명으로 옳지 않은 것은?

① 기본 프린터는 해당 프린터 아이콘에 체크 표시가 추가된다.

② 기본 프린터는 한 대만 지정할 수 있다.

③ 인쇄 시 특정 프린터를 지정하지 않으면 기본 프린터로 인쇄된다.

④ 네트워크 프린터를 제외한 로컬 프린터만 기본 프린터로 지정할 수 있다.

핵심이론 036

'기본 프린터'는 인쇄 시 특정 프린터를 지정하지 않았을 경우 자동으로 인쇄 명령이 전달되는 프린터를 말한다. 기본 프린터는 다음과 같은 특징을 갖는다.

기본 프린터의 특징
- 기본 프린터는 한 컴퓨터에 한 대만 지정할 수 있다. - 기본 프린터로 지정되면 해당 프린터 아이콘 왼쪽 하단에 체크 표시가 추가된다. - 기본 프린터는 사용자 임의대로 변경하거나 삭제가 가능하다. - 네트워크 프린터, 추가 설치된 프린터도 기본 프린터로 지정할 수 있다. - 기본 프린터로 설정된 프린터도 네크워크 상의 다른 컴퓨터에서 사용 가능하다.

출제 ▶ 18년1회(1급)

06 다음 중 한글 Windows에서 설치된 기본 프린터의 인쇄 관리자 창에서 실행할 수 있는 작업으로 옳지 않은 것은?

① 인쇄 작업이 시작된 문서도 중간에 강제로 인쇄를 종료할 수 있으며 잠시 중지시켰다가 다시 인쇄할 수 있다.

② [프린터] 메뉴에서 [모든 문서 취소]를 선택하면 스풀러에 저장되어 있는 모든 인쇄 작업을 취소할 수 있다.

③ 인쇄 대기 중인 문서를 삭제하거나 출력 대기 순서를 임의로 조정할 수 있다.

④ 인쇄 중인 문서나 오류가 발생한 문서를 다른 프린터로 전송할 수 있다.

기출변형

07 다음 중 한글 Windows에서 프린터를 이용한 인쇄 기능의 설명으로 옳지 않은 것은?

① 문서가 인쇄되는 동안 프린터 아이콘이 알림 영역에 표시되며, 인쇄가 완료되면 아이콘이 사라진다.

② 인쇄 대기열에는 인쇄 대기 중인 문서가 표시되며, 목록의 각 항목에는 인쇄 상태 및 페이지 수와 같은 정보가 제공된다.

③ 인쇄 대기열에서 프린터의 작동을 일시 중지하거나 계속할 수 있으며, 인쇄 대기 중인 모든 문서의 인쇄를 취소할 수 있다.

④ 인쇄 대기 중인 문서에 대해서 용지 방향, 용지 공급 및 인쇄 매수 등을 인쇄 창에서 변경할 수 있다.

핵심이론 037

- 인쇄가 시작되면 작업 표시줄에 프린터 아이콘이 표시되고, 인쇄가 종료되면 아이콘은 사라진다.
- 작업 표시줄에 프린터 아이콘을 더블 클릭하면 '인쇄 관리자' 창이 표시되며, 각 메뉴에서 다음과 같은 설정들을 확인할 수 있다.

[프린터] 탭 설정 항목
- 기본 프린터로 설정 : 현재 사용 중인 프린터를 기본 프린터로 설정한다. - 인쇄 기본 설정 : 용지 크기 및 방향, 인쇄 매수 및 품질, 용지 공급 등을 설정한다. - 인쇄 일시 중지 : 인쇄 중이거나 인쇄 대기 중인 모든 문서의 인쇄를 일시 중지한다. - 모든 문서 취소 : 인쇄 중이거나 인쇄 대기 중인 모든 문서의 인쇄를 취소한다. - 공유 : 현재 사용 중인 프린터의 공유 여부를 설정할 수 있는 대화상자를 호출한다. - 속성 : 프린터 공유, 스풀 기능 등의 사용 여부를 설정할 수 있는 대화상자를 호출한다.

[문서] 탭 설정 항목
- 일시 중지 : 인쇄 대기열에서 선택한 문서의 인쇄를 일시 중지한다. - 계속 : 인쇄 대기열에서 일시 중지되었던 문서를 다시 인쇄한다. - 다시 시작 : 인쇄 대기열에서 선택한 문서를 처음부터 다시 인쇄한다. - 취소 : 인쇄 대기열에서 선택한 문서의 인쇄를 취소한다.

08 다음 중 프린터의 스풀(SPOOL) 기능에 관련된 설명으로 옳지 않은 것은?

① 프린터와 같은 저속의 입출력 장치를 CPU와 병행하여 작동시켜 컴퓨터의 전체 효율을 향상시켜 준다.
② 프린터가 인쇄 중이라도 다른 앱을 실행할 수 있다.
③ 인쇄 대기 중인 문서의 용지 방향, 용지 종류, 인쇄 매수 등의 설정을 변경할 수 있다.
④ 기본적으로 모든 사용자는 자신의 문서에 대해 인쇄 일시 중지, 계속, 다시 시작, 취소를 할 수 있다.

기출변형

09 다음 중 한글 Windows에서 프린터 스풀(SPOOL) 기능에 대한 설명으로 올바른 것은?

① 스풀링 단위는 인쇄할 문서 전체 단위로만 스풀링이 가능하다.
② 프린터가 인쇄 중이라도 다른 앱 실행이 가능하다.
③ 스풀링은 인쇄할 내용을 프린터로 직접 전송한다.
④ 저속의 프린터 사용 시 컴퓨터 효율이 크게 저하된다.

핵심이론 038

• 스풀(SPOOL)은 저속의 출력장치인 프린터와 고속의 중앙처리장치의 처리 속도 차이를 보완하여 효율을 높이기 위해 사용하는 기능이다.
• 스풀링 단위는 문서 전체 또는 일부로 설정할 수 있다.
• 스풀링은 인쇄할 내용을 하드디스크에 먼저 저장하고, 백그라운드 작업으로 인쇄한다.
• 프린터가 인쇄 중이라도 다른 앱을 실행할 수 있다.

기출변형

10 다음 중 한글 Windows에서 네트워크상에 공유된 프린터에 관한 설명으로 옳지 않은 것은?

① 공유된 프린터와 연결된 컴퓨터는 항상 켜져 있어야 네트워크상의 다른 컴퓨터에서 사용할 수 있다.
② 공유된 프린터의 이름 아래에 '기본값'이라고 표시되어 다른 프린터와 구분된다.
③ 프린터를 공유하려면 [설정] → [장치] → [프린터 및 스캐너] → 공유할 프린터를 선택한 후 [관리] 클릭 → [프린터 속성]을 클릭한 후 '공유' 탭에서 설정한다.
④ 한 대의 컴퓨터에 동일한 네트워크에 존재하는 공유된 프린터를 여러 대 설정할 수 있다.

핵심이론 039

• 한 대의 컴퓨터에 연결되어 있는 프린터를 네트워크를 통해 연결된 여러 대의 PC에서 사용할 수 있도록 공유할 수 있다.
• 로컬 프린터와 네트워크 프린터에 공유를 설정할 수 있다.
• 동일한 네트워크 내에서 여러 대의 프린터를 공유할 수 있다.
• 프린터가 공유되면 공유 아이콘이 해당 프린터에 나타나고, 세부 정보 창에서 공유 상태를 확인할 수 있다.

11 ▶ 제어판/설정 - 장치/장치 관리자

01 다음 중 한글 Windows의 [키보드 속성] 대화상자에서 설정할 수 있는 것으로 옳지 않은 것은?

① 입력 위치를 표시하는 커서의 모양을 선택할 수 있다.
② 키 반복 속도를 조절할 수 있다.
③ 커서 깜박임 속도를 조절할 수 있다.
④ 키 재입력 시간을 조절할 수 있다.

핵심이론 040

'키보드 속성' 대화상자를 이용하면 [설정]-[장치]에서 지정할 수 없는 키보드 관련 속성들을 설정할 수 있다.

속도	- 키 재입력 시간을 조절하여 연속적인 문자 입력 속도를 변경한다. - 키를 누르고 있을 때 반복적으로 입력되는 문자의 반응 속도를 변경한다. - 커서가 깜박이는 속도를 조절한다.
하드웨어	- 제조업체, 위치, 장치 상태 등을 확인한다.

02 다음 중 한글 Windows의 [마우스 속성] 대화상자에서 설정 가능한 기능으로 옳지 않은 것은?

① 입력할 때 포인터 숨기기를 할 수 있다.
② [Alt] 키를 눌러 포인터의 위치를 표시할 수 있다.
③ 포인터 자국의 길이를 조정하여 표시할 수 있다.
④ 포인터의 그림자를 사용할 수 있다.

핵심이론 041

'마우스 속성' 대화상자를 이용하면 [설정]-[장치]에서 지정할 수 없는 마우스 관련 속성들을 설정할 수 있다.

단추	- 오른손잡이/왼손잡이에 맞춰 마우스 오른쪽과 왼쪽 단추의 기능을 변경한다. - 두 번 클릭 속도를 변경한다. - 클릭 잠금을 설정하여 마우스를 클릭하고 있지 않더라도 누르고 있는 효과를 줄 수 있다.

포인터	- 마우스 포인터의 모양을 변경한다.
포인터 옵션	- 마우스 포인터의 이동 속도를 변경한다. - 포인터 이동 시 자국 표시 여부를 설정한다. - [Ctrl] 키를 눌러 포인터의 위치를 표시한다.
휠	- 휠을 굴렸을 때의 스크롤 정도를 결정한다.
하드웨어	- 제조업체, 위치, 장치 상태 등을 확인한다.

기출변형

03 다음 중 한글 Windows의 [설정]-[장치]에 표시되지 않는 것은?

① Bluetooth 및 기타 디바이스
② 프린터 및 스캐너
③ 키보드
④ 자동 실행

핵심이론 042

'장치'는 컴퓨터에 설치되어 있는 장치들의 속성을 설정하거나 변경할 때 사용한다.

Bluetooth 및 기타 디바이스	- 블루투스 기능을 켜거나 기타 장치를 추가한다. - 컴퓨터에 설치된 디바이스 목록을 확인하거나 제거할 수 있다.
프린터 및 스캐너	- 컴퓨터에 설치된 프린터 및 스캐너 목록을 확인한다. - 새롭게 프린터 및 스캐너를 추가하거나 제거할 수 있다.
마우스	- 기본 마우스 단추를 선택한다. - 마우스 커서의 속도를 설정한다. - 마우스 휠을 돌릴 때 스크롤 할 양 또는 스크롤 할 줄 수를 선택한다. - 비활성 창을 가리킬 때 스크롤이 되도록 설정할 수 있다.
입력	- 입력할 때 추천 단어 표시 또는 틀린 단어 자동 고침 기능을 켤 수 있다. - 입력 언어를 자동으로 인식하여 텍스트 제안 표시 여부를 설정한다.
펜 및 Windows Ink	- 펜 장치를 이용하여 글을 쓸 때 사용하는 손을 선택한다. - 필기의 글꼴 크기를 설정한다. - 펜의 바로 가기 버튼이 있는 경우 이를 눌러 수행 가능한 작업을 설정한다.
자동 실행	- 컴퓨터에 이동식 드라이브, 메모리 카드 등을 연결하면 자동으로 실행되도록 설정한다.

출제 ▶ 14년2회(1급)

04 다음 중 한글 Windows의 [장치 관리자] 창에서 설정 가능한 하드웨어 관리에 대한 설명으로 옳지 않은 것은?

① [장치 관리자]에서 [동작] → [레거시 하드웨어 추가] 메뉴를 이용하여 설치할 수 있다.
② [하드웨어 추가 마법사]를 이용하여 설치할 수 있다.
③ 플러그 앤 플레이(Plug & Play) 기능이 지원되는 하드웨어를 장착하고 Windows를 실행하면 새로 장착한 하드웨어를 자동으로 인식하고 설치한다.
④ 키보드와 마우스 등은 [설정] → [시스템]을 이용하여 설치할 수 있다.

기출변형

05 다음 중 한글 Windows의 플러그 앤 플레이(Plug & Play) 기능을 지원하지 않는 하드웨어를 설치하는 방법으로 옳은 것은?

① [장치 관리자] 창에서 [하드웨어 추가] 단추를 선택하여 표시되는 [하드웨어 업그레이드]를 이용하여 설치한다.
② [제어판] → [장치 관리자] → [동작] → [레거시 하드웨어 추가]를 선택하여 표시되는 [하드웨어 추가 마법사]를 이용하여 설치한다.
③ 먼저 하드웨어를 장착하고 컴퓨터를 재부팅하면 표시되는 [하드웨어 검색 마법사]를 이용하여 설치한다.
④ 한글 Windows 10에서 플러그 앤 플레이(Plug & Play) 기능을 지원하지 않는 장치는 설치가 불가능하다.

핵심이론 043

컴퓨터에 새롭게 하드웨어를 추가하거나 이미 설치되어 있는 하드웨어를 제거하는 방법은 아래와 같다.

하드웨어 추가 및 제거
- 플러그 앤 플레이(Plug & Play) 기능을 지원하지 않는 장치를 추가하는 경우에는 [장치 관리자]→[동작]→[레거시 하드웨어 추가]를 선택하여 설치하거나, [하드웨어 추가 마법사]를 실행하여 지시에 따라 장치를 설치한다 - 플러그 앤 플레이(Plug & Play) 기능을 지원하지 않는 장치를 추가하는 경우에는 [장치 관리자]→[동작]→[레거시 하드웨어 추가]를 선택하여 표시되는 [하드웨어 추가 마법사]를 이용하여 설치하거나, [하드웨어 추가 마법사]를 실행하여 지시에 따라 장치를 설치한다. - 설치된 장치는 [설정]→[장치]→[Bluetooth 및 기타 디바이스]에서 확인한다. - [설정]→[장치]→[Bluetooth 및 기타 디바이스]에서 설치된 하드웨어를 선택하여 제거한다.

06 다음 중 한글 Windows의 [장치 관리자] 창에서 설정 가능한 하드웨어 관리에 대한 설명으로 옳지 않은 것은?

① 장치들의 드라이버를 식별하고, 설치된 장치 드라이버에 대한 정보를 알 수 있다.

② 가상 메모리에 대한 정보를 확인하고, 설정 값을 변경할 수 있다.

③ 장치 드라이버를 업데이트할 수 있다.

④ 하드웨어가 올바르게 작동하는지 확인할 수 있다.

기출변형

07 다음 중 [시스템 속성] 대화상자의 '하드웨어' 탭에서 [장치 관리자]를 클릭하면 표시되는 '장치 관리자' 창에 대한 설명으로 옳지 않은 것은?

① 문제가 있거나 불필요한 하드웨어 장치는 [디바이스 제거] 아이콘을 클릭하여 목록에서 없앨 수 있다.

② 각 장치의 속성을 이용하여 IRQ, DMA, I/O Address 등을 확인하고 변경한다.

③ 컴퓨터에서 메모리와 가상 메모리의 현황과 성능 상태를 확인하고 설정 값을 변경한다.

④ 원안에 노란색 느낌표(!) 표시가 된 장치 아이콘은 장치에 문제가 있음을 나타낸다.

출제 ▶ 15년2회(2급)

08 다음 중 Windows의 [장치 관리자]에서 각 장치에 표시될 수 있는 "노란색 물음표(?)"의 원인으로 옳은 것은?

① 인터페이스 장치 충돌

② 드라이버 미설치

③ 시스템 고장

④ 전원 공급 부족

핵심이론 044

'장치 관리자'에서는 컴퓨터에 설치되어 있는 하드웨어의 종류를 확인하거나 설치된 장치의 정상 작동 여부를 확인하고 관련 설정을 변경할 수 있다.

'장치 관리자'에서 확인 및 설정 가능한 항목
- 장치의 드라이버 파일
- 인터럽트 요청 (IRQ:Interrupt ReQuest)
- 직접 메모리 액세스 (DMA:Direct Memory Access)
- 입출력 주소 (I/O Address)
- 메모리 주소

'장치 관리자'의 오류 표시
- 아래 화살표(↓) : 사용되지 않는 장치
- 물음표(?) : 알 수 없는 장치
- 느낌표(!) : 정상적으로 동작하지 않는 장치

---

12 작업 관리자/명령 프롬프트

출제 ▶ 16년2회(1급)

01 다음 중 한글 Windows의 [Windows 작업 관리자]에서 실행 가능한 작업으로 옳지 않은 것은?

① 네트워크에 연결되어 있는 경우 네트워크의 작동 상태를 확인하고 수정할 수 있다.

② 실행 중인 응용 프로그램이나 프로세스에 대한 정보를 확인할 수 있다.

③ 둘 이상의 사용자가 컴퓨터에 연결되어 있는 경우 연결된 사용자 및 작업 상황을 확인하고 사용자에게 메시지를 보낼 수 있다.

④ 컴퓨터에서 사용되고 있는 메모리 및 CPU 리소스의 양에 대한 자세한 정보를 볼 수 있다.

출제 ▶ 15년2회(1급)

02 다음 중 한글 Windows의 [Windows 작업 관리자] 창에서 수행할 수 있는 작업으로 옳지 않은 것은?

① 사용자 계정의 추가와 삭제를 수행할 수 있다.

② 현재 실행 중인 앱을 강제로 종료시킬 수 있다.

③ 시스템의 CPU 사용 내용이나 할당된 메모리의 크기를 파악할 수 있다.

④ 현재 네트워크 상태를 보고 네트워크 이용률을 확인할 수 있다.

출제 ▶ 19년1회(2급)

03 다음 중 한글 Windows의 [작업 관리자]에서 설정할 수 있는 작업으로 옳지 않은 것은?

① 실행 중인 응용 프로그램을 [작업 끝내기]로 종료할 수 있다.

② 현재 실행 중인 프로세스와 프로세스에서 실행되는 서비스를 볼 수 있다.

③ CPU 사용정도와 CPU 사용현황을 확인할 수 있다.

④ 실행 중인 앱의 실행 순서를 변경할 수 있다.

핵심이론 045

'작업 관리자'는 컴퓨터에서 실행 중인 앱과 프로세스에 대한 정보를 확인하고, 응답하지 않는 앱을 강제로 종료할 수 있다.

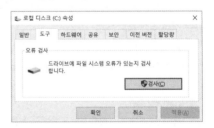

탭별 기능	
프로세스	실행 중인 앱과 프로세스에 대한 정보를 확인하고, 응답하지 않는 앱 또는 프로세스를 강제 종료한다.
성능	CPU, 메모리, 디스크 등의 자원 현황을 확인한다. 네트워크의 작동 상태를 확인한다.
앱 기록	특정 날짜 이후의 리소스 사용량을 확인한다.
시작프로그램	시스템이 시작될 때 자동으로 실행되는 앱의 사용 여부를 결정한다.
사용자	둘 이상의 사용자가 컴퓨터에 연결되어 있는 경우 연결된 사용자 및 작업 상황을 확인하고, 특정 사용자에게 메시지를 보내거나 강제 로그아웃 시킬 수 있다.
세부 정보	현재 실행 중인 프로세스의 CPU 및 메모리에 대한 정보를 확인하고, 프로세스를 선택하여 종료한다.
서비스	시스템의 서비스 항목을 확인하고 실행 여부를 결정한다.

출제 ▶ 16년1회(1급)

04 다음 중 한글 Windows의 보조프로그램 중 [명령 프롬프트]에 관한 설명으로 옳지 않은 것은?

① MS-DOS 명령 및 기타 컴퓨터 명령을 텍스트 기반으로 실행한다.

② [명령 프롬프트] 창에서 표시되는 텍스트를 복사하여 메모장에 붙여 넣을 수 있다.

③ 윈도우 시작 단추의 검색 상자에 'command'를 입력하여 실행할 수도 있다.

④ [명령 프롬프트] 창에서 'exit'를 입력하여 종료할 수 있다.

핵심이론 046

• '명령 프롬프트'는 Windows의 기본 유틸리티로, MS-DOS 운영체제용 앱을 사용할 수 있는 명령어 처리기이다.

• MS-DOS 명령은 커서가 있는 지점에 실행할 파일을 직접 입력하여 실행한다.

• 작업 표시줄의 검색 상자에 'cmd'를 입력한 후 [Enter]를 눌러 실행할 수 있다.

• 명령 프롬프트 상에서 'exit'를 입력한 후 [Enter]를 눌러 종료할 수 있다.

• 제목 표시줄의 바로 가기 메뉴에서 [편집]을 이용하여 텍스트를 복사 및 붙여넣기 할 수 있다.

13 ▶ 시스템 유지 관리/레지스트리

출제 ▶ 19년1회(1급)

01 다음 중 한글 Windows에서 하드 디스크에 적용하는 [오류 검사]에 관한 설명으로 옳지 않은 것은?

① 하드 디스크 자체의 물리적 오류를 찾아서 복구하므로 완료하는 데 시간이 더 오래 걸릴 수 있다.

② 하드 디스크 드라이브를 검사하는 동안에도 드라이브를 계속 사용할 수 있다.

③ 하드 디스크 문제로 인하여 컴퓨터 시스템이 오작동하는 경우나 바이러스의 감염을 예방할 수 있다.

④ 하드 디스크의 [속성] 창 [도구] 탭에서 오류 검사를 실행할 수 있다.

출제 ▶ 18년2회(2급)

02 다음 중 한글 Windows에서 아래 그림의 [오류 검사]에 관한 설명으로 옳지 않은 것은?

① 폴더와 파일의 오류를 검사하여 발견된 오류를 복구한다.

② 디스크의 물리적 손상 영역인 불량 섹터를 검출한다.

③ 네트워크 드라이브를 선택하여 오류 검사를 할 수 있다.

④ 시스템 성능 향상을 위해 정기적으로 수행하는 것이 좋다.

'오류 검사'는 하드디스크의 논리적 또는 물리적 오류를 검사하고, 복구 가능한 오류는 복구해주는 기능이다.

드라이브 오류 검사의 특징

- 폴더와 파일의 오류를 검사하여 발견된 오류를 복구한다.
- 디스크의 물리적 손상 영역인 불량 섹터를 찾아내고, 불량 섹터에 저장된 데이터를 안정한 장소로 이동시키고, 이후에는 해당 공간을 사용하지 않도록 처리한다.
- 네트워크 드라이브, CD/DVD-ROM 드라이브는 오류 검사를 수행할 수 없다.
- 시스템 성능 향상을 위해 정기적으로 수행하는 것이 좋다.
- 오류 검사를 진행하는 동안에도 드라이브를 계속 사용할 수 있다.
- 오류 검사를 실행해노 니스크 공간에는 아무런 변함이 없다.

출제 ▶ 18년2회(1급)

03 다음 중 한글 Windows의 레지스트리에 관한 설명으로 옳지 않은 것은?

① 컴퓨터에 설치된 모든 하드웨어와 소프트웨어의 실행 정보를 관리하는 데이터베이스이다.
② 레지스트리 정보는 Windows가 작동하는 동안 지속적으로 참조된다.
③ Windows에 탑재된 레지스트리 편집기는 'reg.exe'이다.
④ 레지스트리에 문제가 발생하면 시스템 부팅이 안 될 수도 있다.

기출변형

04 다음 중 한글 Windows 운영체제의 모든 구성 데이터의 중앙 저장소라고 할 수 있는 레지스트리에 관한 설명으로 가장 옳지 않은 것은?

① 레지스트리 편집기를 사용하여 레지스트리를 잘못 변경하면 시스템을 손상시킬 수 있으므로 중요한 정보를 모두 백업한 후 레지스트리를 변경하는 것이 좋다.
② 레지스트리에는 각 사용자의 프로필과 시스템 하드웨어, 설치된 앱 및 속성 설정에 대한 정보가 들어 있다.
③ 레지스트리 편집기 실행은 파일 탐색기의 '검색 상자'에 'Regedit'을 입력하고 [Enter]를 누른다.
④ 레지스트리 편집기를 사용하면 컴퓨터 실행 방법에 대한 정보가 들어 있는 시스템 레지스트리의 설정을 검색하고 변경할 수 있다.

기출변형

05 다음 중 한글 Windows의 레지스트리에 관한 설명으로 옳지 않은 것은?

① [시작] → [Windows 관리 도구] → [레지스트리 편집기]를 선택하여 레지스트리 편집기를 실행할 수 있다.
② 레지스트리 편집기를 사용하면 레지스트리 폴더 및 각 레지스트리 파일에 대한 설정을 볼 수 있다.
③ 사용자 프로필과 관련된 부분은 'ntuser.dat' 파일에 저장된다.
④ 레지스트리의 정보는 수정할 수는 있으나 삭제는 할 수 없어 언제든지 레지스트리 복원이 가능하다.

• '레지스트리(Registry)'는 컴퓨터 사용자에 대한 프로필, 설치된 모든 하드웨어와 소프트웨어의 실행 정보, 사용 중인 포트 등에 관한 정보를 모아 관리한다.
• 작업 표시줄의 검색 상자에 'Regedit'을 입력한 후 [Enter]를 눌러 실행할 수 있다.
• 레지스트리를 잘못 변경하면 시스템을 손상시킬 수 있으므로 중요한 정보를 모두 백업한 후 레지스트리를 변경하는 것이 좋다.
• 레지스트리는 사용자에 대한 중요한 정보를 가지고 있으므로 레지스트리에 문제가 있을 경우 시스템이 부팅되지 않을 수도 있다.
• 레지스트리는 IRQ, I/O주소, DMA 등과 같은 자원을 관리한다.
• 사용자 프로필과 관련된 부분은 'ntuser.dat' 파일에 저장되는데, 이 파일은 'C:/사용자'의 하위 폴더인 사용자 계정 폴더에 저장된다.
• 레지스트리의 정보는 삭제할 수 있으나 시스템에 이상이 생길 수 있으므로 함부로 삭제하지 않는 것이 좋다.

14	네트워크 설정/네트워크 연결

출제 ▶ 16년2회(1급)

01 다음 중 네트워크와 관련하여 Ping 서비스에 대한 설명으로 옳은 것은?

① 인터넷의 기원, 구성, 사용 가능한 인터넷 서비스 등 기초적인 정보를 제공하는 서비스이다.
② 웹 브라우저와 웹 서버 사이의 정보 전달을 위한 인터페이스를 제공해 주는 서비스이다.
③ DNS가 가지고 있는 특정 도메인의 IP 주소를 검색해 주는 서비스이다.
④ 지정된 호스트에 대해 네트워크층의 통신이 가능한지의 여부를 확인하는 서비스이다.

기출변형

02 다음 중 한글 Windows에서 네트워크 설정에 관한 설명으로 틀린 것은?

① ipconfig를 이용하여 네트워크 설정에 관한 정보를 얻을 수 있다.

② ping을 이용하면 상대방 컴퓨터까지 연결되는 경로를 IP로 표시할 수 있다.

③ ipconfig를 이용하여 네트워크 카드의 물리적 주소(MAC Address)도 확인할 수 있다.

④ ping을 이용하여 자신의 네트워크 카드가 정상적으로 작동하는지 확인할 수 있다.

핵심이론 049

네트워크 관련 명령어

ping	- 네트워크에 연결된 원격 컴퓨터에 정상 작동 여부를 확인할 수 있는 서비스이다. - 자신의 네트워크 카드가 정상적으로 작동하는지 확인할 수 있다.
ipconfig	- 네트워크의 설정 정보인 IP 주소, DNS 서버, 서브넷 마스크, 기본 게이트웨이 등을 표시한다.
finger	- 현재 시스템 또는 네트워크를 통해 연결된 다른 시스템을 사용 중인 사람에 관한 정보를 제공한다.
tracert	- 네트워크에 문제가 생긴 경우 어느 구간에서 정체가 생기는지 알기 위해 인터넷 서버까지의 경로를 추적한다.
net view	- 특정 컴퓨터에 공유되어 있는 데이터와 프린터의 정보를 제공한다.

기출변형

03 다음 중 한글 Windows에서 설치 가능한 네트워크 구성 요소의 유형에 관한 설명으로 옳지 않은 것은?

① 어댑터는 네트워크상에 있는 컴퓨터들이 서로 통신할 수 있는 소프트웨어이다.

② 서비스는 사용자 컴퓨터에 설치된 파일, 프린터 등의 자원을 공유할 수 있도록 하는 소프트웨어이다.

③ 프로토콜은 사용자가 다른 컴퓨터와 통신할 때 사용하는 통신규약이다.

④ 클라이언트는 사용자가 연결한 네트워크에 존재하는 컴퓨터 속 파일 및 프린터 등의 자원을 공유할 수 있게 하는 소프트웨어이다.

핵심이론 050

네트워크 구성 요소

클라이언트	- 네트워크에 연결된 다른 컴퓨터에 있는 공유 파일

	과 프린터 등의 자원을 사용할 수 있도록 하는 소프트웨어이다.
서비스	- 내 컴퓨터에 설치된 파일, 프린터 등의 자원을 다른 컴퓨터에서 공유할 수 있도록 하는 소프트웨어이다.
프로토콜	- 네트워크에서 서로 다른 컴퓨터 간에 정보를 교환할 수 있도록 하는 통신규약이다. - 다른 시스템과 상호 통신이 가능하려면 같은 프로토콜을 사용해야 한다.

출제 ▶ 18년1회(1급)

04 다음 중 한글 Windows에서 네트워크 연결 시 IP설정이 자동으로 할당되지 않을 경우 직접 설정해야 하는 TCP/IP 속성에 해당하지 않는 것은?

① IP 주소   ② 기본 게이트웨이

③ 서브넷 마스크   ④ 라우터 주소

핵심이론 051

• TCP/IP는 인터넷에 연결된 서로 다른 컴퓨터 간의 데이터를 교환할 수 있도록 하는 인터넷 표준 프로토콜이다.

• 한글 Windows 10에서는 TCP/IPv4와 TCP/IPv6 설정이 가능하며, 인터넷 접속을 위해 반드시 지정해야 하는 요소는 다음과 같다.

TCP/IPv4 : IP 주소, 서브넷 마스크, 기본 게이트웨이, DNS 서버 주소

TCP/IPv6 : IP 주소, 서브넷 접두사 길이, 기본 게이트웨이, DNS 서버 주소

SECTION

02 컴퓨터 시스템

출제 ▶ 15년1회(1급)

01 다음 중 1952년 폰 노이만이 프로그램 내장 방식과 2진 연산 방식을 적용하여 제작한 초창기 전자식 계산기는?

① 에니악(ENIAC)　　② 에드삭(EDSAC)

③ 유니박(UNIVAC)　④ 에드박(EDVAC)

출제 ▶ 16년1회(2급)

02 다음 중 컴퓨터의 발전 과정에 관한 설명으로 옳지 않은 것은?

① 파스칼의 계산기는 사칙연산이 가능한 최초의 기계식 계산기이다.

② 천공카드시스템은 홀러리스가 개발한 것으로 인구통계 및 국세 조사에 이용되었다.

③ EDSAC은 최초로 프로그램 내장 방식을 도입하였다.

④ UNIVAC-1은 최초의 상업용 전자계산기이다.

핵심이론 052

컴퓨터의 기원은 데이터를 정해진 절차에 따라 계산하는 계산기이며, 이는 기계식과 전자식으로 구분된다.

기계식 계산기		
이름	개발자	특징
치차식 계산기	파스칼	최초의 기계식 계산기
가감승제 계산기	라이프니츠	사칙연산 가능
차분, 해석기관	바베지	현대 컴퓨터의 개념을 최초로 제시
천공카드 시스템	홀러리스	천공된 정보를 활용하여 자동 계산의 실용성을 확인
튜링 기계	튜링	가상의 자동 계산기로 컴퓨터의 논리적 모델이 됨
MARK-1	에이컨	최초의 전기 기계식 자동 계산기
ABC	아타나소프	최초의 진공관을 사용한 계산기

전자식 계산기		
이름	개발자	특징
ENIAC	머클리 에커트	최초의 전자계산기
EDSAC	윌키스	프로그램 내장방식 최초도입
UNIVAC-1	머클리 에커트	최초의 상업용 전자계산기
EDVAC	폰 노이만	프로그램 내장방식 완성

출제 ▶ 20년2회(1급)

03 다음 중 컴퓨터 및 정보기기에서 사용하는 펌웨어(Firmware)에 관한 설명으로 옳은 것은?

① 주로 하드디스크의 부트 레코드 부분에 저장된다.

② 인터프리터 방식으로 번역되어 실행된다.

③ 운영체제의 일부로 입출력을 전담한다.

④ 소프트웨어의 업그레이드만으로도 기능을 향상시킬 수 있다.

출제 ▶ 19년2회(1급)

04 다음 중 컴퓨터의 펌웨어(Firmware)에 관한 설명으로 옳은 것은?

① 주로 하드 디스크에 저장되며 부팅 시 동작한다.

② 펌웨어 업데이트만으로도 시스템의 성능을 향상시킬 수 있다.

③ 컴퓨터 바이러스 백신과 관련이 있는 프로그램이다.

④ 컴퓨터 연산 속도를 빠르게 도와주는 하드웨어이다.

출제 ▶ 19년2회(1급)

05 다음 중 컴퓨터에서 사용되는 펌웨어(Firmware)에 대한 설명으로 옳지 않은 것은?

① 하드웨어의 동작을 지시하는 소프트웨어이지만 하드웨어적으로 구성되어 하드웨어의 일부분으로도 볼 수 있는 제품을 말한다.

② 하드웨어 교체 없이 소프트웨어 업그레이드 만으로 시스템의 성능을 높이기 위한 목적으로 사용된다.

③ 시스템의 효율을 높이기 위해 RAM에 저장되어 관리된다.

④ 기계어 처리, 데이터 전송, 부동 소수점 연산, 채널 제어 등의 처리 루틴을 가지고 있다.

핵심이론 053

컴퓨터는 기계장치인 하드웨어와 이를 움직이는 소프트웨어로 구성되며, 각각의 개념과 특징은 아래와 같다.

하드웨어 (Hardware)	- 컴퓨터를 구성하는 물리적 부품이다. - 중앙처리장치, 저장장치, 입출력장치 등으로 구성된다.
소프트웨어 (Software)	- 하드웨어를 작동하기 위해 사용되는 프로그램을 말한다. - 시스템 소프트웨어, 응용 소프트웨어 등으로 구성된다.
펌웨어 (Firmware)	- 하드웨어와 소프트웨어의 중간적 성격에 해당된다. - 소프트웨어지만 하드웨어의 일부로도 볼 수 있어 소프트웨어의 업그레이드만으로도 시스템의 성능을 높일 수 있다. - 주로 ROM에 저장되어 하드웨어를 관리하는 역할을 수행한다.

출제 ▶ 17년1회(1급)

06 다음 중 아날로그 컴퓨터와 비교하여 디지털 컴퓨터의 특징으로 옳지 않은 것은?

① 데이터의 각 자리마다 0 혹은 1의 비트로 표현한 이산 적인 데이터를 처리한다.

② 데이터 처리를 위한 명령어들로 구성된 프로그램에 의해 동작된다.

③ 온도, 전압, 진동 등과 같이 연속적으로 변하는 데이터를 효율적으로 처리할 수 있다.

④ 산술 및 논리 연산을 처리하는 회로에 기반을 둔 범용 컴퓨터로 사용된다.

출제 ▶ 18년2회(2급)

07 다음 중 처리하는 데이터에 따라 분류되는 디지털 컴퓨터의 특징으로 옳은 것은?

① 산술이나 논리 연산을 한다.

② 증폭 회로를 사용한다.

③ 프로그래밍이 필요 없다.

④ 기억 기능이 없다.

출제 ▶ 18년2회(2급)

08 다음 중 디지털 컴퓨터와 아날로그 컴퓨터의 차이점에 관한 설명으로 옳은 것은?

① 디지털 컴퓨터는 전류, 전압, 온도 등 다양한 입력값을 처리하며, 아날로그 컴퓨터는 숫자 데이터만을 처리한다.

② 디지털 컴퓨터는 증폭 회로로 구성되며, 아날로그 컴퓨터는 논리회로로 구성된다.

③ 아날로그 컴퓨터는 미분이나 적분 연산을 주로 하며, 디지털 컴퓨터는 산술이나 논리 연산을 주로 한다.

④ 아날로그 컴퓨터는 범용이며, 디지털 컴퓨터는 특수 목적용으로 많이 사용된다.

출제 ▶ 15년3회(2급)

09 다음 중 처리하는 데이터 형태에 따른 컴퓨터의 분류에 해당하지 않는 것은?

① 하이브리드 컴퓨터   ② 디지털 컴퓨터
③ 슈퍼 컴퓨터   ④ 아날로그 컴퓨터

핵심이론 054

취급 데이터 형태에 따른 분류

디지털 Digital	- 문자나 숫자화 된 비연속적인 데이터를 처리 - 논리 회로로 구성 - 프로그래밍 필요 - 일반적으로 사용되는 범용 컴퓨터
아날로그 Analog	- 온도, 전압, 속도 등과 같이 연속적으로 변화하는 데이터를 처리 - 증폭 회로로 구성 - 프로그래밍 불필요 - 특수 목적용 컴퓨터
하이브리드 Hybrid	- 디지털과 아날로그의 장점만을 모아 만든 혼합형 형태

출제 ▶ 16년3회(1급)

01 다음 중 컴퓨터에서 사용하는 데이터의 논리적 구성 단위를 작은 것에서 큰 것 순으로 바르게 나열한 것은?

① 비트(Bit) - 바이트(Byte) - 레코드(Record) - 워드(Word)

② 워드(Word) - 필드(Field) - 바이트(Byte) - 레코드(Record)

③ 워드(Word) - 필드(Field) - 파일(File) - 레코드(Record)

④ 필드(Field) - 레코드(Record) - 파일(File) - 데이터베이스(Database)

출제 ▶ 19년2회(2급)

02 다음 중 자료의 구성 단위에 대한 설명으로 옳지 않은 것은?

① 데이터베이스(Database)는 관련된 데이터 파일들의 집합을 말한다.

② 워드(Word)는 컴퓨터에서 한 번에 처리할 수 있는 명령 단위를 나타낸다.

③ 니블(Nibble)은 4개의 비트가 모여 1개의 니블을 구성한다.

④ 비트(Bit)는 정보의 최소 단위이며, 5비트가 모여 1바이트(Byte)가 된다.

출제 ▶ 19년1회(2급)

03 다음 중 컴퓨터에서 사용되는 바이트(Byte)에 대한 설명으로 옳지 않은 것은?

① 1바이트는 8비트로 구성된다.

② 일반적으로 영문자나 숫자는 1Byte로 한 글자를 표현하고, 한글 및 한자는 2Byte로 한 글자를 표현한다.

③ 1바이트는 컴퓨터에서 각종 명령을 처리하는 기본 단위이다.

④ 1바이트로는 256가지의 정보를 표현할 수 있다.

출제 ▶ 16년2회(2급)

04 다음 중 4비트로 나타낼 수 있는 정보 단위는?

① Character　　② Nibble

③ Word　　④ Octet

핵심이론 055

자료 구성의 단위는 컴퓨터가 인식하는 물리적 단위와, 사람이 인식하는 논리적 단위로 구분된다.

물리적 단위	
비트 (Bit)	- 자료 표현의 최소 단위 - 0과 1로 표현하는 2진수 1자리
니블 (Nibble)	- 4개의 비트로 구성 - 16진수 1자리 표현에 적합
바이트 (Byte)	- 문자를 표현하는 최소 단위 - 8개의 비트로 구성 - 영문자와 숫자는 1Byte, 한글과 한자는 2Byte로 표현
워드 (Word)	- 컴퓨터 연산의 기본 단위 - CPU의 내부 버스 폭에 따라 반워드(2Byte), 전워드(4Byte), 더블워드(8Byte)로 나뉨

논리적 단위	
필드 (Field)	- 파일 구성의 최소 단위 - 레코드를 구성하는 문자 단위
레코드 (Record)	- 관련 필드들의 집합 - 자료 처리의 기본 단위 - 논리적/물리적으로 구분
파일 (File)	- 관련 레코드들의 집합 - 프로그램 구성의 기본 단위
데이터베이스 (Database)	- 관련 파일들의 집합

출제 ▶ 20년1회(1급)

05 다음 중 ASCII 코드에 대한 설명으로 옳지 않은 것은?

① 3개의 Zone 비트와 4개의 Digit 비트로 하나의 문자를 표현한다.

② 데이터 통신용으로 사용하며, 128가지 문자를 표현할 수 있다.

③ 2비트의 에러 검출 및 1비트의 에러 교정 비트를 포함한다.

④ 확장 ASCII 코드는 8비트를 사용하여 문자를 표현한다.

출제 ▶ 19년2회(1급)

06 다음 중 컴퓨터에서 사용하는 ASCII 코드에 관한 설명으로 옳지 않은 것은?

① 각 문자를 7비트로 표현하며, 총 128개의 문자 표현이 가능하다.

② 확장 ASCII 코드는 8비트를 사용한다.

③ 데이터 처리 및 통신 시스템 상호 간의 정보 교환을 위해 사용된다.

④ 각 나라별 언어를 표현할 수 있다.

핵심이론 056

ASCII 코드(미국 표준)
- Windows에서 텍스트 문서에 사용되는 코드 방식
- 하나의 문자를 3개의 Zone 비트와 4개의 Digit 비트로 표현
- 128가지의 문자를 표현할 수 있으며, 주로 데이터 통신용으로 사용
- 확장 ASCII 코드는 8비트를 사용하며, 최대 256가지의 문자를 표현

출제 ▶ 19년1회(1급)

07 다음 중 컴퓨터에서 사용하는 EBCDIC 코드에 대한 설명으로 옳지 않은 것은?

① 확장 이진화 10진 코드로 BCD 코드를 확장한 것이다.

② 특수 문자 및 소문자 표현이 가능하다.

③ 4비트의 존 부분과 4비트의 디지트 부분으로 구성된다.

④ 최대 64개의 문자 표현이 가능하다.

핵심이론 057

BCD코드(2진화 10진)
- 하나의 문자를 2개의 Zone 비트와 4개의 Digit 비트로 표현
- 64가지의 문자를 표현할 수 있지만, 영문 소문자를 표현하지 못함

EBCDIC코드(확장 2진화 10진)
- BCD를 확장한 것으로, 하나의 문자를 4개의 Zone 비트와 4개의 Digit 비트로 표현
- 256가지의 문자를 표현
- 대형 컴퓨터 시스템에서 많이 사용되는 코드 방식

출제 ▶ 17년2회(1급)

08 다음 중 컴퓨터에서 사용하는 유니코드(unicode)에 대한 설명으로 옳지 않은 것은?

① 세계 각국의 언어를 통일된 방법으로 표현할 수 있게 제안된 국제적인 코드 규약의 이름이다.

② 8비트 문자코드인 아스키(ASCII) 코드를 32비트로 확장하여 전 세계의 모든 문자를 표현하는 표준코드이다.

③ 한글은 조합형, 완성형, 옛글자 모두를 표현할 수 있다.

④ 최대 65,536자의 글자를 코드화 할 수 있다.

출제 ▶ 16년2회(1급)

09 다음 중 컴퓨터에서 사용하는 유니코드(Unicode)에 관한 설명으로 옳은 것은?

① 국제 표준으로 16비트의 만국 공통의 국제 문자 부호 체제이다.

② 6비트로 구성되어 있으며, 대소문자를 구별할 수 없다.

③ 미국 표준국에서 통신을 위해 최근에 개발된 7비트 문자 부호 체제이다.

④ 대형 컴퓨터에서 주로 사용하며 BCD 코드에서 확장된 8비트 체제이다.

출제 ▶ 16년1회(1급)

10 다음 중 컴퓨터에서 사용하는 자료의 외부적 표현방식에 관한 설명으로 옳은 것은?

① ASCII는 데이터 통신용이나 개인용 컴퓨터에서 사용하며, 128가지의 문자를 표현할 수 있다.

② BCD는 8비트로 구성되어 있으며, 하나의 문자를 표현할 수 있다.

③ EBCDIC는 대형 컴퓨터에서 사용되는 범용코드이며, 6비트로 구성되어 있다.

④ Unicode는 국제 표준 코드로 최대 256가지의 문자 표현이 가능하다.

핵심이론 058

UNICODE(유니코드)
- 8비트 문자코드인 ASCII 코드를 16비트로 확장 하여 전 세계의 모든 문자를 표현하는 표준 코드 방식
- 완성형에 조합형을 반영하여 현대 한글과 옛글자의 모든 표현이 가능
- 최대 65,536자의 문자를 수용
- 한글, 한자, 영문, 숫자 모두를 2바이트로 표시
- 정보 처리/정보 교환용으로 사용

17 중앙처리장치(Central Processing Unit)

출제 ▶ 18년1회(2급)

01 다음 중 중앙처리장치의 구성요소에 해당하지 않는 것은?

① ALU(Arithmetic Logic Unit)
② CU(Control Unit)
③ 레지스터(Register)
④ SSD(Solid State Drive)

핵심이론 059

- 중앙처리장치(CPU:Central Processing Unit)는 인간의 뇌에 해당하는 장치로서, 컴퓨터에서 정보를 기억하고 처리하는 핵심작업을 수행한다.
- 중앙처리장치는 제어장치(Control Unit)와 연산장치(Arithmetic Logic Unit), 레지스터(Register)로 구성된다.

출제 ▶ 19년2회(1급)

02 다음 중 레지스터(Register)에 관한 설명으로 옳은 것은?

① CPU 내부에서 특정한 목적에 사용되는 일시적인 기억 장소이다.
② 메모리 중에서 가장 속도가 느리며, 플립플롭이나 래치 등으로 구성된다.
③ 컴퓨터의 유지 보수를 위한 시스템 정보를 저장한다.
④ 시스템 부팅 시 운영체제가 로딩되는 메모리이다.

출제 ▶ 16년3회(1급)

03 다음 중 레지스터(Register)에 대한 설명 중 옳지 않은 것은?

① CPU 내부에서 처리할 명령어나 연산 결과 값을 일시적으로 저장하는 기억장치이다.
② 레지스터의 크기는 컴퓨터가 한 번에 처리할 수 있는 데이터의 크기를 나타낸다.
③ 펌웨어(Firmware)를 저장하는 비휘발성 메모리로 액세스 속도가 가장 빠른 기억장치이다.

④ 구조는 플립플롭(Flip-Flop)이나 래치(Latch)를 직렬 또는 병렬로 연결한다.

출제 ▶ 18년1회(2급)

04 다음 중 레지스터(Register)에 관한 설명으로 옳지 않은 것은?

① 명령 레지스터는 현재 수행 중인 명령어를 가지고 있다.
② 메모리 중에서 가장 빠른 속도로 접근이 가능하다.
③ 프로그램 카운터는 다음 번에 실행할 명령어의 주소를 가지고 있다.
④ 운영체제의 시스템 정보를 기억하고 관리한다.

출제 ▶ 17년1회(2급)

05 다음 중 레지스터(Register)에 대한 설명으로 옳은 것은?

① 하드디스크의 부트 레코드에 위치한다.
② 하드웨어 입출력을 전담하는 장치로 속도가 빠르다.
③ 주기억장치보다 큰 프로그램을 실행시켜야 할 때 유용한 메모리이다.
④ 중앙처리장치에서 사용하는 임시기억장치로 메모리 중 가장 빠른 속도로 접근 가능하다.

출제 ▶ 16년3회(2급)

06 다음 중 컴퓨터의 CPU에 있는 레지스터(register)에 관한 설명으로 옳지 않은 것은?

① 계산 결과의 임시 저장, 주소색인 등 여러 가지 목적으로 사용될 수 있는 레지스터들을 범용 레지스터라고 한다.
② 주기억장치보다 저장 용량이 적고 속도가 느리다.
③ ALU(산술/논리장치)에서 연산된 자료를 일시적으로 저장한다.
④ 프로그램 카운터는 다음에 수행할 명령어의 주소를 저장하는 레지스터이다.

핵심이론 060

레지스터(Register)는 CPU 내부에서 처리할 명령어나 연산 결과 값을
일시적으로 저장하는 기억장치이다.

레지스터의 특징
- 플립플롭(Flip-Flop)이나 래치(Latch)를 직렬 또는 병렬로 연결 한다. - 메모리 중에서 가장 빠른 속도로 접근이 가능하다. - 레지스터의 크기는 컴퓨터가 한 번에 처리할 수 있는 데이터의 크기를 나타낸다.

출제 ▶ 20년2회(1급)

07 다음 중 컴퓨터의 제어장치에 있는 부호기(Encoder)
레지스터에 관한 설명으로 옳은 것은?

① 명령 레지스터에 있는 명령어를 해독한다.

② 해독된 명령어에 따라 각 장치로 보낼 제어 신호를
생성한다.

③ 다음 순서에 실행할 명령어의 주기억장치 주소를
기억한다.

④ 뺄셈연산을 위해 음수로 변환한다.

출제 ▶ 18년2회(1급)

08 다음 중 컴퓨터의 연산장치에 있는 레지스터에 관한 설
명으로 옳지 않은 것은?

① 2진수 덧셈을 수행하는 가산기(Adder)가 있다.

② 뺄셈을 수행하기 위해 입력된 값을 보수로 변환하
는 보수기(Complementor)가 있다.

③ 연산 결과를 일시적으로 저장하는 누산기(Accu
mulator)가 있다.

④ 연산에 사용될 데이터를 기억하는 상태 레지스터(S
tatus Register)가 있다.

출제 ▶ 17년1회(1급)

09 다음 중 컴퓨터의 제어장치에 있는 레지스터에 관한 설
명으로 옳지 않은 것은?

① 다음번에 실행할 명령어의 번지를 기억하는 프로
그램 계수기(PC)가 있다.

② 현재 실행 중인 명령어를 기억하는 명령 레지스터
(IR)가 있다.

③ 명령 레지스터에 있는 명령어를 해독하는 명령 해
독기 (Decoder)가 있다.

④ 해독된 데이터의 음수 부호를 검사하는 부호기 (En
coder)가 있다.

출제 ▶ 18년2회(2급)

10 다음 중 제어장치에서 사용되는 레지스터로 다음 번에
실행할 명령어의 번지를 기억하는 것은?

① 프로그램 카운터(PC)

② 누산기(AC)

③ 메모리 주소 레지스터(MAR)

④ 메모리 버퍼 레지스터(MBR)

핵심이론 061

제어장치(Control Unit)는 컴퓨터 장치들의 동작을 지시하고 감독하는
역할을 수행한다.

제어장치에서 사용되는 레지스터와 회로의 종류	
프로그램 카운터 Program Counter	다음에 수행할 명령어의 번지(주 소)를 기억
명령 레지스터 Instruction Register	현재 수행중인 명령의 내용을 기억
명령 해독기 Decoder	명령을 해독해 제어신호로 변환
부호기 Encoder	해독된 명령을 수신 받아 각 장치 로 보낼 제어신호를 생성
메모리 주소 레지스터 Memory Address Register	기억장소의 번지(주소)를 기억
메모리 버퍼 레지스터 Memory Buffer Register	기억장소의 데이터(내용)를 기억

출제 ▶ 16년2회(2급)

11 다음 중 컴퓨터의 연산장치에 있는 누산기(Accumula
tor)에 관한 설명으로 옳은 것은?

① 연산 결과를 일시적으로 기억하는 장치이다.

② 명령의 순서를 기억하는 장치이다.

③ 명령어를 기억하는 장치이다.

④ 명령을 해독하는 장치이다.

12 다음 중 컴퓨터 연산장치에 관한 설명으로 옳지 않은 것은?

① 연산장치가 수행하는 연산에는 산술, 논리, 관계, 이동(Shift) 연산 등이 있다.

② 연산장치에는 뺄셈을 수행하기 위하여 입력된 값을 보수로 변환하는 보수기와 2진수 덧셈을 수행하는 가산기가 있다.

③ 누산기는 연산된 결과를 일시적으로 저장하는 레지스터이다.

④ 연산장치에는 다음 번 연산에 필요한 명령어의 번지를 기억하는 프로그램 카운터를 포함한다.

출제 ▶ 15년3회(2급)

13 다음 중 아래 그림에서 (ㄱ)과 (ㄴ)에 해당하는 장치를 올바르게 연결한 것은?

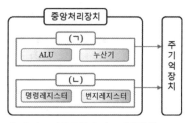

① (ㄱ) - 연산장치, (ㄴ) - 제어장치

② (ㄱ) - 제어장치, (ㄴ) - 연산장치

③ (ㄱ) - 연산장치, (ㄴ) - 보조기억장치

④ (ㄱ) - 제어장치, (ㄴ) - 캐시기억장치

핵심이론 062

연산장치(Arithmetic Logic Unit)는 제어장치가 해독한 명령에 따라 데이터의 산술 및 논리 연산을 수행한다.

연산장치에서 사용되는 레지스터와 회로의 종류	
가산기 Adder	2진수 덧셈을 수행
보수기 Complementor	감산을 위해 보수로 변환
누산기 Accumulator	연산 결과를 일시적으로 기억
시프터 Shifter	연산을 돕는 보조 장치
데이터 레지스터 Data Register	연산에 사용될 데이터를 임시기억
상태 레지스터 Status Register	연산 중 발생하는 여러 상태 값을 기억
인덱스 레지스터 Index Register	주소 변경을 위해 사용

출제 ▶ 18년2회(1급), 16년3회(1급)

14 다음 중 마이크로프로세서(Microprocessor)에 관한 설명으로 옳지 않은 것은?

① 제어장치, 연산장치, 주기억장치가 하나의 반도체 칩에 내장된 장치이다.

② 클럭 주파수와 내부 버스의 폭(bandwidth)으로 성능을 평가한다.

③ 개인용 컴퓨터의 중앙처리장치로 사용된다.

④ 작은 규모의 임베디드 시스템이나 휴대용 기기에도 사용된다.

핵심이론 063

• 마이크로프로세서(Microprocessor)는 제어장치, 연산장치, 레지스터가 한 개의 반도체 칩에 내장된 장치로, 개인용 PC에서 중앙처리장치로 사용되고 있다.

• 클럭 주파수와 내부 버스의 폭(bandwidth)으로 성능을 평가한다.

• 기본적인 처리 속도는 트랜지스터의 집적도에 다라 결정된다.

• 작은 규모의 임베디드 시스템이나 휴대용 기기에도 사용된다.

15 다음 중 RISC 프로세서에 대한 설명으로 옳지 않은 것은?

① CISC 프로세서에 비해 주소 지정 모드와 명령어의 종류가 적다.

② CISC 프로세서에 비해 프로그래밍이 어려운 반면 처리 속도가 빠르다.

③ CISC 프로세서에 비해 생산 가격이 비싸고 소비 전력이 높다.

④ 고성능의 워크스테이션이나 그래픽용 컴퓨터에 많이 사용된다.

16 프로세서의 설계 방식인 CISC와 RISC에 대한 설명으로 가장 거리가 먼 것은?

① CISC는 RISC에 비교해서 전력 소모가 많으며 처리 속도가 느리다.

② RISC는 CISC에 비교해서 명령어의 종류가 많다.

③ CISC는 RISC에 비교해서 설계가 복잡하며 가격이 비싸다.

④ RISC는 CISC에 비교해서 명령어는 적으나 고성능 워크스테이션에 이용되고 있다.

핵심이론 064

마이크로프로세서는 설계 방식에 따라 RISC(Reduced Instruction Set

Computer)와 CISC(Complex Instruction Set Computer)로 구분된다.

RISC	CISC
간단하고 단순한 명령어	복잡하고 다양한 명령어
고정된 길이의 명령어	다양한 길이의 명령어
간단한 주소 지정 방식	복잡한 주소 지정 방식
많은 수의 레지스터 사용	적은 수의 레지스터 사용
속도가 빠름	속도가 느림
가격이 저가	가격이 고가
서버, 워크스테이션 등에 사용	개인용 컴퓨터에 주로 사용

18 ▶ 주기억장치

출제 ▶ 20년1회(1급)

01 다음 중 BIOS(Basic Input Output System)에 관한 설명으로 옳지 않은 것은?

① BIOS는 메인보드 상에 위치한 EPROM, 혹은 플래시 메모리 칩에 저장되어 있다.

② 컴퓨터의 전원을 켜면 자동으로 가장 먼저 기동되며, 기본 입출력 장치나 메모리 등 하드웨어의 이상 유무를 검사한다.

③ CMOS 셋업 프로그램을 이용하여 시스템의 날짜와 시간, 부팅 순서 등 일부 BIOS 정보를 설정할 수 있다.

④ 주기억 장치의 접근 속도 개선을 위한 가상 메모리의 페이징 파일 크기를 설정할 수 있다.

출제 ▶ 17년1회(1급)

02 다음 중 컴퓨터의 내부 기억장치에 관한 설명으로 옳은 것은?

① RAM은 일시적으로 전원 공급이 없더라도 내용은 계속 기억된다.

② SRAM이 DRAM보다 접근 속도가 느리다.

③ 주기억장치의 접근 속도 개선을 위하여 가상 메모리가 사용된다.

④ ROM에는 BIOS, 기본 글꼴, POST 시스템 등이 저장되어 있다.

출제 ▶ 18년2회(2급)

03 다음 중 PC의 BIOS(Basic Input Output System)에 관한 설명으로 옳지 않은 것은?

① 기본 입출력장치나 메모리 등 하드웨어 작동에 필요한 명령을 모아 놓은 프로그램이다.

② 전원이 켜지면 POST(Power On Self Test)를 통해 컴퓨터를 점검하고 사용 가능한 장치를 초기화한다.

③ RAM에 저장되며, 펌웨어라고도 한다.

④ 칩을 교환하지 않고도 업그레이드를 할 수 있다.

핵심이론 065

ROM(Read Only Memory)은 기억된 내용을 읽을 수만 있고 일반적으로 기록은 불가능하다.

ROM의 특징
- 전원이 꺼지거나 전력이 차단되어도 내용이 지워지지 않는 비휘발성 메모리이다. - BIOS, 기본 글자 폰트, 자가 진단 프로그램(POST) 시스템 등이 저장되어 있다.

BIOS의 특징
- 기본 입출력 시스템이나 메모리 등 하드웨어 작동에 필요한 명령을 모아 놓은 프로그램이다. - 전원이 켜지면 POST를 통해 컴퓨터를 점검하고 사용 가능한 장치를 초기화한다. - 하드웨어와 소프트웨어의 중간 성격으로 칩을 교환하지 않고도 업그레이드를 할 수 있다. - 메인보드 상에 위치한 EPROM, 혹은 플래시 메모리 칩에 저장되어 있다.

출제 ▶ 16년1회(2급)

04 다음 중 EPROM에 관한 설명으로 옳은 것은?

① 제조과정에서 한 번만 기록이 가능하며, 수정할 수 없다.

② 자외선을 이용하여 기록된 내용을 여러 번 수정할 수 있다.

③ 특수 프로그램을 이용하여 한 번만 기록할 수 있다.

④ 전기적 방법으로 기록된 내용을 여러 번 수정할 수 있다.

05 다음 중 한글 Windows를 동작시키기 위해 컴퓨터에 전원을 켜면 먼저 윈도우가 동작하기 전에 컴퓨터의 자가진단과 주변기기 점검 등을 실시하게 되는데 이와 같은 기능을 하는 프로그램을 바이오스(BIOS)라고 한다. 이때 주변기기에 대해 정보는 컴퓨터마다 각기 다르기 때문에 SETUP을 해주어야 하는데 이 정보를 저장하기에 적당하지 않은 것은?

① CMOS　　　　② EEPROM
③ FLASHROM　　④ PROM

핵심이론 066
ROM의 종류와 특징

Mask ROM	제조 과정에서 미리 내용을 기억시켜 놓아 사용자가 임의로 내용을 수정할 수 없다.
PROM	사용자가 특수 프로그램을 이용하여 한 번만 기록할 수 있고, 이후에는 읽기만 가능하다.
EPROM	자외선을 이용하여 기록된 내용을 여러 번 수정할 수 있고, 새로운 내용을 기록할 수 있다.
EEPROM	전기적인 방법으로 기록된 내용을 여러 번 수정할 수 있고, 새로운 내용을 기록할 수 있다.

06 다음 중 RAM(Random Access Memory)에 대한 설명으로 옳은 것은?

① 주로 펌웨어(Firmware)를 저장한다.
② 주기적으로 재충전(Refresh)이 필요한 DRAM은 주기억 장치로 사용된다.
③ 전원이 꺼져도 기억된 내용이 사라지지 않는 비휘발성 메모리로 읽기만 가능하다.
④ 컴퓨터의 기본적인 입출력 프로그램, 자가진단 프로그램 등이 저장되어 있어 부팅 시 실행된다.

07 다음 중 컴퓨터 주기억장치로 사용되는 SRAM과 DRAM에 관한 설명으로 옳지 않은 것은?

① SRAM은 주로 콘덴서로 구성되며, 재충전이 필요하다.
② SRAM은 DRAM보다 전력 소모가 많으나, 접근 속도가 빠르다.
③ DRAM은 SRAM보다 집적도가 높아 일반적인 주기억장치로 사용된다.
④ SRAM은 전원이 공급되는 동안에는 기억 내용이 유지된다.

08 다음 중 컴퓨터의 주기억장치인 RAM에 관한 설명으로 옳은 것은?

① 전원이 공급되지 않더라도 기억된 내용이 지워지지 않는다.
② 시스템에서 사용하는 BIOS, POST 등이 저장된다.
③ 현재 사용 중인 응용 프로그램이나 데이터가 저장된다.
④ 주로 하드디스크에서 사용되는 기억장치이다.

핵심이론 067
• RAM(Random Access Memory)은 자유롭게 읽기와 쓰기가 가능하며, 현재 사용 중인 프로그램 및 파일들이 저장되어 있다.

RAM의 특징
- 전원이 꺼지거나 전력이 차단되면 내용이 지워지는 휘발성 메모리이다. - 일반적으로 주기억장치라고 하면 'RAM'을 의미한다.

• 재충전 여부에 따라서 DRAM(Dynamic RAM)과 SRAM(Static RAM)으로 분류된다.

구분	DRAM	SRAM
구성	콘덴서	플립플롭
재충전	필요	불필요
전력소모	적음	많음
접근속도	느림	빠름
집적도	높음	낮음
가격	저가	고가
용도	주기억장치	캐시메모리

09 다음 중 캐시(Cache) 메모리에 관한 설명으로 옳은 것은?

① 캐시 메모리로 DRAM이 사용되어 접근 속도가 매우 빠르다.
② 캐시 적중률이 높을수록 컴퓨터 시스템의 전체 처리 속도가 저하된다.
③ 캐시 메모리는 보조기억장치의 일부를 주기억장치처럼 사용하는 메모리이다.
④ CPU와 주기억장치 사이에서 처리속도를 향상시키기 위한 일종의 버퍼 메모리 역할을 한다.

퓨터의 처리 속도를 향상시킨다.

④ 두 장치 간의 속도 차이를 해결하기 위해 사용되는 임시저장 공간으로 각 장치 내에 위치한다.

출제 ▸ 20년2회(2급)

10 다음 중 컴퓨터에서 사용하는 캐시(Cache) 메모리에 관한 설명으로 옳은 것은?

① 보조기억장치의 일부를 주기억장치처럼 사용하는 메모리이다.

② 기억된 정보의 내용 일부를 이용하여 주기억장치에 접근하는 장치이다.

③ EEPROM의 일종으로 비휘발성 메모리이다.

④ 중앙처리장치(CPU)와 주기억장치 사이에 위치하여 컴퓨터 처리 속도를 향상시키는 메모리이다.

핵심이론 068

캐시 메모리(Cache Memory)
- 중앙처리장치(CPU)와 주기억장치 사이의 처리 속도 차이를 개선하기 위한 메모리이다. - 주로 접근 속도가 빠른 SRAM을 사용하고, 주기억장치보다 용량이 작은 편이다. - 캐시 적중률이 높을수록 컴퓨터 시스템의 전체 처리 속도가 향상된다.

버퍼 메모리(Buffer Memory)
- 두 개의 장치 사이의 데이터 전송 시 속도 차이를 해결하기 위해 사용되는 임시 저장 공간이다. - 캐시 메모리도 일종의 버퍼 메모리이다.

출제 ▸ 19년1회(1급)

11 다음 중 컴퓨터 시스템에서 사용하는 가상기억장치(Virtual memory)에 대한 설명으로 옳지 않은 것은?

① 보조기억장치 같은 큰 용량의 기억 장치를 주기억장치처럼 사용하는 개념이다.

② 주기억장치의 용량보다 큰 프로그램의 실행을 가능하게 한다.

③ 주소 매핑(mapping)이라는 작업이 필요하다.

④ 주기억장치의 접근 시간을 최소화하여 시스템의 처리 속도가 빨라진다.

출제 ▸ 20년1회(2급)

12 다음 중 가상 메모리에 관한 설명으로 옳은 것은?

① EEPROM의 일종으로 디지털 기기에서 널리 사용되는 비휘발성 메모리이다.

② 주기억장치의 크기보다 큰 용량을 필요로 하는 프로그램을 실행해야 할 때 유용하게 사용된다.

③ 중앙처리장치와 주기억장치 사이에 위치하여 컴

출제 ▸ 19년1회(2급), 15년2회(2급)

13 다음 중 프로그램이 실행될 때 발생하는 메인 메모리 부족 문제를 보완하기 위해 하드 디스크의 일부를 메인 메모리처럼 사용하게 하는 메모리 관리 기법을 의미하는 것은?

① 캐시 메모리   ② 디스크 캐시

③ 연관 메모리   ④ 가상 메모리

출제 ▸ 20년2회(1급), 16년2회(1급)

14 다음 중 컴퓨터에서 사용하는 기억장치에 관한 설명으로 옳지 않은 것은?

① 플래시(Flash) 메모리는 비휘발성 기억장치로 주로 디지털 카메라나 MP3, 개인용 정보 단말기, USB 드라이브 등 휴대용 기기에서 대용량 정보를 저장하는 용도로 사용된다.

② 하드디스크 인터페이스 방식은 EIDE, SATA, SCSI 방식 등이 있다.

③ 캐시(Cache) 메모리는 CPU와 주기억장치 사이에 위치하여 두 장치 간의 속도 차이를 줄여 컴퓨터의 처리 속도를 빠르게 하기 위한 메모리이다.

④ 연관(Associative) 메모리는 보조기억장치를 마치 주기억장치와 같이 사용하여 실제 주기억장치 용량보다 기억용량을 확대하여 사용하는 방법이다.

핵심이론 069

가상 메모리(Virtual Memory)
- 보조기억장치의 일부를 주기억장치처럼 사용하는 메모리 기법이다. - 주기억장치보다 큰 용량의 프로그램을 실행할 때 사용한다.

연관 메모리(Associative Memory)
- 기억된 내용의 일부를 이용하여 데이터에 직접 접근하는 메모리이다. - 가상 메모리나 캐시 메모리의 주소 변환 테이블에서 사용된다.

15 다음 중 플래시 메모리(Flash Memory)에 관한 설명으로 옳지 않은 것은?

① 정보의 입출력이 자유롭고, 전송속도가 빠르다.
② 비휘발성 기억장치이다.
③ 트랙 단위로 저장된다.
④ 전력 소모가 적다.

16 다음 중 플래시 메모리에 대한 설명으로 옳지 않은 것은?

① 소비전력이 작다.
② 휘발성 메모리이다.
③ 정보의 입출력이 자유롭다.
④ 휴대전화, 디지털카메라, 게임기, USB 메모리 등에 널리 이용된다.

17 다음 중 플래시 메모리에 대한 설명으로 옳은 것은?

① 중앙처리장치와 주기억장치 사이에 위치하여 컴퓨터의 처리 속도를 향상시키는 역할을 한다.
② 보조기억장치의 일부를 주기억장치처럼 사용하는 메모리 관리 기법으로 주기억장치보다 큰 프로그램을 불러와 실행해야 할 때 유용하다.
③ 주기억장치에 저장된 정보에 접근할 때 주소 대신 기억된 정보의 내용의 일부를 이용하여 직접 접근하는 장치이다.
④ 전기적인 방법으로 수정이 가능한 EEPROM을 개선한 메모리 칩으로, MP3 플레이어, 휴대전화, 디지털 카메라 등에 널리 사용된다.

핵심이론 070

플래시 메모리(Flash Memory)

- EEPROM의 일종이다.
- 전송 속도가 빠르고, 소비 전력이 적다.
- 비휘발성 메모리로서 정보의 입출력이 자유롭다.
- 휴대전화, 디지털카메라 등에 널리 사용된다.

---

19 보조기억장치

01 다음 중 반도체를 이용한 컴퓨터 보조 기억 장치로 크기가 작고 충격에 강하며, 소음 발생이 없는 대용량 저장 장치는?

① HDD(Hard Disk Drive)
② DVD(Digital Versatile Disk)
③ SSD(Solid State Drive)
④ CD-RW(Compact Disc Rewritable)

02 다음 중 컴퓨터 보조 기억장치로 사용되는 SSD(Solid State Drive)에 관한 설명으로 옳은 것은?

① 고속으로 데이터를 입출력할 수 있으며, 배드섹터가 발생하지 않는다.
② HDD와 같이 바로 덮어쓰기를 할 수 있으며, 읽기/쓰기 성능이 비슷하다.
③ 650nm 파장의 적색 레이저를 사용하여 데이터를 기록한다.
④ 소음이 없고 발열이 낮으나 HDD에 비해 외부 충격에 약하다.

03 다음 중 HDD와 비교할 때 SSD에 대한 특징으로 옳지 않은 것은?

① 초고속 메모리 칩(chip)에 데이터를 저장한다.
② 속도가 빠르나 외부의 충격에는 매우 약하다.
③ 발열, 소음, 전력 소모가 적다.
④ 소형화, 경량화 할 수 있다는 장점이 있다.

04 다음 중 컴퓨터의 보조기억장치로 사용하는 SSD(Solid State Drive)의 특징으로 옳지 않은 것은?

① HDD보다 빠른 속도로 데이터의 읽기나 쓰기가 가능하다.
② 물리적인 외부 충격에 약하며 불량 섹터가 발생할 수 있다.
③ 작동 소음이 없으며 전력소모가 적다.
④ 자기 디스크가 아닌 반도체를 이용하여 데이터를 저장한다.

핵심이론 071

보조기억장치는 전원이 차단되어도 내용이 유지되는 비휘발성 메모리이며, 저장용량이 크다. 가장 많이 사용되는 보조기억장치의 종류와 특징은 아래와 같다.

HDD(Hard Disk Drive)
- 하드디스크는 자성 물질을 입힌 금속 원판을 여러 장 겹쳐서 만든 기억장치이다. - 저장 용량이 크고, 데이터 접근 속도가 빠르지만, 외부 충격에 약하다. - 외장형 하드디스크 형태로 사용되고 있다.

SSD(Solid State Drive)
- HDD와는 달리 반도체를 이용하여 저장하는 형태의 기억장치이다. - 기계적 장치가 없기 때문에 지연이나 실패율이 거의 없다. - 디스크가 아닌 메모리에 기록하므로 배드섹터가 발생하지 않는다. - 발열, 소음, 전력 소모가 낮아 소형화 및 경량화가 가능하다. - HDD에 비해 외부 충격에 강하지만 가격은 비싸다.

출제 ▶ 15년1회(1급)

05 다음 중 블루레이 디스크에 관한 설명으로 옳지 않은 것은?

① CD, DVD에 비해 훨씬 짧은 파장을 갖는 레이저를 사용한다.

② 단층 구조로만 생산된다.

③ 트랙의 폭이 가장 좁다.

④ 디스크의 지름은 CD-ROM과 동일하다.

출제 ▶ 17년1회(2급)

06 다음 중 HD급 고화질 비디오를 저장할 수 있는 차세대 광학 장치로, 디스크 한 장에 25GB 이상을 저장할 수 있는 것은?

① CD-RW

② DVD

③ Blu-ray 디스크

④ ZIP 디스크

핵심이론 072

보조기억장치로 사용되는 CD-ROM, DVD, Blu-Ray 각 장치의 특징은 아래와 같다.

CD-ROM
- 제품을 만들 때 이미 내용을 기록한 것으로, 사용자는 읽기만 가능하다. - 780nm 파장의 적외선 레이저를 사용한다. - 두께 1.2mm, 지름 12cm 크기에 약 650MB의 정보를 저장한다.

DVD
- 데이터 읽기와 쓰기가 모두 가능하다. - 화질과 음질이 뛰어난 멀티미디어 데이터를 저장할 수 있다. - 650nm 파장의 적색 레이저를 사용한다. - 4.7~17GB의 대용량 정보를 저장한다.

Blu-Ray
- 고화질(HD) 비디오를 위한 디지털 데이터를 저장할 수 있는 저장매체이다. - 405nm 파장의 청자색 레이저를 사용하며, 트랙의 폭이 가장 좁다. - DVD의 약 10배 이상의 데이터(단층 25GB, 복층 50GB)를 저장할 수 있다.

출제 ▶ 19년1회(1급)

07 다음 중 컴퓨터의 계산 속도 단위가 느린 것에서 빠른 순서대로 옳게 나열된 것은?

① ms → ns → ps → μs   ② ps → ns → ms → μs

③ μs → ms → ns → ps   ④ ms → μs → ns → ps

핵심이론 073

컴퓨터 처리 속도 단위

단위	ms	μs	ns	ps	fs	as
속도	10^{-3}	10^{-6}	10^{-9}	10^{-12}	10^{-15}	10^{-18}
	느림 ←――――――――――――→ 빠름					

출제 ▶ 15년2회(2급)

08 다음 중 기억장치의 접근 속도가 빠른 것에서 느린 순서대로 올바르게 나열한 것은?

① 캐시 메모리 → 레지스터 → 주기억장치 → 보조기억장치

② 레지스터 → 캐시 메모리 → 주기억장치 → 보조기억장치

③ 레지스터 → 주기억장치 → 캐시 메모리 → 보조기억장치

④ 주기억장치 → 레지스터 → 캐시 메모리 → 보조기억장치

핵심이론 074

기억장치별 접근 속도

CPU	주기억장치		
레지스터 (Register)	캐시 (SRAM)	램 (DRAM)	롬 (ROM)

빠름 ◄──────────────► 느림

보조기억장치				
SSD	HDD	CD_ROM	플로피디스크	자기디스크

빠름 ◄──────────────► 느림

출제 ▶ 18년2회(1급), 16년1회(1급)

09 다음 중 컴퓨터에서 하드 디스크를 연결하는 SATA 방식에 관한 설명으로 옳지 않은 것은?

① 직렬 인터페이스 방식을 사용한다.
② PATA 방식보다 데이터 전송 속도가 빠르다.
③ 핫 플러그인 기능을 지원한다.
④ EIDE는 일반적으로 SATA를 의미한다.

출제 ▶ 19년2회(2급)

10 다음 중 컴퓨터 하드 디스크의 연결 방식인 SATA(Serial ATA)에 관한 설명으로 옳지 않은 것은?

① 병렬 인터페이스 방식이다.
② 핫 플러그인 기능을 지원한다.
③ CMOS에서 지정하면 자동으로 Master와 Slave 가 지정 된다.
④ 데이터 전송 속도가 빠르다.

핵심이론 075

하드디스크 연결 방식은 메인보드와 하드디스크 사이에 데이터 전송 방식을 말하며 종류와 특징은 아래와 같다.

방식	특징
IDE (AT)	- 2개의 장치 연결이 가능하다 - 최대 504MB의 용량을 인식한다.
EIDE (ATA)	- IDE를 확장하여 전송 속도를 높인 규격이다. - 4개의 장치 연결이 가능하다. - 최대 8.4GB의 용량을 인식한다. PATA (Parallel ATA) - 병렬(Parallel) 인터페이스 방식이다. - EIDE는 일반적으로 PATA를 의미한다. SATA (Serial ATA) - 직렬(Serial) 인터페이스 방식이다.

	- 데이터 전송 속도가 빠르다. - CMOS에서 지정하면 자동으로 Master와 Slave가 지정된다. - 핫 플러그인 기능을 지원한다.
SCSI	- 7개의 장치 연결이 가능하다. - 각 장치에게 고유의 ID를 부여한다. - 여러 장치를 한 케이블에 연결하므로 마지막 장치는 반드시 터미네이션 되어야 한다.

출제 ▶ 17년1회(1급)

11 다음 중 컴퓨터의 하드디스크와 관련하여 RAID(Redundant Array of Inexpensive Disks) 기술에 관한 설명으로 옳지 않은 것은?

① 여러 개의 하드디스크를 모아서 하나의 하드디스크처럼 사용할 수 있도록 하는 기술이다.
② 하드디스크의 모음뿐만 아니라 자동으로 복제해 백업 정책을 구현해 주는 기술이다.
③ 미러링과 스트라이핑 기술을 결합하여 안정성과 속도를 향상시킨 디스크 연결 기술이다.
④ 하드디스크, CD-ROM, 스캐너 등을 통합적으로 연결해 주는 기술이다.

출제 ▶ 17년1회(1급)

12 다음 중 일반적으로 RAID(Redundant Array of Inexpensive Disks)를 사용하는 목적으로 볼 수 없는 것은?

① 프로세서와 디스크 드라이브 사이의 속도 차이 개선
② 한 개의 대용량 디스크를 여러 개의 디스크처럼 나누어 관리
③ 안정성 향상
④ 데이터 복구의 용이성

핵심이론 076

• RAID(Redundant Array of Inexpensive Disks)는 여러 개의 하드디스크를 모아서 하나의 하드디스크처럼 사용할 수 있도록 하는 기술이다.
• 데이터를 자동으로 복제해 백업 정책을 구현해 주어 데이터 복구가 용이한 기술이다.
• 미러링과 스트라이핑 기술을 결합하여 데이터 안정성과 전송 속도를 향상시킨 디스크 연결 기술이다.

20 ▶ 입력장치/출력장치

출제 ▶ 15년3회(2급)

01 다음 중 컴퓨터에서 사용되는 입력장치에 해당되지 않는 것은?

① 키보드(Keyboard)
② 스캐너(Image Scanner)
③ 터치 스크린(Touch Screen)
④ 펌웨어(Firmware)

출제 ▶ 15년1회(2급)

02 다음 입출력 장치 중 성격이 다른 장치는?

① 터치패드
② OCR
③ LCD
④ 트랙볼

핵심이론 077
입력 장치의 종류

기본 입력장치
키보드(Keyboard), 마우스(Mouse), 펜 마우스(Pen Mouse), 터치 패드(Touch Pad), 트랙 볼(Track Ball)
기타 입력장치
스캐너(Scanner), 태블릿(Tablet), 디지털카메라(Digital Camera)
판독기
광학마크판독기(OMR), 광학문자판독기(OCR), 자기잉크문자판독기(MICR), 바코드판독기(BCR)

출제 ▶ 20년2회(1급)

03 다음 중 출력장치인 디스플레이 어댑터와 모니터에 관련된 용어의 설명으로 옳지 않은 것은?

① 픽셀(Pixel) : 화면을 이루는 최소 단위로서 같은 크기의 화면에서 픽셀 수가 많을수록 해상도가 높아진다.
② 해상도(Resolution) : 모니터 화면의 픽셀 수와 관련이 있으며 픽셀 수가 많을수록 표시할 수 있는 색상의 수가 증가한다.
③ 점 간격(Dot Pitch) : 픽셀들 사이의 공간을 나타내는 것으로 간격이 가까울수록 영상은 선명하다.
④ 재생률(Refresh Rate) : 픽셀들이 밝게 빛나는 것을 유지하기 위한 것으로, 재생률이 높을수록 모니터의 깜빡임이 줄어든다.

출제 ▶ 16년2회(1급)

04 다음 중 컴퓨터에서 사용하는 모니터에 관한 설명으로 옳지 않은 것은?

① 모니터 해상도는 픽셀(Pixel) 수에 따라 결정된다.
② 모니터 크기는 화면의 가로와 세로 길이를 더한 값이다.
③ 재생률(Refresh Rate)이 높을수록 모니터의 깜박임이 줄어든다.
④ 플리커프리(Flicker free)가 적용된 모니터의 경우 눈의 피로를 줄일 수 있다.

출제 ▶ 20년1회(2급)

05 다음 중 모니터 화면의 이미지를 얼마나 세밀하게 표시할 수 있는가를 나타내는 정보로 픽셀 수에 따라 결정되는 것은?

① 재생률(refresh rate)
② 해상도(resolution)
③ 색깊이(color depth)
④ 색공간(color space)

핵심이론 078
표시 장치 관련 용어

해상도 (Resolution)	- 화면 선명도의 단위 - 해상도는 픽셀 수에 따라 결정되며, 값이 높을수록 선명하다.
화소 (Pixel)	- 화면을 구성하는 최소 단위 - 픽셀 수가 많을수록 해상도가 높아진다.
재생률 (Refresh Rate)	- 픽셀의 밝기를 유지하기 위한 1초당 재충전 횟수 - 재생률이 높을수록 모니터의 깜빡임이 줄어든다.
점 간격 (Dot Pitch)	- 픽셀 사이의 공간 - 간격이 가까울수록 선명하고, 해상도가 높다.
모니터의 크기	- 화면 대각선의 길이를 나타내며 단위는 인치(inch)를 사용한다.

출제 ▶ 20년1회(1급)

06 다음 중 프린터에서 출력할 파일의 해상도를 조절하거나 스캐너를 이용해 스캔한 파일의 해상도를 조절하기 위해 쓰는 단위는?

① CPS(Character Per Second)
② BPS(Bits Per Second)
③ PPM(Paper Per Minute)
④ DPI(Dots Per Inch)

프린터 관련 단위

CPS (Character Per Second)	1초에 출력되는 글자 수 : 속도 단위
LPM (Line Per Minute)	1분에 출력되는 줄 수 : 속도 단위
PPM (Paper Per Minute)	1분에 출력되는 쪽 수 : 속도 단위
DPI (Dot Per Inch)	1인치에 출력되는 점 수 : 해상도 단위

출제 ▶ 20년2회(2급)

07 다음 중 컴퓨터에서 사용하는 레이저 프린터에 관한 설명으로 옳지 않은 것은?

① 회전하는 드럼에 토너를 묻혀서 인쇄하는 방식이다.
② 비충격식이라 비교적 인쇄 소음이 적고 인쇄 속도가 빠르다.
③ 인쇄 방식에는 드럼식, 체인식, 밴드식 등이 있다.
④ 인쇄 해상도가 높으며 복사기와 같은 원리를 사용한다.

핵심이론 080
프린터의 종류와 특징

도트 매트릭스 프린터	- 프린터 헤드에 있는 핀으로 잉크 리본에 충격을 가해 인쇄하는 방식 - 소음이 크고 인쇄 품질이 낮음 - 인쇄 속도 단위는 CPS를 사용
라인 프린터	- 미리 만들어진 활자를 이용하여 줄 단위로 인쇄하는 방식 - 드럼식과 체인식으로 구성 - 인쇄 속도 단위는 LPM을 사용
잉크젯 프린터	- 프린터 헤드에 있는 노즐을 통해 잉크를 분사하여 인쇄하는 방식 - 소음이 적고 저렴하게 인쇄 가능 - 인쇄 속도 단위는 PPM을 사용
레이저 프린터	- 회전하는 드럼에 토너를 묻혀서 인쇄하는 방식 - 복사기와 같은 원리를 사용 - 소음이 적고, 속도가 빠르며, 해상도가 높음 - 인쇄 속도 단위는 PPM을 사용

출제 ▶ 17년2회(1급)

08 다음 중 3D 프린터에 관한 설명으로 옳지 않은 것은?

① 입력한 도면을 바탕으로 3차원 입체 물품을 만들어내는 프린터이다.
② 인쇄 방식은 레이어로 쌓아 입체 형상을 만드는 적층형과 작은 덩어리를 뭉쳐서 만드는 모델링형이 있다.
③ 인쇄 원리는 잉크를 종이 표면에 분사하여 2D 이미지를 인쇄하는 잉크젯 프린터의 원리와 같다.
④ 기계, 건축, 예술, 우주 등 많은 분야에서 응용되고 있으며, 의료 분야에서도 활발히 활용되고 있다.

핵심이론 081
3D프린터는 입력한 도면을 바탕으로 3차원의 입체적 출력물을 만들어 내는 프린터로서 적층형과 절삭형으로 구분된다.

적층형	- 얇은 층을 겹겹이 쌓아 만드는 방식 - 복잡한 모양을 만들 수 있고, 재료의 손실이 발생하지 않음 - 제작과 채색이 동시에 가능
절삭형	- 덩어리를 날로 깎아 만드는 방식 - 제작 모양의 제약이 있고, 재료의 손실이 발생 함 - 제작 후 채색을 따로 해야 함

출제 ▶ 19년1회(1급), 17년2회(1급)

09 다음 중 컴퓨터에서 중앙처리장치와 입출력장치 사이의 속도 차이로 인한 문제점을 해결해 주는 장치는?

① 레지스터(register)
② 인터럽트(interrupt)
③ 콘솔(console)
④ 채널(channel)

기출변형

10 다음 중 컴퓨터 시스템에서 사용하는 채널(Channel)에 관한 설명으로 옳지 않은 것은?

① 주변장치에 대한 제어 권한을 CPU로부터 넘겨받아 CPU 대신 입출력을 관리한다.
② 입출력 작업이 끝나면 CPU에게 인터럽트 신호를 보낸다.
③ CPU와 주기억장치의 속도 차이를 해결하기 위하여 사용된다.
④ 채널에는 셀렉터(Selector), 멀티플렉서(Multiplexer), 블록 멀티플렉서(Block Multiplexer) 등이 있다.

핵심이론 082

채널(Channel)과 DMA

채널 (Channel)	- CPU(중앙처리장치)로부터 주변 장치에 대한 제 어권을 위임받아 장치 사이의 데이터 전송을 제 어함 - CPU와 입출력 장치 사이의 속도 차이를 해결하 기 위한 장치 - 셀렉터(Selector), 멀티플렉서(Multiplexer), 블록 멀티플렉서(Block Multiplexer) 등이 있음
DMA	- CPU(중앙처리장치)의 개입없이 입출력장치와 기억장치(Memory) 사이에 직접 데이터를 주고 받음 - 입출력 동작 및 시스템 전반의 속도가 향상됨 - CPU는 입출력 작업에 참여하지 않으므로 부담 을 최소화함

출제 ▶ 19년2회(1급)

11 다음 중 외부 인터럽트가 발생하는 경우에 해당하지 않는 것은?

① 컴퓨터의 전원 공급이 중단되었을 경우
② 실행할 수 없는 명령어가 사용된 경우
③ 타이머에 의해 의도적으로 프로그램이 중단된 경우
④ 입출력 장치의 입출력 준비 완료를 알리는 경우

출제 ▶ 15년2회(1급)

12 다음 중 어떤 장치가 다른 장치의 일을 잠시 중단시키고 자신의 상태변화를 알려주는 것을 뜻하는 용어로 옳은 것은?

① 클라이언트/서버   ② 인터럽트
③ DMA   ④ 채널

핵심이론 083

'인터럽트'란 작업 중 예기치 못한 상황이 발생할 경우 현재 실행 중인 작업을 일시 중단하고, 상황에 맞게 처리한 후 실행 중이던 작업으로 복귀하는 과정을 말한다.

외부 인터럽트	- 입출력 장치 이상 등의 외부적인 요인에 의해 발생 - 컴퓨터의 전원 공급이 중단되었을 경우 - 타이머에 의해 의도적으로 프로그램이 중단된 경우 - 입출력 장치에 데이터 전송을 요구하거나, 전송 이 끝났음을 알리는 경우
내부 인터럽트	- 잘못된 명령이나 데이터를 사용할 때 발생하며, 트랩(Trap)이라고도 부름
	- 오버플로나 언더플로가 발생된 경우 - 실행할 수 없는 명령어가 사용된 경우
소프트웨어 인터럽트	- 프로그램 처리 중 명령의 요청에 의해 발생

21 ▶ 기타 하드웨어

출제 ▶ 19년2회(1급)

01 다음 중 컴퓨터 메인보드에 사용되는 칩셋(Chip Set)에 관한 설명으로 옳은 것은?

① 컴퓨터를 구성하는 모든 장치들이 장착되고 연결되는 기판이다.
② 메인보드에 장착되어 있는 각 장치들을 제어하고 역할을 조율한다.
③ CPU와 주변장치 간의 데이터 전송에 사용되는 통로 역할을 한다.
④ 메인보드에 주변장치를 연결하기 위한 접속 부분을 말한다.

핵심이론 084

• 칩셋(Chip Set)은 메인보드의 성능을 결정하는 요소로서 각 장치의 기능을 지원하기 위한 정보가 담겨있다.
• 높은 사양의 부품을 메인보드에 설치하더라도 칩셋이 그 기능을 지원하지 못하면 사용할 수 없다.

출제 ▶ 18년1회(1급)

02 다음 중 컴퓨터 메인보드의 버스(Bus)에 관한 설명으로 옳지 않은 것은?

① 컴퓨터에서 데이터를 주고받는 통로로 사용 용도에 따라 내부 버스, 외부 버스, 확장 버스로 구분된다.
② 내부 버스는 CPU와 주변장치 간의 데이터 전송에 사용되는 통로이다.
③ 외부 버스는 전달하는 신호의 형태에 따라 데이터 버스, 주소 버스, 제어 버스로 구분된다.
④ 확장 버스는 메인보드에서 지원하는 기능 외에 다른 기능을 지원하는 장치를 연결하는 부분으로 끼울 수 있는 형태이기에 확장 슬롯이라고도 한다.

핵심이론 085

버스(Bus)는 컴퓨터에서 데이터를 주고받는 통로로서 용도에 따라 내부 버스, 외부 버스, 확장 버스로 구분된다.

내부 버스	- CPU 내부에서 레지스터 간의 데이터 전송에 사용되는 통로이다. - 버스 폭에 따라 16비트, 32비트, 64비트로 구분된다.
외부 버스	- CPU와 주변 장치 간의 데이터 전송에 사용되는 통로이다. - 전달하는 신호의 형태에 따라 데이터 버스, 주소 버스, 제어 버스로 구분된다.
확장 버스	- 메인보드에서 지원하는 기능 외에 다른 기능을 지원하는 장치를 연결하는 부분으로 끼울 수 있는 형태이기에 확장 슬롯이라고도 한다.

출제 ▶ 16년2회(1급)

03 다음 중 USB 규격의 버전별 최대 데이터 전송 속도로 옳지 않은 것은?

① USB 1.1 : 12Mbps ② USB 2.0 : 480Mbps
③ USB 3.0 : 1Gbps ④ USB 3.1 : 10Gbps

출제 ▶ 20년1회(2급), 16년3회(2급)

04 다음 중 USB 인터페이스에 대한 설명으로 옳지 않은 것은?

① 직렬포트보다 USB 포트의 데이터 전송 속도가 더 빠르다.
② USB는 컨트롤러 당 최대 127개까지 포트의 확장이 가능하다.
③ 핫 플러그 인(Hot Plug In)과 플러그 앤 플레이(Plug &Play)를 지원한다.
④ USB 커넥터를 색상으로 구분하는 경우 USB 3.0은 빨간색, USB 2.0은 파란색을 사용한다.

기출변형

05 다음 중 1994년 스웨덴의 에릭슨에 의하여 최초로 개발된 근거리 통신 기술로 휴대폰, PDA, 노트북과 같은 휴대 가능한 장치들 사이의 양방향 정보 전송을 목적으로 하는 통신 방식은 무엇인가?

① TCP/IP ② CDMA
③ Bluetooth ④ USB

핵심이론 086

포트(Port)는 컴퓨터의 주변 장치에 연결하기 위해 사용되는 연결 부분으로, 최근에 자주 출제되고 있는 접속 방식은 아래와 같다.

USB 포트(범용 직렬 포트)

- 기존의 직렬, 병렬, PS/2포트를 통합한 형태이다.
- 직렬 포트보다 데이터 전송 속도가 빠르다.
- 최대 127개의 주변기기를 연결할 수 있다.
- 핫 플러그 인(Hot Plug In)과 플러그 앤 플레이(Plug &Play)를 지원
- 전송 속도

USB 1.0	USB 1.1	USB 2.0	USB 3.0	USB 3.1
1.5Mbps	12Mbps	480Mbps	5Gbps	10Gbps

블루투스(Bluetooth)

- 근거리 무선통신을 가능하게 하는 통신 방식이다.
- IEEE 802.15.1 규격을 사용한다.
- 핸드폰, 노트북과 같은 장치들 간의 양방향 정보 전송이 가능하다.

---

22 PC관리/업그레이드/문제해결

출제 ▶ 17년2회(1급)

01 다음 중 PC 관리에 대한 설명으로 옳지 않은 것은?

① 직사광선과 습기가 많거나 자성이 강한 물체가 있는 곳은 피하는 것이 좋다.
② 무정전 전원 공급장치(UPS)를 설치하면 전압이나 전류가 갑자기 증가할 경우 발생할 수 있는 시스템 손상을 방지할 수 있다.
③ 컴퓨터 전용 전원 장치를 단독으로 사용하고, 전원을 끌 때는 사용 중인 프로그램을 먼저 종료하는 것이 좋다.
④ 컴퓨터의 성능 향상을 위해 주기적으로 디스크 정리, 디스크 검사, 디스크 조각 모음 등을 실행하는 것이 좋다.

출제 ▶ 16년1회(1급)

02 다음 중 컴퓨터 시스템을 효율적으로 관리하기 위한 유의 사항으로 적절하지 않은 것은?

① 모니터의 번인 현상을 방지하기 위하여 화면보호기를 사용한다.
② 주기적으로 자주 시스템을 재부팅하여 부품의 수명을 연장시킨다.
③ 컴퓨터를 끌 때에는 작업 중인 문서를 먼저 저장한 후 종료시킨다.
④ 정기적으로 시스템 최적화 프로그램을 사용하여 컴퓨터를 점검한다.

03 다음 중 컴퓨터 시스템을 안정적으로 사용하기 위한 관리 방법으로 적절하지 않은 것은?

① 컴퓨터를 이동하거나 부품을 교체할 때에는 반드시 전원을 끄고 작업하는 것이 좋다.

② 직사광선을 피하고 습기가 적으며 통풍이 잘되고 먼지 발생이 적은 곳에 설치한다.

③ 시스템 백업 기능을 자주 사용하면 시스템 바이러스 감염 가능성이 높아진다.

④ 디스크 조각 모음에 대해 예약 실행을 설정하여 정기적으로 최적화시킨다.

04 다음 중 올바른 PC 관리에 대한 설명으로 가장 적절하지 않은 것은?

① 데스크탑 PC는 평평하고 흔들림이 없는 곳에 설치하는 것이 바람직하다.

② 컴퓨터를 이동하거나 부품을 교체할 때에는 전원을 끄고 작업한다.

③ 바이러스 감염 방지를 위해 중요한 데이터는 자주 사용하는 하드디스크에 백업한다.

④ 먼지가 많은 환경의 경우 메인보드 내에 먼지가 쌓이지 않도록 주의하고, 자주 확인하여 청소한다.

핵심이론 087

시스템을 안정적이고 효율적으로 사용하기 위한 방법은 아래와 같다.

① 직사광선과 습기가 많거나 자성이 강한 물체가 있는 곳은 피하는 것이 좋다.

② 컴퓨터 전용 전원 장치를 단독으로 사용하고, 전원을 끌 때는 사용 중인 프로그램을 먼저 종료하는 것이 좋다.

③ 컴퓨터의 성능 향상을 위해 주기적으로 디스크 정리, 디스크 검사, 디스크 조각 모음 등을 실행하는 것이 좋다.

④ 데스크탑 PC는 평평하고 흔들림이 없는 곳에 설치하는 것이 바람직하다.

⑤ 먼지가 많은 환경의 경우 메인보드 내에 먼지가 쌓이지 않도록 주의하고, 자주 확인하여 청소한다.

⑥ 바이러스 감염 방지를 위해 중요한 데이터는 자주 사용하지 않는 하드디스크에 백업한다.

⑦ 컴퓨터를 자주 재부팅하면 시스템에 충격을 가해 부품의 수명을 단축시킨다.

⑧ 정기적으로 백신 프로그램을 사용하여 바이러스 감염에 대비한다.

⑨ 모니터의 번인 현상을 방지하기 위하여 화면보호기를 사용한다.

⑩ 적절한 환기를 통해 과열을 방지하고, 습기가 많은 곳은 피하도록 한다.

05 다음 중 컴퓨터 업그레이드에 관한 설명으로 적절하지 않은 것은?

① 컴퓨터 처리 성능의 개선을 위해 하드웨어 업그레이드를 한다.

② 장치 제어기를 업그레이드하면 하드웨어를 교체하지 않더라도 보다 향상된 기능으로 하드웨어를 사용할 수 있다.

③ 하드 디스크 업그레이드의 경우에는 부족한 공간 확보를 위해 파티션이 여러 개로 나뉘는 제품을 선택한다.

④ 고사양을 요구하는 소프트웨어가 늘어남에 따라 컴퓨터의 처리 속도가 느려지거나 제대로 동작하지 않을 경우 가장 먼저 고려하는 것은 RAM 업그레이드이다.

06 다음 중 PC 업그레이드 시 고려해야 할 사항으로 옳지 않은 것은?

① RAM이나 ODD를 설치할 때 접근 속도의 수치는 작은 것이 좋다.

② 하드디스크를 교체할 때에는 연결방식의 종류와 버전을 확인한다.

③ CPU 클럭 속도는 높은 것이 좋다.

④ RAM을 추가할 때에는 기존의 것보다 더 많은 핀 수의 RAM으로 추가한다.

핵심이론 088

업그레이드(Upgrade)는 컴퓨터 하드웨어나 소프트웨어를 일부 교체하거나 새롭게 추가하여 시스템의 성능을 향상시키는 작업이다.

하드웨어 업그레이드 : 시스템의 처리 성능 향상을 위한 교체 또는 추가	
CPU	- 메인보드와 함께 교체한다.
RAM	- 메모리 슬롯을 추가하거나 기존 메모리 제거 후 용량이 큰 메모리로 교체한다. - RAM의 형태, 속도, 핀 수, 메인보드가 지원하는 최대 용량 등을 고려한다.
HDD	- 하드디스크를 추가하거나 용량이 큰 하드디스크로 교체한다.
CD-ROM	- 데이터 읽기 배속이 속도가 높은 것으로 교체한다.

소프트웨어 업그레이드 : 오류 수정 및 기능 추가를 위한 새 버전으로 교체	
프로그램	- 오류를 수정하기 위한 다운로드 - 새로운 기능을 추가하기 위한 다운로드
펌웨어	- 인식 가능한 하드웨어 목록 업데이트 - 기능 개선을 위한 업데이트
드라이브	- 하드웨어를 보다 향상된 기능으로 사용하기 위한 업데이트

출제 ▶ 19년2회(2급)

07 다음 중 컴퓨터의 하드웨어를 업그레이드할 때 수치가 작을수록 좋은 항목은?

① CPU 클럭 속도　　② 하드디스크 용량

③ RAM 접근 속도　　④ 모뎀 전송 속도

출제 ▶ 18년1회(2급)

08 다음 중 컴퓨터를 업그레이드 하는 경우 수치가 클수록 좋은 것에 해당하지 않는 것은?

① 하드 디스크의 용량　② RAM의 접근 속도

③ CPU의 클럭 속도　　④ DVD의 배속

핵심이론 089

업그레이드(Upgrade) 작업 시 수치 비교

수치가 클수록 좋은 것
- CPU 클럭 속도 : MHz/GHz - CPU 성능 : MIPS - 모뎀의 전송 속도 : bps/cps - CD-ROM 성능 : 배속 - 하드디스크 용량 : GB/TB - 하드디스크 회전수 : RPM - 하드 디스크 전송 속도 : MB/s

수치가 작을수록 좋은 것
- RAM 속도 : ns

출제 ▶ 15년1회(2급)

09 다음 중 컴퓨터가 부팅되지 않을 때의 원인으로 가장 적절하지 않은 것은?

① 전원 공급 장치의 이상

② 롬 바이오스의 이상

③ 키보드 연결의 이상

④ 바이러스의 감염

핵심이론 090

부팅 오류의 종류와 대처법

전원 공급 이상
- 연결 케이블이나 전원 공급 장치를 확인한다. - 메인보드가 불량일 경우 수리/교체한다.

부팅 이상
- CPU, RAM, VGA카드 등이 이물질 없이 소켓에 제대로 꽂혀 있는지 확인한다. - CMOS Setup에서 하드디스크가 인식되는지 확인한다. 만약 제대로 인식하지 못하면 BIOS를 초기화 하거나 하드디스크를 수리/교체한다. - ROM BIOS가 손상되었는지 확인한다. 손상되었다면 메인보드를 수리/교체한다.

출제 ▶ 17년1회(1급)

10 다음 중 추가로 설치한 하드디스크를 인식하지 못하는 경우에 대한 대책으로 적절하지 않은 것은?

① CMOS 셋업에서 하드디스크 타입이 일치하는지 확인 한다.

② 하드디스크의 데이터 케이블 연결이나 전원 케이블 연결을 확인한다.

③ 부팅 디스크로 부팅한 후 디스크 검사로 부트 섹터를 복구한다.

④ 운영체제가 설치되어 있는 경우 재설치하고, 그 외에는 포맷한다.

출제 ▶ 16년1회(1급)

11 다음 중 컴퓨터가 하드디스크를 인식하지 못하는 경우의 대처 방법으로 가장 적절하지 않은 것은?

① 디스크 조각 모음을 수행하여 단편화를 제거한다.

② CMOS Setup에서의 하드디스크 설정 내용을 확인한다.

③ 백신 프로그램으로 바이러스에 의한 것인지 점검한다.

④ 하드디스크 전원의 연결 상태를 점검한다.

핵심이론 091

하드디스크 인식 오류의 종류와 대처법

새로운 하드디스크 인식 오류

- 하드디스크의 데이터 케이블 연결이나 전원 케이블 연결을 확인 한다.
- CMOS Setup에서 하드디스크 타입이 일치하는지 확인한다.
- 백신 프로그램으로 바이러스에 의한 손상인지 확인한다.
- 하드디스크 점퍼 상태를 확인한다.

시스템 파일 또는 부트섹터 손상으로 인한 인식 오류

- 시동 디스크를 이용해 CD-ROM으로 부팅하여 시스템 파일을 전 송하여 복구한다.
- 드라이브 오류 검사를 수행하여 부트 섹터를 복구한다.

출제 ▶ 18년2회(1급)

12 다음 중 한글 Windows에서 하드 디스크의 용량 부족 문제가 발생하였을 때의 해결 방법으로 적절하지 않은 것은?

① 사용 빈도가 낮은 파일은 백업한 후 하드 디스크 에서 삭제한다.
② 바이러스에 감염된 파일을 모두 삭제한다.
③ 사용하지 않는 Windows 구성 요소를 제거한다.
④ 디스크 정리를 수행하여 불필요한 파일을 삭제한다.

출제 ▶ 18년2회(2급)

13 다음 중 한글 Windows 사용 시 메모리(RAM) 용량 부족 문제의 해결 방법으로 가장 적절하지 않은 것은?

① 불필요한 프로그램을 종료한다.
② 불필요한 자동 시작 프로그램을 삭제한다.
③ 시스템 속성 창에서 가상 메모리의 크기를 적절히 설정한다.
④ 휴지통에 있는 파일을 삭제한다.

핵심이론 092
메모리 용량 부족 해결법

하드디스크 (저장능력)

- 불필요한 프로그램 제거
- 불필요한 파일은 백업 후 제거
- 사용하지 않는 Windows 기능 제거
- 디스크 정리를 수행
- 휴지통 파일 삭제

RAM 메모리 (처리능력)

- 불필요한 프로그램 종료
- 불필요한 자동 시작 프로그램 제거
- 가상 메모리 크기 설정 변경

- 디스크 조각 모음을 수행
- 시스템을 재부팅

출제 ▶ 19년1회(1급)

14 다음 중 컴퓨터에 설치된 프린터에서 인쇄가 수행되지 않을 경우의 문제 해결 방법으로 옳지 않은 것은?

① 프린터 케이블의 연결 상태가 정상인지 확인한다.
② 프린터의 기종과 프린터의 등록정보가 올바르게 설정되어 있는지 확인한다.
③ 프린터의 스풀 공간이 부족하여 에러가 발생한 경우에 는 하드 디스크에서 스풀 공간을 확보한다.
④ CMOS 셋업에서 프린터의 설정이 제대로 되어 있 는지 시험 인쇄를 하여 확인한다.

출제 ▶ 16년1회(2급)

15 다음 중 프린터 인쇄 시 발생할 수 있는 문제의 해결 방안으로 가장 적절하지 않은 것은?

① 인쇄가 되지 않을 경우 먼저 프린터의 전원이나 케이블 연결 상태를 확인한다.
② 프린터의 스풀 에러가 발생한 경우 프린트 스풀러 서비스를 중지하고 수동으로 다시 인쇄한다.
③ 글자가 이상하게 인쇄될 경우 시스템을 재부팅한 후 인쇄해 보고, 같은 결과가 나타나면 프린터 드 라이버를 다시 설치한다.
④ 인쇄물의 상태가 좋지 않은 경우 헤드를 청소하거 나 카트리지를 교환한다.

출제 ▶ 15년3회(2급)

16 다음 중 프린터 인쇄 시 발생하는 문제에 대한 대처방 법으로 적절하지 않은 것은?

① 글자가 이상하게 인쇄되는 경우 프린터 드라이버 를 다시 설치한다.
② 인쇄 결과물이 번지거나 얼룩 자국이 발생하는 경 우 헤드 및 카트리지를 청소한다.
③ 인쇄가 아예 안되는 경우 케이블 연결 상태, 시스 템 등록 정보 등을 점검한다.
④ 스풀 에러가 발생하는 경우 CMOS Setup을 다시 설정하고 재부팅한다.

핵심이론 093
인쇄 시 발생하는 오류의 종류와 대처법

작업 오류
- 인쇄가 되지 않을 경우 먼저 프린터의 전원이나 케이블 연결 상태를 확인한다.
- 프린터의 드라이버, 등록 정보 등을 확인한다.
- 프린터의 스풀 공간이 부족하여 에러가 발생한 경우에는 하드 디스크에서 스풀 공간을 확보한다.

상태 오류
- 인쇄 결과물이 번지거나 얼룩 자국이 발생하는 경우 헤드 및 카트리지를 청소한다.
- 글자가 이상하게 인쇄되는 경우 프린터 드라이버를 다시 설치한다.

컴퓨터 소프트웨어

23 시스템 소프트웨어

출제 ▶ 15년2회(1급)

01 다음 중 컴퓨터의 운영체제에 대한 설명으로 옳지 않은 것은?

① 시스템의 모든 동작 상태를 관리하고 감독하는 제어프로그램의 핵심 프로그램을 슈퍼바이저(Supervisor)라 부른다.

② 운영체제는 컴퓨터가 동작하는 동안 하드디스크 내에 위치하여 여러 종류의 자원 관리 서비스를 제공한다.

③ 키보드, 모니터, 디스크 드라이브 등의 필수적인 주변장치들을 관리하는 BIOS를 포함한다.

④ 운영체제는 사용자가 응용프로그램을 편리하게 사용하고, 하드웨어의 성능을 최적화할 수 있도록 한다.

출제 ▶ 15년1회(1급)

02 다음 중 컴퓨터 운영체제(OS) 대한 설명으로 옳지 않은 것은?

① 시스템의 메모리를 관리하고, 응용 프로그램이 제대로 실행될 수 있도록 제어한다.

② 컴퓨터 하드웨어와 응용 프로그램을 사용하고자 하는 사용자 사이에 위치하여 인터페이스 역할을 해주는 소프트웨어이다.

③ 프로세스 및 기억장치관리, 파일 및 주변장치 관리 그리고 컴퓨터에 설치된 프로그램 등을 관리하는 역할과 유틸리티 프로그램을 제공한다.

④ 사용자 측면에서 특정 분야의 작업을 처리하기 위한 프로그램으로 반드시 설치할 필요는 없으나 설치하여 사용할 것을 권고하고 있다.

출제 ▶ 20년1회(2급)

03 다음 중 컴퓨터 운영체제의 주요 기능으로 옳지 않은 것은?

① 자원의 효율적인 관리를 위해 자원의 스케줄링을 제공한다.

② 시스템과 사용자 간의 편리한 인터페이스를 제공한다.

③ 데이터 및 자원 공유 기능을 제공한다.

④ 시스템을 실시간으로 감시하여 바이러스 침입을 방지하는 기능을 제공한다.

출제 ▶ 18년2회(2급)

04 다음 중 컴퓨터 운영체제에 관한 설명으로 옳지 않은 것은?

① 운영체제는 컴퓨터가 작동하는 동안 하드 디스크에 위치하여 실행된다.

② 프로세스, 기억장치, 주변장치, 파일 등의 관리가 주요 기능이다.

③ 운영체제의 평가 항목으로 처리 능력, 응답시간, 사용 가능도, 신뢰도 등이 있다.

④ 사용자들 간의 하드웨어 공동 사용 및 자원의 스케줄링을 수행한다.

핵심이론 094

운영체제(OS:Operating System)는 사용자가 컴퓨터를 효율적으로 사용할 수 있도록 편의를 도모하는 시스템 소프트웨어이다.

운영체제의 특징

- 컴퓨터가 동작하는 동안 주기억장치에 위치한다.
- 프로세서, 기억장치, 메모리, 입출력장치, 파일 등의 자원을 관리한다.
- 사용자가 컴퓨터를 효과적으로 사용할 수 있도록 제반시설을 제공한다.
- 데이터를 관리하고, 사용자 간의 데이터 및 자원의 공유 기능을 제공한다.
- 컴퓨터의 자원을 효율적으로 관리하기 위해 자원의 스케줄링 기능을 제공한다.

05 다음 중 컴퓨터에서 사용되는 운영체제의 목적에 관한 설명으로 옳지 않은 것은?

① 시스템에 작업을 의뢰한 시간부터 처리가 완료될 때까지 걸린 시간을 의미하는 반환 시간의 단축이 요구된다.
② 일정 시간 내에 시스템이 처리하는 일의 양을 의미하는 처리 능력의 향상이 요구된다.
③ 시스템이 주어진 문제를 정확하게 해결하는 정도를 의미하는 신뢰도의 향상이 요구된다.
④ 시스템을 사용할 수 있는 사용자의 수를 의미하는 사용 가능도의 향상이 요구된다.

06 다음 중 컴퓨터 운영체제의 성능 평가 기준에 해당하지 않는 것은?

① 일정 시간 내에 시스템이 처리하는 양을 의미하는 처리능력(Throughput)
② 작업을 의뢰한 시간부터 처리가 완료된 시간까지의 반환시간(Turn Around Time)
③ 중앙처리장치의 사용 정도를 측정하는 사용 가능도 (Availability)
④ 주어진 문제를 정확하게 해결하는 정도를 의미하는 신뢰도(Reliability)

07 다음 중 운영체제의 성능을 평가하는 항목에 대한 설명으로 옳지 않은 것은?

① 시스템이 일정한 시간 내에 일을 처리하는 능력
② 주어진 문제를 정확하게 처리하는 신뢰할 수 있는 정도
③ 처리할 데이터를 일정시간 동안 모아 일괄 처리할 수 있는 능력
④ 시스템의 즉시 사용 가능한 정도

핵심이론 095

운영체제의 목적

응답 시간 단축 (Turn Around Time)
시스템의 명령을 내리고 처리가 완료될 때까지 걸리는 시간으로 수치가 낮을수록 좋다.

처리 능력 향상 (Throughput)
일정 시간 내에 시스템이 처리할 수 있는 일의 양으로 수치가 높을

수록 좋다.

신뢰도 향상 (Reliability)
시스템이 주어진 문제를 정확하게 수행하는 정도로 수치가 높을수록 좋다.

사용 가능도 향상 (Availability)
사용자가 시스템의 자원을 요구할 때 즉시 사용 가능한 정도로 수치가 높을수록 좋다.

08 다음 중 컴퓨터 운영체제의 운영방식에 대한 설명으로 옳지 않은 것은?

① 일괄 치리(Batch Processing): 컴퓨터에 입력하는 데이터를 일정량 또는 일정시간 동안 모았다가 한꺼번에 처리하는 방식이다.
② 실시간 처리(Real Time Processing): 처리할 데이터가 입력될 때마다 즉시 처리하는 방식으로 각종 예약 시스템이나 은행 업무 등에서 사용한다.
③ 다중 처리(Multi-Processing): 한 개의 CPU로 여러 개의 프로그램을 동시에 처리하는 방식이다.
④ 시분할 시스템(Time Sharing System): 한 대의 시스템을 여러 사용자가 동시에 사용하는 방식으로 처리 시간을 짧은 시간 단위로 나누어 각 사용자에게 순차적으로 할당하여 실행한다.

09 다음 중 컴퓨터 운영체제 운영방식에서 임베디드 시스템에 관한 설명으로 옳지 않은 것은?

① 제어가 필요한 시스템의 두뇌 역할을 하는 전자 시스템으로 TV, 냉장고 등의 가전제품에 많이 사용된다.
② 처리할 데이터를 일정량 또는 일정시간 동안 모아서 한꺼번에 처리한다.
③ 마이크로프로세서에 특정 기능을 수행하는 응용프로그램을 탑재하여 컴퓨터 기능을 수행한다.
④ 하드웨어와 소프트웨어가 하나로 결합된 제어 시스템이다.

10 다음 중 임베디드 시스템에 관한 설명으로 옳은 것은?

① 지역적으로 다른 위치에 있는 여러 대의 컴퓨터를 연결하여 분산 처리하는 시스템이다.

② 처리할 데이터를 일정시간 동안 모아서 일괄 처리하는 방식의 시스템이다.

③ 특정 기능을 수행하기 위하여 전체 장치의 일부분으로 내장되는 전자 시스템이다.

④ 두 개의 CPU가 동시에 같은 업무를 처리하는 방식으로 업무의 신뢰도를 높이는 작업에 이용된다.

출제 ▶ 17년1회(1급)

11 다음 중 컴퓨터 고장으로 인한 작업 중단에 대비하고, 업무 처리의 신뢰도를 높이기 위해 2개의 CPU가 같은 업무를 동시에 처리하여 그 결과를 상호점검하면서 운영하는 시스템은?

① 듀플렉스 시스템
② 클러스터링 시스템
③ 듀얼 시스템
④ 다중처리 시스템

출제 ▶ 16년1회(1급)

12 다음 중 하나의 컴퓨터에 여러 개의 중앙처리장치를 설치하여 주기억장치나 주변장치들을 공유하고, 신뢰성과 연산능력을 향상시키는 시스템을 의미하는 것은?

① 시분할 처리 시스템(Time Sharing System)
② 다중 프로그래밍 시스템(Multi-Programming System)
③ 듀플렉스 시스템(Duplex System)
④ 다중 처리 시스템(Multi-Processing System)

핵심이론 096
운영체제의 운영 방식

일괄 처리 시스템	자료를 일정 기간 단위로 모아 두었다가 처리하는 방식
실시간 처리 시스템	처리할 데이터가 발생할 때마다 바로 처리하는 방식
시분할 처리 시스템	일정 시간 단위로 CPU의 시간 자원을 신속하게 전환하여 여러 사용자가 사용하더라도 각각의 사용자들은 마치 자신만이 컴퓨터를 사용하고 있는 것처럼 느끼도록 처리하는 방식
다중 프로그래밍 시스템	한 개의 CPU로 다수의 프로그램을 동시에 처리하는 방식
다중 처리 시스템	하나의 컴퓨터에 두 개 이상의 CPU를 설치하여 다수의 프로그램을 동시에 처리하는 방식
분산 처리 시스템	지역적으로 분산된 여러 대의 컴퓨터를 연결하여 작업을 분담 처리하는 방식
임베디드 시스템	보드 형태의 반도체 기억소자인 마이크로프로세서에 응용 프로그램을 장착하여 기능을 수행하는 방식으로, 하드웨어와 소프트웨어가 하나로 조합되어 있으며 2차 저장장치가 없는 방식
듀얼 시스템	컴퓨터 고장으로 인한 작업 중단을 방지하기 위해 두 개의 CPU가 동일한 업무를 동시에 처리하며 그 결과를 상호 점검하며 운영하는 방식
듀플렉스 시스템	두 개의 CPU를 설치하여 한 쪽의 CPU가 가동 중일 때는 다른 한 쪽 CPU는 대기하게 되며, 가동 중인 CPU가 고장 나면 복구될 때까지 대기 중이던 CPU가 가동되어 업무가 처리되도록 운영하는 방식
클러스터링	두 대 이상의 컴퓨터를 함께 묶어서 단일 시스템인 것처럼 사용하는 방식

24 응용 소프트웨어

출제 ▶ 19년2회(2급), 16년2회(2급)

01 다음 중 유틸리티 프로그램에 대한 설명으로 적절하지 않은 것은?

① 다수의 작업이나 목적에 대하여 적용되는 편리한 서비스 프로그램이나 루틴을 말한다.

② 컴퓨터의 동작에 필수적이고, 컴퓨터를 이용하는 주 목적에 대한 일부 특정 작업을 수행하는 소프트웨어들을 가리킨다.

③ 컴퓨터 하드웨어, 운영 체제, 응용 소프트웨어를 관리하는 데 도움을 주도록 설계된 프로그램을 의미한다.

④ Windows에서 제공하는 유틸리티 프로그램으로는 메모장, 그림판, 계산기 등을 예로 들 수 있다.

02 다음 중 아래에서 응용 소프트웨어만 선택하여 나열한 것은?

| ㉠ 윈도우 | ㉡ 포토샵 | ㉢ 리눅스 |
| ㉣ 한컴오피스 | ㉤ 유닉스 | |

① (㉠), (㉡)

② (㉡), (㉣)

③ (㉠), (㉢), (㉤)

④ (㉡), (㉣), (㉤)

핵심이론 097

소프트웨어는(Software)는 사용자가 컴퓨터 시스템을 이용하여 업무를 수행할 수 있도록 도와주는 프로그램으로서, 크게 시스템 소프트웨어와 응용 소프트웨어로 나뉜다.

시스템 소프트웨어	- 컴퓨터를 작동시키는 프로그램으로 운영체제(Operating System), 각종 언어 번역 프로그램 등이 이에 해당된다. - ex) 윈도우, 리눅스, 유닉스, 맥OS 등
응용 소프트웨어	- 사용자가 특정 업무를 수행할 수 있도록 개발된 프로그램으로 OA, 미디어 관련 프로그램 등이 이에 해당된다. - ex) 오피스, 포토샵, 일러스트 등

03 다음 중 컴퓨터에서 사용하는 압축 프로그램에 관한 설명으로 옳지 않은 것은?

① 압축한 파일을 모아 재압축을 반복하면 파일 크기를 계속 줄일 수 있다.

② 여러 개의 파일을 압축하면 하나의 파일로 생성되어 파일 관리를 용이하게 할 수 있다.

③ 대부분의 압축 프로그램에는 분할 압축이나 암호 설정 기능이 있다.

④ 파일의 전송시간과 비용을 절약하고, 디스크 공간을 효율적으로 사용할 수 있다.

04 다음의 파일 형식 중에서 압축 파일 형식에 해당되지 않는 것은?

① SAS

② ZIP

③ ARJ

④ RAR

핵심이론 098

응용(Application) 소프트웨어의 종류는 아래와 같다.

사무자동화 관련 프로그램
- 문서 작성 : 한글, Word 등 - 계산 작업 : 한셀, Excel 등 - 정보 분석 : 오라클, Access, MySQL 등 - 개체 작업 : 한쇼, PowerPoint 등

그래픽 관련 프로그램
- 이미지 : 그림판, 일러스트레이터, 포토샵 등 - 동영상 : 프리미어, 에펙 등

기타 프로그램
- 압축 : 알집, 반디집 등 - 통계 : SAS, SPSS 등 - 설계 : Auto CAD 등

05 다음 중 패치(Patch) 버전 소프트웨어에 관한 설명으로 옳은 것은?

① 정식으로 대가를 지불하고 사용하는 소프트웨어이다.

② 홍보용으로 사용 기간이나 기능에 제한을 둔 소프트웨어이다.

③ 오류 수정이나 성능 향상을 위해 프로그램 일부를 변경해주는 소프트웨어이다.

④ 정식 프로그램 출시 전에 테스트용으로 제작되어 일반인에게 공개하는 소프트웨어이다.

06 다음 중 소스 코드까지 제공되어 사용자들이 자유롭게 수정하거나 변경할 수 있는 소프트웨어를 의미하는 것은?

① 주문형 소프트웨어(Customized software)

② 오픈 소스 소프트웨어(Open source software)

③ 쉐어웨어(Shareware)

④ 프리웨어(Freeware)

07 다음 중 컴퓨터 소프트웨어에서 셰어웨어(Shareware)에 관한 설명으로 옳은 것은?

① 정해진 금액을 지불하고 정식으로 사용하는 프로그램이다.

② 사용 기간과 일부 기능을 제한하여 정식 제품의 구
입을 유도하기 위한 프로그램이다.

③ 사용 기간의 제한 없이 무료 사용과 배포가 가능
한 프로그램이다.

④ ROM에 저장되며, BIOS와 관련이 있는 시스템 프
로그램이다.

① ⊙ 프리웨어, ⓒ 셰어웨어, ⓒ 상용 소프트웨어
② ⊙ 셰어웨어, ⓒ 프리웨어, ⓒ 상용 소프트웨어
③ ⊙ 상용 소프트웨어, ⓒ 셰어웨어, ⓒ 프리웨어
④ ⊙ 셰어웨어, ⓒ 상용 소프트웨어, ⓒ 프리웨어

핵심이론 099
사용권에 따른 소프트웨어 분류

상용 (Commercial) 소프트웨어	대가를 지불해야 모든 기능을 정상적으로 사용 할 수 있는 프로그램
셰어웨어 (Shareware)	기능 또는 사용 기간에 제한을 두어 무료로 배 포하는 프로그램
프리웨어 (Freeware)	무료로 배포 및 사용이 가능한 프로그램
공개 (Open) 소프트웨어	개발자가 소스를 공개하여 누구나 자유롭게 사 용 및 수정, 재배포가 가능한 프로그램
데모 (Demo)	정식 프로그램을 홍보하기 위해 기능이나 사용 기간에 제한을 두어 배포하는 프로그램
알파 (Alpha)	회사 내부적으로 테스트할 목적으로 제작하는 프로그램
베타 (Beta)	정식 프로그램 출시 전 일반인에게 공개하여 검증받는 프로그램
패치 (Patch)	이미 배포된 프로그램의 오류를 수정하거나 기 능을 향상시켜 재배포하는 형태의 프로그램
애드웨어 (Adware)	소프트웨어 사용 시 광고를 시청하는 대가로 무료로 사용 가능한 프로그램
번들 (Bundle)	특정 프로그램을 구매하였을 때 무료로 끼워주 는 프로그램

출제 ▶ 16년1회(1급)

08 다음 중 컴퓨터 소프트웨어 개발 과정에서 제작되는 알
파(Alpha) 버전에 관한 설명으로 옳은 것은?

① 정식 프로그램의 기능을 홍보하기 위해 기능 및
기간을 제한하여 배포하는 프로그램이다.

② 베타 테스트를 하기 전에 제작 회사 내에서 테스트
할 목적으로 제작된 프로그램이다.

③ 정식 버전을 출시하기 전에 테스트 목적으로 일반
인에게 공개하는 프로그램이다.

④ 오류 수정이나 성능 향상을 위해 이미 배포된 프
로그램의 일부를 변경해 주는 프로그램이다.

출제 ▶ 15년2회(1급)

09 다음 중 소프트웨어의 사용권에 따른 분류에 대한 설명
으로 옳지 않은 것은?

① 애드웨어 : 배너 광고를 보는 대가로 무료로 사용
하는 소프트웨어이다.

② 셰어웨어 : 정식 버전이 출시되기 전에 프로그램에
대한 일반인의 평가를 받기 위해 제작된 소프트웨
어이다.

③ 번들 : 특정한 하드웨어나 소프트웨어를 구매하였
을 때 포함하여 주는 소프트웨어이다.

④ 프리웨어 : 돈을 내지 않고도 사용 가능하고 다른 사
람에게 전달해 줄 수 있는 소프트웨어이다.

25 ▶ 프로그래밍 언어

출제 ▶ 20년1회(1급)

01 다음 중 객체지향 프로그래밍 특징으로 옳은 것은?

① 객체에 대하여 절차적 프로그래밍의 장점을 사용
할 수 있다.

② 객체지향 프로그램은 주로 인터프리터 번역 방식
을 사용한다.

③ 객체지향 프로그램은 코드의 재사용과 유지보수가
용이하다.

④ 프로그램의 구조와 절차에 중점을 두고 작업을 진
행한다.

출제 ▶ 18년2회(2급)

10 다음 중 아래의 ⊙, ⓒ, ⓒ에 해당하는 소프트웨어의 종
류를 올바르게 짝지어 나열한 것은?

홍길동은 어떤 프로그램이 좋은지 알아보기 위해
⊙누구나 임의의 용도로 사용할 수 있는 프로그램
과 ⓒ주로 일정 기간 동안 일부 기능을 제한한 상태
로 사용하는 프로그램을 먼저 사용해 보고, 가장 적
합한 ⓒ프로그램을 구입하여 사용하려고 한다.

출제 ▶ 19년1회(2급), 17년2회(2급)

02 다음 중 추상화, 캡슐화, 상속성, 다형성 등의 특징을 지니고 있으며, 크고 복잡한 프로그램 구축이 어려운 절차형 언어의 문제점을 해결하기 위해 개발된 프로그래밍 기법은?

① 구조적 프로그래밍　② 객체지향 프로그래밍

③ 하향식 프로그래밍　④ 비주얼 프로그래밍

핵심이론 100

프로그래밍 기법의 종류와 특징

구조적 프로그래밍	- goto문 등에 의존하는 프로그래밍 기법을 대신할 수 있는 기법으로 정해진 단계에 따라 차례대로 작성하는 기법 - ex) PASCAL
절차적 프로그래밍	- 지정된 규칙에 따라 순서대로 처리 절차를 작성하는 기법 - ex) C, COBOL, FORTRAN 등
객체 지향 프로그래밍	- 데이터와 그 데이터에 관련된 모든 정보와 기능을 포함하는 개념인 객체를 중심으로 한 프로그래밍 기법 - 소프트웨어 재사용성과 유지보수가 용이하여 프로그램 개발 시간 단축 가능 - ex) C++, JAVA 등
비주얼 프로그래밍	- 문자를 이용한 명령 전달 방식을 아이콘 형태로 바꾸어 사용자가 좀 더 쉽게 사용하도록 변경한 프로그래밍 기법 - ex) Visual Basic, Delphi 등

출제 ▶ 19년2회(1급)

03 다음 중 객체 지향 프로그래밍 언어에 대한 설명으로 옳지 않은 것은?

① 소프트웨어의 재사용으로 프로그램의 개발 시간을 단축할 수 있다.

② 대표적인 객체지향언어로 C++, Java 등이 있다.

③ 상속성, 캡슐화, 추상화, 다형성 등의 특징이 있다.

④ 순차적인 처리가 중요시되며 프로그램 전체가 유기적으로 연결되도록 작성한다.

출제 ▶ 17년1회(1급)

04 다음 중 컴퓨터 소프트웨어의 개발을 위한 객체지향 언어에 관한 설명으로 옳지 않은 것은?

① 데이터와 그 데이터를 처리하는 함수를 객체로 묶어서 문제를 해결하는 언어이다.

② 상속, 캡슐화, 추상화, 다형성 등을 지원한다.

③ 시스템의 확장성이 높고 정보 은폐가 용이하다.

④ 대표적인 객체지향 언어로는 BASIC, Pascal, C언어 등이 있다.

핵심이론 101

• 객체 지향 프로그래밍 언어는 시스템의 확장성이 높고 정보 은폐가 용이하다.

• 상속성, 캡슐화(은닉화), 추상화, 다형성, 오버로딩의 특징을 갖는다.

• 대표적인 객체 지향 프로그래밍 언어로는 smalltalk, C++, JAVA 등이 있다.

객체	데이터와 그 데이터를 처리하는 함수를 묶어 놓은 개념
클래스	하나 이상이 유사한 객체들을 묶어 공통된 속성과 연산을 갖는 객체의 집합
메서드	객체가 메시지를 받아 실행해야 할 객체의 구체적인 동작이나 연산을 정의한 것
메시지	객체의 메서드를 일으키는 외부 요구 사항

출제 ▶ 18년1회(2급)

05 다음 중 언어 번역 프로그램인 컴파일러와 인터프리터의 차이점에 대한 설명으로 옳지 않은 것은?

① 컴파일러는 프로그램 전체를 번역하고, 인터프리터는 한 줄씩 번역한다.

② 컴파일러는 목적 프로그램을 생성하고, 인터프리터는 생성하지 않는다.

③ 컴파일러는 실행 속도가 빠르고, 인터프리터는 실행 속도가 느리다.

④ 컴파일러는 번역 속도가 빠르고, 인터프리터는 번역 속도가 느리다.

기출변형

06 다음 중 컴파일러 언어와 인터프리터 언어의 차이점으로 옳은 것은?

① 컴파일러 언어는 전체 번역 과정을 따로 거치지 않고 프로그램의 각 명령문을 행 단위로 번역하고 처리하는 방식을 사용한다.

② 인터프리터 언어는 목적 프로그램과 실행형 프로그램을 생성하며, 대표적으로 BASIC 언어가 있다.

③ 컴파일러와 비교하여 인터프리터 언어는 대화식 처리가 가능하다.

④ 컴파일러 언어는 인터프리터 언어와 비교하여 일반적으로 속도가 느리다.

핵심이론 102

• 언어 번역 프로그램의 종류와 특징

컴파일러 (Compiler)	FORTRAN, COBOL, C 등의 고급 언어로 작성된 프로그램을 기계어로 번역하는 프로그램
어셈블러 (Assembler)	어셈블리어로 작성된 원시 프로그램을 기계어로 번역하는 프로그램
인터프리터 (Interpreter)	BASIC, LISP, SNOBOL 등의 작성된 프로그램을 줄 단위로 번역하여 바로 실행해 주는 프로그램으로 대화식 처리가 가능

• 컴파일러와 인터프리터 비교

구분	컴파일러	인터프리터
처리 단위	전체	행
목적 프로그램	있음	없음
실행 속도	빠름	느림
번역 속도	느림	빠름
관련 언어	FORTRAN COBOL C, ALGOL	BASIC SNOBOL LISP, APL

기출변형

07 다음 중 서로 독립되어 컴파일된 여러 개의 목적 프로그램을 하나의 실행 가능한 로드 모듈로 만드는 기능을 하는 프로그램은 무엇인가?

① 정렬/합병 프로그램   ② 언어 번역 프로그램
③ 다중 프로그램   ④ 연계 편집 프로그램

기출변형

08 컴파일러나 어셈블러 등에 의해 기계어로 번역된 상태의 프로그램을 무엇이라 하는가?

① 목적 프로그램   ② 로드 모듈
③ 실행 프로그램   ④ 번역 프로그램

핵심이론 103

언어 번역 과정

번역 (Compile)	- 컴파일러, 어셈블러, 인터프리터 등의 언어 번역 프로그램을 사용한다.
링커 (Linker)	- 기계어로 번역된 여러 개의 목적 프로그램을 결합하여 하나의 실행 가능한 모듈로 만드는 과정이다. - 연계 편집 프로그램이라고도 한다.
로더 (Loader)	- 실행 가능한 로드 모듈을 주기억장치에 적재한다.

26   웹 프로그래밍

출제 ▶ 18년2회(1급)

01 다음 중 서버에 데이터를 전송하기 전 아이디나 비밀번호의 입력 여부 또는 수량 입력과 같은 입력 사항을 확인할 때 사용하는 웹 프로그래밍 언어로 가장 적절한 것은?

① CSS   ② UML
③ Java Script   ④ VRML

핵심이론 104

자바 (JAVA)	- C++ 언어를 기반으로 개발된 것으로 웹 상에서 멀티미디어 데이터를 효율적으로 처리할 수 있는 객체 지향 언어이다. - 네트워크 환경에서 분산 작업이 가능하도록 설계된 언어로 운영체제에 관계없이 독립적으로 실행할 수 있는 프로그램을 작성할 수 있다. - 여러 작업을 동시에 수행할 수 있는 멀티스레드 기능을 제공한다.
자바 스크립트 (JAVA Script)	- HTML 문장 안에 포함되어 있어 사용자의 웹 브라우저에서 직접 번역 및 실행된다. - 클래스가 존재하지 않으며 변수 선언이 불필요하다. - 간단한 프로그래밍에 적합하고, 주로 웹 브라우저를 보기 좋게 꾸미는 용도로 사용된다.

출제 ▶ 19년1회(1급)

02 다음 중 웹 프로그래밍 언어인 JSP에 대한 설명으로 옳지 않은 것은?

① 웹 서버에서 동적으로 웹 브라우저를 관리하는 스크립트언어이다.
② 웹 환경에서 작동되는 웹 어플리케이션을 개발할 수 있다.
③ JAVA 언어를 기반으로 하여 윈도우즈 운영체제에서만 실행이 가능하다.
④ HTML 문서 내에서는 <% … %> 와 같은 형태로 작성된다.

03 다음 중 웹 프로그래밍 언어에 대한 설명으로 옳지 않은 것은?

① ASP는 서버 측에서 동적으로 수행되는 페이지를 만들기 위한 언어로 Windows 계열의 운영체제에서 실행 가능하다.

② PHP는 클라이언트 측에서 동적으로 수행되는 스크립트언어로 Unix 운영체제에서 실행 가능하다.

③ XML은 HTML의 단점을 보완하여 웹에서 구조화된 폭넓고 다양한 문서들을 상호 교환할 수 있도록 설계된 언어이다.

④ JSP는 자바로 만들어진 서버 스크립트로 다양한 운영체제에서 사용 가능하다.

04 다음 중 게시판 입력, 상품 검색, 회원 가입 등과 같은 데이터베이스 처리 작업을 수행하기 위해 사용하며, 웹 서버에서 작동하는 스크립트 언어들로만 모아 놓은 것은?

① HTML, XML, SGML

② Java, Java Applet, Java Script

③ Java Script, VB Script,

④ ASP, JSP, PHP

핵심이론 105

ASP	- Active Server Page - 서버 측 스크립트 언어이다. - MicroSoft에서 개발하였으며 Windows 계열의 운영체제에서만 사용 가능하다.
JSP	- Java Server Page - 웹 서버에서 동적으로 웹 브라우저를 관리하는 스크립트언어이다. - 자바로 만들어진 서버 스크립트로 다양한 운영체제에서 사용 가능하다. - 데이터베이스와 연결이 용이하여 재사용이 가능하다.
PHP	- Professional Hypertext Preprocessor - 서버 측 스크립트 언어로 PHP 4.0 버전이후 각광받는 언어이다. - Linux, Unix, Windows 운영체제에서 사용 가능하다.

05 다음 중 차세대 웹 표준으로 텍스트와 하이퍼링크를 이용한 문서 작성 중심으로 구성된 기존 표준에 비디오, 오디오 등의 다양한 부가기능을 추가하여 최신 멀티미디어 콘텐츠를 ActiveX 없이도 웹 서비스로 제공할 수 있는 언어는?

① XML   ② VRML   ③ HTML5   ④ JSP

06 다음 중 HTML의 단점을 보완하여 이미지의 애니메이션을 지원하며, 사용자와의 상호 작용에 따른 동적인 웹페이지의 제작이 가능한 언어는?

① JAVA   ② DHTML   ③ VRML   ④ WML

07 다음 중 무선 접속을 통해 휴대폰이나 PDA 등에 웹 페이지의 텍스트와 이미지 부분이 표시될 수 있도록 하는 웹 프로그래밍 언어는?

① WML   ② VRML   ③ SGML   ④ XML

08 다음에서 설명하고 있는 웹 프로그래밍 언어는 무엇인가?

> 웹 상에서 구조적 데이터를 표현하기 위한 형식을 제공하는 메타 태그 언어로 콘텐츠에 대하여 정확히 선언할 수 있도록 해주며, 여러 플랫폼에서 의미 있는 검색 결과가 나오도록 한다. 또한 차세대 웹 기반 데이터 보기 및 조작 응용 프로그램을 사용할 수 있다.

① HTML   ② VRML
③ SGML   ④ XML

핵심이론 106

HTML	- Hyper Text Markup Language - 웹에서 하이퍼텍스트 문서를 만들기 위해 개발된 언어로, 호환성이 높고 사용이 편한 기본 언어이다.
DHTML	- Dynamic HTML - HTML에 비해 애니메이션이 강화되었고, 사용자와의 상호작용이 강화된 동적 웹 페이지를 만들 수 있는 언어이다.

SGML	- Standard Generalized Markup Language - 멀티미디어 전자 문서들을 다른 기종의 시스템들과 효율적으로 전송하고 처리할 수 있도록 하기 위한 언어이다.
XML	- eXtensible Markup Language - HTML의 단점을 보완하여 웹에서 구조화된 문서를 교환할 수 있도록 설계된 언어이다. - 문서를 표현하는 방식이 독립적이고, 분산 처리에 적합하다.
WML	- Wireless Markup Language - 휴대폰, PDA 등의 무선 단말기에서 텍스트와 이미지가 포함된 콘텐츠가 표시되도록 지원하는 언어이다.
UML	- Unified Modeling Language - 요구 분석, 시스템 설계, 시스템 구현 등의 과정에서 사용되는 모델링 언어로, 비교적 모순이 적은 표준화된 언어이다.
VRML	- Virtual Reality Modeling Language - 3차원과 가상현실을 표현하기 위한 프로그래밍 언어이다.

05 인터넷 활용

27 정보통신망

출제 ▶ 20년2회(2급)

01 다음 중 라디오와 같이 한쪽은 송신만, 다른 한쪽은 수신만 가능한 정보 전송 방식은?

① 단방향 통신   ② 반이중 통신
③ 전이중 통신   ④ 양방향 통신

핵심이론 107
정보 전송 방식은 데이터가 전송되는 방향에 따라 아래와 같이 구분된다.

단방향식 (Simplex)	한쪽은 수신만, 다른 한쪽은 송신만 가능한 방식 ex) 라디오, TV
반이중 방식 (Half-Duplex)	양쪽 방향에서 송·수신이 가능하지만 동시에는 불가능한 방식 ex) 무전기, FAX
전이중 방식 (Full-Duplex)	양쪽 방향에서 동시에 송·수신이 가능한 방식 ex) 전화

출제 ▶ 16년2회(1급)

02 다음 중 디지털 데이터 신호를 변조하지 않고 원래의 신호를 그대로 직접 전송하는 방식으로 LAN과 같은 근거리통신망에 사용되는 것은?

① 단방향 전송   ② 반이중 전송
③ 베이스밴드 전송   ④ 브로드밴드 전송

핵심이론 108
정보 전송 방식은 데이터 신호 전송 방법에 따라 아래와 같이 구분된다.

베이스밴드 (Baseband)	- 디지털 데이터 신호를 변조하지 않고 직접 전송하는 방식 - 변조를 하지 않기 때문에 모뎀이 필요 없고, 근거리 전송에 주로 사용 - ex) LAN
브로드밴드 (Broadband)	- 디지털 데이터 신호를 여러 개의 신호로 변조해서 다른 주파수 대역으로 동시에 전송하는 방식 - 장거리 전송에 주로 사용 - ex) ADSL

출제 ▶ 18년2회(1급), 16년1회(1급)

03 다음 중 네트워크 운영 방식 중 하나인 클라이언트/서버 방식에 관한 설명으로 옳은 것은?

① 서버와 클라이언트가 모두 처리 능력을 가지며, 분산처리 환경에 적합하다.
② 중앙 컴퓨터가 모든 단말기에서 요구하는 데이터 처리를 전담한다.
③ 모든 단말기가 동등한 계층으로 연결되어 모두 클라이언트와 서버 역할을 할 수 있다.
④ 단방향 통신 방식으로 데이터 처리를 위한 대기시간이 필요하다.

출제 ▶ 16년3회(1급)

04 다음 중 네트워크 연결을 위한 동배간처리(Peer-To-Peer) 방식에 대한 설명으로 옳지 않은 것은?

① 컴퓨터와 컴퓨터가 동등하게 연결되는 방식이다.
② 각각의 컴퓨터는 클라이언트인 동시에 서버가 될 수 있다.
③ 워크스테이션이나 PC를 단말기로 사용하는 작은 규모의 네트워크에 많이 사용된다.
④ 유지보수가 쉽고 데이터의 보안이 우수하며 주로 데이터의 양이 많을 때 사용한다.

출제 ▶ 16년1회(2급)

05 다음 중 정보통신과 관련하여 분산 처리 환경에 가장 적합한 네트워크 운영 방식은?

① 중앙 집중 방식
② 클라이언트/서버 방식
③ 피어 투 피어 방식
④ 반이중 방식

핵심이론 109
네트워크 운영 방식은 연결 방식에 따라 아래와 같이 구분된다.

중앙 집중	- Host-Terminal - 모든 처리 과정을 담당하는 중앙 컴퓨터와 데이터의 입출력 기능을 담당하는 단말기로 구성된다. - 중앙 컴퓨터와 단말기를 1:1로 연결하여 언제든 데이터 전송이 가능하다.
서버/ 클라이언트	- Sever-Client - 정보를 제공하는 서버와 정보를 요구하는 클라이언트로 구성된다. - 각각 독자적인 처리 능력을 가지고 있어 분산 처리 환경에 적합하다.
동배간 처리	- Peer-To-Peer - 서버 없이 모든 컴퓨터가 동등하게 연결되는 방식이다. - 각각의 컴퓨터는 클라이언트인 동시에 서버가 될 수 있다. - 워크스테이션이나 PC를 단말기로 사용하는 작은 규모의 네트워크에 많이 사용된다.

출제 ▶ 17년2회(1급)

06 다음 중 네트워크 망의 구성 형태에 대한 설명으로 옳지 않은 것은?

① 트리형(Tree)은 허브를 이용하여 계층적으로 구성한 형태이다.

② 버스형(Bus)은 하나의 통신 회선에 여러 대의 컴퓨터를 연결한 형태이다.

③ 링형(Ring)은 모든 컴퓨터를 그물 모양으로 서로 연결한 형태이다.

④ 스타형(Star)은 각 컴퓨터를 허브와 점 대 점으로 연결한 형태이다.

출제 ▶ 15년1회(1급)

07 다음 중 정보 통신망의 구성형태를 설명한 내용으로 옳지 않은 것은?

① 망형(Mesh Topology)은 네트워크 상의 모든 노드들이 서로 연결되는 방식으로 특정 노드에 이상이 생겨도 전송이 가능하다.

② 링형(Ring Topology)은 모든 노드들을 하나의 원형으로 연결하는 구조로 통신 제어가 간단하고 신뢰성이 높아 특정 노드의 이상도 쉽게 해결할 수 있다.

③ 트리형(Tree Topology)은 하나의 컴퓨터에 네트워크를 연결하여 확장하는 형태로 확장이 많을 경우 트래픽이 과중될 수 있다.

④ 버스형(Bus Topology)은 모든 노드들이 하나의 케이블에 연결되어 있으며, 케이블 종단에는 종단 장치가 있어야 한다.

출제 ▶ 19년2회(2급)

08 다음 중 네트워크 구성 형태에 관한 설명으로 옳지 않은 것은?

① 망(Mesh)형은 응답 시간이 빠르고 노드의 연결성이 우수하다.

② 성형(중앙 집중형)은 통신망의 처리 능력 및 신뢰성이 중앙 노드의 제어장치에 좌우된다.

③ 버스(Bus)형은 기밀 보장이 우수하고 회선 길이의 제한이 없다.

④ 링(Ring)형은 통신회선 중 어느 하나라도 고장 나면 전체 통신망에 영향을 미친다.

핵심이론 110
통신망의 구성 형태별 특징

성(Star)형 =중앙 집중형	- 각 컴퓨터를 허브와 점 대 점으로 연결한 형태 - 통신망의 처리 능력 및 신뢰성이 중앙 노드의 제어장치에 의해 좌우됨 - 고장 발견이 쉽고 유지 보수 및 확장이 용이한 편
링(Ring)형 =루프형	- 인접 단말기를 직접/중계기를 통해 연결하는 형태 - 통신회선 중 어느 하나라도 고장나면 전체 통신망에 치명적인 영향을 줌 - 단말 장치의 추가/제거가 어려움
망(Mesh)형 =그물형	- 모든 단말기를 서로 연결하는 형태 - 응답 시간이 빠르고, 연결성이 높음 - 장애 시 우회 경로 사용하여 특정 노드에 이상이 생겨도 전송이 가능
버스(Bus)형	- 하나의 통신 회선에 여러 대의 컴퓨터를 연결한 형태 - 설치 및 제거가 용이하고 경제적 - 기밀 보장이 어려우며, 통신 회선 길이에 제한이 있음 - 케이블 종단에는 종단 장치가 필요
계층(Tree)형 =분산형	- 일정 지역까지 하나의 통신 회선으로 연결하고, 그 이후 단말기는 바로 앞의 단말기를 이용해 연결하는 형태 - 분산처리시스템을 구성하는 방식 - 확장이 많은 경우 트래픽이 과중

09 다음 중 네트워크 관련 장비로 브리지(Bridge)에 관한 설명으로 옳지 않은 것은?

① OSI 참조 모델의 데이터 링크 계층에 속한다.

② 두 개의 근거리통신망을 상호 접속할 수 있도록 하는 통신망 연결 장치이다.

③ 통신 프로토콜을 변환하여 네트워크를 확장한다.

④ 통신량을 조절하여 데이터가 다른 곳으로 가지 않도록 한다.

10 다음 중 인터넷 통신 상비인 게이트웨이(Gateway)의 기본적인 역할에 관한 설명으로 옳은 것은?

① 현재 위치한 네트워크에서 다른 네트워크로 연결할 때 사용된다.

② 인터넷 신호를 증폭하며 먼 거리로 정보를 전달할 때 사용된다.

③ 네트워크 계층의 연동장치로 경로 설정에 사용된다.

④ 문자로 된 도메인 이름을 숫자로 이루어진 실제 IP 주소로 변환하는데 사용된다.

11 다음 중 네트워크 장비와 관련하여 라우터에 관한 설명으로 옳은 것은?

① 네트워크를 구성할 때 여러 대의 컴퓨터를 연결하여 각 회선을 통합 관리하는 장비이다.

② 네트워크 상에서 가장 최적의 IP 경로를 설정하여 전송하는 장비이다.

③ 다른 네트워크와 데이터를 보내고 받기 위한 출입구 역할을 하는 장비이다.

④ 인터넷 도메인 네임을 숫자로 된 IP 주소로 바꾸어 주는 장비이다.

12 다음 중 정보통신에서 네트워크 관련 장비에 대한 설명으로 옳지 않은 것은?

① 라우터(Router): 네트워크를 구성하기 위해 반드시 필요한 장비로 정보 전송을 위한 최적의 경로를 찾아 통신망에 연결하는 장치

② 허브(Hub): 네트워크를 구성할 때 여러 대의 컴퓨터를 연결하고, 각 회선들을 통합 관리하는 장치

③ 브리지(Bridge): 네트워크를 구성할 때 디지털 신호를 아날로그 신호로 변환하여 전송하고 다시 수신된 신호를 원래대로 변환하기 위한 전송 장치

④ 게이트웨이(Gateway): 한 네트워크에서 다른 네트워크로 들어가는 입구 역할을 하는 장치로 근거리통신망(LAN)과 같은 하나의 네트워크를 다른 네트워크와 연결할 때 사용되는 장치

13 다음 정보통신 용어 중에서 연동장치에 관한 설명으로 옳지 않은 것은?

① 라우터(Router): 네트워크 계층의 연동장치로 경로 설정에 이용된다.

② 리피터(Repeater): 신호를 증폭하며 먼 거리로 정보를 전달할 때 사용하는 연동장치이다.

③ 브리지(Bridge): 주로 LAN에서 다른 네트워크에 데이터를 보내거나 다른 네트워크로부터 데이터를 받아들이는데 사용되는 연동장치이다.

④ 게이트웨이(Gateway): 프로토콜 변환 가능 기능을 내포하며 OSI 참조 모델의 7계층까지를 포함하는 연동장치이다.

14 다음 중 정보 통신 장비와 관련하여 리피터(Repeater)에 관한 설명으로 옳은 것은?

① 적절한 전송 경로를 선택하여 데이터를 전달하는 장비이다.

② 프로토콜이 다른 네트워크를 결합하는 장비이다.

③ 감쇠된 전송 신호를 증폭하여 다음 구간으로 전달하는 장비이다.

④ 같은 프로토콜을 사용하는 독립적인 2개의 근거리 통신망에 상호 접속하는 장비이다.

핵심이론 111

네트워크 관련 장비별 특징

허브 (Hub)	네트워크를 구성할 때 여러 대의 컴퓨터를 연결하고, 각 회선들을 통합적으로 관리하는 장치이다.
리피터 (Repeater)	신호의 장거리 전송을 위해 감쇠된 전송 신호를 증폭하여 다음 구간으로 정보를 전달하는 장비이다.
브리지 (Bridge)	두 개의 근거리통신망을 연결하여 네트워크를 확장시켜 주는 장치이다. 네트워크 분할을 통해 트래픽을 감소시켜 주고, 통신량을 조절하여 데이터가 다른 곳으로 가지 않도록 한다.

라우터 (Router)	네트워크에서 가장 최적의 IP 경로를 설정하여 네트워크 간의 연결점을 결정하고, 데이터 흐름을 제어한다.
게이트웨이 (Gateway)	다른 네트워크로 들어가는 출입구 역할을 하는 장치로, 근거리통신망(LAN)과 같은 하나의 네트워크를 다른 네트워크와 연결할 때 사용되는 장치이다.

28 ▶ 인터넷의 개요/인터넷 주소 체계

출제 ▶ 20년2회(1급)

01 다음 중 인터넷 기반 기술을 이용하여 기업들이 외부 보안을 유지한 상태에서 협력 업체 간의 효율적인 업무처리를 위해 사용하는 네트워크로 옳은 것은?

① 인트라넷(Intranet)
② 원거리 통신망(WAN)
③ 엑스트라넷(Extranet)
④ 근거리 통신망(LAN)

출제 ▶ 20년1회(2급), 16년2회(2급)

02 다음 중 인트라넷(Intranet)에 관한 설명으로 옳은 것은?

① 핸드폰, 노트북 등과 같은 단말장치의 근거리 무선접속을 지원하기 위한 통신기술이다.
② 인터넷 기술과 통신 규약을 기업 내의 전자우편, 전자결재 등과 같은 정보시스템에 적용한 것이다.
③ 납품업체나 고객업체 등 관련 있는 기업들 간의 원활한 통신을 위한 시스템이다.
④ 분야별 공통의 관심사를 가진 인터넷 사용자들이 서로의 의견을 주고받을 수 있게 하는 서비스이다.

핵심이론 112

인터넷(Internet)은 TCP/IP 프로토콜을 기반으로 컴퓨터와 네트워크들이 전 세계적으로 연결된 통신망이다.

인트라넷 (Intranet)	- 인터넷 기술과 통신 규약을 기업 내의 전자우편, 전자결재 등과 같은 정보시스템에 적용한 기업용 네트워크이다. - 정보 교환 시 시간과 장소의 제약이 없으며, 낮은 비용으로 기존 인터넷 환경을 활용한다.
엑스트라넷 (Extranet)	- 인트라넷을 회사 외부로 확대 적용한 네트워크이다. - 외부 보안을 유지한 상태에서 협력 업체 간의 효율적인 업무처리와 정보 교류가 가능하다.

출제 ▶ 20년1회(1급)

03 다음 중 VoIP에 대한 설명으로 옳지 않은 것은?

① 인터넷 IP 기술을 사용한 디지털 음성 전송 기술이다.
② 원거리 통화 시 PSTN(public switched telephone network)보다는 요금이 높지만 일정 수준의 통화 품질이 보장된다.
③ 기존 회선교환 방식과 달리 네트워크를 통해 음성을 패킷형태로 전송한다.
④ 보컬텍(VocalTec)사의 인터넷폰으로 처음 소개되었으며, PC to PC, PC to Phone, Phone to Phone 방식으로 발전하였다.

기출변형

04 다음 중 음성 데이터를 인터넷 프로토콜 데이터 패킷으로 변환하여 인터넷 망을 이용하여 음성 통화를 가능하게 하는 기술로 가장 적절한 것은?

① ISDN   ② ADSL
③ VDSL   ④ VoIP

핵심이론 113

- VoIP(Voice over Internet Protocol)은 음성 데이터를 인터넷 프로토콜 데이터 패킷으로 변환하여 인터넷 망을 이용하여 음성 통화를 가능하게 하는 기술이다.
- 이 방식으로 사용하면 기존 전화망인 PSTN(public switched telephone network)의 시내전화 요금 수준으로 시외전화 및 국제전화 서비스를 사용할 수 있다.

출제 ▶ 16년2회(1급)

05 다음 중 음성 또는 영상의 아날로그 신호를 디지털 신호로 변환하거나 그 반대로 디지털 신호를 아날로그 신호로 변환하는 장치는?

① 허브(HUB)
② 디지털 서비스 유니트(DSU)
③ 코덱(CODEC)
④ 통신제어장치(CCU)

기출변형

06 다음 중 컴퓨터 내부의 디지털 신호를 전화선을 통해 전송할 수 있도록 아날로그 신호로 변조해 주고, 전화선을 통해 전송된 아날로그 신호를 컴퓨터 내부에서 처리할 수 있도록 디지털 신호로 복조해 주는 역할은 담당하는 것은?

① 모뎀(MODEM) ② 게이트웨어(Gateway)
③ 라우터(Router) ④ 허브(HUB)

핵심이론 114

변조(Modulation)와 복조(Demodulation)

변조	송신 측에서 단말기의 디지털 신호를 전송 회선에 적합한 아날로그 신호로 변환하는 것
복조	수신 측에서 전송 회선에서 사용되는 아날로그 신호를 원래의 디지털 신호로 복원하는 것

모뎀(MODEM)과 코덱(CODEC)

모뎀	변조와 복조를 수행하는 신호 변환 장치
코덱	모뎀과 반대 역할을 수행하는 장치

출제 ▶ 18년2회(1급)

07 다음 중 인터넷 주소와 관련된 설명으로 옳지 않은 것은?

① IPv4주소는 클래스별로 주소 부여체계가 달라지며, A Class는 소규모 통신망에 사용된다.
② URL은 인터넷 상에 존재하는 각종 자원이 있는 위치를 나타내는 표준 주소 체계이다.
③ IPv6은 128비트, IPv4는 32비트로 구성된 주소 체계 방식이다.
④ DNS는 도메인 네임을 IP 주소로 변환하거나 그 반대의 변환을 수행하는 시스템이다.

핵심이론 115

• IP(Internet Protocol) 주소는 인터넷에 연결된 모든 컴퓨터의 자원을 구분하기 위한 주소로, 총 32비트로 구성되어 있다.
• IPv4 주소는 클래스별로 주소 부여체계가 달라지는데 A클래스부터 E클래스까지 총 5단계로 구성되어 있다.

분류	특징	IP주소	호스트수
A	국가나 대형 통신망용	0~127	16,777,214
B	중대형 통신망용	128~191	65,534
C	소규모 통신망용	192~223	254
D	멀티캐스트용	224~239	
E	실험용	240~254	

출제 ▶ 20년1회(1급)

08 다음 중 IPv6 주소에 관한 설명으로 옳지 않은 것은?

① 16비트씩 8부분으로 총 128비트로 구성된다.
② 각 부분은 10진수로 표현되며, 세미콜론(;)으로 구분한다.
③ 주소체계는 유니캐스트, 멀티캐스트, 애니캐스트로 나누어진다.
④ 실시간 흐름 제어로 향상된 멀티미디어 기능을 지원한다.

출제 ▶ 19년2회(1급)

09 다음 중 IPv6 주소 체계에 관한 설명으로 옳지 않은 것은?

① IPv4 주소 체계의 주소 부족 문제를 해결하기 위하여 개발되었다.
② IPv6 주소는 16비트씩 8부분으로 총 128비트로 구성되어 있다.
③ 주소는 네트워크의 크기나 호스트의 수에 따라 A, B, C, D, E 클래스로 나누어진다.
④ 실시간 흐름 제어로 향상된 멀티미디어 기능을 지원한다.

출제 ▶ 18년1회(1급)

10 다음 중 인터넷을 사용하기 위한 IPv6 주소 체계에 대한 설명으로 옳지 않은 것은?

① IPv4의 업그레이드 버전으로 주소 구조가 64비트로 확장되었다.
② 주소의 각 부분은 콜론(:)으로 구분하여 16진수로 표현한다.
③ IPv4에 비해 주소의 확장성, 융통성, 연동성이 뛰어나다.
④ 실시간 흐름 제어로 향상된 멀티미디어 기능을 지원한다.

핵심이론 116

IPv4 주소와 IPv6 주소의 특징 비교

IPv4 주소체계
- 8비트씩 4부분, 총 32비트로 구성
- 각 부분은 10진수로 표현하고, 온점(.)으로 구분
- 네트워크 부분과 호스트 부분으로 구성

IPv6 주소체계
- 16비트씩 8부분, 총 128비트로 구성
- 각 부분은 16진수로 표현하고, 콜론(:)으로 구분
- 유니캐스트, 멀티캐스트, 애니캐스트 3가지 주소 체계를 가짐
- 실시간 흐름 제어로 향상된 멀티미디어 기능 제공

- 주소의 확장성, 융통성, 연동성이 뛰어남
- 인증성, 기밀성, 데이터 무결성의 지원으로 보안이 보다 안전함
- IPv4와 호환성이 뛰어남
- 자료 전송 속도가 빨라졌고, 품질 보증이 용이함

출제 ▶ 17년2회(2급)

11 다음 중 인터넷에서 사용하는 도메인 네임에 관한 설명으로 옳은 것은?

① IP 주소를 사람이 이해하기 쉬운 숫자 형태로 표현한 것이다.
② 소속 국가명, 소속 기관명, 소속 기관 종류, 호스트 컴퓨터명의 순으로 구성된다.
③ 퀵돔(QuickDom)은 2단계 체제와 같이 도메인을 짧은 형태로 줄여 쓰는 것을 말한다.
④ 국가가 다른 경우에는 중복된 도메인 네임을 사용할 수 있다.

핵심이론 117

• 도메인 네임(Domain Name)은 어려운 IP주소를 사람이 사용하기 편한 언어 형태로 표현한 주소 체계이다.
• 도메인의 성격을 나타내는 co, or, pe 등의 단계가 생략돼 입력이 빠른(quick) 도메인(domain)을 퀵돔(QuickDom)이라 한다.

도메인 주소의 구성						
www	.	computer	.	co	.	kr
①	.	②	.	③	.	④

① : 호스트 컴퓨터 이름
② : 소속 기관 이름
③ : 소속 기관 종류
④ : 소속 국가

출제 ▶ 15년1회(2급)

12 다음 중 학교를 나타내는 기관 도메인과 종류에 대한 연결이 옳지 않은 것은?

① es - 초등학교 　　② ms - 중학교
③ sc - 고등학교 　　④ ac - 대학교

핵심이론 118

도메인의 종류

상업기관	co/com	교육기관	edu
연구기관	re	대학/대학원	ac
군사기관	mil	고등학교	hs
비영리	or/org	중학교	ms
정부기관	go/gov	초등학교	es

기출변형

13 다음 중 인터넷에서 사용하는 DNS에 관한 설명으로 옳지 않은 것은?

① DNS는 Domain Name Server 또는 Domain Name System의 약자로 쓰인다.
② 문자로 만들어진 도메인 이름을 숫자로 된 IP 주소로 바꾸는 시스템이다.
③ DNS 서버는 IP 주소를 이용하여 패킷의 최단 전송 경로를 설정한다.
④ DNS에서는 모든 호스트들을 각 도메인별로 계층화 시켜서 관리한다.

출제 ▶ 15년3회(2급)

14 다음 중 인터넷 환경에서 사용되는 DNS의 역할에 관한 설명으로 옳은 것은?

① 루트 도메인으로 국가를 구별해 준다.
② 최상위 도메인으로 국가 도메인을 관리한다.
③ 도메인 네임을 숫자로 된 IP 주소로 바꾸어 준다.
④ 현재 설정된 도메인의 하위 도메인을 관리한다.

핵심이론 119

• DNS(Domain Name System)는 문자로 된 도메인 주소를 IP 주소로 변환해주는 시스템이다.
• DNS에서는 모든 호스트들을 각 도메인별로 계층화시켜서 관리한다.

출제 ▶ 19년2회(1급), 16년3회(1급)

15 다음 중 인터넷에서 사용하는 URL에 관한 설명으로 옳지 않은 것은?

① 인터넷 상에 존재하는 각종 자원의 위치를 나타내는 표준 주소 체계이다.
② URL의 일반적인 형식은 '프로토콜://호스트주소[:포트번호][/파일경로]'이다.
③ 계정이 있는 FTP의 경우 'http://사용자이름[:비밀번호]@서버이름:포트번호' 형식으로 사용한다.
④ mailto 프로토콜은 IP 정보 없이 받는 사람의 이메일 주소만 나타내면 된다.

16 다음 중 인터넷의 표준 주소 체계인 URL(Uniform Resource Locator)의 형식으로 옳은 것은?

① 프로토콜://호스트 서버 주소[:포트번호][/파일 경로]

② 프로토콜://호스트 서버 주소[/파일 경로][:포트번호]

③ 호스트 서버 주소://프로토콜[/파일 경로][:포트번호]

④ 호스트 서버 주소://프로토콜[:포트번호][/파일 경로]

17 다음 중 인터넷에 존재하는 정보나 서비스에 대해 접근 방법, 존재 위치, 자료 파일명 등의 요소를 표시하는 것은?

① DHCP   ② CGI

③ DNS   ④ URL

핵심이론 120

- URL(Uniform Resource Locator)은 웹 상에 존재하는 자원의 위치 정보를 나타내는 표준 주소 체계이다.
- 변환해주는 시스템이다.

URL의 구성

http://www.computer.co.kr/pds/homework.hwp
   ①   ②   ③   ④

① 프로토콜 : 인터넷 서비스의 종류

② 서버주소 : 정보가 위치한 서버의 호스트 주소

③ 포트번호 : TCP 접속에 사용되는 포트번호

④ 파일경로 : 실제 정보가 위치한 경로

- 프로토콜의 유형은 http(www), ftp(FTP), telnet(Telnet), news(Usenet), mailto(E-mail) 등이 있다.

---

29 ▶ 프로토콜

01 다음 중 네트워크 프로토콜(Protocol)의 기능에 해당하지 않는 것은?

① 패킷 수를 조정하는 흐름 제어 기능

② 송/수신기를 같은 상태로 유지하는 동기화 기능

③ 데이터 전송 도중에 발생하는 에러 검출 기능

④ 네트워크 기반 하드웨어 연결문제 해결 기능

02 다음 중 정보를 전송하기 위하여 송·수신기가 같은 상태를 유지하도록 하는 프로토콜의 기능을 의미하는 것은?

① 연결 제어   ② 흐름 제어

③ 오류 제어   ④ 동기화

핵심이론 121
프로토콜의 기능

흐름 제어	통신망에 전송되는 패킷의 흐름을 제어해서 시스템 전체의 안전성을 유지한다.
동기화	정보를 전송하기 위해 송·수신기 사이에 같은 상태를 유지하도록 동기화 기능을 수행한다.
에러 검출	데이터 전송 도중에 발생하는 오류를 검출한다.

03 다음 중 컴퓨터 통신의 OSI 7계층에서 사용되는 장비와 해당 계층의 연결이 옳지 않은 것은?

① 물리 계층 - 리피터(Repeater), 허브(Hub)

② 데이터 링크 계층 - 브릿지(Bridge), 스위치(Switch)

③ 네트워크 계층 - 라우터(Router)

④ 응용 계층 - 게이트웨이(Gateway)

기출변형

04 다음 중 정보 통신과 관련하여 OSI 7계층 모델에서 Telnet, FTP, E-mail 등의 프로토콜을 포함하는 계층으로 옳은 것은?

① 응용(Application) 계층

② 데이터 링크(Data Link) 계층

③ 물리(Physical) 계층

④ 트랜스포트(Transport) 계층

핵심이론 122
OSI(Open Systems Interconnection) 7계층은 서로 다른 컴퓨터 간에 상호 정보 교환을 위해 국제적으로 표준화된 망 구조를 말하며, 각 계층의 특징은 아래와 같다.

물리 (Physical)	- 장치 간의 물리적 연결을 설정 - 기계적, 전기적, 기능적, 절차적 특성을 정의 - 관련 장비 : 리피터, 허브

데이터 링크 (Data Link)	- 인접한 개방 시스템들 간에 신뢰성 있는 정보 제공 - 흐름제어, 오류제어, 순서제어, 링크의 유지/ 단절 수단 제공 - 관련 장비 : 랜카드, 브리지, 스위치
네트워크 (Network)	- 데이터 전송과 교환 기능 제공 - 경로 제어, 유통 제어, 패킷 정보 전송 기능 제공 - 관련 장비 : 라우터
전송 (Transport)	- 종단 시스템 간의 신뢰성 있고 투명한 정보 제공 - 전송 연결 설정, 연결 해제 기능 등 제공 - 관련 장비 : 게이트 웨이
세션 (Session)	- 송수신측 사이의 작업 조정 - 응용 프로그램 간의 대화 구성 및 동기 제어 기능 제공 - 데이터 교환 관리 기능 제공
표현 (Presentation)	- 데이터 표현 차이를 해결하기 위해 정보 형식 변환 기능 제공 - 코드 변환, 암호화, 데이터 압축 기능, 구문 검 색 등의 기능 제공
응용 (Application)	- 응용 프로그램과 네트워크 간의 연결 기능 제공 - 메일 및 파일 전송, 웹 등의 응용 서비스 제공

출제 ▶ 20년2회(1급)

5 다음 중 TCP/IP 프로토콜에서 IP 프로토콜의 개요 및 기능에 관한 설명으로 옳은 것은?

① 메시지를 송/수신자의 주소와 정보로 묶어 패킷 단위로 나눈다.

② 패킷 주소를 해석하고 경로를 결정하여 다음 호스트로 전송한다.

③ 전송 데이터의 흐름을 제어하고 데이터의 에러를 검사한다.

④ OSI 7계층에서 전송 계층에 해당한다.

출제 ▶ 18년1회(1급)

6 다음 중 인터넷에서 사용하는 TCP/IP에 대한 설명으로 옳지 않은 것은?

① 서로 다른 기종의 컴퓨터들 간 데이터를 송/수신하기 위한 표준 프로토콜이다.

② 일부 망에 장애가 있어도 다른 망으로 통신이 가능한 신뢰성을 제공한다.

③ TCP는 패킷 주소를 해석하고 최적의 경로를 결정하여 전송하는 역할을 한다.

④ IP는 OSI 7계층 중 네트워크 계층에 해당하는 프로토콜이다.

기출변형

7 TCP/IP는 인터넷의 기본적인 통신 프로토콜로서, 인트라넷이나 엑스트라넷과 같은 사설망에서도 사용된다. 다음 중 TCP/IP의 상위 계층 프로토콜로 볼 수 없는 것은?

① SMTP　　　② HTTP

③ FTP　　　④ SNA

핵심이론 123

• TCP/IP는 인터넷의 기본적인 통신 프로토콜로서 인트라넷이나 엑스트라넷과 같은 사설망에서도 사용된다.

• TCP/IP의 상위 계층 프로토콜로는 HTTP, Telnet, FTP, SMTP, SNMP 등이 있다.

• TCP/IP는 망의 일부가 손상되더라도 통신이 가능한 신뢰성 있는 통신 규약이다.

TCP	- 메시지를 송 · 수신자의 주소와 정보로 묶어 패킷 단위로 나눈다. - 전송 데이터의 흐름을 제어하고 데이터 손상 및 에러 유무를 검사한다. - OSI 7계층 중 전송(Transport) 계층에 해당한다.
IP	- 패킷 주소를 해석하고 메시지를 전송할 수 있는 경로를 결정한다. - OSI 7계층 중 네트워크(Network) 계층에 해당한다.

출제 ▶ 20년2회(2급), 19년1회(2급), 16년2회(2급)

8 다음 중 인터넷 서비스를 위한 프로토콜로 웹페이지와 웹브라우저 사이에서 하이퍼텍스트 문서를 전송하기 위한 것은?

① TCP/IP　　　② HTTP

③ FTP　　　④ WAP

핵심이론 124

• HTTP(Hyper Text Transfer Protocol)는 인터넷에서 하이퍼텍스트 문서를 교환하기 위한 프로토콜이다.

• 웹 상에서 파일을 교환할 때 필요하며, 인터넷을 사용한다는 것은 곧 HTTP를 사용한다는 의미이다.

출제 ▶ 19년1회(1급), 15년3회(1급), 18년1회(2급)

09 다음 중 인터넷에서 사용하는 FTP 프로토콜에 관한 설명으로 옳지 않은 것은?

① FTP 서비스를 사용하기 위해서는 일반적으로 해당 사이트의 계정을 가지고 있어야 한다.

② 파일의 업로드, 다운로드, 삭제, 이름 변경 등의 작업을 할 수 있다.

③ FTP 서버에 있는 응용 프로그램들을 실행할 수 있다.

④ 데이터 전송을 위하여 Binary 모드와 ASCII 모드를 제공한다.

출제 ▶ 16년3회(2급), 15년2회(2급)

10 다음 중 인터넷 환경에서 파일을 송수신 할 때 사용되는 원격 파일 전송 프로토콜로 옳은 것은?

① DHCP   ② HTTP

③ FTP   ④ TCP

출제 ▶ 15년3회(2급)

11 다음 중 FTP 프로그램으로 수행할 수 없는 작업은?

① 원격지에 있는 FTP 서버로 파일 업로드

② 원격지에 있는 FTP 서버에서 파일 다운로드

③ 원격지에 있는 FTP 서버의 응용 프로그램 실행

④ 원격지에 있는 FTP 서버의 파일 삭제

핵심이론 125
- FTP(File Transfer Protocol)는 TCP/IP 프로토콜을 통해 서버와 클라이언트 간에 파일을 전송하기 위한 프로토콜이다.
- FTP서버에 파일을 업로드, 다운로드, 삭제 할 수 있지만, 서버에 있는 프로그램은 다운로드 받은 후에만 실행이 가능하다.
- 그림파일, 동영상파일 등을 전송할 때는 Binary모드를 사용하고, 텍스트파일을 전송할 때에는 ASCII모드를 사용한다.
- 파일 송수신시 원격 호스트를 이용할 수 있는 사용자 계정이 있어야 접속이 가능하지만, Anonymous FTP 서비스를 이용하면 계정 없는 사용자가 공개된 파일에 접근하여 사용할 수 있다.

출제 ▶ 18년2회(1급)

12 다음 중 TCP/IP를 구성하는 각 계층에 관한 설명으로 옳지 않은 것은?

① 응용 계층은 응용 프로그램 간의 데이터 송수신을 담당한다.

② 전송 계층은 호스트들 간의 신뢰성 있는 통신을 지원한다.

③ 인터넷 계층은 데이터 전송을 위한 주소지정 및 경로 설정을 지원한다.

④ 링크 계층은 사용자가 컴퓨터에 접근할 수 있도록 서비스를 제공한다.

기출변형

13 다음 중 정보 통신과 관련하여 OSI 7계층 모델에서 Telnet, FTP, E-mail 등의 프로토콜을 포함하는 계층으로 옳은 것은?

① 응용(Application) 계층

② 데이터 링크(Data Link) 계층

③ 물리(Physical) 계층

④ 트랜스포트(Transport) 계층

핵심이론 126
TCP/IP의 구조

OSI	TCP/IP	기능 & 종류
응용	응용	응용 프로그램 간의 데이터 교환 기능 제공 ex) Telnet, FTP, SMTP, SNTP
표현		
세션		
전송	전송	호스트들 간의 신뢰성 있는 통신 제공 ex) TCP, UDP
네트워크	인터넷	데이터 전송을 위한 주소지정 및 경로 설정 기능 제공 ex) IP, ICMP, IGMP, ARP
데이터링크	링크	실제 데이터를 송·수신하는 역할 ex) Ethernet, IEEE 802, HDLC, RS-X
물리		

출제 ▶ 18년1회(1급), 15년3회(1급)

14 다음 중 전자우편에서 사용하는 POP3 프로토콜에 관한 설명으로 옳은 것은?

① 사용자가 작성한 이메일을 다른 사람의 계정으로 전송해주는 역할을 한다.

② 메일 서버의 이메일을 사용자의 컴퓨터로 가져올 수 있도록 메일 서버에서 제공하는 프로토콜이다.

③ 멀티미디어 전자우편을 주고 받기 위한 인터넷 메일의 표준 프로토콜이다.

④ 웹 브라우저에서 제공하지 않는 멀티미디어 파일을 확인하여 실행시켜주는 프로토콜이다.

출제 ▶ 17년2회(1급)

15 다음 중 전자 우편에 사용되는 프로토콜인 POP3(Post Office Protocol 3)에 관한 설명으로 옳은 것은?

① 사용자의 컴퓨터에서 작성한 메일을 다른 사람의 계정이 있는 곳으로 전송해 주는 역할을 한다.

② 메일 서버에 도착한 메일을 사용자 컴퓨터로 가져와 관리한다.

③ 웹 브라우저가 지원하지 않는 각종 멀티미디어 파일의 내용을 확인한 후 실행해 준다.

④ 메일을 패킷으로 나누어 패킷 주소를 해석하고 경로를 결정하여 메일 서버로 보낸다.

핵심이론 127

전자우편(E-mail)에 교환에 사용되는 프로토콜

SMTP	전자우편을 송신하기 위한 프로토콜
POP3	전자우편을 수신하기 위한 프로토콜 메일 서버에서 제공하는 프로토콜
MIME	멀티미디어 파일을 확인하고 실행하는 프로토콜
IMAP	메일 서버의 메일을 관리하고 액세스 하기 위한 표준 프로토콜

---

30 ▶ 인터넷 서비스/정보통신기술

출제 ▶ 20년1회(1급), 16년3회(1급)

1 다음 중 인터넷 서버까지의 경로를 추적하는 명령어인 'Tracert'의 실행 결과에 관한 설명으로 옳지 않은 것은?

① IP 주소, 목적지까지 거치는 경로의 수, 각 구간 사이의 데이터 왕복 속도를 확인할 수 있다.

② 특정 사이트가 열리지 않을 때 해당 서버가 문제인지 인터넷 망이 문제인지 확인할 수 있다.

③ 인터넷 속도가 느릴 때 어느 구간에서 정체를 일으키는지 확인할 수 있다.

④ 현재 자신의 컴퓨터에 연결된 다른 컴퓨터의 IP 주소나 포트 정보를 확인할 수 있다.

출제 ▶ 16년2회(1급)

2 다음 중 네트워크와 관련하여 Ping 서비스에 대한 설명으로 옳은 것은?

① 인터넷의 기원, 구성, 사용 가능한 인터넷 서비스 등 기초적인 정보를 제공하는 서비스이다.

② 웹 브라우저와 웹 서버 사이의 정보 전달을 위한 인터페이스를 제공해 주는 서비스이다.

③ DNS가 가지고 있는 특정 도메인의 IP 주소를 검색해 주는 서비스이다.

④ 지정된 호스트에 대해 네트워크층의 통신이 가능한지의 여부를 확인하는 서비스이다.

출제 ▶ 16년1회(1급)

3 다음 중 각 인터넷 서비스에 대한 설명으로 옳지 않은 것은?

① IRC는 여러 사람들이 관심 있는 분야별로 채널에서 대화할 수 있는 서비스이다.

② WAIS는 여러 곳에 분산되어 있는 전문 주제 데이터베이스의 자료들을 키워드를 사용하여 검색할 수 있게하는 서비스이다.

③ Usenet은 멀리 떨어져 있는 컴퓨터에 접속하여 자신의 컴퓨터처럼 사용할 수 있도록 하는 서비스이다.

④ E-Commerce는 컴퓨터에서 거래할 수 있도록 다양한 서비스를 제공한다.

출제 ▶ 15년2회(1급)

4 다음 중 DNS가 가지고 있는 특정 도메인의 IP Address를 검색해 주는 서비스로 옳은 것은?

① Gopher   ② Archie

③ IRC   ④ Nslookup

기출변형

5 다음 중 인터넷 서비스와 관련하여 텔넷(Telnet) 서비스에 관한 설명으로 옳은 것은?

① 여러 원격지에 있는 서버에서 메뉴 방식을 이용하여 손쉽게 정보를 검색할 수 있는 인터넷 서비스이다.

② 원격지에 있는 컴퓨터에 권한을 가진 사용자가 접속하여 프로그램을 실행하거나 시스템 관리 작업을 할 수 있는 인터넷 서비스이다.

③ 원격지에 있는 서버로 파일을 전송하거나 자신의 컴퓨터로 수신할 수 있는 인터넷 서버이다.

④ 다양한 텍스트, 그림, 동영상, 음성 등의 정보를 하이퍼텍스트 기능으로 연결하여 검색할 수 있는 인터넷 서버이다.

기타 인터넷 서비스

유즈넷 (Usenet)	공통의 관심사나 다양한 분야의 뉴스를 그룹화하여 그 안에서 다른 이들과 의견을 주고받을 수 있도록 하는 서비스
텔넷 (Telnet)	멀리 떨어져 있는 컴퓨터를 원격으로 연결하여 프로그램을 실행하거나 시스템 관리 등의 작업을 할 수 있도록 하는 서비스
아키 (Archie)	익명의 FTP 서버와 그 안의 파일 정보를 DB에 저장해 두었다가 FTP 서버의 리스트와 파일을 제공함으로써 정보에 쉽게 접근하도록 하는 서비스
고퍼 (Gopher)	인터넷의 정보를 체계적으로 구조화하고 이를 메뉴 형식을 이용해 손쉽게 정보 검색을 할 수 있도록 하는 서비스
채팅 (IRC)	웹에서 실시간으로 채팅을 할 수 있도록 도와주는 서비스
WAIS	여러 곳에 흩어져 있는 방대한 데이터베이스로부터 정보를 검색할 수 있으며, 목록을 관리하여 빠른 속도의 검색 환경을 제공해 주는 서비스
PING	원격 컴퓨터가 인터넷에서 제대로 동작하는지 알아볼 수 있도록 하는 서비스
Nslookup	도메인 네임을 이용하여 IP주소를 찾을 수 있도록 도와주는 서비스
Tracert	인터넷 서버까지의 경로를 추적하는 명령어로, 각 구간 사이의 데이터 왕복 속도를 알아볼 수 있으며, 특정 사이트가 열리지 않을 때 문제를 파악할 수 있는 서비스

출제 ▶ 17년1회(1급)

06 다음 중 웹 브라우저를 이용하여 실행할 수 있는 기능에 대한 설명으로 옳지 않은 것은?

① 웹 페이지의 내용을 저장하거나 인쇄할 수 있다.
② 플러그인을 설치하여 비디오, 애니메이션과 같은 멀티미디어 파일을 재생할 수 있다.
③ HTML 및 XML 형태의 소스 파일을 볼 수 있다.
④ 원격의 컴퓨터에 접속하여 자신의 컴퓨터처럼 사용할 수 있다.

출제 ▶ 19년2회(2급)

07 다음 중 웹 브라우저의 기능에 관한 설명으로 옳지 않은 것은?

① 인터넷 옵션에서 멀티미디어 편집기를 선택할 수 있다.

② 전자 우편을 보내거나 FTP 서버에 접속할 수 있다.
③ 웹 페이지를 사용자 컴퓨터에 저장하거나 인쇄할 수 있다.
④ 자주 방문하는 웹 사이트 주소를 관리할 수 있다.

출제 ▶ 15년1회(1급)

08 다음 중 쿠키(Cookie)에 대한 설명으로 옳은 것은?

① 인터넷 사용 시 네트워크에 접속하기 위한 프로그램이다.
② 특정 웹 사이트 접속 시 반복적으로 사용되는 접속 정보를 가지고 있는 파일이다.
③ 웹 브라우저에서 기본으로 제공하지 않는 기능을 부가적으로 설치하여 구현되도록 한다.
④ 자주 사용하는 사이트의 자료를 저장한 후 다시 동일한 사이트 접속 시 자동으로 자료를 불러온다.

핵심이론 129

웹 브라우저(Web Browser)는 인터넷 상에서 사용자가 요구하는 정보를 웹 문서를 사용하여 화면에 표시하기 위해 개발된 프로그램이다.

웹 브라우저의 기능

- 웹 페이지의 내용을 저장하거나 인쇄할 수 있다.
- 플러그인을 설치하여 비디오, 애니메이션과 같은 멀티미디어 파일을 재생할 수 있다.
- HTML 및 XML 형태의 소스 파일을 볼 수 있다.
- 자주 방문하는 웹 사이트 주소를 관리하거나, 방문했던 웹 사이트 주소와 접속 정보(쿠키:Cookie)들을 보관할 수 있다.

출제 ▶ 18년1회(2급), 15년1회(2급)

09 다음 중 인터넷을 이용할 때 자주 방문하게 되는 웹 사이트로 전자우편, 뉴스, 쇼핑, 게시판 등 다양한 서비스를 통합하여 제공하는 사이트를 의미하는 것은?

① 미러 사이트   ② 포털 사이트
③ 커뮤니티 사이트   ④ 멀티미디어 사이트

출제 ▶ 16년2회(2급)

10 다음 중 인터넷상에서 동시 접속자 수가 너무 많아 과부하가 걸리거나, 너무 먼 원격지일 경우 발생하는 속도 저하를 막기 위해 동일한 사이트를 허가 하에 여러 곳으로 복사해 놓는 것은?

① 링크 사이트(Link site)
② 미러 사이트(Mirror site)
③ 인터커넥트(Interconnect)
④ 엑스트라넷(Extranet)

핵심이론 130

검색 엔진(Search Engine)은 웹에 존재하는 정보들을 미리 수집하고
정리해 두었다가, 사용자가 원하는 정보를 찾을 수 있도록 도와주는 서
비스이다.

포털 사이트 (Portal Site)	사용자가 인터넷을 이용할 때 접속하게 되는 웹 사이트로 전자우편, 뉴스, 쇼핑, 게시판 등 다양한 서비스를 통합하여 제공하는 사이트이다.
미러 사이트 (Mirror Site)	인터넷 상에서 특정 사이트에 동시 접속자 수가 너무 많아 과부하가 걸리거나, 너무 먼 원격지일 경우 발생하는 속도 저하를 막기 위해 동일한 사이트를 허가 하에 여러 곳으로 복사해 놓은 사이트이다.

출제 ▶ 20년2회(1급), 19년1회(1급), 15년3회(1급)

11 다음 중 스마트폰을 모뎀처럼 활용하는 방법으로, 컴퓨터나 노트북 등의 IT 기기를 스마트폰에 연결하여 무선 인터넷을 사용할 수 있게 하는 기능은?

① 와이파이(WiFi)　　② 블루투스(Bluetooth)
③ 테더링(Tethering)　④ 와이브로(WiBro)

출제 ▶ 16년1회(1급)

12 다음 중 블루투스에 대한 설명으로 옳은 것은?

① IEEE 802.15.1 규격을 사용하는 PANs(Personal Area Networks)의 산업 표준이다.
② 컴퓨터 주변기기에 다양한 규격의 커넥터들을 사용하는데 커넥터 간 호환되지 않는 문제를 해결하고자 개발되었다.
③ 기존의 통신기기, 가전 및 사무실 기기들의 종류에 상관없이 하나의 표준 접속을 통하여 다양한 기능을 수행하도록 하기 위해 개발되었다.
④ 기존의 전화선을 이용한 고속 디지털 전송 기술 중 하나이다.

출제 ▶ 15년3회(1급)

13 다음 중 4세대 이동통신에 대한 설명으로 옳지 않은 것은?

① 하나의 단말기를 통해 위성망, 무선랜, 인터넷 등을 모두 사용할 수 있는 서비스이다.
② 3세대 이동통신으로 불리는 IMT-2000에 뒤이은 이동통신 서비스이다.
③ 4세대 이동통신 표준으로는 WCDMA, LTE-advanced, Wibro-Evolution이 있다.

④ 동영상, 인터넷 방송 등의 대용량 데이터를 높은 속도로 처리할 수 있으며 3차원 영상 데이터를 이용한 통화가 가능하다.

핵심이론 131
모바일 기기 관련 용어

테더링	- Tethering - 스마트폰을 모뎀처럼 활용하는 방법으로, 컴퓨터나 노트북 등의 IT 기기를 스마트폰에 연결하여 무선 인터넷을 사용할 수 있도록 하는 기능이다.
핫스팟	- Hot Spot - 무선 접속 장치와 같이 기지국에서 받은 신호를 Wi-Fi로 중계하여 무선 인터넷 연결이 가능하도록 한 구역이다.
와이파이	- Wi-Fi : Wireless-Fidelity - 무선 접속 장치가 설치된 곳을 중심으로 일정 거리 안에서 데이터를 주고받는 근거리 통신망이다. - 2.4GHz, IEEE 802.11b 규격을 사용한다.
블루투스	- Bluetooth - 근거리 무선 접속을 지원하는 통신기술 - 전 세계적으로 사용할 수 있는 주파수 대역에서 송수신 가능한 마이크로 칩을 창작한 PANs의 산업 표준이다. - IEEE 802.15.1 규격을 사용한다.
LTE	- Long Term Evolution - 3세대 이동통신 중 하나인 WCDMA 망을 기반으로 장기적 진화를 의미하는 기술로서 기존 네트워크 망을 활용할 수 있어 비용을 절감할 수 있는 대표적인 4세대 통신 기술이다.
NFC	- Near Field Communication - 무선태그(RFID) 기술 중 하나로 근거리에서 다양한 무선 데이터를 교환할 수 있는 비접촉식 통신 기술이다.

출제 ▶ 19년2회(1급)

14 다음 중 사물인터넷(IoT)에 대한 설명으로 옳지 않은 것은?

① 모든 사물을 네트워크로 연결하여 소통하는 정보 통신환경을 의미한다.
② 스마트 센싱 기술과 무선통신 기술을 융합하여 실시간으로 데이터를 주고받는다.
③ 전기의 생산부터 소비까지의 전 과정에 정보통신 기술을 접목하여 에너지 효율성을 높인다.
④ 개방형 정보 공유에 대한 부작용을 최소화하기 위해 정보보안 기술의 적용이 필요하다.

15 다음 중 사물 인터넷에 대한 설명으로 옳지 않은 것은?

① IoT(Internet of Things)라고도 하며 개인 맞춤형 스마트 서비스를 지향한다.

② 사람을 제외한 사물과 공간, 데이터 등을 이더넷으로 서로 연결시켜주는 무선통신기술을 의미한다.

③ 스마트센싱기술과 무선통신기술을 융합하여 실시간으로 데이터를 주고받는 기술이다.

④ 사물 인터넷 기반 서비스는 개방형 아키텍처를 필요로 하기 때문에 정보 공유에 대한 부작용을 최소화하기 위한 정보보안기술의 적용이 중요하다.

16 다음 중 사물 인터넷(IoT)에 대한 설명으로 옳지 않은 것은?

① IoT 구성품 가운데 디바이스는 빅데이터를 수집하며, 클라우드와 AI는 수집된 빅데이터를 저장하고 분석한다.

② IoT는 인터넷 기반으로 다양한 사물, 사람, 공간을 긴밀하게 연결하고 상황을 분석, 예측, 판단해서 지능화된 서비스를 자율 제공하는 제반 인프라 및 융·복합 기술이다.

③ 현재는 사물을 단순히 연결시켜 주는 단계에서 수집된 데이터를 분석해 스스로 사물에 의사결정을 내리는 단계로 발전하고 있다.

④ IoT 네트워크를 이용할 경우 통신비용이 절감되는 효과가 있으며, 정보보안기술의 적용이 용이해진다.

핵심이론 132
정보통신 신기술 관련 용어

사물 인터넷	- IoT : Internet of Things - 인터넷 기반으로 다양한 사물, 사람, 공간을 긴밀하게 연결하고 상황을 분석, 예측, 판단해서 지능화된 서비스를 자율 제공하는 제반 인프라 및 융복합 기술로 개인 맞춤형 스마트 서비스를 지향한다. - 개방형 아키텍처를 필요로 하기 때문에 정보 공유에 대한 부작용을 최소화하기 위한 정보보안기술의 적용이 중요하다. - 스마트센싱기술과 무선통신기술을 융합하여 실시간으로 데이터를 주고받는다. - 현재는 사물을 단순히 연결시켜 주는 단계에서 수집된 데이터를 분석해 스스로 사물에 의사결정을 내리는 단계로 발전하고 있다.
스마트	- Smart Grid

그리드	- 기존의 전력망에 정보통신기술을 접목해 에너지 네트워크와 통신 네트워크가 합쳐진 지능형 전력망 시스템이다. - 전력공급자와 소비자가 실시간으로 전기사용 관련 정보를 주고받음으로써 에너지 사용을 최적화할 수 있는 차세대 전력망 사업이다.

17 다음 중 유비쿼터스 컴퓨팅 기반 기술에 대한 설명으로 옳지 않은 것은?

① 유비쿼터스 컴퓨팅이 가능하기 위한 고속의 네트워크 전송기술

② 휴대성을 위한 초소형, 초경량의 하드웨어 제조기술

③ 개인별 최적화된 소프트웨어의 제작, 유통기술

④ 기본적으로 사람이 정보를 수집하는 작업이 요구되는 기술

18 다음 중 유비쿼터스 센서 네트워크(USN)의 활용 분야에 속하는 것은?

① 테더링   ② 텔레매틱스

③ 블루투스   ④ 고퍼

핵심이론 133
정보통신 신기술 관련 용어

유비쿼터스 컴퓨팅	- Ubiquitous Computing - 컴퓨터나 네트워크를 의식하지 않고, 언제 어디서나 컴퓨팅이 가능한 환경을 의미한다. - 모든 사물에 초소형 칩을 내장시켜 사물끼리 통신이 가능하도록 네트워크로 연결한다. - 컴퓨터는 물론 다양한 가전제품과도 네트워크를 통해 접속할 수 있다.
USN	- Ubiquitous Sensor Network - 모든 사물에 부착된 센서를 통해 사물의 인식 정보와 환경 정보를 네트워크와 연결하여 실시간으로 수집하고 관리하는 네트워크 시스템이다. - 텔레매틱스, 교통관리, 홈 네트워크 등 거의 모든 분야에서 응용할 수 있다.
텔레매틱스	- Telematics - 자동차에 정보통신기술을 융합하여 운전자에게 다양한 서비스를 제공해주는 기술이다.

출제 ▶ 20년1회(1급)

19 다음 중 대량의 데이터 안에서 일정한 패턴을 찾아내고, 이로부터 가치 있는 정보를 추출해내는 기술을 의미하는 것은?

① 데이터 웨어하우스(Data Warehouse)

② 데이터 마이닝(Data Mining)

③ 데이터 마이그레이션(Data Migration)

④ 메타데이터(Metadata)

출제 ▶ 18년2회(1급), 15년1회(1급)

20 다음 중 정보통신기술 관련 용어에 대한 설명으로 옳지 않은 것은?

① IoT: 사물에 센서를 부착하여 실시간으로 정보를 모은 후 인터넷을 통해 개별 사물들 간에 정보를 주고 받게 하는 기술

② Wibro: 고정된 장소에서 초고속 인터넷을 이용할 수 있게 하는 무선 인터넷 서비스

③ VoIP: 음성 데이터를 인터넷 프로토콜 네트워크를 통해 전송하여 통화할 수 있게 하는 음성 통신 기술

④ RFID: 제품 식별, 출입 관리 등 다양한 분야에서 활용되는 기술로 전파를 이용하여 정보를 인식하는 기술

핵심이론 134

정보통신 신기술 관련 용어

데이터 마이닝	- Data Mining - 대량의 데이터 안에서 일정한 패턴을 찾아내고, 이로부터 가치 있는 정보를 추출해내는 기술이다.
Wibro	- Wireless Broadband Internet - 무선 광대역을 의미하며, 휴대형 무선 단말기를 이용하여 언제 어디서나 이동하면서 고속으로 무선 인터넷에 접속할 수 있는 서비스이다.
VoIP	- Voice over Internet Protocol - 음성 데이터를 인터넷 프로토콜 네트워크를 통해 전송하여 통화할 수 있게 하는 음성 통신 기술이다.
RFID	- Radio Frequency IDentification - 사물에 전자 태그를 부착하여 사물의 정보를 감지하는 센서기술이다. - 제품 식별, 출입 관리 등 다양한 분야에서 활용되는 기술로 전파를 이용하여 정보를 인식한다.

멀티미디어 활용

31 멀티미디어의 개요 및 특징/그래픽 기법

출제 ▶ 15년2회(2급)

01 다음 중 멀티미디어의 특징에 대한 설명으로 옳지 않은 것은?

① 멀티미디어(multimedia)는 다중 매체의 의미를 가지며 다양한 매체를 통해 정보를 전달한다는 의미이다.

② 멀티미디어 데이터는 정보량이 크기 때문에 일반적으로 압축하여 저장한다.

③ 대용량의 멀티미디어 데이터를 저장하기 위해 CD-ROM, DVD, 블루레이 디스크 등의 저장장치가 발전하였다.

④ 멀티미디어 동영상 정보는 용량이 크고 통합 처리하기 어려워 사운드와 영상이 분리되어 전송된다.

핵심이론 135

• 멀티미디어(Multimedia)는 다중(Multi)과 매체(Media)의 합성어로 다양한 매체를 통해 정보를 전달한다는 의미이다.

• 멀티미디어 데이터는 정보량이 크기 때문에 일반적으로 압축하여 저장한다.

• 대용량의 멀티미디어 데이터를 저장하기 위해 CD-ROM, DVD, 블루레이 디스크 등의 저장장치를 사용한다.

• 멀티미디어는 텍스트, 그래픽, 사운드, 동영상 등의 매체를 디지털 데이터로 통합하여 저장한다.

출제 ▶ 20년1회(1급)

02 다음 중 컴퓨터 게임이나 컴퓨터 기반 훈련과 같이 사용자와의 상호작용을 통해 진행 상황을 제어하는 멀티미디어의 특징을 나타내는 용어는?

① 선형 콘텐츠 ② 비선형 콘텐츠

③ VR 콘텐츠 ④ 4D 콘텐츠

출제 ▶ 16년3회(1급)

03 다음 중 멀티미디어의 특징으로 옳지 않은 것은?

① 디지털 데이터로 변환하여 통합 처리한다.

② 정보 제공자와 사용자 간의 상호 작용에 의해 데이터가 전달된다.

③ 데이터가 사용자 선택에 따라 순차적으로 처리되는 선형성의 특징을 가진다.

④ 문자, 그림, 사운드 등의 여러 미디어를 통합하여 처리한다.

출제 ▶ 20년1회(2급)

04 다음 중 멀티미디어의 특징에 대한 설명으로 옳지 않은 것은?

① 다양한 아날로그 데이터를 디지털 데이터로 변환하여 통합 처리한다.

② 정보 제공자와 사용자 간의 상호 작용에 의해 데이터가 전달된다.

③ 미디어별 파일 형식이 획일화되어 멀티미디어의 제작이 용이해진다.

④ 텍스트, 그래픽, 사운드, 동영상 등의 여러 미디어를 통합 처리한다.

출제 ▶ 18년1회(2급), 16년3회(2급)

05 다음 중 멀티미디어에 대한 설명으로 옳지 않은 것은?

① 멀티미디어 데이터는 다양한 하드웨어와 소프트웨어 환경에서 생성, 처리, 전송, 이용되므로 상호 호환되기 위한 표준이 필요하다.

② 멀티미디어는 텍스트, 이미지, 사운드, 애니메이션, 동영상 등의 데이터를 아날로그화시킨 복합 구성 매체이다.

③ 가상현실, 전자출판, 화상회의, 방송, 교육, 의료 등 사회 전 분야에서 활용되고 있다.

④ 사용자는 정보 제공자와의 상호작용을 통해 어떤 정보를 언제 어떠한 형태로 얻을 것인지 결정하여 데이터를 전달받을 수도 있다.

핵심이론 136
멀티미디어의 특징

디지털화	컴퓨터로 처리하기 위해 아날로그 데이터를 디지털 데이터로 변환하여 처리한다.
쌍방향성	정보 제공자와 사용자 간의 서로 대화하듯 상호작용을 통해 데이터가 전달된다.
비선형성	일정한 방향성을 띄지 않고 사용자의 선택에 따라 다양한 방향으로 처리된다.
통합성	텍스트, 그래픽, 사운드, 동영상 등의 여러 매체를 통합적으로 처리한다.

출제 ▶ 16년1회(1급)

06 다음 중 하이퍼미디어에 관한 설명으로 옳지 않은 것은?

① 특정 텍스트나 이미지 등의 다양한 미디어를 클릭하면 연결된 문서로 이동하는 문서 형식이다.
② 문서와 문서가 연결되어 있는 형식으로 문서를 읽는 순서가 결정되는 선형 구조를 가지고 있다.
③ 하이퍼미디어는 하이퍼텍스트와 멀티미디어를 합한 개념이다.
④ 하나의 데이터를 여러 사용자가 서로 다른 경로를 통해 검색할 수 있다.

핵심이론 137
• 하이퍼미디어(Hypermedia)는 하이퍼텍스트와 멀티미디어를 합한 개념으로, 특정 텍스트나 이미지 등의 다양한 미디어를 클릭하면 연결된 문서로 이동하는 문서 형식이다.
• 사용자의 의도에 따라 문서의 읽는 순서가 결정되는 비선형 구조를 가지고 있다.
• 하나의 데이터를 여러 사용자가 서로 다른 경로를 통해 검색할 수 있다.

출제 ▶ 19년2회(1급), 17년1회(1급)

07 다음 중 2차원 또는 3차원 물체의 모형에 명암과 색상을 입혀 사실감을 더해주는 그래픽 기법은?

① 모델링(Modeling)
② 애니메이션(Animation)
③ 리터칭(Retouching)
④ 렌더링(Rendering)

출제 ▶ 19년1회(1급)

08 다음 멀티미디어 용어 중 선택된 두 개의 이미지에 대해 하나의 이미지가 다른 이미지로 자연스럽게 변화하도록 하는 특수 효과를 뜻하는 것은?

① 렌더링(Rendering)
② 안티앨리어싱(Anti-Aliasing)
③ 모핑(Morphing)
④ 블러링(Bluring)

출제 ▶ 18년2회(1급)

09 다음 중 멀티미디어에서 사용되는 그래픽 기법에 관한 설명으로 옳지 않은 것은?

① 렌더링(Rendering)은 3차원 애니메이션을 만드는 작업의 일부이다.
② 모핑(Morphing)은 두 개의 이미지를 부드럽게 연결하여 변화하거나 통합하는 작업이다.
③ 앨리어싱(Aliasing)은 이미지 표현에 계단 현상을 제거하는 작업이다.
④ 디더링(Dithering)은 제한된 색상을 조합하여 새로운 색을 만드는 작업이다.

출제 ▶ 15년1회(1급)

10 다음 중 멀티미디어와 관련된 그래픽 기법에 관한 설명으로 옳은 것은?

① 안티앨리어싱(Anti-Aliasing)은 제한된 색상을 조합하여 복잡한 색이나 새로운 색을 만드는 작업이다.
② 모델링(Modeling)은 3차원 애니메이션을 만드는 과정중의 하나로 물체의 모형에 명암과 색상을 입혀 사실감을 더해 주는 작업이다.
③ 모핑(Morphing)은 2개의 이미지를 부드럽게 연결하여 변환 또는 통합하는 것으로 컴퓨터 그래픽, 영화 등에서 많이 사용된다.
④ 랜더링(Rendering)은 이미지 가장자리의 톱니 모양 같은 계단 현상을 제거하여 경계선을 부드럽게 하는 필터링 기술이다.

핵심이론 138
그래픽 기법

모델링 (Modeling)	렌더링 전에 수행되는 작업으로 형상을 3차원 이미지로 표현하는 것
렌더링	3차원 이미지에 색이나 음영을 주어 입체감과

	사실감을 더해 주는 것
(Rendering)	
디더링 (Dithering)	제한된 색상을 조합해서 복잡한 색이나 다양한 색상을 만들어 내는 것
모핑 (Morphing)	2개의 이미지를 부드럽게 연결하여 변환하거나 통합하는 것으로 영화 등에서 많이 사용
필터링 (Filtering)	기존의 작성된 이미지를 필터 기능을 이용하여 다양한 형태의 이미지로 바꿔주는 것
리터칭 (Retouching)	기존의 이미지를 다른 형태로 새롭게 변형하거나 수정하는 것
안티앨리어싱 (Anti-aliasing)	이미지의 가장 자리가 톱니 모양으로 표현되는 계단 현상을 없애기 위해 경계선을 부드럽게 하는 것

32 멀티미디어 데이터

출제 ▶ 18년1회(1급), 16년3회(1급), 15년3회(1급)

01 다음 중 이미지 데이터의 표현 방식에서 벡터(Vector) 방식에 관한 설명으로 옳지 않은 것은?

① 벡터 방식의 그림 파일 형식에는 WMF, AI 등이 있다.

② 이미지를 점과 선을 이용하여 표현하는 방식이다.

③ 그림을 확대하거나 축소할 때 계단 현상이 발생하지 않는다.

④ 포토샵, 그림판 등의 소프트웨어로 그림을 편집할 수 있다.

출제 ▶ 17년2회(1급)

02 다음 중 그래픽 데이터의 표현 방식에 대한 설명으로 옳지 않은 것은?

① 비트맵 방식은 픽셀(pixel)이라고 하는 여러 개의 점들로 이미지를 표현하는 방식이다.

② 이미지를 비트맵 방식으로 저장한 경우 벡터 방식에 비해 메모리를 적게 차지하지만 화면에 이미지를 보여주는 속도는 느리다.

③ 벡터 방식은 점과 점을 연결하는 직선이나 곡선을 이용하여 이미지를 표현하는 방식이다.

④ 벡터 방식은 그림을 확대 또는 축소할 때 화질의 손상이 거의 없다.

출제 ▶ 16년2회(1급)

03 다음 중 멀티미디어 그래픽과 관련하여 이미지 표현 방식에 관한 설명으로 옳지 않은 것은?

① 비트맵 방식은 이미지를 모니터 화면에 표시하는 속도가 벡터 방식에 비해 빠르다.

② 비트맵 방식은 다양한 색상을 사용하므로 사진과 같은 사실적 표현이 가능하고 여러 가지 특수효과를 쉽게 줄 수 있다.

③ 벡터 방식은 점, 직선, 도형 정보를 사용하여 수학적인 계산에 의해 이미지를 표현한다.

④ 벡터 방식의 대표적인 프로그램의 종류는 포토샵, 일러스트레이터, 플래시 등이 있다.

출제 ▶ 15년1회(1급)

04 다음 중 이미지와 그래픽에서 사용되는 비트맵 방식의 파일 형식에 관한 설명으로 옳지 않은 것은?

① 픽셀(Pixel)로 이미지를 표현하며 이미지를 확대하면 테두리가 거칠어진다.

② Windows에서 표준으로 사용되는 방식으로 복원한 데이터가 압축 전의 데이터와 완전히 일치하는 무손실 압축을 사용한다.

③ 래스터 방식이라고도 하며 다양한 색상을 사용하므로 사실 같은 이미지를 표현할 수 있다.

④ 파일 형식에는 BMP, GIF, JPG 등이 있다.

핵심이론 139
그래픽 데이터의 표현 방식

비트맵(Bitmap)
- 점(Pixel) 단위로 이미지를 표현하는 방식으로, 래스터(Raster)라고도 함 - 이미지 확대 시 계단 모양(Alias)처럼 테두리가 거칠게 표현됨 - 사실적인 이미지 표현이 가능하고, 이미지 저장 시 많은 메모리를 차지 - 파일형식 : .bmp , .tif , .gif , .jpeg , .png … - 프로그램 : 그림판, 포토샵, 페인트샵 …

벡터(Vector)
- 점과 점을 연결하는 직선이나 곡선을 이용하여 이미지를 표현하는 방식 - 이미지를 확대해도 테두리가 거칠어지지 않음 - 단순한 도형과 같이 개체를 표현하기에 적합 - 파일형식 : .dxf , .ai , .cdr , .wmf … - 프로그램 : 일러스트레이터, 코렐드로우 …

출제 ▶ 20년2회(1급)

05 다음 중 GIF 파일 형식에 대한 설명으로 옳지 않은 것은?

① 인터넷 표준 그래픽 형식으로, 8비트 컬러를 사용하여 256색만 지원한다.
② 간단한 애니메이션 표현이 가능하다.
③ 색상의 무손실 압축 기술을 사용한다.
④ 벡터 방식으로 이미지를 표현한다.

출제 ▶ 18년2회(1급)

06 다음 중 JPEG 파일 형식에 대한 설명으로 옳지 않은 것은?

① 저장 시 사용자가 임의로 압축률을 조정할 수 있다.
② 사진과 같이 다양한 색을 가진 정지영상을 표현하기에 적합하다.
③ 8비트 알파 채널을 이용하여 부드러운 투명층을 표현할 수 있다.
④ 압축률이 높을수록 보다 많은 정보를 지우므로 이미지의 질이 낮아진다.

출제 ▶ 15년2회(1급)

07 다음 중 멀티미디어와 관련하여 JPG 파일 형식에 관한 설명으로 옳지 않은 것은?

① 사진과 같은 정지 영상을 표현하기 위한 국제 표준 압축 방식이다.
② 24비트 컬러를 사용하여 트루컬러로 이미지를 표현 한다.
③ 사용자가 압축률을 지정해서 이미지를 압축하는 압축 기법을 사용할 수 있다.
④ 이미지를 확대해도 테두리가 거칠어지지 않고 매끄럽게 표현된다.

기출변형

08 그래픽 이미지를 표현하는 방식을 크게 비트맵(Bitmap) 방식과 벡터(Vector) 방식으로 구분할 수 있다. 다음 중 비트맵 방식으로 표현하는 이미지에 해당되지 않는 것은?

① *.wmf
② *.jpg
③ *.png
④ *.gif

핵심이론 140
그래픽 파일 형식

BMP	- Windows 운영체제의 표준 이미지 형식 - 고해상도 이미지를 표현할 수 있지만 압축을 하지 않아 파일 크기가 큼
PNG	- 웹에서 최상의 이미지를 표현하기 위해 제정한 그래픽 형식 - JPEG와 GIF의 장점을 가졌으며 8비트 알파 채널 사용으로 투명색 지정이 가능
JPEG JPG	- 정지영상을 표현하기 위한 국제 표준 압축 방식(24비트 컬러 표현) - 주로 인터넷에서 그림 전송 시 사용 - 무손실 압축과 손실 압축 기법을 사용 - 평균 25:1의 압축률, 사용자 지정 가능
GIF	- 인터넷 표준 그래픽 형식(8비트 컬러 표현) - 여러 장의 이미지를 합쳐 애니메이션 효과 표현이 가능 - 무손실 압축 기법을 사용하여 선명한 화질 제공
WMF	- Windows 운영체제에서 사용되는 벡터 파일 형식
TIF	- 흑백 또는 그레이 스케일의 이미지에서 널리 사용되는 표준 파일 형식 - 호환성이 좋아 응용 프로그램 간 데이터 교환용으로 사용

출제 ▶ 20년1회(1급), 17년2회(1급)

09 다음 중 사운드의 압축 및 복원과 관련된 기술에 해당하지 않는 것은?

① FLAC
② AIFF
③ H.264
④ WAV

출제 ▶ 15년3회(1급)

10 다음 중 전자음향장치나 디지털 악기 간의 통신규약으로 음악의 연주 정보 및 여러 가지 기능에 대한 정보를 포함하여 저장하는 데이터 형식은?

① WAV
② RA/RM
③ MP3
④ MIDI

출제 ▶ 20년1회(2급)

11 다음 중 컴퓨터에서 사용하는 오디오 포맷인 웨이브 파일(WAV file)에 관한 설명으로 옳지 않은 것은?

① 파일의 확장자는 'WAV'이다.
② 녹음 조건에 따라 파일의 크기가 가변적이다.
③ Windows Media Player로 파일을 재생할 수 있다.
④ 음높이, 음길이, 세기 등 다양한 음악 기호가 정의되어 있다.

WAVE	- 아날로그 형태의 소리를 데이터 손실 없이 그대로 디지털 형태로 변형하는 샘플링 과정을 통해 작성된 형식 - 음성이나 음악, 각종 효과음 등 모든 형태의 소리를 저장 가능 - 재생은 빠르지만 파일 용량이 큼
MIDI	- Musical Instrument Digital Interface - 컴퓨터와 전자악기 간의 디지털 신호 전송을 위한 통신 규약 - 음의 높이, 강약, 빠르기 등과 같은 연주 방법에 대한 명령어가 저장되어 있음 - 재생 장치에 따라 음의 품질이 결정되며, 음성이나 효과음의 저장이 불가능
MP3	- MPEG Audio Player-3 - 고음질 오디오 압축의 표준 형식 - MPEG에서 규정한 오디오 압축 방법을 따르며 CD 수준의 음질을 유지함
AIFF	- Audio Interchange File Format - Mac OS에서 표준으로 사용되는 오디오 파일 형식 - 비압축 무손실 압축 포맷
FLAC	- Free Lossless Audio Codec - MP3처럼 오디오 파일을 저장하는 형식 - 무손실 압축 포맷

출제 ▶ 18년1회(1급)

12 다음 중 사운드 데이터의 샘플링(Sampling)에 관한 설명으로 옳지 않은 것은?

① 디지털 신호를 아날로그 신호로 변환해 주는 작업이다.
② 샘플링 레이트(Sampling Rate)가 높을수록 원음에 가깝다.
③ 샘플링 레이트는 초당 샘플링 횟수를 의미한다.
④ 샘플링 레이트의 단위는 Hz(헤르츠)를 사용한다.

출제 ▶ 17년1회(2급)

13 다음 중 오디오 데이터와 관련된 용어에 해당하지 않는 것은?

① 시퀀싱(Sequencing)
② 인터레이싱(Interlacing)
③ PCM(Pulse Code Modulation)
④ 샘플링(Sampling)

샘플링 (Sampling)	- 아날로그 신호를 일정 시간 간격으로 검출하여 디지털 신호로 변환하는 과정이다. - 샘플링률(Sampling Rate)은 1초당 아날로그 신호를 디지털 신호로 변환하는 횟수를 의미하며, 샘플링률이 높을수록 원음에 가깝다. - 샘플링률의 단위는 Hz(헤르츠)를 사용한다.
시퀀싱 (Sequencing)	- 컴퓨터를 이용하여 음악을 제작, 편집, 녹음 및 기본적인 믹싱작업까지의 모든 과정을 말한다.
PCM (Pulse Code Modulation)	- 변화하는 음성 또는 영상 신호(아날로그 신호)를 일정한 간격으로 부호화하여 전송하고, 수신할 때나 재생할 때에는 다시 아날로그 신호로 바꿔 정보를 파악하는 방법이나.

출제 ▶ 19년2회(1급)

14 다음 중 mp3 파일의 크기를 결정하는 요소에 해당하지 않는 것은?

① 표본 추출률(Hz)
② 샘플 크기(bit)
③ 재생 방식(mono, stereo)
④ 프레임 너비(pixel)

오디오 데이터 파일 크기 산출법
표본 추출률(Hz) X 샘플 크기(Bit) / 8 X 시간(s) X 재생 방식(모노=1, 스테레오=2)

출제 ▶ 17년1회(1급)

15 다음 중 멀티미디어의 동영상에 관련된 설명으로 옳지 않은 것은?

① 국제표준화단체인 MPEG에서는 다양한 규격의 압축 포맷과 부가 표준을 만들었다.
② 비디오 스트리밍은 인터넷에서 영상파일을 다운로드 하면서 실시간 재생하는 기법이다.
③ MIDI는 애플사에서 개발한 동영상 압축 기술로 시퀀싱 작업을 통해 작성된다.
④ AVI는 Windows에서 기본적으로 지원하는 표준 동영상 파일 형식으로 별도의 하드웨어 장치 없이 재생 가능하다.

출제 ▶ 15년2회(1급)

16 다음 중 동영상 데이터 파일 형식으로 옳지 않은 것은?

① AVI ② DVI

③ ASF ④ DXF

출제 ▶ 20년2회(2급)

17 다음 중 영상신호와 음향신호를 압축하지 않고 통합하여 전송하는 고선명 멀티미디어 인터페이스로 S-비디오, 컴포지트 등의 아날로그 케이블보다 고품질의 음향 및 영상을 감상할 수 있는 것은?

① DVI ② HDMI

③ USB ④ IEEE-1394

핵심이론 144

비디오 파일 형식

AVI	- Audio Visual Interleaved - 마이크로소프트(Microsoft)사가 개발한 Windows의 표준 동영상 파일 형식 - Windows에서 Windows Media Player를 이용하여 재생
DVI	- Digital Video Interface - 인텔(Intel)사가 개발한 동영상 압축 기술 - 대용량의 영상 및 음성 데이터 압축 기술로 발전(최대 144:1의 압축률을 지원) - 각 픽셀에 대한 좌표와 RGB 신호 값을 부호화하여 전송
MOV	- 애플(Apple)사가 개발한 동영상 압축 형식으로 Quick Time에서 사용 - MPEG 압축 방식을 사용하며 Mac OS와 Windows 환경 모두 사용 가능
MPEG	- Moving Picture Express Group - 동영상 압축 기술의 국제 표준 - 동영상뿐만 아니라 오디오도 압축 가능 - 손실 압축 기법을 사용
DivX	- Digital Video Express - 동영상 압축 고화질 파일 형식으로, 비표준 동영상 파일 형식 - MPEG와 MP3을 재조합 한 것으로 이 형식을 사용하려면 소프트웨어와 코덱이 필요
ASF	- Advanced Streaming Format - 마이크로소프트(Microsoft)사의 통합 멀티미디어 형식 - 인터넷을 통해 오디오, 비디오 등을 지원하는 스트리밍을 위한 표준 기술 규격 - 용량이 작고 음질이 뛰어나 주로 인터넷 방송국에서 사용

출제 ▶ 20년2회(1급)

18 다음 중 디지털 콘텐츠의 생성·거래·전달·관리 등 전체 과정을 관리할 수 있는 기술로 멀티미디어 프레임워크의 MPEG 표준은?

① MPEG-1 ② MPEG-3

③ MPEG-7 ④ MPEG-21

출제 ▶ 16년2회(2급)

19 다음 중 영상의 표현과 압축방식들에 대해서는 관여하지 않으며 특징추출을 통해 디지털방송과 전자도서관, 전자상거래 등에서 멀티미디어 데이터를 효과적으로 검색할 수 있는 영상압축기술은?

① MPEG 1 ② MPEG 4

③ MPEG 7 ④ MPEG 21

핵심이론 145

MPEG 파일 형식의 규격

MPEG-1	- CD와 같은 고용량 매체에서 동영상을 재생하기 위한 것 - 비디오 CD 등이 이 규격을 따르며 최대 1.5Mbps로 압축 및 저장
MPEG-2	- ISO 13818로 규격화된 영상 압축 기술 - HDTV, DVD 등이 이 규격을 따르며 고화질 영상 압축의 표준
MPEG-4	- 통신/PC/방송/영화/게임 등을 결합하는 복합 멀티미디어 서비스의 통합 표준 - MPEG-2의 압축률을 개선하였으며, 컴퓨터의 대화형 기능과 통신의 전송 기능 동시 수행
MPEG-7	- 멀티미디어 정보 검색이 가능하도록 멀티미디어 정보에 대해 설명하는 메타 데이터를 붙여 넣은 형식 - 데이터 검색 및 전자상거래 등에 사용되도록 개발
MPEG-21	- 디지털 콘텐츠의 제작, 유통, 전달, 관리, 보안 등 전 과정을 관리하는 기술

33 ▶ 정보 사회의 윤리/저작권 보호

출제 ▶ 20년1회(2급), 18년1회(2급), 16년3회(2급)

1 다음 중 정보 사회에서 발생할 수 있는 문제점으로 적절하지 않은 것은?

① 정보의 편중으로 계층 간의 정보 차이를 줄일 수 있다.

② 중앙 컴퓨터 또는 서버의 장애나 오류로 사회적, 경제적으로 혼란을 초래할 수 있다.

③ 정보기술을 이용한 새로운 범죄가 증가할 수 있다.

④ VDT 증후군이나 테크노스트레스 같은 직업병이 발생할 수 있다.

출제 ▶ 19년2회(2급)

2 다음 중 정보 사회의 특징으로 적절하지 않은 것은?

① 처리하고자 하는 정보의 종류와 양이 증가하였다.

② 정보처리 기술의 발달로 사회의 변화 속도가 빨라졌다.

③ 사이버 공간 상에 새로운 인간관계와 문화가 형성되었다.

④ 대중화 현상이 강화되고 개성과 자유를 경시하게 되었다.

핵심이론 146

정보 사회의 개요와 특징

- 정보의 생산, 처리, 유통 과정은 컴퓨터 및 통신 기술을 통해 이루어진다.
- 정보의 축적과 활용이 확대되고, 정보의 종류와 양이 증가되었다.
- 정보의 처리 기술 발달로 사회 전반의 능률과 생산성이 증대되었다.
- 사회 변화 속도가 빨라졌다.
- 사이버 상의 새로운 인간관계와 문화가 형성되었다.
- 유연성이 있는 구조적인 시스템으로 변화하였다.
- 통신 기술의 발달로 시간과 공간의 제약에서 벗어나게 되었다.

정보 사회의 문제점

- 중앙 컴퓨터 시스템의 장애나 오류로 사회·경제적으로 혼란을

초래할 수 있다.
- 정보의 과다로 인한 혼란과 정보의 편중에 의한 계층 간 정보 차이가 생긴다.
- 정보 기술을 이용한 새로운 범죄가 증가한다.
- 개인의 정보 노출로 인한 사생활 침해가 증가한다.
- 기술의 인간 지배와 이로 인한 인간의 소외, 비인간화 현상이 생긴다.
- 인간관계에서의 유대감이 약화되고, 인간의 고유 판단 능력이 상실된다.
- VDT증후군, 테크노스트레스와 같은 직업병이 발생할 수 있다.

출제 ▶ 19년1회(2급), 17년2회(2급)

3 다음 중 컴퓨터 범죄 예방과 대책에 관한 설명으로 옳지 않은 것은?

① 해킹 여부를 정기적으로 검사한다.

② 의심이 가는 이메일은 열어서 내용을 확인하고 삭제한다.

③ 백신 프로그램을 설치하고 자동 업데이트 기능을 설정한다.

④ 회원 가입한 사이트의 패스워드를 주기적으로 변경한다.

출제 ▶ 18년1회(2급)

4 다음 중 컴퓨터 범죄의 유형에 해당하지 않는 것은?

① 전산망을 이용한 개인 정보의 유출과 공개

② 컴퓨터 바이러스 백신의 제작과 유포

③ 저작권이 있는 웹 콘텐츠의 복사와 사용

④ 해킹에 의한 정보의 위/변조 및 유출

핵심이론 147

컴퓨터 범죄의 유형

- 저작권 있는 컨텐츠의 도용 및 불법 복사
- 타인의 하드웨어나 기억 매체에 기록된 자료를 소거하거나 교란시키는 행위
- 컴퓨터 시스템 해킹으로 인한 중요 정보의 위·변조, 삭제, 유출
- 전산망을 이용한 개인 신용 정보 유출

- 음란물 유통 및 사이트 운영
- 컴퓨터 바이러스 제작 및 유포

컴퓨터 범죄의 예방 및 대책

- 보호 패스워드 프로그램을 설치하고, 패스워드를 수시로 변경한다.
- 방화벽과 해킹 방지 시스템을 설치하고, 정기적으로 보안 교육을 실시한다.
- 백신 프로그램을 설치하고, 자동 업데이트 기능을 설정한다.
- 의심이 가는 메일은 열어보지 않고 바로 삭제한다.
- 해킹 여부를 정기적으로 검사한다.

출제 ▶ 16년1회(1급)

05 다음 중 저작재산권의 제한 사항으로 옳지 않은 것은?

① 재판 절차에 필요하여 저작물을 복제한 경우
② 방송사업자가 자체방송을 위해 일시적으로 녹음하거나 녹화한 경우
③ 시각 장애자나 청각 장애자 등을 위해 점자에 의한 복제인 경우
④ 도서관을 포함한 국가의 모든 공공 기관에 보관된 자료를 복제한 경우

핵심이론 148

저작권으로 보호받지 못하는 경우

- 영리를 목적으로 하지 아니하는 공연/방송인 경우
- 학교 교육 목적 등에 이용한 경우
- 보도, 비평, 교육, 연구 등에 공표된 저작물을 인용한 경우
- 재판 절차에 필요하여 저작물을 복제한 경우
- 시사 보도에 이용한 경우
- 사적 이용을 위하여 복제한 경우
- 점자에 의한 복제인 경우
- 시험문제로서의 복제인 경우

출제 ▶ 15년3회(1급)

06 다음 중 저작권에 대한 설명으로 가장 적절하지 않은 것은?

① 저작 재산권은 특별한 경우를 제외하고는 저작자가 생존하는 동안과 사망 70년간 존속한다.
② 저작권은 저작자의 권리를 보호함을 목적으로 한다.
③ 영리를 목적으로 하지 않는 공연 또는 방송인 경우 저작 재산권을 제한할 수 있다.
④ 프로그램을 작성하기 위하여 사용하고 있는 프로그램 언어, 규약 및 해법에도 저작권이 적용된다.

07 다음 중 저작권에 대한 설명으로 옳지 않은 것은?

① 다른 사람의 초상 사진을 사용하기 위해서는 사진 작가와 본인의 승낙을 동시에 받아야 하는 것이 원칙이다.
② 프로그램을 작성하기 위하여 사용하고 있는 프로그램 언어, 규약 및 해법에는 적용하지 않는다.
③ 국가 또는 지방자치단체의 홈페이지에 게시된 고시·공고·훈령 등은 저작권법의 보호를 받는다.
④ 원저작물을 번역, 편곡, 변경, 각색, 영상제작 그 밖의 방법으로 작성한 창작물은 독자적인 저작물로 보호된다.

핵심이론 149

저작권법

- 저작자는 저작인격권(공표권, 성명표시권)과 저작재산권(복제권, 공연권)을 갖는다.
- 저작자의 권리와 이에 인접하는 권리를 보호하고 저작물의 공정한 이용을 도모함으로써 문화의 발전에 이바지함을 목적으로 한다.
- 프로그램을 작성하기 위하여 사용하고 있는 프로그램 언어, 규약 및 해법에는 적용하지 않는다.
- 원저작물을 번역, 편곡, 변경, 각색, 영상제작 그 밖의 방법으로 작성한 창작물은 독자적인 저작물로 보호된다.
- 법인 등의 명의로 공표되는 업무상 저작물의 경우 다른 정함이 없는 한 저작자는 그 법인 등이 된다.
- 저작 재산권은 특별한 경우를 제외하고는 저작자가 생존하는 동안과 사망 70년간 존속한다.

34 정보 보안/보안 위협

출제 ▶ 15년2회(1급)

01 다음 중 시스템의 정보 보안을 위한 기본 충족 요건으로 적절하지 않은 것은?

① 시스템 내의 정보와 자원은 인가된 사용자만 접근이 허용되어야 한다.
② 소프트웨어의 버전과 저작권에 관한 내용이 인증되어야 한다.
③ 정보를 전송하는 과정에서 변경되지 않고 전달되어야 한다.
④ 사용자를 식별하고 접근 권한을 확인할 수 있어야 한다.

02 정보 시스템을 통하여 전자문서를 전송하기 위해서는 정보 보호를 위하여 보안 서비스가 필요하다. 다음 중 서비스의 설명으로 옳지 않은 것은?

① 기밀성 : 컴퓨터 시스템 및 전송 정보를 인가된 당사자만 읽을 수 있도록 통제한다.
② 인증 : 메시지의 출처가 정확히 확인되고, 그 실체의 신분이 거짓이 아님을 확인한다.
③ 무결성 : 컴퓨터 시스템 및 전송 정보가 오직 인가된 당사자에 의해서만 수정될 수 있도록 한다.
④ 부인 봉쇄 : 사용자를 식별하고 접근 권한을 확인할 수 있어야 한다.

핵심이론 150
정보 보안의 요건

기밀성	컴퓨터 시스템 및 전송 정보를 인가된 당사자만 읽을 수 있도록 한다.
무결성	컴퓨터 시스템 및 전송 정보는 인가된 당사자만 수정할 수 있도록 한다.
가용성	인가받은 사용자는 언제라도 사용할 수 있도록 한다.
침입탐지	컴퓨터 시스템에 보안을 위협하는 침입 행위가 발생하면 이를 탐지하도록 한다.
인증	정보를 보내오는 사람의 신원을 확인한다. 사용자를 식별하고, 접근 권한을 검증한다.
부인봉쇄	데이터를 송·수신한 후 이를 증명함으로써 추후 송·수신 사실을 부인할 수 없도록 증거를 제공한다.

출제 ▶ 20년2회(2급)

03 다음 중 정보 보안을 위협하는 유형에서 가로채기에 해당하는 것은?

① 데이터의 전달을 가로막아 수신자 측으로 정보가 전달되는 것을 방해하는 행위
② 전송되는 데이터를 전송 도중에 도청 및 몰래 보는 행위
③ 전송된 원래의 데이터를 다른 내용으로 수정하여 변조하는 행위
④ 다른 송신자로부터 데이터가 송신된 것처럼 꾸미는 행위

출제 ▶ 20년1회(2급)

04 다음 중 데이터 보안 침해 형태 중 하나인 변조에 대한 설명으로 옳은 것은?

① 데이터가 정상적으로 전송되는 것을 방해하는 것이다.
② 데이터가 전송되는 도중에 몰래 엿보거나 정보를 유출하는 것이다.
③ 전송된 데이터를 다른 내용으로 바꾸는 것이다.
④ 데이터를 다른 사람이 송신한 것처럼 꾸미는 것이다.

출제 ▶ 16년1회(2급), 15년2회(2급)

05 다음 중 정보의 기밀성을 저해하는 데이터 보안 침해 형태는?

① 가로막기(Interruption)
② 가로채기(Interception)
③ 위조(Fabrication)
④ 수정(Modification)

핵심이론 151
보안을 위협하는 유형

가로막기	- Interruption - 시스템의 일부를 파괴하거나 사용할 수 없게 하여 정보의 전달을 가로막는 행위 - 가용성 위협
가로채기	- Interception - 인가 받지 않은 제3자가 시스템 자원에 접근하여 몰래 보거나 도청하여 정보를 유출하는 행위 - 기밀성 위협
변조	- Modification - 인가받지 않은 제3자가 시스템의 자원에 접근하여 데이터를 다른 내용으로 바꾸어 보내는 것 - 무결성 위협
위조	- Fabrication - 인가받지 않은 제3자가 시스템에 위조물을 삽입하는 행위 - 무결성 위협

출제 ▶ 20년1회(1급), 19년1회(1급), 17년1회(2급)

06 다음 중 분산 서비스 거부 공격(DDos)에 관한 설명으로 옳은 것은?

① 네트워크 주변을 돌아다니는 패킷을 엿보면서 계정과 패스워드를 알아내는 행위
② 검증된 사람이 네트워크를 통해 데이터를 보낸 것처럼 데이터를 변조하여 접속을 시도하는 행위
③ 여러 대의 장비를 이용하여 특정 서버에 대량의 데

이터를 집중적으로 전송함으로써 서버의 정상적인 동작을 방해하는 행위

④ 키보드의 키 입력 시 캐치 프로그램을 사용하여 ID나 암호 정보를 빼내는 행위

출제 ▶ 16년2회(1급)

7 다음 중 인터넷 상의 보안을 위협하는 행위에 대한 설명으로 옳은 것은?

① 어떤 프로그램이 정상적으로 실행되는 것처럼 속임수를 사용하는 것은 Sniffing이다.

② 네트워크 주변을 지나다니는 패킷을 엿보면서 아이디와 패스워드를 알아내는 것은 Spoofing이다.

③ 크래킹의 도구로 키보드의 입력을 문서 파일로 저장 하거나 주기적으로 전송하여 ID나 암호 등의 개인 정보를 빼내는 것은 Key Logger이다.

④ 특정 사이트에 오버플로우를 일으켜서 시스템이 서비스를 거부하도록 만드는 것은 Trap Door이다.

출제 ▶ 15년3회(1급)

8 다음 중 시스템 보안과 관련한 불법적인 형태에 대한 설명으로 옳지 않은 것은?

① 피싱(Phishing)은 거짓 메일을 보내서 가짜 금융기관 등의 가짜 웹 사이트로 유인하여 정보를 빼내는 행위이다.

② 스푸핑(Spoofing)은 검증된 사람이 네트워크를 통해 데이터를 보낸 것처럼 데이터를 변조하여 접속을 시도하는 행위이다.

③ 분산 서비스 거부 공격(DDOS)은 마이크로소프트 사의 MS-DOS를 운영체제로 사용하는 컴퓨터에 네트워크를 통해 불법적으로 접속하는 행위이다.

④ 키로거(Key Logger)는 키 입력 캐치 프로그램을 사용하여 ID나 암호를 알아내는 행위이다.

출제 ▶ 18년2회(2급)

9 다음 중 유명 기업이나 금융기관을 사칭한 가짜 웹 사이트나 이메일 등으로 개인의 금융정보와 비밀번호를 입력하도록 유도하여 예금 인출 및 다른 범죄에 이용하는 컴퓨터 범죄 유형은?

① 웜(Worm)　　② 해킹(Hacking)

③ 피싱(Phishing)　　④ 스니핑(Sniffing)

출제 ▶ 17년2회(2급)

10 다음 중 정보 보안을 위협하는 형태에 대한 설명으로 옳은 것은?

① 스니핑(Sniffing): 검증된 사람이 네트워크를 통해 데이터를 보낸 것처럼 데이터를 변조하여 접속을 시도한다.

② 피싱(Phishing): 적절한 사용자 동의 없이 사용자 정보를 수집하는 프로그램을 설치하여 사생활을 침해한다.

③ 스푸핑(Spoofing): 실제로는 악성 코드로 행동하지 않으면서 겉으로는 악성 코드인 것처럼 가장한다.

④ 키로거(Key Logger): 키보드 상의 키 입력 캐치 프로그램을 이용하여 개인 정보를 빼낸다.

출제 ▶ 16년3회(2급)

11 다음 중 정당한 사용자가 정상적으로 시스템을 종료하지 않고 자리를 떠났을 때 비인가된 사용자가 바로 그 자리에서 계속 작업을 수행하여 불법적 접근을 행하는 범죄 행위에 해당하는 것은?

① 스패밍(Spamming)

② 스푸핑(Spoofing)

③ 스니핑(Sniffing)

④ 피기배킹(Piggybacking)

출제 ▶ 16년2회(2급)

12 다음 중 정보사회에서 정보 보안을 위협하기 위해 웜(Worm)의 형태를 이용하는 것에 해당하지 않는 것은?

① 분산 서비스 거부 공격

② 버퍼 오버플로 공격

③ 슬래머

④ 트로이 목마

기출변형

13 다음 중 외부로부터의 데이터 침입행위에 관한 유형의 위조(Fabrication)에 대한 설명으로 옳은 것은?

① 자료가 수신측으로 전달되는 것을 방해하는 행위

② 전송한 자료가 수신지로 가는 도중에 몰래 보거나 도청하는 행위

③ 원래의 자료를 다른 내용으로 바꾸는 행위

④ 자료가 다른 송신자로부터 전송된 것처럼 꾸미는 행위

웜 (Worm)	- 주로 네트워크를 통한 감염으로 연속적인 복제를 통해 시스템의 자원에 부하를 주는 바이러스의 일종 - 분산 서비스 거부 공격, 버퍼 오버플로 공격, 슬래머 등이 웜의 형태임
해킹 (Hacking)	컴퓨터 시스템에 불법적으로 접근하여 시스템과 데이터를 파괴하는 행위
트로이 목마 (Trojan Horse)	정상적인 프로그램에 숨어 있다가 해당 프로그램이 실행될 때 같이 활성화되어 부작용을 일으키는 프로그램
백도어 (Back Door)	시스템에 무단으로 침입하기 위해 만든 보안이 제거된 비밀통로
스니핑 (Sniffing)	해킹 수법의 일종으로 네트워크 주변을 지나다니는 데이터 패킷들을 엿보면서 사용자 계정이나 비밀번호, 주민등록번호 등을 몰래 알아내는 행위
스푸핑 (Spoofing)	신뢰성 있는 사람이 네트워크를 통해 데이터를 보낸 것처럼 위장하여 허가 받지 않은 사용자가 네트워크의 데이터를 변조해 접속을 시도하는 침입 형태
피기배킹 (Piggybacking)	정당한 사용자가 정상적으로 시스템을 종료하지 않고 자리를 떠났을 때 비인가된 사용자가 바로 그 자리에서 계속 작업을 수행하여 불법적 접근을 행하는 범죄 행위
분산 서비스 거부 공격 (DDOS)	여러 개의 공격용 프로그램을 분산 설치한 후 대량의 데이터를 한 곳에 집중 전송하여 표적 시스템의 성능을 저하시키거나 마비시키는 행위
피싱 (Phishing)	기업이나 금융기관을 사칭한 가짜 웹 사이트 등으로 개인의 금융정보와 비밀번호를 입력하도록 유도하여 예금 인출 및 다른 범죄에 이용하는 행위
키로거 (Key Logger)	키보드상의 키 입력 캐치 프로그램을 사용하여 ID나 암호를 알아내는 행위
스파이웨어 (Spyware)	사용자의 동의 없이 사용자의 정보를 수집하거나 사생활을 침해할 수 있는 프로그램
바이러스 (Virus)	컴퓨터의 정상적인 작동을 방해하여 운영체제나 저장된 데이터에 손상을 입히는 프로그램

35 ▶ 바이러스/보안 기법

출제 ▶ 19년2회(1급)

1 다음 중 바이러스에 대한 설명으로 옳지 않은 것은?

① 감염 부위에 따라 부트 바이러스와 파일 바이러스로 구분한다.

② 사용자 몰래 스스로 복제하여 다른 프로그램을 감염시키고, 정상적인 프로그램이나 다른 데이터 파일 등을 파괴한다.

③ 주로 복제품을 사용하거나 통신 매체를 통하여 다운받은 프로그램에 의해 감염된다.

④ 컴퓨터 하드웨어와 무관하게 소프트웨어에만 영향을 미친다.

출제 ▶ 18년1회(1급)

2 다음 중 컴퓨터의 정상적인 작동을 방해하여 운영체제나 저장된 데이터에 손상을 입힐 수 있는 보안 위협의 종류는?

① 바이러스   ② 키로거

③ 애드웨어   ④ 스파이웨어

출제 ▶ 17년1회(1급)

3 다음 중 컴퓨터 바이러스의 특징으로 옳지 않은 것은?

① 디스크의 부트 영역이나 프로그램 영역에 숨어 있다.

② 자신을 복제할 수 있으며, 다른 프로그램을 감염시킬 수 있다.

③ 인터넷과 같은 통신 매체를 통해서만 감염된다.

④ 소프트웨어뿐만 아니라 하드웨어의 성능에도 영향을 미칠 수 있다.

핵심이론 153

바이러스의 감염 경로와 특징

- 바이러스(Virus)는 컴퓨터의 정상적인 작동을 방해하여 운영체제나 저장된 데이터에 손상을 입힐 수 있는 프로그램이다.
- 디스크의 부트 영역이나 프로그램 영역에 숨어 있다.
- 자신을 복제할 수 있으며, 다른 프로그램을 감염시킬 수 있다.
- 소프트웨어뿐만 아니라 하드웨어의 성능에도 영향을 미칠 수 있다.
- 주로 복제품을 사용하거나 통신 매체를 통하여 다운받은 프로그램에 의해 감염된다.

출제 ▶ 20년2회(2급)

04 다음 중 컴퓨터 바이러스의 예방법으로 가장 거리가 먼 것은?

① 최신 버전의 백신 프로그램을 사용한다.
② 다운로드 받은 파일은 작업에 사용하기 전에 바이러스 검사 후 사용한다.
③ 전자우편에 첨부된 파일은 다른 이름으로 저장하고 사용한다.
④ 네트워크 공유 폴더에 있는 파일은 읽기 전용으로 지정한다.

출제 ▶ 18년2회(2급)

05 다음 중 컴퓨터 사용 시 발생할 수 있는 바이러스 감염에 대한 예방법으로 적절하지 않은 것은?

① 방화벽을 설정하여 사용한다.
② 의심이 가는 메일은 열지 않고 삭제한다.
③ 백신 프로그램을 최신 버전으로 업데이트하여 실행한다.
④ 정기적으로 Windows의 [디스크 정리]를 실행한다.

핵심이론 154

바이러스 감염 예방법

- 다운로드한 파일이나 외부에서 복사해 온 파일은 반드시 바이러스 검사를 수행한 후 사용한다.
- 발신자가 불분명한 메일(전자우편)은 열어보지 않는다.
- 공유 폴더의 속성을 읽기 전용으로 설정한다.
- 자료는 정기적으로 백업(Back-up)한다.
- 바이러스 예방 프로그램을 사용한다.
- 최신 버전의 백신 프로그램을 사용하고 주기적으로 바이러스 검사를 수행한다.

출제 ▶ 17년2회(1급)

06 다음 중 프로그램을 직접 감염시키지 않고 디렉토리 영역에 저장된 프로그램의 시작 위치를 바이러스의 시작 위치로 변경하는 파일 바이러스 유형은?

① 연결형 바이러스
② 기생형 바이러스
③ 산란형 바이러스
④ 겹쳐쓰기형 바이러스

핵심이론 155
바이러스의 유형

연결형 바이러스	프로그램을 직접 감염시키지 않고 디렉터리 영역에 저장된 프로그램의 시작 위치를 바이러스의 시작 위치로 변경하는 파일 바이러스
기생형 바이러스	프로그램을 감염시키는 위치에 따라 원래 프로그램에 손상을 주지 않으면서 앞이나 뒷부분에서 공존하는 바이러스
겹쳐쓰기형 바이러스	원래 프로그램의 일부에 겹쳐 씌어져 결과적으로 파일을 파괴하는 바이러스
산란형 바이러스	EXE 파일을 감염시키지 않고 같은 이름의 COM 파일을 만들어 바이러스 프로그램을 넣어두는 바이러스

출제 ▶ 16년2회(2급)

07 다음 중 마이크로소프트사의 엑셀이나 워드와 같은 파일을 매개로 하고 특정 응용 프로그램으로 매크로가 사용되면 감염이 확산되는 형태의 바이러스는?

① 부트(Boot) 바이러스
② 파일(File) 바이러스
③ 부트(Boot) & 파일(File) 바이러스
④ 매크로(Macro) 바이러스

핵심이론 156
바이러스의 분류

파일 바이러스	실행 파일을 감염시키는 바이러스 ex) 예루살렘, CIH, Sunday 등
부트 바이러스	부트 섹터를 손상시키는 바이러스 ex) 미켈란젤로, LBC, Monkey 등
부트/파일 바이러스	파일 바이러스와 부트 바이러스의 특징을 모두 갖는 바이러스 ex) Invader, 나타스, 테킬라, 에볼라 등
매크로 바이러스	주로 MS-Office의 매크로 기능을 이용하여 다른 파일을 감염시키는 바이러스 ex) 멜리사, Laroux, 로보캅 등

출제 ▶ 20년2회(1급), 16년3회(1급)

08 다음 중 시스템 보안을 위해 사용하는 방화벽(Firewall)에 대한 설명으로 적절하지 않은 것은?

① IP주소 및 포트번호를 이용하거나 사용자 인증을 기반으로 접속을 차단하여 네트워크의 출입로를 단일화한다.

② '명백히 허용되지 않은 것은 금지한다'라는 적극적 방어 개념을 가지고 있다.

③ 방화벽을 운영하면 바이러스와 내/외부의 새로운 위험에 효과적으로 대처할 수 있다.

④ 로그 정보를 통해 외부침입의 흔적을 찾아 역추적할 수 있다.

출제 ▶ 19년1회(1급), 17년1회(1급)

09 다음 중 한글 Windows에서 [방화벽]이 수행하는 작업에 관한 설명으로 옳지 않은 것은?

① 권한이 없는 사용자가 네트워크를 통해 컴퓨터에 액세스하는 것을 방지한다.

② 특정 연결 요청을 차단하거나 차단 해제하기 위해 사용자의 허가를 요청한다.

③ 사용자가 원할 경우 기록을 만들어 컴퓨터에 대해 성공한 연결 시도와 실패한 연결 시도를 기록한다.

④ 위험한 첨부 파일이 있는 전자 메일을 사용자가 열지 못하게 한다.

출제 ▶ 18년2회(1급), 18년1회(1급)

10 다음 중 한글 Windows 방화벽 기능에 대한 설명으로 옳지 않은 것은?

① 통신을 허용할 프로그램 및 기능에 대한 설정을 할 수 있다.

② 각 네트워크 위치 유형에 따른 외부 연결의 차단과 알림을 설정할 수 있다.

③ 내 컴퓨터에서 외부로 나가는 패킷의 내용을 체크하여 인증된 패킷만 내보내도록 설정할 수 있다.

④ 역추적 기능으로 외부 침입자의 흔적을 찾을 수 있다.

출제 ▶ 17년2회(1급), 15년1회(1급)

11 다음 중 인터넷에서 방화벽을 사용하는 이유로 적절하지 않은 것은?

① 외부로부터 허가받지 않은 불법적인 접근이나 해커의 공격으로부터 내부의 네트워크를 효과적으로 보호할 수 있다.

② 방화벽의 접근제어, 인증, 암호화와 같은 기능으로 네트워크를 보호할 수 있다.

③ 역추적 기능으로 외부의 침입자를 역추적하여 흔적을 찾을 수 있다.

④ 외부에 대한 보안이 완벽하며, 내부의 불법적인 해킹도 막을 수 있다.

핵심이론 157
• 방화벽(Firewall)은 외부의 불법 침입으로부터 내부의 정보 자산을 보호하고, 외부로부터의 유해 정보 유입을 차단하기 위한 정책 또는 이를 지원하는 하드웨어 및 소프트웨어이다.
• 보안이 필요한 네트워크의 통로를 단일화하여 출입구를 관리함으로써 외부로부터 불법적인 접근을 막을 수 있다.
• 시스템 내부에서 일어나는 해킹은 막을 수 없다.
• 역추적 기능으로 외부의 침입자를 역추적해 흔적을 찾을 수 있다.
• 특정 연결 요청을 차단하거나 차단 해제하기 위해 사용자의 허가를 요청할 수 있다.

출제 ▶ 19년2회(1급)

12 다음 중 컴퓨터 통신에서 사용하는 프록시(Proxy) 서버의 기능으로 옳은 것은?

① 방화벽 기능과 캐시 기능

② 내부 불법 해킹 차단 기능

③ FTP 프로토콜 연결 해제 기능

④ 네트워크 병목현상 해결 기능

출제 ▶ 16년2회(1급)

13 다음 중 컴퓨터 통신에서 사용하는 프록시(Proxy) 서버의 기능으로 옳은 것은?

① 방화벽 기능과 캐시 기능

② 웹 서비스와 IP 주소 확인 기능

③ 팝업 차단과 방문한 웹 주소 기억 기능

④ 서버 인증과 바이러스 차단 기능

핵심이론 158
프록시 서버(Proxy Server)는 PC사용자와 인터넷 사이에서 중계자 역할을 하고, 보안이나 관리적 차원의 규제와 캐시 서비스 등을 제공한다.

방화벽 기능	- 컴퓨터 시스템에 침입 차단 시스템을 설치하는 경우 외부와 연결하여 통신이 가능하도록 만들어 놓은 서버 - HTTP, FTP, Gopher 프로토콜을 지원
캐시 기능	- 많은 요청이 발생하는 데이터를 프록시 서버에 저장해 두었다가 요청이 있을 경우 신속하게 전송

출제 ▶ 20년2회(1급)

14 다음 중 정보 보안을 위한 비밀키 암호화 기법의 설명으로 옳지 않은 것은?

① 서로 다른 키로 데이터를 암호화하고 복호화한다.

② 암호화와 복호화의 속도가 빠르다.

③ 알고리즘이 단순하고 파일의 크기가 작다.

④ 사용자의 증가에 따라 관리해야 할 키의 수가 상대적으로 많아진다.

출제 ▶ 20년1회(1급), 16년1회(1급)

15 다음 중 정보 보안을 위한 비밀키 암호화 기법에 대한 설명으로 옳지 않은 것은?

① 비밀키 암호화 기법의 안전성은 키의 길이 및 키의 비밀성 유지 여부에 영향을 많이 받는다.

② 암호화와 복호화 시 사용하는 키가 동일한 암호화 기법이다.

③ 복잡한 알고리즘으로 인해 암호화와 복호화 속도가 느리다.

④ 사용자가 증가할 경우 상대적으로 관리해야 할 키의 수가 많아진다.

출제 ▶ 18년2회(1급), 16년3회(1급)

16 다음 중 정보보안을 위해 사용하는 공개키 암호화 기법에 대한 설명으로 옳지 않은 것은?

① 알고리즘이 복잡하며 암호화와 복호화 속도가 느리다.

② 키의 분배가 용이하고 관리해야 할 키의 수가 적다.

③ 비대칭 암호화 기법이라고도 하며 대표적으로 DES가 있다.

④ 데이터를 암호화할 때 사용하는 키를 공개하고 복호화할 때 키는 비밀로 한다.

핵심이론 159

• 암호화(Encryption)는 특정한 데이터를 일련의 키 값과 암호 알고리즘을 사용하여 변조함으로써 해당키를 알지 못하면 데이터의 내용을 알 수 없도록 하는 데이터 변환 작업이다.

• 도청이나 부정 접근 등에 대비한 보완책으로, 보안의 핵심 기술로 주목 받고 있다.

비밀키(대칭키) 암호화 기법
- 관용 암호 방식이라고도 한다. - 암호화와 복호화하는 속도가 빠르며, 단일키 기법이므로 알고리즘이 단순하다. - 암호화 키와 복호화 키가 동일하다. - 사용자가 증가하면 관리할 키의 수가 상대적으로 많아진다. - 송수신 측이 미리 약속된 키로 암호화 및 복호화 하는 방식이다. - 암호화의 크기가 작아 경제적이며 디지털 서명이 비교적 복잡하다. - 대표적으로 DES가 있다.

공개키(비대칭키) 암호화 기법
- 암호화와 복호화 속도가 느리며, 알고리즘이 복잡하다. - 암호화 키와 복호화 키가 서로 다르다. - 키의 분배가 용이하고 관리할 키의 수가 적다. - 공개키로 암호화한 것을 비밀키로 복호화하고, 비밀키로 암호화한 것은 공개키로 복호화하는 기법이다. - 대표적으로 RSA가 있다.

◆ 학습 내용

구분	내용	중요도
기본 작업	워크시트 구성/리본메뉴/화면구성	★
	셀 편집/이름 정의/찾기와 바꾸기	
	[파일] 탭 : [옵션]메뉴/통합 문서 관리	★★
	데이터 입력/편집/삭제	★★★
	셀 편집/셀 서식	★★
	조건부 서식/자동 필터/고급 필터	★★
	선택하여 붙여넣기/외부데이터/텍스트 마법사	
	[페이지 레이아웃] 탭	★
	[검토] 탭/[보기] 탭	★
계산 작업	셀 참조/수식 입력/오류 처리	★
	함수 : 날짜/시간, 문자열, 논리	★★★
	함수 : 수학/삼각, 통계	★★★
	함수 : 찾기/참조, 데이터베이스	★★
	함수 : 정보. 재무	
	함수 : 배열수식	★★★
분석 작업	정렬/부분합/데이터 통합	★★★
	목표값 찾기/데이터 표/시나리오	★
	유효성 검사 규칙/중복 항목 제거	★★
	피벗테이블	★★★
기타 작업	차트	★★★
	매크로	★★★
	VBA/컨트롤	★
	제어문	★★

스프레드시트

- 기본 작업
- 계산 작업
- 분석 작업
- 기타 작업

01 워크시트/리본메뉴/화면구성

출제 ▶ 19년2회(1급)

01 다음 중 Excel에서 리본 메뉴를 최소화하는 방법으로 옳지 않은 것은?

① 엑셀 창 오른쪽 위에 있는 '리본 메뉴 최소화 단추 (^)'를 클릭한다.

② 단축키 [Alt] + [F1]을 누른다.

③ 리본 메뉴의 활성 탭 이름을 더블 클릭한다.

④ 리본 메뉴를 최소화하거나 원래 상태로 되돌리려면 단축키 [Ctrl] + [F1]을 누른다.

출제 ▶ 15년1회(1급)

02 다음 중 아래 그림의 리본 메뉴에 대한 설명으로 옳지 않은 것은?

① 그림과 같이 리본 메뉴에 바로 가기 키를 나타내려면 [Shift] + [F10] 키를 누른다.

② 오른쪽 방향키(→)를 누르면 활성화된 탭이 [홈] 탭에서 [삽입] 탭으로 변경된다.

③ [탭] 및 [명령] 간에 이동할 때도 키보드를 사용할 수 있으며, 그림과 같은 상태에서 [N] 키를 누르면 [삽입] 탭으로 변경된다.

④ [빠른 실행 도구 모음]에 명령이 추가되면 일련번호로 바로 가기 키가 부여된다.

핵심이론 160
• 리본 메뉴는 엑셀에서 제공하는 다양한 기능을 탭별로 구분하여 모아 놓은 것이다.
• 리본 메뉴 : 파일, 홈, 삽입, 페이지 레이아웃, 데이터, 수식, 검토, 보기, 개발도구

• [Alt]나 [F10]을 누르면 바로 가기 키가 표시된다.

리본 메뉴 최소화/최대화 방법	
방법1	리본 메뉴의 바로 가기 메뉴에서 [리본 메뉴 축소]를 선택한다.
방법2	[Ctrl] + [F1]를 누른다.
방법3	활성 탭 이름을 더블 클릭한다.
방법4	리본 메뉴 오른쪽 [최소화 단추(^)]를 클릭한다.

출제 ▶ 20년2회(1급)

03 다음 중 엑셀의 상태 표시줄에 대한 설명으로 옳지 않은 것은?

① 상태 표시줄에서 워크시트의 보기 상태를 기본 보기, 페이지 레이아웃 보기, 페이지 나누기 미리 보기 중 선택하여 변경할 수 있다.

② 상태 표시줄에는 확대/축소 슬라이더가 기본적으로 표시된다.

③ 상태 표시줄의 바로 가기 메뉴를 이용하여 셀의 특정 범위에 대한 이름을 정의할 수 있다.

④ 상태 표시줄은 현재의 작업 상태에 대한 기본적인 정보가 표시되는 곳이다.

출제 ▶ 20년1회(1급)

04 다음 중 셀 영역을 선택한 후 상태 표시줄의 바로 가기 메뉴인 [상태 표시줄 사용자 지정]에서 선택할 수 있는 자동 계산에 해당되지 않는 것은?

① 선택한 영역 중 숫자 데이터가 입력된 셀의 수

② 선택한 영역 중 문자 데이터가 입력된 셀의 수

③ 선택한 영역 중 데이터가 입력된 셀의 수

④ 선택한 영역의 합계, 평균, 최소값, 최대값

출제 ▶ 18년2회(1급)

05 다음 중 엑셀의 상태 표시줄에 대한 설명으로 옳지 않은 것은?

① 엑셀의 현재 작업 상태를 표시하며, 선택 영역에

대한 평균, 개수, 합계 등의 옵션을 선택하여 다양한 계산 결과를 표시할 수 있다.

② 확대/축소 컨트롤을 이용하면 10%~400% 범위 내에서 문서를 쉽게 확대/축소할 수 있다.

③ 자주 사용하는 도구들을 모아서 간단히 추가하거나 제거할 수 있으며, 리본 메뉴 아래에 표시할 수도 있다.

④ 기본적으로 상태 표시줄 왼쪽에는 매크로 기록 아이콘(🔲)이 있으며, 매크로 기록 중에는 기록 중지 아이콘(🔲)으로 변경된다.

출제 ▶ 16년3회(2급)

06 다음 중 엑셀의 화면 구성에 대한 설명으로 옳지 않은 것은?

① 화면 상단의 '제목 표시줄'은 현재의 작업 상태나 선택한 명령에 대한 기본적인 정보가 표시되는 곳이다.

② '리본 메뉴'는 엑셀의 다양한 명령들을 용도에 맞게 탭과 그룹으로 분류하여 아이콘으로 표시되는 곳이다.

③ 자주 사용하는 도구들을 모아 두는 곳이 '빠른 실행 도구 모음'이며, 원하는 도구를 추가하거나 제거할 수 있다.

④ '이름 상자'는 현재 작업 중인 셀의 이름이나 주소를 표시하는 부분으로 차트 항목이나 그리기 개체를 선택하면 개체의 이름이 표시된다.

핵심이론 161

빠른 실행 도구 모음
- 자주 사용하는 도구들을 모아 두는 곳으로, 원하는 도구를 추가하거나 제거할 수 있다. - '제목 표시줄'에 위치하고 있으나, 리본 메뉴 아래에 표시할 수도 있다.

상태 표시줄
- 워크시트의 보기 상태를 기본 보기, 페이지 레이아웃 보기, 페이지 나누기 미리 보기 중 선택하여 변경할 수 있다. - 확대/축소 컨트롤을 이용하면 10%~400% 범위 내에서 문서를 쉽게 확대/축소할 수 있다. - 현재 작업 상태를 표시하며, 선택 영역에 대한 다양한 계산 결과를 표시할 수 있다. - 자동 계산 표시 항목 : 평균, 개수, 숫자 셀 수, 합계, 최대값, 최소값 등

출제 ▶ 19년1회(1급), 16년3회(1급)

07 다음 중 워크시트 사용에 관한 설명으로 옳지 않은 것은?

① 현재 워크시트의 앞이나 뒤의 시트를 선택할 때에는 [Ctrl] + [Page Up] 키와 [Ctrl] + [Page Down] 키를 이용한다.

② 현재 워크시트의 왼쪽에 새로운 시트를 삽입할 때에는 [Shift] + [F11] 키를 누른다.

③ 연속된 여러 개의 시트를 선택할 때에는 첫 번째 시트를 선택하고 [Shift] 키를 누른 채 마지막 시트의 시트 탭을 클릭한다.

④ 그룹으로 묶은 시트에서 복사하거나 잘라낸 모든 데이터는 다른 한 개의 시트에 붙여 넣을 수 있다.

출제 ▶ 18년2회(1급)

08 다음 중 워크시트의 이름 작성에 관한 설명으로 옳지 않은 것은?

① 시트 탭의 시트 이름을 더블 클릭하여 이름을 수정할 수 있다.

② 시트 이름은 영문 기준으로 대·소문자 구분없이 최대 255자까지 지정할 수 있다.

③ 하나의 통합 문서 안에서는 동일한 시트 이름을 지정할 수 없다.

④ 시트 이름 입력 시 *, ?, /, [ ] 등의 기호는 입력되지 않는다.

출제 ▶ 17년2회(1급)

09 다음 중 워크시트에 대한 설명으로 옳은 것은?

① 워크시트 복사는 [Alt] 키를 누르면서 원본 워크시트 탭을 마우스로 드래그 앤 드롭하면 된다.

② 시트를 삭제하려면 시트 탭에서 마우스 오른쪽 단추를 클릭한 후 표시되는 [삭제] 메뉴를 선택하면 되지만, 삭제된 시트는 되살릴 수 없으므로 유의하여야 한다.

③ 연속된 여러 개의 시트를 선택할 때는 첫 번째 시트를 선택하고 [Ctrl] 키를 누른 상태에서 마지막 워크시트의 시트 탭을 클릭하면 된다.

④ 떨어져 있는 여러 개의 시트를 선택할 때는 먼저 [Shift] 키를 누른 상태에서 원하는 워크시트의 시트 탭을 차례로 누르면 된다.

10 다음 중 여러 워크시트를 선택하여 그룹으로 설정한 경우에 대한 설명으로 옳지 않은 것은?

① 엑셀 창의 맨 위 제목 표시줄에 [그룹]이라고 표시된다.

② 그룹 상태에서 도형이나 차트 등의 그래픽 개체는 삽입되지 않는다.

③ 그룹으로 설정된 임의의 시트에서 입력하거나 편집한 데이터는 그룹으로 설정된 모든 시트에 반영된다.

④ 그룹 상태에서 여러 개의 시트에 정렬 및 필터 기능을 수행할 수 있디.

11 다음 중 워크시트 사용 방법에 대한 설명으로 옳은 것은?

① 다음 워크시트로 전환하려면 시트 탭에서 [Shift] + [Page Down] 키를 누르고, 이전 워크시트로 전환하려면 [Shift] + [Page Up] 키를 누른다.

② 시트를 복사하려면 [Shift] 키를 누른 채 해당 시트의 시트 탭을 마우스로 드래그 앤 드롭한다.

③ 현재의 워크시트 앞에 새로운 워크시트를 삽입하려면 [Shift] + [F11] 키를 누른다.

④ 인접하지 않은 둘 이상의 시트를 선택할 때는 [Shift] 키를 누른 채 원하는 시트 탭을 순서대로 클릭한다.

12 다음 중 워크시트에 대한 설명으로 옳지 않은 것은?

① 새 통합 문서에는 [Excel 옵션]에서 설정한 시트 수 만큼 워크시트가 표시되며, 최대 255개까지 워크시트를 추가할 수 있다.

② 워크시트의 이름은 공백 문자를 포함하여 최대 31자까지 사용할 수 있으나 /, ₩, ?, *, [,] 등의 기호는 사용할 수 없다.

③ 선택한 워크시트를 현재 통합 문서 또는 다른 통합 문서에 복사하거나 이동시킬 수 있다.

④ 시트의 삽입 또는 삭제 시 [Ctrl] + [Z] 키로 실행 취소 명령을 실행하여 복구할 수 있다.

13 다음은 시트 탭에서 원하는 시트를 선택하는 방법이다. 빈칸 ⓐ, ⓑ에 들어갈 키로 알맞은 것은?

> 연속적인 여러 개의 시트를 선택할 경우에는 첫 번째 시트를 클릭하고, (ⓐ) 키를 누른 채 마지막 시트를 클릭한다. 서로 떨어져 있는 여러 개의 시트를 선택할 경우에는 첫 번째 시트를 클릭하고, (ⓑ) 키를 누른 채 원하는 시트를 차례로 클릭한다.

① ⓐ Shift, ⓑ Ctrl   ② ⓐ Ctrl, ⓑ Shift
③ ⓐ Alt, ⓑ Ctrl   ④ ⓐ Ctrl, ⓑ Alt

핵심이론 162
워크시트 편집

선택	- 연속적인 시트 선택 : [Shift] 사용 - 비연속적인 시트 선택 : [Ctrl] 사용 - 여러 시트를 선택하면 '제목 표시줄'에 '그룹'이라 표시됨 - 현재 워크시트의 앞이나 뒤의 시트를 선택할 때에는 [Ctrl] + [Page Up]키와 [Ctrl] + [Page Down] 키를 이용 - 그룹 상태에서 데이터 입력은 가능하지만, 도형이나 차트 같은 개체를 삽입하거나, 필터나 정렬 같은 편집 작업은 불가능함
이름 변경	- 변경하고자 하는 시트를 더블 클릭하여 이름을 입력한 후 [Enter]를 눌러 마무리 - 시트의 이름은 공백 문자를 포함하여 최대 31자까지 사용할 수 있으나 /, ₩, ?, *, [,] 등의 기호는 사용할 수 없음 - 하나의 통합 문서 안에서 동일한 시트 이름을 지정 불가능
삽입	- 하나의 통합 문서에는 기본적으로 1개의 워크시트가 포함되지만, 추후 원하는 만큼 추가가 가능함 - 삽입된 시트는 활성 시트 왼쪽에 위치함 - 현재 워크시트의 왼쪽에 새로운 시트를 삽입할 때에는 [Shift] + [F11] 키를 사용
이동	- 이동할 시트 선택 후 드래그 & 드롭
복사	- 복사할 시트 선택 후 [Ctrl]을 누른 상태에서 드래그 & 드롭
삭제	- 삭제할 시트 선택 후 바로 가기 메뉴에서 [삭제]를 선택 - 삭제된 시트는 [Ctrl] + [Z] 또는 실행 취소 할 수 없으니 주의할 것

02 셀 편집/이름 정의/찾기와 바꾸기

출제 ▶ 20년2회(1급)

01 다음 중 데이터가 입력되어 있는 연속된 셀 범위를 선택하는 방법으로 옳지 않은 것은?

① 첫 번째 셀을 클릭한 후 [Ctrl] + [Shift] + [방향키]를 눌러 선택 영역을 확장한다.

② 첫 번째 셀을 클릭한 후 [Shift] 키를 누른 상태에서 범위의 마지막 셀을 클릭한다.

③ 첫 번째 셀을 클릭한 후 [F8] 키를 누른 후 [방향키]를 눌러 선택 영역을 확장한다.

④ 첫 번째 셀을 클릭한 후 [Ctrl] 키를 누른 상태에서 [방향키]를 눌러 선택 영역을 확장한다.

출제 ▶ 20년1회(1급)

02 다음 중 셀 포인터의 이동 작업에 대한 설명으로 옳지 않은 것은?

① [Alt] + [Page Down] 키를 눌러 현재 시트를 기준으로 오른쪽에 있는 다음 시트로 이동한다.

② 이름 상자에 셀 주소를 입력한 후 [Enter] 키를 눌러 원하는 셀의 위치로 이동한다.

③ [Ctrl] + [Home] 키를 눌러 [A1] 셀로 이동한다.

④ [Home] 키를 눌러 해당 행의 A 열로 이동한다.

출제 ▶ 18년2회(1급)

03 다음 중 아래의 시트에서 주어진 표 전체만 선택하는 방법으로 옳지 않은 것은?

	A	B	C	D	E
1	성명	직위	근무년수	월기본급	성과급
2	이준기	과장	8	2070000	800000
3	박지영	부장	15	2200000	1000000
4	정희철	사원	2	1840000	600000
5	박준용	사원	4	1980000	600000
6	황유리	과장	10	2160000	800000
7	최보미	부장	19	2300000	1000000
8	강만구	과장	15	1980000	800000

① 행 머리글과 열 머리글이 만나는 워크시트 왼쪽 맨 위의 [모두 선택] 단추(◢)를 클릭한다.

② [A1] 셀을 클릭하고 [Shift] 키를 누른 채 [E8] 셀을 클릭한다.

③ [B4] 셀을 클릭하고 [Ctrl] + [A] 키를 누른다.

④ [A1] 셀을 클릭하고 [F8] 키를 누른 뒤에 [→] 키를 눌러 E열까지 이동하고 [↓] 키를 눌러 8행까지 선택한다.

출제 ▶ 18년1회(1급)

04 다음 중 아래의 워크시트에서 [B3] 셀이 선택되어 있는 경우 각 키의 사용 결과로 옳지 않은 것은?

	A	B	C
1		물품명	수량
2	Fruit_01	사과	12
3	Fruit_02	배	22
4	Fruit_03	감귤	19
5	Fruit_04	포도	24
6	Fruit_05	메론	11

① [Home] 키를 눌러서 현재 열의 첫 행인 [B1] 셀로 이동한다.

② [Ctrl] + [Home] 키를 눌러서 [A1] 셀로 이동한다.

③ [Ctrl] + [End] 키를 눌러서 데이터가 포함된 마지막 행/열에 해당하는 [C6] 셀로 이동한다.

④ [Shift] + [Enter] 키를 눌러서 한 행 위인 [B2] 셀로 이동한다.

출제 ▶ 15년3회(1급)

05 다음 중 괄호( ) 안에 해당하는 바로 가기 키로 옳은 것은?

> 통합 문서 내에서 (㉠)키는 다음 워크시트로 이동, (㉡)키는 이전 워크시트로 이동할 때 사용한다.

① (ㄱ) Shift + Page Down , (ㄴ) Shift + Page Up

② (ㄱ) Ctrl + Page Down , (ㄴ) Ctrl + Page Up

③ (ㄱ) Ctrl + ← , (ㄴ) Ctrl + ←

④ (ㄱ) Shift + ↑ , (ㄴ) Shift + ↓

핵심이론 163
셀 포인터 이동

[↑], [↓], [←], [→]	상, 하, 좌, 우 이동
[Shift]+[Tab], [Tab]	좌, 우 이동
[Shift]+[Enter], [Enter]	상, 하 이동
[Home]	해당 행의 A열로 이동
[Ctrl]+[Home]	[A1]셀로 이동
[Ctrl]+[↑],[↓],[←],[→]	데이터 범위의 상, 하, 좌, 우 끝으로 이동
[PgUp], [PgDn]	한 화면 위, 아래 이동
[Alt]+[PgUP],[PgDn]	한 화면 좌, 우 이동
[Ctrl]+[PgUp],[PgDn]	활성 시트 앞, 뒤 이동

셀 범위 선택

연속적인 셀	- [Shift]+[방향키] - [F8]+[방향키] - 시작 셀 선택 후 [Shift]를 누른 상태에서 끝 셀 선택
비연속적인 셀	- 시작 셀 선택 후 [Ctrl]를 누른 채 다음 셀 선택
시트 전체	 A열 머리글 왼쪽의 삼각형 단추를 클릭하여 선택
데이터 목록 전체	임의의 셀 선택 후 [Ctrl]+[*]

출제 ▶ 16년2회(1급)

06 다음 중 셀을 이동하거나 복사하는 과정에 대한 설명으로 옳지 않은 것은?

① 셀을 이동하거나 복사하면 수식과 결과값, 셀 서식 및 메모를 포함한 셀 전체가 이동되거나 복사된다.

② 선택 영역의 테두리를 클릭한 채 다른 위치로 드래그 하면 해당 영역이 이동된다.

③ 선택한 복사 영역에 숨겨진 행이나 열이 있는 경우 숨겨진 영역도 함께 복사된다.

④ [Ctrl] + [X] 키를 이용하여 잘라내기 한 경우 [값 붙여넣기]를 실행할 수 있다.

출제 ▶ 16년1회(2급)

07 다음 중 셀의 이동과 복사에 대한 설명으로 옳지 않은 것은?

① 이동하고자 하는 셀 영역을 선택한 후 잘라내기 바로가기 키인 [Ctrl] + [X]를 누르면 선택 영역 주위에 점선이 표시된다.

② 클립보드에는 최대 24개 항목이 저장 가능하므로 여러 데이터를 클립보드에 복사해 두었다가 다른 곳에 한 번에 붙여 넣을 수 있다.

③ 선택된 셀 영역을 이동할 위치로 드래그하는 동안에는 선택된 셀 영역의 테두리만 표시된다.

④ [Shift] 키를 누른 채 선택 영역의 테두리를 클릭하여 원하는 위치로 드래그하면 선택 영역이 복사된다.

핵심이론 164

셀의 이동
- 셀을 이동하거나 복사하면 수식과 결과값, 셀 서식 및 메모를 포함한 셀 전체가 이동되거나 복사된다. - 선택 영역의 테두리를 클릭한 채 다른 위치로 드래그 하면 해당 영역이 이동된다. - 바로 가기 : [Ctrl] + [X] 후 [Ctrl] + [V] - [Ctrl] + [X] 키를 이용하여 잘라내기 한 경우 [값 붙여넣기]를 실행할 수 없다.

셀의 복사
- 선택한 복사 영역에 숨겨진 행이나 열이 있는 경우 숨겨진 영역도 함께 복사된다. - 선택 영역의 테두리를 클릭하고 [Ctrl]를 누른 채 다른 위치로 드래그 하면 해당 영역이 복사된다. - 바로 가기 : [Ctrl] + [C] 후 [Ctrl] + [V] - [Ctrl] + [C] 키를 이용하여 복사한 경우 [값 붙여넣기]를 실행할 수 있다.

출제 ▶ 20년1회(1급)

08 다음 중 이름 상자에 대한 설명으로 옳지 않은 것은?

① [Ctrl] 키를 누르고 여러 개의 셀을 선택한 경우 마지막 선택한 셀 주소가 표시된다.

② 셀이나 셀 범위에 이름을 정의해 놓은 경우 이름이 표시된다.

③ 차트가 선택되어 있는 경우 차트의 종류가 표시된다.

④ 수식을 작성 중인 경우 최근 사용한 함수 목록이 표시된다.

출제 ▶ 19년2회(2급)

09 다음 중 셀 또는 셀 범위에 대한 이름 정의 시 구문규칙에 대한 설명으로 옳은 것은?

① 이름은 최대 255자까지 지정할 수 있다.

② 이름의 첫 자는 반드시 문자나 밑줄(_) 또는 슬래시(/)로 시작해야 한다.

③ 이름의 일부로 공백을 사용할 수 있다.

④ Excel에서는 이름의 대문자와 소문자를 구별한다.

핵심이론 165

이름 정의는 이름 상자를 이용하여 셀이나 범위에 이름을 지정하는 것으로, 수식이나 함수 사용 시 셀 주소를 대신하여 사용 가능하다.

이름 상자 특징

- 셀 또는 셀 범위에 이름을 정의해 놓은 경우 이름이 표시되고, 이 중 하나를 클릭하면 해당 셀 또는 셀 범위가 선택된다.
- 수식을 작성 중인 경우 최근 사용한 함수 목록이 표시된다.
- 차트나 도형 등의 개체가 선택되어 있는 경우 삽입된 순서에 맞춰 개체 순번으로 표시된다.
- [Ctrl] 키를 누르고 여러 개의 셀을 선택한 경우 마지막 선택한 셀 주소가 표시된다.

이름 정의 특징

- 첫 문자는 반드시 문자나 밑줄(_), 역슬래시(\)로 시작해야 한다.
- 이름에 +, -, *과 같은 기호나 공백은 포함할 수 없다.
- 같은 통합 문서에서 동일한 이름을 중복하여 사용할 수 없다.
- 대문자/소문자 구분없이 최대 255자까지 지정할 수 있다.

출제 ▶ 20년2회(1급)

10 다음 중 [찾기 및 바꾸기] 대화상자에 대한 설명으로 옳지 않은 것은?

① 찾을 내용에 '*수정*', 바꿀 내용에 '*변경*'으로 입력하고, [모두 바꾸기] 단추를 클릭하면 '수정'이라는 모든 글자를 '*변경*'으로 바꾼다.

② '=A1*B1'과 같은 수식을 검색하려면 찾는 위치를 '수식'으로 선택한 후 찾을 내용에 '=A1~*B1'으로 입력한다.

③ 찾을 내용과 바꿀 내용은 입력하지 않고, 찾을 서식과 바꿀 서식으로 설정할 수 있다.

④ 셀포인터 위치를 기준으로 앞에 위치한 데이터를 찾으려면 [Shift] 키를 누른 상태에서 [다음 찾기] 단추를 클릭한다.

출제 ▶ 19년2회(2급)

11 다음 중 [찾기 및 바꾸기] 대화 창에서 찾을 내용에 만능 문자(와일드카드)인 '?' 나 '*' 문자 자체를 찾는 방법은?

① 찾으려는 만능 문자 앞·뒤에 큰따옴표("") 기호를 입력한다.

② 찾으려는 만능 문자 앞에 퍼센트(%) 기호를 입력한다.

③ 찾으려는 만능 문자 앞에 느낌표(!) 기호를 입력한다.

④ 찾으려는 만능 문자 앞에 물결표(~) 기호를 입력한다.

출제 ▶ 18년2회(2급), 16년3회(2급)

12 다음 중 [찾기 및 바꾸기] 대화상자에서 [찾기] 탭의 기능에 대한 설명으로 옳지 않은 것은?

① 대/소문자를 구분하여 찾을 수 있다.

② 수식이나 값에서 찾을 수 있지만, 메모 안의 텍스트는 찾을 수 없다.

③ 이전 항목을 찾으려면 <Shift>키를 누른 상태에서 [다음 찾기] 단추를 클릭한다.

④ 와일드 카드 문자인 '*' 기호를 이용하여 특정 글자로 시작하는 텍스트를 찾을 수 있다.

출제 ▶ 18년1회(2급)

13 다음 중 [찾기 및 바꾸기] 대화상자의 각 항목에 대한 설명으로 옳지 않은 것은?

① 찾을 내용: 검색할 내용을 입력하는 곳으로 와일드 카드 문자를 검색 문자열에 사용할 수 있다.

② 서식: 숫자 셀을 제외한 특정 서식이 있는 텍스트 셀을 찾을 수 있다.

③ 범위: 현재 워크시트에서만 검색하는 '시트'와 현재 통합 문서의 모든 시트를 검색하는 '통합 문서' 중 선택할 수 있다.

④ 모두 찾기: 검색 조건에 맞는 모든 항목이 나열된다.

핵심이론 166

- 워크시트에 입력된 데이터 중 특정 조건, 기능, 입력 값 등을 만족하는 데이터를 찾아 표시한다.
- 워크 시트 전체 또는 특정 범위를 제한하여 찾을 수 있고, 여러 개의 워크시트를 선택하여 찾을 수도 있다.

[찾기 및 바꾸기] 기능의 특징

- '*'이나 '?' 등의 만능 문자를 사용할 수 있고, 만약 만능 문자 자체를 찾고자 한다면 물결표(~)를 문자 앞에 붙여 입력한다.
- 특정 서식이 지정된 데이터를 찾을 수 있다.
- 검색 방향을 행 또는 열로 지정할 수 있고, [Shift]를 누르면 역방향 검색도 가능하다.
- 찾을 정보가 들어 있는 요소(식, 값, 메모)를 선택하여 검색할 수 있다.

- 대문자/소문자, 전자/반자를 구분하여 검색할 수 있다.
- 찾을 내용과 완전히 또는 부분적으로 일치하는 셀만 찾도록 설정할 수 있다.

03 ▶ [파일]탭-[옵션],[저장]/통합 문서 공유

출제 ▶ 19년2회(1급)

1 다음 중 엑셀 작업 중에 발생할 수 있는 만일의 사태에 대비하고 파일을 복구하기 위한 방법으로 옳지 않은 것은?

① 현재 작업 중인 파일의 백업 파일이 생성되도록 [다른 이름으로 저장] 대화상자의 [도구]-[일반 옵션]에서 '백업 파일 항상 만들기'를 체크한다.

② 자동 복구를 활성화하여 파일이 원하는 주기마다 자동 저장되도록 설정한다.

③ 자동 복구를 활성화한 경우 [검토] 탭 [저장]-[통합 문서 저장]에서 작업 중인 파일의 이전 버전을 검토할 수 있다.

④ 저장하지 않고 닫은 파일을 복구하려면 [Excel 옵션]창의 [저장]에서 '저장하지 않고 닫는 경우 마지막으로 자동 저장된 버전 유지' 확인란이 선택되어 있어야 한다.

출제 ▶ 16년1회(1급)

2 다음 중 [파일]탭-[옵션]의 [일반]탭에서 설정 가능한 것은?

① 셀에 데이터를 입력한 후 [Enter] 키를 누를 때 포인터의 이동 방향을 오른쪽, 왼쪽, 아래쪽, 위쪽 중의 하나로 지정할 수 있다.

② 페이지 나누기 선의 표시 여부를 지정할 수 있다.

③ 눈금선 표시 여부를 지정할 수 있다.

④ 새 통합 문서를 열었을 때 적용할 기본 글꼴과 글꼴 크기, 포함할 시트 수 등을 지정할 수 있다.

기출변형

3 다음 중 엑셀의 작업 환경 설정을 위한 [파일]탭-[옵션]의 각 메뉴에 대한 설명으로 옳지 않은 것은?

① [고급]탭의 '표시'에서 '수식 입력줄 표시'를 선택하면 수식 입력줄이 화면에 표시된다.

② [고급]탭의 '표시'에서 '메모와 표식'을 선택하면 메모를 항상 화면에 표시하고, 오른쪽 상단에 빨

간 삼각형점도 표시한다.

③ [고급]탭의 '편집 옵션'에서 '셀에서 직접 편집 허용'을 선택하면 셀을 더블클릭하여 데이터의 수정이 가능하다.

④ [고급]탭의 '일반'에서 '자동 연결 업데이트 확인'을 선택하면 다른 응용프로그램을 참조하는 수식을 계산하고 새로 고친다.

핵심이론 167
[파일]탭-[옵션] 메뉴 설정

일반	- 새 통합 문서를 열었을 때 적용할 기본 글꼴과 글꼴 크기, 포함할 시트 수 등을 지정할 수 있다.
수식	워크시트가 계산 방법을 결정한다. - 수식 자동 완성 기능을 설정한다. - 표에 이름이 있으면 이를 수식 작성 시 사용할 수 있도록 지정한다.
저장	- 통합 문서를 저장할 때 사용하는 기본 파일 형식을 설정한다. - 자동 복구를 활성화하여 파일이 원하는 주기마다 자동 저장되도록 설정한다. - 저장하지 않고 닫은 파일의 이전 버전을 검토할 수 있다.
고급	- [Enter]를 눌렀을 때 이동 방향을 설정한다. - 셀을 더블클릭하여 데이터의 수정이 가능하도록 설정할 수 있다. - 셀 내용 자동 완성 기능을 설정한다. - 수식 입력줄, 메모 표식, 함수 설명 등의 표시 여부를 결정한다.

출제 ▶ 16년1회(2급)

4 다음 중 통합 문서와 관련된 바로 가기 키에 대한 설명으로 옳지 않은 것은?

① [Ctrl] + [N] 키를 누르면 새 통합 문서를 만든다.

② [Shift] + [F11] 키를 누르면 새 통합 문서를 만든다.

③ [Ctrl] + [W] 키를 누르면 현재 통합 문서 창을 닫는다.

④ [Ctrl] + [F4] 키를 누르면 현재 통합 문서 창을 닫는다.

핵심이론 168
통합 문서 작성/열기/닫기/저장

작성	- [파일]→[새로 만들기]→[새 통합 문서] - [Ctrl] + [N]
열기	- [파일]→[열기] - [Ctrl] + [O]

닫기	- [파일]→[닫기] - [Ctrl] + [W] 또는 [Ctrl] + [F4]
저장	- [파일]→[저장] - [Ctrl] + [S]

출제 ▶ 17년2회(1급), 17년1회(2급)

05 다음 중 통합 문서 저장 시 사용하는 [일반 옵션]에 관한 설명으로 옳지 않은 것은?

① [백업 파일 항상 만들기]는 통합 문서를 저장할 때마다 백업 복사본을 저장하는 기능이다.
② [열기 암호]는 암호를 모르면 통합 문서를 열어 사용할 수 없도록 암호를 지정하는 기능이다.
③ [쓰기 암호]는 암호를 모르더라도 읽기 전용으로 열어 열람이 가능하나 원래 문서 및 복사본으로 통합 문서를 저장할 수 없도록 암호를 지정하는 기능이다.
④ [읽기 전용 권장]은 문서를 열 때마다 통합 문서를 읽기 전용으로 열도록 대화상자를 나타내는 기능이다.

핵심이론 169

[파일]탭-[다른 이름으로 저장]-[도구]-[일반 옵션]

백업 파일 항상 만들기	통합 문서를 저장할 때마다 *.xlk 형식의 백업 복사본을 저장한다.
열기 암호	파일 저장 시 암호를 지정하여, 암호를 모르면 통합 문서를 열어 사용할 수 없도록 지정하는 기능이다.
쓰기 암호	암호를 모를 경우 읽기 전용으로 불러와 수정할 수 있으나, 원래 문서에는 저장할 수 없도록 암호를 지정한다.
읽기 전용 권장	문서를 열 때마다 통합 문서를 읽기 전용으로 열도록 대화상자를 나타내는 기능이다.

출제 ▶ 17년1회(1급)

06 다음 중 엑셀의 확장자에 따른 파일 형식과 설명이 옳지 않은 것은?

① *.xlsb - Excel 바이너리 파일 형식이다.
② *.xlsm - XML 기반의 Excel 파일 형식으로 매크로를 포함할 수 있다.
③ *.xlsx - XML 기반의 기본 Excel 파일 형식으로 VBA 매크로 코드나 Excel 4.0 매크로 시트를 저장할 수 없다.
④ *.xltx - Excel 서식파일의 기본 Excel 파일형식으로 VBA 매크로 코드나 Excel 4.0 매크로 시트를 저장할 수 있다.

출제 ▶ 16년2회(1급)

07 다음 중 엑셀에서 지원하는 파일 형식에 대한 설명으로 옳지 않은 것은?

① 통합 문서에 매크로나 VBA 코드가 없으면 '*.xlsx' 파일 형식으로 저장한다.
② Excel 2013 파일을 Excel 2016에서 열어 작업할 경우 파일은 자동으로 Excel 2016 형식으로 저장된다.
③ 통합 문서를 서식 파일로 사용하려면 '*.xltx' 파일 형식으로 저장한다.
④ 이전 버전의 Excel에서 만든 파일을 Excel 2016 파일로 저장하면 새로운 Excel 기능을 모두 사용할 수 있다.

핵심이론 170

- 엑셀 통합 문서의 기본 확장자는 '*.xlsx'이다.
- 하위 버전 파일을 상위 버전에서 열어 작업할 경우 파일은 자동으로 상위 버전 형식으로 저장된다.

*.xlsx	통합 문서 파일	*.xltx	서식 파일
*.xlsm	매크로 포함 통합 문서 파일	*.xltm	매크로 포함 서식 파일
*.xlsb	바이너리 파일	*.xlk	백업 파일

출제 ▶ 15년1회(2급)

08 다음 중 엑셀에서 사용할 수 있는 파일형식과 그에 대한 설명이 바르게 연결된 것은?

① *.txt : 공백으로 분리된 텍스트 파일
② *.prn : 탭으로 분리된 텍스트 파일
③ *.xlsm : Excel 매크로 사용 통합 문서
④ *.xltm : Microsoft Office Excel 추가 기능

엑셀에서 저장 가능한 파일 형식

*.txt	탭으로 분리된 텍스트 파일
*.prn	공백으로 분리된 텍스트 파일
*.csv	콤마(쉼표)로 분리된 텍스트 파일
*.html	웹 페이지 형식으로 저장하는 파일

출제 ▶ 17년1회(1급)

09 다음 중 통합 문서 공유에 대한 설명으로 옳지 않은 것은?

① 병합된 셀, 조건부 서식, 데이터 유효성 검사, 차트, 그림과 같은 일부 기능은 공유 통합 문시에서 추가하거나 변경할 수 없다.

② 공유된 통합 문서는 여러 사용자가 동시에 변경할 수 없다.

③ 통합 문서를 공유하는 경우 저장 위치는 웹 서버가 아니라 공유 네트워크 폴더를 사용해야 한다.

④ 셀을 잠그고 워크시트를 보호하여 액세스를 제한하지 않으면 네트워크 공유에 액세스할 수 있는 모든 사용자가 공유 통합 문서에 대한 액세스 권한을 갖게 된다.

출제 ▶ 16년3회(1급)

10 다음 중 공유 통합 문서에 대한 설명으로 옳지 않은 것은?

① 여러 사용자가 동시에 동일한 셀을 변경하려면 충돌이 발생한다.

② 통합 문서를 공유한 후 하이퍼링크, 시나리오, 매크로 등의 기능은 변경할 수 없지만 조건부 서식, 차트, 그림 등의 기능은 변경할 수 있다.

③ 공유 통합 문서를 네트워크 위치에 복사해도 다른 통합 문서나 문서의 연결은 그대로 유지된다.

④ 공유 통합 문서를 열면 창의 제목 표시줄의 엑셀 파일명 옆에 [공유]라는 글자가 표시된다.

기출변형

11 다음 중 통합 문서 편집 작업 시 실행 가능한 작업으로 옳은 것은?

① 입력된 데이터 편집하기

② 조건부 서식 추가하기

③ 워크시트 보호하기

④ 피벗 테이블 보고서 추가하기

통합 문서 공유는 네트워크로 연결된 환경에서 하나의 통합 문서를 여러 사용자가 공동으로 작업할 수 있도록 설정하는 기능이다.

통합 문서 공유의 특징

- 데이터의 입력과 편집은 가능하지만 조건부 서식, 차트, 시나리오, 부분합, 데이터 표, 피벗테이블 보고서, 매크로 등을 추가하거나 편집할 수 없다.
- 공유 통합 문서를 열면 창의 제목 표시줄의 엑셀 파일명 옆에 [공위라는 글자가 표시된다.
- 다른 사용자가 문서의 내용을 변경한 경우 해당 내용에 관한 정보를 표시하도록 설정할 수 있다.
- 변경 내용을 저장하려면 공유 통합 문서의 복사본이 만들어져 변경한 내용들을 병합할 수 있다.
- 나른 사용자가 공유 문서를 점유하고 있더라도 다른 여러 사용자가 동시에 변경할 수 있다.
- 엑셀 상위 버전에서 만든 공유 통합 문서는 하위 버전에서는 사용할 수 없다.
- 공유 통합 문서가 저장된 네트워크 위치를 액세스하는 모든 사용자는 공유 통합 문서에 액세스할 수 있다.
- 공유 통합 문서를 저장할 때마다 마지막으로 저장한 이후 다른 사용자가 저장한 변경 내용으로 업데이트된다.

04 데이터 입력 및 편집

출제 ▶ 19년1회(1급)

01 다음 중 아래 워크시트에서 [B1:B3] 영역의 문자열을 [B4] 셀에 목록으로 표시하여 입력하기 위한 키 조작으로 옳은 것은?

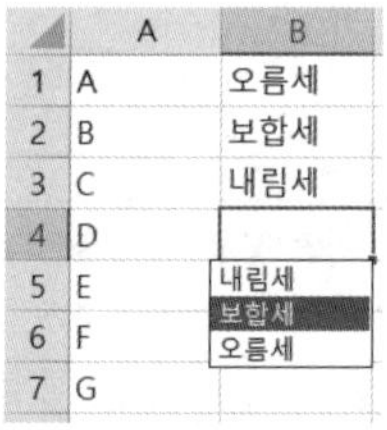

▲	A	B
1	A	오름세
2	B	보합세
3	C	내림세
4	D	
5	E	내림세
6	F	보합세
7	G	오름세

① [Tab] + [↓]　　　② [Shift] + [↓]

③ [Ctrl] + [↓]　　　④ [Alt] + [↓]

출제 ▶ 18년2회(1급)

02 다음 중 데이터 입력 및 편집에 대한 설명으로 옳지 않은 것은?

① 숫자 데이터를 문자 데이터로 입력하려면 숫자 앞에 문자 접두어(인용 부호)를 먼저 입력한 후 이어

서 입력한다.

② 한 셀 내에서 줄을 바꾸어 입력하려면 [Alt] + [Enter] 키를 이용한다.

③ 여러 셀을 선택하여 동일한 데이터를 한 번에 입력하려면 입력하자마자 [Shift] + [Enter] 키를 누른다.

④ [홈]탭 [편집]그룹의 [지우기]를 이용하면 셀에 입력된 데이터나 서식, 메모 등을 선택하여 지울 수 있다.

출제 ▶ 17년1회(1급)

3 다음 중 엑셀의 데이터 입력에 대한 설명으로 옳지 않은 것은?

① 한 셀에 여러 줄의 데이터를 입력하려면 [Alt] + [Enter] 키를 사용한다.

② 셀에 데이터를 입력하고 [Shift] + [Enter] 키를 누르면 셀 입력이 완료되고 바로 아래의 셀이 선택된다.

③ 같은 데이터를 여러 셀에 한 번에 입력하려면 [Ctrl] + [Enter] 키를 사용한다.

④ 수식이 들어 있는 셀을 선택하고 채우기 핸들을 두 번 클릭하면 수식이 적용되는 모든 인접한 셀에 대해 아래쪽으로 수식을 자동 입력할 수 있다.

핵심이론 173

데이터 입력 기본

- 입력을 취소하려면 [Esc]를 누르거나 '취소(↶)' 버튼을 클릭한다.
- 한 셀에 여러 줄로 데이터를 입력하려면 [Alt] + [Enter]를 누른다.
- 동일한 내용을 한꺼번에 입력하려면, 원하는 셀 범위를 선택한 후 데이터를 입력하고 [Ctrl] + [Enter]를 누른다.

- 셀을 선택한 후 [Alt] + [↓]를 누르면 같은 열에 먼저 입력된 문자열 목록이 표시된다.

- 특정 범위를 지정한 후 [Enter]를 누르면 해당 범위 안에서만 셀 포인터가 이동한다.

출제 ▶ 20년1회(1급)

4 다음 중 데이터가 입력된 셀에서 채우기 핸들을 드래그하여 데이터를 채우는 경우에 대한 설명으로 옳은 것은?

① 일반적인 문자 데이터나 날짜 데이터는 그대로 복사되어 채워진다.

② 1개의 숫자와 문자가 조합된 텍스트 데이터는 숫자만 1씩 증가하고 문자는 그대로 복사되어 채워진다.

③ 숫자 데이터는 1씩 증가하면서 채워진다.

④ 숫자가 입력된 두 셀을 블록 설정하여 채우기 핸들을 드래그하면 두 숫자가 반복하여 채워진다.

출제 ▶ 19년 2회(1급), 16년3회(1급)

5 다음 중 데이터 입력에 대한 설명으로 옳지 않은 것은?

① 동일한 문자를 여러 개의 셀에 입력하려면 셀에 문자를 입력한 후 채우기 핸들을 드래그한다.

② 두 개 이상의 셀을 선택하고 채우기 핸들을 드래그할 때 [Ctrl] 키를 누르고 있으면 [자동 채우기] 기능을 해제할 수 있으며, 선택한 값은 인접한 셀에 복사되고 데이터가 연속으로 확장되지 않는다.

③ 일정 범위 내에 동일한 데이터를 한 번에 입력하려면 범위를 지정하여 데이터를 입력한 후 바로 이어서 [Shift] + [Enter] 키를 누른다.

④ 사용자 지정 연속 데이터 채우기를 사용하여 데이터를 입력하는 경우 사용자 지정 목록에는 텍스트나 텍스트/숫자 조합만 포함될 수 있다.

출제 ▶ 19년1회(2급)

6 다음 중 채우기 핸들에 대한 설명으로 옳은 것은?

① 문자와 숫자가 혼합된 셀의 채우기 핸들을 [Ctrl] 키를 누른 채 드래그하면 동일한 내용으로 복사된다.

② 숫자가 입력된 첫 번째 셀과 두 번째 셀을 범위로 설정 한 후 채우기 핸들을 드래그하면 두 번째 셀의 값이 복사된다.

③ 숫자가 입력된 셀에서 [Ctrl] 키를 누른 채 채우기 핸들을 오른쪽으로 드래그하면 숫자가 1씩 감소한다.

④ 사용자 정의 목록에 정의된 목록 데이터의 첫 번째 항목을 입력하고 [Ctrl] 키를 누른 채 채우기 핸들을 드래그하면 목록 데이터가 입력된다.

출제 ▶ 17년2회(1급)

7 다음 중 아래 워크시트의 [A1] 셀에서 10.1을 입력한 후 [Ctrl] 키를 누르고 자동 채우기 핸들을 아래로 드래그한 경우 [A4] 셀에 입력되는 값은?

	A	B
1	10.1	
2		
3		
4		

① 10.1
② 10.4
③ 13.1
④ 13.4

08 다음 중 새 워크시트에서 보기의 내용을 그대로 입력하였을 때, 입력한 내용이 텍스트로 인식되지 않는 것은?

① 01:02AM   ② 0 1/4

③ '1234   ④ 1월30일

09 <Ctrl>키를 누른 채 채우기 핸들을 아래쪽으로 드래그하는 경우 [A5] 셀에 입력되는 값은?

	A
1	10
2	8
3	
4	
5	

① 7

② 16

③ 8

④ 10

핵심이론 174

문자 데이터 입력

- 문자, 숫자, 기호 등을 조합하여 입력한 데이터이며, 셀에 왼쪽에 정렬된다.
- 숫자 데이터를 문자 데이터로 입력하려면 숫자 앞에 문자 접두어(인용 부호('))를 먼저 입력한 후 이어서 입력한다.
- 한자의 음이 되는 한글 입력 후 [한자]를 누르면 한자목록이 표시된다.

채우기 핸들을 이용하여 문자 데이터 입력

- 동일한 데이터가 복사된다.

채우기 핸들을 이용하여 혼합 데이터 입력

- 1개의 셀을 드래그하면 문자는 동일하게, 숫자는 1씩 증가하며 입력된다.
- 2개의 셀을 드래그하면 문자는 동일하게, 숫자는 두 셀의 차이만큼 증가/감소하며 입력된다.

숫자 데이터 입력

- 숫자(0~9), +, -, 소수점(.), 쉼표(,), 통화(₩,$), 백분율(%), 지수(E,e) 등으로만 이루어진 데이터이며, 셀에 오른쪽에 정렬된다.
- 음수는 숫자 앞에 -를 붙이거나 괄호( )로 묶는다.
- 자릿수가 11를 넘으면 지수 형식으로 표시된다.
- 분수를 입력하려면 0과 공백을 입력한 후 값을 입력한다. ex) 0 1/4

채우기 핸들을 이용하여 숫자 데이터 입력

- 1개의 셀을 드래그하면 동일한 데이터가 복사되고, [Ctrl]을 누른 상태에서 드래그하면 값이 1씩 증가하며 입력된다.
- 2개의 셀을 범위로 설정하여 드래그하면 두 셀의 차이만큼 증가/감소하며 입력된다.

10 다음 중 엑셀에서 날짜 데이터의 입력 방법에 대한 설명으로 옳지 않은 것은?

① 날짜 데이터는 하이픈(-)이나 슬래시(/)를 이용하여 년, 월, 일을 구분한다.

② 날짜의 연도를 생략하고 월과 일만 입력하면 자동으로 현재 연도가 추가된다.

③ 날짜의 연도를 두 자리로 입력할 때 연도가 30 이상이면 1900년대로 인식하고, 29 이하이면 2000년대로 인식한다.

④ [Ctrl] + [Shift] + [;] 키를 누르면 오늘 날짜가 입력된다.

11 다음 중 날짜 데이터의 입력에 대한 설명으로 옳은 것은?

① 날짜는 1900년 1월 1일을 1로 시작하는 일련번호로 저장된다.

② 날짜 데이터는 슬래시(/)나 점(.) 또는 하이픈(-)으로 연, 월, 일을 구분하여 입력한다.

③ 수식에서 날짜 데이터를 직접 입력할 때에는 작은따옴표(")로 묶어서 입력한다.

④ 단축키 [Ctrl] + [Alt] + [;] 을 누르면 오늘 날짜가 입력된다.

12 다음 중 아래 워크시트에서 [A1:B1] 영역을 선택한 후 채우기 핸들을 이용하여 [B3] 셀까지 드래그했을 때 [A3] 셀, [B3] 셀의 값으로 옳은 것은?

	A	B
1	가-011	01월15일
2		
3		
4		

① 다-011, 01월17일

② 가-013, 01월17일

③ 가-013, 03월15일

④ 다-011, 03월15일

핵심이론 175

날짜 데이터 입력

- 날짜는 하이픈(-)이나 슬래시(/)를 이용하여 년, 월, 일을 구분한다.
- 시간은 콜론(:)으로 시, 분, 초를 구분한다.
- 날짜는 일련번호로 저장되고, 시간은 하루에 대한 비율로 처리되어 소수로 저장된다.
  ex) 밤 12시(0.0), 낮 12시(0.5)
- 날짜의 연도를 생략하고 월과 일만 입력하면 자동으로 현재 연도가 추가된다.

- 날짜의 연도를 두 자리로 입력할 때 연도가 30 이상이면 1900년 대로 인식하고, 29 이하이면 2000년대로 인식한다.
- 수식에서 날짜 데이터를 직접 입력할 때에는 큰따옴표("")로 묶어서 입력한다.
- 날짜와 시간을 함께 입력할 때는 날짜와 시간 사이에 한 칸을 띄운다.
- 오늘 날짜 입력 : [Ctrl] + [;]
- 현재 시간 입력 : [Ctrl] + [Shift] + [;]

채우기 핸들을 이용하여 날짜 데이터 입력

- 1개의 셀을 드래그하면 1일 단위로 입력되고, [Ctrl]을 누른 상태에서 드래그하면 동일한 데이터가 복사된다.
- 2개의 셀을 범위로 설정하여 드래그하면 두 셀의 차이만큼 증가/감소하며 입력된다.

기출변형

13 아래의 시트에서 [E2] 셀과 같이 수식의 결과값이 아닌 수식 자체를 표시하기 위한 바로 가기 키로 옳은 것은?

▲	A	B	C	D	E
1	이름	컴일	엑셀	액세스	평균
2	김철수	82	92	76	=AVERAGE(B2:D2)
3					

① [Ctrl] + [<]   ② [Ctrl] + [~]
③ [Alt] + [<]   ④ [Alt] + [~]

핵심이론 176

수식 데이터 입력

- 시트에 입력된 데이터를 계산하려면 반드시 =, +, -로 시작해야 한다.
- 수식이 입력된 셀에는 수식의 결과값이 표시되며, 입력한 수식은 수식 입력줄에 표시된다.
- 셀에 수식 자체를 표시하기 위해서는 [Ctrl] + [~]을 눌러 표시한다.

출제 ▶ 17년1회(1급)

14 다음 중 그림과 같이 [A1] 셀에 10을 입력하고 [A3] 셀까지 자동 채우기 한 후 나타나는 [자동 채우기] 옵션에 대한 설명으로 옳지 않은 것은?

① 셀 복사: [A1] 셀의 값 10이 [A2] 셀과 [A3] 셀에 복사되고, [A1] 셀의 서식은 복사되지 않는다.
② 연속 데이터 채우기: [A1] 셀의 서식과 함께 [A2] 셀에는 값 11, [A3] 셀에는 값 12가 입력된다.
③ 서식만 채우기: [A2] 셀과 [A3] 셀에 [A1] 셀의 서식만 복사되고 값은 입력되지 않는다.
④ 서식 없이 채우기: [A2] 셀과 [A3] 셀에 [A1] 셀의 서식은 복사되지 않고 [A1] 셀의 값 10이 입력된다.

출제 ▶ 18년1회(1급), 20년1회(2급)

15 다음 중 날짜 데이터의 자동 채우기 옵션에 포함되지 않는 내용은?

① 일 단위 채우기   ② 주 단위 채우기
③ 월 단위 채우기   ④ 평일 단위 채우기

핵심이론 177

- 채우기 핸들을 사용하여 데이터를 입력하면 선택 영역 하단 오른쪽에 옵션(🔽) 아이콘이 나타난다.
- 옵션 단추를 클릭하면 아래 그림과 같이 데이터를 채우는 방법을 지정할 수 있는 목록이 나타난다.

숫자/문자 데이터 목록	날짜 데이터 목록
◉ 셀 복사(C) ○ 연속 데이터 채우기(S) ○ 서식만 채우기(F) ○ 서식 없이 채우기(O) ○ 빠른 채우기(F)	○ 셀 복사(C) ◉ 연속 데이터 채우기(S) ○ 서식만 채우기(F) ○ 서식 없이 채우기(O) ○ 일 단위 채우기(D) ○ 평일 단위 채우기(W) ○ 월 단위 채우기(M) ○ 연 단위 채우기(Y) ○ 빠른 채우기(F)
셀 복사	값과 서식 복사
연속 데이터 채우기	값이 1씩 증가되며 입력
서식만 채우기	서식만 복사
서식 없이 채우기	값만 복사

출제 ▶ 20년2회(2급)

16 다음 중 [A1:D1] 영역을 선택한 후 채우기 핸들을 이용하여 아래쪽으로 드래그하였을 때, 데이터가 변하지 않고 같은 데이터로 채워지는 것은?

▲	A	B	C	D
1	가	갑	월	자
2				
3				

① 가   ② 갑   ③ 월   ④ 자

17 다음 중 아래의 워크시트에서 [A1:B2] 영역을 선택한 후 채우기 핸들을 이용하여 [B4]셀까지 드래그했을 때 [A4:B4] 영역의 값으로 옳은 것은?

	A	B
1	일	1
2	월	2
3		
4		

① 월, 4
② 수, 4
③ 월, 2
④ 수, 2

18 다음 중 아래 그림과 같이 [A1:A2] 영역을 선택한 후 채우기 핸들을 아래쪽으로 드래그했을 때 [A5] 셀에 입력될 값으로 옳은 것은?

	A	B
1	월요일	
2	수요일	
3		
4		
5		

① 월요일
② 화요일
③ 수요일
④ 금요일

핵심이론 178

채우기 핸들을 이용하여 사용자 지정 목록 입력

- [파일]탭-[옵션]을 클릭하여 나타나는 대화상자의 [고급]탭에서 '일반'항목의 [사용자 지정 목록 편집]을 클릭하여 목록을 추가/제거할 수 있다.
- 등록된 사용자 지정 목록 데이터 중 하나를 입력하고 드래그하면 등록된 목록이 순서대로 반복 입력된다.
- 사전 등록된 사용자 지정 목록은 다음과 같다.

사용자 지정 목록(L):

```
새 목록
Sun, Mon, Tue, Wed, Thu, Fri, Sat
Sunday, Monday, Tuesday, Wednes
Jan, Feb, Mar, Apr, May, Jun, Jul, Au
January, February, March, April, May
일, 월, 화, 수, 목, 금, 토
일요일, 월요일, 화요일, 수요일, 목요
1월, 2월, 3월, 4월, 5월, 6월, 7월, 8월,
1사분기, 2사분기, 3사분기, 4사분기
일월, 이월, 삼월, 사월, 오월, 유월, 칠
자, 축, 인, 묘, 진, 사, 오, 미, 신, 유, 술
갑, 을, 병, 정, 무, 기, 경, 신, 임, 계
```

19 다음 중 윗주에 대한 설명으로 옳지 않은 것은?

① 윗주는 셀에 대한 주석을 설정하는 것으로 문자열 데이터가 입력되어 있는 셀에만 표시할 수 있다.
② 윗주는 삽입해도 바로 표시되지 않고 [홈] 탭 [글꼴] 그룹의 [윗주 필드 표시]를 선택해야만 표시된다.
③ 윗주에 입력된 텍스트 중 일부분의 서식을 별도로 변경할 수 있다.
④ 셀의 데이터를 삭제하면 윗주도 함께 삭제된다.

핵심이론 179
- 윗주는 셀에 입력된 데이터 위쪽에 추가하는 주석문으로, 문자열 데이디가 입력된 셀에만 삽입 가능하다.
- 윗주가 삽입된 셀의 데이터가 삭제되면 윗주도 함께 삭제된다.
- 윗주 서식은 윗주 전체에 대해서만 적용하거나 변경할 수 있고, 일부 분만 지정하여 변경할 수 없다.
- 삽입된 윗주의 표시 여부는 [홈] 탭 [글꼴] 그룹의 [윗주 필드 표시/숨기기]를 사용하여 선택한다.

20 다음 중 메모 기능에 대한 설명으로 옳지 않은 것은?

① 새 메모를 작성하려면 [Shift] + [F2] 키를 누른다.
② 메모 텍스트에는 [홈] 탭의 [글꼴] 그룹에 있는 [채우기 색]과 [글꼴 색] 옵션을 사용할 수 없다.
③ 삽입된 메모는 시트에 표시된 대로 인쇄하거나 시트 끝에 모아서 인쇄할 수 있다.
④ [홈] 탭 [편집] 그룹에 있는 [지우기]-[모두 지우기]를 이용하여 셀을 지운 경우 셀의 내용과 서식만 삭제되고 메모는 삭제되지 않는다.

21 다음 중 메모에 대한 설명으로 옳지 않은 것은?

① 새 메모를 작성하려면 바로 가기 키 [Shift] + [F2] 를 누른다.
② 작성된 메모가 표시되는 위치를 자유롭게 지정할 수 있고, 메모가 항상 표시되도록 설정할 수 있다.
③ 피벗 테이블의 셀에 메모를 삽입한 경우 데이터를 정렬하면 메모도 데이터와 함께 정렬된다.
④ 메모의 텍스트 서식을 변경하거나 메모에 입력된 텍스트에 맞도록 메모 크기를 자동으로 조정할 수 있다.

출제 ▶ 20년2회(2급)

22 다음 중 [A4] 셀의 메모가 지워지는 작업에 해당하는 것은?

▲	A	B	C	D
1	성 적 관 리			
2	성명	영어	국어	총점
3	배순용	장학생	89	170
4	이길순		98	186
5	하길주	87	88	175
6	이선호	67	78	145

① [A3] 셀의 채우기 핸들을 아래쪽으로 드래그하였다.

② [A4] 셀의 바로 가기 메뉴에서 [메모 숨기기]를 선택하였다.

③ [A4] 셀을 선택하고, [홈] 탭 [편집]그룹의 [지우기]에서 [모두 지우기]를 선택하였다.

④ [A4] 셀을 선택하고, 키보드의 [Back Space] 키를 눌렀다.

핵심이론 180

메모 삽입
방법1) [Shift] + [F2]
방법2) 바로 가기 메뉴에서 [메모 삽입]선택

메모 표시/숨기기
방법1) [검토] 탭-[메모]에서 [메모 표시/숨기기]선택
방법2) 바로 가기 메뉴에서 [메모 표시/숨기기]선택

메모 삭제
방법1) [홈] 탭-[편집]-[지우기]에서 [모두 지우기]선택
방법2) [홈] 탭-[편집]-[지우기]에서 [메모 지우기]선택
방법3) 바로 가기 메뉴에서 [메모 삭제] 선택

메모 기능의 특징
- 셀에 입력된 데이터를 지워도 메모는 유지된다.
- 메모가 삽입되면 셀 오른쪽 상단에 빨간색 삼각점이 표시된다.
- 삽입된 메모는 시트에 표시된 대로 인쇄하거나 시트 끝에 모아서 인쇄할 수 있다.
- 작성된 메모가 표시되는 위치를 자유롭게 지정할 수 있고, 메모가 항상 표시되도록 설정할 수 있다.
- 메모의 서식을 변경하거나 입력된 텍스트에 맞도록 메모 크기를 자동으로 조정할 수 있다.

출제 ▶ 16년3회(1급)

23 다음 중 셀의 내용을 편집할 수 있는 셀의 편집 모드로 전환하는 방법에 대한 설명으로 옳지 않은 것은?

① 편집하려는 데이터가 있는 셀을 더블 클릭한다.

② 편집하려는 셀을 클릭하고 수식 입력줄을 클릭한다.

③ 셀을 선택한 후 [F2] 키를 누르면 셀에 입력된 내용의 맨 앞에 삽입 포인터가 나타난다.

④ 새 문자를 입력하여 기존 문자를 즉시 바꿀 수 있도록 겹쳐쓰기 모드를 활성화하려면 편집모드 상태에서 [Insert] 키를 누른다.

출제 ▶ 18년1회(1급), 20년1회(2급)

24 다음 중 아래 워크시트에서 [C2:C4] 영역을 선택하여 작업한 결과가 다른 것은?

▲	A	B	C	D	E
1	이름	국어	영어	수학	평균
2	홍길동	83	90	73	82
3	이대한	65	87	91	81
4	한민국	80	75	100	85
5	평균	76	84	88	82.6667

① [Delete] 키를 누른 경우

② [Backspace] 키를 누른 경우

③ 마우스 오른쪽 버튼의 바로 가기 메뉴에서 [내용 지우기]를 선택한 경우

④ [홈] 탭 [편집]그룹에서 [지우기]-[내용 지우기]를 선택한 경우

핵심이론 181

데이터 수정
- 입력 셀을 더블 클릭하여 수정한다.
- 입력 셀을 선택한 후 [F2]를 눌러 커서가 데이터 뒤에 삽입되면 수정한다.
- 입력 셀을 선택한 후 수식 입력줄을 클릭하여 수정한다.

데이터 삭제
- 삭제할 셀을 선택한 후 [Delete]를 누른다.
- 삭제할 셀을 선택한 후 바로 가기 메뉴에서 [내용 지우기]를 선택한다.
- 삭제할 셀을 선택한 후 [홈] 탭-[편집]-[지우기]에서 원하는 삭제 항목을 선택한다.
- 1개의 셀을 선택한 후 [Backspace]를 누르면 해당 셀의 내용은 삭제되지만, 범위를 선택한 후 누르면 범위에 첫 셀의 내용만 삭제된다.

출제 ▶ 16년1회(1급)

01 다음 중 셀 서식 관련 바로 가기 키에 대한 설명으로 옳지 않은 것은?

① [Ctrl] + [1]: 셀 서식 대화상자가 표시된다.
② [Ctrl] + [2]: 선택한 셀에 글꼴 스타일 '굵게'가 적용 되며, 다시 누르면 적용이 취소된다.
③ [Ctrl] + [3]: 선택한 셀에 밑줄이 적용되며, 다시 누르면 적용이 취소된다.
④ [Ctrl] + [5]: 신택한 셀에 취소선이 적용되며, 다시 누르면 적용이 취소된다.

핵심이론 182

셀 서식은 셀에 형식, 글꼴, 테두리, 채우기 색 등의 꾸미기를 적용하는 기능이다.

셀 서식 관련 바로 가기 키
- [Ctrl] + [1] : 셀 서식 대화상자 호출
- [Ctrl] + [2] : 글꼴 스타일 '굵게' 설정
- [Ctrl] + [3] : 글꼴 스타일 '기울임' 설정
- [Ctrl] + [4] : 글꼴 스타일 '밑줄' 설정
- [Ctrl] + [5] : 글꼴 스타일 '취소선' 설정

출제 ▶ 18년1회(2급)

02 다음 중 셀 서식의 표시 형식에 대한 설명으로 옳지 않은 것은?

① 일반 형식으로 지정된 셀에 열 너비보다 긴 소수가 '0.123456789'와 같이 입력될 경우 셀의 너비에 맞춰 반올림한 값으로 표시된다.
② 통화 형식은 숫자와 함께 기본 통화 기호가 셀의 왼쪽 끝에 표시되며, 통화 기호의 표시 여부를 선택할 수 있다.
③ 회계 형식은 음수의 표시 형식을 별도로 지정할 수 없고, 입력된 값이 0일 경우 하이픈(-)으로 표시된다.
④ 숫자 형식은 음수의 표시 형식을 빨강색으로 지정할 수 있다.

핵심이론 183

[표시 형식]탭은 입력된 데이터의 종류에 따라 미리 정의된 표시 형식을 지정하거나, 사용자 지정 기호를 이용하여 임의의 서식을 만들어 적용할 수 있다.

데이터 종류에 따른 형식 구분	
일반	- 별도의 서식이 적용되지 않은 기본값 - 문자는 왼쪽, 숫자는 오른쪽 정렬
숫자	- 입력 데이터가 숫자인 경우 사용 - 소수 자리수, 쉼표 스타일, 음수 표시 적용 - 음수 표시 형식 유형 (1234) | (1234) | 1234 | -1234 | -1234
통화	- 숫자와 함께 통화 기호를 값 바로 앞에 표시 - 쉼표 스타일, 기호 표시, 음수 표시 적용 - 표시 예)　₩ 12,345
회계	- 숫자와 함께 통화 기호를 셀 왼쪽에 표시 - 쉼표 스타일, 기호 표시 적용 - 값이 0이면 하이픈(-)으로 표시 - 표시 예)　₩　　12,345

출제 ▶ 15년2회(1급)

03 다음 중 [셀 서식] 대화상자의 [맞춤] 탭에 '텍스트 방향'에서 설정할 수 없는 항목은?

① 텍스트 방향대로　　② 텍스트 반대방향으로
③ 왼쪽에서 오른쪽　　④ 오른쪽에서 왼쪽

출제 ▶ 20년1회(2급)

04 다음 중 [셀 서식] 대화상자에서 [맞춤] 탭의 기능으로 옳지 않은 것은?

① '셀 병합'은 선택 영역에서 데이터 값이 여러 개인 경우 마지막 셀의 내용만 남기고 모두 지운다.
② '셀에 맞춤'은 입력 데이터의 길이가 셀의 너비보다 긴 경우 글자 크기를 자동으로 줄인다.
③ '방향'은 데이터를 세로 방향으로 설정하거나 가로의 회전 각도를 지정하여 방향을 설정한다.
④ '텍스트 줄 바꿈'은 텍스트의 길이가 셀의 너비보다 긴 경우 자동으로 줄을 나누어 표시한다.

핵심이론 184

[맞춤]탭은 입력된 데이터를 셀에 맞춰 가로, 세로 방향에 맞춰 배열하고, 텍스트의 방향 등을 지정한다.

텍스트 맞춤
- 가로/세로 : 데이터를 셀의 가로/세로 기준으로 왼쪽, 가운데, 오른쪽, 양쪽맞춤, 균등분할 등으로 정렬한다.

텍스트 조정
- 텍스트 줄 바꿈 : 입력 데이터의 길이가 셀 너비보다 길어 셀의

내용이 모두 표시되지 않을 경우 여러 줄로 나누어 표시한다.
- 셀에 맞춤 : 입력 데이터의 길이가 셀 너비보다 길어 셀의 내용이 모두 표시되지 않을 경우 너비에 맞게 글꼴 크기를 줄여 표시한다.
- 셀 병합 : 여러 셀을 하나의 셀로 합친다. 여러 셀을 병합하면 범위 내 첫 행 왼쪽 셀의 내용만 남고 나머지는 모두 삭제된다.

텍스트 방향

- 텍스트 방향 : 텍스트를 읽는 순서를 '텍스트 방향대로', '왼쪽에서 오른쪽으로', '오른쪽에서 왼쪽으로'로 설정한다.
- 방향 : 데이터의 회전 각도(-90~90)를 지정한다.

출제 ▶ 20년2회(1급), 16년2회(1급), 15년3회(1급)

5 다음 중 서식 코드를 셀의 사용자 지정 표시 형식으로 설정한 경우 입력 데이터와 표시 결과가 옳지 않은 것은?

	서식 코드	입력 데이터	표시
ⓐ	# ???/???	3.75	3 3/4
ⓑ	0,00#,	-6789	-0,007
ⓒ	*-#,##0	6789	*------6789
ⓓ	▲#;▼#;0	-6789	▼6789

① ⓐ   ② ⓑ   ③ ⓒ   ④ ⓓ

출제 ▶ 20년1회(1급), 20년2회(2급)

6 다음 중 입력 데이터에 사용자 지정 표시 형식을 설정한 경우 그 표시 결과로 옳지 않은 것은?

	입력 데이터	표시 형식	표시 결과
①	0	#	
②	123.456	#.#	123.5
③	100	##.##	100.00
④	12345	#,###	12,345

출제 ▶ 19년2회(1급)

7 다음 중 아래 워크시트의 [B2] 셀에 표시 형식을 '$#,##0;($#,##0)'으로 설정하였을 때 표시되는 결과로 옳은 것은?

▲	A	B
1		
2		-32767

① $32,767
② -$32,767
③ ($32,767)
④ (-$32,767)

출제 ▶ 19년1회(1급)

8 다음 중 셀에 입력된 데이터에 사용자 지정 표시형식을 설정한 후의 표시 결과로 옳은 것은?

① 0.25 → 0#.#% → 0.25%
② 0.57 → #.# → 0.6
③ 90.86 → #,##0.0 → 90.9
④ 100 → #,###;@"점" → 100점

출제 ▶ 17년2회(1급)

9 다음 중 셀에 자료를 입력하고 표시 형식을 적용하였을 때 셀에 표시되는 결과로 옳지 않은 것은?

	입력 자료	표시 형식	결과
①	0.5	hh:mm	12:00
②	10	yyyy-mm-dd	1900-01-10
③	1234	#,	1
④	13	#,##*!	13*!

출제 ▶ 17년1회(1급)

10 다음 중 입력한 데이터에 지정된 사용자 지정 표시 형식의 결과가 옳지 않은 것은?

①	입력 자료	엑셀
	표시 형식	@@@
	결과	엑셀엑셀엑셀

②	입력 자료	1
	표시 형식	#"0,000"
	결과	10,000

③	입력 자료	0.5
	표시 형식	[<1]0.??;#,###
	결과	0.50

④	입력 자료	2012-10-09
	표시 형식	mmm-dd
	결과	Oct-09

출제 ▶ 15년1회(1급)

11 다음 중 사용자 지정 표시 형식에서 숫자 형식 지정에 관한 설명으로 옳지 않은 것은?

① ? : 데이터를 공백으로 구분

② 0 : 숫자의 자릿수가 서식에 지정된 자릿수보다 적으면 유효하지 않은 0을 표시

③ # : 입력한 숫자의 자릿수가 소수점 위쪽 또는 아래쪽에서 서식에 지정된 # 기호보다 적은 경우 추가로 0을 표시하지 않음

④ , : 1000 단위마다 구분 기호로 콤마 표시

출제 ▶ 19년2회(2급)

12 다음 중 원본 데이터를 지정된 서식으로 설정하였을 때 결과가 옳지 않은 것은?

	입력 데이터	표시 형식	표시 결과
①	314826	#,##0,	314,826
②	281476	#,##0.0	281,476.0
③	12:00:00 AM	0	0
④	2023-03-25	yyyy-mmmm	2023-March

핵심이론 185

- 사용자 지정 표시 형식은 [셀 서식]에서 기본으로 제공하는 표시 형식에 원하는 형식이 없는 경우 사용자가 직접 만들어서 사용하는 형식이다.
- 사용자 지정 서식은 양수, 음수, 0, 텍스트 순으로 네 항목까지 서식을 지정할 수 있으며, 각 항목은 세미콜론(;)으로 구분한다.
- 조건이나 글자색의 설정은 대괄호([])를 사용한다.
- 검정, 파랑, 빨강, 자홍, 청록, 녹색, 노랑 등의 색을 지정할 수 있다.

#,###	;	[빨강]#,###	;	0.0	;	@"고객"
양수	;	음수	;	0	;	텍스트

숫자 서식 코드	
#	유효하지 않은 0을 표시하지 않음
0	유효하지 않은 0을 표시
?	유효하지 않은 자릿수를 공백으로 표시
,	값에 천 단위 구분 기호 표시
%	값에 100을 곱한 후 %를 붙여 표시

숫자 서식 코드 예제		
입력 데이터	표시 형식	결과
12345	#,###	12,456
123	#.# / 0.0	123. / 123.0
12345	#,	12

문자 서식 코드	
@	입력 문자의 표시 위치를 지정
*	해당 기호 다음의 문자를 셀의 너비만큼 반복
""	표시하려는 문자를 쌍따옴표("") 사이에 입력

문자 서식 코드 예제		
입력 데이터	표시 형식	결과
1급	"컴활"@	컴활1급
1	"1과목"*-0	1과목-------1
합격	@@	합격합격

날짜 서식 코드		2023-8-1(화)
연	yy: 연도 두 자리 yyyy: 연도 네 자리	23 2023
월	m: 1~12 표시 mm: 01~12 표시 mmm: Jan~ 표시 mmmm: January~ 표시	8 08 Oct October
일	d: 1~31 표시 dd: 01~31 표시	1 01
요일	ddd: Mon~ 표시 dddd: Monday~ 표시	Tue Tuesday

시간 서식 코드		오전 09:20:05
시	h: 0~23 표시 hh: 00~23 표시	9 09
분	m: 0~59 표시 mm: 00~59 표시	20 20
초	s: 0~59 표시 ss: 00~59 표시	5 05
오전 오후	AM/PM A/P	AM A

06 조건부 서식/자동 필터/고급필터

출제 ▶ 18년2회(1급), 19년2회(2급), 16년1회(2급)

01 아래 그림과 같이 조건부 서식의 수식을 사용하여 표의 홀수 행마다 배경색을 노랑색으로 채우고자 한다. 다음 중 조건부 서식에서 작성해야 할 수식으로 옳은 것은?

	A	B	C	D
1	부서별 비품관리			
2	부서	보유량	요청량	합계
3	기획팀	25	5	30
4	관리팀	15	20	35
5	총무팀	32	9	41
6	인사팀	22	25	47
7	회계팀	18	5	23
8	경영지원팀	15	18	33
9	감사팀	25	19	44
10	합계	152	101	253

① =MOD(COLUMN(),2)=1
② =MOD(ROW(),2)=1
③ =COLUMN()/2=1
④ =ROW()/2=1

02 다음 중 조건부 서식에 대한 설명으로 옳지 않은 것은?

① 동일한 셀 범위에 둘 이상의 조건부 서식 규칙이 True로 평가되어 충돌하는 경우 [조건부 서식 규칙 관리자] 대화상자의 규칙 목록에서 가장 위에 있는, 즉 우선순위가 높은 규칙 하나만 적용된다.
② [홈] 탭 [편집] 그룹의 [찾기 및 선택]-[이동 옵션]을 이용하면 조건부 서식이 적용되고 있는 셀을 적용한 순서대로 찾아 이동할 수 있다.
③ 조건부 서식을 만들 때 조건으로 다른 워크시트 또는 통합 문서에 참조는 사용할 수 없다.
④ 셀 범위에 대한 서식 규칙이 True로 평가되면 해당 규칙의 서식이 사용자가 임의로 지정한 서식보다 우선한다.

출제 ▶ 15년3회(1급), 15년1회(1급)

03 다음 중 아래의 [A1:E5] 영역에서 B열과 D열에만 배경색을 설정하기 위한 조건부 서식의 규칙으로 옳은 것은?

	A	B	C	D	E
1	자산코드	L47C	S22C	N71E	S34G
2	비품명	디스크	디스크	디스크	모니터
3	내용연수	4	3	3	5
4	경과연수	2	1	2	3
5	취득원가	550,000	66,000	132,000	33,000

① =MOD(COLUMNS($A1),2)=1
② =MOD(COLUMNS(A$1),2)=0
③ =MOD(COLUMN($A1),2)=0
④ =MOD(COLUMN(A$1),2)=0

출제 ▶ 15년2회(1급)

04 다음 중 아래 시트의 [A1:C8] 영역에서 아래 그림과 같이 조건부 서식을 적용한 경우 서식이 적용되는 셀의 개수로 옳은 것은?

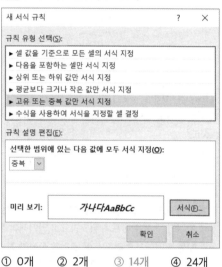

① 0개　　② 2개　　③ 14개　　④ 24개

출제 ▶ 18년2회(2급)

05 다음 중 조건부 서식의 서식 스타일에 해당하지 않는 것은?

① 데이터 막대　　② 색조
③ 아이콘 집합　　④ 그림

핵심이론 186
- 특정 규칙을 만족하는 셀에만 지정한 서식을 적용한다.
- 다른 워크시트 또는 통합 문서에 있는 값은 참조할 수 없다.
- 규칙별로 다른 서식을 적용할 수 있고, 규칙의 개수는 제한이 없다.
- 여러 개의 규칙이 모두 만족될 경우 지정한 서식이 충돌하지 않으면 모든 규칙이 적용되고, 서식이 충돌하는 경우에는 우선순위가 높은 규칙의 서식만 적용된다.
- 조건부 서식은 기존의 셀 서식에 우선하여 적용된다.
- 규칙 적용 여부는 해당 셀의 값에 따라 결정되므로, 규칙이 만족되면 서식이 적용되고, 만족되지 않으면 서식이 해제된다.
- 고유 또는 중복 값에 대해서만 서식을 지정할 수 있다.

CH 01 핵심 이론 정리 02 과목 스프레드시트

CHAPTER 1 핵심 이론 정리

111

- 규칙을 수식으로 입력하는 경우 반드시 등호(=)를 입력해야 한다.
- 규칙을 만족하는 데이터가 있는 행 전체에 서식을 지정하는 경우에는 열 이름 앞에 '$'를 붙이고, 열 전체에 서식을 지정하는 경우에는 행 이름 앞에 '$'를 붙여야 한다.
- 조건부 서식의 서식 스타일의 종류는 아래와 같다.

출제 ▶ 20년1회(1급)

06 다음 중 자동 필터와 고급 필터에 대한 설명으로 옳은 것은?

① 자동 필터는 각 열에 입력된 데이터의 종류가 혼합되어 있는 경우 날짜, 숫자, 텍스트 필터가 모두 표시된다.

② 고급 필터는 조건을 수식으로 작성할 수 있으며, 조건의 첫 셀은 반드시 필드명으로 입력해야 한다.

③ 자동 필터에서 여러 필드에 조건을 설정한 경우 필드간은 OR 조건으로 처리되어 결과가 표시된다.

④ 고급 필터는 필터링 한 결과를 원하는 위치에 별도의 표로 생성할 수 있다.

출제 ▶ 19년2회(1급), 16년2회(1급)

07 다음 중 자동 필터에 관한 설명으로 옳지 않은 것은?

① 날짜가 입력된 열에서 요일로 필터링하려면 '날짜 필터' 목록에서 필터링 기준으로 사용할 요일을 하나 이상 선택하거나 취소한다.

② 두 개 이상의 필드에 조건을 설정하는 경우 필드 간에는 AND 조건으로 결합되어 필터링된다.

③ 열 머리글에 표시되는 드롭다운 화살표에는 해당 열에서 가장 많이 나타나는 데이터 형식에 해당하는 필터 목록이 표시된다.

④ 검색 상자를 사용하여 텍스트와 숫자를 검색할 수 있으며, 배경 또는 텍스트에 색상 서식이 적용되어 있는 경우 셀의 색상을 기준으로 필터링할 수도 있다.

출제 ▶ 19년1회(1급)

08 다음 중 데이터의 필터 기능에 대한 설명으로 옳지 않은 것은?

① 필터 기능은 조건을 기술하는 방법에 따라 자동 필터와 고급 필터로 구분할 수 있다.

② 자동 필터에서 조건 지정 시 각 열에 설정된 조건들은 OR 조건으로 묶여 처리된다.

③ 필터 기능은 많은 양의 자료에서 설정된 조건에 맞는 자료만을 추출하여 나타내기 위한 기능이다.

④ 고급 필터를 이용하면 조건에 맞는 행에서 원하는 필드만 선택하여 다른 영역에 복사할 수 있다.

출제 ▶ 18년1회(1급)

09 다음 중 아래 워크시트의 '사번' 필드에 그림과 같이 사용자 지정 자동 필터를 적용하는 경우 표시되는 결과 행은?

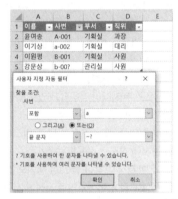

① 3행   ② 2행, 3행

③ 3행, 5행   ④ 2행, 3행, 5행

출제 ▶ 16년2회(1급)

10 성명 필드에 아래와 같이 [사용자 지정 자동 필터]의 조건을 설정하였다. 다음 중 결과로 표시되는 성명으로 옳지 않은 것은?

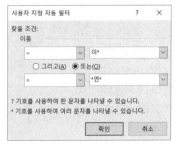

① 남이수   ② 이연   ③ 연지혜   ④ 홍지연

핵심이론 187

필터(Filter)는 데이터를 설정된 조건에 맞는 것만 추출하여 표시하는 기능으로, 조건을 적용하는 방식에 따라 자동 필터와 고급 필터로 구분된다.

자동 필터의 특징

- 데이터 목록에는 반드시 필드 이름이 포함되어 있어야 한다.
- 추출 대상을 전체 목록을 대상으로 하고, 결과를 원본 데이터 위치에만 표시할 수 있다.
- 자동 필터가 적용되면 조건에 맞지 않는 행은 숨겨진다.
- 두 개 이상의 조건이 설정되면 모든 조건을 만족하는 레코드만 표시되도록 AND 조건이 적용된다.
- 열 머리글에 표시되는 드롭다운 화살표에는 해당 열에서 가장 많이 나타나는 데이터 형식에 해당하는 필터 목록이 표시된다.
- 목록 값, 서식, 조건을 이용하여 필터를 적용할 수 있으며, 한 번에 한 가지 필터만 적용할 수 있다.
- 검색 상자를 사용하여 검색어를 입력할 수 있으며, 배경 또는 텍스트에 색상 서식이 적용되어 있는 경우 셀의 색상을 기준으로 필터링할 수도 있다.

만능 문자(와일드 카드)

* : 모든 문자 자리를 대신할 수 있다
? : 한 자리의 문자를 대신할 수 있다.

만능 문자 사용 예제

a* : a로 시작하는 모든 문자
a? : a로 시작하는 두 글자

출제 ▶ 20년2회(1급)

11 다음 중 아래 시트에서 사원명이 두 글자이면서 실적이 전체 실적의 평균을 초과하는 데이터를 검색할 때, 고급 필터의 조건으로 옳은 것은?

	A	B
1	사원명	실적
2	유민	15,030,000
3	오성준	35,000,000
4	김근태	18,000,000
5	김원	9,800,000
6	정영희	12,000,000
7	남궁정훈	25,000,000
8	이수	30,500,000
9	김용훈	8,000,000

①
사원명	실적조건
="=??"	=$B2>AVERAGE($B$2:$B$9)

②
사원명	실적조건
="=??"	=$B2&">AVERAGE($B$2:$B$9)"

③
사원명	실적조건
=LEN($A2)=2	=$B2>AVERAGE($B$2:$B$9)

④
사원명	실적조건
="=**"	=$B2>AVERAGE($B$2:$B$9)

출제 ▶ 18년2회(1급)

12 다음 중 고급 필터 실행을 위한 조건 지정 방법에 대한 설명으로 옳지 않은 것은?

① 함수나 식을 사용하여 조건을 입력하면 셀에는 비교되는 현재 대상의 값에 따라 TRUE나 FALSE가 표시된다.

② 함수를 사용하여 조건을 입력하는 경우 원본 필드명과 동일한 필드명을 조건 레이블로 사용해야 한다.

③ 다양한 함수와 식을 혼합하여 조건을 지정할 수 있다.

④ 텍스트 데이터를 필터링할 때 대/소문자는 구분되지 않으나 수식으로 대/소문자를 구분하여 검색할 수 있다.

출제 ▶ 17년2회(1급)

13 다음 중 고급 필터의 조건 범위를 [E1:G3] 영역으로 지정한 후 고급 필터를 실행했을 때 결과로 옳은 것은? (단, [G3] 셀에는 '=C2>=AVERAGE($C$2:$C$5)'이 입력되어 있다.)

G3	▾	:	×	✓	fx	=C2>=AVERAGE($C$2:$C$5)

	A	B	C	D	E	F	G
1	코너	담당	판매금액		코너	담당	식
2	잡화	김남희	5122000		잡화	*남	
3	식료품	남궁미	450000		식료품		TRUE
4	잡화	이수남	5328000				
5	식료품	서남	6544000				

① 코너가 '잡화'이거나 담당이 '남'으로 끝나고, 코너가 '식료품'이거나 판매금액이 판매금액의 평균 이상인 데이터

② 코너가 '잡화'이거나 '식료품'이고, 담당에 '남'이 포함되거나 판매금액의 평균이 5,122,000 이상인 데이터

③ 코너가 '잡화'이고 담당이 '남'으로 끝나거나, 코너가 '식료품'이고 판매금액이 판매금액의 평균 이상인 데이터

④ 코너가 '잡화'이고 담당이 '남'이 포함되거나, 코너가 '식료품'이고 판매금액의 평균이 5,122,000 이상인 데이터

14 아래의 워크시트에서 '영어'가 중간값을 초과하면서 '성명'의 두 번째 문자가 "영"인 데이터를 필터링하고자 한다. 다음 중 고급 필터 실행을 위한 조건의 입력 값으로 옳은 것은?

	A	B	C	D
1	성명	반	국어	영어
2	강동식	1	80	80
3	강영주	2	50	90
4	박강영	1	90	91
5	박영식	1	60	85
6	박민영	2	80	80
7	영수김	2	70	81
8	박영에리	1	95	92
9	김영미	2	88	86
10	이영	1	75	87

①

성명	영어중간값
="="*영*"	=$D2〉MEDIAN($D$2:$D$10)

②

성명	영어중간값
="=?영*"	=$D2>MEDIAN($D$2:$D$10)

③

성명	영어
="="*영*"	=$D2〉MEDIAN($D$2:$D$10)

④

성명	영어
="=?영*"	=$D2〉MEDIAN($D$2:$D$10)

15 직원현황 표에서 이름이 세 글자이면서 '이'로 시작하고 TOEIC 점수가 600점 이상 800점 미만인 직원이거나, 직급이 대리이면서 연차가 3년 이상인 직원의 데이터를 추출하고자 한다. 다음 중 이를 위한 [고급 필터]의 검색 조건으로 옳은 것은?

①

이름	TOEIC	TOEIC	직급	연차
이??	>=600	<800		
			대리	>=3

②

이름	TOEIC	TOEIC	직급	연차
이**	〉=600		대리	
		〈800		>=3

③

이름	TOEIC	TOEIC	직급	연차
이??	〉=600		대리	
		〈800		〉=3

④

이름	TOEIC	TOEIC	직급	연차
이**	〉=600	〈800		
			대리	〉=3

핵심이론 188

• 고급 필터(Filter)는 복잡한 조건이나 수식을 사용한 조건 지정이 가능하여 자동 필터보다 향상된 필터링이 가능하다.

고급 필터의 특징
- 추출 대상을 특정 필드만으로 제한할 수 있고, 추출 결과를 원본 데이터와 다른 위치에 표시할 수 있다. - 고급 필터를 수행하려면 먼저 워크시트에 조건을 입력해야 한다. - 한 필드에 두 개 이상의 조건을 지정할 수 있고, 두 개 이상의 필드를 AND 또는 OR 조건으로 결합하여 추출할 수 있다. - 수식이 포함된 조건을 작성하여 레코드를 검색할 수 있다.

• 고급 필터의 조건을 작성하는 경우 범위의 첫 행은 필드명을 입력하고, 그 아래 조건을 입력한다.

• 같은 행에 입력하면 AND조건, 다른 행에 입력하면 OR조건으로 처리된다.

• 조건을 지정할 때 만능 문자(*,?) 사용이 가능하다.

AND 조건 : 성별이 '남'이면서 나이가 20이상

성별	나이
남	〉=20

OR 조건 : 성별이 '남'이거나 나이가 20이상

성별	나이
남	
	〉=20

AND/OR 조건 : 성별이 '남'이면서, 나이가 20이하 이거나 나이가 60이상

성별	나이
남	〈=20
남	〉=60

• 조건에 함수나 연산을 사용하면 결과값은 TRUE/FALSE로 표시되는데, 이 경우 첫 행에 입력되는 조건의 필드명은 반드시 원본 데이터의 필드명과 다르게 입력해야 한다.

07 선택하여 붙여넣기/외부데이터/ 텍스트 마법사

출제 ▶ 18년2회(1급)

01 다음 중 '선택하여 붙여넣기'기능에 대한 설명으로 옳지 않은 것은?

① 선택하여 붙여넣기 명령을 사용하면 워크시트에서 클립보드의 특정 셀 내용이나 수식, 서식, 메모 등을 복사하여 붙여 넣을 수 있다.

② 선택하여 붙여넣기의 바로 가기 키는 [Ctrl] + [Alt] + [V]이다.

③ 잘라 낸 데이터 범위에서 서식을 제외하고 내용만 붙여 넣으려면 '내용 있는 셀만 붙여넣기'를 선택한다.

④ '연결하여 붙여넣기'를 선택하면 원본 셀의 값이 변경 되었을 때 붙여넣기 한 셀의 내용도 자동 변경된다.

출제 ▶ 15년3회(2급)

02 다음 중 [선택하여 붙여넣기] 대화상자에 대한 설명으로 옳지 않은 것은?

선택하여 붙여넣기 대화상자:
- 붙여넣기
  - ◉ 모두(A)
  - ○ 수식(F)
  - ○ 값(V)
  - ○ 서식(T)
  - ○ 메모(C)
  - ○ 유효성 검사(N)
  - ○ 원본 테마 사용(H)
  - ○ 테두리만 제외(X)
  - ○ 열 너비(W)
  - ○ 수식 및 숫자 서식(R)
  - ○ 값 및 숫자 서식(U)
  - ○ 조건부 서식 모두 병합(G)
- 연산
  - ◉ 없음(O)
  - ○ 더하기(D)
  - ○ 빼기(S)
  - ○ 곱하기(M)
  - ○ 나누기(I)
- □ 내용 있는 셀만 붙여넣기(B) □ 행/열 바꿈(E)
- [연결하여 붙여넣기(L)] [확인] [취소]

① 복사한 데이터를 여러 가지 옵션을 적용하여 붙여 넣는 기능으로, [잘라내기]를 실행한 상태에서는 사용할 수 없다.

② [붙여넣기]의 '서식'을 선택한 경우 복사한 셀의 내용과 서식을 함께 붙여 넣는다.

③ [내용 있는 셀만 붙여넣기]를 선택하면 복사할 영역에 빈 셀이 있는 경우 붙여 넣을 영역의 값을 바꾸지 않는다.

④ [행/열 바꿈]을 선택한 경우 복사한 데이터의 열을 행으로, 행을 열로 변경하여 붙여넣기가 실행된다.

핵심이론 189

• 선택하여 붙여넣기 기능은 셀 전체의 내용을 붙여 넣지 않고 원하는 내용만 선택적으로 복사할 수 있다.

• 선택하여 붙여넣기 명령을 사용하면 워크시트에서 클립보드의 특정 셀 내용이나 수식, 서식, 메모 등을 선택적으로 복사하여 붙여 넣을 수 있다.

• 선택하여 붙여넣기 기능은 잘라내기 한 경우에는 사용할 수 없다.

• '연산'을 선택하면 복사한 데이터와 붙여넣기 할 위치에 있는 데이터를 선택한 연산으로 처리할 수 있다.

• '연결하여 붙여넣기'를 선택하면 원본 셀의 값이 변경 되었을 때 붙여 넣기 한 셀의 내용도 자동 변경된다.

출제 ▶ 20년2회(1급)

03 다음 중 [외부 데이터 가져오기] 기능에 대한 설명으로 옳지 않은 것은?

① 텍스트 파일은 구분 기호나 일정한 너비로 분리된 모든 열을 엑셀로 가져오기 때문에 일부 열만 가져올 수는 없다.

② 액세스 파일은 표, 피벗 테이블, 워크시트의 특정 위치 등으로 다양하게 불러올 수 있다.

③ 웹 상의 데이터 중 일부를 워크시트로 가져오고, 새로고침 기능을 이용하여 최신 데이터로 업데이트할 수 있다.

④ 기타 원본의 Microsoft Query 기능을 이용하면 외부 데이터베이스에서 가져올 데이터의 추출 조건을 설정하여 원하는 데이터만 가져올 수 있다.

출제 ▶ 18년2회(1급)

04 다음 중 [외부 데이터 가져오기] 기능을 이용하여 텍스트 파일을 불러오는 경우에 대한 설명으로 옳은 것은?

① 가져 온 데이터는 원본 텍스트 파일이 수정되면 즉시 수정된 내용이 자동으로 반영된다.

② 데이터의 구분 기호로 탭, 세미콜론, 쉼표, 공백 등이 기본으로 제공되며, 사용자가 원하는 구분 기호를 설정할 수도 있다.

③ 텍스트 파일에서 특정 열(column)만 선택하여 가져올 수는 없다.

④ 기본적으로 사용되는 텍스트 파일의 형식은 *.txt, *.prn, *.hwp이다.

05 다음 중 [데이터] 탭 [외부 데이터 가져오기] 그룹의 각 명령에 대한 설명으로 옳지 않은 것은?

① [기타 원본에서]-[Microsoft Query]를 이용하면 여러 테이블을 조인(join)한 결과를 워크시트로 가져올 수 있다.

② [기존 연결]을 이용하면 Microsoft Query에서 작성한 쿼리 파일(*.dqy)의 실행 결과를 워크시트로 가져올 수 있다.

③ [웹]을 이용하면 웹 페이지의 모든 데이터를 원본 그대로 가져올 수 있다.

④ [Access]를 이용하면 원본 데이터의 변경 사항이 워크시트에 반영되도록 설정할 수 있다.

06 다음 중 워크시트에 외부 데이터를 가져오는 방법으로 적절하지 않은 것은?

① Microsoft Query 사용

② 웹 쿼리 사용

③ 데이터 연결 마법사 사용

④ 하이퍼링크 사용

07 다음 중 Access 외부 데이터를 Excel로 가져와 사용하는 방법에 대한 설명으로 옳지 않은 것은?

① 현재 통합 문서에 표, 피벗 테이블 보고서, 피벗 차트 및 피벗 테이블 보고서 중 선택하여 가져올 수 있다.

② [데이터 가져오기] 대화상자에서 데이터가 들어갈 위치는 새 워크시트의 [A1] 셀이 기본으로 선택된다.

③ 파일을 열거나 다른 작업을 하면서, 또는 일정한 간격으로 데이터에 대한 새로 고침을 실행할 수 있다.

④ [통합 문서 연결] 대화 상자에 열로 표시되는 연결 이름과 설명을 변경할 수 있다.

08 다음 중 외부 데이터 가져오기를 이용하여 데이터를 추출한 경우 연결된 데이터에 새로 고침을 실행하는 작업에 대한 설명으로 옳지 않은 것은?

① 통합 문서를 열 때 외부 데이터 범위를 자동으로

새로 고칠 수 있으며, 외부 데이터는 저장하지 않고 통합 문서를 저장하여 통합 문서 파일 크기를 줄일 수도 있다.

② 새로 고침 옵션에서 '다른 작업하면서 새로 고침'을 선택하여 OLAP쿼리를 백그라운드로 실행하면 쿼리가 실행되는 동안에도 Excel을 사용할 수 있다.

③ 열려 있는 통합 문서가 여러 개이면 각 통합 문서에서 '모두 새로 고침'을 클릭하여 외부 데이터를 새로 고쳐야 한다.

④ 일정한 간격으로 데이터 새로 고침을 자동 수행하도록 설정할 수 있으며, 수행 간격은 분 단위로 지정한다.

09 다음 중 [데이터]-[외부 데이터 가져오기]에서 가져올 수 없는 파일 형식은?

① PDF 파일   ② 웹 데이터

③ Access 자료   ④ Microsoft Query

핵심이론 190

- 외부 데이터 가져오기는 SQL, Access 등의 액세스 파일과 텍스트 파일, 엑셀 파일 등을 워크시트로 가져오거나 데이터베이스 파일을 쿼리의 형태로 변경할 때 사용한다.
- 외부 데이터 가져오기를 사용하여 가져온 경우 원본 데이터가 변경되면 가져온 데이터도 변경되도록 설정할 수 있다.
- 외부 데이터 파일은 표, 피벗 테이블, 워크시트의 특정 위치 등으로 다양하게 불러올 수 있다.
- 파일을 열거나 다른 작업을 하면서 일정한 간격으로 데이터 새로 고침을 자동 수행하도록 설정할 수 있으며, 수행 간격은 분 단위로 지정한다.
- 웹 페이지에서 서식이 설정된 영역이나 테이블의 텍스트 등은 가져올 수 있지만, 그림과 스크립트의 내용은 가져올 수 없다.
- 외부데이터 가져오기 가능한 파일 형식

데이터베이스	SQL, Access, dBase
텍스트	txt, prn
기타	엑셀.xlsx, 쿼리.dqy, OLAP.oqy

출제 ▶ 19년2회(1급), 16년3회(1급)

10 다음 중 아래와 같이 왼쪽 그림의 [B2:B5] 영역에 [텍스트 나누기]를 실행하여 오른쪽 그림과 같이 소속이 분리되도록 실행하는 과정으로 옳지 않은 것은?

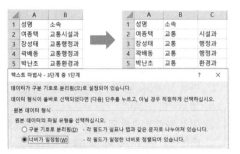

① 텍스트 마법사 2단계의 데이터 미리 보기에서 분할하려는 위치를 클릭하여 구분선을 넣는다.

② 분할하려는 행과 열에 삽입 가능한 구분선의 개수에는 제한이 없다.

③ 구분선을 삭제하려면 구분선을 마우스로 두 번 클릭한다.

④ 구분선을 옮기려면 선을 마우스로 클릭한 상태에서 드래그한다.

출제 ▶ 15년2회(1급)

11 텍스트 파일의 데이터를 워크시트로 가져올 때 사용하는 [텍스트 마법사]에서 각 필드의 너비(열 구분선)를 지정하는 단계에 대한 설명으로 옳지 않은 것은?

① 앞 단계에서 원본 데이터 형식을 '구분 기호로 분리됨'을 선택한 경우 열 구분선을 지정할 수 없다.

② 구분선을 넣으려면 원하는 위치를 마우스로 클릭한다.

③ 열 구분선을 옮기려면 구분선을 삭제한 후 다시 넣어야 한다.

④ 구분선을 삭제하려면 구분선을 마우스로 두 번 클릭한다.

출제 ▶ 19년1회(2급)

12 다음 중 [텍스트 나누기] 기능에 대한 설명으로 옳지 않은 것은?

① 영역을 선택한 후 [데이터] 탭 [데이터 도구]그룹의 [텍스트 나누기]를 클릭하면 [텍스트 마법사] 대화 상자가 실행된다.

② [데이터 미리 보기]에서 나눠진 열을 선택한 후 드래그하여 열의 순서를 변경할 수 있다.

③ 각 열을 선택하여 데이터 서식을 지정할 수 있다.

④ 일정한 열 너비 또는 구분 기호로 구분하여 데이터를 나눌 수 있다.

출제 ▶ 17년1회(2급)

13 아래의 왼쪽 워크시트에서 성명 데이터를 오른쪽 워크시트와 같이 성과 이름 두 개의 열로 분리하기 위해 [텍스트 나누기] 기능을 사용하고자 한다. 다음 중 [텍스트 나누기]의 분리 방법으로 가장 적절한 것은?

	A
1	김철수
2	박선영
3	최영희
4	한국인

→

	A	B
1	김	철수
2	박	선영
3	최	영희
4	한	국인

① 열 구분선을 기준으로 내용 나누기

② 구분 기호를 기준으로 내용 나누기

③ 공백을 기준으로 내용 나누기

④ 탭을 기준으로 내용 나누기

핵심이론 191

- 텍스트 마법사는 구분 기호로 분리되어 있거나 너비가 일정한 데이터가 입력된 텍스트 파일을 불러들일 때 사용하는 기능이다.
- 사용 가능한 텍스트 파일 형식으로는 *.txt, *.prn, *.csv 이다.
- 텍스트 나누기는 워크시트에 입력되어 있는 데이터를 텍스트 마법사를 호출해 구분하여 입력하는 기능이다.
- 텍스트 나누기는 범위에 포함되는 행수는 제한이 없지만 열은 반드시 하나만 포함해야 한다.

구분 기호로 분리됨
- 텍스트 마법사에서 사용되는 구분 기호는 탭, 세미콜론, 쉼표, 공백 등이 있다. - 각 열을 선택하여 데이터 서식을 지정하거나, 특정 열을 제거 할 수 있다.

구분 기호
☑ 탭(T)
☐ 세미콜론(M)
☐ 쉼표(C)
☐ 공백(S)
☐ 기타(O):

너비가 일정함
- 열 구분선을 넣으려면 원하는 위치를 마우스로 클릭한다. - 삽입된 열 구분선을 삭제하려면 구분선을 마우스로 두 번 클릭한다.

출제 ▶ 20년2회(1급)

01 다음 중 엑셀의 인쇄 기능에 대한 설명으로 옳지 않은 것은?

① 차트만 제외하고 인쇄하기 위해서는 [차트 영역 서식] 대화상자에서 '개체 인쇄'의 체크를 해제한다.

② 시트에 표시된 오류 값을 제외하고 인쇄하기 위해서는 [페이지 설정] 대화 상자에서 '셀 오류 표시'를 '<공백>'으로 선택한다.

③ 인쇄 내용을 페이지의 가운데에 맞춰 인쇄하려면 [페이지 설정] 대화 상자에서 '문서에 맞게 배율 조정'을 체크한다.

④ 인쇄되는 모든 페이지에 특정 행을 반복하려면 [페이지설정] 대화 상자에서 '인쇄 제목'의 '반복할 행'에 열 레이블이 포함된 행의 참조를 입력한다.

출제 ▶ 20년1회(1급), 16년3회(1급)

02 다음 중 인쇄 기능에 대한 설명으로 옳지 않은 것은?

① 기본적으로 워크시트의 눈금선은 인쇄되지 않으나 인쇄되도록 설정할 수 있다.

② [페이지 설정] 대화상자의 [시트] 탭에서 '간단하게 인쇄'를 선택하면 셀의 테두리를 포함하여 인쇄할 수 있다.

③ [인쇄 미리 보기 및 인쇄] 화면을 표시하는 단축키는 [Ctrl] + [F2] 이다.

④ [인쇄 미리 보기 및 인쇄]에서 '여백 표시'를 선택한 경우 마우스로 여백을 변경할 수 있다.

출제 ▶ 19년2회(1급)

03 다음 중 [인쇄 미리 보기 및 인쇄]에 대한 설명으로 옳지 않은 것은?

① 인쇄 미리 보기를 끝내고 통합 문서로 돌아가려면 다른 탭을 클릭한다.

② 인쇄 및 미리 보기 할 대상을 선택 영역, 활성 시트, 전체 통합 문서 중 선택할 수 있다.

③ 페이지 여백 표시는 가능하나 페이지 여백의 변경은 [페이지 설정] 대화상자에서만 설정할 수 있다.

④ 용지 방향을 가로 방향과 세로 방향으로 바꿔가며 미리 보기 할 수 있다.

출제 ▶ 19년2회(1급)

04 다음 중 워크시트의 인쇄 영역 설정에 대한 설명으로 옳지 않은 것은?

① 인쇄 영역은 리본 메뉴 [페이지 레이아웃] 탭이나 [페이지 설정] 대화상자의 [시트] 탭에서 설정할 수 있다.

② 인쇄 영역을 설정했더라도 인쇄 시 활성 시트 전체가 인쇄되도록 설정할 수 있다.

③ 여러 시트에서 원하는 영역을 추가하여 인쇄 영역을 확대할 수 있다.

④ 여러 영역이 인쇄 영역으로 설정된 경우 설정한 순서대로 각기 다른 페이지에 인쇄된다.

출제 ▶ 19년1회(1급)

05 다음 중 시트의 특정 범위만 항상 인쇄하는 경우에 대한 설명으로 옳지 않은 것은?

① 인쇄할 영역을 블록 설정한 후 [페이지 레이아웃] 탭 [페이지 설정] 그룹의 [인쇄 영역]-[인쇄 영역 설정]을 클릭한다.

② 인쇄 영역으로 설정되면 페이지 나누기 미리보기에서는 설정된 부분만 표시된다.

③ 인쇄 영역을 설정하면 자동으로 Print_Area라는 이름이 작성되며, 이름은 [Ctrl] + [F3] 키 혹은 [수식] 탭-[정의된 이름] 그룹-[이름 관리자]에서 확인할 수 있다.

④ 인쇄 영역 설정은 [페이지 설정] 대화상자의 [시트] 탭에서 지정할 수도 있다.

출제 ▶ 18년1회(1급)

06 다음 중 [머리글/바닥글] 기능에 대한 설명으로 옳지 않은 것은?

① 머리글이나 바닥글의 텍스트에 앰퍼샌드(&) 문자 한 개를 포함시키려면 앰퍼샌드(&) 문자를 두 번 입력한다.

② 여러 워크시트에 동일한 [머리글/바닥글]을 한 번에 추가하려면 여러 워크시트를 선택하여 그룹화한 후 설정한다.

③ [페이지 나누기 미리 보기] 상태에서는 워크시트에 머리글과 바닥글 영역이 함께 표시되어 간단히 머리글/바닥글을 추가할 수 있다.

④ 차트 시트인 경우 [페이지 설정] 대화 상자의 [머리글/바닥글] 탭에서 머리글/바닥글을 추가할 수 있다.

07 다음 중 엑셀의 [페이지 설정] 대화상자에 대한 설명으로 옳은 것은?

① 인쇄 배율을 수동으로 설정할 수 있으며, 배율은 워크시트 표준 크기의 10%에서 200%까지 설정 가능하다.

② [시트] 탭에서 머리글/바닥글과 행/열 머리글이 인쇄 되도록 설정할 수 있다.

③ [페이지] 탭에서 '자동 맞춤'의 용지 너비와 용지 높이를 각각 1로 지정하면 여러 페이지가 한 페이지에 인쇄된다.

④ 셀에 설정된 메모는 시트에 표시된 대로 인쇄할 수 는 없으나 시트 끝에 인쇄되도록 설정할 수 있다.

08 다음 중 워크시트의 인쇄 영역 설정에 대한 설명으로 옳지 않은 것은?

① 인쇄 영역을 정의한 후 워크시트를 인쇄하면 해당 인쇄 영역만 인쇄된다.

② 사용자가 설정한 인쇄 영역은 엑셀을 종료하면 인쇄 영역 설정이 자동으로 해제된다.

③ 필요한 경우 기존 인쇄 영역에 다른 영역을 추가하여 인쇄 영역을 확대할 수 있다.

④ 인쇄 영역으로 여러 영역이 설정된 경우 설정한 순서대로 각기 다른 페이지에 인쇄된다.

09 다음 중 [페이지 설정] 대화상자의 [시트] 탭 옵션에 대한 설명으로 옳지 않은 것은?

① '메모'는 메모를 인쇄에 포함하지 않는 '(없음)' 외에 '시트 끝', '시트에 표시된 대로' 중 선택하여 인쇄 위치를 지정할 수 있다.

② '행/열 머리글'을 선택하면 워크시트의 행 머리글과 열 머리글을 포함하여 인쇄한다.

③ '반복할 행'은 매 페이지 상단에 제목으로 인쇄될 영역을 지정하는 것으로 비연속 구간의 여러 행을 선택할 수 있다.

④ '셀 오류 표시'는 '표시된 대로' 외에 '<공백>', '--', '#N/A' 중 선택하여 표시할 수 있다.

핵심이론 192

작업한 결과물을 출력하기 위해 [페이지 설정] 대화상자를 이용하여 인쇄 용지, 여백, 머리글/바닥글, 인쇄 영역 등을 설정한다.

[페이지] 탭 설정 항목	
용지 방향	세로, 가로
배율	- 확대/축소 배율 : 10~400% 조정 - 자동 맞춤 : 자동으로 배율 조정
용지 크기	인쇄될 용지의 크기를 설정
인쇄 품질	인쇄 해상도를 설정
시작 페이지 번호	인쇄 페이지 시작 번호 설정 기본 값은 1페이지

[여백] 탭 설정 항목	
여백	상, 하, 좌, 우, 머리글, 바닥글의 여백을 설정
페이지 가운데 맞춤	가로, 세로 가운데 정렬 설정

[머리글/바닥글] 탭 설정 항목
- 문자, 날짜, 사용자 이름, 파일이름, 시트이름, 페이지번호, 그림 등을 표시 - 짝수와 홀수 페이지마다 다르게 설정 - 첫 페이지를 다르게 지정 - 문서에 맞게 배율 조정 - 페이지 여백에 맞춰 조정

[시트]탭 설정 항목	
인쇄 영역	- 특정 범위를 인쇄 영역으로 설정하면, 해당 영역만 인쇄됨 - 인쇄 영역으로 여러 영역이 설정된 경우 설정한 순서대로 각기 다른 페이지에 인쇄됨
인쇄 제목	- 모든 페이지에서 제목으로 반복시킬 행이나 열을 지정 - 연속 구간의 여러 행/열 선택 가능
인쇄	- 눈금선 : 시트의 눈금선 인쇄 여부 - 흑백으로 : 컬러 서식이 지정된 개체를 흑백으로 출력하도록 지정 - 간단하게 인쇄 : 모든 그래픽 요소를 제외하고 텍스트만 인쇄 - 행/열 머리글 : 시트의 행/열 머리글 인쇄 여부 설정 - 메모 : 메모의 인쇄 여부와 인쇄 위치를 설정(시트 끝/시트에 표시된 대로) - 셀 오류 표시 : 오류의 표시 방법을 설정(<공백>/__/#N/A)
페이지 순서	데이터를 한 페이지에 인쇄 할 수 없는 경우 인쇄될 방향(행/열)을 설정

10 다음 중 [페이지 레이아웃] 보기 상태에서 설정 가능한 설명으로 옳지 않은 것은?

① 눈금자, 눈금선, 머리글 등을 표시하거나 숨길 수 있다.

② 마우스로 페이지 구분선을 클릭하여 페이지 나누기 위치를 조정할 수 있다.

③ 기본 보기에서와 같이 셀 서식을 변경하거나 수식 작업을 할 수 있다.

④ 머리글과 바닥글을 짝수 페이지와 홀수 페이지에 각각 다르게 지정할 수 있다.

11 다음 중 [페이지 레이아웃] 보기 상태에 대한 설명으로 옳지 않은 것은?

① 페이지 레이아웃 보기에서도 기본 보기와 같이 데이터 형식과 레이아웃을 변경할 수 있다.

② 페이지 레이아웃 보기에서 표시되는 눈금자의 단위는 [Excel 옵션]의 '고급' 범주에서 변경할 수 있다.

③ 마우스를 이용하여 페이지 여백과 머리글과 바닥글 여백을 조정할 수 있다.

④ 페이지 나누기를 조정하는 페이지 구분선을 마우스로 드래그하여 페이지 나누기를 빠르게 조정할 수 있다.

핵심이론 193

• [페이지 레이아웃]은 작업한 결과물이 어떤 형태로 출력되는지 페이지 단위로 확인할 수 있는 기능이다.

• [페이지 레이아웃] 보기에서도 기본 보기와 같이 셀 서식, 레이아웃 등을 변경하거나 수식을 입력할 수 있다.

• [페이지 레이아웃] 화면에서 머리글/바닥글 항목을 직접 입력하거나 편집할 수 있다.

• 행 높이, 열 너비, 페이지 여백, 머리글/바닥글 여백 등은 마우스를 드래그하여 조절할 수 있지만 페이지 구분선은 마우스로 조정할 수 없다.

• 가로, 세로 눈금자가 화면에 표시되어 출력물의 크기를 가늠할 수 있고, 눈금자의 단위는 [옵션]에서 변경할 수 있다.

12 다음 중 [페이지 나누기 미리 보기] 상태에서 설정할 수 있는 기능에 대한 설명으로 옳지 않은 것은?

① 행 높이와 열 너비를 변경하면 자동 페이지 나누기의 위치도 변경된다.

② 수동으로 삽입한 페이지 나누기를 제거하려면 페이지 나누기를 페이지 나누기 미리 보기 영역 밖으로 끌어다 놓는다.

③ [페이지 나누기 삽입] 기능은 선택한 셀의 아래쪽 행 오른쪽 열로 페이지 나누기를 삽입한다.

④ 수동 페이지 나누기를 모두 제거하려면 임의의 셀의 바로 가기 메뉴에서 [페이지 나누기 모두 원래대로]를 클릭한다.

13 다음 중 [보기] 탭의 [페이지 나누기 미리보기]에 대한 설명으로 옳지 않은 것은?

① 페이지 나누기는 구분선을 이용하여 인쇄를 위한 페이지 나누기를 빠르게 조정하는 기능이다.

② 행 높이와 열 너비를 변경하면 자동 페이지 나누기의 위치도 변경된다.

③ [페이지 나누기 미리보기]에서 수동으로 삽입된 페이지 나누기는 파선으로 표시되고 자동으로 추가된 페이지 나누기는 실선으로 표시된다.

④ 용지 크기, 여백 설정, 배율 옵션 등에 따라 자동 페이지 나누기가 삽입된다.

핵심이론 194

• [페이지 나누기 미리보기]는 작업한 결과물을 페이지 단위로 표시하고 구분선을 이용하여 인쇄를 위한 페이지 나누기를 빠르게 조정하는 기능이다.

• [페이지 나누기 미리보기] 상태에서 페이지 구분선을 마우스로 드래그하여 구분선의 위치를 변경할 수 있다.

• [페이지 나누기 미리보기] 상태에서 자동으로 표시된 페이지 구분선은 점선, 수동으로 삽입된 페이지 구분선은 실선으로 표시된다.

• 행 높이와 열 너비를 변경하면 자동 페이지 나누기의 위치도 변경된다.

• 설정된 페이지 나누기를 해제하려면 바로 가기 메뉴의 [페이지 나누기 모두 원래대로]를 선택한다.

14 다음 중 '페이지 나누기'에 대한 설명으로 옳지 않은 것은?

① [페이지 나누기 미리 보기]에서 행 높이와 열 너비를 변경하면 '자동 페이지 나누기'의 위치도 변경된다.

② [페이지 나누기 미리 보기]에서 수동으로 삽입된 페이지 나누기는 점선으로 표시된다.

③ 수동으로 삽입한 페이지 나누기를 제거하려면 페이지 나누기 선 아래 셀의 바로 가기 메뉴에서 [페이지 나누기 제거]를 선택한다.

④ 용지 크기, 여백 설정, 배율 옵션 등에 따라 자동 페이지 나누기가 삽입된다.

출제 ▶ 20년1회(2급)

15 다음 중 페이지 나누기에 대한 설명으로 옳지 않은 것은?

① 페이지 나누기는 워크시트를 인쇄할 수 있도록 페이지 단위로 나누는 구분선이다.

② [페이지 나누기 미리 보기] 상태에서 마우스로 페이지 나누기 구분선을 클릭하여 끌면 페이지를 나눌 위치를 조정할 수 있다.

③ 행 높이와 열 너비를 변경해도 자동 페이지 나누기 구분선의 위치는 변경되지 않는다.

④ [페이지 나누기 미리 보기] 상태에서 파선은 자동 페이지 나누기를 나타내고 실선은 사용자 지정 페이지 나누기를 나타낸다.

핵심이론 195

자동 페이지 나누기

- 인쇄할 데이터의 분량이 많아 한 페이지가 넘어가면 자동으로 페이지 구분선이 삽입된다.
- 페이지 구분선은 용지 크기, 여백 설정, 배율 옵션 등에 따라 자동으로 삽입된다.
- 행 높이와 열 너비를 변경하면 자동 페이지 나누기 구분선의 위치도 변경된다.

수동 페이지 나누기

- 사용자의 필요에 따라 사용자가 페이지를 구분한 선으로, 셀 포인터의 위치를 기준으로 위쪽과 왼쪽에 삽입된다.
- [페이지 레이아웃]-[페이지 설정]-[나누기]-[페이지 나누기 삽입] 메뉴를 선택한다.
- [페이지 나누기 미리보기] 상태에서 페이지를 구분할 셀을 선택하고 바로 가기 메뉴에서 [페이지 나누기 삽입]을 선택한다.
- 페이지 나누기가 설정된 셀을 선택한 후 [페이지 레이아웃]-[페이지 설정]-[나누기]-[페이지 나누기 제거]를 선택하면 구분선이 제거된다.

---

09 [검토] 탭/[보기] 탭

출제 ▶ 20년1회(1급), 16년2회(1급), 15년3회(1급)

01 다음 중 엑셀의 화면 확대/축소 작업에 관한 설명으로 옳지 않은 것은?

① 문서의 확대/축소는 10%에서 400%까지 설정할 수 있다.

② 설정한 확대/축소 배율은 통합 문서의 모든 시트에 자동으로 적용된다.

③ 화면의 확대/축소는 단지 화면에서 보이는 상태만을 확대/축소하는 것으로 인쇄 시 적용되지 않는다.

④ [Ctrl] 키를 누른 채 마우스의 스크롤을 위로 올리면 화면이 확대되고, 아래로 내리면 화면이 축소된다.

핵심이론 196

- 작업 중인 문서의 확대/축소는 10%에서 400%까지 설정할 수 있다.
- 확대/축소 배율 적용은 지정한 시트에만 적용된다.
- 확대/축소 배율은 인쇄 시 적용되지 않는다.
- [Ctrl] 키를 누른 채 마우스의 스크롤을 위로 올리면 화면이 확대되고, 아래로 내리면 화면이 축소된다.

출제 ▶ 19년1회(1급)

02 다음 중 화면 제어에 관한 설명으로 옳은 것은?

① [틀 고정]은 행 또는 열, 열과 행으로 모두 고정이 가능하다.

② [창 나누기]는 항상 4개로 분할되며 분할된 창의 크기는 마우스를 드래그하여 변경 가능하다.

③ [틀 고정] 선은 마우스를 드래그하여 위치를 변경할 수 있다.

④ [창 나누기]는 [실행 취소] 명령으로 나누기를 해제할 수 있다.

03 다음 중 엑셀의 화면 설정에 대한 설명으로 옳은 것은?

① 워크시트 화면의 확대/축소 배율 지정은 모든 시트에 같은 배율로 적용된다.
② 틀 고정과 창 나누기를 동시에 수행할 수 있다.
③ 화면에 표시되는 틀 고정 형태는 인쇄 시 적용되지 않는다.
④ 틀 고정 구분선은 마우스 드래그로 위치를 변경할 수 있다.

04 다음 중 [틀 고정] 기능에 대한 설명으로 옳지 않은 것은?

① 워크시트를 스크롤할 때 특정 행이나 열이 한 자리에 계속 표시되도록 선택할 수 있는 기능이다.
② 첫 행과 첫 열을 동시에 고정하여 표시되도록 설정할 수 있다.
③ 틀 고정은 통합 문서 보기가 [페이지 레이아웃] 상태 일 때 설정할 수 있다.
④ 화면에 표시되는 틀 고정의 형태는 인쇄 시 적용되지 않는다.

05 다음 중 엑셀의 틀 고정에 대한 기능 설명으로 옳지 않은 것은?

① 틀 고정은 특정 행 또는 열을 고정할 때 사용하는 기능으로 주로 표의 제목 행 또는 제목 열을 고정한 후 작업할 때 유용하다.
② 선택된 셀의 왼쪽 열과 바로 위의 행이 고정된다.
③ 틀 고정 구분선을 마우스로 잡아끌어 틀 고정 구분선을 이동시킬 수 있다.
④ 틀 고정 방법으로 첫 행 고정을 실행하면 선택된 셀의 위치와 상관없이 첫 행이 고정된다.

06 다음 중 엑셀의 틀 고정에 대한 설명으로 옳지 않은 것은?

① 화면에 표시되는 틀 고정 형태는 인쇄 시 적용되지 않는다.
② 틀 고정 구분선의 위치는 지우고 새로 만들기 전에는 마우스를 이용하여 변경할 수 없다.

③ 틀 고정을 수행하면 셀 포인터의 왼쪽과 위쪽으로 고정선이 표시되므로 고정하고자 하는 행의 아래쪽, 열의 오른쪽에 셀 포인터를 놓고 틀 고정을 수행해야 한다.
④ 틀 고정이 설정되어 있는 경우 나중에 복구할 수 있도록 모든 창의 현재 레이아웃이 작업 영역으로 저장된다.

07 다음 중 작업에 필요한 여러 개의 통합 문서를 한 화면에 함께 표시하여 비교하면서 작업하기에 편리한 기능은?

① 창 나누기
② 창 정렬
③ 틀 고정
④ 페이지 나누기

08 다음 중 창 나누기에 대한 설명으로 옳지 않은 것은?

① 창 나누기를 실행하면 하나의 작업 창은 최대 4개 부분으로 나눌 수 있다.
② 첫 행과 첫 열을 제외한 나머지 셀에서 창 나누기를 수행하면 현재 셀의 위쪽과 왼쪽에 창 분할선이 생긴다.
③ 현재의 창 나누기 상태를 유지하면서 추가로 창 나누기를 지정할 수 있다.
④ 화면에 표시되는 창 나누기 형태는 인쇄 시 적용되지 않는다.

09 다음 중 틀 고정 및 창 나누기에 대한 설명으로 옳지 않은 것은?

① 화면에 나타나는 창 나누기 형태는 인쇄 시 적용되지 않는다.
② 창 나누기를 수행하면 셀 포인트의 오른쪽과 아래쪽으로 창 구분선이 표시된다.
③ 창 나누기는 셀 포인트의 위치에 따라 수직, 수평, 수직·수평 분할이 가능하다.
④ 첫 행을 고정하려면 셀 포인트의 위치에 상관없이 [틀 고정] - [첫 행 고정]을 선택한다.

출제 ▶ 15년2회(2급)

10 다음 중 현재의 화면을 수평이나 수직 또는 수평/수직으로 나누어 볼 수 있는 화면 제어 기능은?

① 창 정렬   ② 확대/축소
③ 창 나누기   ④ 창 숨기기

핵심이론 197

• [틀 고정]은 데이터의 양이 많은 경우 특정한 범위의 열 또는 행을 고정시켜 셀 포인터의 이동과 상관없이 화면에 항상 표시해주는 기능이다.

[틀 고정]의 특징

- 화면에 표시되는 틀 고정 형태는 인쇄 시 적용되지 않는다.
- 틀 고정을 수행하면 셀 포인터의 왼쪽과 위쪽으로 고정선이 표시되므로 고정하고자 하는 행의 아래쪽, 열의 오른쪽에 셀 포인터를 놓고 틀 고정을 수행해야 한다.
- 틀 고정 방법으로 첫 행 고정을 실행하면 선택된 셀의 위치와 상관없이 첫 행이 고정된다.
- 틀 고정 구분선의 위치는 지우고 새로 만들기 전에는 마우스를 이용하여 변경할 수 없다.

• [창 나누기]는 데이터의 양이 많아 한 화면 안에서 보기 어려운 경우, 창 나누기를 이용하여 떨어져 있는 데이터를 한 화면에 표시하는 기능이다.

[창 나누기]의 특징

- 화면에 표시되는 창 나누기 형태는 인쇄 시 적용되지 않는다.
- 창 나누기를 실행하면 하나의 작업 창은 최대 4개 부분으로 나눌 수 있다.
- 첫 행과 첫 열을 제외한 나머지 셀에서 창 나누기를 수행하면 현재 셀의 위쪽과 왼쪽에 창 분할선이 생긴다.
- 창 나누기는 셀 포인트의 위치에 따라 수직, 수평, 수직·수평 분할이 가능하다.

• [창 정렬]은 여러 개의 통합 문서를 한 화면에 한꺼번에 표시할 때 사용하는 기능이다.

[창 정렬]의 특징

- 바둑판식, 가로, 세로, 계단식 등 네 가지 형태로 창을 정렬할 수 있다.
- '현재 통합 문서창'만 정렬하거나, 열려 있는 모든 문서의 창을 정렬할 수 있다.

출제 ▶ 20년2회(1급)

11 다음 중 통합 문서에 대한 설명으로 옳지 않은 것은?

① 시트 보호는 통합 문서 전체가 아닌 특정 시트만을 보호한다.
② 공유된 통합 문서는 여러 사용자가 동시에 변경 및 병합할 수 있다.

③ 통합 문서 보호 설정 시 암호를 지정하면 워크시트에 입력된 내용을 수정할 수 없다.
④ 사용자가 워크시트를 추가, 삭제하거나 숨겨진 워크시트를 표시하지 못하도록 통합 문서의 구조를 잠글 수 있다.

출제 ▶ 18년1회(1급), 15년1회(1급)

12 다음 중 아래 그림에서의 각 기능에 대한 설명으로 옳지 않은 것은?

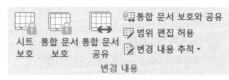

① [시트 보호]를 설정하면 기본적으로 셀의 선택만 가능하다.
② 시트 보호 시 특정 셀의 내용만 수정 가능하도록 하려면 해당 셀의 [셀 서식]에서 '잠금' 설정을 해제한다.
③ [통합 문서 보호]를 설정하면 포함된 차트, 도형 등의 그래픽 개체를 변경할 수 없다.
④ [범위 편집 허용]을 이용하면 보호된 워크시트에서 특정 사용자가 범위를 편집할 수 있도록 허용할 수 있다.

출제 ▶ 17년1회(1급)

13 다음 중 통합 문서 공유에 대한 설명으로 옳지 않은 것은?

① 병합된 셀, 조건부 서식, 데이터 유효성 검사, 차트, 그림과 같은 일부 기능은 공유 통합 문서에서 추가하거나 변경할 수 없다.
② 공유된 통합 문서는 여러 사용자가 동시에 변경할 수 없다.
③ 통합 문서를 공유하는 경우 저장 위치는 웹 서버가 아니라 공유 네트워크 폴더를 사용해야 한다.
④ 셀을 잠그고 워크시트를 보호하여 액세스를 제한하지 않으면 네트워크 공유에 액세스할 수 있는 모든 사용자가 공유 통합 문서에 대한 모든 액세스 권한을 갖게 된다.

14 다음 중 워크시트에 관한 설명으로 옳지 않은 것은?

① 워크시트가 연속적으로 여러 개 선택된 상태에서 [Shift] + [F11] 키를 누르면 선택된 워크시트의 개수만큼 새로운 워크시트가 삽입된다.

② 워크시트의 이름을 변경하지 못하도록 하려면 [시트 보호] 대화상자의 '잠긴 셀의 내용과 워크시트 보호'에 체크 표시한다.

③ 워크시트를 숨긴 경우 시트 탭 표시줄에는 표시되지 않지만 다른 워크시트나 다른 통합문서에서 계속 참조 할 수 있다.

④ [페이지 레이아웃] 탭 [페이지 설정] 그룹의 '배경' 명령을 이용하여 시트 배경 이미지를 화면에 표시할 수 있으나 인쇄되지는 않는다.

핵심이론 198

[검토] 탭 에서는 워크시트에 입력된 데이터나 개체를 보호하거나, 통합문서의 시트 이동, 편집, 삭제 등을 할 수 없도록 보호할 수 있다.

시트 보호

- 통합 문서 전체가 아닌 특정 시트만을 보호하며, 나머지 시트들은 편집이 가능하다.
- 모든 요소에 접근하지 못하도록 설정할 수 있으며, 특정 항목만 수정하도록 허용할 수 있다.
- 셀/행/열의 서식, 하이퍼링크 삽입, 자동 필터, 피벗테이블 등의 특정 항목을 제외하고 시트 보호를 설정할 수 있다.
- 시트 보호 시 특정 셀의 내용만 수정 가능하도록 하려면 해당 셀의 [셀 서식]에서 '잠금' 설정을 해제한다.

통합 문서 보호

- 통합 문서의 시트 이동, 삭제, 숨기기, 이름 바꾸기 등을 할 수 없도록 보호한다.
- 통합 문서 보호 시 암호를 지정할 수 있다.
- 통합 문서에서 '시트 보호'가 설정되어 있지 않다면 워크시트에 내용은 수정이 가능하다.

통합 문서 공유

- 공유된 통합 문서는 여러 사용자가 동시에 변경 및 병합할 수 있다.
- 통합 문서를 공유하는 경우 저장 위치는 웹 서버가 아니라 공유 네트워크 폴더를 사용해야 한다.
- 통합 문서 보호를 해제하면 통합 문서 공유 상태도 해제된다.

SECTION 02 계산 작업

10 셀 참조/수식 작성/오류 처리

출제 ▶ 16년3회(1급)

01 다음 중 3차원 참조에 대한 설명으로 옳지 않은 것은?

① 여러 워크시트에 있는 동일한 셀 데이터나 셀 범위 데이터에 대한 참조를 뜻한다.

② 'Sheet2'부터 'Sheet4'까지의 [A2] 셀을 모두 더하라는 식을 '=SUM(Sheet2:Sheet4!A2)'와 같이 3차원 참조로 표현할 수 있다.

③ SUM, AVERAGE, COUNTA, STDEV 등의 함수를 사용할 수 있다.

④ 배열 수식에 3차원 참조를 사용할 수 있다.

출제 ▶ 16년2회(2급), 15년3회(2급)

02 다음 중 셀 참조에 관한 설명으로 옳은 것은?

① 수식 작성 중 마우스로 셀을 클릭하면 기본적으로 해당 셀이 절대 참조로 처리된다.

② 수식에 셀 참조를 입력한 후 셀 참조의 이름을 정의한 경우에는 참조 에러가 발생하므로 기존 셀 참조를 정의된 이름으로 수정한다.

③ 셀 참조 앞에 워크시트 이름과 마침표(.)를 차례로 넣어서 다른 워크시트에 있는 셀을 참조할 수 있다.

④ 셀을 복사하여 붙여 넣은 다음 [붙여넣기 옵션]의 [셀 연결] 명령을 사용하여 셀 참조를 만들 수도 있다.

핵심이론 199

- 참조는 수식에서 다른 셀에 입력된 데이터를 사용할 경우, 입력된 값을 대신하여 해당 셀의 주소값을 사용하는 것이다.
- 수식에 사용된 셀의 값이 변경되면 이를 참조하는 수식의 값도 자동으로 변경된다.
- 셀 범위를 참조할 때에는 시작 셀 이름과 마지막 셀 이름 사이에 콜론(:)이 입력된다.
- 수식 작성 중 마우스로 셀을 클릭하면 기본적으로 해당 셀이 상대 참조로 처리된다.
- 다른 워크시트에 있는 셀을 참조하는 경우 시트 이름과 주소를 느낌표(!)로 구분한다.
- 다른 워크시트의 값을 참조하는 경우 해당 워크시트의 이름에 한글,

영어 외의 다른 문자가 포함되어 있으면 워크시트의 이름을 작은따옴표('')로 묶어준다.

- 3차원 참조는 여러 워크시트에 있는 동일한 셀 데이터나 셀 범위 데이터에 대한 참조를 뜻한다.
- 3차원 참조는 SUM, AVERAGE, COUNTA, STDEV 등의 함수를 사용할 수 있다.
- 배열 수식에서는 3차원 참조를 사용할 수 없다.

출제 ▶ 20년2회(1급), 19년1회(1급), 16년1회(1급)

03 다음 중 셀에 수식을 입력하는 방법에 대한 설명으로 옳지 않은 것은?

① 통합 문서의 여러 워크시트에 있는 동일한 셀 범위 데이터를 이용하려면 수식에서 3차원 참조를 사용한다.

② 계산할 셀 범위를 선택하여 수식을 입력한 후 [Ctrl] + [Enter] 키를 누르면 선택한 영역에 수식을 한 번에 채울 수 있다.

③ 수식을 입력한 후 결과 값이 상수로 입력되게 하려면 수식을 입력한 후 바로 [Alt] + [F9] 키를 누른다.

④ 배열 상수에는 숫자나 텍스트 외에 'TRUE', 'FALSE' 등의 논리값 또는 '#N/A'와 같은 오류 값도 포함될 수 있다.

출제 ▶ 16년1회(1급)

04 다음 중 수식 작성 과정에 대한 설명으로 옳지 않은 것은?

① 셀 범위를 참조할 때에는 시작 셀 이름과 마지막 셀 이름 사이에 콜론(:)이 입력된다.

② 다른 워크시트의 값을 참조하는 경우 해당 워크시트의 이름에 사이 띄우기가 포함되어 있으면 워크시트의 이름은 큰 따옴표("")로 묶인다.

③ 수식에 숫자를 입력할 때 화폐단위나 천 단위 구분 기호와 같은 서식 문자는 입력하지 않는다.

④ 외부 참조를 하는 경우 통합 문서의 이름과 경로가 포함되어야 한다.

핵심이론 200

- 셀에 입력된 데이터와 상수, 함수, 연산자 등으로 계산을 수행하는 것을 수식이라 한다.
- 수식은 등호(=), 더하기(+), 빼기(-) 기호로 시작해야 한다.
- 수식에 문자열이 사용되는 경우에는 큰 따옴표("")로 묶어준다.
- 계산할 셀 범위를 선택하여 수식을 입력한 후 [Ctrl] + [Enter] 키를 누르면 선택한 영역에 수식을 한 번에 채울 수 있다.
- 수식에 숫자를 입력할 때 화폐단위나 천 단위 구분 기호와 같은 서식 문자는 입력하지 않는다.
- 수식을 입력한 후 결과 값이 상수로 입력되게 하려면 수식을 입력한 후 바로 [F9] 키를 누른다.
- [Ctrl] + [~]를 누르면 워크시트에 입력된 전체 수식을 볼 수 있다.

출제 ▶ 17년2회(1급)

05 아래의 워크시트에서 [D1] 셀에 숫자를 입력한 후 [오류 추적 단추]가 표시되었다. 다음 중 아래의 오류 표시에 대한 설명으로 옳지 않은 것은?

① 오류 검사 규칙으로 '오류를 반환하는 수식이 있는 셀'이 선택되어 있는 경우 그림과 같이 셀 왼쪽에 [오류 추적 단추]가 나타난다.

② 숫자를 셀에 입력한 후 텍스트로 서식을 지정한 경우에 나타난다.

③ [오류 추적 단추]를 눌러 나타난 메뉴 중 [숫자로 변환]을 클릭하면 오류 표시가 사라지고 숫자로 정상 입력된다.

④ 텍스트로 서식이 지정된 셀에 숫자를 입력하는 경우 오류 표시기가 나타난다.

핵심이론 201

- 오류 검사 규칙으로 '오류를 반환하는 수식이 있는 셀'이 선택되어 있는 경우 그림과 같이 셀 왼쪽에 [오류 추적 단추]가 나타난다.
- 텍스트로 서식이 지정된 셀에 숫자를 입력하는 경우 그림과 같이 셀 왼쪽에 오류 표시기가 나타난다.

출제 ▶ 17년1회(1급)

06 다음 중 수식에서 발생하는 각 오류에 대한 원인으로 옳지 않은 것은?

① #NULL! - 배열 수식이 들어 있는 범위와 행 또는 열 수가 같지 않은 배열 수식의 인수를 사용하는 경우

② #VALUE! - 수식에서 잘못된 인수나 피연산자를 사용한 경우

③ #NUM! - 수식이나 함수에 잘못된 숫자 값이 포함된 경우

④ #NAME? - 수식에서 이름으로 정의되지 않은 텍스트를 큰 따옴표로 묶지 않고 입력한 경우

출제 ▶ 18년2회(2급)

07 다음 중 입력한 수식에서 발생한 오류 메시지와 그 발생원인으로 옳지 않은 것은?

① #VALUE! : 잘못된 인수나 피연산자를 사용했을 때

② #DIV/0! : 특정 값(셀)을 0 또는 빈 셀로 나누었을 때

③ #NAME? : 함수 이름을 잘못 입력하거나 인식할 수 없는 텍스트를 수식에 사용했을 때

④ #REF! : 숫자 인수가 필요한 함수에 다른 인수를 지정했을 때

출제 ▶ 18년1회(2급)

08 다음 중 수식에 잘못된 인수나 피연산자를 사용한 경우 표시되는 오류 메시지는?

① #DIV/0! ② #NUM!

③ #NAME? ④ #VALUE!

출제 ▶ 17년2회(2급)

09 다음 중 아래 워크시트에서 C열의 수식을 실행했을 때 화면에 표시되는 결과로 옳지 않은 것은?

	A	B	C
1	2017	1	=A1/A2
2	워드	2	=A1*2
3	엑셀	3	=LEFT(A3)
4	파워포인트	4	=VLOOKUP("워",A1:B4,2,FALSE)

① [C1] 셀 : #VALUE! ② [C2] 셀 : 4034

③ [C3] 셀 : #VALUE! ④ [C4] 셀 : #N/A

핵심이론 202

오류 메시지는 입력한 수식에서 정상적인 결과를 출력할 수 없는 경우에 나타난다.

#####	숫자 또는 날짜 데이터의 길이가 셀 너비보다 길 때
#DIV/0!	수식에서 값을 0으로 나눌 때
#N/A	함수나 수식에서 사용할 수 없는 값을 지정했을 때
#NAME?	인식할 수 없는 텍스트를 수식에 사용했을 때
#REF!	셀 참조가 유효하지 않을 때

#NUM!	- 숫자 인수가 필요한 함수에 사용할 수 없는 인수를 지정했을 때 - 표현할 수 있는 숫자의 범위를 벗어났을 때
#VALUE!	- 잘못된 인수나 피연산자를 사용했을 때 - 배열 수식을 입력 또는 편집한 후 [Enter]만 사용했을 때 - 수식 자동 고침 기능으로 수식을 고칠 수 없을 때
#NULL!	- 교차하지 않는 두 영역의 교점을 지정하였을 때

출제 ▶ 15년3회(1급)

10 다음 중 아래의 워크시트에서 [C1] 셀에 수식 '=A1+B1+C1'을 입력할 경우 발생하는 상황으로 옳은 것은?

	A	B	C
1	0	100	

① [C1] 셀에 '#REF!' 오류 표시
② [C1] 셀에 '#NUM!' 오류 표시
③ 데이터 유효성 오류 메시지 창 표시
④ 순환 참조 경고 메시지 창 표시

출제 ▶ 15년1회(2급)

11 다음 중 아래 워크시트에서 [D2]셀에 그림과 같이 수식을 입력할 때 발생하는 문제는?

| SUM | | ▼ | : | × | ✓ | fx | =SUM(A2:D2) |

	A	B	C	D
1	컴퓨터일반	스프레드시트	데이터베이스	합계
2	65	85	80	=SUM(A2:D2)

① ##### 오류   ② #NUM! 오류
③ #REF! 오류   ④ 순환 참조 경고

핵심이론 203

수식에서 직접 또는 간접적으로 수식이 입력된 셀을 해당 수식에서 참조하는 경우 이를 순환 참조라고 한다.

---

11 ▶ 함수 : 날짜/시간, 문자열, 정보, 논리

출제 ▶ 17년1회(1급)

01 다음 중 아래 시트에서 각 수식을 실행했을 때의 결과 값으로 옳지 않은 것은?

	A
1	2017년 3월 5일 일요일
2	2017년 3월 20일 월요일
3	2017년 4월 10일 월요일

① EOMONTH(A1,-3) → 2016-12-05
② DAYS(A3,A1) → 35
③ NETWORKDAYS(A1,A2) → 11
④ WORKDAY(A1,10) → 2017-03-17

출제 ▶ 19년1회(2급)

02 다음 중 시스템의 현재 날짜에서 년도를 구하는 수식으로 옳은 것은?

① =DAYS(YEAR())
② =DAY(YEAR())
③ =YEAR(TODAY())
④ =YEAR(DATE())

출제 ▶ 17년2회(2급)

03 다음 중 엑셀의 날짜 및 시간 데이터 관련 함수에 대한 설명으로 옳지 않은 것은?

① 날짜 데이터는 순차적인 일련번호로 저장되기 때문에 날짜 데이터를 이용한 수식을 작성할 수 있다.
② 시간 데이터는 날짜의 일부로 인식하여 소수로 저장되며, 낮 12시는 0.5로 계산된다.
③ TODAY 함수는 셀이 활성화되거나 워크시트가 계산될 때 또는 함수가 포함된 매크로가 실행될 때마다 시스템으로부터 현재 날짜를 업데이트한다.
④ WEEKDAY 함수는 날짜에 해당하는 요일을 구하는 함수로 Return_type 인수를 생략하는 경우 '일월화수목금토' 중 해당하는 한 자리 요일이 텍스트 값으로 반환된다.

04 다음 중 아래 워크시트에서 [D4] 셀에 입력한 수식의 실행 결과로 옳은 것은? (단, [D4] 셀에 설정되어 있는 표시형식은 '날짜'임)

| D4 | | ▼ | : | × | ✓ | *fx* | =EOMONTH(D2,1) |

▲	A	B	C	D	E	F
1	사원번호	성명	직함	생년월일		
2	101	구민정	영업과장	1980-12-08		
3						
4				=EOMONTH(D2,1)		

① 1980-11-30 ② 1980-11-08
③ 1981-01-31 ④ 1981-01-08

05 다음 중 각 수식에 대한 결과가 옳지 않은 것은?

① =MONTH(EDATE("2015-3-20", 2)) → 5
② =EDATE("2015-3-20", 3) → 2015-06-20
③ =EOMONTH("2015-3-20", 2) → 2015-05-20
④ =EDATE("2015-3-20", -3) → 2014-12-20

핵심이론 204

날짜 시간 함수 목록

함수	내용
TODAY()	시스템 상의 오늘 날짜를 표시
NOW()	시스템 상의 오늘 날짜와 시간을 표시
YEAR(날짜)	날짜에서 년(年)만 표시
MONTH(날짜)	날짜에서 월(月)만 표시
DAY(날짜)	날짜에서 일(日)만 표시
DATE(년,월,일)	년, 월, 일에 대한 일련번호를 표시
EDATE (날짜,개월 수)	날짜를 기준으로 지정된 개월 수 이전 또는 이후 날짜의 일련번호를 표시
EOMONTH (날짜,개월 수)	날짜를 기준으로 지정된 개월 수 이전 또는 이후 달의 마지막 날짜의 일련번호를 표시
WORKDAY (날짜,평일 수,휴일)	날짜에 주말과 지정한 휴일을 제외한 평일 수가 경과한 날짜의 일련번호를 표시
NETWORKDAY (날짜1,날짜2,휴일)	날짜에 주말과 휴일을 제외한 주 날짜 사이의 일수 차이를 표시
DAYS(날짜1,날짜2)	두 날짜의 일수 차이를 표시
DATEVALUE(날짜)	텍스트로 표시된 날짜의 일련번호를 표시
WEEKDAY (날짜,옵션)	날짜에 해당하는 옵션에 맞춰 요일의 번호를 표시

06 다음 중 아래와 같이 워크시트에 데이터가 입력되어 있는 경우, 보기의 수식과 그 결과 값으로 옳지 않은 것은?

▲	A
1	
2	한국 대한민국
3	분기 수익
4	수익
5	아름다운 설악산

① =MID(A5,SEARCHB(A1,A5)+5,3) → '설악산'
② =REPLACE(A5,SEARCHB("한",A2),5,"") → '설악산'
③ =MID(A2,SEARCHB(A4,A3),2) → '민국'
④ =REPLACE(A3,SEARCHB(A4,A3),2,"명세서") → '분기명세서'

07 다음 중 아래 워크시트의 [A2] 셀에 수식을 작성하는 경우 수식의 결과가 다른 하나는?

▲	A
1	대한상공대학교
2	

① =MID(A1,SEARCH("대",A1)+2,5)
② =RIGHT(A1,LEN(A1)-2)
③ =RIGHT(A1,FIND("대",A1)+5)
④ =MID(A1,FIND("대",A1)+2,5)

08 다음 중 수식에 따른 실행 결과가 옳은 것은?

① =LEFT(MID("Sound of Music", 5, 6), 3) → [of]
② =MID(RIGHT("Sound of Music", 7), 2, 3) → [Mu]
③ =RIGHT(MID("Sound of Music", 3, 7), 3) → [f M]
④ =MID(LEFT("Sound of Music", 7), 2, 3) → [und]

출제 ▶ 17년1회(2급)

09 다음 중 각 함수식과 그 결과가 옳지 않은 것은?

① =TRIM(" 1/4분기 수익") → 1/4분기 수익

② =SEARCH("세","세금 명세서", 3) → 5

③ =PROPER("republic of korea") → REPUBLIC OF KOREA

④ =LOWER("Republic of Korea") → republic of korea

출제 ▶ 15년2회(2급)

10 다음 중 수식 입력줄에 아래의 수식을 입력하였을 때의 결과로 옳은 것은?

=TRIM(PROPER("good morning !"))

① GOOD MORNING !

② Good Morning !

③ GoodMorning!

④ goodmorning!

출제 ▶ 15년2회(2급)

11 다음 중 수식의 결과가 다른 셋과 다른 것은?

① =SEARCH("A","Automation")

② =SEARCH("a","Automation")

③ =FIND("a","Automation")

④ =FIND("A","Automation")

핵심이론 205

문자열 함수 목록

함수	내용
LEFT(문자열,추출갯수)	문자열의 왼쪽에서부터 추출갯수만큼 표시
RIGHT(문자열,추출갯수)	문자열의 오른쪽에서부터 추출갯수만큼 표시
MID (문자열,시작위치,추출갯수)	문자열의 시작위치에서부터 추출갯수만큼 표시
LOWER(문자열)	모든 문자열 소문자 표시
UPPER(문자열)	모든 문자열 대문자 표시
PROPER(문자열)	첫 글자만 대문자 표시
TRIM(문자열)	문자열 양 옆 공백을 제거
LEN(문자열)	문자열의 글자 수를 표시

REPLACE(문자열1,시작위치,추출갯수,문자열2)	문자열1의 시작위치부터 추출갯수만큼을 문자열2로 변경
SUBSTITUTE(문자열1,문자열2,문자열3)	문자열1에서 문자열2를 찾아 문자열3으로 변경
FIND (문자열1,문자열2,시작위치)	문자열2에서 문자열1을 찾아 위치를 표시 (대/소문자 구분O)
SEARCH (문자열1,문자열2,시작위치)	문자열2에서 문자열1을 찾아 위치를 표시 (대/소문자 구분X)
REPT(문자,횟수)	문자를 지정된 횟수만큼 반복하여 표시

출제 ▶ 18년2회(1급)

12 다음 중 정보 함수에 대한 설명으로 옳은 것은?

① ISBLANK 함수: 값이 '0' 이면 TRUE를 반환한다.

② ISERR 함수: 값이 #N/A를 제외한 오류 값이면 TRUE를 반환한다.

③ ISODD 함수: 숫자가 짝수이면 TRUE를 반환한다.

④ TYPE 함수: 값의 데이터 형식을 나타내는 문자를 반환한다.

출제 ▶ 17년2회(1급)

13 다음 중 아래 워크시트를 이용한 수식의 실행 결과가 나머지 셋과 다른 것은?

	A
1	결과
2	33
3	TRUE
4	55
5	#REF!
6	88
7	#N/A

① =IFERROR(ISLOGICAL(A3),"ERROR")

② =IFERROR(ISERR(A7),"ERROR")

③ =IFERROR(ISERROR(A7),"ERROR")

④ =IF(ISNUMBER(A4), TRUE,"ERROR")

핵심이론 206

정보 함수 목록

함수	내용
ISBLANK(인수)	인수가 빈 셀이면 TRUE를 반환
ISERROR(인수)	인수가 오류 값이면 TRUE를 반환
ISERR(인수)	인수가 #N/A를 제외한 오류 값이면 TRUE를 반환

ISEVEN(인수)	인수가 짝수면 TRUE를 반환
ISODD(인수)	인수가 홀수면 TRUE를 반환
ISNUMBER(인수)	인수가 숫자면 TRUE를 반환
ISLOGICAL(인수)	인수가 논리 값이면 TRUE를 반환

논리 함수 목록

함수	내용
IF(조건,참,거짓)	조건의 결과가 TRUE면 참, FALSE면 거짓을 반환
AND(인수1,인수2,…)	모든 인수가 참이면 TRUE를 반환
OR(인수1,인수2,…)	하나의 인수라도 참이면 TRUE를 반환
NOT(인수)	인수의 결과를 반대로 표시
IFERROR(인수, 값)	인수의 결과가 오류라면 이를 대신하여 지정된 값을 표시

출제 ▶ 20년1회(2급)

14 다음 중 아래 워크시트에서 '직무'가 90 이상이거나, '국사'와 '상식'이 모두 80 이상이면 '평가'에 '통과'를 표시하고 그렇지 않으면 공백을 표시하는 [E2] 셀의 함수식으로 옳은 것은?

▲	A	B	C	D	E
1	이름	직무	국사	상식	평가
2	이몽룡	87	92	84	
3	성춘향	91	86	77	
4	조방자	78	80	75	

① =IF(AND(B2>=90,OR(C2>=80,D2>=80)),"통과","")

② =IF(OR(AND(B2>=90,C2>=80),D2>=80)),"통과","")

③ =IF(OR(B2>=90,AND(C2>=80,D2>=80)),"통과","")

④ =IF(AND(OR(B2>=90,C2>=80),D2>=80)),"통과","")

출제 ▶ 19년1회(2급)

15 다음 중 판정[G2:G5] 영역에 총점이 160 이상이면 '우수', 100 이상 160 미만이면 '보통', 100 미만이면 '노력'으로 입력하려고 할 경우 [G2] 셀에 입력할 수식으로 옳은 것은?

▲	A	B	C	D	E	F	G
1		번호	이름	영어	상식	총점	판정
2		1	원빈	97	80	177	우수
3		2	장동신	87	72	159	보통
4		3	현자	60	40	100	보통
5		4	한길	40	50	90	노력

① =IF(F2>=160,IF(F2>=100,"우수","보통","노력"))

② =IF(F2>=160,"우수",IF(F2>=100,"보통","노력"))

③ =IF(OR(F2>=160,"우수",IF(F2>=100,"보통","노력"))

④ =IF(F2>=160,"우수",IF(F2>=100,"보통",IF(F2=100,"노력"))

12 함수 : 수학/삼각, 통계, 재무

출제 ▶ 19년2회(1급)

01 아래 시트와 같이 원본값에 LEFT(원본값, 2) 함수를 적용하여 추출값을 뽑아낸 후 추출값들의 합계를 계산하려고 한다. 다음 중 이를 위한 계산 방법으로 옳지 않은 것은?

▲	A	B
1	원본값	추출값
2	10개	10
3	23개	23
4	15개	15
5	09개	09
6	24개	24
7	합계	

① =SUMPRODUCT(1*(B2:B6))

② =SUM(VALUE(B2),VALUE(B3),VALUE(B4),VALUE(B5),VALUE(B6))

③ =SUMPRODUCT(++(B2:B6))

④ =SUMPRODUCT(--(B2:B6))

출제 ▶ 19년2회(1급)

02 다음 중 수식의 결과가 나머지 셋과 다른 것은?

① =ABS(INT(-3/2))

② =MOD(-3,2)

③ =ROUNDUP(RAND(),0)

④ =FACT(1.9)

출제 ▶ 19년1회(1급)

03 다음 중 다음과 같은 수학식을 표현하기 위한 엑셀 수식으로 옳은 것은?

$$\sqrt{16} \times (|-2| + 2^3)$$

① =POWER(16)*(ABS(-2)+SQRT(2,3))
② =SQRT(16)*(ABS(-2)+POWER(3,2))
③ =SQRT(16)*(ABS(-2)+POWER(2,3))
④ =POWER(16)*(ABS(-2)+SQRT(3,2))

출제 ▶ 18년1회(1급)

04 다음 중 아래 워크시트에서 수식 '=SUM($B$2:C2)'이 입력된 [D2]셀을 [D4] 셀에 복사하여 붙여 넣었을 때의 결과 값은?

D2	▼ : × ✓ fx	=SUM($B$2:C2)		
	A	B	C	D	E
1					
2		5	10	15	
3		7	14		
4		9	18		

① 15   ② 27   ③ 42   ④ 63

출제 ▶ 18년2회(2급), 16년2회(2급)

05 다음 중 함수식에 대한 결과가 옳지 않은 것은?

① =MOD(9,2) → 1   ② =COLUMN(C5) → 3
③ =TRUNC(8.73) → 8   ④ =POWER(5,3) → 15

출제 ▶ 18년2회(2급)

06 아래의 워크시트에서 [표1]을 이용하여 [F3:F5] 영역에 소속별 매출액의 합계를 구하고자 한다. 다음 중 [F3] 셀에 수식을 입력한 후 채우기 핸들을 이용하여 [F5] 셀까지 계산하려고 할 때 [F3] 셀에 입력할 수식으로 옳은 것은?

	A	B	C	D	E	F	G
1	[표1]						
2	성명	소속	매출액		소속	총매출액	평균매출액
3	이민우	영업2부	8,819		영업1부	24,634	6,159
4	차소라	영업3부	8,010		영업2부	42,300	7,050
5	진희경	영업2부	6,985		영업3부	30,128	7,532
6	장용	영업1부	7,580				
7	최병철	영업1부	7,321				
8	김철수	영업2부	4,850				
9	정진수	영업3부	7,623				
10	고희수	영업1부	3,455				
11	조민희	영업2부	4,215				
12	추소영	영업2부	8,521				
13	홍수아	영업3부	6,741				
14	이강식	영업1부	6,278				
15	유동근	영업3부	7,754				
16	이현재	영업2부	8,910				

① =SUMIF(B3:B16,E3,C3:C16)
② =SUMIF(B$3:B$16,E$3,C$3:C$16)
③ =SUMIF($B$3:$B$16,E3,$C$3:$C$16)
④ =SUMIF($B3:B16,$E3,C3:C$16)

출제 ▶ 17년2회(2급), 17년1회(2급)

07 다음 중 [A7] 셀에 수식 '=SUMIFS(D2:D6,A2:A6,"연필",B2:B6,"서울")'을 입력한 경우 결과값으로 옳은 것은?

	A	B	C	D	E
1	품목	대리점	판매계획	판매실적	
2	연필	경기	150	100	
3	볼펜	서울	150	200	
4	연필	서울	300	300	
5	볼펜	경기	300	400	
6	연필	서울	300	200	
7	=SUMIFS(D2:D6, A2:A6, "연필", B2:B6, "서울")				

① 100   ② 500   ③ 600   ④ 750

핵심이론 208

수학/삼각 함수 목록

함수	내용
SUM(인수1,인수2,...)	인수들의 합계를 표시
SUMIF(조건범위,조건,합계범위)	조건을 만족하는 인수들의 합계를 표시
SUMIFS(합계범위,조건범위1,조건1,조건범위2,조건2,...)	조건들을 만족하는 인수들의 합계를 표시
ROUND(인수,자릿수)	인수를 반올림하여 표시
ROUNDUP(인수,자릿수)	인수를 올림하여 표시
ROUNDDOWN (인수,자릿수)	인수를 내림하여 표시
ABS(인수)	인수를 절대값으로 표시
INT(인수)	인수를 정수로 내림하여 표시
TRUNC(인수,자릿수)	인수를 정수로 표시
MOD(인수1,인수2)	인수1을 인수2로 나눈 나머지를 표시
QUOTIENT(인수1,인수2)	인수1을 인수2로 나눈 몫을 표시
RAND()	0과 1사이의 난수 발생
SQRT(인수)	인수의 양의 제곱근을 표시
POWER(인수1,인수2)	인수1을 인수2만큼 거듭제곱하여 표시

PRODUCT(숫자1,숫자2,...)	인수들의 곱을 표시
SUMPRODUCT (범위1,범위2,...)	범위에서 대응되는 값들을 곱한 후 총계를 구하여 표시

출제 ▶ 20년2회(1급)

08 다음 중 아래의 워크시트에서 작성한 수식으로 결과 값이 다른 것은?

	A	B	C
1	10	30	50
2	40	60	80
3	20	70	90

① =SMALL(B1:B3,COLUMN(C3))

② =SMALL(A1:B3,AVERAGE({1;2;3;4;5}))

③ =LARGE(A1:B3,ROW(A1))

④ =LARGE(A1:C3,AVERAGE({1;2;3;4;5}))

출제 ▶ 20년2회(1급)

09 다음 중 아래 시트에 대한 각 수식의 결과값이 나머지 셋과 다른 것은?

	A	B	C	D	E	F	G
1	10	20	30	40	50	60	70

① =SMALL(A1:G1,{3})

② =AVERAGE(SMALL(A1:G1,{1;2;3;4;5}))

③ =LARGE(A1:G1,{5})

④ =SMALL(A1:G1,COLUMN(D1))

출제 ▶ 20년1회(2급), 16년3회(2급)

10 아래 시트에서 수강생들의 학점별 학생수를 [E3:E7] 영역에 계산하였다. 다음 중 [E3] 셀에 입력한 수식으로 옳은 것은?

	A	B	C	D	E
1	엑셀 성적 분포				
2	이름	학점		학점	학생수
3	이현미	A		A	2
4	장조림	B		B	3
5	나기훈	B		C	1
6	백원석	C		D	0
7	이영호	A		F	0
8	세종시	B			

① =COUNT(B3:B8,D3)

② =COUNTA($B$3:$B$8,D3)

③ =COUNTIF(D3,$B$3:$B$8)

④ =COUNTIF($B$3:$B$8,D3)

출제 ▶ 17년1회(1급)

11 다음 중 아래 시트에서 각 수식을 실행했을 때의 결과 값으로 옳은 것은?

	A	B	C	D	E
1	이름	국어	영어	수학	평균
2	홍길동	83	90	73	82
3	이대한	65	87	91	81
4	한민국	80	75	100	85
5	평균	76	84	88	82.66667

① =SUM(COUNTA(B2:D4),MAXA(B2:D4)) → 102

② =AVERAGE(SMALL(C2:C4,2),LARGE(C2:C4,2)) → 75

③ =SUM(LARGE(B3:D3,2),SMALL(B3:D3,2)) → 174

④ =SUM(COUNTA(B2,D4),MINA(B2,D4)) → 109

출제 ▶ 19년1회(2급)

12 다음 중 [A8] 셀에 아래 함수식을 입력했을 때 나타나는 결과로 옳은 것은?

=COUNTBLANK(A1:A7)+COUNT(A1:A7)

	A
1	민영호
2	
3	이민정
4	노치국
5	6
6	2019-09-09
7	
8	

① 4

② 5

③ 6

④ 7

출제 ▶ 18년2회(2급), 16년1회(2급)

13 다음 중 함수식에 대한 결과가 옳은 것은?

① =COUNT(1, "참", TRUE, "1") → 1

② =COUNTA(1, "거짓", TRUE, "1") → 2

③ =MAX(TRUE, "10", 8, 3) → 10

④ =ROUND(215.143, -2) → 215.14

출제 ▶ 15년3회(2급)

14 다음 중 아래의 워크시트에서 함수의 사용 결과가 나머지 셋과 다른 것은?

	A	B	C	D
1				
2	100	200	300	400

① =LARGE(A2:C2,2)

② =LARGE(A2:D2,2)

③ =SMALL($A$2:$C$2,2)

④ =SMALL($A$2:$D$2,2)

핵심이론 209

통계 함수 목록

함수	내용
AVERAGE(인수1,인수2...)	인수들의 평균을 표시
AVERAGEA(인수1,인수2...)	수치가 아닌 인수를 포함하여 인수들의 평균을 표시
AVERAGEIF(조건범위,조건,평균범위)	조건을 만족하는 인수들의 평균을 표시
AVERAGEIFS(평균범위,조건범위1,조건1,조건범위2,조건2,...)	조건들을 만족하는 인수들의 평균을 표시
MEDIAN(인수1,인수2...)	인수들의 중간값을 표시
MAX(인수1,인수2...) MAXA(인수1,인수2...)	수치 인수 중 최대값을 표시 모든 인수 중 최대값을 표시
MIN(인수1,인수2...) MINA(인수1,인수2...)	수치 인수 중 최소값을 표시 모든 인수 중 최소값을 표시
LARGE(범위,N번째)	범위 중 N번째로 큰 값을 표시
SMALL(범위,N번째)	범위 중 N번째로 작은 값을 표시
RANK.EQ(인수,범위,옵션) RANK.AVG(인수,범위,옵션)	범위 안에서 인수의 순위를 구하여 표시(옵션:1(오름),0(내림))
COUNT(인수1,인수2...)	수치 인수의 개수를 표시
COUNTA(인수1,인수2...)	모든 인수의 개수를 표시
COUNTIF(조건범위,조건)	조건을 만족하는 개수를 표시
COUNTIFS(조건범위1,조건1,조건범위2,조건2,...)	조건들의 만족하는 개수를 표시

출제 ▶ 15년2회(1급)

15 다음 중 연이율 4.5%로 2년 만기로 매월 말 400,000원씩 저축할 경우, 복리 이자율로 계산하여 만기에 찾을 수 있는 금액을 구하기 위한 수식으로 옳은 것은?

① =FV(4.5%/12,2*12,-400000)

② =FV(4.5%/12,2*12,-400000,,1)

③ =FV(4.5%,2*12,-400000,,1)

④ =FV(4.5%,2*12,-400000)

출제 ▶ 15년1회(1급)

16 다음 중 아래의 데이터를 이용하여 계산할 현재가치 [D3]의 수식으로 옳은 것은?

	A	B	C	D
1	투자 금액의 현재 가치			
2	연이율	투자기간(년)	투자금액	현재가치
3	6%	3	3,000,000	

① =PV(A3/12,B3*12,,C3)

② =PV(A3/12,B3/12,,C3)

③ =PV(A3/12,B3,,C3)

④ =PV(A3,B3,,C3)

핵심이론 210

재무 함수 목록

함수	내용
FV(이자,기간,금액,현재가치,납입시점)	금액에 이자를 적용하여 기간만큼 납입했을 때의 미래가치를 계산하여 표시
PV(이자,기간,금액,미래가치,납입시점)	금액에 이자를 적용하여 기간만큼 납입했을 때의 현재가치를 계산하여 표시
NPV(할인율,금액1,금액2,...)	할인율과 앞으로의 지출과 수입을 사용하여 투자의 현재가치를 계산하여 표시
PMT(이자,기간,현재가치,미래가치,납입시점)	정기적으로 지급/상환할 금액을 계산하여 표시

출제 ▶ 20년2회(1급), 16년2회(1급)

01 다음 중 아래의 워크시트에서 수식의 결과로 '부사장'을 출력하지 않는 것은?

	A	B	C	D
1	사원번호	성명	직함	생년월일
2	101	구민정	영업 과장	1980-12-08
3	102	강수영	부사장	1965-02-19
4	103	김진수	영업 사원	1991-08-30
5	104	박용만	영업 사원	1990-09-19
6	105	이순신	영업 부장	1971-09-20

① =CHOOSE(CELL("row",B3),C2,C3,C4,C5,C6)

② =CHOOSE(TYPE(B4),C2,C3,C4,C5,C6)

③ =OFFSET(A1:A6,2,2,1,1)

④ =INDEX(A2:D6,MATCH(A3,A2:A6,0),3)

출제 ▶ 20년1회(1급)

02 다음 중 아래 시트의 [A9] 셀에 수식 '=OFFSET (B3,-1,2)'을 입력한 경우 결과값은?

	A	B	C	D	E
1	학번	학과	학년	성명	주소
2	12123	국문과	2	박태훈	서울
3	15234	영문과	1	이경섭	인천
4	20621	수학과	3	윤혜주	고양
5	18542	국문과	1	민소정	김포
6	31260	수학과	2	함경표	부천
7					
8					
9					

① 윤혜주 ② 서울

③ 고양 ④ 박태훈

출제 ▶ 19년2회(1급), 16년3회(1급)

03 다음 중 [A13] 셀에 수식 '=INDEX((A1:C6, A8:C11), 2, 2, 2)'을 입력한 결과는?

	A	B	C	D	E	F
1	과일	가격	개수			
2	사과	690	40			
3	바나나	340	38			
4	레몬	550	15			
5	오렌지	250	25			
6	배	590	40			
7						
8	아몬드	2800	10			
9	캐슈넛	3550	16			
10	땅콩	1250	20			
11	호두	1750	12			
12						
13	=INDEX((A1:C6,A8:C11),2,2,2)					
14						

① 690 ② 340 ③ 2,800 ④ 3,550

출제 ▶ 18년1회(1급), 15년1회(1급)

04 아래 워크시트에서 부서명[E2:E4]을 번호[A2:A11] 순서대로 반복하여 발령부서[C2:C11]에 배정하고자 한다. 다음 중 [C2] 셀에 입력할 수식으로 옳은 것은?

	A	B	C	D	E
1	번호	이름	발령부서		부서명
2	1	황현아	기획팀		기획팀
3	2	김지민	재무팀		재무팀
4	3	정미주	총무팀		총무팀
5	4	오민아	기획팀		
6	5	김혜린	재무팀		
7	6	김윤중	총무팀		
8	7	박유미	기획팀		
9	8	김영주	재무팀		
10	9	한상미	총무팀		
11	10	서은정	기획팀		

① =INDEX($E$2:$E$4,MOD(A2,3))

② =INDEX($E$2:$E$4,MOD(A2,3)+1)

③ =INDEX($E$2:$E$4,MOD(A2-1,3)+1)

④ =INDEX($E$2:$E$4,MOD(A2-1,3))

출제 ▶ 17년1회(2급)

05 다음 중 아래의 워크시트를 참조하여 작성한 수식 '=INDEX(B2:D9,2,3)'의 결과는?

	A	B	C	D
1	코드	정가	판매수량	판매가격
2	L-001	25,400	503	12,776,000
3	D-001	23,200	1,000	23,200,000
4	D-002	19,500	805	15,698,000
5	C-001	28,000	3,500	98,000,000
6	C-002	20,000	6,000	120,000,000
7	L-002	24,000	750	18,000,000
8	L-003	26,500	935	24,778,000
9	D-003	22,000	850	18,700,000

① 19,500 ② 23,200,000

③ 1,000 ④ 805

핵심이론 211

찾기/참조 함수 목록

함수	내용
INDEX(범위,행번호,열번호,범위번호)	- 범위에서 지정한 행번호와 열번호가 교차하는 지점의 값을 표시 - 범위를 2개 이상 사용하는 경우 범위 번호를 지정

함수	내용
MATCH(기준,범위,옵션)	범위에서 기준의 위치 번호를 찾아 표시
CHOOSE(번호,값1,값2,…)	값들 중 번호를 번째 수로 검색하여 값을 표시
OFFSET(범위,행,열,높이,너비)	- 범위에서 지정한 행과 열만큼 떨어진 위치에 있는 데이터를 반환하여 표시 - 높이와 너비를 입력하여 범위를 지정할 수 있음
ROW() ROWS(범위)	- 해당 셀의 행 번호를 표시 - 범위의 행 개수를 표시
COLUMN() COLUMNS(범위)	- 해당 셀의 열 번호를 표시 - 범위의 열 개수를 표시

출제 ▶ 18년1회(1급)

06 다음 중 아래 워크시트에서 [A6] 셀에 수식 '=VLOOKUP("C",A2:C5,3,0)'을 입력한 경우의 결과로 옳은 것은?

SUM	▼ : × ✓ fx	=VLOOKUP("C",A2:C5,3,0)				
▲	A	B	C	D	E	F
1	코드	품목	가격			
2	A	연필	1000			
3	B	볼펜	2000			
4	C	지우개	3000			
5	D	샤프	4000			
6	=VLOOKU					

① #N/A
② #Name?
③ B
④ 2000

출제 ▶ 20년1회(2급)

07 아래 워크시트는 수량과 상품코드별 단가를 이용하여 금액을 산출한 것이다. 다음 중 [D2] 셀에 사용된 수식으로 옳은 것은? (단, 금액 = 수량 × 단가)

▲	A	B	C	D
1	매장명	상품코드	수량	금액
2	강북	AA-10	15	45,000
3	강남	BB-20	25	125,000
4	강서	AA-10	30	90,000
5	강동	CC-30	35	245,000
6				
7		상품코드	단가	
8		AA-10	3000	
9		BB-20	7000	
10		CC-30	5000	

① = C2 * VLOOKUP(B2,$B$8:$C$10,2)
② = C2 * VLOOKUP($B$8:$C$10,2,B2,FALSE)
③ = C2 * VLOOKUP(B2,$B$8:$C$10,2,FALSE)
④ = C2 * VLOOKUP($B$8:$C$10,2,B2)

출제 ▶ 18년1회(2급)

08 다음 중 아래 시트에서 [C2:G3] 영역을 참조하여 [C5] 셀의 점수 값에 해당하는 학점을 [C6] 셀에 구하기 위한 함수식으로 옳은 것은?

▲	A	B	C	D	E	F	G
1							
2		점수	0	60	70	80	90
3		학점	F	D	C	B	A
4							
5		점수	76				
6		학점					
7							

① =VLOOKUP(C5,C2:G3,2,TRUE)
② =VLOOKUP(C5,C2:G3,2,FALSE)
③ =HLOOKUP(C5,C2:G3,2,TRUE)
④ =HLOOKUP(C5,C2:G3,2,FALSE)

핵심이론 212

찾기/참조 함수 목록

함수	내용
VLOOKUP(기준,범위,열번호,옵션)	범위의 첫 번째 열에서 기준을 검색하여 지정된 열 번호에서 같은 행에 위치한 값을 표시
HLOOKUP(기준,범위,행번호,옵션)	범위의 첫 번째 행에서 기준을 검색하여 지정된 행 번호에서 같은 열에 위치한 값을 표시
LOOKUP(기준,범위) LOOKUP(기준,기준범위,결과범위)	- 범위의 첫 번째 행/열에서 기준을 찾아 범위의 마지막 행/열에서 같은 위치에 있는 값을 표시 - 기준범위에서 기준을 찾아 같은 행/열 위치의 값을 결과범위에서 찾아 표시

출제 ▶ 15년2회(1급)

09 다음 중 아래의 시트에서 수식 =DSUM(A1:D7, 4, B1:B2)을 실행했을 때의 결과 값으로 옳은 것은?

▲	A	B	C	D
1	성명	부서	1/4분기	2/4분기
2	김남이	영업1부	10	15
3	이지영	영업2부	20	25
4	하나미	영업1부	15	20
5	임진태	영업2부	10	10
6	현민대	영업2부	20	15
7	한민국	영업1부	15	20

① 10
② 15
③ 40
④ 55

10 다음 중 아래의 워크시트에서 수식 '=DAVERAGE (A4:E10, "수확량", A1:C2)'의 결과 값으로 옳은 것은?

	A	B	C	D	E
1	나무	높이	높이		
2	배	>10	<20		
3					
4	나무	높이	나이	수확량	수익
5	배	18	17	14	105
6	배	12	20	10	96
7	체리	13	14	9	105
8	사과	14	15	10	75
9	배	9	8	8	76.8
10	사과	8	9	6	45

① 15 ② 12 ③ 14 ④ 18

11 다음 중 아래의 워크시트에서 몸무게가 70Kg 이상인 사람의 수를 구하고자 할 때 [E7] 셀에 입력할 수식으로 옳지 않은 것은?

	A	B	C	D	E	F
1	번호	이름	키(Cm)	몸무게(Kg)		
2	12001	홍길동	165	67		몸무게(Kg)
3	12002	이대한	171	69		>=70
4	12003	한민국	177	78		
5	12004	이우리	162	80		
6						
7	몸무게가 70Kg 이상인 사람의 수?				2	

① =DCOUNT(A1:D5,2,F2:F3)
② =DCOUNTA(A1:D5,2,F2:F3)
③ =DCOUNT(A1:D5,3,F2:F3)
④ =DCOUNTA(A1:D5,3,F2:F3)

12 다음 중 [D9] 셀에서 사과나무의 평균 수확량을 구하는 경우 나머지 셋과 다른 결과를 표시하는 수식은?

	A	B	C	D	E	F
1	나무번호	종류	높이	나이	수확량	나이
2	001	사과	18	20	18	105000
3	002	배	12	12	10	96000
4	003	체리	13	14	9	105000
5	004	사과	14	15	10	75000
6	005	배	9	8	8	77000
7	006	사과	8	9	10	45000
8						
9	사과나무의 평균 수확량					

① =INT(DAVERAGE(A1:F7,5,B1:B2))
② =TRUNC(DAVERAGE(A1:F7,5,B1:B2))
③ =ROUND(DAVERAGE(A1:F7,5,B1:B2), 0)
④ =ROUNDDOWN(DAVERAGE(A1:F7,5,B1:B2),0)

핵심이론 213
데이터베이스 함수 목록

함수	내용
DSUM(범위,열번호/열제목,조건)	범위에서 조건을 만족하는 열의 합계를 구하여 표시
DAVERAGE(범위,열번호/열제목,조건)	범위에서 조건을 만족하는 열의 평균를 구하여 표시
DMAX(범위,열번호/열제목,조건)	범위에서 조건을 만족하는 열의 최대값을 구하여 표시
DMIN(범위,열번호/열제목,조건)	범위에서 조건을 만족하는 열의 최소값을 구하여 표시
DGET(범위,열번호/열제목,조건)	범위에서 조건을 만족하는 열의 값를 찾아 표시
DCOUNT(범위,열번호/열제목,조건)	범위에서 조건을 만족하는 수치 값의 개수를 표시
DCOUNTA(범위,열번호/열제목,조건)	범위에서 조건을 만족하는 값의 개수를 표시

14 함수 : 배열수식

01 아래 시트에서 각 부서마다 직위별로 종합점수의 합계를 구하려고 한다. 다음 중 [B17] 셀에 입력된 수식으로 옳은 것은?

	A	B	C	D	E
1	부서명	직위	업무평가	구술평가	종합점수
2	영업부	사원	35	30	65
3	총무부	대리	38	33	71
4	총무부	과장	45	36	81
5	총무부	대리	35	40	75
6	영업부	과장	46	39	85
7	홍보부	과장	30	37	67
8	홍보부	부장	41	38	79
9	총무부	사원	33	29	62
10	영업부	대리	36	34	70
11	홍보부	대리	27	36	63
12	영업부	과장	42	39	81
13	영업부	부장	40	39	79
16	부서명	부장	과장	대리	
17	영업부				
18	총무부				
19	홍보부				

① {=SUMIFS($E$2:$E$13, $A$2:$A$13, $A$17,$B$2:$B$13, $B$16)}

② {=SUM(($A$2:$A$13=A17) * ($B$2:$B$13=B16) * $E$2:$E$13)}

③ {=SUM(($A$2:$A$13=$A$17) * ($B$2:$B$13=B16) * $E$2:$E$13)}

④ {=SUM(($A$2:$A$13=A17) * ($B$2:$B$13=$B$16) * $E$2:$E$13)}

출제 ▶ 19년2회(1급), 16년3회(1급)

02 아래 워크시트에서 순위[G2:G10]는 총점을 기준으로 구하되 동점자에 대해서는 국어를 기준으로 순위를 구하였다. 다음 중 [G2] 셀에 입력된 수식으로 옳은 것은?

	A	B	C	D	E	F	G
1	성명	국어	수학	영어	사회	총점	순위
2	홍길동	92	50	30	10	182	1
3	한미국	80	50	20	30	180	3
4	이대한	90	40	20	30	180	2
5	이나래	70	50	30	30	180	4
6	마상욱	80	50	30	10	170	7
7	박정인	90	40	20	20	170	6
8	사수영	70	40	30	30	170	8
9	고소영	85	40	30	20	175	5
10	장영수	70	50	10	5	135	9

① {=RANK($F2,$F$2:$F$10) + RANK($B$2,$B$2:$B$10)}

② {=RANK($B$2,$B$2:$B$10) * RANK($F2,$F$2:$F$10)}

③ {=RANK($F2,$F$2:$F$10) + SUM(($F$2:$F$10=$F2) * ($B$2:$B$10 > $B2))}

④ {=SUM(($F$2:$F$10=$F2) * ($B$2:$B$10 > $B2)) * RANK($F2,$F$2:$F$10)}

출제 ▶ 19년1회(1급)

03 다음 중 아래 시트에서 부서별 인원수[H3:H6]를 구하기 위하여 [H3]셀에 입력되는 배열 수식으로 옳지 않은 것은?

	A	B	C	D	E	F	G	H
1								
2		사원명	부서명	직위	급여		부서별 인원수	
3		홍길동	개발1부	부장	3500000		개발1부	3
4		이대한	영업2부	과장	2800000		개발2부	1
5		한미국	영업1부	대리	2500000		영업1부	1
6		이겨래	개발1부	과장	3000000		영업2부	2
7		김국수	개발1부	부장	3700000			
8		박미나	개발2부	대리	2800000			
9		최신호	영업2부	부장	3300000			

① {=SUM(($C$3:$C$9=G3) * 1)}

② {=DSUM(($C$3:$C$9=G3) * 1)}

③ {=SUM(IF($C$3:$C$9=G3, 1))}

④ {=COUNT(IF($C$3:$C$9=G3, 1))}

출제 ▶ 18년2회(1급)

04 아래 시트에서 [D2:D5] 영역을 선택한 후 배열 수식으로 한 번에 금액을 구하려고 한다. 다음 중 이를 위한 수식으로 옳은 것은? (금액 = 수량 * 단가)

	A	B	C	D
1	제품명	수량	단가	금액
2	디지털카메라	10	350,000	
3	전자사전	15	205,000	
4	모니터	20	155,000	
5	태블릿	5	550,000	

① {=B2*C2}

② {=B2:B5*C2:C5}

③ {=B2*C2:B5*C5}

④ {=SUMPRODUCT(B2:B5,C2:C5)}

출제 ▶ 18년2회(1급), 16년1회(1급)

05 아래 워크시트의 [C3:C15] 영역을 이용하여 출신지역별로 인원수를 [G3:G7] 영역에 계산하려고 한다. 다음 중 [G3] 셀에 수식을 작성한 뒤 채우기 핸들을 사용하여 [G7] 셀까지 수식 복사를 할 경우 [G3] 셀에 입력할 수식으로 옳은 것은?

	A	B	C	D	E	F	G	H
1								
2		성명	출신지역	나이			인원	
3		김광철	서울	32		서울 지역	3	
4		김다나	경기	35		경기 지역	3	
5		고준영	서울	36		호남 지역	3	
6		성영주	호남	38		영남 지역	3	
7		김철수	경기	38		제주 지역	2	
8		정석중	호남	42				
9		이진주	영남	44				
10		박성수	제주	45				
11		최미나	영남	48				
12		강희수	영남	50				
13		조광식	서울	52				
14		윌춘배	호남	52				
15		지민주	영남	54				

① =SUM(IF($C$3:$C$15=LEFT(F3,2),1,0))

② {=SUM(IF($C$3:$C$15=LEFT(F3,2),1,0))}

③ =SUM(IF($C$3:$C$15=LEFT(F3,2),1,1))

④ {=SUM(IF($C$3:$C$15=LEFT(F3,2),1,1))}

출제 ▶ 18년1회(1급)

06 아래 워크시트에서 매출액[B3:B9]을 이용하여 매출 구간별 빈도수를 [F3:F6] 영역에 계산하고자 한다. 다음 중 이를 위한 배열수식으로 옳은 것은?

	A	B	C	D	E	F
1						
2		매출액		매출구간		빈도수
3		75		0	50	1
4		93		51	100	2
5		130		101	200	3
6		32		201	300	1
7		123				
8		257				
9		169				

① {=PERCENTILE(B3:B9,E3:E6)}
② {=PERCENTILE(E3:E6,B3:B9)}
③ {=FREQUENCY(B3:B9,E3:E6)}
④ {=FREQUENCY(E3:E6,B3:B9)}

출제 ▶ 17년2회(1급)

07 아래 워크시트에서 일자[A2:A7], 제품명[B2:B7], 수량[C2:C7], [A9:C13] 영역을 이용하여 금액[D2:D7]을 배열수식으로 계산하고자 한다. 다음 중 [D2] 셀에 입력된 수식으로 옳은 것은?(단, 금액은 단가*수량으로 계산하며, 단가는 [A9:C13] 영역을 참조하여 구함)

	A	B	C	D
1	일자	제품명	수량	금액
2	10월 03일	허브차	35	52,500
3	10월 05일	아로마비누	90	270,000
4	10월 05일	허브차	15	22,500
5	11월 01일	아로마비누	20	80,000
6	11월 20일	허브차	80	160,000
7	11월 30일	허브차	90	180,000
8				
9	제품명	월	단가	
10	허브차	10	1,500	
11	허브차	11	2,000	
12	아로마비누	10	3,000	
13	아로마비누	11	4,000	

① {=INDEX($C$10:$C$13, MATCH(MONTH(A2)&B2, $B$10:$B$13&$A$10:$A$13, 0))*C2}
② {=INDEX($C$10:$C$13, MATCH(MONTH(A2)&B2, $A$10:$A$13,$A$10:$A$13, 0))*C2}
③ {=INDEX($C$10:$C$13, MATCH(MONTH(A2),B2, $B$10:$B$13&$A$10:$A$13, 0))*C2}
④ {=INDEX($C$10:$C$13, MATCH(MONTH(A2),B2, $A$10:$A$13&$B$10:$B$13, 0))*C2}

출제 ▶ 16년2회(1급), 15년1회(1급)

08 다음 중 아래의 워크시트에서 [A4:B5] 영역을 선택한 후 수식 '=A1:B2+D1:E2'를 입력하고, [Ctrl] + [Shift] + [Enter]키를 눌렀을 때, [B5] 셀에 표시되는 값으로 옳은 것은?

	A	B	C	D	E
1	1	2		1	2
2	3	4		3	4
3					
4					
5					

① 4   ② 8   ③ 10   ④ 20

출제 ▶ 16년2회(1급)

09 다음 중 배열 수식 및 배열 함수에 대한 설명으로 옳지 않은 것은?

① 배열 수식에서 사용되는 배열 상수에는 숫자, 텍스트, TRUE나 FALSE 등의 논리값 또는 #N/A와 같은 오류 값이 포함될 수 있다.
② MDETERM 함수는 배열로 저장된 행렬에 대한 역행렬을 산출한다.
③ PERCENTILE 함수는 범위에서 k번째 백분위수 값을 구하며, 이 때 k는 0에서 1까지 백분위수 값 범위이다.
④ FREQUENCY 함수는 값의 범위 내에서 해당 값의 발생 빈도를 계산하여 세로 배열 형태로 나타낸다.

출제 ▶ 15년2회(1급)

10 다음 중 배열 수식과 배열 상수에 대한 설명으로 옳지 않은 것은?

① 배열 수식에서 잘못된 인수나 피연산자를 사용할 경우 '#VALUE!'의 오류값이 발생한다.
② 배열 상수는 숫자, 논리값, 텍스트, 오류값 외에 수식도 사용할 수 있다.

③ 배열 상수에서 다른 행의 값은 세미콜론(;), 다른 열의 값은 쉼표(,)로 구분한다.

④ [Ctrl] + [Shift] + [Enter]키를 누르면 중괄호({ }) 안에 배열 수식이 표시된다.

핵심이론 214

- 배열 수식은 함수의 인수로 배열을 사용하여 계산을 수행하고, 하나의 결과나 여러 개의 결과를 반환하는 수식이다.
- 배열 수식은 배열 인수라는 두 개 이상의 값에 의해 실행되며, 각 배열의 행과 열의 개수는 동일해야 한다.
- 배열 수식을 입력할 때 [Ctrl] + [Shift] + [Enter]를 눌러서 입력하고, 계산된 수식의 앞뒤에 중괄호({})가 자동으로 표시된다.
- 수식 입력줄이 활성화되면 중괄호({})는 표시되지 않는다.
- 배열 수식에서 잘못된 인수나 피연산자를 사용할 경우 '#VALUE!'의 오류값이 발생한다.
- 여러 셀을 범위로 지정하여 수식을 입력하면 모두 같은 수식이 입력되고, 해당 수식은 전체를 이동하거나 삭제할 수는 있지만 부분적으로 수정, 이동, 삭제는 불가능하다.

배열 상수

- 배열 수식에서 사용되는 배열 인수를 배열 상수라고 하며, 배열 상수에는 숫자, 텍스트, TRUE나 FALSE 등의 논리값 또는 #N/A와 같은 오류 값이 포함될 수 있다.
- 배열 상수는 수식이 아닌 상수여야 하며, 정수, 실수, 지수형 숫자를 사용할 수 있다.
- $, 괄호, %, 길이가 다른 행이나 열, 셀 참조 등은 배열 상수가 될 수 없다.
- 배열 상수 입력 시 열의 구분은 쉼표(,)로, 행의 구분은 세미콜론(;)으로 한다.
- 배열 상수 입력 시 중괄호({})를 직접 입력하여 상수를 묶어야 한다.

SECTION

03 분석 작업

15 정렬/부분합/통합

출제 ▶ 20년1회(1급)

01 다음 중 데이터 정렬에 관한 설명으로 옳지 않은 것은?

① 대/소문자를 구분하여 정렬할 수 있다.

② 표 안에서 다른 열에는 영향을 주지 않고 선택한 한 열 내에서만 정렬하도록 할 수 있다.

③ 정렬 기준으로 '셀 아이콘'을 선택한 경우 기본 정렬 순서는 '위에 표시'이다.

④ 행을 기준으로 정렬하려면 [정렬] 대화상자의 [옵션]에서 정렬 옵션의 방향을 '위쪽에서 아래쪽'으로 선택한다.

출제 ▶ 18년1회(1급), 15년3회(1급)

02 다음 중 데이터 정렬에 대한 설명으로 옳지 않은 것은?

① 정렬 조건을 최대 64개까지 지정할 수 있어 다양한 조건으로 정렬할 수 있다.

② 숨겨진 열이나 행은 정렬 시 이동되지 않으므로 데이터를 정렬하기 전에 숨겨진 열과 행을 표시하는 것이 좋다.

③ 정렬 기준을 글꼴 색이나 셀 색으로 선택한 경우의 기본 정렬 순서는 오름차순의 경우 밝은 색에서 어두운 색 순으로 정렬된다.

④ 첫째 기준뿐만 아니라 모든 정렬 기준에서 사용자 지정 목록을 정렬 기준으로 사용할 수 있다.

출제 ▶ 17년1회(1급)

03 다음 중 아래 워크시트 (가)를 (나)와 같이 정렬하기 위한 방법으로 옳은 것은?

	A	B	C	D
1	이름	사번	부서	직위
2	윤여송	a-001	기획실	과장
3	이기상	a-002	기획실	대리
4	이원편	a-003	기획실	사원
5	강문상	a-004	관리과	사원
6				

(가)

↓

	A	B	C	D
1	부서	사번	이름	직위
2	기획실	a-001	윤여송	과장
3	기획실	a-002	이기상	대리
4	기획실	a-003	이원편	사원
5	관리과	a-004	강문상	사원

(나)

① 정렬 옵션을 '왼쪽에서 오른쪽'으로 설정

② 정렬 옵션을 '위쪽에서 아래쪽'으로 설정

③ 정렬 기준을 '셀 색', 정렬을 '위에 표시'로 설정

④ 정렬 기준을 '셀 색', 정렬을 '아래쪽에 표시'로 설정

출제 ▶ 16년1회(1급)

04 다음 중 엑셀의 정렬 기능에 대한 설명으로 옳지 않은 것은?

① 오름차순 정렬과 내림차순 정렬 모두 빈 셀은 항상 마지막으로 정렬된다.

② 영숫자 텍스트는 왼쪽에서 오른쪽 방향으로 문자 단위로 정렬된다.

③ 사용자가 [정렬 옵션] 대화 상자에서 대/소문자를 구분하도록 변경하여, 오름차순으로 정렬하면 대문자가 소문자보다 우선순위를 갖는다.

④ 공백으로 시작하는 문자열은 오름차순 정렬일 때 숫자 바로 다음에 정렬되고, 내림차순 정렬일 때는 숫자 바로 앞에 정렬된다.

핵심이론 215

• 정렬은 입력 데이터를 특정 기준에 따라 재배열하는 기능으로 원칙적으론 숨겨진 행이나 열은 정렬에 포함되지 않는다.

• 정렬 조건을 최대 64개까지 지정할 수 있어 다양한 조건으로 정렬할

수 있다.

- 정렬 방식은 오름차순, 내림차순, 사용자 지정 목록이 있으며, 기본적으로 셀 값에 따라 위에서 아래로 행 단위로 정렬된다.
- 표 안에서 다른 열에는 영향을 주지 않고 선택한 한 열 내에서만 정렬하도록 할 수 있다.
- 대/소문자를 구분하여 정렬할 수 있다.

오름차순	숫자 〉 문자 〉 논리값 〉 오류값 〉 빈셀
	- 작은 수 → 큰 수 - 특수문자 → 소문자 → 대문자 → 한글
내림차순	오류값 〉 논리값 〉 문자 〉 숫자 〉 빈셀
	- 큰 수 → 작은 수 - 한글 → 대문자 → 소문자 → 특수문자

출제 ▶ 19년2회(1급)

05 다음 중 부분합에 대한 설명으로 옳지 않은 것은?

① 다중 함수를 이용하는 중첩 부분합을 작성하려면 '부분합' 대화상자에서 매번 '새로운 값으로 대치' 항목을 선택해야 한다.

② 부분합을 제거하면 부분합과 함께 목록에 삽입된 윤곽 및 페이지 나누기도 제거된다.

③ 세부 정보가 있는 행 아래에 요약 행을 지정하려면 '데이터 아래에 요약 표시' 항목을 선택한다.

④ 중첩 부분합은 이미 작성된 부분합 그룹 내에 새로운 부분합 그룹을 추가하는 것이다.

출제 ▶ 15년3회(1급)

06 다음 중 아래의 부분합 결과를 통해 명확히 알 수 있는 내용으로 옳은 것은?

	A	B	C	D	E
1	부서	제품명	상태	판매량	재고량
2	생산1팀	냉장고	양호	45	35
3	생산1팀	냉장고	양호	45	25
4		**냉장고 요약**		90	60
5	생산1팀	세탁기	양호	45	10
6	생산1팀	세탁기	양호	100	20
7		**세탁기 요약**		145	30
8	**생산1팀 요약**			235	90
9	생산2팀	세탁기	양호	80	15
10	생산2팀	세탁기	불량	45	8
11		**세탁기 요약**		125	23
12	생산2팀	전자레인지	양호	70	27
13	생산2팀	전자레인지	양호	100	60
14	생산2팀	전자레인지	불량	100	50
15		**전자레인지 요약**		270	137
16	**생산2팀 요약**			395	160
17	**총합계**			630	250

① [부분합] 대화상자에서 '새로운 값으로 대치' 옵션과 '데이터 아래에 요약 표시' 옵션을 해제하여 실행하였다.

② 부분합으로 설정된 그룹의 윤곽이 자동 윤곽으로 재설정 되었다.

③ 부분합 수행 전 첫 번째 정렬 기준으로 '제품명', 두 번째 정렬 기준으로 '부서', 세 번째 정렬 기준으로 '판매량'을 선택하여 각각 오름차순 정렬을 실행하였다.

④ '부서'를 그룹화할 항목으로 선택하여 '판매량'과 '재고량'의 합계를 계산한 후, '제품명'을 그룹화할 항목으로 선택하여 '판매량'과 '재고량'의 합계를 계산하였다.

출제 ▶ 15년1회(1급)

07 다음 중 아래 그림과 같이 [A1:C19] 영역을 복사하여 부분합의 요약된 결과만 [A23:C27] 영역에 붙여넣기 위한 방법으로 옳은 것은?

	A	B	C
1	제품명	재고량	주문량
9	**냉장고 요약**	630	570
14	**세탁기 요약**	960	890
18	**전자레인지 요약**	810	795
19	**총합계**	2400	2255
20			
21			
22			
23	제품명	재고량	주문량
24	**냉장고 요약**	630	570
25	**세탁기 요약**	960	890
26	**전자레인지 요약**	810	795
27	**총합계**	2400	2255
28			

① [A1:C19] 영역 선택 → [홈]-[편집]-[찾기 및 선택]-[이동 옵션]에서 '화면에 보이는 셀만'을 선택한 후 [확인] 클릭 → 복사 → 붙여넣기

② [A1:C19] 영역 선택 → [홈]-[편집]-[찾기 및 선택]-[이동 옵션]에서 '현재 셀이 있는 영역'을 선택한 후 [확인] 클릭 → 복사 → 붙여넣기

③ [A1:C19] 영역 선택 → 복사 → 선택하여 붙여넣기 → '내용이 있는 셀만 붙여넣기'를 선택한 후 [확인] 클릭

④ [A1:C19] 영역 선택 → 복사 → 선택하여 붙여넣기 → '값'을 선택한 후 [확인] 클릭

08 다음 중 부분합에 대한 설명으로 옳지 않은 것은?

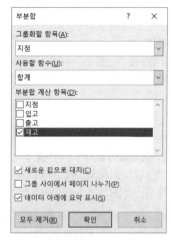

① 부분합을 실행하면 각 부분합에 대한 정보 행을 표시하고 숨길 수 있도록 목록에 윤곽이 자동으로 설정된다.

② 부분합은 한 번에 한 개의 함수만 계산할 수 있으므로 두 개 이상의 함수를 이용하려면 함수의 개수만큼 부분합을 중첩해서 삽입해야 한다.

③ '새로운 값으로 대치'를 선택하면 이전의 부분합의 결과는 제거되고 새로운 부분합의 결과로 변경한다.

④ 그룹화할 항목으로 선택된 필드는 자동으로 오름차순 정렬하여 부분합이 계산된다.

09 다음 중 이미 부분합이 계산되어 있는 상태에서 새로운 부분합을 추가하고자 할 때 수행해야 할 작업으로 옳은 것은?

① [모두 제거] 단추를 클릭

② '새로운 값으로 대치' 설정을 해제

③ '그룹 사이에 페이지 나누기'를 설정

④ '데이터 아래에 요약 표시' 설정을 해제

10 다음 중 부분합을 실행했다가 부분합을 실행하지 않은 상태로 다시 되돌리려고 할 때의 방법으로 옳은 것은?

① [부분합] 대화상자에서 [그룹화 할 항목]을 '없음'으로 선택하고 [확인]을 누른다.

② [데이터] 탭의 [윤곽선] 그룹에서 [그룹 해제]를 선택하여 부분합에서 설정된 그룹을 모두 해제한다.

③ [부분합] 대화상자에서 '새로운 값으로 대치'를 선택하고 [확인]을 누른다.

④ [부분합] 대화상자에서 [모두 제거]를 누른다.

핵심이론 216

• 부분합은 나량의 데이터 목록을 그룹별로 분류하고 해당 그룹별 계산을 수행하는 기능이다.

• 부분합을 수행하려면 첫 행에는 열 이름표가 있어야 하며, 부분합 실행 전 기준 필드는 반드시 정렬되어 있어야 한다.

• SUBTOTAL 함수를 사용하여 계산하며, 사용 가능한 함수의 종류는 합계, 개수, 평균, 최대값, 최소값, 곱, 숫자 개수, 표준 편차, 표본 표준 편차, 표본 분산, 분산이 있다.

• 같은 열에 대하여 여러 개의 함수를 중복 사용하여 다중 함수 부분합을 작성할 수 있다.

• 부분합을 제거하면 부분합과 윤곽, 페이지 나누기도 함께 제거된다.

[부분합] 대화상자

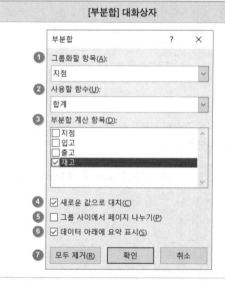

❶: 값을 구하는 기준이 되는 항목을 선택한다.

❷: 적용할 함수를 선택한다.

❸: 부분합을 수행할 필드를 선택한다.

❹: 이전 부분합을 지우고 새 부분합으로 변경한다.

❺: 부분합으로 계산된 그룹을 페이지 별로 구분한다.

❻: 부분합 결과를 각 그룹 하단에 표시한다.

❼: 부분합 결과를 해제하고 원본으로 복구한다.

출제 ▶ 19년1회(1급)

11 다음 중 윤곽에 대한 설명으로 옳지 않은 것은?

① 윤곽 기호를 설정하면 그룹의 요약 정보만 또는 필요한 그룹의 데이터만 확인할 수 있어 편리하다.

② 그룹별로 요약된 데이터에서 [윤곽 지우기]를 실행하면 설정된 윤곽 기호와 함께 윤곽 설정에 사용된 요약 정보도 함께 제거된다.

③ [부분합]을 실행하면 각 정보 행 그룹의 바로 아래나 위에 요약 행이 삽입되고, 윤곽이 자동으로 만들어진다.

④ 그룹화하여 요약하려는 데이터 목록이 있는 경우 데이터에 최대 8개 수준의 윤곽을 설정할 수 있으며 한 수준은 각 그룹에 해당한다.

출제 ▶ 16년3회(1급)

12 다음 중 워크시트의 데이터 목록에 윤곽 설정을 하는 경우 옳지 않은 것은?

① 그룹화하여 요약하려는 데이터 목록이 있는 경우 데이터에 최대 8개 수준의 윤곽을 설정할 수 있다.

② 1 2 , + , − 등의 윤곽 기호가 표시되지 않는 경우 [Excel 옵션]에서 표시되도록 설정할 수 있다.

③ 그룹별로 요약된 데이터에 설정된 윤곽을 제거하면 윤곽 기호와 함께 요약 정보가 표시된 원본 데이터도 삭제된다.

④ 윤곽을 만들 때나 만든 후에 윤곽에 스타일을 적용할 수 있다.

출제 ▶ 15년2회(1급)

13 다음 중 아래의 워크시트에 설정된 기능에 대한 설명으로 옳지 않은 것은?

	A	B	C	D	E	F	G
1							
2			컴퓨터	영어	수학	평균	
3		김경희	60	70	65	65	
4		원민지	69	70	70	70	
5		나도야	69	60	65	65	
6		최은심	90	95	85	90	

① 윤곽으로 설정된 데이터를 확장하거나 축소하려면 [+] 및 [-] 윤곽 기호를 클릭한다.

② [하위 수준 숨기기]를 실행하면 컴퓨터, 영어, 수학 열은 숨겨진다.

③ 왼쪽 상단의 [1] 단추를 클릭하면 전체 데이터가 표시된다.

④ 윤곽을 해제하려면 [데이터] 탭의 [윤곽선] 그룹에서 [그룹 해제]-[윤곽 지우기]를 클릭한다.

핵심이론 217

• 부분합을 적용하면 워크시트에 윤곽이 설정되고, 화면 왼쪽에 윤곽 기호가 표시된다.

• 부분합이 적용된 데이터에서 [윤곽 지우기]를 실행하여 윤곽을 삭제하였더라도 요약 정보는 그대로 남아 있다.

• 윤곽 기호를 이용하여 워크시트에서 하위 수준을 숨기거나(-) 나타낼(+) 수 있다.

• 그룹화하여 요약하려는 데이터 목록이 있는 경우 데이터에 최대 8개 수준의 윤곽을 설정할 수 있으며 한 수준은 각 그룹에 해당한다.

출제 ▶ 18년2회(1급), 15년1회(1급)

14 다음 중 아래의 괄호( ) 안에 들어갈 기능명으로 옳은 것은?

(㉠)은/는 특정 값의 변화에 따른 결과값의 변화 과정을 한 번의 연산으로 빠르게 계산하여 표의 형태로 표시해 주는 도구이고, (㉡)은/는 비슷한 형식의 여러 데이터의 결과를 하나의 표로 통합하여 요약해 주는 도구이다.

① ㉠: 데이터 표 ㉡: 통합

② ㉠: 정렬 ㉡: 시나리오 관리자

③ ㉠: 부분합 ㉡: 피벗 테이블

④ ㉠: 목표값 찾기 ㉡: 데이터 유효성 검사

출제 ▶ 20년2회(2급)

15 다음 중 [통합] 데이터 도구에 대한 설명으로 옳지 않은 것은?

① '모든 참조 영역'에 다른 통합 문서의 워크시트를 추가하여 통합할 수 있다.

② '사용할 레이블'을 모두 선택한 경우 각 참조 영역에 결과 표의 레이블과 일치하지 않은 레이블이 있으면 통합 결과 표에 별도의 행이나 열이 만들어진다.

③ 지정한 영역에 계산될 요약 함수는 '함수'에서 선택하며, 요약 함수로는 합계, 개수, 평균, 최대값, 최소값 등이 있다.

④ '원본 데이터에 연결' 확인란을 선택하여 통합한 경우 통합에 참조된 영역에서의 행 또는 열이 변경될 때 통합된 데이터 결과도 자동으로 업데이트 된다.

출제 ▶ 20년1회(2급), 16년1회(2급)

16 다음 중 데이터 통합에 관한 설명으로 옳지 않은 것은?

① 데이터 통합은 위치를 기준으로 통합할 수도 있고, 영역의 이름을 정의하여 통합할 수도 있다.

② '원본 데이터에 연결' 기능은 통합할 데이터가 있는 워크시트와 통합 결과가 작성될 워크시트가 같은 통합 문서에 있는 경우에만 적용할 수 있다.

③ 다른 원본 영역의 레이블과 일치하지 않는 레이블이 있는 경우에 통합하면 별도의 행이나 열이 만들어진다.

④ 여러 시트에 있는 데이터나 다른 통합 문서에 입력되어 있는 데이터를 통합할 수 있다.

핵심이론 218

• 통합은 비슷한 형식의 여러 데이터의 결과를 하나의 표로 통합하여 요약해 주는 기능이다.

• 사용할 데이터의 형태가 다르더라도 같은 레이블을 사용하면 항목을 기준으로 통합할 수 있다.

• 통합할 데이터의 순서와 위치가 동일하면 위치를 기준으로 통합할 수

있다.

• 사용 가능한 함수의 종류는 합계, 개수, 평균, 최대값, 최소값, 곱, 숫자 개수, 표본 표준 편차, 표준 편차, 표본 분산, 분산이 있다.

• 다른 워크시트나 통합 문서의 데이터를 통합할 수 있다.

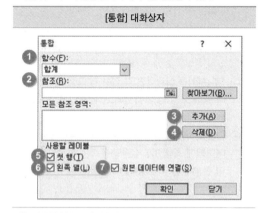

[통합] 대화상자

❶: 적용할 함수를 선택한다.

❷: 통합할 데이터의 범위를 설정한다.

❸: 참조 영역에 추가한다.

❹: 참조 영역에서 제거한다.

❺: 참조 범위의 첫 행을 통합 데이터의 첫 행으로 사용하는 경우 선택한다.

❻: 참조 범위의 왼쪽 열을 통합 데이터의 첫 열로 사용하는 경우 선택한다.

❼: 원본이 변경되면 통합 데이터도 변경되도록 설정하는 경우 선택한다.

16 목표값 찾기/데이터 표/시나리오

출제 ▶ 17년2회(1급)

01 다음 중 [목표값 찾기] 대화상자에 대한 설명으로 옳지 않은 것은?

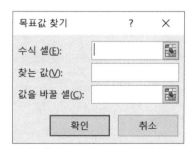

① '수식 셀'상자에 목표값 찾기에 의해 변경되는 셀 주소를 입력한다.

② '찾는 값'상자에 원하는 수식이 있는 셀 주소를 입력한다.

③ '값을 바꿀 셀'상자에 조정할 값이 있는 셀 주소를 입력한다.

④ 목표값 찾기는 하나의 변수 입력 값만 사용된다.

출제 ▶ 16년1회(1급)

02 다음 중 아래 그림과 같이 목표값 찾기를 지정했을 때의 설명으로 옳은 것은?

① 만기 시 수령액이 2,000,000원이 되려면 월 납입금은 얼마가 되어야 하는가?

② 만기 시 수령액이 2,000,000원이 되려면 적금 이율(연)이 얼마가 되어야 하는가?

③ 불입금이 2,000,000원이 되려면 만기 시 수령액은 얼마가 되어야 하는가?

④ 월 납입금이 2,000,000원이 되려면 만기 시 수령액은 얼마가 되어야 하는가?

출제 ▶ 15년1회(1급)

03 아래의 워크시트에서 전체 평균 셀[E5]의 값이 85가 되도록 '이대한'의 1월 값 [B3]셀을 변경하고자 한다. 다음 중 [목표값 찾기] 기능 실행을 위한 수식 셀, 찾는 값, 값을 바꿀 셀의 지정이 순서대로 옳게 나열된 것은?

	A	B	C	D	E
1	이름	1월	2월	3월	평균
2	홍길동	83	90	73	82.0
3	이대한	65	87	91	81.0
4	한민국	80	75	100	85.0
5	평균	76.0	84.0	88.0	82.7

① $B$3, 85, $E$5　　② $E$5, 85, $B$3

③ $E$5, $E$4, $B$3　　④ $B$3, $E$4, $E$5

출제 ▶ 16년3회(2급)

04 다음 중 판매관리표에서 수식으로 작성된 판매액의 총합계가 원하는 값이 되기 위한 판매수량을 예측하는데 가장 적절한 데이터 분석 도구는? (단, 판매액의 총합계를 구하는 수식은 판매수량을 참조하여 계산된다.)

① 시나리오 관리자　　② 데이터 표

③ 피벗 테이블　　④ 목표값 찾기

핵심이론 219

• 목표값 찾기는 수식에서 특정한 목표값을 정한 후 이를 달성하기 위한 입력값을 찾고자 할 때 사용하는 기능이다.

• 목표값 찾기는 주어진 목표값에 대해 하나의 입력만을 변경할 수 있다.

• 결과값은 입력값을 참조하는 수식으로 작성되어야 하고, 목표값은 사용자가 원하는 데이터를 직접 입력해야 한다.

[목표값 찾기] 대화상자

❶: 결과값이 표시되는 있는 셀 주소를 선택한다. 단, 해당 셀은 반드시 수식이 있어야 한다.

❷: 목표로 하는 숫자 값을 입력한다.

❸: 목표값을 찾기 위해 변경되어야 하는 셀 주소를 지정한다.

출제 ▶ 15년2회(1급)

05 아래 시트에서 [표1]의 할인율[B3]을 적용한 할인가 [B4]를 이용하여 [표2]의 각 정가에 해당하는 할인가 [E3:E6]를 계산하고자 한다. 다음 중 이때 가장 적합한 데이터 도구는?

	A	B	C	D	E
1	[표1] 할인 금액			[표2] 할인 금액표	
2	정가	₩ 10,000		정가	₩ 9,500
3	할인율	5%		₩ 10,000	
4	할인가	₩ 9,500		₩ 15,000	
5				₩ 24,000	
6				₩ 30,000	

① 통합　　② 데이터 표

③ 부분합　　④ 시나리오 관리자

출제 ▶ 18년2회(1급), 15년1회(1급)

06 다음 중 아래의 괄호( ) 안에 들어갈 기능으로 옳은 것은?

(㉠)은/는 특정 값의 변화에 따른 결과값의 변화 과정을 한 번의 연산으로 빠르게 계산하여 표의 형태로 표시해 주는 도구이고, (㉡)은/는 비슷한 형식의 여러 데이터의 결과를 하나의 표로 통합하여 요약해 주는 도구이다.

① (ㄱ): 데이터 표　　(ㄴ): 통합

② (ㄱ): 정렬　　(ㄴ): 시나리오 관리자

③ (ㄱ): 부분합　　(ㄴ): 피벗 테이블

④ (ㄱ): 해 찾기　　(ㄴ): 데이터 유효성 검사

07 다음 중 가상 분석 도구인 [데이터 표]에 대한 설명으로 옳지 않은 것은?

① 테스트 할 변수의 수에 따라 변수가 한 개이거나 두개인 데이터 표를 만들 수 있다.

② 데이터 표를 이용하여 입력된 데이터는 부분적으로 수정 또는 삭제할 수 있다.

③ 워크시트가 다시 계산될 때마다 데이터 표도 변경 여부에 관계없이 다시 계산된다.

④ 데이터 표의 결과값은 반드시 변화하는 변수를 포함한 수식으로 작성해야 한다.

08 다음 중 아래 그림과 같이 연 이율과 월 적금액이 고정되어 있고, 적금기간이 1년, 2년, 3년, 4년, 5년인 경우 각 만기 후의 금액을 확인하기 위한 도구로 적합한 것은?

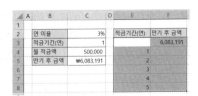

① 고급 필터
② 데이터 통합
③ 목표값 찾기
④ 데이터 표

핵심이론 220

- 데이터 표는 수식의 특정 값의 변화에 따른 결과값의 변화 과정을 표의 형태로 표시해 주는 기능이다.
- 데이터 표를 실행한 후에 계산식이나 값의 변화가 생기면 데이터 표의 내용도 갱신된다.
- 데이터 표의 결과값은 반드시 변화하는 값이 포함된 수식으로 작성되어야 한다.
- 데이터 표의 결과는 일부분만 수정할 수 없다.

[데이터 표] 대화상자

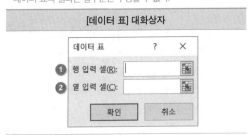

❶ : 변화되는 값이 행에 입력되어 있는 경우 해당 셀의 주소를 선택한다.

❷ : 변화되는 값이 열에 입력되어 있는 경우 해당 셀의 주소를 선택한다.

09 다음 중 아래 그림과 같은 시나리오 요약 보고서에 대한 설명으로 옳지 않은 것은?

시나리오 요약			
	현재 값:	호황	불황
변경 셀:			
냉장고판매	2%	4%	-2%
세탁기판매	3%	6%	-3%
$C$5	5%	10%	-5%
결과 셀:			
예상판매금액	516,600,000	533,200,000	483,400,000

① '호황'과 '불황' 두 개의 시나리오로 작성한 시나리오 요약 보고서는 새 워크시트에 표시된다.

② 원본 데이터에 '냉장고판매', '세탁기판매', '예상판매금액'으로 이름을 정의한 셀이 있다.

③ 원본 데이터에서 변경 셀의 현재 값을 수정하면 시나리오 요약 보고서가 자동으로 업데이트된다.

④ 시나리오 요약 보고서 내의 모든 내용은 수정 가능하며, 자동으로 설정된 윤곽도 지울 수 있다.

10 다음 중 시나리오에 대한 설명으로 옳지 않은 것은?

① 시나리오 요약 보고서를 만들 때에는 결과 셀을 반드시 지정해야 하지만, 시나리오 피벗 테이블 보고서를 만들 때에는 결과 셀을 지정하지 않아도 된다.

② 여러 시나리오를 비교하여 하나의 테이블로 요약하는 보고서를 만들 수 있다.

③ 시나리오 요약 보고서를 생성하기 전에 변경 셀과 결과셀에 이름을 정의하면 셀 참조 주소 대신 정의된 이름이 보고서에 표시된다.

④ 시나리오 요약 보고서는 자동으로 다시 갱신되지 않으므로 변경된 값을 요약 보고서에 표시하려면 새 요약 보고서를 만들어야 한다.

11 다음 중 시나리오에 대한 설명으로 옳지 않은 것은?

① 시나리오는 별도의 파일로 저장하고 자동으로 바꿀 수 있는 값의 집합이다.

② 시나리오를 사용하여 워크시트 모델의 결과를 예측할 수 있다.

③ 여러 시나리오를 비교하기 위해 시나리오를 한 페

이지의 피벗 테이블로 요약할 수 있다.

④ 시나리오 피벗 테이블 보고서에는 결과 셀이 반드시 있어야 한다.

출제 ▶ 16년3회(1급)

12 다음 중 시나리오에 대한 설명으로 옳지 않은 것은?

① 시나리오 관리자에서 시나리오를 삭제하면 시나리오 요약 보고서의 해당 시나리오도 자동으로 삭제된다.

② 특정 셀의 변경에 따라 연결된 결과 셀의 값이 자동으로 변경되어 결과값을 예측할 수 있다.

③ 여러 시나리오를 비교하기 위해 시나리오를 피벗 테이블로 요약할 수 있다.

④ 변경 셀과 결과 셀에 이름을 지정한 후 시나리오 요약 보고서를 작성하면 결과에 셀 주소 대신 지정한 이름이 표시된다.

출제 ▶ 15년1회(1급)

13 다음 중 아래 [시나리오 관리자] 대화상자의 각 버튼에 대한 설명으로 옳지 않은 것은?

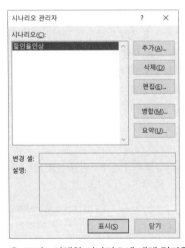

① 표시 : 선택한 시나리오에 대해 결과를 표시한다.

② 편집 : 선택한 시나리오를 변경한다.

③ 병합 : 다른 워크시트의 시나리오를 통합하여 함께 관리한다.

④ 요약 : 시나리오에 대한 요약 보고서나 피벗 테이블을 작성한다.

출제 ▶ 20년1회(2급)

14 다음 중 아래 그림의 시나리오 요약 보고서에 대한 설명으로 옳지 않은 것은?

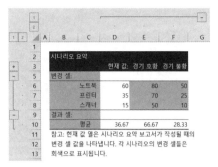

① 노트북, 프린터, 스캐너 값의 변화에 따른 평균 값을 확인할 수 있다.

② '경기 호황'과 '경기 불황' 시나리오에 대한 시나리오 요약 보고서이다.

③ 시나리오의 값을 변경하면 해당 변경 내용이 기존 요약 보고서에 자동으로 다시 계산되어 표시된다.

④ 시나리오 요약 보고서를 실행하기 전에 변경 셀과 결과셀에 대해 이름을 정의하였다.

출제 ▶ 17년1회(2급)

15 다음 중 다양한 상황과 변수에 따른 여러 가지 결과 값의 변화를 가상의 상황을 통해 예측하여 분석할 수 있는 도구는?

① 시나리오 관리자   ② 목표값 찾기

③ 부분합   ④ 통합

핵심이론 221

• 시나리오는 여러 상황과 변수에 따른 다양한 결과값의 변화를 가상의 상황을 통해 분석하는 기능이다.

• 결과셀은 반드시 변경 셀을 참조하는 수식으로 작성되어야 한다.

• 시나리오의 결과는 요약 보고서나 피벗 테이블 보고서로 작성할 수 있으며, 여러 시나리오를 비교하기 위해 시나리오를 피벗 테이블로 요약할 수 있다.

• 하나의 시나리오는 최대 32개까지 변경 셀을 지정할 수 있다.

• 시나리오 요약 보고서나 시나리오 피벗 테이블 보고서에는 결과 셀이 반드시 있어야 한다.

• 변경 셀과 결과 셀에 이름을 지정한 후 시나리오 요약 보고서를 작성하면 결과에 셀 주소 대신 지정한 이름이 표시된다.

• 시나리오 요약 보고서는 자동으로 다시 갱신되지 않으므로 변경된 값을 요약 보고서에 표시하려면 새 요약 보고서를 만들어야 한다.

• 시나리오 관리자에서 시나리오를 삭제해도 이미 작성된 시나리오 요약 보고서는 삭제되지 않는다.

[시나리오 관리자] 대화상자

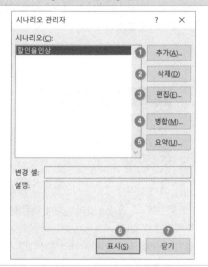

❶: 시나리오를 추가할 수 있는 대화상자를 표시한다.
❷: 선택된 시나리오를 삭제한다.
❸: 선택된 시나리오를 편집할 수 있는 대화상자를 표시한다.
❹: 열려있는 통합 문서에 선택한 워크시트의 시나리오들을 병합한다.
❺: 요약 보고서나 피벗 테이블 보고서를 작성한다.
❻: 선택된 시나리오 값을 워크시트에 표시한다.
❼: 대화상자를 종료한다.

17 유효성 검사 규칙/중복 항목 제거

출제 ▶ 16년2회(1급)

01 다음 중 데이터 유효성 검사를 실행하기 위해 유효성 조건으로 설정할 수 있는 '제한 대상'에 대한 설명으로 옳지 않은 것은?

① 목록: 목록으로 정의한 항목으로 데이터 제한
② 정수: 지정된 범위를 벗어난 숫자 제한
③ 데이터: 지정된 데이터 형식에 대한 제한
④ 사용자 지정: 수식을 사용하여 허용되는 값 제한

출제 ▶ 19년2회(2급), 15년1회(2급)

02 다음 중 [데이터 유효성] 기능의 오류 메시지 스타일에 해당하지 않는 것은?

① 경고(⚠)　　② 중지(❌)
③ 정보(ℹ)　　④ 확인(✔)

출제 ▶ 17년2회(2급)

03 다음 중 [데이터 유효성] 대화상자의 [설정] 탭에서 '제한 대상' 목록에 해당하지 않는 것은?

① 정수　　　② 소수점
③ 목록　　　④ 텍스트

출제 ▶ 17년1회(2급)

04 다음 중 데이터 유효성 검사에 대한 설명으로 옳지 않은 것은?

① 목록의 값들을 미리 지정하여 데이터 입력을 제한할 수 있다.
② 입력할 수 있는 정수의 범위를 제한할 수 있다.
③ 목록으로 값을 제한하는 경우 드롭다운 목록의 너비를 지정할 수 있다.
④ 유효성 조건 변경 시 변경 내용을 범위로 지정된 모든 셀에 적용할 수 있다.

출제 ▶ 16년1회(2급)

05 다음 중 데이터 유효성 검사에 관한 설명으로 옳지 않은 것은?

① 유효성 조건에 대한 제한 대상과 제한 방법을 설정할 수 있다.
② 이미 입력된 데이터에 유효성 검사를 설정하는 경우 잘못된 데이터는 삭제된다.
③ 워크시트의 열 단위로 데이터 입력 모드(한글/영문)를 다르게 지정할 수 있다.
④ 유효성 검사에 위배되는 잘못된 데이터가 입력되는 경우 표시할 오류 메시지를 설정할 수 있다.

출제 ▶ 15년3회(2급)

06 다음 중 데이터 유효성 검사에서 유효성 조건의 제한 대상으로 '목록'을 설정하였을 때의 설명으로 옳지 않은 것은?

① 목록의 원본으로 정의된 이름의 범위를 사용하려면 등호(=)와 범위의 이름을 입력한다.

② 유효하지 않은 데이터를 입력할 때 표시할 메시지 창의 내용은 [오류 메시지] 탭에서 설정한다.

③ 드롭다운 목록의 너비는 데이터 유효성 설정이 있는 셀의 너비에 의해 결정된다.

④ 목록 값을 입력하여 원본을 설정하려면 값을 세미콜론(;)으로 구분하여 입력한다.

핵심이론 222

• 데이터 유효성 검사는 데이터 입력 시 정확도를 높이고, 데이터의 일관성을 유지할 수 있도록 도와주는 기능이다.

• 데이터 유효성 검사를 사용하여 사용자가 셀에 입력하는 데이터 형식 또는 값을 제한할 수 있다.

• 지정된 규칙에 맞지 않는 값이 입력되면 데이터가 입력되지 않고, 미리 설정한 오류 메시지가 표시된다.

• 제한 대상을 목록으로 설정한 경우 범위를 사용하려면 등호(=)와 함께 범위 또는 이름을 입력하고, 직접 입력 하는 경우 쉼표(,)로 구분하여 입력한다.

• 목록으로 값을 제한하는 경우 드롭다운 목록의 너비는 데이터 유효성 설정이 있는 셀의 너비에 의해 결정된다.

• 유효성 검사 규칙 적용 이전에 입력되어 있던 데이터의 경우, 규칙이 맞지 않더라도 삭제되거나 자동 변경되지 않는다.

[유효성 검사 규칙] 대화상자	
[설정]탭	제한 대상, 제한 방법을 사용하여 입력 받을 대상과 범위를 지정하고, 구체적인 조건을 설정한다.
[설명 메시지]탭	규칙이 설정된 셀 또는 범위를 선택하면 해당 규칙 내용이 표시되도록 설정한다.
[오류 메시지]탭	규칙에 맞지 않는 데이터를 입력하면 표시될 오류 메시지와 스타일 아이콘을 설정한다. **아이콘 종류** 중지　　경고　　정보
[IME 모드]탭	규칙이 적용된 셀의 데이터 입력 모드(한글/영문 등)를 설정한다.

출제 ▶ 17년2회(1급)

07 다음 중 아래 워크시트에서의 [중복된 항목 제거] 기능에 대한 설명으로 옳지 않은 것은?

① [중복된 항목 제거]를 실행하면 동일한 데이터의 첫 번째 레코드를 제외한 나머지 레코드가 삭제된다.

② [중복된 항목 제거] 대화상자에서 [내 데이터에 머리글 표시]를 선택하면 대화상자의 '열' 목록에 '열 A' 대신 '지역', '열 B' 대신 '소속'이 표시된다.

③ 중복 값을 제거하면 선택한 셀 범위나 테이블 값이 제거되고, 제거된 만큼의 해당 셀 범위나 테이블 밖의 다른 값도 변경되거나 이동된다.

④ 위 대화상자에서 '열 A'와 '열 B'를 모두 선택하고 실행하면 '중복된 값이 없습니다.'라는 메시지 박스가 나타난다.

출제 ▶ 16년3회(2급)

08 아래 워크시트에서 [A2:B6] 영역을 선택한 후 그림과 같이 중복된 항목을 제거하였다. 다음 중 유지되는 행의 개수로 옳은 것은?

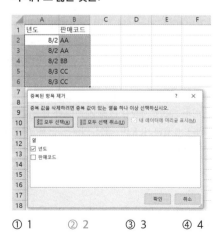

① 1　　② 2　　③ 3　　④ 4

핵심이론 223

• 중복된 항목을 제거하면 선택한 셀 범위 내의 데이터만 삭제되고 범위 밖의 값들은 변경되거나 제거되지 않는다.
• 중복된 항목 제거 기능을 사용하면 중복된 데이터가 영구 삭제되므로 기능을 적용하기 전에 원본 데이터를 다른 워크시트로 복사해 두면 정보를 실수로 삭제하는 것을 방지할 수 있다.

18 ▶ 피벗테이블

출제 ▶ 20년2회(1급)

01 다음 중 피벗 테이블에 대한 설명으로 옳지 않은 것은?

① 피벗 테이블 보고서를 작성한 후 원본 데이터를 수정하면 피벗 테이블 보고서에 자동으로 반영된다.
② [피벗 테이블 필드 목록]에서 보고서에 추가할 필드 선택 시 데이터 형식이 텍스트이거나 논리값인 필드를 선택하여 '행 레이블' 영역에 추가한다.
③ 값 영역에 추가된 필드가 2개 이상이면 Σ 값 필드가 열 레이블 또는 행 레이블 영역에 추가된다.
④ 열 레이블/행 레이블 단추를 클릭하여 레이블 필터나 값 필터를 설정할 수 있다.

출제 ▶ 20년1회(1급), 16년2회(1급)

02 다음 중 피벗 테이블과 피벗 차트에 대한 설명으로 옳지 않은 것은?

① 새 워크시트에 피벗 테이블을 생성하면 보고서 필터의 위치는 [A1] 셀, 행 레이블은 [A3] 셀에서 시작한다.
② 피벗 테이블과 연결된 피벗 차트가 있는 경우 피벗 테이블에서 [피벗테이블 도구]의 [모두 지우기] 명령을 사용하면 피벗 테이블과 피벗 차트의 필드, 서식 및 필터가 제거된다.
③ 하위 데이터 집합에도 필터와 정렬을 적용하여 원하는 정보만 강조할 수 있으나 조건부 서식은 적용되지 않는다.
④ [피벗 테이블 옵션] 대화 상자에서 오류 값을 빈 셀로 표시하거나 빈 셀에 원하는 값을 지정하여 표시할 수도 있다.

출제 ▶ 16년2회(2급)

03 다음 중 피벗 테이블 보고서에 대한 설명으로 옳지 않은 것은?

① 피벗 테이블 보고서를 작성한 후에 사용자가 새로운 수식을 추가하여 표시할 수 있다.
② 원본 데이터가 변경되면 피벗 테이블 보고서의 데이터도 자동으로 변경된다.
③ 피벗 테이블 보고서는 현재 작업 중인 워크시트나 새로운 워크시트에 작성할 수 있다.
④ 피벗 테이블을 삭제하더라도 피벗 테이블과 연결된 피벗 차트는 삭제되지 않고 일반 차트로 변경된다.

핵심이론 224

• 피벗 테이블은 많은 양의 데이터를 손쉽게 파악할 수 있도록 요약하거나 분석하여 보여주는 기능이다.
• 각 필드에 다양한 조건을 지정할 수 있으며, 원하는 항목별로 그룹하여 데이터를 집계할 수 있다.
• 사용 가능한 집계 함수는 합계, 평균, 최대값, 최소값, 표준 편차, 분산 등이다.
• 피벗 테이블의 삽입 위치는 새 워크시트뿐만 아니라 기존 워크시트에서 시작 위치를 선택할 수도 있다.
• 원본의 자료가 변경되면 [모두 새로 고침] 기능을 이용하여 일괄적으로 피벗 테이블에 반영할 수 있다.
• 이미 작성된 피벗 테이블의 필드 위치를 필요에 따라 추가, 이동, 삭제할 수 있고, 피벗 테이블의 위치도 변경할 수 있다.
• 값 영역의 특정 항목을 마우스로 더블클릭하면 해당 데이터에 대한 세부적인 데이터가 새로운 시트에 표시된다.
• 피벗 테이블은 워크시트에 입력되어 있는 데이터뿐만 아니라 외부데이터, 데이터베이스 등의 데이터를 사용하여 작성할 수 있다.

출제 ▶ 18년2회(1급)

04 다음 중 피벗 테이블 보고서와 피벗 차트 보고서에 대한 설명으로 옳지 않은 것은?

① 피벗 테이블 보고서에서는 값 영역에 표시된 데이터 일부를 삭제하거나 추가할 수 없다.
② 피벗 차트 보고서를 만들 때마다 동일한 데이터로 관련된 피벗 테이블 보고서가 자동으로 생성된다.
③ 피벗 차트 보고서는 분산형, 주식형, 거품형 등 다양한 차트 종류로 변경할 수 있다.
④ 행 또는 열 레이블에서의 데이터 정렬은 수동(항목을 끌어 다시 정렬), 오름차순, 내림차순 중 선택할 수 있다.

출제 ▶ 17년1회(1급)

5 다음 중 피벗 차트 보고서에 대한 설명으로 옳지 않은 것은?

① 피벗 차트 보고서에 필터를 적용하면 피벗 테이블 보고서에 자동 적용된다.

② 처음 피벗 테이블 보고서를 만들 때 자동으로 피 벗 차트 보고서를 함께 만들 수도 있고, 기존 피벗 테이블 보고서에서 피벗 차트 보고서를 만들 수도 있다.

③ 피벗 차트 보고서를 정적 차트로 변환하려면 관련 된 피벗 테이블 보고서를 선택한 후 [옵션] 탭 [동 작] 그룹의 [모두 지우기] 명령을 수행하여 피벗 테 이블 보고서를 먼저 삭제한다.

④ 피벗 차트 보고서를 삭제해도 관련된 피벗 테이블 보고서는 삭제되지 않는다.

출제 ▶ 18년2회(2급), 15년1회(2급)

6 다음 중 피벗 테이블에 대한 설명으로 옳지 않은 것은?

① 원본의 자료가 변경되면 [모두 새로 고침] 기능을 이 용하여 일괄 피벗 테이블에 반영할 수 있다.

② 작성된 피벗 테이블을 삭제하는 경우 함께 작성한 피벗 차트는 자동으로 삭제된다.

③ 피벗 테이블을 삭제하려면 피벗 테이블 전체를 범 위로 지정한 후 <Delete>키를 누른다.

④ 피벗 테이블의 삽입 위치는 새 워크시트뿐만 아니라 기존 워크시트에서 시작 위치를 선택할 수도 있다.

출제 ▶ 18년1회(2급)

7 다음 중 피벗 테이블에 대한 설명으로 옳지 않은 것은?

① 값 영역의 특정 항목을 마우스로 더블클릭하면 해 당 데이터에 대한 세부적인 데이터가 새로운 시트 에 표시된다.

② 데이터 그룹 수준을 확장하거나 축소해서 요약 정 보만 표시할 수도 있고 요약된 내용의 세부 데이 터를 표시할 수도 있다.

③ 행을 열로 또는 열을 행으로 이동하여 원본 데이터 를 다양한 방식으로 요약하여 표시할 수 있다.

④ 피벗 테이블과 피벗 차트를 함께 만든 후에 피벗 테 이블을 삭제하면 피벗 차트도 자동으로 삭제된다.

핵심이론 225
• 피벗 차트는 피벗 테이블의 데이터를 이용하여 만든 차트이다.
• 피벗 테이블에서 항목이나 필드에 변화를 주면 만들어진 피벗 차트도

따라 변경되고, 반대로 피벗 차트에서 변화를 주면 피벗 테이블도 따 라 변경된다.
• 피벗 차트를 작성하면 자동으로 피벗 테이블도 작성되며, 피벗 테이 블 없이 피벗 차트만 작성할 수는 없다.
• 피벗 테이블과 피벗 차트를 함께 만든 후에 피벗 테이블을 삭제하면 피벗 차트는 일반 차트로 변경된다.
• 피벗 차트를 삭제해도 관련된 피벗 테이블은 삭제되지 않는다.
• 분산형, 주식형, 거품형 차트는 피벗 차트 보고서로 작성할 수 없다.

출제 ▶ 19년2회(1급)

8 다음 중 아래의 피벗 테이블에 대한 설명으로 옳지 않 은 것은?

	A	B	C	D	E	F	G
18	직위	(모두)					
19							
20	평균 : 근속년수			부서명			
21	사원번호2		사원번호	기획팀	영업팀	총무팀	총합계
22	⊟A그룹		AC-300	7			7
23			AC-301	10			10
24	⊟B그룹		BY-400			12	12
25			BY-401	21			21
26			BY-402			8	8

① 피벗 테이블 보고서의 삽입 위치는 기존 워크시트 의 [B20] 셀이다.

② 'A 그룹'과 'B 그룹'은 그룹화로 자동 생성된 이름이다.

③ 사원번호를 선택하여 사용자가 직접 그룹화를 설 정 하였다.

④ 행 레이블 영역의 필드에 필터 조건이 설정되어 있다.

출제 ▶ 19년1회(1급)

9 다음 중 아래의 피벗 테이블에 대한 설명으로 옳지 않 는 것은?

	A	B	C	D
1	구분	(모두)		
2	차종	(모두)		
3				
4	합계 : 통근거리		부서	
5	이름	입사	영업부	총무부
6	⊟김연희		16	
7		1991	16	
8	⊟박은지		24	
9		1996	24	
10	⊟배철수			24
11		1991		24
12	⊟이지원			25
13		1995		25
14	총합계		40	49

① 보고서 필터로 사용된 필드는 '구분'과 '차종'이다.

② 행 레이블로 사용된 필드는 '이름'과 '입사'이다.

③ 이지원은 '총무부'이며 통근거리는 '25'이다.

④ 값 영역에 사용된 필드는 '부서'이다.

10 다음 중 아래와 같은 피벗 테이블을 작성하기 위한 작업으로 옳지 않은 것은?

① 피벗 테이블 보고서를 넣을 위치로 기존 워크시트의 [M3] 셀을 선택하였다.

② '직업' 필드를 보고서 필터 영역에 설정하였다.

③ 총합계는 열의 총합계만 표시되도록 설정하였다.

④ 행 레이블의 필드에 그룹화를 설정하였다.

핵심이론 226

피벗 테이블 작성하기

- 피벗 테이블의 시작 위치는 필터[B18]가 아닌 행[B20]을 기준으로 한다.
- 값으로 처리하면 합계, 평균, 최대값, 최소값 등의 집계 함수가 사용되며, 원본 데이터가 숫자면 기본 함수는 '합계'가 적용되고, 문자면 '개수'가 적용된다.
- 필터, 행 머리글, 열 머리글 항목에는 필터( )를 적용할 수 있다.
- 그룹화를 진행하면 기본적으로 '그룹1'과 같이 이름이 지정되며, 이후 사용자가 이름을 변경할 수 있다.
- 값 영역에 추가된 필드가 2개 이상이면 Σ 값 필드가 열 레이블 또는 행 레이블 영역에 추가된다.
- 값 영역에 표시된 데이터의 일부를 삭제하거나 추가할 수 없다.

SECTION 04 기타 작업

19 ▶ 차트

출제 ▶ 20년2회(1급)

01 다음 중 아래 차트에 대한 설명으로 옳지 않은 것은?

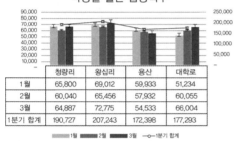

① 계열 옵션에서 '간격 너비'가 0%로 설정되어 있다.

② 범례 표지 없이 데이터 표가 표시되어 있다.

③ '1월', '2월', '3월' 계열에 오차 막대가 표시되어 있다.

④ '1분기 합계' 계열은 '보조 축'으로 지정되어 있다.

출제 ▶ 19년1회(1급)

02 다음 중 아래 차트에 대한 설명으로 옳지 않은 것은?

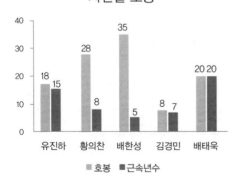

① 데이터 표식 항목 사이의 간격을 넓히기 위해서는 '간격너비' 옵션을 현재 값보다 더 큰 값으로 설정한다.

② 데이터 계열 항목 안에서 표식이 겹쳐 보이도록 '계열 겹치기' 옵션을 음수 값으로 설정하였다.

③ 세로 (값) 축의 '주 눈금선'이 표시되지 않도록 설정하였다.

④ 레이블의 위치를 '바깥쪽 끝에'로 설정하였다.

출제 ▶ 18년2회(1급)

03 다음 중 아래 차트에 대한 설명으로 옳지 않은 것은?

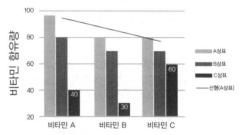

① [데이터 계열 서식] 대화상자에서 '계열 겹치기' 값이 0보다 작게 설정되었다.

② 'A상표' 계열에 선형 추세선이 추가되었고, 'C상표' 계열에는 데이터 레이블이 추가되었다.

③ 세로(값) 축의 주 단위는 20이고, 최소값과 최대값은 각각 20과 100으로 설정되었다.

④ 기본 세로 축 제목은 '제목 회전'으로 "비타민함유량"이 입력되었다.

04 다음 중 아래의 차트에 대한 설명으로 옳지 않은 것은?

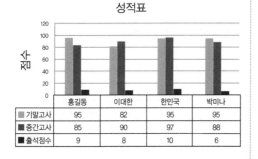

성적표

	홍길동	이대한	한민국	박미나
■ 기말고사	95	82	95	95
■ 중간고사	85	90	97	88
■ 출석점수	9	8	10	6

① 기본 세로 축 제목은 '제목 회선'으로 "점수"가 입력되었다.

② 세로 (값) 축의 주 단위는 20이고, 보조 눈금선은 표시되지 않았다.

③ 기말고사에 대한 변화 추세를 파악하기 위하여 추세선과 데이터 레이블을 표시하였다.

④ 범례와 범례 표지가 표시되지 않았다.

05 아래의 왼쪽 차트를 수정하여 오른쪽 차트로 변환하였다. 다음 중 변환된 항목에 대한 설명으로 옳은 것은?

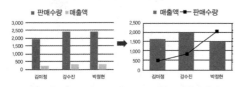

① 기본 가로 눈금선으로 보조 눈금선을 표시하였다.

② 보조 세로 (값) 축의 주 눈금을 '500'으로 설정하였다.

③ 매출액 계열을 보조 축으로 설정하였다.

④ 보조 세로 (값) 축의 축 레이블을 '없음'으로 설정하였다.

06 다음 중 아래 워크시트의 표와 표의 데이터를 이용한 차트에 대한 설명으로 옳지 않은 것은?

분기	영업1팀	영업2팀
1사분기	1,611	1,278
2사분기	1,343	1,166
3사분기	1,150	1,569
4사분기	1,712	1,320

① 표 전체를 원본 데이터로 사용하고 있다.

② 분기가 데이터 계열로 사용되고 있다.

③ 세로 (값) 축의 축 서식에서 최소값을 '500'으로 설정하였다.

④ 차트의 종류는 표식이 있는 꺾은선형이다.

핵심이론 227

차트는 워크시트에 입력된 데이터를 막대나, 선, 도형, 그림 등을 이용하여 시각적으로 표현한 것이다.

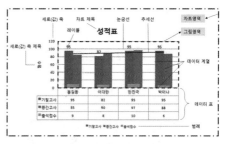

차트의 구성 요소	
차트 영역	- 차트의 전체 영역을 의미한다. - 차트 영역에 서식을 지정하면, 구성 요소 전체 서식을 한꺼번에 변경할 수 있다.
그림 영역	가로(항목) 축과 세로(값) 축으로 둘러싸인 영역이다.
차트 제목	차트의 제목을 표시한다.
데이터 레이블	데이터 계열의 값, 이름 등의 추가 정보를 표시한다.
데이터 계열	데이터 값을 막대기나 선 등으로 표현한 것으로, 범례 항목과 모양과 색이 일치한다.
눈금선	단위를 나타내기 위해 일정 간격으로 표시하는 선이며, 세로 선과 가로 선으로 구성된다.
범례	차트를 구성하는 데이터 계열의 종류와 이름을 표시한다.
세로(값)축	데이터 계열의 값을 숫자로 표시한다.
가로(항목)축	데이터 계열의 항목을 표시한다.
데이터 표	차트의 원본 데이터를 표 형식으로 표시한다.
추세선	데이터 계열의 변화 추세를 파악하기 위한 선이며, 3차원 차트에서는 표시할 수 없다.

07 다음 중 차트의 편집에 대한 설명으로 옳지 않은 것은?

① 차트와 연결된 워크시트의 데이터에 열을 추가하면 차트에 자동적으로 반영되지 않는다.
② 차트 크기를 조정하면 새로운 크기에 가장 적합하도록 차트 내의 텍스트의 크기 등이 자동적으로 조정된다.
③ 차트에 적용된 원본 데이터의 행이나 열을 숨겨도 차트에는 반영되지 않는다.
④ 데이터 계열의 순서가 변경되면 범례의 순서도 자동으로 변경된다.

08 다음 중 차트 편집에 관한 설명으로 옳지 않은 것은?

① 차트를 삭제하여도 원본 데이터에는 영향을 미치지 않지만, 워크시트에서 차트 데이터 범위 영역 내의 데이터를 수정하는 경우 차트에도 수정 사항이 반영된다.
② 두 개 이상의 차트 종류를 혼합하여 작성할 수는 있으나 2차원 차트와 3차원 차트를 혼합하여 작성할 수는 없다.
③ 워크시트에서 차트 데이터 범위 영역의 중간에 항목을 삽입하는 경우 차트에서도 항목이 삽입된다.
④ 워크시트에서 차트 데이터 범위 영역의 중간에 데이터 계열을 삽입하는 경우 차트에서도 데이터 계열이 삽입된다.

09 다음 중 차트 편집에 대한 내용으로 옳지 않은 것은?

① 차트의 데이터 범위에서 일부 데이터를 차트에 표시하지 않으려면 행이나 열을 '숨기기'로 지정한다.
② 3차원 차트는 혼합형 차트로 만들 수 없다.
③ [F11] 키를 눌러 차트 시트를 만들 수 있다.
④ 여러 데이터 계열을 선택하여 한 번에 차트 종류를 변경할 수 있다.

핵심이론 228

• 차트를 작성하기 위해서는 반드시 원본 데이터가 있어야 하며, 원본 데이터가 바뀌면 차트에도 반영된다.
• 원본 데이터를 삭제하면 차트의 데이터 계열이 삭제되지만, 차트에서 데이터 계열을 삭제하면 원본 데이터에는 반영되지 않는다.
• 차트는 2차원과 3차원으로 구분되며, 차트만 별도로 표시하는 차트 시트를 만들 수 있다.
• 분산형, 주식형 차트는 3차원 차트로 작성할 수 없다.
• 데이터 영역을 선택한 후 [F11]을 누르면 별도의 시트에 기본 차트가 만들어지고, [Alt] + [F11]을 누르면 데이터가 입력되어 있는 워크시트에 기본 차트가 만들어진다.
• 두 개 이상의 차트 종류를 혼합하여 작성할 수는 있으나 2차원과 3차원 차트를 혼합하여 작성할 수는 없다.
• 숨겨진 셀은 차트에 반영되지 않는다.
• 여러 데이터 계열을 선택하여 한 번에 차트 종류를 변경할 수 없다.

10 다음 중 차트 도구의 [데이터 선택]에 대한 설명으로 옳지 않은 것은?

① [차트 데이터 범위]에서 차트에 사용하는 데이터 전체의 범위를 수정할 수 있다.
② [행/열 전환]을 클릭하여 가로 (항목) 축의 데이터 계열과 범례 항목(계열)을 바꿀 수 있다.
③ 범례에서 표시되는 데이터 계열의 순서를 바꿀 수 없다.
④ 데이터 범위 내에 숨겨진 행이나 열의 데이터도 차트에 표시할 수 있다.

11 다음 중 [차트 도구]-[디자인] 탭의 [차트 요소 추가]에서 삽입할 수 없는 항목은?

① 범례 ② 축 제목
③ 차트 제목 ④ 텍스트 상자

핵심이론 229

[차트 도구] - [디자인] 탭

차트 요소 추가	차트에 축 제목, 차트 제목, 레이블 등의 구성 요소를 추가/제거한다.
행/열 전환	데이터의 행과 열을 전환하여 차트의 계열 방향을 전환한다.
데이터 선택	- 데이터의 범위를 변경 - 계열을 추가/제거 - 계열의 방향 또는 순서 변경 - 숨긴 데이터 표시 여부 결정
차트 종류 변경	차트의 종류를 변경한다.
차트 이동	차트의 위치를 새 워크시트, 차트 시트 등으로 이동할 때 사용한다.

12 다음 중 아래 데이터를 차트로 작성하여 사원별로 각 분기의 실적을 비교·분석하려는 경우 가장 비효율적인 차트는?

사원	1분기	2분기	3분기	4분기
김수정	75	141	206	185
박덕진	264	288	383	353
이미영	305	110	303	353
구본후	65	569	227	332
안정인	246	483	120	204
정주리	209	59	137	317
유경철	230	50	116	239

① 누적 세로 막대형 자트
② 표식이 있는 꺾은선형
③ 원형 대 가로 막대형
④ 묶은 가로 막대형

13 다음 중 아래 데이터를 이용하여 작성 가능한 차트 종류에 해당하지 않는 것은?

지역	A사	B사
동부	13%	39%
서부	35%	6%
남부	27%	27%
북부	25%	28%

① 분산형 차트
② 도넛형 차트
③ 영역형 차트
④ 주식형 차트

14 다음 중 각 차트 종류에 대한 설명으로 적절하지 않은 것은?

① 영역형 차트: 워크시트의 여러 열이나 행에 있는 데이터에서 시간에 따른 변동의 크기를 강조하여 합계 값을 추세와 함께 살펴볼 때 사용된다.
② 표면형 차트: 일반적인 척도를 기준으로 연속적인 데이터를 표시할 수 있으므로 일정 간격에 따른 데이터의 추세를 표시할 때 사용된다.
③ 도넛형 차트: 여러 열이나 행에 있는 데이터에서 전체에 대한 각 부분의 관계를 비율로 나타내어 각 부분을 비교할 때 사용된다.
④ 분산형 차트: 여러 데이터 계열에 있는 숫자 값 사이의 관계를 보여 주거나 두 개의 숫자 그룹을 xy 좌표로 이루어진 하나의 계열로 표시할 때 사용된다.

15 다음 중 과학, 통계 및 공학 데이터와 같은 숫자 값을 표시하고 비교하는데 주로 사용되며, 두 개의 숫자 그룹을 xy 좌표로 이루어진 하나의 계열로 표시하기에 적합한 차트 유형은?

① 영역형 차트
② 주식형 차트
③ 분산형 차트
④ 방사형 차트

16 다음 중 세로 막대형 차트에 대한 설명으로 옳지 않은 것은?

① 시간의 경과에 따른 데이터 변동을 표시하거나 항목별 비교를 나타내는 데 유용하다.
② [계열 겹치기] 값을 0에서 100 사이의 백분율로 조정하여 세로 막대의 겹침 상태를 조정할 수 있으며, 값이 높을수록 세로 막대 사이의 간격이 증가한다.
③ [간격 너비] 값을 0에서 500 사이의 백분율로 조정하여 각 항목에 대해 표시되는 데이터 요소 집합 사이의 간격을 조정할 수 있다.
④ 세로(값) 축 값의 순서를 거꾸로 표시할 수 있다.

핵심이론 230
차트 종류별 특징

	세로 막대형	- 항목 간의 값을 막대의 길이로 비교 및 분석하는데 적합하다. - 항목 축은 수평, 값 축은 수직으로 나타낸다.
	꺾은선형	- 하나의 데이터 계열을 하나의 선으로 표현한다. - 일정 기간 동안의 데이터 변화 추세를 확인하는데 적합하다.
	원형	- 전체 항목에 대한 각 항목의 비율을 나타내며, 한 계열만을 표시하므로 축이 없다. - 차트의 각 조각들은 분리할 수 있고, 회전할 수 있다.
	도넛형	- 원형 차트와는 다르게 여러 개의 데이터 계열을 갖는다. - 도넛 구멍 크기를 0%~90%로 조절하거나, 회전할 수 있다.
	가로 막대형	- 항목 간의 값을 막대의 길이로 비교 및 분석하는데 적합하다. - 항목 축은 수직, 값 축은 수평으로 나타낸다.

📉	영역형	- 시간에 따른 변동의 크기를 강조하여 합계 값을 추세와 함께 살펴볼 때 사용된다.
📊	분산형	- 여러 데이터 계열에 있는 숫자 값 사이의 관계를 보여 주거나, 두 개의 숫자 그룹을 xy 좌표로 이루어진 하나의 계열로 표시할 때 사용된다. - 주로 과학, 통계 및 공학 데이터와 같은 숫자 값을 표시하고 비교하는데 주로 사용된다.
⚬	거품형	- 분산형의 한 종류이며 계열 간의 항목 비교에 사용된다. - 데이터 계열이 3개인 경우 사용한다.
📊	주식형	- 주식의 거래량과 같은 주가의 흐름을 파악할 때 사용된다. - 고가, 저가, 종가 등을 나타내기 위해 5개의 계열이 필요하다.
▱	표면형	- 두 개의 데이터 집합에서 최적의 조합을 찾을 때 사용된다.
✫	방사형	- 많은 데이터 계열의 집합적인 값을 나타낼 때 사용된다. - 각 계열은 가운데에서부터 뻗어 나오는 값 축을 갖는다.

20 ▶ 매크로

출제 ▶ 20년1회(2급)

01 다음 중 매크로 이름을 정의하는 규칙으로 옳지 않은 것은?

① '?', '/', '-' 등의 문자는 매크로 이름에 사용할 수 없다.

② 기존의 매크로 이름과 동일한 이름을 사용하면 기존의 매크로를 새로 기록하려는 매크로로 바꿀 것인지를 선택할 수 있다.

③ 매크로 이름의 첫 글자는 반드시 문자로 지정해야 한다.

④ 매크로 이름에 사용되는 영문자는 대소문자를 구분한다.

출제 ▶ 19년2회(2급)

02 다음 중 매크로에 관한 설명으로 옳지 않은 것은?

① 같은 통합 문서 내에서 시트가 다르면 동일한 매크로 이름으로 기록할 수 있다.

② [매크로 기록] 대화상자에서 바로 가기 키 지정 시 영문 대문자를 사용하면 [Shift] 키가 자동으로 덧붙는다.

③ 엑셀을 실행할 때마다 매크로를 사용할 수 있게 하려면 [매크로 기록] 대화상자에서 매크로 저장 위치를 '개인용 매크로 통합 문서'로 선택한다.

④ 통합 문서를 열 때 어떤 상황에서 어떤 매크로를 실행할지 매크로 보안 설정을 변경하여 제어할 수 있다.

핵심이론 231

매크로 이름
- 기본적으로 '매크로1', '매크로2'... 등과 같이 자동으로 이름이 부여되지만, 사용자가 임의로 지정할 수 있다. - 매크로 이름 지정 시 첫 글자는 반드시 문자로 지정해야 하며, 두 번째 글자부터는 문자, 숫자, 밑줄 등을 사용할 수 있다. - /, ?, ., - 등과 같은 문자와 공백은 매크로 이름으로 사용할 수 없다. - 서로 다른 매크로라도 하나의 통합 문서에서는 동일한 이름을 지정할 수 없다.

출제 ▶ 18년2회(1급)

03 다음 중 작성된 매크로를 엑셀이 실행될 때마다 모든 통합 문서에서 실행할 수 있도록 하는 방법으로 옳은 것은?

① 작성된 매크로를 Office 설치 폴더 내 [XLSTART] 폴더에 Auto.xlsb로 저장한다.

② 작성된 매크로를 임의의 폴더에 Personal.xlsb로 저장한다.

③ 작성된 매크로를 Office 설치 폴더 내 [XLSTART] 폴더에 Personal.xlsb로 저장한다.

④ 작성된 매크로를 임의의 폴더에 Auto.xlsb로 저장한다.

핵심이론 232

매크로 저장되는 위치	
현재 통합 문서	현재 작업하고 있는 통합 문서에만 적용시킬 때 사용한다.
새 통합 문서	새로운 통합 문서에 매크로를 만들 때 사용한다.
개인용 매크로 통합 문서	- personal.xlsb라는 특수 문서 안에 저장되어 엑셀을 실행시키는 경우에 사용 가능하다. - 개인용 매크로 통합 문서는 XLSTART 폴더에 저장된다.

04 다음 중 매크로를 작성하고 사용하는 방법에 대한 설명으로 옳지 않은 것은?

① 매크로를 기록하는 경우 기본적으로 셀은 절대 참조로 기록되며, 상대 참조로 기록하고자 할 경우 '상대 참조로 기록'을 선택 한 다음 매크로 기록을 실행한다.

② 매크로에 지정된 바로 가기 키가 엑셀 고유의 바로 가기 키와 중복될 경우 엑셀 고유의 바로 가기 키가 우선한다.

③ 매크로를 기록하는 경우 실행하려는 작업을 완료하는데 필요한 모든 단계가 매크로 레코더에 기록되며, 리본 메뉴에서의 탐색은 기록된 단계에 포함되지 않는다.

④ 개인용 매크로 통합 문서에 저장한 매크로는 엑셀을 시작할 때마다 자동으로 로드되므로 다른 통합 문서에서도 실행할 수 있다.

05 다음 중 매크로의 바로 가기 키에 대한 설명으로 옳지 않은 것은?

① 매크로 생성 시 설정한 바로 가기 키는 [매크로] 대화 상자의 [옵션]에서 변경할 수 있다.

② 기본적으로 바로 가기 키는 [Ctrl] 키와 조합하여 사용하지만 대문자로 지정하면 [Shift] 키가 자동으로 덧붙는다.

③ 바로 가기 키의 조합 문자는 영문자만 가능하고, 바로가기 키를 설정하지 않아도 매크로를 생성할 수 있다.

④ 엑셀에서 기본적으로 지정되어 있는 바로 가기 키는 매크로의 바로 가기 키로 지정할 수 없다.

핵심이론 233

바로 가기 키 지정

- 바로 가기 키 조합 문자는 영문 대소문자만 가능하고, 입력하지 않아도 매크로 생성은 가능하다.
- 기본적으로 바로 가기 키는 [Ctrl] 키와 조합하여 사용하지만 대문자로 지정하면 [Shift] 키가 자동으로 덧붙는다.
- 영문 소문자 입력 시 [Ctrl]을 누른 채 영문자를 누르고, 영문 대문자 입력 시 [Ctrl] + [Shift]를 누른 채 영문자를 누른다.
- 바로 가기 키 지정은 이후 수정이 가능하다.
- 매크로에 지정된 바로 가기 키가 엑셀 고유의 바로 가기 키와 중복될 경우 매크로의 바로 가기 키가 우선한다.

06 다음 중 매크로 편집 및 삭제에 대한 설명으로 옳지 않은 것은?

① [매크로] 대화상자에서 편집할 매크로를 선택하고 [편집] 단추를 클릭하면 Visual Basic 편집기를 실행할 수 있다.

② [Alt] + [F8] 키를 눌러 Visual Basic 편집기를 실행하면 매크로를 수정할 수 있다.

③ PERSONAL.XLSB 파일을 삭제하면 통합 문서에 있는 모든 매크로를 삭제할 수 있다.

④ Visual Basic 편집기에서 삭제할 매크로의 코딩 부분을 범위로 지정한 뒤 [Delete] 키를 눌러 여러 매크로를 한 번에 삭제할 수 있다.

07 다음 중 매크로에 대한 설명으로 옳지 않은 것은?

① 매크로 기록 시 리본 메뉴에서의 탐색도 매크로 기록에 포함된다.

② 매크로 이름은 숫자나 공백으로 시작할 수 없다.

③ 매크로를 사용하면 반복적인 작업들을 빠르고 쉽게 실행할 수 있다.

④ 그래픽 개체에 매크로를 지정한 후 개체를 클릭하여 매크로를 실행할 수 있다.

08 다음 중 매크로 편집에 사용되는 Visual Basic Editor에 관한 설명으로 옳지 않은 것은?

① Visual Basic Editor는 단축키 [Alt] + [F11] 키를 누르면 실행된다.

② 작성된 매크로는 한 번에 실행되며, 한 단계씩 실행될 수는 없다.

③ Visual Basic Editor는 프로젝트 탐색기, 속성 창, 모듈 시트 등으로 구성되어 있다.

④ 실행하고자 하는 매크로 구문 내에 커서를 위치시키고 [F5] 키를 누르면 매크로가 바로 실행된다.

09 다음 중 매크로에 대한 설명으로 옳은 것은?

① 매크로의 이름은 문자로 시작하여야 하고, 공백을 포함할 수 있다.

② 한 번 작성된 매크로는 삭제할 수 없다.

③ 매크로 작성을 위해 Visual Basic 언어를 따로 설치해야 한다.
④ 매크로란 반복적인 작업을 단순화하기 위해 작업과정을 자동화하는 기능이다.

핵심이론 234
매크로란 엑셀에서 자주 사용되는 명령들을 일련의 순서대로 기록해 두었다가 필요할 때마다 호출하여 수행되도록 하는 기능이다.

매크로의 개요

- 매크로는 통합 문서에 첨부된 모듈 시트에 저장되며, VBA 언어로 코드가 자동으로 작성된다.
- VBA로 기록된 내용은 필요에 따라 추가, 삭제, 변경할 수 있다.
- 매크로 편집은 [개발 도구]-[코드]-[Visual Basic]을 선택하거나, [Alt] + [F11]을 눌러 편집창을 실행한다.
- 매크로를 기록하는 경우 실행하려는 작업을 완료하는데 필요한 모든 단계가 매크로 레코더에 기록되며, 리본 메뉴에서의 탐색은 기록된 단계에 포함되지 않는다.

출제 ▶ 20년2회(1급)
10 아래 그림과 같이 설정한 상태에서 [매크로 기록] 대화상자의 [확인] 단추를 누른다. [A2:A6] 범위를 선택한 후 글꼴 스타일을 굵게 지정하고 [기록 중지]를 눌러 '서식' 매크로의 작성을 완료하였다. 다음 중 매크로 작성 후 [C1] 셀을 선택하고 '서식' 매크로를 실행한 결과로 옳은 것은?

① [A2:A6] 영역의 글꼴 스타일이 굵게 지정된다.
② [A1] 셀만 글꼴 스타일이 굵게 지정된다.
③ [C2:C6] 영역의 글꼴 스타일이 굵게 지정된다.
④ [C1] 셀만 글꼴 스타일이 굵게 지정된다.

출제 ▶ 19년2회(2급)
11 새 워크시트에서 [A1] 셀에 셀 포인터를 두고, [개발도구] 탭의 [상대 참조로 기록]을 선택한 후 [매크로기록]을 클릭하여 [그림1]과 같이 데이터를 입력하는 '매크로1'을 작성하였다. 다음 중 [그림2]와 같이 [C3] 셀에 셀 포인터를 두고 '매크로1'을 실행한 경우 '성적현황'이 입력되는 셀의 위치는?

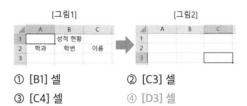

① [B1] 셀
② [C3] 셀
③ [C4] 셀
④ [D3] 셀

핵심이론 235
매크로에서의 셀 참조

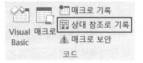

매크로를 기록하는 경우 기본적으로 셀은 절대 참조로 기록되며, 상대 참조로 기록하고자 할 경우에는 '상대 참조로 기록'을 선택한 다음 매크로 기록을 실행한다.

출제 ▶ 19년1회(2급)
12 다음 중 아래와 같이 설정된 [매크로 기록] 대화상자에 대한 설명으로 옳지 않은 것은?

① 매크로 이름은 Macro1이며, 변경하고자 할 경우 [매크로] 대화 상자에서만 변경할 수 있다.
② 작성된 'Macro1' 매크로는 'Personal.xlsb'에 저장된다.
③ 설명은 일종의 주석으로 반드시 지정해 주지 않아도 된다.
④ 작성된 'Macro1' 매크로는 [Ctrl] + [a] 키를 눌러 실행할 수 있다.

13 다음 중 [매크로 기록] 대화상자의 각 항목에 입력하는 내용으로 옳지 않은 것은?

① 매크로 이름: 공백을 사용할 수 없으므로 단어 구분 기호로 밑줄을 사용한다.

② 바로 가기 키: 영문자만 사용할 수 있으며, 대문자 입력 시에는 [Ctrl] + [Shift] 키가 조합키로 사용된다.

③ 매크로 저장 위치: '현재 통합 문서'를 선택하면 모든 Excel 문서에서 해당 매크로를 사용할 수 있다.

④ 설명: 매크로에 대한 설명을 기록할 때 사용하며, 매크로 실행에 영향을 미치지 않는다.

핵심이론 236

[매크로 기록] 대화 상자

❶: 매크로의 이름을 지정한다.
❷: 매크로를 실행시킬 때 사용할 바로 가기 키를 지정한다.
❸: 작성된 매크로가 저장될 위치를 지정한다.
❹: 매크로에 대한 간단한 설명을 기록한다.

14 다음 중 [매크로] 대화상자에 대한 설명으로 옳지 않은 것은?

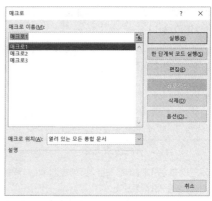

① 매크로 이름 상자에서는 매크로의 이름을 선택하여 변경할 수 있다.

② [한 단계씩 코드 실행] 단추를 클릭하면 선택한 매크로를 한 줄씩 실행한다.

③ [편집] 단추를 클릭하면 선택한 매크로를 수정할 수 있도록 VBA가 실행된다.

④ [옵션] 단추를 클릭하면 바로 가기 키를 설정하거나 변경할 수 있다.

15 다음 중 [매크로] 대화상자에 대한 설명으로 옳지 않은 것은?

① 매크로 이름을 선택한 후 [실행] 단추를 클릭하면 매크로가 실행된다.

② [한 단계씩 코드 실행] 단추를 클릭하면 Visual Basic Editor에서 매크로 실행과정을 단계별로 확인할 수 있다.

③ [만들기] 단추를 클릭하면 빠른 실행 도구 모음에 매크로 실행 명령을 추가할 수 있다.

④ [옵션] 단추를 클릭하면 매크로 바로 가기 키를 수정할 수 있다.

핵심이론 237

[매크로] 대화 상자

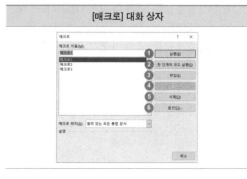

❶: 목록에서 선택한 매크로를 실행한다.

❷: 선택한 매크로의 코드를 한 줄씩 실행한다.

❸: 선택한 매크로의 코드를 Visual Basic Editor를 사용하여 매크로의 이름과 내용을 편집할 수 있다.

❹: Visual Basic Editor를 사용하여 새 매크로를 작성한다.

❺: 목록에서 선택한 매크로를 삭제한다.

❻: 선택한 매크로의 바로 가기 키와 설명을 수정할 수 있다.

---

21 **VBA의 개념/제어문**

출제 ▶ 20년1회(1급), 16년3회(1급)

01 다음 중 [개발 도구] 탭의 [컨트롤] 그룹에 대한 설명으로 옳지 않은 것은?

① 컨트롤 종류에는 텍스트 상자, 목록 상자, 옵션 단추, 명령 단추 등이 있다.

② ActiveX 컨트롤은 양식 컨트롤보다 다양한 이벤트에 반응할 수 있지만, 양식 컨트롤보다 호환성은 낮다.

③ [디자인 모드] 상태에서는 양식 컨트롤과 ActiveX 컨트롤 모두 매크로 등 정해진 동작은 실행하지 않지만 컨트롤의 선택, 크기 조절, 이동 등의 작업을 할 수 있다.

④ 양식 컨트롤의 '단추(양식 컨트롤)'를 클릭하거나 드래그해서 추가하면 [매크로 지정] 대화상자가 자동으로 표시된다.

핵심이론 238

양식 컨트롤	Active X 컨트롤
양식 컨트롤	ActiveX 컨트롤
- 작성된 코드가 일반 VBA 모듈에 기록된다. - 이벤트에 제한적으로 연계 사용이 가능하다. - [디자인 모드] 상태에서 편집 및 작업 수행이 가능하다.	- 작성된 코드가 개체의 코드 모듈에 기록된다. - 이벤트 사용을 목적으로 작성된다. - [디자인 모드] 상태에서는 편집만 가능하고 동작은 수행되지 않는다.

출제 ▶ 17년2회(1급)

02 다음 중 VBA의 모듈에 대한 설명으로 적절하지 않은 것은?

① 모듈은 여러 개의 프로시저로 구성할 수 있다.

② 전역변수 선언을 위해서는 PUBLIC으로 변수명 앞에 지정해 주어야 한다.

③ SUB 결과 값을 SUB를 호출한 곳으로 반환한다.

④ 선언문에서 변수에 데이터 형식을 생략하면 변수는 VARIANT 형식을 가진다.

핵심이론 239

- 모듈(Module)은 여러 프로시저의 집합으로, 프로젝트를 구성하는 기본 단위이며, *.bas 확장자를 갖는다.

표준 모듈	워크시트 모듈, ThisWorkbook 모듈, 공용 모듈이 있다.
클래스 모듈	개체의 속성, 메서드, 이벤트를 작성하는 모듈이다.

- 변수는 프로그램이 실행될 때 사용되는 값들을 임시로 저장하는 기억 장소로 변할 수 있는 값을 의미한다.
- 영문자 또는 한글로 시작해야 하며, 영문자, 한글, 숫자, 밑줄을 혼합하여 사용할 수 있다.
- 대소문자를 구분하지 않으며, 빈칸이나 마침표는 사용할 수 없다.
- 변수 이름의 길이는 255자를 넘지 못한다.
- 변수 이름은 한 프로시저 안에서 동일한 이름이 존재할 수 없다.
- 선언문에서 변수에 담길 데이터 유형을 생략하면 Variant형으로 지정된다.

종류	설명
Dim	선언하는 위치에 따라 다르며, 변수가 선언된 모듈이나 프로시저 내에서만 사용 가능하다.
Static	프로시저 처음에 선언하며, 해당 프로시저 내에서 사용 가능하고 프로시저 종료 후에도 값이 유지된다.
Private	모듈 처음에 선언하며, 해당 모듈 내의 모든 프로시저에서 사용이 가능하다.
Public	모듈 처음에 선언하며, 모든 모듈에서 사용이 가능하다.

03 다음 중 VBA에서 프로시저에 대한 설명으로 옳지 않은 것은?

① 특정한 기능을 수행할 수 있는 명령문들의 집합이다.
② 사용자가 직접 기록한 매크로도 프로시저로 기록된다.
③ Sub ~ End Sub 프로시저는 명령문들의 실행 결과를 반환한다.
④ 하나 이상의 프로시저들을 이용하여 모듈을 구성할 수 있다.

04 다음 중 VBA에서 프로시저에 대한 설명으로 옳지 않은 것은?

① 프로시저는 연산을 수행하거나 값을 계산하는 일련의 명령문과 메서드로 구성된다.
② 명령문은 대체로 프로시저나 선언 구역에서 한 줄로 표현되며 명령문의 끝에는 세미 콜론(;)을 찍어 구분한다.
③ 이벤트 프로시저는 특정 객체에 해당 이벤트가 발생하면 자동적으로 실행되나 다른 프로시저에서도 이를 호출하여 실행할 수 있다.
④ Function 프로시저는 Function문으로 함수를 선언하고 End Function문으로 함수를 끝낸다.

핵심이론 240

• 프로시저는 연산을 수행하거나 값을 계산하는 일련의 명령문과 메서드로 구성된 하나의 작업 단위이다.
• 모듈 안에서 작성되며 코드 단위로 작성된 문장들이 나열되어 하나의 프로시저를 구성한다.
• 이벤트 프로시저는 특정 객체에 해당 이벤트가 발생하면 자동적으로 실행되나 다른 프로시저에서도 이를 호출하여 실행할 수 있다.
• 사용자가 직접 기록한 매크로도 프로시저로 기록된다.

프로시저의 구분
Sub ~ End Sub : 가장 일반적인 형태로 결과값을 반환하지 않는다.
Function ~ End Function : 프로시저 내에 작성된 코드를 실행하고 그 결과값을 반환하는 함수이다. : 워크시트 내에서 일반 내장 함수와 같은 방법으로 사용 가능하다.
Property ~ End Property : 개체의 속성을 정의할 때 사용하는 형태로 결과값을 반환한다.

출제 ▶ 17년2회(1급)

01 a=MsgBox("작업을 종료합니까?", vbYesNoCancel + vbQuestion, "확인")이라는 VBA 코드로 표시되는 메시지 박스에 관한 설명으로 옳지 않은 것은?

① 메시지 박스에 정보 아이콘(⚠)이 표시된다.
② 메시지 박스의 제목으로 '확인'이 표시된다.
③ 메시지 박스의 [Esc] 키를 누르면 작업이 취소된다.
④ 메시지 박스에 '예', '아니오', '취소' 버튼이 표시된다.

핵심이론 241

메시지 박스는 단순히 대화 상자 안에 메시지를 보여주거나 단추와 아이콘을 조합하여 표시한 뒤, 사용자가 선택한 단추에 해당하는 작업을 반환하여 수행하는 기능이다.

단순 메시지 박스
MsgBox 메시지 내용, 버튼 + 아이콘, 타이틀[,도움말]

이벤트 메시지 박스
변수 = MsgBox(메시지 내용, 버튼 + 아이콘, 타이틀[,도움말])

아이콘 종류		버튼 종류	
vbCritical	✕	vbYes	예(Y)
vbQuestion	?	vbNo	아니요(N)
vbExclamation	ⓘ	vbCancel	취소
vbInformation	⚠	vbOk	확인

출제 ▶ 17년1회(1급)

02 아래의 프로시저를 이용하여 [A1:C3] 영역의 서식만 지우려고 한다. 다음 중 괄호( ) 안에 들어갈 코드로 옳은 것은?

```
Sub Procedure( )
    Range("A1:C3")
    Select Selection.(          )
End Sub
```

① DeleteFormats
② FreeFormats
③ ClearFormats
④ DeactivateFormats

출제 ▶ 16년3회(1급)

03 다음 중 각 VBA 코드에 대한 설명으로 옳지 않은 것은?

① Range("A5").Select ⇒ [A5] 셀로 셀 포인터를 이동한다.
② Range("C2").Font.Bold = "True" ⇒ [C2] 셀의 글꼴 스타일을 '굵게'로 설정한다.
③ Range("A1").Formula = 3*4 ⇒ [A1] 셀에 수식 '= 3*4'가 입력된다.
④ Workbooks.Add ⇒ 새 통합 문서를 생성한다.

출제 ▶ 16년2회(1급)

04 다음 중 아래의 워크시트에서 <보기>의 프로시저 실행 결과로 옳은 것은?

	A	B	C
1	데이터1	데이터2	데이터3
2	사과	레몬	
3	바나나	배	
4			귤
5		배	
6	바나나		
7		2	

```
Sub B3선택( )
    Range("B3").CurrentRegion.Select
End Sub
```

① [B3] 셀이 선택된다.
② [A1:B3] 셀이 선택된다.
③ [A1:C3] 셀이 선택된다.
④ [A1:C7] 셀이 선택된다.

출제 ▶ 16년2회(1급)

05 다음 중 아래의 서브 프로시저가 실행된 후 [A2] 셀의 값으로 옳은 것은?

```
Sub 예제( )
    Range("A1:C3").Value = 10
    Range("A1", "C3").Value = 20
    Range("A1, C3").Value = 30
End Sub
```

① 10   ② 20   ③ 30   ④ 0

출제 ▶ 15년3회(1급)

06 다음 중 VBA에서 각 영역 선택을 위한 Range 속성 관련 코드로 옳지 않은 것은?

① [A1:D10] 영역 선택 → Range("A1:D10").Select
② "판매량"으로 정의된 이름 영역 선택 → Range("판매량").Select
③ [A1] 셀, [C5] 셀 선택 → Range("A1", "C5").Select
④ [A1:C5] 영역 선택 → Range(Cells(1,1), Cells(5, 3)).Select

핵심이론 242

Range의 주요 속성	
Address	참조하는 셀 주소
Cells	지정된 범위의 모든 셀
Currentregion	데이터가 있는 인접 범위
Formula	수식
Offset	지정된 범위에서 떨어진 범위
Range	셀이나 범위
Value	지정된 셀의 값

Range의 주요 메서드	
Clear	모두 삭제
ClearContents	내용만 삭제
ClearFormats	서식만 삭제
Copy	복사
Select	선택

Workbook의 주요 메서드	
Add	통합 문서 생성
Close	통합 문서 닫기
Open	통합 문서 열기
Save	통합 문서 저장
SaveAs	다른 이름으로 저장

07 다음 중 아래의 프로시저가 실행된 후 [A1] 셀에 입력되는 값으로 옳은 것은?

```
Sub 예제( )
  Test = 0
  Do Until Test > 10
    Test = Test + 1
  Loop
  Range("A1").Value = Test
End Sub
```

① 10   ② 11
③ 0   ④ 55

핵심이론 243
- Do Until ~ Loop 구문은 조건을 만족할 때까지 실행문을 반복 실행한다.
- 조건을 만족하지 않는 동안 반복하므로, 조건을 만족한다면 한 번도 실행되지 않는다.

형식1	형식2
Do Until 조건식 　실행문 Loop	Do 　실행문 Loop Until 조건식
조건식의 결과가 거짓인 동안 실행문을 반복 실행	실행문을 먼저 실행한 후 조건식을 검사하여 조건식이 거짓인 동안 실행문을 반복 실행

08 아래는 Do...Loop 문을 이용하여 1에서부터 100까지의 홀수 합을 메시지 상자에 표시하는 코드이다. 다음 중 (ㄱ)과 (ㄴ)에 들어갈 식으로 옳은 것은?

```
Sub ODD( )
  Count = 1
  Total = 0
  Do ( ㉠ )
    Total = Total + Count
    ( ㉡ )
  Loop
```

① (ㄱ) While Count < 100 (ㄴ) Count = Count + 2
② (ㄱ) Until Count < 100 (ㄴ) Count = Count + 2
③ (ㄱ) Until Count > 100 (ㄴ) Count = Count + 1
④ (ㄱ) While Count > 100 (ㄴ) Count = Count + 1

09 다음 중 아래 프로시저의 실행 결과로 옳은 것은?

```
Sub loop Test( )
  Dim k As Integer
  Do while k < 3
    [A1].offset(k,1) = 10
    k = k + 2
  Loop
End Sub
```

① [A2]셀에 10이 입력된다.
② [A1]셀과 [A3]셀에 10이 입력된다.
③ [B2]셀에 10이 입력된다.
④ [B1]셀과 [B3]셀에 10이 입력된다.

핵심이론 244
- Do ~ Loop 구문은 조건을 만족하는 동안 실행문을 반복 실행한다.
- 조건을 먼저 검사하는 Do While ~ Loop와 조건을 나중에 검사하는 Do ~ Loop While로 구분된다.

형식1	형식2
Do While 조건식 　실행문 Loop	Do 　실행문 Loop While 조건식
조건식의 결과가 참인 동안 실행문을 반복 실행	실행문을 먼저 실행한 후 조건식을 검사하여 조건식이 참인 동안 실행문을 반복 실행

10 다음 중 1부터 10까지의 합을 구하는 VBA 모듈로 옳지 않은 것은?

```
①    no = 0
     sum = 0
       Do While no <= 10
         sum = sum + no
         no = no + 1
       Loop
     MsgBox sum
```

②   no = 0

   sum = 0

    Do

     sum = sum + no

      no = no + 1

    Loop While no 〈= 10

   MsgBox sum

③   no = 0

   sum = 0

    Do While no <10

     sum = sum + no

     no = no + 1

    Loop

   MsgBox sum

④   sum = 0

    For no = 1 To 10

     sum = sum + no

    Next

   MsgBox sum

핵심이론 245

• For ~ Next 구문은 For문 안에 지정한 실행문을 지정한 횟수만큼 반복 실행한다.

• 증가값을 생략하면 증가값은 1이고, 증가값에 따라 실행을 반복 실행한다.

형식
For 변수 = 시작값 To 끝값 [Step 값]   실행문 Next 변수

시작값에서 끝값이 될 때까지 Step 값만큼씩 증가하면서 실행문을 반복한다.

◆ 학습 내용

구분	내용	중요도
데이터베이스 일반	데이터베이스의 개념/시스템의 구성	
	관계형 데이터베이스	★ ★
	키(Key)의 개념	★
	데이터베이스 설계/개체 관계도(ERD)	★
DB구축 (테이블)	테이블 생성	★
	일반 필드 속성 설정	★ ★ ★
	조회 필드 속성 설정	★ ★
	관계 설정/색인(INDEX)	★ ★
	외부데이터 가져오기/내보내기/연결하기	
입력 및 수정 (폼)	폼 작성/폼 편집	★ ★
	폼 분할/폼 실행	★
	폼 속성 설정	★ ★ ★
	폼 컨트롤 생성/편집	★ ★ ★
	폼 컨트롤 속성 설정	★ ★
	Access 함수	★ ★ ★
	하위 폼/조건부 서식	★ ★
조회 및 출력 (보고서)	보고서 작성	★
	정렬 및 그룹화	★ ★
	보기/인쇄/페이지번호	★ ★ ★
	보고서 속성/보고서 컨트롤 속성	★ ★ ★
	보고서 양식/기타	★
매크로 & 프로그래밍 (Macro & VBA)	매크로 작성 및 실행	★ ★ ★
	매크로 함수	★ ★
	이벤트 프로시저	★ ★ ★
질의 (Query)	SQL	★ ★
	액세스 질의 종류	
	단순 조회 쿼리/다중 테이블 쿼리	★ ★ ★
	실행 쿼리/기타 쿼리	★ ★

데이터베이스

01 데이터베이스의 개념/시스템의 구성

출제 ▶ 19년2회(1급)

01 다음 중 데이터 중복성에 대한 설명으로 옳지 않은 것은?

① 중복으로 인한 데이터 불일치 시 일관성을 잃게 된다.
② 중복된 값에 대해 같은 수준의 데이터 보안이 유지되어야 한다.
③ 중복이 많아질수록 갱신 비용이 높아질 수 있다.
④ 제어가 분산되어 데이터 무결성을 유지하기 쉬워진다.

출제 ▶ 17년2회(1급)

02 다음 중 데이터베이스관리시스템(DBMS)의 장점에 해당하지 않는 것은?

① 데이터의 일관성 유지
② 데이터의 무결성 유지
③ 데이터의 보안 보장
④ 데이터 간의 종속성 유지

출제 ▶ 15년2회(1급)

03 다음 중 DBMS의 단점에 대한 설명으로 옳지 않은 것은?

① 하드웨어나 DBMS 구입 비용, 전산화 비용 등이 증가함
② DBMS와 데이터베이스 언어를 조작할 수 있는 고급 프로그래머가 필요함
③ 데이터를 통합하는 중앙 집중 관리가 어려움
④ 데이터의 백업과 복구에 많은 비용과 시간이 소요됨

핵심이론 246

데이터베이스의 장 · 단점	
장점	- 데이터의 중복을 최소화 * 데이터가 중복 저장되면 제어가 분산되어 데이터의 일관성과 정확성, 동일한 보안 수준 등을 유지하기 어려워진다.

- 데이터의 공유
- 데이터의 일관성 및 무결성 유지
- 데이터의 보안성 유지
- 데이터 실시간 접근이 가능
- 항상 최신 데이터 유지 가능
- 데이터의 논리적/물리적 독립성 유지
- 데이터의 저장 공간을 절약

단점	- 전산화 비용, 장비, 유지 및 운영비용 증가 - 데이터를 처리하는 기술이 어렵고, 이를 다루는 고급 인재 부족 - 시스템이 복잡함 - 데이터 손실이나 시스템 고장 시 파일 회복이 어려움 - 데이터의 백업과 복구에 많은 비용과 시간이 소요 - 대용량 디스크 작업으로 인한 과부하 발생 가능

출제 ▶ 18년2회(1급)

04 다음 중 데이터베이스의 3단계 구조 중 하나로 데이터베이스 전체의 논리적인 구조를 보여주는 스키마는?

① 외부 스키마   ② 서브 스키마
③ 개념 스키마   ④ 내부 스키마

핵심이론 247

- 스키마(Schema)는 데이터베이스에 관한 전반적인 구조를 기술하는 것으로, 개체, 속성, 관계에 대한 정의와 이들이 유지될 조건 등에 관한 것들을 정의한다.
- 스키마는 아래와 같이 외부스키마, 개념스키마, 내부스키마로 구분된다.

외부	- External Schema - 일반 사용자나 응용 프로그래머의 관점에서 본 스키마이다. 서브스키마라고도 한다. - 사용자와 응용 프로그래머 입장에서 필요로 하는 데이터베이스 부분만을 논리적 구조로 정의한 것이다.
개념	- Conceptual Schema - 기관이나 조직의 관점에서 본 스키마이다. - 기관이나 조직이 필요로 하는 정보를 생성하기 위한 개체, 관계, 제약 조건을 포함하고, 조직 전체의 데이터베이스 구조를 정의한다. - 데이터베이스 접근 권한, 보안 및 무결성 규칙 명세를 정의한다.

내부	- Internal Schema - 시스템 설계자의 관점에서 본 스키마이다. - 데이터의 실제 저장 방법, 데이터베이스에 대한 접근 경로를 정의한다.

출제 ▶ 20년1회(1급), 16년2회(1급)

05 다음 중 데이터 보안 및 회복, 무결성, 병행 수행 제어 등을 정의하는 데이터베이스 언어로 데이터베이스 관리자가 데이터 관리를 목적으로 주로 사용하는 언어는?

① 데이터 제어어(DCL)

② 데이터 부속어(DSL)

③ 데이터 정의어(DDL)

④ 데이터 조작어(DML)

출제 ▶ 16년3회(1급)

06 다음 중 데이터 조작어(DML: Data Manipulation Language)에 대한 설명으로 옳지 않은 것은?

① 사용자가 응용 프로그램을 통하여 데이터베이스에 저장된 데이터를 액세스하거나 조작할 수 있도록 하는 언어이다.

② 비절차식 데이터 조작 언어는 사용자가 어떠한 데이터가 필요한지를 명시할 뿐, 어떻게 구하는지는 명시할 필요가 없다.

③ 비절차식 데이터 조작 언어는 절차식 데이터 조작 언어보다 배우기 쉽고 사용하기 쉽지만 코드의 효율성은 떨어진다.

④ SELECT, UPDATE, CREATE, DELETE 문이 해당된다.

핵심이론 248

데이터베이스 언어(Database Language)는 데이터베이스를 구축할 뿐만 아니라 데이터베이스에 접근하기 위해 사용하는 언어이다.

데이터 정의어	- DDL: Data Definition Language - 데이터베이스 관리자나 응용 프로그래머가 데이터베이스의 구조, 데이터 형식, 접근 방식 설정 등 데이터베이스를 생성하거나 수정하기 위해 사용하는 언어이다. - EX) CREATE, ALTER, DROP
데이터 조작어	- DML: Data Manipulation Language - 사용자가 응용 프로그램을 통하여 데이터베이스에 저장된 데이터에 액세스하거나 조작할 수 있도록 하는 언어이다. - 절차적 언어와 비절차적 언어로 분류된다. - EX) SELECT, UPDATE, INSERT, DELETE

데이터 제어어	- DCL: Data Control Language - 데이터 보안, 무결성 유지, 시스템 장애로 인한 데이터 회복, 병행 제어 등 주로 데이터를 관리하기 위한 언어이다. - EX) COMMIT, ROLLBACK, GRANT, REVOKE

02 관계형 데이터베이스

출제 ▶ 15년3회(1급)

01 다음 중 데이터베이스 모델에 대한 설명으로 옳지 않은 것은?

① 계층형 모델은 하나의 루트 레코드 타입과 종속된 레코드 타입으로 구성된 트리 구조를 가진다.

② 네트워크형 모델은 그래프 표현을 이용하여 레코드 간의 관계를 다대다 관계(N:M)로 표현할 수 있다.

③ 관계형 모델은 행과 열로 구성되는 테이블로 표시되고, 각 테이블 간에는 공통 속성을 통해 관계가 성립된다.

④ 객체지향형 모델은 데이터를 개체와 관계로 표현하며, 일반화, 집단화 등의 개념을 추가하여 복잡한 데이터를 나타낸다.

핵심이론 249

데이터베이스의 종류

계층형	하나의 루트 레코드 타입과 종속된 레코드 타입으로 구성된 트리 구조를 이용하여 데이터 상호관계를 계층적으로 정의한다.
망형 (네트워크형)	그래프 구조를 이용하여 데이터 상호관계를 다대다 관계(N:M)로 표현할 수 있다.
관계형	계층 구조가 아닌 행과 열로 구성되는 표(테이블)로 표시되고, 각 테이블 간에는 공통 속성을 통해 데이터의 상호관계가 성립된다.
객체 지향형	객체 개념을 도입한 것으로, 독립성, 캡슐화 등의 개념을 추가하여 복잡한 데이터를 나타낸다.

02 다음 중 관계형 데이터베이스 모델에 대한 설명으로 옳지 않은 것은?

① 도메인(Domain)은 하나의 애트리뷰트(Attribute)가 취할 수 있는 같은 타입의 원자값들의 집합이다.

② 한 릴레이션(Relation)에 포함된 튜플(Tuple)들은 모두 상이하며, 튜플(Tuple) 사이에는 순서가 있다.

③ 튜플(Tuple)의 수를 카디널리티(Cardinality), 애트리뷰트(Attribute)의 수를 디그리(Degree)라고 한다.

④ 애트리뷰트(Attribute)는 데이터베이스를 구성하는 가장 작은 논리적 단위이며, 파일 구조상의 데이터 필드에 해당된다.

03 다음 중 관계 데이터 모델에 대한 설명으로 옳지 않은 것은?

① 애트리뷰트가 취할 수 있는 같은 타입의 모든 원자 값들의 집합을 도메인이라 한다.

② 관계형 데이터베이스에서 릴레이션은 데이터들을 표(table) 형태로 표현한 것이다.

③ 속성들로 구성된 튜플들 사이에는 순서가 없다.

④ 애트리뷰트는 널(null) 값을 가질 수 없다.

04 다음 중 관계형 데이터베이스에 대한 설명으로 옳지 않은 것은?

① 개념적으로 개체와 관계로 구성된다.

② 개체의 특성이나 상태를 기술해 주는 것을 개체 인스턴스(Instance)라 한다.

③ 개체와 관계를 도식으로 표현한 것을 ER 다이어그램이라 한다.

④ 관계는 개체 관계와 속성 관계로 나누어 볼 수 있다.

05 다음 중 릴레이션(Relation)에 대한 설명으로 옳지 않은 것은?

① 한 릴레이션에 포함된 튜플(Tuple)의 수를 인스턴스(Instance)라 한다.

② 연관된 속성의 집합으로 관계형 모델에서의 테이블(Table)을 의미한다.

③ 한 릴레이션을 구성하는 속성(Attribute)들 사이에는 순서가 없다.

④ 한 릴레이션에 포함된 튜플을 유일하게 식별하기 위한 속성들의 부분집합을 키(Key)로 설정한다.

06 다음 중 개체 관계 모델(Entity Relationship Model)에 관한 설명으로 옳지 않은 것은?

① 개념적 설계에 가장 많이 사용되는 모델로 개체 관계도(ERD)가 가장 대표적이다.

② 개체집합과 관계집합으로 나누어서 개념적으로 표시하는 방식으로 특정 데이터베이스 관리 시스템(DBMS)을 고려한 것은 아니다.

③ 데이터를 개체(entity), 관계(relationship), 속성(attribute)과 같은 개념으로 표시한다.

④ 개체(entity)는 가상의 객체나 개념을 의미하고, 속성(attribute)은 개체를 묘사하는데 사용될 수 있는 특성을 의미한다.

핵심이론 250
관계형 데이터 베이스의 구조

속성(Attribute)
- 데이터베이스를 구성하는 가장 작은 논리적 단위
- 파일 구조상 열(필드)에 해당
- 개체의 특성이나 상태를 기술
- 차수(Degree) : 속성의 수

튜플(Tuple)
- 속성의 모임, 릴레이션을 구성하는 각각의 행
- 파일 구조상 행(레코드)에 해당
- 기수/대응수(Cardinality) : 튜플의 수

도메인(Domain)
- 하나의 속성에서 취할 수 있는 같은 타입의 원자값들의 집합
- 실제 속성 값이 나타날 때 그 값의 적합 여부를 검사하는 역할로 사용 가능

릴레이션(Relation)의 구성과 특징

릴레이션(Relation)의 구성

- 릴레이션 스키마 : 일정 수의 속성의 집합으로, 정적인 성질을 가짐
- 릴레이션 인스턴스 : 튜플의 집합으로, 동적인 성질을 가짐

릴레이션(Relation)의 특징

- 관계형 데이터베이스에서 릴레이션은 데이터들을 표(table) 형태로 표현한 것이다.
- 한 릴레이션에 포함된 튜플들은 모두 상이하다.
- 한 릴레이션을 구성하는 튜플들 사이에는 순서가 없다.
- 한 릴레이션을 구성하는 속성(Attribute)들 사이에는 순서가 없다.
- 한 릴레이션에 포함된 튜플을 유일하게 식별하기 위한 속성들의 부분집합을 키(Key)로 설정한다.
- 속성(Attribute)의 값은 논리적으로 더 분리할 수 없는 원자(Atomic)값만을 저장한다.

출제 ▶ 16년1회(1급), 15년3회(1급)

07 다음 중 관계형 데이터베이스 관리 시스템(RDBMS)의 종류에 해당하지 않는 것은?

① MS-SQL Server　② 오라클(ORACLE)
③ MY-SQL　④ 파이썬(Python)

핵심이론 251

관계형 데이터베이스 관리 시스템(RDBMS)의 종류

DB2, ORACLE, IMFORMIX, SYBASE, INGRES, MS-SQL, MY-SQL 등

03　키(Key)의 개념

출제 ▶ 19년2회(1급), 16년3회(1급)

01 다음 중 Access의 기본 키에 대한 설명으로 옳지 않은 것은?

① 기본 키는 테이블의 [디자인 보기] 상태에서 설정할 수 있다.
② 기본 키로 설정된 필드에는 널(NULL) 값이 허용되지 않는다.
③ 기본 키로 설정된 필드에는 항상 고유한 값이 입력되도록 자동으로 확인된다.
④ 관계가 설정되어 있는 테이블에서 기본 키 설정을 해제하면 해당 테이블에 설정된 관계도 삭제된다.

출제 ▶ 19년1회(1급)

02 다음 중 기본 키(Primary Key)에 대한 설명으로 옳은 것은?

① 모든 테이블에는 기본 키를 반드시 설정해야 한다.
② 액세스에서는 단일 필드 기본 키와 일련번호 기본 키만 정의 가능하다.
③ 데이터가 이미 입력된 필드도 기본 키로 지정할 수 있다.
④ OLE 개체나 첨부 파일 형식의 필드에도 기본 키를 지정할 수 있다.

출제 ▶ 18년1회(1급)

03 다음 중 기본 키에 대한 설명으로 옳지 않은 것은?

① 기본 키는 테이블 내 모든 레코드들을 고유하게 식별 할 수 있는 필드에 지정한다.
② 테이블에서 기본 키는 반드시 지정해야 하며, 한 개의 필드에만 지정할 수 있다.
③ 데이터시트 보기에서 새 테이블을 만들면 기본 키가 자동으로 만들어지고 일련 번호 데이터 형식이 할당된다.
④ 하나 이상의 관계가 있는 테이블의 기본 키를 제거하려면 관계를 먼저 삭제해야 한다.

출제 ▶ 17년1회(1급)

04 다음 중 기본 키(Primary Key)에 대한 설명으로 옳지 않은 것은?

① 기본 키로 지정된 필드는 다른 레코드와 동일한 값을 가질 수 없다.
② 기본 키 필드에 값이 입력되지 않으면 레코드가 저장 되지 않는다.
③ 기본 키가 설정되지 않아도 테이블은 생성된다.
④ 기본 키는 하나의 필드에만 설정할 수 있다.

핵심이론 251

- 키(Key)는 데이터베이스에서 레코드를 검색하거나 정렬할 때 기준이 되는 속성(Attribute)을 가리킨다.
- 기본 키(Primary Key)는 레코드를 유일하게 식별할 수 있는 속성값으로서 후보키 중에서 선택한 주 키이다.
- 널(Null) 값이나 중복 값을 입력할 수 없다.
- 하나 이상의 필드를 조합하여 기본 키를 만들 수 있다.
- 데이터가 이미 입력되어 있는 필드도 기본 키로 지정할 수 있다.
- 하나 이상의 관계가 있는 테이블의 기본 키를 제거하려면 관계를 먼저 삭제해야 한다.

05 다음 중 아래 두 개의 테이블 사이에서 외래 키(Foreign Key)에 해당하는 필드는? (단, 밑줄은 각 테이블의 기본 키를 표시함)

> 직원(<u>사번</u>, 성명, 부서명, 주소, 전화, 이메일)
> 부서(<u>부서명</u>, 팀장, 팀원수)

① 직원 테이블의 사번
② 부서 테이블의 팀원수
③ 부서 테이블의 팀장
④ 직원 테이블의 부서명

기출변형

06 다음 중 다른 테이블을 참조하는 외부키(FK)에 대한 설명으로 가장 적절한 것은?

① 외부키 필드의 값은 유일해야 하므로 중복된 값이 입력될 수 없다.
② 외부키 필드의 값은 널(Null) 값을 가질 수 없고 반드시 입력되어야 한다.
③ 한 테이블에서 특정 레코드를 유일하게 구별할 수 있는 속성이다.
④ 하나의 테이블에는 여러 개의 외부키가 존재할 수 있다.

핵심이론 252
• 외래 키(Foreign Key)는 외부 키라고도 불린다.
• 한 테이블의 속성(Attribute)이 다른 테이블의 기본 키와 일치하거나, 널(Null) 값인 키이다.
• 하나 이상의 테이블을 연결하는 경우 필요하다.
• 테이블 A와 B가 있다고 가정하고, A테이블의 기본 키를 참조하는 B테이블의 속성이 외래 키가 된다.

07 다음 중 참조 무결성에 대한 설명으로 옳지 않은 것은?

① 참조 무결성은 참조하고 참조되는 테이블 간의 참조 관계에 아무런 문제가 없는 상태를 의미한다.
② 다른 테이블을 참조하는 테이블, 즉 외래 키 값이 있는 테이블의 레코드 삭제 시에는 참조 무결성이 위배될 수 있다.
③ 다른 테이블을 참조하는 테이블의 레코드 추가 시 외래 키 값이 널(Null)인 경우에는 참조 무결성이 유지된다.

④ 다른 테이블에 의해 참조되는 테이블에서 레코드를 추가하는 경우에는 참조 무결성이 유지된다.

08 다음 중 관계형 데이터 모델에서 데이터의 정확성과 일관성을 보장하기 위한 것은?

① 릴레이션
② 관계 연산자
③ 무결성 제약 조건
④ 속성의 집합

09 다음 중 외래 키 값을 관련된 테이블의 기본 키 값과 동일하게 유지해 주는 제약 조건은?

① 동시제어성
② 관련성
③ 참조 무결성
④ 동일성

핵심이론 253
무결성 제약 조건

개체 무결성
- 기본키는 널(Null) 값이나 중복값을 가질 수 없다.
- ex) 〈전공〉 테이블에서 '학번' 필드가 기본키로 정의되면 레코드를 추가할 때, 다른 필드는 값을 입력하지 않아도 되지만 '학번' 필드에는 반드시 값이 입력되어야 한다.

참조 무결성
- 두 테이블의 연관 레코드의 일관성을 유지하는 목적으로 사용한다.
- 외래키 값은 참조 테이블의 기본키 값과 동일해야 한다. 즉, 참조할 수 없는 외래키 값은 존재할 수 없다.
- ex) 〈학생〉 테이블의 '학과코드'는 〈전공〉 테이블의 '학과코드'에 존재하지 않는 값은 입력할 수 없다.

---

04 ▶ 데이터베이스 설계/개체 관계도(ERD)

01 다음 중 데이터를 입력 또는 삭제 시 이상(anomaly) 현상이 일어나지 않도록 데이터베이스를 설계하기 위한 기술을 의미하는 용어는?

① 자동화
② 정규화
③ 순서화
④ 추상화

출제 ▶ 19년1회(1급)

02 다음 중 정규화에 대한 설명으로 옳지 않은 것은?

① 대체로 더 작은 필드를 갖는 테이블로 분해하는 과정이다.

② 데이터 중복을 최소화하기 위한 작업이다.

③ 정규화를 통해 테이블 간의 종속성을 높이기 위한 것이다.

④ 추가, 갱신, 삭제 등 작업 시의 이상(Anomaly) 현상이 발생하지 않도록 하기 위한 것이다.

출제 ▶ 18년2회(1급)

03 다음 중 정규화에 대한 설명으로 옳지 않은 것은?

① 한 테이블에 너무 많은 정보를 포함해서 발생하는 이상 현상을 제거한다.

② 정규화를 실행하면 모든 테이블의 필드 수가 동일해진다.

③ 정규화를 실행하면 테이블이 나누어져 최종적으로는 일관성을 유지하게 된다.

④ 정규화를 실행하는 목적 중 하나는 데이터 중복의 최소화이다.

출제 ▶ 17년1회(1급)

04 다음 중 정규화에 대한 설명으로 옳지 않은 것은?

① 정규화를 통해 삽입, 삭제, 갱신 이상의 발생을 방지할 수 있다.

② 정규화를 통해 데이터 삽입 시 테이블 재구성의 필요성을 줄일 수 있다.

③ 정규화는 테이블 속성들 사이의 종속성을 최대한 배제 하는 과정으로 볼 수 있다.

④ 정규화를 수행하여 데이터의 중복을 완전히 제거할 수 있다.

기출변형

05 다음 중 정규화의 목적에 대한 설명으로 옳지 않은 것은?

① 테이블의 불일치 위험을 최소화하고 데이터 구조의 안정성을 최대화한다.

② 모든 릴레이션이 데이터베이스 내에서 모든 개체 간의 관계를 표현 가능하도록 한다.

③ 간단한 관계 연산에 의해 효율적인 정보 검색과 데이터 조작이 가능하다.

④ 데이터 중복을 최소화하기 위해 데이터베이스의 물리적 설계 단계에서 수행한다.

핵심이론 254

잘못 설계된 스키마는 연산을 수행할 때 여러 부작용들이 발생할 수 있고 이러한 부작용을 이상(anomaly) 현상이라 한다. 정규화는 이런 이상 현상들을 제거하면서 바람직한 스키마로 만들어 가는 과정이다.

정규화의 목적
- 추가, 갱신, 삭제 등 작업 시의 이상(Anomaly) 현상의 발생을 방지한다.
- 데이터 삽입 시 테이블 재구성의 필요성을 줄일 수 있다.
- 모든 릴레이션이 데이터베이스 내에서 모든 개체 간의 관계를 표현 가능하도록 한다.
- 정규화를 통해 중복을 완전히 제거할 수는 없지만 이를 최소화한다.

정규화의 특징
- 대체로 더 작은 필드를 갖는 테이블로 분해하는 과정이라 데이터를 관리하기 용이하다.
- 정규화를 실행하면 테이블이 나누어져 최종적으로는 일관성을 유지하게 된다.
- 테이블 속성들 사이의 종속성을 최대한 배제한다.
- 불필요한 데이터의 중복을 방지하여 효과적인 검색 알고리즘을 생성할 수 있다.
- 데이터베이스의 논리적 설계 단계에서 수행된다.

출제 ▶ 18년1회(1급)

06 다음 중 E-R 다이어그램 표기법의 기호와 의미가 바르게 연결된 것은?

① 사각형 – 속성(Attribute) 타입

② 마름모 – 관계(Relationship) 타입

③ 타원 – 개체(Entity) 타입

④ 밑줄 타원 – 의존 개체 타입

핵심이론 255

개체 관계도 다이어그램 표기법

기호	명칭	의미
▭	사각형	개체(Entity) 타입
⬭	타원	속성(Attribute) 타입
◇	마름모	관계(Relation) 타입
────	실선	개체와 속성 연결(링크)

출제 ▶ 15년2회(1급)

7 다음 중 다양한 사용자의 요구 사항을 분석하여 정보 구조를 표현한 관계도(ERD)를 생성하는 데이터베이스 설계 단계는?

① 데이터베이스 기획   ② 개념적 설계

③ 논리적 설계   ④ 물리적 설계

기출변형

8 다음 중 개체 관계(Entity Relationship) 모델에 대한 설명으로 옳지 않은 것은?

① 데이터베이스를 구성하는 개체와 이들 간의 관계를 개념적으로 표시한 모델이다.

② 개체 관계도에서 타원은 대체 타입을 나타내며, 사각형은 속성을 의미한다.

③ E-R 모델에서 정의한 데이터를 관계형 데이터베이스에 저장하기 위해서는 각각의 개체를 테이블로 변환시켜야 한다.

④ E-R 모델에서 속성은 관계형 데이터 모델에서 필드로 변환된다.

핵심이론 256

• 개체 관계도(ERD: Entity-Relationship Diagram)는 개념적 데이터 모델의 가장 대표적인 형태이다.

• 데이터를 개체(Entity), 관계(Relation), 속성(Attribute)으로 묘사한다.

• 개체 관계도는 개체와 개체 간의 관계를 기본으로 하여 실세계를 개념적인 논리 데이터 형태의 정보 구조로 표현한다.

• 개체 관계 모델은 일대일(1:1), 일대다(1:N), 다대다(N:M) 등의 관계 유형으로 표현할 수 있다.

SECTION

02 DB구축

05 테이블 생성

출제 ▶ 20년2회(1급)

01 다음 중 테이블의 [디자인 보기]에서 설정 가능한 작업에 해당하지 않는 것은?

① 폼 필터를 적용하여 조건에 맞는 레코드만 표시할 수 있다.

② 필드의 '설명'에 입력한 내용은 테이블 구조에 영향을 미치지 않고, 상태 표시줄에 표시된다.

③ 컨트롤 표시 속성은 텍스트 상자, 목록 상자, 콤보 상자 중 선택할 수 있다.

④ 한 개 이상의 필드를 선택하여 기본 키로 설정할 수 있다.

핵심이론 257

• [디자인 모드] 전환 시 작업 가능한 메뉴

• 필터는 [디자인 모드]에서는 비활성화되어 적용할 수 없다.

출제 ▶ 15년3회(1급)

02 다음 중 테이블에서의 필드 이름 지정 규칙에 대한 설명으로 옳은 것은?

① 필드 이름의 첫 글자는 숫자로 시작할 수 없다.

② 테이블 이름과 동일한 이름을 필드 이름으로 지정할 수 없다.

③ 한 테이블 내에 동일한 이름의 필드를 2개 이상 지정할 수 없다.

④ 필드 이름에 문자, 숫자, 공백, 특수문자를 조합한 모든 기호를 포함할 수 있다.

핵심이론 258

• 필드 이름은 최대 64자까지 입력 가능하다.

• 느낌표(!), 마침표(.), 대괄호([]) 등을 제외한 특수 기호, 공백, 숫자, 문자를 조합한 모든 기호를 사용할 수 있다.

• 필드 이름의 첫 글자는 공백으로 시작할 수 없다.

• 테이블 이름과 필드 이름은 같아도 무관하지만, 하나의 테이블 내에 동일한 이름의 필드를 2개 이상 지정할 수는 없다.

출제 ▶ 19년1회(1급)

03 다음 중 하나의 필드에 할당되는 크기(바이트 수 기준)가 가장 작은 데이터 형식은?

① Yes/No ② 날짜/시간

③ 통화 ④ 일련 번호

출제 ▶ 18년1회(1급), 17년2회(1급), 15년1회(1급)

04 다음 중 필드의 각 데이터 형식에 대한 설명으로 옳지 않은 것은?

① 통화 형식은 소수점 이하 4자리까지의 숫자를 저장할 수 있으며, 기본 필드 크기는 8바이트이다.

② Yes/No 형식은 Yes/No, True/False, On/Off 등과 같이 두 값 중 하나만 입력하는 경우에 사용하는 것으로 기본 필드 크기는 1비트이다.

③ 일련번호 형식은 새 레코드를 만들 때 1부터 시작하는 정수가 자동 입력된다.

④ 긴 문자열 형식은 텍스트 및 숫자 데이터가 최대 255자까지 저장된다.

출제 ▶ 15년2회(1급)

05 다음 중 액세스에서 사용되는 데이터 형식의 종류 - 크기 - 특징에 대한 연결이 옳은 것은?

① 긴 문자열 - 65,535자 이내 - 참고나 설명과 같이 긴 문자열이나 문자열과 숫자의 조합

② Yes/No - 1바이트 - 두 값 중 하나만을 선택할 때 사용

③ 통화 - 8비트 - 소수점 왼쪽으로 7자리, 오른쪽으로 4자리까지 표시 가능

④ 숫자 - 2바이트 - 산술 계산에 이용되는 숫자 데이터

출제 ▶ 19년2회(1급)

06 다음 중 '일련 번호' 데이터 형식에 관한 설명으로 옳지 않은 것은?

① 새로운 레코드 추가 시 자동으로 번호가 부여된다.

② 해당 데이터 필드에 값이 입력되면 일련번호는 수정할 수 없다.

③ 삭제된 일련번호는 다시 부여되지 않는다.

④ 일련번호 형식의 필드 크기는 변경할 수 없다.

기출변형

07 테이블에 주민등록번호 필드를 추가하고 데이터 형식을 지정하려고 한다. 가장 적절한 형식은 무엇인가?
단, 주민등록번호는 '-'를 포함하여 저장하려고 한다.
(주민등록번호 예:123456-1234567)

① 짧은 텍스트   ② 긴 텍스트

③ 통화   ④ 숫자

핵심이론 259

- 데이터 형식은 필드에 입력할 수 있는 데이터의 종류와 크기를 정의하는 속성이다.
- 데이터 형식에 따라 필드에 저장할 수 있는 속성 값들이 달라진다.
- 짧은 텍스트부터 첨부 파일까지 다양한 형태의 형식을 지원하며, 기본 형식은 텍스트 형식이 적용된다.

| 짧은 텍스트 |
| 긴 텍스트 |
| 숫자 |
| 날짜/시간 |
| 통화 |
| 일련 번호 |
| Yes/No |
| OLE 개체 |
| 하이퍼링크 |
| 첨부 파일 |

데이터 형식별 특징	
짧은 텍스트	텍스트 또는 텍스트와 숫자가 조합된 데이터 입력에 적합하며 최대 255자까지 지정할 수 있다.
긴 텍스트	짧은 텍스트와 유사하지만 최대 65,535자까지 입력이 가능하다.

숫자	산술 계산에 사용 가능한 수치 데이터 입력에 적합하다. 숫자 형식은 바이트(1byte), 정수(Integer:2byte), 정수(Long:4byte), 실수(Single:4byte), 정수(Double:8byte) 등의 하위 형태가 있으며 기본적으로 정수(Long)으로 설정된다.
날짜/시간	100년에서 9999년까지의 날짜와 시간 값을 입력할 수 있는 형식이다.
통화	화폐 계산에 사용되는 수치 데이터에 입력에 적합하며, 기본적으로 ₩, $와 같은 통화 기호가 함께 표시된다. 소수점 이하 4자리까지의 숫자를 저장할 수 있으며, 기본 필드 크기는 8byte이다.
일련번호	새 레코드가 추가될 때 1부터 시작하는 정수가 자동 입력된다. 한 번 지정된 번호는 다시 지정되지 않으며, 수정 및 삭제가 불가능하다.
Yes/No	Yes/No, True/False, On/Off 등과 같이 두 값 중 하나만 입력하는 경우에 사용하는 것으로 기본 필드 크기는 1bit이다.

출제 ▶ 17년1회(1급)

08 다음 중 아래와 같은 <학생> 테이블에서 필드의 순서를 변경하기 위한 방법으로 옳지 않은 것은?

학번	성명	주소	취미	전화
1111	홍길동	서울시	변장술	111-2222
2222	이도령	남원시	태권도	222-3333

① 디자인 보기에서 <주소> 필드를 선택한 후 이동할 위치로 끌어다 놓는다.

② 디자인 보기에서 <주소> 필드를 선택한 후 [Shift] 키를 누른 상태에서 <전화> 필드를 선택하여 이동할 위치로 끌어다 놓으면 <주소,취미,전화> 필드가 이동된다.

③ 데이터시트 보기에서 <전화> 필드를 선택한 후 이동할 위치로 끌어다 놓는다.

④ 데이터시트 보기에서 <주소> 필드명을 선택한 후 [Ctrl] 키를 누른 상태에서 <전화> 필드를 선택하여 이동할 위치로 끌어다 놓으면 <주소,전화> 필드만 이동된다.

09 테이블에서 이미 작성된 필드의 순서를 변경하는 방법으로 적절하지 않은 것은?

① 데이터시트 보기에서 이동시킬 필드를 선택한 후 새로운 위치로 드래그 앤 드롭하여 필드를 이동시킬 수 있다.

② 디자인 보기에서 이동시킬 필드를 선택한 후 새로운 위치로 드래그 앤 드롭하여 필드를 이동시킬 수 있다.

③ 디자인 보기에서 한 번에 여러 개의 필드를 선택한 후 이동시킬 수 있다.

④ 데이터시트 보기에서 [잘라내기]와 [붙여넣기]를 이용하여 필드를 이동시킬 수 있다.

출제 ▶ 16년1회(1급)

10 다음 중 데이터시트 보기 상태에서의 레코드 추가/삭제에 대한 설명으로 옳은 것은?

① 레코드를 여러 번 복사한 경우 첫 번째 복사한 레코드만 사용 가능하다.

② 새로운 레코드는 항상 테이블의 마지막 행에서만 추가되며 중간에 삽입될 수 없다.

③ 레코드를 추가하는 단축키는 [Ctrl] + [Insert]이다.

④ 여러 레코드를 선택하여 한 번에 삭제할 수 있으며, 삭제된 레코드는 복원할 수 있다.

핵심이론 260

• [디자인 보기] 모드에서는 테이블을 작성하거나, 작성된 테이블에 필드를 추가, 제거, 이동, 편집할 수 있다.

• [데이터시트 보기] 모드에서는 작성된 테이블에 레코드를 추가, 제거, 이동, 편집할 수 있고, 필드의 추가, 제거, 이동이 가능하다.

• [디자인 보기]와 [데이터시트 보기] 상태에서 이동시킬 필드를 선택한 후 새로운 위치로 드래그 앤 드롭하여 필드를 이동시킬 수 있다.

• [디자인 보기]에서는 [Ctrl]과 [Shift]를 이용하여 한 번에 여러 개의 필드를 선택한 후 이동시킬 수 있지만, [데이터시트 보기]에서는 [Ctrl]을 이용한 다중 선택이 불가능하다.

• 새로운 레코드는 항상 테이블의 마지막 행에서만 추가되며 중간에 삽입될 수 없다.

• 여러 레코드를 선택하여 한 번에 삭제할 수 있으며, 삭제된 레코드는 복원할 수 없다.

---

06 일반 필드 속성

출제 ▶ 20년2회(1급)

01 다음 중 입력 마스크 설정에 사용하는 사용자 정의 입력 마스크 기호에 대한 설명으로 옳은 것은?

① 9: 소문자로 변환

② >: 숫자나 공백을 입력받도록 설정

③ <: 영문 대문자로 변환하여 입력받도록 설정

④ L: 영문자와 한글만 입력받도록 설정

출제 ▶ 20년1회(1급)

02 다음 중 테이블에서 입력 마스크를 "LA09?"로 설정한 경우 입력할 수 없는 값은?

① AA111　② A11　③ AA11　④ A111A

출제 ▶ 18년2회(1급), 16년3회(1급), 15년2회(1급)

03 다음 중 특정 필드의 입력 마스크를 'LA09#'으로 설정하였을 때 입력 가능한 데이터로 옳은 것은?

① 12345　② A상345　③ A123A　④ A1BCD

출제 ▶ 17년1회(1급)

04 다음 중 입력 마스크를 '>L0L L?0'로 지정했을 때 유효한 입력 값은?

① a9b M　　　② M3F A07

③ H3H 가H3　④ 9Z3 3?H

핵심이론 261

• 입력 마스크는 데이터 입력 시 정확도와 일관성이 유지될 수 있도록 도와주는 기능으로 사용자 지정 기호를 이용하여 입력 마스크 형식을 정의해서 사용할 수 있다.

• 입력 마스크 마법사를 이용하면 미리 정의된 형식(주민등록번호, 우편번호, 전화번호, 암호 등)을 선택하여 적용할 수 있다.

입력 마스크 사용자 지정 형식	
0	0~9까지의 숫자만 필수 입력, 기호 사용 불가능
9	숫자, 공백 선택 입력, 기호 사용 불가능
#	숫자, 공백 선택 입력, 기호 사용 가능
L	영문자와 한글만 필수 입력
?	영문자와 한글 선택 입력
A	영문자, 한글, 숫자 필수 입력
a	영문자, 한글, 숫자 선택 입력

〉	모든 문자를 대문자로 변환
〈	모든 문자를 소문자로 변환

출제 ▶ 19년2회(1급), 17년2회(1급)

05 다음 중 [학생] 테이블의 'S_Number' 필드 레이블이 [데이터시트 보기] 상태에서는 '학번'으로 표시하고자 할 때 설정해야 할 항목은?

① 형식　　　　　② 캡션
③ 스마트 태그　　④ 입력 마스크

핵심이론 262

• 캡션(Caption)은 테이블을 데이터시트 보기 상태에서 확인할 때 필드 이름을 대신하여 표시될 이름을 지정하는 속성이다.
• 만약 캡션 항목을 지정하지 않으면, 본래의 필드 이름이 표시된다.

출제 ▶ 17년1회(1급)

06 다음 중 아래와 같이 필드 속성을 설정한 경우 입력 값에 따른 결과가 옳지 않은 것은?

필드 크기	실수(Single)
형식	표준
소수 자릿수	1
입력 마스크	
캡션	
기본값	0
유효성 검사 규칙	〈〉1 And 〈〉-1
유효성 검사 텍스트	
필수	예

① '1'을 입력하는 경우 값이 입력되지 않는다.
② '-1'을 입력하는 경우 값이 입력되지 않는다.
③ 필드 값을 입력하지 않는 경우 기본값으로 '0.0' 이 입력된다.
④ '1234'를 입력하는 경우 표시 되는 값은 '1234.0'이 된다.

출제 ▶ 16년2회(1급)

07 다음 중 필드 속성에 대한 설명으로 옳지 않은 것은?

① 입력 마스크는 짧은 텍스트, 숫자, 날짜/시간, 통화 형식에서 사용할 수 있다.
② 필드 값이 반드시 있어야 하는 경우, 필수 속성을 '예'로 설정하면 된다.
③ 'Yes/No'의 세부 형식은 'Yes/No'와 'True/False'

두 가지만을 제공한다.
④ 짧은 텍스트, 숫자, 일련번호 형식에서만 필드 크기를 지정할 수 있다.

출제 ▶ 16년1회(1급), 15년3회(1급)

08 다음 중 테이블에 입력된 날짜 필드의 값을 '2022-10-13'과 같은 형식으로 표시하고자 할 때 테이블의 디자인 보기에서 지정해야 할 '형식' 속성 값으로 옳은 것은?

① 기본 날짜　　　② 자세한 날짜
③ 보통 날짜　　　④ 간단한 날짜

핵심이론 263

• 입력 데이터의 표시 방식을 결정하는 속성으로 미리 정의된 형식을 사용하거나, 사용자 지정 기호를 사용하여 임의의 형식을 만들어서 사용할 수 있다.
• 데이터 형식에 따라 지정 가능한 형식의 종류가 다르다.

'숫자' 또는 '통화' 형식	
일반 숫자	기본값이며 입력된 값 그대로 표시
통화	숫자 앞에 화폐 단위를 붙이고, 숫자는 쉼표 스타일(,)로 표시
표준	숫자를 쉼표 스타일(,)로 표시하며, 소수점 이하 셋째 자리에서 반올림하여 표시
'날짜/시간' 형식	
기본 날짜	2022-12-25 오후 6:30:40
보통 날짜	22년 12월 25일
자세한 날짜	2022년 12월 25일 일요일
간단한 날짜	2022-12-25
'Yes/No' 형식	
Yes/No, True/False, On/Off 중 선택	

출제 ▶ 15년2회(1급)

09 다음 중 테이블에 데이터가 입력되는 방식을 제어하기 위한 방법으로 적절하지 않은 것은?

① 유효성 검사 규칙을 설정하여 필드에 입력되는 데이터 값의 범위를 설정한다.
② 입력 마스크를 이용하여 필드의 각 자리에 입력되는 값의 종류를 제한한다.
③ 색인(index)을 이용하여 해당 필드에 중복된 값이 입력되지 않도록 설정한다.
④ 기본 키(Primary Key) 속성을 이용하여 레코드 추가 시 기본으로 입력되는 값을 설정한다.

10 다음 중 새 레코드가 추가될 때 자동으로 부여되는 기본값에 대한 설명으로 가장 적절하지 않은 것은?

① 기본값을 '1'로 지정하면 자동적으로 1이 입력된다.

② 기본값을 '서울'로 지정하면 서울이라는 문자열이 입력된다.

③ 기본값을 '0'으로 지정하면 빈 문자열이 입력된다.

④ 기본값을 '=Date( )'와 같이 지정하면 오늘 날짜가 입력된다.

핵심이론 264

• 기본값은 새 레코드가 추가될 때 자동으로 입력되는 값을 지정하는 속성이다.

• 함수를 사용하여 시스템의 현재 날짜나 시간을 기본값으로 설정할 수 있다.

11 다음 중 <학생> 테이블의 '나이' 필드에 유효성 검사 규칙을 아래와 같이 지정한 경우 데이터 입력 상황에 대한 설명으로 옳은 것은?

유효성 검사 규칙	>20
유효성 검사 텍스트	숫자는 >20으로 입력합니다.

① 데이터를 입력하려고 하면 항상 '숫자는 >20으로 입력합니다.'라는 메시지가 먼저 표시된다.

② 20을 입력하면 '숫자는 >20으로 입력합니다.'라는 메시지가 표시된 후 입력 값이 정상적으로 저장된다.

③ 20을 입력하면 '숫자는 >20으로 입력합니다.'라는 메시지가 표시되며, 값을 다시 입력해야만 한다.

④ 30을 입력하면 '유효성 검사 규칙에 맞습니다.'라는 메시지가 표시된 후 입력 값이 정상적으로 저장된다.

12 다음 중 <학생> 테이블의 '성적' 필드에 성적을 입력 하는 경우 0에서 100 사이의 숫자만 입력 가능하도록 설정하기 위한 필드 속성은?

① 필드 크기　　　　② 필수

③ 유효성 검사 규칙　　④ 기본값

13 [직원] 테이블의 '급여' 필드는 데이터 형식이 숫자이고, 필드 크기가 정수(Long)로 설정되어 있다. 다음 중 '급여' 필드에 입력 가능한 숫자를 백만원 이상, 오백만원 이하로 설정하기 위한 유효성 검사 규칙으로 옳은 것은?

① <= 1000000 Or <= 5000000

② >= 1000000 And <= 5000000

③ >= 1000000, <= 5000000

④ 1000000 <= And <= 5000000

핵심이론 265

• 유효성 검사 규칙은 입력받는 데이터의 범위를 지정하여 입력 값을 제한하는 기능으로, 데이터의 정확도를 높이기 위해 설정하는 속성이다.

• 산술 연산자, 비교 연산자, 논리 연산자, 함수 등을 사용하여 유효성 검사 규칙을 설정할 수 있다.

유효성 검사 규칙 적용 예제	
0에서 100사이	>=0 And <=100 Between 0 And 100
0이 아닌 값	<>0
Null이 아닌 값	Is Not Null
"합격" 또는 "불합격"	"합격" Or "불합격" In("합격", "불합격")

• 유효성 검사 텍스트는 입력한 데이터가 지정된 유효성 검사 규칙에 맞지 않는 경우 표시 할 오류 메시지를 표시한다.

• 만약 유효성 검사 텍스트 항목을 지정하지 않으면, 표준 오류 메시지가 표시된다.

유효성 검사 텍스트 적용 예제	
유효성 검사 규칙	>20
유효성 검사 텍스트	숫자는 >20으로 입력합니다.

: 20보다 작거나 같은 값을 입력하면 '숫자는 >20으로 입력합니다.'라는 메시지가 표시되며, 값을 다시 입력해야 한다.

14 다음 중 테이블의 '디자인 보기'에서 필드마다 <한/영> 키를 사용하지 않고도 데이터 입력 시의 한글이나 영문 입력 상태를 정할 수 있는 필드 속성은?

① 캡션　　　　② 문장 입력 시스템 모드

③ IME 모드　　④ 스마트 태그

핵심이론 266

• IME모드는 데이터 입력 시 입력기의 상태를 지정하는 속성으로 한글, 영숫자 등의 입력 상태를 설정할 수 있다.

• IME모드는 짧은 텍스트, 긴 텍스트, 날짜/시간, 하이퍼링크 형식에서만 지정이 가능하다.

출제 ▶ 18년2회(1급)

01 다음 중 테이블의 조회 속성에 대한 설명으로 옳지 않은 것은?

① 조회 속성을 이용하면 사용자가 직접 값을 입력하는 과정에서 발생하는 오류를 줄일 수 있다.

② 조회 열에서 다른 테이블이나 쿼리에 있는 값을 조회 하도록 설정할 수 있다.

③ 원하는 값을 직접 입력하여 조회 목록을 만들 수 있다.

④ 조회 목록으로 표시할 열의 개수는 변경할 수 없으며, 행 원본에 맞추어 자동으로 설정된다.

출제 ▶ 16년2회(1급)

02 다음 중 조회 속성에서 콤보 상자에 대한 설명으로 옳지 않은 것은?

① 바운드 열의 기본값은 1이며, 열 개수보다 큰 숫자를 지정할 수는 없다.

② 행 원본 유형을 '값 목록'으로 설정한 경우 콤보 상자에 표시된 값만 입력할 수 있다.

③ 행 개수는 최대 255개까지 가능하다.

④ 실제 행 수가 지정된 행 개수를 초과하면 스크롤바가 표시된다.

출제 ▶ 16년1회(1급), 15년3회(1급)

03 다음 중 콤보 상자 컨트롤의 각 속성에 대한 설명으로 옳지 않은 것은?

① 행 원본(Row Source): 콤보 상자 컨트롤에서 사용할 데이터 설정

② 컨트롤 원본(Control Source): 연결할(바운드할) 데이터 설정

③ 바운드 열(Bound Column): 콤보 상자 컨트롤에 저장할 열 설정

④ 사용 가능(Enabled): 컨트롤에 입력된 데이터의 편집 여부 설정

출제 ▶ 15년2회(1급)

04 다음 중 콤보 상자의 속성에 대한 설명으로 옳지 않은 것은?

① 컨트롤 원본 : 목록으로 표시할 데이터를 SQL문이나 테이블명 등을 통해 지정한다.

② 행 원본 유형 : 목록으로 표시할 데이터 제공 방법을 '테이블/쿼리', '값 목록', '필드 목록' 중 선택한다.

③ 바운드 열 : 선택한 항목에서 몇 번째 열을 컨트롤에 저장할 것인지를 설정한다.

④ 목록 값만 허용 : '예'로 설정하면 목록에 제공된 데이터 이외의 값을 추가할 수 없다.

기출변형

05 다음 중 지정된 조회 속성에 대한 설명으로 옳지 않은 것은?

일반	조회	
컨트롤 표시	콤보 상자	∨
행 원본 유형	테이블/쿼리	
행 원본		
바운드 열	1	
열 개수	1	
열 이름	아니요	
열 너비		
행 수	16	
목록 너비	자동	
목록 값만 허용	아니요	
여러 값 허용	아니요	
값 목록 편집 허용	아니요	
목록 항목 편집 폼		
행 원본 값만 표시	아니요	

① 다른 테이블에 있는 내용을 목록으로 표시하려면 '행 원본 유형'을 '테이블/쿼리'로 설정한다.

② '서울', '부산', '대전', '광주'와 같은 목록을 직접 지정하려면 '행 원본 유형'을 '값 목록'으로 설정한다.

③ 열의 개수가 여러 개인 경우에 두 번째 열을 표시하고자 한다면 '바운드 열'을 '2'로 지정한다.

④ '목록 값만 허용' 속성을 '예'로 설정하면 목록에 제공된 데이터 이외의 값을 추가할 수 없다.

기출변형

06 다음 중 액세스에서 테이블을 디자인 할 때 사용되는 조회 속성에 대한 설명으로 가장 옳지 않은 것은?

① 조회 속성은 데이터 형식이 짧은 텍스트, 숫자, Yes/No인 경우에만 사용한다.

② 콤보 상자나 목록 상자 등의 컨트롤을 사용할 수 있다.

③ 조회 속성을 이용하면 목록 중에서 선택하여 데이터를 입력할 수 있다.

④ 콤보 상자나 목록 상자의 목록 값을 직접 입력하여 지정하려면 행 원본 유형을 필드 목록으로 선택해야 한다.

핵심이론 267

* 조회 속성은 콤보 상자 또는 목록 상자 컨트롤에 지정된 값 목록을 표시하여 데이터를 빠르고 편리하게 입력할 수 있도록 도와주는 기능이다.
* [조회] 탭의 각 속성별 기능은 아래와 같다.

일반 조회	
컨트롤 표시	콤보 상자
행 원본 유형	테이블/쿼리
행 원본	
바운드 열	1
열 개수	1
열 이름	아니요
열 너비	
행 수	16
목록 너비	자동
목록 값만 허용	아니요
여러 값 허용	아니요
값 목록 편집 허용	아니요
목록 항목 편집 폼	
행 원본 값만 표시	아니요

컨트롤 표시	표시될 컨트롤을 선택하는 속성을 선택한다. : 텍스트 상자, 콤보 상자, 목록 상자
행 원본 유형	사용할 행 원본의 유형을 선택한다. : 테이블/쿼리, 값 목록, 필드 목록
행 원본	행 원본 유형에 따라 설정 값이 결정된다. : 식 작성기나 SQL구문을 이용해 참조하거나, 목록을 직접 열거하여 입력할 수 있다.
바운드 열	여러 표시 목록 중 저장되는 열의 번호를 지정한다.
열 개수	표시되는 열의 개수를 지정한다.
열 이름	열 이름의 표시 여부를 지정한다.
열 너비	표시되는 열의 너비를 지정한다. 열이 여럿이면 세미콜론(;)으로 구분하여 입력한다.
행 수	표시되는 행의 개수를 지정한다.
목록 너비	컨트롤 목록의 너비를 지정한다.
목록 값만 허용	목록 값 이외의 데이터를 입력 받을 것인지를 결정한다.

---

08 관계 설정/색인(INDEX)

출제 ▶ 20년2회(1급), 16년2회(1급)

01 다음 중 [관계 편집] 대화 상자에 대한 설명으로 옳지 않은 것은?

① 관계를 구성하는 어느 한쪽의 테이블 또는 필드 및 쿼리를 변경할 수 있다.

② 조인 유형을 내부 조인, 왼쪽 우선 외부 조인, 오른쪽 우선 외부 조인 중에서 선택할 수 있다.

③ '항상 참조 무결성 유지'를 선택한 경우 '관련 필드

모두 업데이트'와 '관련 레코드 모두 삭제' 옵션을 선택할 수 있다.

④ 관계의 종류를 일대다, 다대다, 일대일 중에서 선택할 수 있다.

출제 ▶ 20년1회(1급)

02 다음 중 아래 <고객>과 <구매리스트> 테이블 관계에 참조 무결성이 항상 유지되도록 설정할 수 없는 경우는?

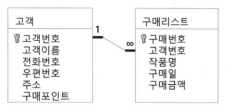

① <고객> 테이블의 '고객번호' 필드 값이 <구매리스트> 테이블의 '고객번호' 필드에 없는 경우

② <고객> 테이블의 '고객번호' 필드 값이 <구매리스트> 테이블의 '고객번호' 필드에 하나만 있는 경우

③ <구매리스트> 테이블의 '고객번호' 필드 값이 <고객> 테이블의 '고객번호' 필드에 없는 경우

④ <고객> 테이블의 '고객번호' 필드 값이 <구매리스트> 테이블의 '고객번호' 필드에 두 개 이상 있는 경우

출제 ▶ 18년2회(1급), 15년3회(1급)

03 '부서코드'를 기본 키로 하는 [부서] 테이블과 '부서 코드'를 포함한 사원정보가 있는 [사원] 테이블을 이용하여 관계를 설정하였다. 다음 중 이와 관련된 관계 설정에 대한 설명으로 옳은 것은? (단, 한 부서에는 여러 명의 사원이 소속되어 있으며, 한 사원은 하나의 부서에 소속된다.)

① '항상 참조 무결성 유지'를 설정하면 [사원] 테이블에 입력하려는 '사원'의 '부서코드'는 반드시 [부서] 테이블에 존재해야만 한다.

② '항상 참조 무결성 유지'를 설정하면 [사원] 테이블에서 '부서코드'를 수정하는 경우 [부서] 테이블의 해당 '부서코드'도 자동으로 수정된다.

③ '항상 참조 무결성 유지'를 설정하지 않더라도 [사원] 테이블에 입력하려는 '사원'의 '부서코드'는 반드시 [부서] 테이블에 존재해야만 한다.

④ '항상 참조 무결성 유지'를 설정하지 않더라도 [사원] 테이블에서 사용 중인 '부서코드'는 [부서] 테이블에서 삭제할 수 없다.

04 아래 그림과 같이 <주문내역> 테이블과 <제품> 테이블의 관계가 설정되어 있다. 다음 중 <제품> 테이블의 특정 레코드를 삭제하였을 경우에 대한 설명으로 옳은 것은?

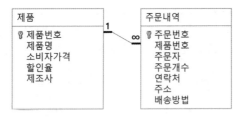

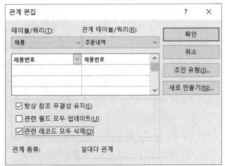

① <주문내역> 테이블에서 참조되고 있으므로 <제품> 테이블에서 특정 레코드를 삭제할 수 없다.
② <제품> 테이블에서만 특정 레코드가 삭제되고, <주문내역> 테이블에는 아무런 변동이 없다.
③ <제품> 테이블의 특정 레코드가 삭제되고, 이를 참조하는 <주문내역> 테이블의 모든 레코드도 함께 삭제된다.
④ <제품> 테이블의 특정 레코드와 <주문내역> 테이블의 모든 레코드가 삭제된다.

05 다음 중 Access에서 테이블의 관계 설정에 대한 설명으로 옳지 않은 것은?

① [관계] 문서 탭에서 해당 관계에 대해 참조 무결성, 조인 유형 등을 설정할 수 있다.
② A 테이블과 A 테이블의 기본키를 외래키로 사용하는 B 테이블 간에 관계를 설정하는 경우 관계 종류는 '일대다 관계'로 자동 지정된다.
③ 이미 [디자인 보기] 상태로 열려 있는 테이블에 대한 관계 설정 시 해당 테이블은 자동 저장되어 닫힌다.
④ 테이블 관계를 제거하려면 관계선을 클릭하여 더 굵게 표시된 상태에서 <Delete> 키를 누른다.

06 다음 중 테이블 간의 관계 설정에서 일대일 관계가 성립하는 것은?

① 양쪽 테이블의 연결 필드가 모두 중복 불가능의 인덱스나 기본키로 설정되어 있는 경우
② 어느 한쪽의 테이블의 연결 필드가 중복 불가능의 인덱스나 기본키로 설정되어 있는 경우
③ 오른쪽 관련 테이블의 연결 필드가 중복 가능한 인덱스나 후보키로 설정되어 있는 경우
④ 양쪽 테이블의 연결 필드가 모두 중복 가능한 인덱스나 후보키로 설정되어 있는 경우

핵심이론 268

• 관계는 여러 테이블에 저장되어 있는 관련 데이터들을 연결하여 데이터를 조합하여 사용할 수 있도록 테이블 간의 관계를 설정하는 기능이다.
• 관계를 설정하면 다른 개체에서 데이터에 보다 편리하게 접근할 수 있다.
• 관계 설정에 필요한 기본키와 외래키 필드는 데이터 형식이 동일해야 한다.
• 관계의 종류별 특징

일대다 (1:M)	가장 보편적인 형태의 관계 설정으로 기본 테이블과 관련 테이블 중 한 개만 기본키이거나 인덱스가 중복 불가능으로 설정되어 있어야 한다.
일대일 (1:1)	대부분 한 테이블로 해결이 가능하기 때문에 자주 사용되는 형태는 아니며, 양쪽 테이블의 연결 필드가 모두 기본키이거나 인덱스가 중복 불가능으로 설정되어 있어야 한다.
다대다 (N:M)	두 테이블을 직접 연결할 수는 없고 제3의 테이블을 이용하여 두 개의 일대다로 설정해야 한다.

07 다음 중 테이블의 필드 속성 설정 시 사용하는 인덱스에 관한 설명으로 옳지 않은 것은?

① 인덱스를 설정하면 레코드의 검색과 정렬 속도가 빨라진다.
② 인덱스를 설정하면 레코드의 추가, 수정, 삭제 속도는 느려진다.
③ 데이터 형식이 OLE 개체인 필드에는 인덱스를 설정할 수 없다.
④ 인덱스는 한 개의 필드에만 설정 가능하므로 주로 기본 키에 설정한다.

출제 ▸ 15년1회(1급)

08 다음 중 데이터베이스에서 인덱스를 사용하는 목적으로 가장 적절한 것은?

① 레코드 검색 속도 향상 ② 데이터 독립성 유지

③ 중복성 제거 ④ 일관성 유지

기출변형

09 다음 중 테이블에서 인덱스로 설정할 수 없는 필드의 데이터 형식은?

① Yes/No ② 짧은 텍스트

③ 숫자 ④ OLE개체

기출변형

10 다음은 색인(Index)에 대한 설명이다. 가장 옳지 않은 것은?

① 하나의 필드나 필드 조합에 인덱스를 만들어 레코드 찾기와 정렬을 효율적으로 수행할 수 있게 한다.

② 색인을 많이 설정하면 테이블의 변경 속도가 저하될 수 있다.

③ 인덱스를 삭제하면 필드나 필드 데이터도 함께 삭제된다.

④ 레코드를 변경하거나 추가할 때마다 자동으로 업데이트 된다.

핵심이론 269

• 색인(Index)은 입력된 데이터의 검색과 정렬 속도를 향상시키기 위해 설정하는 기능으로 데이터의 양이 많은 경우에 효과적으로 사용할 수 있다.

• OLE개체, 첨부 파일, 계산 형식의 필드에는 인덱스를 설정할 수 없다.

• 인덱스는 레코드를 변경하거나 추가할 때마다 자동으로 업데이트된다.

• 인덱스를 많이 설정하면 레코드의 추가, 수정, 삭제 속도는 저하될 수 있다.

• 필드를 기본키로 설정하면, 해당 필드에는 기본적으로 인덱스가 '중복 불가능'으로 설정된다.

---

09 외부데이터

출제 ▸ 20년1회(1급)

1 다음 중 외부 데이터 가져오기 기능에 대한 설명으로 옳지 않은 것은?

① 텍스트 파일을 가져와 기존 테이블의 레코드로 추가하려는 경우 기본 키에 해당하는 필드의 값들이 고유한 값이 되도록 데이터를 수정하며 가져올 수 있다.

② Excel 워크시트에서 정의된 이름의 영역을 Access의 새 테이블이나 기존 테이블에 데이터 복사본으로 만들 수 있다.

③ Access에서는 한 테이블에 256개 이상의 필드를 지원하지 않으므로 원본 데이터는 열의 개수가 255개를 초과하지 않아야 한다.

④ Excel 파일을 가져오는 경우 한 번에 하나의 워크시트만 가져올 수 있으므로 여러 워크시트에서 데이터를 가져오려면 각 워크시트에 대해 가져오기 명령을 반복해야 한다.

출제 ▸ 18년1회(1급)

2 다음 중 외부 데이터인 Excel 통합 문서를 가져오거나 연결하기 위한 방법으로 옳지 않은 것은?

① 새 테이블로 추가하여 원본 데이터 가져오기

② 현재 데이터베이스의 테이블 중 하나를 지정하여 레코드로 추가하기

③ 테이블, 쿼리, 매크로 등 원하는 개체를 지정하여 가져오기

④ Excel의 원본 데이터에 대한 링크를 유지 관리하는 테이블로 만들기

출제 ▸ 16년1회(1급)

3 다음 중 외부 데이터 가져오기 기능에 대한 설명으로 옳지 않은 것은?

① [텍스트 가져오기 마법사]를 이용하여 기존 테이블에 내용을 추가하려는 경우 기본 키에 해당하는 필드의 값들이 고유한 값이 되도록 데이터를 수정하며 가져올 수 있다.

② 하나 이상의 Excel 워크시트에 있는 데이터의 일부 또는 전체를 Access의 새 테이블이나 기존 테이블에 데이터 복사본으로 만들 수 있다.

③ Access에서는 가져오려는 데이터 원본에 255개가 넘는 필드(열)가 있으면 처음 255 필드만 가져온다.

④ Excel 데이터는 가져오기 명령으로 한 번에 하나의 워크시트만 가져올 수 있으므로 여러 워크시트에서 데이터를 가져오려면 각 워크시트에 대해 가져오기 명령을 반복해야 한다.

04 다음 중 외부 데이터 가져오기 기능을 이용하여 테이블에 데이터를 가져 올 때 적절하지 않은 파일 형식은?

① 텍스트 파일　　② Excel 파일
③ Word 파일　　④ XML 파일

05 다음 중 외부 데이터로 Access 파일을 가져오는 경우에 관련된 설명으로 옳지 않은 것은?

① 테이블의 관계도 함께 복사할 수 있다.
② Access 개체는 테이블과 쿼리 개체만 복사할 수 있다.
③ 테이블의 정의만 가져오는 경우 데이터가 없는 빈 테이블이 만들어진다.
④ 원본 개체와 같은 이름의 개체가 대상 데이터베이스에 이미 있으면 가져오기 개체의 이름에 숫자(1, 2, 3 등)가 추가된다.

핵심이론 270

- 외부 데이터 가져오기는 텍스트 파일이나 외부 데이터베이스를 가져와 새 테이블을 생성하거나 기본 테이블에 가져온 데이터를 추가하는 기능이다.
- 액세스에서 사용 가능한 외부 데이터 파일 형식은 Excel 파일, Access 파일, 텍스트 파일, ODBC 데이터베이스, XML 파일, HTML 문서, Outlook 폴더 등이다.

Excel 파일

- 워크시트에서 정의된 이름의 영역을 Access의 새 테이블이나 기존 테이블에 데이터 복사본으로 만들 수 있다.
- 한 번에 하나의 워크시트만 가져올 수 있으므로 여러 워크시트에서 데이터를 가져오려면 각 워크시트에 대해 가져오기 명령을 반복해야 한다.

Access 파일

- 한 테이블에 256개 이상의 필드를 지원하지 않으므로 원본 데이터는 열의 개수가 255개를 초과하지 않아야 한다.
- 테이블의 관계도 함께 복사하여 가져올 수 있다.
- 원본 개체와 같은 이름의 개체가 대상 데이터베이스에 이미 있으면 가져오기 개체의 이름에 숫자(1, 2, 3 등)가 추가된다.

06 다음 중 테이블에서 내보내기가 가능한 파일 형식에 해당하지 않는 것은?

① 엑셀(Excel) 파일　　② ODBC 데이터베이스
③ HTML 문서　　④ VBA 코드

07 다음 중 보고서에서 내보내기가 가능한 파일 형식이 아닌 것은?

① 텍스트 파일　　② 한글 파일
③ HTML 문서　　④ 엑셀 파일

08 다음 중 액세스의 내보내기(Export)에 대한 설명으로 가장 옳지 않은 것은?

① 테이블이나 쿼리, 폼이나 보고서 등을 다른 형식으로 바꾸어 파일로 저장할 수 있다.
② 한 번에 한 개체만 내보낼 수 있다.
③ 쿼리를 엑셀이나 HTML 형식으로 변환하여 저장하는 경우, 쿼리의 SQL문이 아니라 실행 결과가 저장된다.
④ 레이블은 내보내지 않고 보고서만 서식 있는 텍스트 파일(*.rtf)로 내보내는 경우 원본 테이블이 없어서 데이터는 표시되지 않는다.

핵심이론 271

- 데이터 내보내기는 액세스 개체를 다른 응용프로그램에서 사용할 수 있도록 형식을 변환하여 저장하는 기능이다.
- 테이블에 대한 데이터, 구조, 서식 등을 내보낼 수 있으며, 한 번에 한 개체씩 내보낼 수 있다.
- 쿼리를 내보내는 경우에는 SQL문이 아니라 실행 결과가 저장된다.
- 액세스에서 내보내기 가능한 파일 형식은 Excel 파일, Access 파일, 텍스트 파일, ODBC 데이터베이스, XML 파일, HTML 문서, Word RTF 파일, PDF/XPS 파일 등이다.

SECTION 03 입력 및 수정

10 폼 작성/폼 편집

출제 ▶ 16년1회(1급)

01 다음 중 폼 만들기 도구로 빈 양식의 폼에서 사용자가 직접 텍스트 상자, 레이블, 단추 등의 필요한 컨트롤들을 삽입하여 작성해야 하는 것은?

① 폼　　　　　　② 폼 분할
③ 여러 항목　　　④ 폼 디자인

핵심이론 272
폼은 자동 생성 도구인 '폼 마법사'를 이용하여 만들거나, 사용자가 직접 [디자인] 탭의 도구를 이용하여 폼을 작성하는 '폼 디자인'을 이용하여 만들 수 있다.

| 폼 디자인 | 폼 마법사 |

출제 ▶ 20년2회(1급)

02 다음 중 폼 작성에 대한 설명으로 옳지 않은 것은?

① [폼 디자인 도구]의 [디자인] 탭에서 [컨트롤 마법사 사용] 여부를 선택할 수 있다.
② [레이블] 컨트롤은 마법사를 이용한 만들기가 제공되지 않으며, 레이블 컨트롤을 추가한 후 내용을 입력하지 않으면 추가된 레이블 컨트롤이 자동으로 사라진다.
③ [텍스트 상자] 컨트롤을 지칭하는 이름은 중복 설정이 가능하다.
④ [단추] 컨트롤은 명령 단추 마법사를 이용하여 다양한 매크로 함수를 제공한다.

출제 ▶ 20년1회(1급), 16년3회(1급)

03 다음 중 폼 작성에 관한 설명으로 옳지 않은 것은?

① 여러 개의 컨트롤을 선택하여 자동 정렬할 수 있다.
② 컨트롤의 탭 순서는 자동으로 화면 위에서 아래로 설정된다.
③ 사각형, 선 등의 도형 컨트롤을 삽입할 수 있다.
④ 컨트롤 마법사를 사용하여 폼을 닫는 매크로를 실행시키는 단추를 만들 수 있다.

출제 ▶ 19년2회(1급)

04 다음 중 폼 작성에 대한 설명으로 옳지 않은 것은?

① 컨트롤 마법사를 사용하여 폼을 닫는 매크로 함수를 실행하는 '명령 단추'를 삽입할 수 있다.
② 폼에서 연결된 테이블의 레코드를 삭제한 경우 영구적인 작업이므로 되돌릴 수 없다.
③ 폼에 컨트롤을 삽입하면 탭 순서가 위에서 아래로, 왼쪽에서 오른쪽 순으로 자동 지정된다.
④ 폼 디자인 도구를 이용하여 여러 컨트롤의 크기와 간격을 일정하게 설정할 수 있다.

출제 ▶ 15년2회(1급)

05 다음 중 폼 작성에 대한 설명으로 옳지 않은 것은?

① [컨트롤 마법사]를 이용하여 '폼 닫기' 매크로를 실행시키는 명령 단추를 삽입할 수 있다.
② 폼 속성 시트에서 그림을 설정하면 폼의 배경 그림으로 표시된다.
③ 사각형, 직선 등의 도형 컨트롤을 삽입할 수 있다.
④ [그룹화 및 정렬] 기능으로 레코드를 그룹화하여 표시 할 수 있다.

핵심이론 273
• 폼의 [디자인 보기] 상태에서는 폼에 컨트롤을 추가하거나 편집할 수 있고, 폼과 컨트롤에 속성을 지정하여 사용자가 원하는 형태로 편집할 수 있다.
• 각 탭별 기능은 아래와 같다.

❶ 디자인	- 컨트롤을 만들거나, 폼에 삽입된 컨트롤들의 탭 순서를 지정한다. - 탭 순서를 '자동 순서'로 설정하면 위에서 아래로, 왼쪽에서 오른쪽 순으로 지정되며, 사용자가 임의로 지정할 수 있다. - 컨트롤 생성 시 [컨트롤 마법사 사용] 여부를 선택할 수 있지만 모든 컨트롤이 마법사를 사용할 수 있는 것은 아니다. - 사각형, 직선 등의 도형 컨트롤을 삽입할 수 있다. - [단추] 컨트롤은 명령 단추 마법사를 이용하여 다양한 매크로 함수를 제공한다.
❷ 정렬	- 여러 컨트롤들의 크기와 간격을 조정할 수 있다. - 컨트롤을 위, 아래, 왼쪽, 오른쪽 기준으로 정렬 할 수 있다.
❸ 서식	- 컨트롤의 글꼴 스타일을 변경하거나, 컨트롤에 표시되는 데이터의 표시형식을 변경할 수 있다. - 레코드에 조건부 서식을 설정할 수 있다.

출제 ▶ 20년1회(1급)

06 다음 중 폼의 구성요소에 대한 설명으로 옳지 않은 것은?

① 폼 머리글은 인쇄할 때 모든 페이지의 상단에 매번 표시된다.

② 하위 폼은 폼 안에 있는 또 하나의 폼을 의미한다.

③ 폼 바닥글은 폼 요약 정보 등과 같이 각 레코드에 동일하게 표시될 정보가 입력되는 구역이다.

④ 본문은 사용할 실제 내용을 입력하는 구역으로 폼 보기 형식에 따라 하나의 레코드만 표시하거나 여러 개의 레코드를 표시한다.

기출변형

07 다음 중 폼의 각 구역(Section)에 대한 설명으로 옳지 않은 것은?

① 폼 머리글은 폼의 제목 같이 모든 레코드에 대해 동일한 정보를 표시하며 인쇄할 때는 첫 페이지의 맨 위에 나타난다.

② 페이지 머리글은 제목이나 열 머리글과 같은 정보로 폼 보기 상태 및 인쇄 시 표시된다.

③ 본문은 실제 데이터를 표시하는 부분으로 '연속 폼'의 경우 레코드에 따라 반복적으로 표시된다.

④ 페이지 바닥글은 날짜나 페이지 번호와 같은 정보가 인쇄된 모든 페이지의 아래에 표시된다.

기출변형

08 다음은 폼에 관한 설명이다. 괄호( ) 안에 들어갈 내용으로 알맞은 것은?

> ( )은 일반적으로 바운드 컨트롤이 표시되는 영역으로 단일 폼에서는 한 화면에 하나의 레코드가 표시되지만, 연속 폼과 데이터시트 폼에서는 한 화면에 여러 개의 레코드가 표시된다.

① 본문 영역   ② 폼 머리글 영역

③ 폼 바닥글 영역   ④ 페이지 머리글 영역

핵심이론 274

• 폼은 폼 머리글, 폼 바닥글, 본문, 페이지 머리글, 페이지 바닥글 구역으로 구성된다.

• 본문은 기본적으로 표시되며, 머리글/바닥글 구역은 표시하거나 숨길 수 있다.

구역	설명
폼 머리글	폼 제목과 같이 모든 레코드에 동일하게 표시되는 정보를 인쇄할 때 사용하며, 첫 페이지 상단에 나타난다.
페이지 머리글	모든 페이지 상단에 동일하게 표시될 정보가 입력되는 구역으로 인쇄 미리 보기 상태에서만 확인된다.
본문	사용할 실제 내용을 입력하는 구역으로 폼 보기 형식에 따라 하나의 레코드만 표시하거나 여러 개의 레코드를 표시한다.
하위폼	폼 안에 있는 또 하나의 폼을 의미한다.
페이지 바닥글	모든 페이지 하단에 동일하게 표시될 정보가 입력되는 구역으로 날짜나 페이지 번호와 같은 정보가 표시된다.
폼 바닥글	폼 요약 정보 등과 같이 모든 레코드에 동일하게 표시될 정보가 입력되는 구역이다.

출제 ▶ 17년1회(1급)

09 다음 중 [폼 마법사]를 이용한 폼 작성 시 선택 가능한 폼의 모양 중 각 필드가 왼쪽의 레이블과 함께 각 행에 표시되고 컨트롤 레이아웃이 자동으로 설정되는 것은?

① 컬럼 형식　　　　② 테이블 형식
③ 데이터시트　　　　④ 맞춤

출제 ▶ 15년3회(1급)

10 다음 중 폼 마법사를 이용하여 폼을 작성할 때 폼의 모양을 지정하기 위한 선택 항목에 해당하지 않는 것은?

① 컬럼 형식　　　　② 피벗 테이블
③ 데이터시트　　　　④ 맞춤

핵심이론 275

'폼 마법사'를 사용하여 폼을 작성하면 마지막 단계에서 폼의 형태를 선택하게 된다. 폼의 모양에 따른 분류는 아래와 같다.

열 형식	필드가 레이블과 함께 행으로 표시
테이블 형식	각 레코드의 필드가 한 행으로 표시되고, 레이블은 폼 상단에 한 번 표시
데이터시트	레코드는 행 단위, 필드는 열 단위로 표시
맞춤	필드 데이터에 따라 균형 있게 표시

---

11 ▶ **폼 분할/폼 실행**

출제 ▶ 20년2회(1급), 16년1회(1급)

01 다음 중 분할 표시 폼에 대한 설명으로 옳지 않은 것은?

① 분할 표시 폼은 [만들기] 탭의 [폼] 그룹에서 [기타 폼] - [폼 분할]을 클릭하여 만들 수 있다.
② 분할 표시 폼은 데이터시트 보기와 폼 보기를 동시에 표시하기 기능이며, 이 두 보기는 같은 데이터 원본에 연결되어 있어 항상 상호 동기화된다.
③ 분할 표시 폼을 만든 후에는 컨트롤의 크기 조정은 할 수 없으나, 새로운 필드의 추가는 가능하다.
④ 폼 속성 창의 '분할 표시 폼 방향' 항목을 이용하여 폼의 위쪽, 아래쪽, 왼쪽, 오른쪽 등 데이터시트가 표시되는 위치를 설정할 수 있다.

출제 ▶ 20년1회(1급)

02 다음 중 위쪽 구역에 데이터시트를 표시하는 열 형식의 폼을 만들고, 아래쪽 구역에 선택한 레코드에 대한 정보를 수정하거나 입력할 수 있는 데이터시트 형식의 폼을 자동으로 만들어 주는 도구는?

① 폼　　　　② 폼 분할
③ 여러 항목　　　　④ 폼 디자인

출제 ▶ 18년2회(1급)

03 다음 중 분할 표시 폼에 대한 설명으로 옳지 않은 것은?

① 분할된 화면에서 데이터를 [폼 보기]와 [데이터시트 보기]로 동시에 볼 수 있다.
② 폼의 두 보기 중 하나에서 필드를 선택하면 다른 보기에서도 동일한 필드가 선택된다.
③ 데이터 원본을 변경하는 경우 데이터시트 보기에서만 데이터를 변경할 수 있다.
④ 데이터시트가 표시되는 위치를 폼의 위쪽, 아래쪽, 왼쪽, 오른쪽 중에서 선택할 수 있다.

출제 ▶ 18년1회(1급), 15년3회(1급)

04 다음 중 [만들기] 탭 - [폼] 그룹에서 폼 보기와 데이터시트 보기를 동시에 표시하는 폼을 만들 때 가장 적절한 명령은?

① 여러 항목　　　　② 폼 분할
③ 폼 마법사　　　　④ 모달 대화 상자

05 다음 중 아래의 설명에 해당하는 폼을 작성하기에 가장 용이한 방법은?

> – 하나의 폼에서 폼 보기와 데이터시트 보기로 동시에 같은 데이터를 볼 수 있다.
> – 같은 데이터 원본에 연결되어 있으며 항상 상호 동기화된다.
> – 폼의 두 보기 중 하나에서 필드를 선택하면 다른 보기에서도 동일한 필드가 선택된다.

① 폼 도구 사용
② 폼 마법사 사용
③ 여러 항목 도구 사용
④ 폼 분할 도구 사용

핵심이론 276

• 폼으로 만들 테이블이나 쿼리를 선택한 후 [만들기] 탭의 [폼] 그룹에서 원하는 작성 도구를 선택하면 간단하게 폼이 만들어 진다.

• 작성된 폼은 '레이아웃 보기' 상태로 표시되며 레코드를 확인하며 폼과 컨트롤을 편집할 수 있다.

❶ 폼	- 열 형식의 형태로 폼이 작성된다. - 관계가 설정된 테이블이 있는 경우 하단에 데이터시트 보기 형태로 함께 표시된다.
❷ 폼 분할	- 하나의 폼에서 폼 보기와 데이터시트 보기로 동시에 같은 데이터를 볼 수 있다. - 두 보기 모두 같은 데이터 원본에 연결되어 있으며 항상 상호 동기화된다. - 폼의 두 보기 중 하나에서 필드를 선택하면 다른 보기에서도 동일한 필드가 선택된다. - 폼 속성 창의 '분할 표시 폼 방향' 항목을 이용하여 폼의 위쪽, 아래쪽, 왼쪽, 오른쪽 등 데이터시트가 표시되는 위치를 설정할 수 있다.

06 다음 중 폼에 대한 설명으로 옳지 않은 것은?

① 모든 폼은 기본적으로 테이블이나 쿼리와 연결되어 표시되는 바운드 폼이다.
② 폼 내에서 단추를 눌렀을 때 매크로와 모듈이 특정 기능을 수행하도록 할 수 있다
③ 일 대 다 관계에 있는 테이블이나 쿼리는 폼 안에 하위 폼을 작성할 수 있다.
④ 폼과 컨트롤의 속성은 [디자인 보기] 형식에서 [속성시트]를 이용하여 설정한다.

07 다음 중 폼에 관련된 설명으로 옳지 않은 것은?

① 폼을 구성하는 컨트롤들은 마법사를 이용하여 손쉽게 작성할 수도 있다.
② 모달 폼은 다른 폼 안에 컨트롤로 삽입되어 연결된 폼을 의미한다.
③ 폼은 매크로나 이벤트 프로시저를 이용하여 작업을 자동화할 수 있다.
④ 폼의 디자인 작업 시 눈금과 눈금자는 필요에 따라 표시하거나 숨길 수 있다.

08 다음 중 폼에 대한 설명으로 옳지 않은 것은?

① 데이터의 입력 및 편집 작업을 위한 일종의 인터페이스이다.
② 바운드 폼은 테이블이나 쿼리의 레코드와 연결되어 있는 폼을 의미한다.
③ 테이블 및 쿼리에는 이벤트를 지정할 수 없지만 폼에는 이벤트를 지정하여 여러 가지 작업을 수행할 수 있다.
④ 자동 폼 생성 도구로 작성한 폼은 기본적으로 두 개 이상의 테이블이나 쿼리를 원본으로 사용한다.

핵심이론 277

데이터 연결에 따른 폼의 분류

바운드 폼 (Bound Form)	- 테이블이나 쿼리의 레코드와 연결되어 있는 폼을 의미한다. - 데이터 표시뿐만 아니라 입력, 수정, 삭제 등의 편집이 가능하다.
언바운드 폼 (Unbound	- 테이블이나 쿼리의 레코드와 연결되지 않은 폼을 의미한다.

Form)	- 주로 초기 화면이나 검색 화면과 같은 폼에서 사용된다.
하위 폼	- 폼 안에 있는 또 하나의 폼을 의미한다.

12 ▶ 폼 속성

출제 ▶ 20년2회(1급)

01 다음 중 폼의 모달 속성에 관한 설명으로 옳지 않은 것은?

① 폼이 열려 있는 경우 다른 화면을 선택할 수 있다.

② VBA 코드를 이용하여 대화 상자의 모달 속성을 지정할 수 있다.

③ 폼이 모달 대화 상자이면 디자인 보기로 전환 후 데이터시트 보기로 전환이 가능하다.

④ 사용자 지정 대화 상자의 작성이 가능하다.

핵심이론 278

• 폼에 모달 속성을 적용하면 해당 폼이 활성화되어 있는 상태에서는 다른 폼을 실행할 수 없다.

• 모달 속성이 적용되어 있는 상태에서는 다른 폼이나 개체를 선택할 수 없다.

출제 ▶ 17년2회(1급)

02 다음 중 액세스의 다양한 폼 보기에 대한 설명으로 적절하지 않은 것은?

① 데이터시트: 행과 열로 구성된 형태로 표시하여 여러 레코드를 한 화면에 표시한다.

② 모달 폼: 해당 폼을 전체 화면 크기의 창으로 표시한다.

③ 연속 폼: 현재 창을 채울 만큼 여러 레코드를 함께 표시한다.

④ 하위 폼: 연결된 기본 폼의 현재 레코드와 관련된 레코드만 표시한다.

핵심이론 279

폼의 속성 창에서 설정할 수 있는 폼 보기 형식의 종류는 아래와 같다.

단일 폼	폼의 본문 영역이 한 번만 표시된다.
연속 폼	폼의 본문 영역이 현재 창을 채울 만큼 반복하여 표시된다.
데이터시트	레코드가 테이블 형태로 표시된다.
분할 표시 폼	한 화면에 폼 보기와 데이터시트 보기 두 형태로 분할하여 표시된다.

출제 ▶ 18년2회(1급)

03 다음 중 폼의 속성에 대한 설명으로 옳은 것은?

① 팝업 속성을 설정하면 포커스를 다른 개체로 이동하기 위해서는 반드시 폼을 닫아야 한다.

② '레코드 잠금' 속성의 기본 값은 '잠그지 않음'이며, 이 경우 레코드 편집 작업이 완료되기 전에 다른 사용자가 레코드를 변경할 수 있다.

③ 그림 맞춤 속성은 폼의 크기가 이미지의 원래 크기와 다른 경우 다양한 확대/축소 유형을 선택할 수 있다.

④ 레코드 집합 종류 속성의 값이 '다이너셋'인 경우 원본 테이블의 업데이트는 안되며, 조회만 가능하다.

출제 ▶ 15년1회(1급)

04 다음 중 읽기 전용 폼을 만들기 위한 폼과 컨트롤의 속성 설정이 옳지 않은 것은?

① [편집 가능] 속성을 '아니오'로 설정한다.

② [삭제 가능] 속성을 '아니오'로 설정한다.

③ [잠금] 속성을 '아니오'로 설정한다.

④ [추가 가능] 속성을 '아니오'로 설정한다.

기출변형

05 다음 중 하위 폼에서 새로운 레코드를 추가하려고 할 때 설정해야 할 폼 속성으로 옳은 것은?

① [편집 가능] 속성을 '예'로 설정한다.

② [삭제 가능] 속성을 '예'로 설정한다.

③ [잠금] 속성을 '예'로 설정한다.

④ [추가 가능] 속성을 '예'로 설정한다.

핵심이론 280

주요 폼 속성 항목

팝업	폼을 팝업으로 열 것인지 결정
모달	다른 컨트롤을 선택하기 위해서는 반드시 폼을 닫도록 설정
레코드 잠금	기본 값은 '잠그지 않음'이며, 이 경우 여러 사용자가 동시에 레코드를 편집 가능
그림 맞춤	폼의 크기가 이미지 크기와 다른 경우 표시되는 위치를 지정
그림 크기 조정 모드	폼의 크기가 이미지의 원래 크기와 다른 경우 확대/축소 유형을 선택
레코드 집합 종류	속성의 값이 '다이너셋'인 경우 원본 테이블의 업데이트 가능

편집 가능	폼 데이터 편집 가능 여부 설정
삭제 가능	폼 데이터 삭제 가능 여부 설정
추가 가능	폼 데이터 추가 가능 여부 설정
잠금	폼의 데이터 편집, 컨트롤에 포커스 삽입 등의 작업이 되지 않아 읽기 전용으로 설정 가능

출제 ▶ 18년1회(1급)

06 다음 중 아래와 같이 표시된 폼의 탐색 단추에 대한 설명으로 옳지 않은 것은?

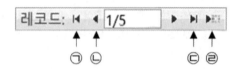

① ㉠ 첫 레코드로 이동한다.
② ㉡ 이전 레코드로 이동한다.
③ ㉢ 마지막 레코드로 이동한다.
④ ㉣ 이동할 레코드 번호를 입력하여 이동한다.

핵심이론 281

탐색 단추는 폼에서 레코드를 조회할 때 사용하는 기능으로 각 버튼의 기능은 아래와 같다.

◀┃	첫 레코드로 이동한다.
◀	이전 레코드로 이동한다.
▶	다음 레코드로 이동한다.
┃▶	마지막 레코드로 이동한다.
▶	새 레코드를 추가한다.

출제 ▶ 19년2회(1급)

07 다음 중 폼에서 [Tab] 키를 누를 때 특정 컨트롤에는 포커스가 이동하지 않도록 하기 위한 방법은?

① '탭 인덱스' 속성을 '0'으로 설정한다.
② '탭 정지' 속성을 '예'로 설정한다.
③ '탭 인덱스' 속성을 '-1'로 설정한다.
④ '탭 정지' 속성을 '아니오'로 설정한다.

출제 ▶ 18년2회(1급)

08 다음 중 폼에서 컨트롤의 탭 순서를 변경하는 방법으로 옳지 않은 것은?

① 마법사 또는 레이아웃과 같은 도구를 사용하여 폼을 만든 경우 컨트롤이 폼에 표시되는 순서(위쪽

에서 아래쪽 및 왼쪽에서 오른쪽)와 같은 순서로 탭 순서가 설정된다.
② 기본적으로는 컨트롤을 작성한 순서대로 탭 순서가 설정되며, 레이블에는 설정할 수 없다.
③ [탭 순서] 대화상자를 이용하면 컨트롤의 탭 순서를 컨트롤 이름 행을 드래그해서 조정할 수 있다.
④ 탭 순서에서 컨트롤을 제거하려면 컨트롤의 탭 정지 속성을 '예'로 설정한다.

출제 ▶ 17년2회(1급)

09 다음 중 폼의 탭 순서(Tab Order)에 대한 설명으로 옳지 않은 것은?

① 기본으로 설정되는 탭 순서는 폼에 컨트롤을 추가하여 작성한 순서대로 설정된다.
② [탭 순서] 대화상자의 [자동 순서]는 탭 순서를 위에서 아래로, 오른쪽에서 왼쪽으로 설정한다.
③ 폼 보기에서 [Tab] 키를 눌렀을 때 각 컨트롤 사이에 이동되는 순서를 설정하는 것이다.
④ 탭 정지 속성의 기본 값은 '예'이다.

핵심이론 282

• '탭 순서'는 폼 보기에서 [Tab] 키를 눌렀을 때 각 컨트롤 사이에 이동되는 순서를 설정하는 것이다.
• 기본적으로 폼에 컨트롤을 추가한 순서대로 탭 순서가 결정된다.
• 탭 순서를 '자동 순서'로 설정하면 위에서 아래로, 왼쪽에서 오른쪽 순으로 지정된다.
• '탭 정지' 속성의 기본값은 '예'로 설정되어 있지만, 이를 '아니오'로 변경하면 [Tab]을 누르더라도 해당 컨트롤에 포커스가 이동되지 않는다.

출제 ▶ 17년2회(1급)

10 액세스에서 다음과 같은 폼을 편집하고자 한다. 다음 중 편집에 대한 설명이 옳지 않은 것은?

① (1)번 부분을 더블 클릭하면 폼의 속성 창을 열 수 있다.
② (2)번의 세로 눈금자를 클릭하면 본문의 모든 컨트롤을 선택할 수 있다.
③ (3)번 부분을 더블 클릭하여 폼 바닥글의 배경색을 변경할 수 있다.

④ 이런 폼의 기본 보기 속성은 '연속 폼'으로 하는 것이 좋다.

핵심이론 283

속성 시트 창을 실행하는 다양한 방법은 아래와 같다.

리본 메뉴	[폼 디자인 도구] → [디자인] → [도구] → [속성 시트] 클릭
바로 가기 메뉴	폼 선택기(■)에서 우클릭 → [속성] 클릭
바로 가기 키	[F4]

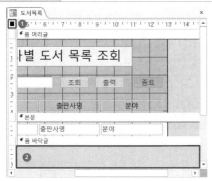

마우스	❶ 폼 선택기(■)를 더블 클릭 ❷ 폼 여백을 더블 클릭

출제 ▶ 18년1회(1급)

11 다음 중 폼의 레코드 원본으로 사용할 수 없는 것은?

① 테이블　　　　② 쿼리

③ SQL문　　　　④ 매크로

출제 ▶ 15년3회(1급)

12 다음 중 폼 작성 시 속성 설정에 대한 설명으로 옳지 않은 것은?

① 폼은 데이터의 입력, 편집 작업 등을 위한 사용자와의 인터페이스로 테이블, 쿼리, SQL문 등을 '레코드 원본' 속성으로 지정할 수 있다.

② 폼의 제목 표시줄에 표시되는 텍스트는 '이름' 속성을 이용하여 변경할 수 있다.

③ 폼의 보기 형식은 '기본 보기' 속성에서 단일 폼, 연속 폼, 데이터시트, 피벗 테이블, 피벗 차트, 분할 표시 폼 중 선택할 수 있다.

④ 이벤트의 작성을 위한 작성기는 식 작성기, 매크로 작성기, 코드 작성기 중 선택할 수 있다.

핵심이론 284

주요 폼 컨트롤 속성 항목

레코드 원본	- 폼에서 사용할 원본 데이터를 지정 - 테이블, 쿼리, SQL문 등으로 지정
캡션	제목 표시줄에 표시될 텍스트를 지정
기본 보기	폼의 보기 형식을 지정

13　컨트롤 생성/편집

출제 ▶ 17년1회(1급)

01 다음 중 폼이나 보고서에서 테이블이나 쿼리의 필드를 컨트롤 원본으로 사용하는 컨트롤을 의미하는 것은?

① 언바운드 컨트롤　　② 바운드 컨트롤

③ 계산 컨트롤　　　　④ 레이블 컨트롤

핵심이론 285

• 컨트롤은 폼이나 보고서에서 데이터를 표시하거나 명령을 수행하는 매개체로 사용되는 그래픽 개체이다.

• 데이터 연결에 따른 컨트롤의 분류

바운드 컨트롤	- 테이블/쿼리의 필드가 컨트롤의 원본 데이터로 연결된 컨트롤이다.
언바운드 컨트롤	- 테이블/쿼리의 필드가 컨트롤의 원본 데이터로 연결되지 않은 컨트롤이다.
계산 컨트롤	- 함수나 연산자를 사용한 계산식을 원본 데이터로 사용하는 컨트롤이다. - 계산 컨트롤은 사용자가 직접 값을 입력할 수 없다.

출제 ▶ 19년2회(1급)

02 다음 중 폼 작성 시 사용하는 컨트롤에 대한 설명으로 옳지 않은 것은?

① 레이블 컨트롤은 제목이나 캡션 등의 설명 텍스트를 표현하기 위해 많이 사용된다.

② 텍스트 상자는 바운드 컨트롤로 사용할 수 있으나 언바운드 컨트롤로는 사용할 수 없다.

③ 목록 상자 컨트롤은 여러 개의 데이터 행으로 구성되며 대개 몇 개의 행을 항상 표시할 수 있는 크기로 지정되어 있다.

④ 콤보 상자 컨트롤은 선택 항목 목록을 보다 간단한 방식으로 나타내기 위해 드롭다운 화살표를 클릭하기 전까지는 목록이 숨겨져 있다.

03 다음 중 제공된 항목에서만 값을 선택할 수 있으며 직접 입력할 수는 없는 컨트롤은?

① 텍스트 상자　② 레이블
③ 콤보 상자　④ 목록 상자

출제 ▶ 15년1회(1급)

04 다음 중 텍스트 상자 컨트롤에 대한 설명으로 옳지 않은 것은?

① 일반 텍스트 상자는 컨트롤 원본 속성이 테이블의 필드명을 제외한 일반 텍스트가 입력된 경우이다.
② 바운드 텍스트 상자는 컨트롤 원본 속성이 테이블의 필드명으로 지정된 경우이다.
③ 언바운드 텍스트 상자는 컨트롤 원본 속성이 비어 있는 경우이다.
④ 계산 텍스트 상자는 컨트롤 원본 속성이 식으로 입력되어 있는 경우이다.

기출변형

05 다음 중 폼에서 데이터의 입력이나 검색에 유용하게 사용할 수 있으며 목록의 값과 일치하는 문자열만 입력되도록 제어할 수 있는 컨트롤은?

① 도구 상자　② 텍스트 상자
③ 개체 상자　④ 콤보 상자

기출변형

06 다음 중 폼 작업 시 탭 순서에서 제외되는 컨트롤로 옳은 것은?

① 레이블　② 텍스트 상자
③ 명령 단추　④ 콤보 상자

기출변형

07 다음 중 폼 작성 시 사용하는 컨트롤에 대한 설명으로 옳지 않은 것은?

① 폼의 컨트롤을 특정 필드에 바운드 시키려면 컨트롤 원본 속성을 이용한다.
② 작성된 목록 상자나 콤보 상자는 특정 필드에 바운드시킬 수 없다.
③ 필드 목록에서 특정 필드 이름을 끌어와 폼에 드롭시키면 자동적으로 해당 필드에 바운드시킨다.
④ 컨트롤에 표시된 값을 수정하면 바운드된 필드의 값도 변경된다.

핵심이론 286
주요 컨트롤 종류

레이블	- 제목, 설명 등과 같은 텍스트를 표시하는 컨트롤 - 필드나 식을 표시할 수 없는 언바운드 컨트롤로 탭 순서에 포함되지 않음
텍스트 상자	- 테이블/쿼리를 원본으로 사용하여 표시하거나, 계산식의 결과를 표시하는 컨트롤
목록 상자	- 여러 개의 데이터 행으로 구성되며 목록 값만 입력 가능한 컨트롤
콤보 상자	- 텍스트 상자와 목록 상자가 결합된 형태의 컨트롤 - 데이터 원본을 직접 입력할 수 있고, 목록에서 선택할 수도 있음 - '목록 값만 허용' 속성을 '예'로 설정하면 목록과 일치하는 문자열만 입력하도록 제어 가능

출제 ▶ 15년3회(1급)

08 다음 중 폼에서 컨트롤을 선택하는 방법에 대한 설명으로 옳은 것은?

① 여러 개의 컨트롤들을 비순차적으로 선택하려면 [Alt] 키를 누른 채 원하는 컨트롤을 각각 클릭한다.
② 일정 영역의 컨트롤들을 한 번에 모두 선택하려면 마우스로 선택할 컨트롤들이 다 포함되도록 해당 영역을 드래그한다.
③ 정렬된 여러 개의 컨트롤들을 모두 선택하려면 맨 위에 위치한 컨트롤을 클릭한 후 마지막에 위치한 컨트롤을 [Shift] 키를 누른 채 클릭한다.
④ 본문 영역 내의 컨트롤들만 모두 선택하려면 [Ctrl] + [A] 키를 누른다.

기출변형

09 다음 중 폼의 컨트롤에 대한 설명으로 가장 적절하지 않은 것은?

① 여러 컨트롤을 선택하여 한꺼번에 동일한 속성을 지정할 수 있다.
② 여러 컨트롤을 그룹화하여 사용할 수 있다.
③ [Alt]를 이용하여 여러 개의 컨트롤을 선택할 수 있다.
④ 여러 컨트롤을 선택하여 한꺼번에 위치를 이동할 수 있다.

핵심이론 287

- 여러 개의 비연속적인 컨트롤들을 선택하려면 [Ctrl]이나 [Shift] 키를 누른 채 원하는 컨트롤을 차례대로 선택한다.
- 일정 영역의 컨트롤들을 한 번에 모두 선택하려면 마우스로 선택할 컨트롤들이 다 포함되도록 해당 영역을 드래그한다.
- 폼의 모든 컨트롤을 선택하려면 [Ctrl] + [A]를 누른다.
- 여러 컨트롤이 선택된 상태에서 한꺼번에 위치를 이동하거나 복사할 수 있다.
- 여러 컨트롤을 하나의 개체로 묶는 작업을 그룹화라고 부르며, 컨트롤들이 그룹화되면 하나의 개체로 취급되어 선택, 이동, 복사 등의 작업을 한꺼번에 수행할 수 있다.

출제 ▶ 15년1회(1급)

10 다음 중 컨트롤의 이동과 복사 방법에 대한 설명으로 옳은 것은?

① 다른 구역에서 복사하여 붙여 넣으면 붙여넣기 구역의 오른쪽 위에 붙여진다.

② 같은 구역 내에서 복사하여 붙여 넣으면 복사한 컨트롤의 바로 아래에 붙여진다.

③ [Ctrl] 키를 누른 상태에서 이동하면 다른 컨트롤과 세로 및 가로 맞춤을 유지할 수 있다.

④ [Shift] 키를 누른 상태에서 방향키를 눌러 컨트롤의 위치를 변경할 수 있다.

핵심이론 288

- 다른 구역에서 복사나 잘라내기를 수행하여 붙여 넣으면 선택 구역의 왼쪽 위에 붙여진다.
- 같은 구역에서 복사나 잘라내기를 수행하여 붙여 넣으면 복사한 컨트롤 바로 아래에 붙여진다.
- [Shift] 키를 누른 상태에서 이동하면 다른 컨트롤과 세로 및 가로 맞춤을 유지할 수 있다.
- [Ctrl] 키를 누른 상태에서 방향키를 눌러 컨트롤의 위치를 변경할 수 있다.

---

14 ▶ 컨트롤 속성

출제 ▶ 19년1회(1급), 15년1회(1급)

01 폼의 각 컨트롤에 포커스가 위치할 때 입력모드를 '한글' 또는 '영숫자 반자'로 각각 지정하고자 한다. 다음 중 이를 위해 설정해야 할 컨트롤 속성은?

① 엔터키 기능(EnterKey Behavior)

② 상태 표시줄(StatusBar Text)

③ 탭 인덱스(Tab Index)

④ IME 모드(IME Mode)

출제 ▶ 15년2회(1급)

02 다음 중 [속성 시트] 창에서 하위 폼의 제목(레이블)을 변경하기 위한 방법으로 옳은 것은?

① [형식] 탭의 '캡션'을 수정한다.

② [데이터] 탭의 '표시'를 수정한다.

③ [이벤트] 탭의 '제목'을 수정한다.

④ [기타] 탭의 '레이블'을 수정한다.

출제 ▶ 15년2회(1급)

03 다음 중 텍스트 상자 컨트롤의 [속성 시트] 창에 표시되는 각 탭에서 설정 가능한 속성으로 옳은 것은?

① [형식] 탭 - 유효성 검사 규칙, 중복 내용 숨기기

② [이벤트] 탭 - IME 모드, 하이퍼링크

③ [기타] 탭 - 상태 표시줄 텍스트, 탭 인덱스

④ [데이터] 탭 - 데이터시트 캡션, 기본값

기출변형

04 다음 중 폼에서 특정 컨트롤의 값을 수정할 수 없도록 보호하려고 할 때 사용하는 속성으로 옳은 것은?

① 컨트롤 원본(Control Source)

② 레코드 원본(Record Source)

③ 잠금(Locked)

④ 표시(Visible)

기출변형

05 다음 중 폼 작성 시 사용되는 컨트롤의 주요 데이터 속성에 관한 설명으로 옳지 않은 것은?

① 컨트롤 원본 : 컨트롤에 연결할 데이터를 지정한다.

② 입력 마스크 : 텍스트 상자 컨트롤에 입력할 값의 형식이나 서식을 설정한다.

③ 사용 가능 : 컨트롤의 데이터를 편집할 수 있는지 여부를 지정한다.

④ 기본값 : 새 레코드가 추가 시 컨트롤에 기본적으로 입력될 값을 지정한다.

핵심이론 289

탭별 주요 컨트롤 속성 종류

[형식] 탭	
표시	화면에 컨트롤 표시 여부 결정
캡션	명령단추, 레이블과 같은 언바운드 컨트롤에 표시될 값을 입력

중복 내용 숨기기	보고서에서 사용되는 속성으로 반복되는 내용을 숨겨 표시
[데이터] 탭	
컨트롤 원본	컨트롤에 연결할 원본을 표시
기본값	새 레코드 추가 시 기본적으로 표시될 내용을 입력
입력 마스크	컨트롤에 입력 가능한 형식을 설정
유효성 검사 규칙	컨트롤에 입력 가능한 데이터의 범위를 설정
사용 가능	컨트롤 사용 가능 여부 설정
잠금	컨트롤에 입력된 데이터의 편집 여부 설정
[기타] 탭	
이름	컨트롤의 이름을 설정
IME모드	컨트롤의 입력기 상태를 설정
상태 표시줄 텍스트	컨트롤에 포커스가 삽입되면 표시될 상태 표시줄 메시지를 입력
탭 정지	[Tab]을 눌렀을 때 포커스를 이동 시킬지 여부를 설정
탭 인덱스	컨트롤의 탭 순서를 설정

15 ▶ Access 함수

01 다음 중 보고서의 그룹 바닥글 구역에 '=COUNT(*)'를 입력했을 때 출력되는 결과로 옳은 것은?

① Null 필드를 포함한 그룹별 레코드 개수
② Null 필드를 포함한 전체 레코드 개수
③ Null 필드를 제외한 그룹별 레코드 개수
④ Null 필드를 제외한 전체 레코드 개수

출제 ▶ 19년1회(1급)

02 아래와 같이 보고서의 그룹 바닥글에 도서의 총 권수와 정가의 합계를 인쇄하고자 한다. 다음 중 총 권수와 정가 합계 두 컨트롤의 수식으로 옳은 것은?

```
출판사: 다림[(02)860-2000]
  도서코드      도서명       저자      정가
  A547      자전거 도둑      박완서      7000
  A914      와인         김준철     25000
            총 권수 : 2권    정가합계 :   32000
```

① =Count([정가]) & "권", =Total([정가])
② =CountA([정가]) & "권", =Sum([정가])

③ =CountA([도서명]) & "권", =Total([정가])
④ =Count(*) & "권", =Sum([정가])

핵심이론 290

SQL 계산 함수 목록

Avg(인수)	인수의 평균을 구하여 표시
Sum(인수)	인수의 합을 구하여 표시
Count(인수)	인수의 개수를 구하여 표시(Null 포함)
Count(*)	인수의 개수를 구하여 표시(Null 제외)
Max(인수)	인수의 최대값을 구하여 표시
Min(인수)	인수의 최소값을 구하여 표시

출제 ▶ 18년1회(1급)

03 다음 중 각 연산식에 대한 결과값이 옳지 않은 것은?

① IIF(1,2,3) → 결과값: 2
② MID("123456",3,2) → 결과값: 34
③ "A" & "B" → 결과값: "AB"
④ 4 MOD 2 → 결과값: 2

핵심이론 291

연산자 목록

산술 연산자	
+, -, *, /	더하기, 빼기, 곱하기, 나누기
Mod	4 Mod 2 → 0
&	"A" & "B" → AB
논리/비교 연산자	
=, 〈, 〉, 〈=, 〉=, 〈〉	같다, 작다, 크다, 작거나 같다(이하), 크거나 같다(이상), 다르다
Like	와일드 카드 * 또는 ?를 사용하여 특정 단어의 유무를 판단
Is	연산자 앞뒤 내용의 일치 여부를 판단

출제 ▶ 19년1회(1급)

04 다음 중 폼이나 보고서의 특정 컨트롤에서 '=[단가]*[수량]*(1-[할인률])'과 같은 계산식을 사용하고, 계산 결과를 소수점 이하 첫번째 자리까지 표시하고자 할 때 사용해야 할 함수는?

① Str( )
② Val( )
③ Format( )
④ DLookUp( )

194

컴퓨터활용능력 1급 필기

출제 ▶ 16년2회(1급)

05 다음 중 아래 문자열 함수의 결과값으로 옳은 것은?

InStr(3, "I Have A Dream", "A", 1)

① 0　　　② 1　　　③ 3　　　④ 4

출제 ▶ 16년1회(1급)

06 다음 중 쿼리 작성 시 사용하는 특수 연산자와 함수에 대한 설명으로 옳지 않은 것은?

① YEAR(DATE()) → 시스템의 현재 날짜 정보에서 연도 값만을 반환한다.

② INSTR("KOREA","R") → 'KOREA'라는 문자열에서 'R'의 위치 '3'을 반환한다.

③ RIGHT([주민번호],2)="01" → [주민번호] 필드에서 맨 앞의 두 자리가 '01'인 레코드를 추출한다.

④ LIKE "[ㄱ-ㄷ]*" → 'ㄱ'에서 'ㄷ' 사이에 있는 문자로 시작하는 필드 값을 검색한다.

핵심이론 292

문자열 함수 목록

LEFT(문자열, 추출개수)	문자열의 왼쪽부터 추출개수 만큼의 문자를 표시
RIGHT(문자열, 추출개수)	문자열의 오른쪽부터 추출개수 만큼의 문자를 표시
MID(문자열, 시작위치, 추출개수)	문자열의 중간 시작위치부터 추출개수 만큼의 문자를 표시
STRING(숫자,문자열)	문자를 숫자만큼 반복하여 표시
INSTRING(문자열1, 문자열2)	문자열1에서 문자열2의 위치번호를 표시
FORMAT(인수, "표시형식")	인수를 표시형식에 맞춰 표시

출제 ▶ 20년1회(1급)

07 다음 중 폼 바닥글의 텍스트 상자의 컨트롤 원본으로 <사원> 테이블에서 직급이 '부장'인 레코드들의 급여 평균을 구하는 함수식으로 옳은 것은?

① =DAVG("[급여]", "[사원]", "[직급]='부장'")

② =DAVG("[사원]", "[급여]", "[직급]='부장'")

③ =AVG("[급여]", "[사원]", "[직급]='부장'")

④ =AVG("[사원]", "[급여]", "[직급]='부장'")

출제 ▶ 18년2회(1급)

08 다음 중 [학생] 테이블에서 '학년' 필드가 1인 레코드의 개수를 계산하고자 할 때의 수식으로 옳은 것은? 단, [학생] 테이블의 기본키는 '학번' 필드이다.

① =DLookup("*","학생","학년=1")

② =DLookup(*,학생,학년=1)

③ =DCount(학번,학생,학년=1)

④ =DCount("*","학생","학년=1")

출제 ▶ 15년2회(1급)

09 폼 바닥글에 [사원] 테이블의 '직급'이 '과장'인 레코드들의 '급여' 합계를 구하고자 한다. 다음 중 폼 바닥글의 텍스트 상자 컨트롤에 입력해야 할 식으로 옳은 것은?

① =DHAP("[사원]", "[급여]", "[직급]='과장'")

② =DHAP("[급여]", "[사원]", "[직급]='과장'")

③ =DSUM("[사원]", "[급여]", "[직급]='과장'")

④ =DSUM("[급여]", "[사원]", "[직급]='과장'")

출제 ▶ 15년1회(1급)

10 폼의 머리글에 아래와 같은 도메인 함수 계산식을 사용하는 컨트롤을 삽입하였다. 다음 중 계산 결과값에 대한 설명으로 옳은 것은?

=DLOOKUP("성명", "사원", "[사원번호] = 1")

① 성명 테이블에서 사원 번호가 1인 데이터의 성명 필드에 저장되어 있는 값

② 성명 테이블에서 사원 번호가 1인 데이터의 사원 필드에 저장되어 있는 값

③ 사원 테이블에서 사원 번호가 1인 데이터의 성명 필드에 저장되어 있는 값

④ 사원 테이블에서 사원 번호가 1인 데이터의 사원 필드에 저장되어 있는 값

핵심이론 293

도메인 함수

형식 =D*("필드명", "테이블/쿼리명", "조건")
: 테이블/쿼리에서 조건을 만족하는 필드의 함수값을 구하여 표시

ex) =DAVG("[급여]", "[사원]", "[직급]='부장'")
〈사원〉 테이블에서 '직급'이 '부장'인 조건을 만족하는 '급여' 필드의 평균을 구하여 표시

ex) =DSUM("[급여]", "[사원]", "[직급]='과장'")
〈사원〉 테이블에서 '직급'이 '과장'인 조건을 만족하는 '급여' 필드의 합계를 구하여 표시

ex) =DLOOKUP("[성명]","[사원]","[사원번호]=1")
〈사원〉 테이블에서 '사원번호'가 '1'인 조건을 만족하는 '성명' 필드를 찾아서 표시

---

16 ▶ 하위 폼/조건부 서식

출제 ▶ 20년2회(1급)

01 다음 중 하위 폼에 대한 설명으로 옳지 않은 것은?

① 기본 폼과 하위 폼을 연결할 필드의 데이터 형식은 같거나 호환되어야 한다.
② 본 폼 내에 삽입된 다른 폼을 하위 폼이라 한다.
③ 일대다 관계가 설정되어 있는 테이블들을 효과적으로 표시하기 위해 사용된다.
④ '폼 분할' 도구를 이용하여 폼을 생성하면 하위 폼 컨트롤이 자동으로 삽입된다.

출제 ▶ 19년1회(1급)

02 다음 중 하위 폼에 관한 설명으로 옳지 않은 것은?

① 하위 폼은 기본 폼 내에서만 존재하며 별도의 독립된 폼으로 열 수 없다.
② 일대다 관계가 설정되어 있는 테이블이나 쿼리를 효과적으로 사용하기 위하여 사용한다.
③ 하위 폼은 보통 일대다 관계에서 '다'에 해당하는 테이블이나 쿼리를 원본으로 한다.
④ 연결 필드의 데이터 형식과 필드 크기는 같거나 호환되어야 한다.

출제 ▶ 16년3회(1급)

03 다음 중 기본 폼과 하위 폼을 연결하기 위한 기본 조건에 대한 설명으로 옳지 않은 것은?

① 기본 필드와 하위 필드의 데이터 형식과 필드의 크기는 같거나 호환되어야 한다.
② 중첩된 하위 폼은 최대 4개 수준까지 만들 수 있다.
③ 테이블 간에 관계가 설정되어 있지 않은 경우에도 하위 폼으로 연결할 수 있다.
④ 하위 폼의 '기본 필드 연결' 속성은 기본 폼을 하위 폼에 연결해 주는 기본 폼의 필드를 지정하는 속성이다.

출제 ▶ 16년2회(1급)

04 다음 중 하위 폼에 대한 설명으로 옳지 않은 것은?

① 하위 폼에서 여러 개의 연결 필드를 지정할 때에 사용되는 구분자는 세미콜론(;)이다.
② 하위 폼은 단일 폼, 연속 폼, 데이터 시트 형태로 표시할 수 있으며, 기본 폼은 단일 폼 또는 연속 폼 형태로 표시할 수 있다.
③ 기본 폼과 하위 폼을 연결할 필드의 데이터 형식은 같거나 호환되어야 한다.
④ [하위 폼 필드 연결기]를 이용하여 간단히 기본 폼과 하위 폼의 연결 필드를 지정할 수 있다.

핵심이론 294

- 하위 폼은 기본 폼 내에 삽입된 또 하나의 폼을 의미하며, 폼 마법사를 사용하거나 하위 폼/하위 보고서 컨트롤을 드래그하여 만들 수 있다.
- 일대다 관계가 설정되어 있는 테이블들을 효과적으로 표시하기 위해 사용된다.
- 하위 폼은 보통 일대다 관계에서 '다'에 해당하는 테이블이나 쿼리를 원본으로 한다.
- 테이블 간에 관계가 설정되어 있지 않은 경우에도 하위 폼을 연결할 수 있고, [하위 폼 필드 연결기]를 이용하여 간단히 연결 필드를 지정할 수 있다.
- 중첩된 하위 폼은 최대 7개 수준까지 만들 수 있다.
- 기본 폼과 하위 폼을 연결할 필드의 데이터 형식은 같거나 호환되어야 한다.

출제 ▶ 19년1회(1급)

05 다음 중 동아리 회원 목록을 표시하는 [동아리회원] 폼에서 아래 그림과 같이 여자 회원인 경우 본문 영역의 모든 컨트롤들의 글꼴 서식을 굵게, 기울임꼴로 표시하는 방법으로 적절한 것은?

① 본문 영역에서 '성별' 컨트롤을 선택한 후 조건부 서식에서 규칙으로 필드 값이 다음 값과 같음, 값을 '여자'로 지정한 후 서식을 설정한다.
② 본문 영역의 모든 컨트롤들을 선택한 후 조건부 서식에서 규칙으로 조건식을 [성별]='여자'로 지정한 후 서식을 설정한다.

③ 본문 영역의 모든 컨트롤들을 선택한 후 조건부 서식에서 규칙으로 필드 값이 다음 값과 같음, 값을 '여자'로 지정한 후 서식을 설정한다.
④ 테이블의 데이터시트 보기에서 여자 회원 레코드들을 모두 선택한 후 서식을 설정한다.

출제 ▶ 18년1회(1급)

06 다음 중 폼이나 보고서에서 사용되는 [조건부 서식]에 대한 설명으로 옳은 것은?

① 하나의 컨트롤에 여러 규칙이 설정되어 있는 경우 목록에서 규칙을 위/아래로 이동해 우선순위를 변경할 수 있다.
② 레이블 컨트롤에는 필드 값을 기준으로 하는 규칙만 설정할 수 있다.
③ 하나의 컨트롤에 대해 규칙을 3개까지 지정할 수 있으며, 규칙별로 다양한 서식을 지정할 수 있다.
④ 규칙 유형에서 '다른 레코드와 비교'를 선택하면 적용할 형식으로 아이콘 집합을 적용할 수 있다.

출제 ▶ 17년2회(1급)

07 다음 중 특정 데이터를 시각적으로 강조 표시하는 조건부 서식에 대한 설명으로 옳지 않은 것은?

① 하나 이상의 조건에 따라 폼과 보고서의 컨트롤 서식 또는 컨트롤 값의 서식을 변경할 수 있다.
② 컨트롤 값이 변경되어 조건에 만족하지 않으면 적용된 서식이 해제되고, 기본 서식이 적용된다.
③ 폼이나 보고서를 다른 파일 형식으로 출력하거나 내보내도 조건부 서식은 유지된다.
④ 지정한 조건 중 두 개 이상이 TRUE이면 TRUE인 첫 번째 조건의 서식만 적용된다.

출제 ▶ 17년1회(1급), 15년1회(1급)

08 다음 중 폼과 보고서에서 설정 가능한 [조건부 서식]에 대한 설명으로 옳지 않은 것은?

① 원하는 필드 값에 대한 서식을 지정할 수 있다.
② 식이 TRUE 또는 FALSE로 평가되는 경우에 대한 서식을 지정할 수 있다.
③ 필드에 포커스가 있는지 여부에 따라 서식을 지정할 수도 있다.
④ 조건에 맞는 경우 적용할 서식과 조건에 맞지 않을 경우 적용할 기본 서식을 함께 지정할 수 있다.

출제 ▶ 16년2회(1급)

09 다음 중 폼이나 보고서에서 조건에 맞는 특정 컨트롤에만 서식을 적용하는 조건부 서식에 대한 설명으로 옳은 것은?

ⓐ 조건부 서식은 식이 아닌 필드 값으로만 설정이 가능하다.
ⓑ 컨트롤 값이 변경되어 조건을 만족하지 않으면, 적용된 서식이 해제되고 기본 서식이 적용된다.
ⓒ 조건을 3개까지 지정할 수 있으며, 조건별로 다른 서식을 적용할 수 있다.
ⓓ 지정한 조건 중 2개 이상이 참이면, 첫 번째 조건의 서식이 적용된다.

① ⓐ, ⓑ   ② ⓑ, ⓓ
③ ⓒ, ⓓ   ④ ⓐ, ⓒ

핵심이론 295

- 조건부 서식은 지정된 조건을 만족하는 특정 컨트롤에만 서식을 적용하여, 시각적으로 강조 효과를 지정하는 기능이다.
- 컨트롤 값이 변경되어 조건에 만족하지 않으면 적용된 서식이 해제되고, 기본 서식이 적용된다.
- 하나 이상의 조건에 따라 폼과 보고서의 컨트롤 서식 또는 컨트롤 값의 서식을 변경할 수 있다.
- 컨트롤 값이 변경되어 조건을 만족하지 않으면, 적용된 서식이 해제되고 기본 서식이 적용된다.
- 조건을 50개까지 지정할 수 있으며, 조건별로 다른 서식을 적용할 수 있다.
- 지정한 조건 중 2개 이상이 참이면, 첫 번째 조건의 서식이 적용된다.

SECTION

04 조회 및 출력

17 보고서 작성

출제 ▶ 20년2회(1급)

01 다음 중 보고서에 대한 설명으로 옳지 않은 것은?

① 보고서에 포함할 필드가 모두 한 테이블에 있는 경우 해당 테이블을 레코드 원본으로 사용한다.

② 둘 이상의 테이블을 이용하여 보고서를 작성하는 경우 쿼리를 만들어 레코드 원본으로 사용한다.

③ '보고서' 도구를 사용하면 정보를 입력하지 않아도 바로 보고서가 생성되므로 매우 쉽고 빠르게 보고서를 만들 수 있다.

④ '보고서 마법사'를 이용하는 경우 필드 선택은 여러 개의 테이블 또는 하나의 쿼리에서만 가능하며, 데이터 그룹화 및 정렬 방법을 지정할 수도 있다.

출제 ▶ 19년1회(1급)

02 다음 중 액세스의 보고서에 대한 설명으로 옳은 것은?

① 보고서 머리글과 보고서 바닥글의 내용은 모든 페이지에 출력된다.

② 보고서에서도 폼에서와 같이 이벤트 프로시저를 작성할 수 있다.

③ 보고서의 레코드 원본으로 테이블, 쿼리, 엑셀과 같은 외부 데이터, 매크로 등을 지정할 수 있다.

④ 컨트롤을 이용하지 않고도 보고서에 테이블의 데이터를 표시할 수 있다.

출제 ▶ 17년2회(1급)

03 다음 중 보고서에 관한 설명으로 옳은 것은?

① 보고서의 각 구역은 표시하거나 숨길 수 있으나 보고서 머리글은 항상 표시되어야 하는 구역으로 숨김 설정이 안된다.

② 보고서 레이아웃 보기에서는 실제 보고서 데이터를 바탕으로 열 너비를 조정하거나 그룹 수준 및 합계를 추가할 수 있다.

③ 보고서에서는 바운드 컨트롤과 계산 컨트롤만 사

용 가능하므로 언바운드 컨트롤의 사용을 주의해야 한다.

④ 보고서의 그룹 중첩은 불가능하며, 같은 필드나 식에 대해 한 번씩만 그룹을 만들 수 있다.

출제 ▶ 15년2회(1급)

04 다음 중 Access의 보고서 개체에 대한 설명으로 옳지 않은 것은?

① 보고서는 테이블이나 쿼리의 내용을 화면이나 프린터로 인쇄하기 위한 개체이다.

② 보고서의 레코드 원본으로 테이블, 쿼리, SQL 문을 사용한다.

③ 보고서에도 조건부 서식을 적용할 수 있다.

④ 보고서의 컨트롤을 이용하여 레코드 원본으로 사용된 테이블에 데이터를 입력하거나 수정할 수 있다.

핵심이론 296

- 보고서는 데이터베이스에 만들어진 테이블이나 쿼리의 결과를 다양한 형태로 출력하기 위한 개체이다.
- 보고서는 컨트롤을 사용하여 데이터를 표시하거나 이벤트 프로시저를 작성할 수는 있지만, 폼과는 달리 컨트롤에 데이터를 입력, 추가, 삭제할 수 없다.
- 보고서의 레코드 원본으로 테이블, 쿼리, SQL 문을 사용할 수 있고, 폼, 매크로 등은 레코드 원본으로 지정될 수 없다.
- 보고서의 컨트롤에 컨트롤 원본을 이용하여 특정 필드에 바운드시켜 데이터를 표시할 수 있다.
- 둘 이상의 테이블을 이용하여 보고서를 작성하는 경우 쿼리를 만들어 레코드 원본으로 사용할 수 있다.

출제 ▶ 18년2회(1급)

05 다음 중 보고서를 작성하는 방법으로 옳지 않은 것은?

① [보고서] 도구를 사용하여 보고서 만들기

② [보고서 디자인] 도구를 사용하여 보고서 만들기

③ [새 보고서] 도구를 사용하여 보고서 만들기

④ [데이터] 도구를 사용하여 보고서 만들기

출제 ▶ 17년2회(1급)

06 다음 중 보고서 마법사로 보고서를 생성하는 과정에서 지정할 수 있는 요약 정보에 대한 설명으로 옳지 않은 것은?

① 텍스트 속성인 필드만으로 구성된 테이블에는 요약 옵션을 사용할 수 없다.

② 요약 옵션은 정렬 순서 지정 단계에서 지정하는 것으로 그룹 수준과는 무관하다.

③ 요약 옵션으로 지정된 필드의 합계, 평균, 최대값, 최소값을 구할 수 있다.

④ 테이블 간의 관계를 미리 지정해 둔 경우 둘 이상의 테이블에 있는 필드를 사용할 수 있다.

핵심이론 297

보고서는 자동 보고서 생성이나 보고서 디자인, 보고서 마법사를 이용하여 만들 수 있다.

❶ 보고서	- 탐색 창에서 레코드 원본으로 사용될 테이블 또는 쿼리를 선택한 후 실행하면 바로 보고서가 만들어진다. - 작성된 보고서는 레이아웃 보기로 표시되어 데이터를 확인하면서 컨트롤을 편집할 수 있다. - 자동 보고서로 작성된 보고서도 디자인 보기 상태에서 편집할 수 있다.
❷ 보고서 디자인	- 디자인 보기 상태에서 레코드 원본을 지정하고, 컨트롤을 추가하여 수동으로 보고서를 작성한다.
❸ 새 보고서	- '필드 목록'에서 원하는 필드를 드래그 & 드롭하여 보고서를 작성한다.
❹ 보고서 마법사	- 마법사 대화상자에서 정해진 절차에 따라 설정 사항을 선택하면 자동으로 보고서가 만들어진다. - 레코드 원본, 필드, 레이아웃 등을 직접 선택하여 만들 수 있다. - 그룹 수준을 지정한 후 그룹화 옵션을 선택할 수 있다. - 그룹화 간격은 그룹화 필드의 데이터 형식에 따라 다르게 표시된다. - 숫자 필드를 요약하여 계산 결과를 표시할 수 있다.

---

18 그룹화 및 정렬

출제 ▶ 20년1회(1급), 16년2회(1급)

01 다음 중 보고서의 그룹화 및 정렬에 대한 설명으로 옳지 않은 것은?

① '그룹'은 머리글과 같은 소계 및 요약 정보와 함께 표시되는 레코드의 모음으로 그룹 머리글, 세부 레코드 및 그룹 바닥글로 구성된다.

② 그룹화할 필드가 날짜 데이터이면 전체 값(기본), 일, 주, 월, 분기, 연도 중 선택한 기준으로 그룹화할 수 있다.

③ Sum 함수를 사용하는 계산 컨트롤을 그룹 머리글에 추가하면 현재 그룹에 대한 합계를 표시할 수 있다.

④ 필드나 식을 기준으로 최대 5단계까지 그룹화할 수 있으며, 같은 필드나 식은 한 번씩만 그룹화할 수 있다.

출제 ▶ 19년2회(1급)

02 다음 중 보고서의 그룹화에 대한 설명으로 옳지 않은 것은?

① 그룹 머리글과 그룹 바닥글에는 그룹별 요약 정보를 삽입할 수 있다.

② 그룹화 기준이 되는 필드는 데이터가 정렬되어 표시된다.

③ 보고서 마법사를 이용하여 기본적인 그룹화 보고서를 작성할 수 있다.

④ 그룹화 기준은 한 개의 필드로만 지정할 수 있다.

03 다음 중 보고서의 [그룹, 정렬 및 요약] 창의 그룹 설정에 대한 설명으로 옳은 것을 모두 나열한 것은?

ⓐ 필드나 식을 기준으로 최대 5개까지 그룹 수준을 정의할 수 있다.
ⓑ 같은 필드나 식을 두 번 이상 그룹화 할 수 있다.
ⓒ 여러 필드에 요약을 추가하거나 같은 필드에 여러 종류의 요약을 계산할 수 있다.
ⓓ 그룹화를 하려면 그룹 머리글과 그룹 바닥글을 모두 선택해야 한다.

① ⓐ, ⓓ
② ⓐ, ⓓ, ⓔ
③ ⓑ, ⓒ
④ ⓑ, ⓒ, ⓔ

04 다음 중 보고서의 [그룹, 정렬 및 요약] 창을 이용한 정렬 및 그룹 설정에 대한 설명으로 옳지 않은 것은?

① 보고서의 그룹 수준 및 정렬 수준은 최대 10개까지 정의할 수 있다.
② 그룹 수준을 삭제하는 경우 그룹 머리글 또는 그룹 바닥글 구역에 삽입되어 있는 모든 컨트롤들은 자동으로 본문 구역으로 이동된다.
③ '전체 그룹을 같은 페이지에 표시' 옵션을 선택한 경우 페이지의 나머지 공간에 그룹을 표시할 수 없는 경우 빈 공간으로 두고 대신 다음 페이지에서 그룹이 시작된다.
④ 그룹 간격 옵션은 레코드가 그룹화되는 방식을 결정하는 설정이며, 텍스트 필드인 경우 '전체 값', '첫 문자', '처음 두 문자', '사용자 지정 문자'를 기준으로 그룹화할 수 있다.

핵심이론 298
정렬 및 그룹화는 데이터를 일정한 기준에 따라 재배열하는 작업으로 각 작업별 특징은 아래와 같다.

정렬
- 특정 필드를 기준으로 오름차순 또는 내림차순으로 나열한다.
- 정렬할 필드나 식을 선택하면 기본적으로 오름차순으로 설정된다.
- 필드나 식을 이용하여 10개까지 그룹 및 정렬 수준을 설정할 수 있다.

그룹화
- 보고서의 내용을 효율적으로 표시하기 위해 특정 필드나 식을 기준으로 데이터를 통합하여 나열하는 기능이다.
- 보고서 마법사를 이용하여 기본적인 그룹화 보고서를 작성할 수 있다.
- 그룹화할 필드가 날짜 데이터이면 전체 값(기본), 일, 주, 월, 분기, 연도 중 선택한 기준으로 그룹화할 수 있다.
- 그룹화 기준이 되는 필드는 기본적으로 데이터가 정렬되어 표시된다.
- 그룹화를 통해 머리글, 바닥글, 요약, 그룹 간격, 인쇄 형식 등을 설정할 수 있다.
- 두 개 이상의 필드나 식으로 그룹을 지정할 경우 첫 번째 필드나 식을 기준으로 그룹이 지정되고, 동일한 데이터가 있다면 두 번째 필드나 식을 기준으로 다시 그룹이 지정된다.

05 다음 중 보고서의 각 구역에 대한 설명으로 옳지 않은 것은?

① '페이지 머리글'은 인쇄 시 모든 페이지의 맨 위에 출력되며, 모든 페이지에 특정 내용을 반복하려는 경우 사용한다.
② '보고서 머리글'은 보고서의 맨 앞에 한 번 출력되며, 함수를 이용한 집계정보를 표시할 수 없다.
③ '그룹 머리글'은 각 새 레코드 그룹의 맨 앞에 출력되며, 그룹 이름이나 그룹별 계산결과를 표시할 때 사용한다.
④ '본문'은 레코드 원본의 모든 행에 대해 한 번씩 출력되며, 보고서의 본문을 구성하는 컨트롤이 추가된다.

06 다음 중 그룹화 된 보고서의 그룹 머리글과 그룹 바닥글에 대한 설명으로 옳지 않은 것은?

① 그룹 머리글은 각 그룹의 첫 번째 레코드 위에 표시된다.
② 그룹 바닥글은 각 그룹의 마지막 레코드 아래에 표시된다.
③ 그룹 머리글에 계산 컨트롤을 추가하여 전체 보고서에 대한 요약 값을 계산할 수 있다.
④ 그룹 바닥글은 그룹 요약과 같은 항목을 나타내는 데 효과적이다.

출제 ▶ 18년2회(1급), 16년2회(1급), 15년1회(1급)

07 다음 중 보고서의 각 구역에 대한 설명으로 옳지 않은 것은?

① 보고서 바닥글 영역에는 로고, 보고서 제목, 날짜 등을 삽입하며, 보고서의 모든 페이지에 출력된다.

② 페이지 머리글 영역에는 열 제목 등을 삽입하며, 모든 페이지의 맨 위에 출력된다.

③ 그룹 머리글/바닥글 영역에는 일반적으로 그룹별 이름, 요약 정보 등을 삽입한다.

④ 본문 영역은 실제 데이터가 레코드 단위로 반복 출력되는 부분이다.

출제 ▶ 18년1회(1급)

08 다음 중 보고서의 시작 부분에 한 번만 표시되며 일반적으로 회사의 로고나 제목 등을 표시하는 구역은?

① 보고서 머리글   ② 페이지 머리글

③ 그룹 머리글   ④ 그룹 바닥글

출제 ▶ 17년1회(1급)

09 다음 중 보고서의 각 구역에 대한 설명으로 옳지 않은 것은?

① 보고서 머리글: 보고서의 맨 앞에 한 번 출력되며, 일반적으로 로고나 제목 및 날짜 등의 정보를 표시할 때 사용한다.

② 페이지 바닥글: 각 레코드 그룹의 맨 끝에 출력되며, 그룹에 대한 요약 정보를 표시할 때 사용한다.

③ 본문: 레코드 원본의 모든 행에 대해 한 번씩 출력되며, 보고서의 본문을 구성하는 컨트롤이 여기에 추가된다.

④ 보고서 바닥글: 보고서 총합계 또는 전체 보고서에 대한 기타 요약 정보를 표시할 때 사용한다.

핵심이론 299

보고서의 구성 요소

❶ 보고서 머리글	- 보고서 첫 페이지 상단에 한 번만 표시된다. - ex) 보고서 제목, 로고, 날짜 등
❷ 페이지 머리글	- 보고서의 모든 페이지 상단에 표시된다. - ex) 소제목, 출력 일자 등
❸ 그룹 머리글	- 그룹이 설정되면 각 그룹 상단에 반복적으로 표시된다. - ex) 그룹 이름, 요약 정보 등
❹ 본문	- 보고서의 실제 데이터 반복적으로 표시된다.
❺ 그룹 바닥글	- 그룹이 설정되면 각 그룹 하단에 반복적으로 표시된다. - ex) 요약 정보, 누적 합계 등
❻ 페이지 바닥글	- 보고서의 모든 페이지 하단에 표시된다. - ex) 페이지 번호, 날짜 등
❼ 보고서 바닥글	- 보고서의 마지막 페이지 하단에 한 번만 표시된다. - ex) 작성자명, 기관명 등

19   보기/인쇄/페이지번호

출제 ▶ 20년1회(1급)

01 다음 중 보고서의 보기 형태에 대한 설명으로 옳지 않은 것은?

① [보고서 보기]는 출력되는 보고서를 화면 출력용으로 보여주며 페이지를 구분하여 표시한다.

② [디자인 보기]에서는 보고서에 삽입된 컨트롤의 속성, 맞춤, 위치 등을 설정할 수 있다.

③ [레이아웃 보기]는 출력될 보고서의 레이아웃을 보여주며 컨트롤의 크기 및 위치를 변경할 수도 있다.

④ [인쇄 미리 보기]에서는 종이에 출력되는 모양을 표시 하며 인쇄를 위한 페이지 설정이 용이하다.

출제 ▶ 16년1회(1급), 15년3회(1급)

02 다음 중 보고서의 보기 형태에 대한 설명으로 옳지 않은 것은?

① '보고서 보기'는 인쇄 미리 보기와 비슷하지만 페이지의 구분 없이 한 화면에 보고서를 표시한다.

② '인쇄 미리 보기'에서는 페이지 레이아웃의 설정이 용이하며, 보고서가 인쇄되었을 때의 모양을 확인할 수 있다.

③ '디자인 보기'에서는 보고서에 삽입된 컨트롤의 속성, 맞춤, 위치 등을 설정할 수 있다.

④ '레이아웃 보기'는 '보고서 보기'와 '인쇄 미리보기'를 혼합한 형태로 데이터를 임시로 변경하려는 경우 사용한다.

핵심이론 300

보고서는 데이터를 다양한 형태로 출력할 수 있으며 보기 형태의 유형은 아래와 같다.

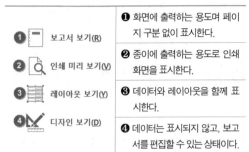

❶ 보고서 보기(R)	❶ 화면에 출력하는 용도며 페이지 구분 없이 표시한다.	
❷ 인쇄 미리 보기(V)	❷ 종이에 출력하는 용도로 인쇄 화면을 표시한다.	
❸ 레이아웃 보기(Y)	❸ 데이터와 레이아웃을 함께 표시한다.	
❹ 디자인 보기(D)	❹ 데이터는 표시되지 않고, 보고서를 편집할 수 있는 상태이다.	

출제 ▶ 20년2회(1급)

03 다음 중 보고서에서 [페이지 번호] 대화 상자를 이용한 페이지 번호 설정에 대한 설명으로 옳지 않은 것은?

① 첫 페이지에만 페이지 번호가 표시되거나 표시되지 않도록 설정할 수 있다.

② 페이지 번호의 표시 위치를 '페이지 위쪽', '페이지 아래쪽', '페이지 양쪽' 중 선택할 수 있다.

③ 페이지 번호의 형식을 'N 페이지'와 'N/M 페이지' 중 선택할 수 있다.

④ [페이지 번호] 대화 상자를 열 때마다 페이지 번호 표시를 위한 수식이 입력된 텍스트 상자가 자동으로 삽입된다.

핵심이론 301

• 페이지 번호는 일반적으로 페이지 머리글/바닥글 구역에 표시하게 된다.

• 보고서 디자인 도구의 [디자인] 탭의 [머리글/바닥글] 구역에서 [페이지 번호]를 선택하여 실행한다.

[페이지 번호] 대화상자

❶ 페이지 번호의 형식을 'N 페이지'와 'N/M 페이지' 중 선택할 수 있다.

❷ 페이지 번호의 표시 위치를 '페이지 위쪽'과 '페이지 아래쪽' 중 선택할 수 있다.

❸ 페이지 번호를 페이지의 '왼쪽', '가운데', '오른쪽', '안쪽', '바깥쪽' 중 선택할 수 있다.

❹ 첫 페이지에만 페이지 번호가 표시되거나 표시되지 않도록 설정할 수 있다.

출제 ▶ 19년1회(1급), 16년2회(1급), 15년1회(1급)

04 다음 중 보고서에서 '페이지 번호'를 표현하는 식과 그 결과의 연결이 옳은 것은? (단, 전체 페이지는 3이고, 현재 페이지는 1이다.)

① =[Page] → 3

② =[Page] & "페이지" → 1 & 페이지

③ =Format([Page], "000") → 1000

④ =[Page] & "/" & [Pages] & "페이지" → 1/3페이지

출제 ▶ 18년2회(1급), 15년2회(1급)

05 다음 중 보고서에서 페이지 번호를 표시하는 컨트롤 원본과 그 표시 결과가 옳은 것은? (단, 현재 페이지는 1페이지이고, 전체 페이지는 5페이지임)

① ="Page" & [Page] & "/" & [Pages] → 1/5 Page

② =[Page] & "페이지" → 5페이지

③ =[Page] & "/" & [Pages] & " Page" → Page1/5

④ =Format([Page], "00") → 01

핵심이론 302

• 보고서에서 페이지 번호를 표시하기 위해서는 아래의 연산자와 개체를 사용해야 한다.

• 아래 나열된 개체와 함께 표시하려는 문자열은 쌍따옴표("")로 묶어 입력한다.

[Page]	현재 페이지
[Pages]	전체 페이지
&	개체를 연결할 때 사용
Format(값, 형식)	값을 형식에 맞춰 표시

출제 ▶ 15년2회(1급)

06 다음 중 보고서의 [페이지 설정] 대화상자에 대한 설명으로 옳지 않은 것은?

① 여러 열로 구성된 보고서를 인쇄할 때에는 [열] 탭에서 열의 개수와 행 간격, 열의 너비, 높이 등을 설정한다.

② [인쇄 옵션] 탭에서 보고서의 위쪽, 아래쪽, 왼쪽, 오른쪽 여백을 밀리미터 단위로 설정할 수 있다.

③ [페이지] 탭에서 보고서의 인쇄 범위로 인쇄할 페이지를 지정할 수 있다.

④ [인쇄 옵션] 탭의 '데이터만 인쇄'를 선택하여 체크 표시하면 컨트롤의 테두리, 눈금선 및 선이나 상자 같은 그래픽을 표시하지 않는다.

기출변형

07 다음 중 보고서 인쇄 미리보기에서의 [페이지 설정] 대화상자에 대한 설명으로 옳지 않은 것은?

① [열] 탭의 '열 크기'에서 '본문과 같게'는 열의 너비와 높이를 보고서 본문의 너비와 높이에 맞춰 인쇄하는 것이다.

② [열] 탭에서 지정한 '눈금 설정'과 '열 크기'에 비해 페이지의 가로 크기가 작은 경우 자동으로 축소하여 인쇄된다.

③ [인쇄 옵션] 탭에서 레이블 및 컨트롤의 테두리, 눈금선 등의 그래픽은 인쇄하지 않고 데이터만 인쇄되도록 설정할 수 있다.

④ [페이지] 탭에서는 인쇄할 용지의 크기, 용지의 방향, 프린터를 지정할 수 있다.

핵심이론 303

• 페이지 설정은 액세스 개체를 출력하기 위해 용지의 크기와 방향, 여백 등을 설정하는 것이다.

• 보고서 디자인 도구의 [페이지 설정] 탭의 [페이지 레이아웃] 구역에서 [페이지 설정]을 선택하여 실행한다.

[페이지 설정] 대화상자

❶ 인쇄 옵션	- 보고서의 위쪽, 아래쪽, 왼쪽, 오른쪽 여백을 밀리미터 단위로 설정할 수 있다. - 인쇄 시 레이블과 컨트롤의 테두리, 눈금선과 같은 그래픽 요소의 표시 여부를 설정한다. - 폼만 혹은 데이터시트만 인쇄할 것인지 선택한다.
❷ 페이지	- 용지 방향(세로/가로), 크기, 공급 방법을 선택한다. - 프린터 유형을 선택한다.
❸ 열	- 여러 열로 구성된 보고서를 인쇄할 때 열의 개수와 행 간격, 열의 너비, 높이 등을 설정한다.

20 보고서 속성/보고서 컨트롤 속성

출제 ▶ 19년2회(1급)

01 다음 중 보고서에서 원본 데이터로 테이블이나 쿼리를 선택하기 위한 속성은?

① ODBC 데이터 원본 ② 레코드 원본
③ OLE DB 원본 ④ 컨트롤 원본

출제 ▶ 18년1회(1급), 15년3회(1급)

02 다음 중 보고서의 레코드 원본에 대한 설명으로 옳지 않은 것은?

① [보고서 마법사]를 통해 원하는 필드들을 손쉽게 선택하여 레코드 원본으로 지정할 수 있다.

② 하나의 테이블에서만 필요한 필드를 선택하여 레코드 원본으로 지정할 수 있다.

③ [속성 시트]의 '레코드 원본' 드롭다운 목록에서 테이블이나 쿼리를 선택하여 지정할 수 있다.

④ 쿼리 작성기를 통해 쿼리를 작성하여 레코드 원본으로 지정할 수 있다.

핵심이론 304

주요 보고서 속성 항목

레코드 원본	- 테이블, 쿼리, SQL문 등을 보고서 레코드의 원본으로 설정 - 두 개 이상의 테이블에서 필드 목록을 선택할 수 있음 - 쿼리 작성기를 이용하여 레코드 원본을 지정할 수 있음
기본 보기	- 보고서의 보기 형식을 지정 - '인쇄 미리 보기'와 '보고서 보기' 중 선택
정렬 기준	- 보고서 보기 상태에서 표시될 레코드의 정렬 기

준을 설정
- 오름 차순(Asc), 내림 차순(Desc)

03 다음 중 보고서에서 '텍스트 상자' 컨트롤의 속성 설정에 대한 설명으로 옳지 않은 것은?

① '상태 표시줄 텍스트' 속성은 컨트롤을 선택했을 때 상태 표시줄에 표시할 메시지를 설정한다.

② '컨트롤 원본' 속성에서 함수나 수식 사용 시 문자는 작은 따옴표("), 필드명이나 컨트롤 이름은 큰따옴표("")를 사용하여 구분한다.

③ '사용 가능' 속성은 컨트롤에 포커스를 이동시킬 수 있는지의 여부를 설정한다.

④ '중복 내용 숨기기' 속성은 데이터가 이전 레코드와 같을 때 컨트롤의 숨김 여부를 설정한다.

04 다음 중 아래 보고서에 대한 설명으로 옳지 않은 것은?

대리점명:	서울지점			
순번	모델명	판매날짜	판매량	판매단가
1	PC4203	2018-07-31	7	₩1,350,000
2		2018-07-23	3	₩1,350,000
3	PC4204	2018-07-16	4	₩1,400,000
		서울지점 소계 :		₩4,100,000

대리점명:	충북지점			
순번	모델명	판매날짜	판매량	판매단가
1	PC3102	2018-07-13	6	₩830,000
2		2018-07-12	4	₩830,000
3		2018-07-31	4	₩1,300,000
4	PC4202	2018-07-07	1	₩1,300,000
		충북지점 소계 :		₩4,260,000

① '모델명' 필드를 기준으로 그룹이 설정되어 있다.

② '모델명' 필드에는 '중복 내용 숨기기' 속성을 '예'로 설정하였다.

③ 지점별 소계가 표시된 텍스트 상자는 그룹 바닥글에 삽입하였다.

④ 순번은 컨트롤 원본을 '=1'로 입력한 후 '누적 합계' 속성을 '그룹'으로 설정하였다.

05 회원목록 보고서는 '지역' 필드를 기준으로 정렬되어 있다. 다음 중 동일한 지역인 경우 지역명이 맨 처음에 한 번만 표시되도록 하기 위한 속성으로 옳은 것은?

① [확장 가능] 속성을 '아니오'로 설정

② [누적 합계] 속성을 '예'로 설정

③ [중복 내용 숨기기] 속성을 '예'로 설정

④ [표시] 속성을 '아니오'로 설정

핵심이론 305
주요 보고서 컨트롤 속성 항목

컨트롤 원본	컨트롤에 표시될 원본 데이터로 함수나 수식 사용 가능
상태 표시줄 텍스트	컨트롤을 선택했을 때 상태 표시줄에 표시할 메시지를 설정
사용 가능	컨트롤의 사용 가능 여부 설정
중복 내용 숨기기	동일한 내용이 반복되는 경우 이를 한 번만 표시하고 나머지는 숨겨 표시하도록 설정
누적 합계	레코드의 누적 합계를 표시

---

21 보고서 양식/기타

01 다음 중 서류봉투에 초대장을 넣어 발송하려는 경우 우편물에 사용할 수신자의 주소를 프린트하기에 가장 적합한 보고서는?

① 업무 문서 양식 보고서

② 우편 엽서 보고서

③ 레이블 보고서

④ 크로스탭 보고서

02 다음 중 레이블 보고서에 관한 설명으로 옳지 않은 것은?

① 레이블은 표준 레이블 또는 사용자 지정 레이블을 사용할 수 있다.

② 여러 개의 열로 이루어지고, 그룹 머리글과 그룹 바닥글, 세부 구역이 각 열마다 나타난다.

③ 레이블 형식에서 낱장 용지와 연속 용지를 선택할 수 있다.

④ 레이블에서 이름 필드의 값에 '귀하'를 붙여 출력하려면 '{이름}귀하'로 설정한다.

출제 ▶ 17년1회(1급)

03 다음 중 [업무 문서 양식 마법사]를 이용한 보고서 작성에 대한 설명으로 옳지 않은 것은?

① 테이블을 이용하여 세금계산서를 작성할 수 있다.

② 테이블을 이용하여 거래명세서를 작성할 수 있다.

③ 쿼리를 이용하여 우편물 레이블을 작성할 수 있다.

④ 쿼리를 이용하여 서식이 없는 세금계산서를 작성할 수 있다.

출제 ▶ 15년3회(1급)

04 다음 중 디자인이 미리 정해져 있는 거래 명세서나 세금 계산서를 가장 손쉽게 생성할 수 있는 보고서 관련 명령은?

① 새 보고서

② 보고서 마법사

③ 보고서 디자인

④ 업무 문서 양식 마법사

출제 ▶ 16년3회(1급)

05 다음 중 [우편물 레이블 마법사]를 이용한 보고서 작성에 대한 설명으로 옳지 않은 것은?

① 마법사로 완성된 보고서의 [인쇄 미리 보기] 상태에서는 [페이지 설정] 대화 상자를 사용하여 레이블 사이의 간격이나 여백을 변경할 수 있다.

② 마법사의 각 단계에서 레이블 크기, 텍스트 모양, 사용 가능한 필드, 정렬 기준 등을 지정할 수 있다.

③ 마법사의 마지막 단계에서 '인쇄될 우편물 레이블 미리 보기'를 선택한 경우 완성된 보고서가 [인쇄 미리 보기] 상태로 표시된다.

④ 마법사에서 사용 가능한 필드 지정 시 우편물 레이블에 추가 가능한 필드의 개수는 최대 5개이다.

핵심이론 306

	- 우편물 레이블에 추가 가능한 필드의 개수는 최대 10개다.
❷ 업무 문서 양식 마법사	- 거래 명세서, 세금 명세서와 같이 업무와 관련된 양식 보고서들을 마법사를 사용하여 간단하게 생성할 수 있다.
❸ 우편 엽서 마법사	- 우편 엽서 양식을 갖춘 서식 파일을 마법사를 사용하여 간단하게 생성할 수 있다.

출제 ▶ 18년2회(1급), 16년1회(1급)

06 다음 중 하위 보고서 작성에 대한 설명으로 옳지 않은 것은?

① 하위 보고서를 통해서 기본 보고서 내용을 보강한 보고서를 만들 수 있다.

② 디자인 보기 화면에서는 삽입된 하위 보고서의 크기를 조절할 수 없다.

③ 일대다 관계에 있는 테이블이나 쿼리를 효과적으로 표시할 수 있다.

④ 일반적으로 하위 보고서의 개수에는 제한이 없으나 하위 보고서를 중첩하는 경우 7개의 수준까지 중첩시킬 수 있다.

출제 ▶ 18년1회(1급)

07 다음 중 하위 보고서에 대한 설명으로 옳지 않은 것은?

① 관계 설정에 문제가 있을 경우, 하위 보고서가 제대로 표시되지 않을 수 있다.

② 디자인 보기 상태에서 하위 보고서의 크기 조절 및 이동이 가능하다.

③ 테이블, 쿼리, 폼 또는 다른 보고서를 이용하여 하위 보고서를 작성할 수 있다.

④ 하위 보고서에는 그룹화 및 정렬 기능을 설정할 수 없다.

❶ 레이블	- 레이블 보고서는 우편 발송용 레이블을 만드는 기능으로 이를 선택하면 '우편물 레이블 마법사'가 실행된다. - 표준 레이블 또는 사용자 지정 레이블을 사용할 수 있다.

08 하위 보고서를 만들 때 아래의 조건을 만족하면 주 보고서와 하위 보고서가 자동으로 연결되어 목록에 표시된다. 다음 중 괄호에 들어갈 단어를 순서대로 바르게 나열한 것은?

- 주 보고서와 하위 보고서에서 사용되는 테이블/쿼리 등이 (ⓐ) 관계로 설정된 경우
- 주 보고서는 (ⓑ)을(를) 가진 테이블/쿼리를 사용하고, 하위 보고서는 (ⓒ)와(과) 같거나 호환되는 데이터 형식을 가진 필드가 포함된 테이블/쿼리를 사용할 경우

① ⓐ-일대일, ⓑ-필드, ⓒ-기본키
② ⓐ-일대다, ⓑ-기본키, ⓒ-기본키 필드
③ ⓐ-일대일, ⓑ-레코드, ⓒ-기본키 필드
④ ⓐ-일대다, ⓑ-기본키 필드, ⓒ-필드

핵심이론 307

- 하위 보고서는 보고서 안에 삽입되는 또 하나의 보고서를 의미하는 것으로 테이블, 쿼리, 폼, 다른 보고서를 이용하여 하위 보고서를 작성할 수 있다.
- 주 보고서와 하위 보고서에서 사용되는 테이블이나 쿼리는 일 대 다 관계로 설정되어 있어야 한다.
- 두 보고서는 연결되어 있으므로 관련된 레코드만 표시되며, 관계 설정에 문제가 있을 경우 하위 보고서가 제대로 표시되지 않을 수 있다.
- 하위 보고서를 통해서 기본 보고서 내용을 보강한 보고서를 만들 수 있다.
- 디자인 보기 상태에서 다른 컨트롤과 마찬가지로 하위 보고서의 크기 조절 및 이동이 가능하다.

매크로 & 프로그래밍

출제 ▶ 18년1회(1급)

04 다음 중 액세스의 작업을 자동화하고 폼이나 보고서의 컨트롤에 기능들을 미리 정의하여 사용할 수 있도록 하는 기능은?

① 매크로
② 응용 프로그램 요소
③ 업무 문서 양식 마법사
④ 성능 분석 마법사

핵심이론 308
- 매크로(Macro)는 액세스의 작업을 자동화하고 폼이나 보고서의 컨트롤에 기능들을 미리 정의하여 사용할 수 있도록 하는 기능으로 반복적으로 수행하는 작업을 간단하게 처리할 수 있다.
- 매크로 함수 또는 매크로 함수 집합으로 구성되며, 각 매크로 함수의 수행 방식을 제어하는 인수를 추가할 수 있다.
- 매크로는 주로 컨트롤의 이벤트에 연결하여 사용한다.
- 매크로를 한 단계씩 이동하면서 매크로의 흐름과 각 동작에 대한 정보를 확인할 수 있다.
- 매크로는 하나의 매크로 함수로 구성된 일반 매크로, 하나의 매크로에 여러 개의 매크로 함수를 사용한 다중 매크로, 여러 개의 매크로가 작성된 하위 매크로 등으로 구분된다.

출제 ▶ 17년2회(1급)

05 다음 중 매크로(MACRO)에 관한 설명으로 옳지 않은 것은?

① 매크로는 작업을 자동화하고 폼, 보고서 및 컨트롤에 기능을 추가하는 데 사용되는 도구이다.
② 매크로 개체는 탐색 창의 매크로에 표시되지만 포함된 매크로는 표시되지 않는다.
③ 매크로가 실행 중일 때 한 단계씩 실행을 시작하려면 [Ctrl] + [Break] 키를 누른다.
④ 자동실행 매크로가 실행되지 않게 하려면 [Ctrl] 키를 누른 채 데이터베이스 파일을 연다.

---

22 ▶ 매크로 작성 및 실행

출제 ▶ 20년1회(1급), 16년1회(1급)

01 다음 중 액세스의 매크로에 대한 설명으로 옳지 않은 것은?

① 반복적으로 수행되는 작업을 자동화하여 간단히 처리할 수 있도록 하는 기능이다.
② 매크로 함수 또는 매크로 함수 집합으로 구성되며, 각 매크로 함수의 수행 방식을 제어하는 인수를 추가할 수 있다.
③ 매크로를 이용하여 폼을 열고 닫거나 메시지 박스를 표시할 수도 있다.
④ 매크로는 주로 컨트롤의 이벤트에 연결하여 사용하며, 폼 개체 내에서만 사용할 수 있다.

출제 ▶ 19년2회(1급)

02 다음 중 매크로에 대한 설명으로 옳지 않은 것은?

① 매크로를 한 단계 씩 이동하면서 매크로의 흐름과 각 동작에 대한 정보를 확인할 수 있다.
② Access의 매크로는 작업을 자동화하고 양식, 보고서 및 컨트롤에 기능을 추가할 수 있게 해주는 도구이다.
③ 이미 매크로에 추가한 작업을 반복해야 하는 경우 매크로 동작을 복사하여 붙여 넣으면 된다.
④ 각 매크로는 하위 매크로를 포함할 수 없다.

출제 ▶ 18년2회(1급)

03 다음 중 매크로에 대한 설명으로 옳지 않은 것은?

① 매크로는 작업을 자동화하고 폼, 보고서 및 컨트롤에 기능을 추가하는 데 사용되는 도구이다.
② 특정 조건이 참일 때에만 매크로 함수를 실행하도록 설정할 수 있다.
③ 하나의 매크로에는 하나의 매크로 함수만 포함될 수 있다.
④ 매크로를 컨트롤의 이벤트 속성에 포함시킬 수 있다.

06 다음 중 매크로를 직접 실행하는 방법으로 옳지 않은 것은?

① 매크로 작성 시 창에서 매크로를 실행하려면 [매크로 도구] → [디자인] → [도구] → [실행]을 클릭한다.

② 탐색 창에서 매크로를 실행하려면 매크로 이름을 더블 클릭한다.

③ [데이터베이스 도구] → [매크로] → [매크로 실행]을 클릭한 후 실행할 매크로 이름을 선택하고 <확인>을 클릭한다.

④ DoCmd 개체의 OpenVisualBasicModule 메서드를 사용하여 Microsoft Visual Basic 프로시저로 매크로를 실행한다.

핵심이론 309

직접 매크로 실행

- 매크로 작성 시 [매크로 도구] → [디자인] → [도구] → [실행]을 클릭한다.
- 탐색 창에서 실행하려는 매크로 이름을 더블 클릭한다.
- [데이터베이스 도구] → [매크로] → [매크로 실행]을 클릭한 후 대화상자에서 실행할 매크로 이름을 선택하고 〈확인〉을 클릭한다.

자동 실행 매크로

- 매크로 이름을 autoExec으로 저장한다.
- 자동실행 매크로가 실행되지 않게 하려면 [Shift] 키를 누른 채 데이터베이스 파일을 연다.

---

23 ▶ 매크로 함수

출제 ▶ 20년2회(1급)

01 다음 중 매크로 함수에 대한 설명으로 옳지 않은 것은?

① FindRecord 함수는 필드, 컨트롤, 속성 등의 값을 설정한다.

② ApplyFilter 함수는 테이블이나 쿼리로부터 레코드를 필터링한다.

③ OpenReport 함수는 작성된 보고서를 호출하여 실행한다.

④ MessageBox 함수는 메시지 상자를 통해 경고나 알림 등의 정보를 표시한다.

02 다음 중 매크로 함수와 그에 대한 설명으로 옳지 않은 것은?

① ApplyFilter : 필터, 쿼리, SQL Where절을 테이블, 폼, 보고서에 적용하여 테이블의 레코드, 폼이나 보고서의 원본이 되는 테이블이나 쿼리의 레코드를 제한하거나 정렬할 수 있다.

② FindRecord : 지정한 조건에 맞는 데이터의 첫째 인스턴스를 찾을 수 있다.

③ RunSQL : Microsoft Access 안에서 Microsoft Excel, Microsoft Word, Microsoft PowerPoint와 같은 Windows 기반 또는 MS-DOS 기반 응용 프로그램을 실행할 수 있다.

④ Requery : 현재 개체의 지정한 컨트롤의 데이터를 업데이트할 수 있으며, 컨트롤을 지정하지 않으면 개체 원본 자체를 다시 쿼리한다.

핵심이론 310
매크로 함수 목록

ApplyFilter	원본 데이터의 레코드를 필터링한다.
FindRecord	특정 조건을 만족하는 레코드를 찾고, 바로 다음에 위치한 레코드를 검색한다.
FindNext	특정 조건을 만족하는 첫 번째 레코드를 검색한다.
MessageBox	메시지 상자를 통해 경고나 알림 등의 정보를 표시한다.

출제 ▶ 19년1회(1급), 15년3회(1급)

03 다음 중 폼을 디자인 보기나 데이터시트 보기로 열기위해 사용하는 매크로 함수는?

① RunCommand   ② OpenForm

③ RunMacro   ④ RunSQL

04 다음 중 매크로 함수와 그에 대한 설명으로 옳지 않은 것은?

① Requery는 컨트롤 원본을 다시 쿼리하여 현재 개체에 지정한 컨트롤의 데이터를 업데이트할 수 있다.

② CopyObject는 지정한 데이터베이스 개체를 다른 액세스 데이터베이스나 현재 데이터베이스에 새 이름으로 복사한다.

③ OpenReport는 디자인 보기나 미리 보기 상태로 보고서를 여는 함수이며, 인쇄는 할 수 있다.

④ RunSQL은 해당 SQL문을 사용해 액세스 실행 쿼리를 실행하는 데 사용한다.

핵심이론 311
매크로 함수 목록

OpenForm	작성된 폼을 호출한다.
OpenQuery	작성된 쿼리를 호출하여 실행한다.
OpenReport	작성된 보고서를 호출하여 실행한다.
RunSQL	SQL문을 실행한다.
RunMarco	작성된 매크로를 호출하여 실행한다.
Requery	개체에 지정된 컨트롤의 원본을 갱신한다.

---

24 이벤트 프로시저

출제 ▶ 15년1회(1급)

01 다음 중 Application 개체의 속성과 메서드에 대한 설명으로 옳은 것은?

① CurrentData : 현재 액세스 프로젝트나 액세스 데이터베이스에 대한 참조

② Run : 사용자 정의 Function 또는 Sub 프로시저를 수행

③ CurrentProject : 현재 데이터베이스에 저장된 개체를 참조

④ DoCmd : 인수로 지정된 명령어를 실행

핵심이론 312
Application 개체 주요 목록

CurrentDate	현재 데이터베이스에 저장된 개체를 참조한다.
CurrentProject	현재 액세스의 프로젝트나 액세스 데이터베이스에 대한 프로젝트를 참조한다.
DoCmd	개체와 이와 관련된 메서드를 참조하거나 수행한다.
Run	사용자 정의 Function 또는 Sub 프로시저를 수행한다.
Quit	액세스를 종료한다.

출제 ▶ 20년2회(1급)

02 다음 중 아래의 이벤트 프로시저에 대한 설명으로 옳지 않은 것은?

```
Private Sub cmd재고_Click( )
    txt재고수량 = txt입고량 − txt총주문량
    DoCmd.OpenReport “제품별재고현황”, _
    acViewDesign, ,“제품번호 = ‘” & cmb조회 &
    “’ ”
End Sub
```

① ‘cmd재고’ 컨트롤을 클릭했을 때 실행된다.

② ‘txt재고수량’ 컨트롤에는 ‘txt입고량’ 컨트롤에 표시되는 값에서 ‘txt총주문량’ 컨트롤에 표시되는 값을 차감한 값으로 표시된다.

③ ‘제품별재고현황’ 보고서가 즉시 프린터로 출력된다.

④ ‘제품별재고현황’ 보고서가 출력될 때 ‘제품번호’ 필드 값이 ‘cmb조회’ 컨트롤 값과 일치하는 데이터만 표시된다.

출제 ▶ 19년2회(1급), 17년1회(1급)

03 다음 중 아래의 이벤트 프로시저에서 [Command1] 단추를 클릭했을 때의 실행 결과로 옳은 것은?

```
Private Sub Command1_Click( )
    DoCmd.OpenForm “사원정보”, acNormal
    DoCmd.GoRoRecord , , acNewRec
End Sub
```

① [사원정보] 테이블이 열리고, 가장 마지막 행의 새 레코드에 포커스가 표시된다.

② [사원정보] 폼이 열리고, 첫 번째 레코드의 가장 왼쪽 컨트롤에 포커스가 표시된다.

③ [사원정보] 폼이 열리고, 마지막 레코드의 가장 왼쪽 컨트롤에 포커스가 표시된다.

④ [사원정보] 폼이 열리고, 새 레코드를 입력할 수 있도록 비워진 폼이 표시된다.

04 다음 중 이벤트 프로시저에서 쿼리를 실행 모드로 여는 명령은?

① DoCmd.OpenQuery　② DoCmd.SetQuery

③ DoCmd.QueryView　④ Cmd.QueryTable

05 다음 중 DoCmd 개체에서 사용할 수 있는 메서드로 옳지 않은 것은?

① Close　　　　② Undo

③ OpenForm　　④ Quit

핵심이론 313

DoCmd 개체 주요 이벤트 목록

OpenForm	작성된 폼을 연다.
OpenReport	작성된 보고서를 연다.
OpenQuery	작성된 쿼리를 호출하여 실행한다.
GoToRecord	특정 레코드로 포커스를 이동한다.
Quit	액세스를 종료한다.
Close	활성화되어 있는 데이터베이스 개체를 닫는다.

06 다음 중 인덱싱 된 테이블 형식 Recordset 개체에서 현재 인덱스에 지정한 조건에 맞는 레코드를 검색하여 현재 레코드로 설정하는 Recordset 객체의 메서드는?

① Seek　② Move　③ Find　④ Search

07 다음 중 아래 그림과 같이 '성명' 필드가 'txt검색' 컨트롤에 입력된 문자를 포함하는 레코드만을 표시하도록 하는 프로시저의 코드로 옳은 것은?

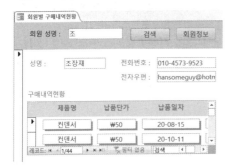

① Me.Filter = "성명 = '*" & txt검색 & "*'"
　Me.FilterOn = True

② Me.Filter = "성명 = '*" & txt검색 & "*'"
　Me.FilterOn = False

③ Me.Filter = "성명 like '*" & txt검색 & "*'"
　Me.FilterOn = True

④ Me.Filter = "성명 like '*" & txt검색 & "*'"
　Me.FilterOn = False

08 다음 중 현재 폼에서 'cmd숨기기' 단추를 클릭하는 경우, DateDue 컨트롤이 표시되지 않도록 하기 위한 이벤트 프로시저로 옳은 것은?

① Private Sub cmd숨기기_Click( )
　Me.[DateDue]!Visible = False
　End Sub

② Private Sub cmd숨기기_DblClick( )
　Me!DateDue.Visible = True
　End Sub

③ Private Sub cmd숨기기_Click( )
　Me![DateDue].Visible = False
　End Sub

④ Private Sub cmd숨기기_DblClick( )
　Me.DateDue!Visible = True
　End Sub

핵심이론 314

Form 개체 주요 이벤트 목록

RecordSource	조건을 만족하는 레코드를 검색하여 레코드 원본으로 재설정한다.
RecordSetClone	조건을 만족하는 유일한(또는 첫 번째) 데이터를 검색(Find 메서드)하여 표시한다.
Bookmark	원본으로 사용하는 개체에 특정 레코드에 고유하게 식별하는 책갈피를 설정한다.
Filter/FilterOn	조건을 만족하는 레코드만 표시한다.
Visible	폼, 보고서, 컨트롤 등의 표시 여부를 결정한다.

SECTION 06 질의(Query)

25 단순 질의

출제 ▶ 15년2회(1급)

01 다음 중 SELECT 문의 선택된 필드에서 중복 데이터를 포함하는 레코드를 제외시키는 조건자로 옳은 것은?

① DISTINCT   ② UNIQUE

③ ONLY   ④ *

출제 ▶ 16년2회(1급)

02 다음 중 SQL의 SELECT문에 대한 설명으로 옳지 않은 것은?

① ORDER BY문을 이용하여 정렬할 때, 기본값은 오름차순 정렬(ASC) 값을 가진다.

② 검색 필드의 구분은 콤마(,)로 구분한다.

③ 검색 결과에 중복되는 레코드를 없애기 위해서는 'DISTINCT'를 명시해야 한다.

④ FROM 절에는 테이블 이름만을 지정할 수 있다.

출제 ▶ 15년1회(1급)

03 다음 중 아래와 같은 테이블 구조를 가진 데이터베이스에서 부서명이 '인사부'인 직원들의 정보를 조회하는 SQL문으로 가장 적절한 것은?

부서(**부서번호**, 부서명)

직원(**사번**, 사원명, 부서번호)

① SELECT * FROM 부서 WHERE 부서번호 IN (SELECT 부서번호 FROM 직원)

② SELECT * FROM 직원 WHERE 부서번호 IN (SELECT 부서번호 FROM 부서 WHERE 부서명='인사부')

③ SELECT 직원.* FROM 직원, 부서 WHERE 부서.부서명='인사부'

④ SELECT * FROM 부서 WHERE 부서명='인사부' ORDER BY 부서번호

핵심이론 315

단순 조회 질의 구문은 하나 이상의 테이블로부터 지정된 조건에 맞는 데이터를 선택할 때 사용한다.

SELECT [DISTINCT] 필드이름

- SELECT 구문에서 DISTINCT를 입력하면 중복되어 나타나는 조회 결과는 한 번만 표시된다.
- 필드이름은 테이블에서 선택하고자 하는 필드의 이름을 입력하는 부분이며, '*'을 입력하면 모든 필드를 표시하고, 특정 필드만 표시하려면 쉼표(,)로 구분하여 입력한다.

FROM 테이블이름/쿼리이름

- SELECT문에 나열된 필드를 포함하는 테이블이나 쿼리를 지정한다.

[WHERE 조건];

- 조건을 입력하여 이를 만족하는 데이터만 검색할 수 있다.
- 대괄호([ ])로 묶인 부분은 생략 가능하다.

출제 ▶ 15년1회(1급)

04 다음 중 성적(학번, 이름, 학과, 점수) 테이블의 레코드 수가 10개, 평가(학번, 전공, 점수) 테이블의 레코드 수가 5개일 때, 아래 SQL의 결과에 대한 설명으로 옳은 것은?

SELECT 학번, 학과, 점수 FROM 성적 UNION ALL SELECT 학번, 전공, 점수 FROM 평가 ORDER BY 학번

① 쿼리 실행 결과의 필드 수는 모든 테이블의 필드를 더한 개수만큼 검색된다.

② 쿼리 실행 결과의 총 레코드 수는 15개이다.

③ 쿼리 실행 결과의 필드는 평가.학번, 평가.전공, 평가.점수이다.

④ 쿼리 실행 결과는 학번의 내림차순으로 정렬되어 표시된다.

5 다음 중 SQL문의 각 예약어에 대한 설명으로 옳지 않은 것은?

① SQL문에서 검색 결과가 중복되지 않게 표시하기 위해서 'DISTINCT'를 입력한다.

② ORDER BY문을 사용할 때에는 HAVING절을 사용하여 조건을 지정한다.

③ FROM절에는 SELECT문에 나열된 필드를 포함하는 테이블이나 쿼리를 지정한다.

④ 특정 필드를 기준으로 그룹화하여 검색할 때에는 GROUP BY문을 사용한다.

6 다음 중 SQL 질의에 대한 설명으로 옳지 않은 것은?

① ORDER BY절 사용 시 정렬방식을 별도로 지정하지 않으면 기본값은 'DESC'로 적용된다.

② GROUP BY절은 특정 필드를 기준으로 그룹화하여 검색할 때 사용한다.

③ FROM절에는 테이블 또는 쿼리 이름을 지정하며, WHERE절에는 조건을 지정한다.

④ SELECT에서 'DISTINCT'문을 사용하면 중복 레코드를 제거할 수 있다.

7 [평균성적] 테이블에서 '평균' 필드 값이 90 이상인 학생들을 검색하여 '학년' 필드를 기준으로 내림차순, '반' 필드를 기준으로 오름차순 정렬하여 표시하고자 한다. 다음 중 아래 SQL문의 각 괄호 안에 넣을 예약어로 옳은 것은?

SELECT 학년, 반, 이름
FROM 평균성적
WHERE 평균 >= 90
(㉠) 학년 (㉡) 반 (㉢)

① ㉠ GROUP BY ㉡ DESC ㉢ ASC

② ㉠ GROUP BY ㉡ ASC ㉢ DESC

③ ㉠ ORDER BY ㉡ DESC ㉢ ASC

④ ㉠ ORDER BY ㉡ ASC ㉢ DESC

8 다음 중 직원(사원번호, 부서명, 이름, 나이, 근무년수, 급여) 테이블에서 '근무년수'가 3 이상인 직원들을 나이가 많은 순서대로 조회하되, 같은 나이일 경우 급여의 오름 차순으로 모든 필드를 표시하는 SQL문은?

① select * from 직원 where 근무년수 >= 3 order by 나이, 급여

② select * from 직원 order by 나이, 급여 where 근무년수 >= 3

③ select * from 직원 order by 나이 desc, 급여 asc where 근무년수 >= 3

④ select * from 직원 where 근무년수 >= 3 order by 나이 desc, 급여 asc

9 다음 중 아래와 같은 결과를 표시하는 SQL문은?

도서명	저자	출판사	출간연도
컴퓨터과학	이연산	두빛	2011
자바	고자바	IT	2012
C#	윤피디	가람	2017
액세스	김디비	IT	2018
엑셀	이연산	화요	2018

① SELECT * FROM book ORDER BY [저자], [출간연도];

② SELECT * FROM book ORDER BY [출간연도] DESC, [출판사] DESC;

③ SELECT * FROM book ORDER BY [출간연도] ASC, [저자] ASC;

④ SELECT * FROM book ORDER BY [저자] DESC, [출간 연도] ASC;

10 다음 중 <사원> 테이블에서 주소가 '서울'인 사원의 이름과 부서를 입사년도가 오래된 사원부터 최근인 사원의 순서로 검색하기 위한 SQL문으로 옳은 것은?

① SELECT 이름, 부서 FROM 사원 ORDER BY 주소='서울' ASC WHERE 입사년도;

② SELECT 이름, 부서 FROM 사원 ORDER BY 입사년도 DESC WHERE 주소='서울';

③ SELECT 이름, 부서 FROM 사원 WHERE 입사년도 ORDER BY 주소='서울' DESC;

④ SELECT 이름, 부서 FROM 사원 WHERE 주소='서울' ORDER BY 입사년도 ASC;

핵심이론 316

SELECT [DISTINCT] 필드이름
FROM 테이블이름/쿼리이름
[WHERE 조건]
[ORDER BY 필드이름 정렬방식,...];

- ORDER BY절은 특정 필드를 기준으로 검색 테이블을 오름차순 (ASC) 또는 내림차순(DESC)으로 정렬하여 표시할 때 사용한다.
- 정렬 시 정렬방식을 생략하면 기본값은 오름차순(ASC)로 적용된다.

출제 ▶ 18년2회(1급)

11 다음 중 SELECT문에 대한 설명으로 옳지 않은 것은?

① FROM 절에는 SELECT 문에 나열된 필드를 포함하는 테이블이나 쿼리를 지정한다.

② 검색 결과에 중복되는 레코드를 없애기 위해서는 'DISTINCT' 조건자를 사용한다.

③ AS 문은 필드 이름이나 테이블 이름에 별명을 지정할 때 사용한다.

④ GROUP BY 문으로 레코드를 결합한 후에 WHERE 절을 사용하면 그룹화된 레코드 중 WHERE 절의 조건을 만족하는 모든 레코드가 표시된다.

출제 ▶ 18년1회(1급)

12 부서별 제품별 영업 실적을 관리하는 테이블에서 부서별로 영업 실적이 1억원 이상인 제품의 합계를 구하고자 한다. 다음 중 이를 위한 SQL문에서 반드시 사용해야 할 구문에 해당하지 않는 것은?

① SELECT 문   ② GROUP BY 절
③ HAVING 절   ④ ORDER BY 절

기출변형

13 HAVING절과 WHERE절의 가장 큰 차이점은 무엇인가?

① 조건 지정 여부   ② 그룹 여부
③ 정렬 여부   ④ 함수 사용 여부

핵심이론 317

SELECT [DISTINCT] 필드이름
FROM 테이블이름/쿼리이름
[WHERE 조건]
[GROUP BY 필드이름]
[HAVING 그룹 조건식];

- GROUP BY절은 특정 필드를 기준으로 데이터를 그룹화하여 검색할 때 사용한다.
- 일반적으로 SUM, AVG, COUNT, MAX, MIN 등의 집계 함수와 함께 사용할 수 있다.
- HAVING절은 GROUP BY절에 대한 조건을 지정할 때 사용한다.

출제 ▶ 17년2회(1급)

14 다음 중 아래 쿼리에서 두 테이블에 조인된 필드가 일치하는 레코드만 결합하기 위해 괄호 안에 넣어야 할 조인 유형으로 옳은 것은?

SELECT 필드목록 FROM 테이블1 (   )
테이블2 ON 테이블1.필드=테이블2.필드;

① INNER JOIN   ② OUTER JOIN
③ LEFT JOIN   ④ RIGHT JOIN

출제 ▶ 15년2회(1급)

15 사원관리 데이터베이스에는 [부서정보] 테이블과 실적 정보를 포함한 [사원정보] 테이블이 관계로 연결되어 있다. 다음 중 아래의 SQL문의 실행 결과에 대한 설명으로 옳은 것은? (단, 부서에는 여러 사원이 있으며, 한 사원은 하나의 부서에 소속되는 1 대 다 관계임)

SELECT 부서정보, 부서번호, 부서명, 번호, 이름, 실적
FROM 부서정보 RIGHT JOIN 사원정보 ON 부서정보.
부서번호=사원정보.부서번호;

① 두 테이블에서 부서번호가 일치되는 레코드의 부서번호, 부서명, 번호, 이름, 실적 필드를 표시한다.

② [부서정보] 테이블의 레코드는 모두 포함하고, [사원정보] 테이블에서는 실적이 있는 레코드만 포함하여 결과를 표시한다.

③ [부서정보] 테이블의 레코드는 [사원정보] 테이블의 부서번호와 일치되는 것만 포함하고, [사원정보] 테이블에서는 실적이 있는 레코드만 포함하여 결과를 표시한다.

④ [부서정보] 테이블의 레코드는 [사원정보] 테이블의 부서번호와 일치되는 것만 포함하고, [사원정보] 테이블에서는 모든 레코드가 포함하여 결과를 표시한다.

핵심이론 318

- 조인(JOIN)은 두 개 이상의 테이블로 나누어진 정보를 공통적인 필드를 기준으로 연결하여 한 개의 테이블처럼 사용하기 위해 연결하는

것을 의미한다.
- 조인에 사용되는 기준 필드의 데이터 형식은 동일하거나 호환되어야 하지만, 필드의 레코드 수가 동일할 필요는 없다.
- 일반적으로 두 테이블 간에 관계가 설정되어 있어야 하지만, 관계가 설정되지 않아도 조인을 수행할 수 있다.

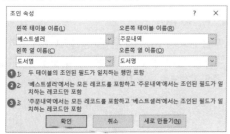

❶ 내부조인 INNER JOIN	- 가장 일반적인 조인 형태이다. - 두 테이블에서 연결된 필드가 일치하는 레코드만 추출한다.
❷ 왼쪽 외부 조인 LEFT JOIN	- 왼쪽 테이블의 레코드는 모두 포함하고, 오른쪽 테이블에서는 일치하는 레코드만 추출한다.
❸ 오른쪽 외부 조인 RIGHT JOIN	- 오른쪽 테이블의 레코드는 모두 포함하고, 왼쪽 테이블에서는 일치하는 레코드만 추출한다.

26 실행 질의

출제 ▶ 16년2회(1급)

01 다음 중 실행 쿼리에 해당하지 않는 것은?

① 테이블 만들기 쿼리
② 추가 쿼리
③ 업데이트 쿼리
④ 선택 쿼리

핵심이론 319

실행 쿼리의 종류

- 실행 쿼리는 아이콘에 '실행(!)'이 함께 표시된다.
- 테이블 만들기, 추가, 업데이트, 삭제 쿼리가 이에 해당된다.

출제 ▶ 20년2회(1급)

02 아래와 같이 관계가 설정된 데이터베이스의 [Customer] 테이블에는 고객번호가 1004인 레코드만 있고, [Artist] 테이블에는 작가이름이 CAT인 레코드만 있다. 다음 중 이 데이터베이스에서 실행 가능한 SQL문은? (단, SQL문에 입력되는 데이터 형식은 모두 올바르다고 간주함)

① INSERT INTO Artist VALUES ('ACE', '한국', Null, Null);
② INSERT INTO CINTA (고객번호, 작가이름) VALUES (1004, 'ACE');
③ INSERT INTO Customer (고객번호, 고객이름) VALUES (1004, 'ACE');
④ INSERT INTO CINTA VALUES (1234, 'CAT', '유화');

출제 ▶ 19년1회(1급)

03 다음 중 실행 쿼리의 삽입(INSERT)문에 대한 설명으로 옳지 않은 것은?

① 한 개의 INSERT문으로 여러 개의 레코드를 여러 개의 테이블에 동일하게 추가할 수 있다.
② 필드 값을 직접 지정하거나 다른 테이블의 레코드를 추출하여 추가할 수 있다.
③ 레코드의 전체 필드를 추가할 경우 필드 이름을 생략할 수 있다.
④ 하나의 INSERT문을 이용해 여러 개의 레코드와 필드를 삽입할 수 있다.

출제 ▶ 16년3회(1급)

04 다음 중 아래와 같은 필드로 구성된 <SERVICE> 테이블에서 실행 가능한 쿼리로 적절하지 않은 것은?

필드 이름	데이터 형식
등급	텍스트
비용	숫자
번호	숫자

① INSERT INTO SERVICE(등급, 비용) VALUES ('C', 7000);
② UPDATE SERVICE SET 등급 = 'C' WHERE 등급 = 'D';

③ INSERT INTO SERVICE (등급, 비용, 번호) VAL
UES('A', 10000, 10);
④ UPDATE SERVICE SET 비용 = 비용*1.1;

출제 ▶ 16년1회(1급)

5 다음 중 실행 쿼리의 삽입(INSERT)문에 대한 설명으로 옳지 않은 것은?

① 한 개의 INSERT문으로 여러 개의 레코드를 여러 개의 테이블에 동일하게 추가할 수 있다.
② 필드 값을 직접 지정하거나 다른 테이블의 레코드를 추출하여 추가할 수 있다.
③ 레코드의 전체 필드를 추가할 경우 필드 이름을 생략할 수 있다.
④ 하나의 INSERT문을 이용해 여러 개의 레코드와 필드를 삽입할 수 있다.

핵심이론 320
삽입(INSERT INTO) 구문

문법1 : 직접 입력
INSERT INTO 테이블이름(필드이름1,필드이름2,...) VALUE(값1,값2,...);

문법2 : 다른 테이블로부터 값을 추출하여 입력
INSERT INTO 테이블이름(필드이름1,필드이름2,...) SELECT 필드이름 FROM 테이블이름 WHERE 조건;

특징
- 기존 테이블에 새로운 레코드를 추가할 때 사용하는 구문이다. - 값을 직접 입력할 수도 있지만, 다른 테이블의 레코드를 추출하여 입력할 수도 있다. - 레코드의 전체 필드를 추가할 경우 필드이름은 생략할 수 있다. - 하나의 구문을 이용해 여러 개의 레코드와 필드를 삽입할 수 있다.

출제 ▶ 19년2회(1급)

6 다음 중 아래 SQL 문에 대한 설명으로 옳은 것은?

UPDATE 학생 SET 주소='서울'
WHERE 학번=100;

① [학생] 테이블에 주소가 '서울'이고 학번이 100인 레코드를 추가한다.
② [학생] 테이블에서 주소가 '서울'이고 학번이 100

인 레코드를 검색한다.
③ [학생] 테이블에서 학번이 100인 레코드의 주소를 '서울'로 갱신한다.
④ [학생] 테이블에서 주소가 '서울'인 레코드의 학번을 100으로 갱신한다.

출제 ▶ 18년1회(1급)

7 다음 중 쿼리의 [디자인 보기]에서 아래와 같이 설정한 경우 동일한 결과를 표시하는 SQL 문은?

필드:	모집인원	지역
테이블:	Table1	Table1
업데이트:	2000	
조건:		"서울"
또는:	>1000	

① UPDATE Table1 SET 모집인원 >1000 WHERE 지역="서울" AND 모집인원=2000;
② UPDATE Table1 SET 모집인원 = 2000 WHERE 지역="서울" AND 모집인원>1000;
③ UPDATE Table1 SET 모집인원 >1000 WHERE 지역="서울" OR 모집인원=2000;
④ UPDATE Table1 SET 모집인원 = 2000 WHERE 지역="서울" OR 모집인원>1000;

출제 ▶ 17년1회(1급)

8 다음 중 사원 테이블에서 호봉이 6인 사원의 연봉을 3% 인상된 값으로 수정하는 실행 쿼리를 작성하고자 할 때, 아래의 각 괄호에 넣어야 할 구문을 순서대로 나열한 것은?

UPDATE 사원
(   ) 연봉=연봉*1.03
(   ) 호봉=6;

① FROM, WHERE   ② SET, WHERE
③ VALUE, SELECT   ④ INTO, VALUE

핵심이론 321
수정(UPDATE SET) 구문

문법
UPDATE 테이블이름 SET 필드이름1=값1, 필드이름2=값2,... WHERE 조건;

특징

특징
- 기존 테이블에 있는 레코드 중 특정 값을 변경할 때 사용한다. - 조건을 설정하여 한 번에 여러 레코드의 필드 값을 변경할 수 있다. - 조건을 지정하지 않을 경우 테이블 내의 전체 레코드의 값이 변경된다.

출제 ▶ 16년2회(1급)

09 '갑' 테이블의 속성 A가 1, 2, 3, 4, 5의 도메인을 가지고 있고, '을' 테이블의 속성 A가 0, 2, 3, 4, 6의 도메인을 가지고 있다고 가정할 때 다음 SQL구문의 실행 결과는?

SELECT A FROM 갑 UNION SELECT A FROM 을;

① 2, 3, 4

② 0, 1, 2, 3, 4, 5, 6

③ 1, 5, 6

④ 0

기출변형

10 다음 질의문에 대한 설명으로 알맞은 것은?

DELETE FROM 회원 WHERE 회원번호=300;

① 회원 테이블에서 회원번호가 300인 회원의 레코드를 검색한다.

② 회원 테이블에서 회원번호가 300인 필드의 값을 검색한다.

③ 회원 테이블에서 회원번호가 300인 회원의 레코드를 삭제한다.

④ 회원 테이블에서 회원번호가 300인 필드의 값을 삭제한다.

핵심이론 322

기타 질의

삭제(DELETE FROM) 문법
DELETE * FROM 테이블이름 WHERE 조건;

- 기존 테이블에서 레코드를 삭제할 때 사용한다.
- 조건을 지정하여 한 번에 여러 레코드를 삭제할 수 있다.
- 조건을 지정하지 않을 경우 테이블 내의 전체 레코드가 삭제된다.

통합(UNION) 문법
SELECT 필드이름 FROM 테이블이름 UNION SELETE 필드이름 FROM 테이블이름;

- 두 개 이상의 테이블이나 질의의 내용을 합쳐서 하나의 테이블을 만들기 위해 사용한다.
- 두 테이블의 필드의 개수가 동일해야 통합된다.
- 중복된 레코드는 제거하고 한 번만 기록된다.

27 ▶ 계산식을 활용한 질의

출제 ▶ 20년1회(1급)

01 다음 중 선택 쿼리에서 사용자가 지정한 패턴과 일치하는 데이터를 찾고자 할 때 사용되는 연산자는?

① Match ② Some

③ Like ④ Any

출제 ▶ 19년1회(1급)

02 다음 중 쿼리에서 사용하는 문자열 조건에 대한 설명으로 옳지 않은 것은?

① "수학" or "영어" : "수학"이나 "영어"인 레코드를 찾는다.

② LIKE "서울*" : "서울"이라는 문자열로 시작하는 필드를 찾는다.

③ LIKE "*신림*" : 문자열의 두 번째가 "신"이고 세 번째가 "림"인 문자열을 찾는다.

④ NOT "전산과" : 문자열의 값이 "전산과"가 아닌 문자 열을 찾는다.

출제 ▶ 16년1회(1급)

03 다음 중 SQL문에서 사용되는 연산식과 그 결과값이 옳지 않은 것은?

① 연산식: "1" & "2" → 결과값: 3

② 연산식: 3 MOD 3 → 결과값: 0

③ 연산식: 1 <> 2 AND 3 > 3 → 결과값: 0(FALSE)

④ 연산식: 1 AND 2 → 결과값: -1(TRUE)

핵심이론 323

연산자 목록

산술 연산자	
+, -, *, /	더하기, 빼기, 곱하기, 나누기
Mod	4 Mod 2 → 0
&	"A" & "B" → AB
논리/비교 연산자	
=, 〈, 〉, 〈=, 〉=, 〈〉	같다, 작다, 크다, 작거나 같다(이하), 크거나 같다(이상), 다르다
Like	와일드 카드 * 또는 ?를 사용하여 특정 단어의 유무 및 일치 여부를 판단
Is	연산자 앞뒤 내용의 일치 여부를 판단

출제 ▶ 18년2회(1급)

04 다음 중 아래 SQL문에 대한 설명으로 옳은 것은?

SELECT T1.품번, T2.제조사
FROM T1, T2
WHERE T2.소재지 IN ('서울', '수원') AND
T1.품번 = T2.품번;

① 테이블 T2에서 소재지가 서울 또는 수원이거나 T1과 품번이 일치하는 레코드들만 선택된다.
② 테이블 T1과 T2의 품번이 일치하면서 소재지는 서울과 수원을 제외한 레코드들만 선택된다.
③ 테이블 T1의 품번 필드와 테이블 T2의 소재지 필드만 SQL 실행 결과로 표시된다.
④ 테이블 T1의 품번 필드와 테이블 T2의 제조사 필드만 SQL 실행 결과로 표시된다.

출제 ▶ 16년3회(1급)

05 다음 중 <도서> 테이블에서 정가 필드의 값이 10000 이상이면서 20000 이하인 도서를 검색하기 위한 SQL문으로 옳은 것은?

① SELECT * FROM 도서 WHERE 정가 IN (10000, 20000)
② SELECT * FROM 도서 WHERE 정가 >10000 OR 정가 <20000
③ SELECT * FROM 도서 WHERE 10000 <= 정가 <= 20000
④ SELECT * FROM 도서 WHERE 정가 BETWEEN 10000 AND 20000

출제 ▶ 15년1회(1급)

06 다음 중 SQL문의 각 WHERE절에 대한 설명으로 옳지 않은 것은?

① WHERE 부서 = '영업부' → 부서 필드의 값이 '영업부'인 레코드들이 검색됨
② WHERE 나이 Between 28 in 40 → 나이 필드의 값이 29에서 39 사이인 레코드들이 검색됨
③ WHERE 생일 = #1996-5-10# → 생일 필드의 값이 1996-5-10인 레코드들이 검색됨
④ WHERE 입사년도 = 2014 → 입사년도 필드의 값이 2014인 레코드들이 검색됨

핵심이론 324

특수 연산자를 사용한 질의

IN 연산자
- 필드에 지정한 값이 포함되어 있으면 이를 검색하여 표시한다.
- OR 연산을 수행한 결과와 동일하다.
- 문법 : WHERE 필드 IN (값1, 값2, …)
ex) WHERE 거래지역 IN ('서울', '수원') → 거래지역이 '서울'이나 '수원'인 레코드를 검색

BETWEEN 연산자
- 필드에 지정한 범위 값이 포함되어 있으면 이를 검색하여 표시한다.
- AND 연산을 수행한 결과와 동일하다.
- 문법 : WHERE 필드 BETWEEN 값1 AND 값2
ex) WHERE 나이 BETWEEN 28 AND 40 → 나이가 28세부터 40세까지인 레코드를 검색

07 다음 중 주어진 [학생] 테이블을 참조하여 아래의 SQL 문을 실행한 결과로 옳은 것은?

SELECT AVG(나이) FROM 학생
WHERE 전공 NOT IN ('수학', '회계');

[학생] 테이블

학번	전공	학년	나이
100	국사	4	21
150	회계	2	19
200	수학	3	30
250	국사	3	31
300	회계	4	25
350	수학	2	19
400	국사	1	23

① 25
② 23
③ 21
④ 19

08 다음 중 주어진 [Customer] 테이블을 참조하여 아래의 SQL문을 실행한 결과로 옳은 것은?

SELECT Count(*)
FROM (SELECT Distinct City From Customer);

City	Age	Hobby
부산	30	축구
서울	26	영화감상
부산	45	낚시
서울	25	야구
대전	21	축구
서울	19	음악감상
광주	19	여행
서울	38	야구
인천	53	배구
*	0	

레코드: I◄ 1/9 ► ►I ►* 필터 없음

① 3
② 5
③ 7
④ 9

09 다음 중 아래 <학생> 테이블에 대한 SQL문의 실행 결과로 옳은 것은?

학생

학번	전공	학년	나이
1002	영문	SO	19
1004	통계	SN	23
1005	영문	SN	21
1008	수학	JR	20
1009	영문	FR	18
1010	통계	SN	25

SELECT AVG([나이]) FROM 학생
WHERE 학년="SN" GROUP BY 전공
HAVING COUNT(*)>=2;

① 21
② 22
③ 23
④ 24

10 다음 중 아래의 <급여> 테이블에 대한 SQL 명령과 실행 결과로 옳지 않은 것은? (단, 빈칸은 Null임)

사원번호	성명	가족수
1	가	2
2	나	4
3	다	

① SELECT COUNT(성명) FROM 급여; 를 실행한 결과는 3이다.
② SELECT COUNT(가족수) FROM 급여; 를 실행한 결과는 3이다.
③ SELECT COUNT(*) FROM 급여; 를 실행한 결과는 3이다.
④ SELECT COUNT(*) FROM 급여 WHERE 가족수 Is Null; 을 실행한 결과는 1이다.

출제 ▶ 17년1회(1급)

11 다음 중 아래 <PERSON> 테이블에 대한 쿼리의 실행 결과값은?

<PERSON> 〈쿼리〉

Full_name
오연서
이종민
오연수
오연서
김종오
오연수

SELECT COUNT(Full_name)
FROM PERSON
WHERE Full_name Like "*" & "오";

① 1   ② 2   ③ 4   ④ 5

출제 ▶ 15년3회(1급)

12 아래는 [학생] 테이블의 디자인 보기와 [학생] 테이블을 이용한 SQL문이다. 다음 중 아래 SQL문의 실행 결과에 대한 설명으로 옳은 것은?

📋 학생

필드 이름	데이터 형식
🔑 학번	짧은 텍스트
성명	짧은 텍스트
텍스트	짧은 텍스트

SELECT 동아리 FROM 학생
GROUP BY 동아리
HAVING COUNT(*)>2;

① 같은 성명을 가진 학생이 3명 이상인 동아리들을 검색한다.
② 동아리를 3개 이상 가입한 학생들을 검색한다.
③ 3개의 동아리 중 하나라도 가입한 학생들을 검색한다.
④ 동아리에 가입한 학생이 3명 이상인 동아리들을 검색한다.

핵심이론 325

SQL 계산 함수를 사용한 질의

AVG([필드명])	필드의 평균을 구한다.
SUM([필드명])	필드의 합계를 구한다.
COUNT([필드명])	필드의 레코드 수를 구한다.(Null값 제외)
COUNT(*)	필드의 레코드 수를 구한다.(Null값 포함)
MAX([필드명])	필드의 최대값을 구한다.
MIN([필드명])	필드의 최소값을 구한다.

출제 ▶ 17년1회(1급)

13 다음 중 입사일이 '1990-03-02'인 사원의 현재까지 근무한 연수를 출력하기 위한 SQL 문으로 옳은 것은?

① select datediff("yyyy", '1990-03-02', date());
② select dateadd("yyyy", date(), '1990-03-02');
③ select datevalue("yy", '1990-03-02', date());
④ select datediff("yy", '1990-03-02', date());

출제 ▶ 15년3회(1급)

14 다음 중 각 쿼리문에 대한 설명으로 옳지 않은 것은?

① SELECT Weekday([출고일], 1) FROM 출고; → 출고일 필드의 날짜 값에서 요일을 나타내는 정수를 표시하며, 일요일을 1로 시작한다.
② SELECT DateDiff("d", [출고일], Date()) FROM 출고; → 출고일 필드의 날짜 값에서 오늘 날짜까지 경과한 일자 수를 표시한다.
③ SELECT DateAdd("y", 5, Date()) AS 날짜계산; → 오늘 날짜에서 5년을 더한 날짜를 표시한다.
④ SELECT * FROM 출고 WHERE Month([출고일])=9; → 출고일 필드의 날짜 값에서 9월에 해당하는 레코드들만 표시한다.

핵심이론 326

날짜/시간 함수를 사용한 질의

NOW( )/TIME( )/DATE( )	날짜와 시간/시간/날짜 표시한다.
YEAR(날짜)	날짜의 년도를 표시한다.
MONTH(날짜)	날짜의 월을 표시한다.
DAY(날짜)	날짜의 일을 표시한다.
WEEKDAY(날짜)	날짜의 요일에 해당하는 일련번호를 표시한다.
DATEADD(형식,값,날짜)	날짜에서 형식에 맞춰 지정된 값만큼 경과한 날짜를 표시한다.
DATEDIFF (형식,날짜1,날짜2)	두 날짜 사이의 형식의 차이값을 표시한다.

출제 ▶ 19년2회(1급)

01 다음 중 각 데이터 형식에 맞는 쿼리의 조건식으로 옳지 않은 것은?

① 숫자 데이터 형식인 경우: >=2000 AND <=4000

② 날짜 데이터 형식인 경우: < "2019-07-17"

③ 문자 데이터 형식인 경우: < > "성북구"

④ 문자 데이터 형식인 경우: In ("서울","부산")

출제 ▶ 18년2회(1급)

02 아래는 쿼리의 '디자인 보기'이다. 다음 중 아래 쿼리의 실행 결과로 옳은 것은?

① 2018년 전에 입학했거나 컴퓨터공학을 전공하는 지도 학생들의 이름과 전공을 표시

② 2018년 전에 입학하여 컴퓨터공학을 전공하는 지도 학생들의 이름과 전공을 표시

③ 2018년 전에 입학했거나 컴퓨터공학을 전공하는 지도 학생들의 이름, 전공, 입학연도를 표시

④ 2018년 전에 입학하여 컴퓨터공학을 전공하는 지도 학생의 이름, 전공, 입학연도를 표시

출제 ▶ 17년2회(1급)

03 다음 중 아래의 '학년별검색' 매개 변수 쿼리를 실행하여 나타나는 메시지 상자의 a에 2를, b에 3을 입력한 결과로 옳은 것은?

① 2학년과 3학년 레코드만 출력된다.

② 2학년 레코드만 출력된다.

③ 3학년 레코드만 선택된다.

④ 2학년과 3학년을 제외한 레코드만 출력된다.

핵심이론 327

- 쿼리 작성 시 데이터 형식이 숫자, 문자, 날짜에 따라 입력 형식이 달라진다.
- 숫자를 제외하고, 문자는 쌍따옴표(""), 날짜는 샵(#)으로 양쪽을 묶어 표시한다.

숫자	필드 값이 2000 이상 4000 이하인 경우 - >=2000 AND <=4000 - BETWEEN 2000 AND 4000
문자	필드 값이 '서울'이나 '부산'인 경우 - IN("서울","부산") - "서울" OR "부산"
날짜	필드 값이 5월인 경우 - >=#2022-5-1# AND <=#2022-5-31# - BETWEEN #2022-5-1# AND #2022-5-31#

출제 ▶ 20년2회(1급), 16년1회(1급)

04 아래와 같이 조회할 고객의 최소 나이를 입력받아 검색하는 매개 변수 쿼리를 작성하려고 한다. 다음 중 'Age' 필드의 조건식으로 옳은 것은?

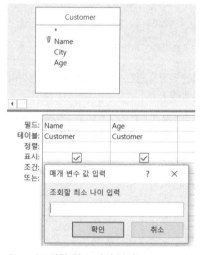

① >={조회할 최소 나이 입력}

② >="조회할 최소 나이 입력"

③ >=[조회할 최소 나이 입력]

④ >=(조회할 최소 나이 입력)

출제 ▶ 16년3회(1급), 15년2회(1급)

05 다음 중 쿼리 실행 시 값이나 패턴을 묻는 메시지를 표시한 후 사용자에게 조건 값을 입력받아 사용하는 쿼리는?

① 선택 쿼리
② 요약 쿼리
③ 매개 변수 쿼리
④ 크로스탭 쿼리

핵심이론 328

• 매개 변수 쿼리는 실행할 때 검색 조건, 필드에 삽입할 값이나 패턴 등을 묻는 대화상자를 표시한 후 값을 입력받아 레코드를 검색한다.
• 두 가지 이상의 정보를 물어보는 질의를 디자인 할 수도 있다.
• 매개 변수 대화상자에 표시할 메시지는 기준 필드 하단의 '조건' 부분에 대괄호([ ])로 묶어 입력한다.

출제 ▶ 19년2회(1급)

06 다음 중 요약 데이터를 보다 쉽게 이해할 수 있도록 합계, 평균 등의 집계 함수를 계산한 다음 데이터시트의 측면과 위쪽에 두 세트의 값으로 그룹화하는 쿼리 유형은?

① 선택 쿼리
② 크로스탭 쿼리
③ 통합 쿼리
④ 업데이트 쿼리

출제 ▶ 19년1회(1급)

07 다음 중 크로스탭 쿼리에 대한 설명으로 옳지 않은 것은?

① 쿼리 결과를 Excel 워크시트와 비슷한 표 형태로 표시하는 특수한 형식의 쿼리이다.
② 맨 왼쪽에 세로로 표시되는 행 머리글과 맨 위에 가로 방향으로 표시되는 열 머리글로 구분하여 데이터를 그룹화한다.
③ 그룹화한 데이터에 대해 레코드 개수, 합계, 평균 등을 계산할 수 있다.
④ 열 머리글로 사용될 필드는 여러 개를 지정할 수 있지만, 행 머리글로 사용할 필드는 하나만 지정할 수 있다.

출제 ▶ 18년1회(1급)

08 다음 중 크로스탭 쿼리에 관한 설명으로 옳지 않은 것은?

① 레코드의 요약 결과를 열과 행 방향으로 그룹화하여 표시할 때 사용한다.
② 쿼리 데이터시트에서 데이터를 직접 편집할 수 없다.
③ 2개 이상의 열 머리글 옵션과 행 머리글 옵션, 값 옵션 등을 지정해야 한다.
④ 행과 열이 교차하는 곳의 숫자 필드는 합계, 평균, 분산, 표준 편차 등을 계산할 수 있다.

출제 ▶ 15년3회(1급)

09 다음 중 자료 분석에 매우 유용한 결과를 보여주는 크로스탭 쿼리에 관한 설명으로 옳은 것은?

① 크로스탭 쿼리는 값을 요약한 다음 세 가지의 집합 기준으로 그룹화한다.
② 열과 행이 교차하는 곳에는 숫자 값을 사용하는 필드만 선택 가능하다.
③ 크로스탭 쿼리 작성 시 행 머리글은 최대 3개까지 필드를 지정할 수 있다.
④ 크로스탭 쿼리는 폼 또는 보고서 개체를 데이터 원본으로 사용한다.

핵심이론 329

• 크로스탭 쿼리는 특정 필드의 요약 값(합계, 평균, 개수 등)을 표시하고 이를 그룹화하여 표시하는 질의이다.
• 한 집합은 데이터시트의 왼쪽(행)에 표시하고, 다른 한 집합은 데이터시트의 위쪽(열)에 표시한다.
• 행 머리글 항목은 최대 3개까지 여러 개의 필드로 설정할 수 있지만, 열 머리글 항목은 하나의 필드만 설정할 수 있다.
• 스프레드시트의 피벗 테이블과 형태가 유사하다.
• 행과 열이 교차하는 곳의 값은 숫자 필드의 합계, 평균, 분산, 표준 편차 등을 계산할 수 있다.

출제 ▶ 17년2회(1급)

10 다음 중 하나의 테이블로만 구성되어 있는 데이터베이스에서 쿼리 마법사를 이용하여 만들 수 없는 쿼리는?

① 단순 쿼리
② 중복 데이터 검색 쿼리
③ 크로스탭 쿼리
④ 불일치 검색 쿼리

핵심이론 330

• 불일치 검색 쿼리는 두 테이블 간에 특정 필드를 기준으로 레코드가 일치하지 않는 데이터를 검색하여 표시한다.
• 기준 필드 하단 '조건' 부분에 「Not In(Select 필드 From 테이블/쿼리)」와 같이 조건식을 입력한다.

컴퓨터
활용능력
1급 필기

01 다음 중 컴퓨터 및 정보기기에서 사용하는 펌웨어(Firmware)에 관한 설명으로 옳은 것은?

① 주로 하드디스크의 부트 레코드 부분에 저장된다.

② 인터프리터 방식으로 번역되어 실행된다.

③ 운영체제의 일부로 입출력력을 전담한다.

④ 소프트웨어의 업그레이드만으로도 기능을 향상시킬 수 있다.

> 펌웨어(Firmware)는 주로 ROM에 저장되어 하드웨어를 제어하는 것으로 하드웨어와 소프트웨어의 중간적 성격을 갖는다. 따라서 소프트웨어의 업그레이드만으로도 기능을 향상시킬 수 있다.

02 다음 중 수의 표현에 있어 진법에 대한 설명으로 옳지 않은 것은?

① 16진수(Hexadecimal)는 0~9까지의 숫자와 A~F까지 문자로 표현하는 진법으로 한 자리수를 표현하는데 4개의 비트가 필요하다.

② 2진수, 8진수, 16진수를 10진수 실수(float)로 변환하려면 정수 부분과 소수 부분을 나누어서 변환하려는 각 진수의 자리값과 자리의 지수승을 곱한 결과값을 모두 더하여 계산한다.

③ 10진수(Decimal) 정수를 2진수, 8진수, 16진수로 변환하려면 10진수 값을 변환할 진수로 나누어 더 이상 나눠지지 않을 때까지 나누고, 몫을 제외한 나머지를 역순으로 표시한다.

④ 8진수를 16진수로 변환하려면 8진수를 뒤에서부터 2자리씩 자른 후 각각 16진수를 1자리로 계산한다.

> 8진수를 16진수로 변환하려면 먼저 8진수를 2진수로 변환해야 한다. 이후 2진수를 뒤에서부터 4자리씩 자른 후 각각 16진수 1자리로 변환한다.

03 다음 중 정보 보안을 위한 비밀키 암호화 기법의 설명으로 옳지 않은 것은?

① 서로 다른 키로 데이터를 암호화하고 복호화한다.

② 암호화와 복호화의 속도가 빠르다.

③ 알고리즘이 단순하고 파일의 크기가 작다.

④ 사용자의 증가에 따라 관리해야 할 키의 수가 상대적으로 많아진다.

> 비밀키 암호화 기법의 특징
> - 동일키로 암호화 및 복호화한다.
> - 암호화와 복호화 속도가 빠르다.
> - 알고리즘이 단순하고 파일의 크기가 작다.
> - 사용자가 증가할수록 관리해야 하는 키가 상대적으로 많아진다.

04 다음 중 시스템 보안을 위해 사용하는 방화벽(Firewall)에 대한 설명으로 적절하지 않은 것은?

① IP주소 및 포트번호를 이용하거나 사용자 인증을 기반으로 접속을 차단하여 네트워크의 출입로를 단일화한다.

② '명백히 허용되지 않은 것은 금지한다'라는 적극적 방어 개념을 가지고 있다.

③ 방화벽을 운영하면 바이러스와 내/외부의 새로운 위험에 효과적으로 대처할 수 있다.

④ 로그 정보를 통해 외부침입의 흔적을 찾아 역추적할 수 있다.

> 방화벽은 보안이 필요한 네트워크의 통로를 단일화하여 외부로부터의 불법적인 접근을 차단하기 위한 시스템이다. 외부로부터 유입되는 요소들은 확인하고 관리할 수 있지만, 내부에서 발생되는 위험요소는 처리할 수 없다.

05 다음 중 한글 Windows 운영체제에서의 백업과 복원에 관한 설명으로 옳지 않은 것은?

① 특정 주기로 백업이 되도록 설정할 수 있다.

② Windows에서 백업에 사용되는 파일의 확장자는 '*.bkf'이다.

③ 백업 파일을 복원할 경우 복원 위치를 지정할 수 있다.

④ 여러 파일이 백업되어 있는 경우 원하는 파일을 선택하여 복원할 수 없다.

> - 특정 주기로 백업 주기를 설정할 수 있다.
> - 사용자가 백업할 폴더를 추가/삭제할 수 있다.
> - 백업 파일을 복원할 경우 복원될 위치를 지정할 수 있다.
> - 복원 시 백업 파일이 여럿인 경우 원하는 파일을 선택하여 복원할 수 있다.

06 다음 중 스마트폰을 모뎀처럼 활용하는 방법으로, 컴퓨터나 노트북 등의 IT 기기를 스마트폰에 연결하여 무선 인터넷을 사용할 수 있게 하는 기능은?

① 와이파이(WiFi)　　② 블루투스(Bluetooth)
③ 테더링(Tethering)　④ 와이브로(WiBro)

① 와이파이(WiFi) : 무선접속장치가 설치된 일정 공간에서 무선인터넷의 사용이 가능한 근거리 무선 통신 기술
② 블루투스(Bluetooth) : 장치 간 양방향 정보 전송이 가능하도록 하는 근거리 무선 통신 기술
④ 와이브로(WiBro) : 무선 광대역 인터넷을 의미하며, 스마트 기기를 이용하여 언제 어디서나 정지 및 이동 중에 인터넷 접속이 가능한 서비스

07 다음 중 네트워크 관련 장비로 브리지(Bridge)에 관한 설명으로 옳지 않은 것은?

① OSI 참조 모델의 데이터 링크 계층에 속한다.
② 두 개의 근거리통신망을 상호 접속할 수 있도록 하는 통신망 연결 장치이다.
③ 통신 프로토콜을 변환하여 네트워크를 확장한다.
④ 통신량을 조절하여 데이터가 다른 곳으로 가지 않도록 한다.

브리지(Bridge)는 네트워크 프로토콜과 독립적으로 작용하여 네트워크에 연결된 여러 단말기들의 통신 프로토콜을 바꾸지 않고도 네트워크를 확장할 수 있도록 한다.
③번은 게이트웨이(Gateway)에 대한 설명이며, 해당 장치는 서로 다른 네트워크 간에 통신 프로토콜을 변환하여 정보 교환이 가능하도록 조정한다.

08 다음 중 인터넷 기반 기술을 이용하여 기업들이 외부 보안을 유지한 상태에서 협력 업체 간의 효율적인 업무 처리를 위해 사용하는 네트워크로 옳은 것은?

① 인트라넷(Intranet)
② 원거리 통신망(WAN)
③ 엑스트라넷(Extranet)
④ 근거리 통신망(LAN)

인트라넷(Intranet)은 기업 또는 조직 내부에서만 사용하는 근거리 통신망이고, 엑스트라넷(Extranet)은 기업과 기업 간의 정보와 자원을 공유하기에 적합하도록 설계한 컴퓨터 통신망이다.

09 다음 중 TCP/IP 프로토콜에서 IP 프로토콜의 개요 및 기능에 관한 설명으로 옳은 것은?

① 메시지를 송/수신자의 주소와 정보로 묶어 패킷 단위로 나눈다.

② 패킷 주소를 해석하고 경로를 결정하여 다음 호스트로 전송한다.
③ 전송 데이터의 흐름을 제어하고 데이터의 에러를 검사한다.
④ OSI 7계층에서 전송 계층에 해당한다.

①번, ③번, ④번은 TCP 프로토콜에 관한 설명이다.
IP 프로토콜은 패킷의 주소를 해석하고 최적의 경로를 결정(라우터)하여 전송하는 역할을 수행한다. OSI 7계층에서 네트워크 계층에 해당한다.

10 다음 중 디지털 콘텐츠의 생성·거래·전달·관리 등 전체 과정을 관리할 수 있는 기술로 멀티미디어 프레임워크의 MPEG 표준은?

① MPEG-1　　　　② MPEG-3
③ MPEG-7　　　　④ MPEG-21

① MPEG-1 : CD와 같은 고용량 매체에서 동영상을 재생할 수 있는 기술
③ MPEG-7 : 멀티미디어 정보 검색이 가능한 동영상을 이용하기 위한 기술
④ MPEG-21 : 디지털 콘텐츠의 생성, 거래, 전달, 관리 등 전 과정을 관리할 수 있는 기술

11 다음 중 GIF 파일 형식에 대한 설명으로 옳지 않은 것은?

① 인터넷 표준 그래픽 형식으로, 8비트 컬러를 사용하여 256색만 지원한다.
② 간단한 애니메이션 표현이 가능하다.
③ 색상의 무손실 압축 기술을 사용한다.
④ 벡터 방식으로 이미지를 표현한다.

GIF 파일 형식은 비트맵(Bitmap) 방식으로 8비트(256컬러)를 지원하며, 움직이는 애니메이션 표현이 가능하다.

12 다음 중 한글 Windows 10의 [설정] - [장치]에 표시되지 않는 것은?

① Bluetooth 연결 장치
② 하드디스크 드라이브와 사운드 카드
③ 컴퓨터의 USB 포트에 연결하는 모든 장치
④ 컴퓨터에 연결된 호환 네트워크 장치

===== 윈도우 10 버전에 맞게 변형한 문제입니다. =====

하드디스크 드라이브와 사운드 카드는 [설정]-[장치]가 아닌 [장치 관리자]에서 확인할 수 있다.

13 다음 중 컴퓨터의 제어장치에 있는 부호기(Encoder) 레지스터에 관한 설명으로 옳은 것은?

① 명령 레지스터에 있는 명령어를 해독한다.
② 해독된 명령어에 따라 각 장치로 보낼 제어 신호를 생성한다.
③ 다음 순서에 실행할 명령어의 주기억장치 주소를 기억한다.
④ 뺄셈 연산을 위해 음수로 변환한다.

부호기(Encoder)는 해독된 명령어에 따라 각 장치로 보낼 제어 신호를 생성한다.
①번은 명령 해독기(Decoder), ③번은 프로그램 카운터(Program Counter), ④번은 보수기(Complementor)에 대한 설명이다.

14 다음 중 한글 Windows에서 바로 가기 아이콘에 관한 설명으로 옳지 않은 것은?

① 바로 가기 아이콘을 실행하면 연결된 원본 파일이 실행된다.
② 파일, 폴더뿐만 아니라 디스크 드라이브나 프린터에도 바로 가기 아이콘을 만들 수 있다.
③ 일반 아이콘과 비교하여 왼쪽 아랫부분에 화살표가 포함되어 표시된다.
④ 하나의 바로 가기 아이콘에 여러 개의 원본 파일을 연결할 수 있다.

하나의 원본 파일에 대해 여러 개의 바로 가기 아이콘을 만들 수 있다. 또한 하나의 바로 가기 아이콘에는 하나의 원본 파일만 연결할 수 있다.

15 다음 중 한글 Windows에서 파일이나 폴더, 프린터, 드라이브 등 컴퓨터 자원의 공유에 관한 설명으로 옳지 않은 것은?

① 공유 폴더에 대한 접근 권한은 사용자에 따라 다르게 설정할 수 있다.
② 파일 탐색기의 주소 표시줄에 '\\localhost'를 입력하면 네트워크를 통해 공유한 파일이나 폴더를 확인할 수 있다.
③ 파일 탐색기의 공유 기능을 이용하면 파일이나 폴더를 쉽게 다른 사용자와 공유할 수 있다.
④ 공유한 파일명 뒤에 '$'를 붙이면 네트워크의 다른 사용자가 해당 파일을 사용하고 있는지 여부를 바로 확인할 수 있다.

파일명 뒤에 '$'가 붙어 있는 폴더를 공유하거나 공유한 파일명 뒤에 '$'를 붙이면 네트워크의 다른 사용자가 해당 개체의 공유 여부를 알 수 없게 된다.

16 다음 중 출력장치인 디스플레이 어댑터와 모니터에 관련된 용어의 설명으로 옳지 않은 것은?

① 픽셀(Pixel): 화면을 이루는 최소 단위로서 같은 크기의 화면에서 픽셀 수가 많을수록 해상도가 높아진다.
② 해상도(Resolution): 모니터 화면의 픽셀 수와 관련이 있으며 픽셀 수가 많을수록 표시할 수 있는 색상의 수가 증가한다.
③ 점 간격(Dot Pitch): 픽셀들 사이의 공간을 나타내는 것으로 간격이 가까울수록 영상은 선명하다.
④ 재생률(Refresh Rate): 픽셀들이 밝게 빛나는 것을 유지하기 위한 것으로, 재생률이 높을수록 모니터의 깜빡임이 줄어든다.

해상도(Resolution)는 화면을 얼마나 선명하게 표현할 수 있느냐를 나타내는 단위로, 픽셀의 수에 따라 표현할 수 있는 색상의 수가 결정되는 것은 아니다.

17 다음 중 컴퓨터에서 사용하는 기억장치에 관한 설명으로 옳지 않은 것은?

① 플래시(Flash) 메모리는 비휘발성 기억장치로 주로 디지털 카메라나 MP3, 개인용 정보 단말기, USB 드라이브 등 휴대용 기기에서 대용량 정보를 저장하는 용도로 사용된다.
② 하드디스크 인터페이스 방식은 EIDE, SATA, SCSI 방식 등이 있다.
③ 캐시(Cache) 메모리는 CPU와 주기억장치 사이에 위치하여 두 장치간의 속도 차이를 줄여 컴퓨터의 처리 속도를 빠르게 하기 위한 메모리이다.
④ 연관(Associative) 메모리는 보조기억장치를 마치 주기억장치와 같이 사용하여 실제 주기억장치 용량보다 기억용량을 확대하여 사용하는 방법이다.

연관(Associative) 메모리는 저장된 내용의 일부를 이용하여 기억장치에 접근하는 메모리이며, ④번은 가상 메모리(Virtual Memory)에 대한 설명이다.

18 다음 중 패치(Patch) 버전 소프트웨어에 관한 설명으로 옳은 것은?

① 정식으로 대가를 지불하고 사용하는 소프트웨어이다.
② 홍보용으로 사용 기간이나 기능에 제한을 둔 소프트웨어이다.
③ 오류 수정이나 성능 향상을 위해 프로그램 일부를 변경해주는 소프트웨어이다.

④ 정식 프로그램 출시 전에 테스트용으로 제작되어 일반인에게 공개하는 소프트웨어이다.

패치(Patch) 버전 소프트웨어는 오류 수정이나 성능 향상을 위해 프로그램 일부를 변경해주는 소프트웨어이다.
①번은 상용 소프트웨어, ②번은 데모(Demo) 버전, ④번은 베타(Beta) 버전에 대한 설명이다.

19 다음 중 컴퓨터에서 사용하는 압축 프로그램에 관한 설명으로 옳지 않은 것은?

① 압축한 파일을 모아 재압축을 반복하면 파일 크기를 계속 줄일 수 있다.
② 여러 개의 파일을 압축하면 하나의 파일로 생성되어 파일 관리를 용이하게 할 수 있다.
③ 대부분의 압축 프로그램에는 분할 압축이나 암호 설정 기능이 있다.
④ 파일의 전송시간과 비용을 절약하고, 디스크 공간을 효율적으로 사용할 수 있다.

압축 프로그램을 사용하여 압축을 진행한 파일들을 모아 재압축하더라도 추가적인 압축 효과를 기대하기는 어렵다.

20 다음 중 한글 Windows에서 바탕 화면의 바로 가기 메뉴에 관한 설명으로 옳지 않은 것은?

① 바탕 화면에서 <Shift> + <F10> 키를 누르면 바로 가기 메뉴가 표시된다.
② 바탕 화면에 폴더나 텍스트 문서, 압축 파일 등을 새로 만들 수 있다.
③ 삭제된 내 PC, 휴지통, 네트워크 등의 바탕 화면 아이콘을 다시 표시할 수 있다.
④ 아이콘의 정렬 기준을 변경하거나 아이콘의 크기를 변경하여 볼 수 있다.

바탕 화면의 바로 가기 메뉴에서 가능한 것은 새 폴더 만들기, 보기, 정렬 기준, 새로 만들기(폴더/바로가기)이며, 삭제된 아이콘을 다시 표시할 수는 없다.

2과목 ▶ 스프레드시트 일반

21 다음 중 피벗 테이블에 대한 설명으로 옳지 않은 것은?

① 피벗 테이블 보고서를 작성한 후 원본 데이터를 수정하면 피벗 테이블 보고서에 자동으로 반영된다.
② [피벗 테이블 필드 목록]에서 보고서에 추가할 필

드 선택 시 데이터 형식이 텍스트이거나 논리값인 필드를 선택하여 행 영역에 추가한다.
③ 값 영역에 추가된 필드가 2개 이상이면 Σ 값 필드가 열 또는 행 영역에 추가된다.
④ 열 레이블/행 레이블 단추를 클릭하여 레이블 필터나 값 필터를 설정할 수 있다.

피벗 테이블 보고서의 원본 데이터를 수정하더라도 해당 내용은 피벗 테이블에 바로 반영되지 않는다.
수정된 변경 사항을 피벗 테이블에 반영하려면 [피벗 테이블 도구]-[분석]-[데이터]-[새로고침] 메뉴 중 '모두 새로 고침'을 적용해야 한다.

22 아래 그림과 같이 설정한 상태에서 [매크로 기록] 대화 상자의 [확인] 단추를 누른다. [A2:A6] 범위를 선택한 후 글꼴 스타일을 굵게 지정하고 [기록 중지]를 눌러 '서식' 매크로의 작성을 완료하였다. 다음 중 매크로 작성 후 [C1] 셀을 선택하고 '서식' 매크로를 실행한 결과로 옳은 것은?

① [A2:A6] 영역의 글꼴 스타일이 굵게 지정된다.
② [A1] 셀만 글꼴 스타일이 굵게 지정된다.
③ [C2:C6] 영역의 글꼴 스타일이 굵게 지정된다.
④ [C1] 셀만 글꼴 스타일이 굵게 지정된다.

해당 문제에서는 '상대 참조로 기록'이 선택되어 있으므로 매크로를 실행할 때마다 셀 포인터 위치에 따라 결과가 다르게 나타난다.
[A1] 셀이 선택된 상태에서 [A2:A6] 영역에 '굵게' 서식을 적용하는 매크로를 작성했기 때문에 [C1] 셀이 선택된 상태에서 매크로를 적용하면 [C2:C6] 영역에 '굵게' 서식이 적용된다.

23 다음 중 아래 그림과 같은 시나리오 요약 보고서에 대한 설명으로 옳지 않은 것은?

시나리오 요약			
		현재 값:	호황	불황
변경 셀:				
	냉장고판매	2%	4%	-2%
	세탁기판매	3%	6%	-3%
	$C$5	5%	10%	-5%
결과 셀:				
	예상판매금액	516,600,000	533,200,000	483,400,000

① '호황'과 '불황' 두 개의 시나리오로 작성한 시나리오 요약 보고서는 새 워크시트에 표시된다.
② 원본 데이터에 '냉장고판매', '세탁기판매', '예상판매금액'으로 이름을 정의한 셀이 있다.
③ 원본 데이터에서 변경 셀의 현재 값을 수정하면 시나리오 요약 보고서가 자동으로 업데이트된다.
④ 시나리오 요약 보고서 내의 모든 내용은 수정 가능하며, 자동으로 설정된 윤곽도 지울 수 있다.

원본 데이터의 변경 셀의 값이 바뀌더라도 시나리오 요약 보고서에 자동으로 반영되지 않는다.

24 다음 중 아래 시트에서 사원명이 두 글자이면서 실적이 전체 실적의 평균을 초과하는 데이터를 검색할 때, 고급 필터의 조건으로 옳은 것은?

	A	B
1	사원명	실적
2	유민	15,030,000
3	오성준	35,000,000
4	김근태	18,000,000
5	김원	9,800,000
6	정영희	12,000,000
7	남궁정훈	25,000,000
8	이수	30,500,000
9	김용훈	8,000,000

①
사원명	실적조건
="=??"	=$B2〉AVERAGE($B$2:$B$9)

②
사원명	실적
="=??"	=$B2&"〉AVERAGE($B$2:$B$9)"

③
사원명	실적
=LEN($A2)=2	=$B2〉AVERAGE($B$2:$B$9)

④
사원명	실적조건
="=**"	=$B2〉AVERAGE($B$2:$B$9)

만능 문자 '*'은 모든 문자를 대신하고, '?'는 문자 한 자리를 대신한다. 따라서 사원명이 두 글자라는 조건을 만족하는 항목은 ①, ②, ③이 된다.
고급 필터의 조건에 논리식이 사용되어 조건의 결과가 TRUE 또는 FALSE로 나오면 원본 필드와 동일한 이름을 사용할 수 없다. 따라서 필드 이름이 '실적'인 조건들은 제외된다.

25 다음 중 데이터가 입력되어 있는 연속된 셀 범위를 선택하는 방법으로 옳지 않은 것은?

① 첫 번째 셀을 클릭한 후 <Ctrl> + <Shift> + <방향키>를 눌러 선택 영역을 확장한다.
② 첫 번째 셀을 클릭한 후 <Shift> 키를 누른 상태에서 범위의 마지막 셀을 클릭한다.
③ 첫 번째 셀을 클릭한 후 <F8> 키를 누른 후 <방향키>를 눌러 선택 영역을 확장한다.
④ 첫 번째 셀을 클릭한 후 <Ctrl> 키를 누른 상태에서 <방향키>를 눌러 선택 영역을 확장한다.

<Ctrl> 키를 누른 상태에서 방향키를 누르면 셀 범위가 선택되는 것이 아니라 연속된 범위 내의 마지막 행 또는 열로 셀 포인터가 이동된다.

26 다음 중 [외부 데이터 가져오기] 기능에 대한 설명으로 옳지 않은 것은?

① 텍스트 파일은 구분 기호나 일정한 너비로 분리된 모든 열을 엑셀로 가져오기 때문에 일부 열만 가져올 수는 없다.
② 액세스 파일은 표, 피벗 테이블, 워크시트의 특정 위치 등으로 다양하게 불러올 수 있다.
③ 웹 상의 데이터 중 일부를 워크시트로 가져오고, 새로고침 기능을 이용하여 최신 데이터로 업데이트할 수 있다.
④ 기타 원본의 Microsoft Query 기능을 이용하면 외부 데이터베이스에서 가져올 데이터의 추출 조건을 설정하여 원하는 데이터만 가져올 수 있다.

[텍스트 마법사] 대화상자의 3단계에서 '열 가져오지 않음(건너뜀)'을 선택하면 일부 열만 선택하여 가져오거나 제외시킬 수 있다.

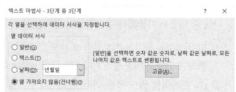

27 다음 중 [찾기 및 바꾸기] 대화상자에 대한 설명으로 옳지 않은 것은?

① 찾을 내용에 '*수정*', 바꿀 내용에 '*변경*'으로 입력하고, [모두 바꾸기] 단추를 클릭하면 '수정'이라는 모든 글자를 '*변경*'으로 바꾼다.
② '=A1*B1'과 같은 수식을 검색하려면 찾는 위치를 '수식'으로 선택한 후 찾을 내용에 '=A1~*B1'으로 입력한다.
③ 찾을 내용과 바꿀 내용은 입력하지 않고, 찾을 서식과 바꿀 서식으로 설정할 수 있다.
④ 셀 포인터 위치를 기준으로 앞에 위치한 데이터를 찾으려면 <Shift> 키를 누른 상태에서 [다음 찾기] 단추를 클릭한다.

찾을 내용에 '*수정*', 바꿀 내용에 '*변경*'으로 입력하고, [모두 바꾸기] 단추를 클릭하면 '수정'이라는 단어를 포함하는 모든 문자열이 '*변경*'으로 바뀐다.
즉, '수정'이라는 문자만 바뀌는 것이 아니라 이를 포함하는 모든 문자열이 바뀐다.

28 다음 중 엑셀에서 날짜 데이터의 입력 방법에 대한 설명으로 옳지 않은 것은?

① 날짜 데이터는 하이픈(-)이나 슬래시(/)를 이용하여 년, 월, 일을 구분한다.
② 날짜의 연도를 생략하고 월과 일만 입력하면 자동으로 현재 연도가 추가된다.
③ 날짜의 연도를 두 자리로 입력할 때 연도가 30 이상이면 1900년대로 인식하고, 29 이하이면 2000년대로 인식한다.
④ <Ctrl> + <Shift> + <;> 키를 누르면 오늘 날짜가 입력된다.

<Ctrl> + <;> 키를 누르면 시스템 상의 오늘 날짜가 입력되고, <Ctrl> + <Shift> + <;> 키를 누르면 현재 시간이 입력된다.

29 다음 중 아래 차트에 대한 설명으로 옳지 않은 것은?

① 계열 옵션에서 '간격 너비'가 0%로 설정되어 있다.
② 범례 표시 없이 데이터 표가 표시되어 있다.
③ '1월', '2월', '3월' 계열에 오차 막대가 표시되어 있다.
④ '1분기 합계' 계열은 '보조 축'으로 지정되어 있다.

차트의 계열 옵션 항목의 '간격 너비'가 0%로 설정되면 계열과 계열 사이의 간격이 없어진다. 따라서 제시된 그림에서는 '간격 너비'가 0%보다 큰 값으로 설정되어 있다.

30 다음 중 서식 코드를 셀의 사용자 지정 표시 형식으로 설정한 경우 입력 데이터와 표시 결과가 옳지 않은 것은?

	서식 코드	입력 데이터	표시
ⓐ	# ???/???	3.75	3 3/4
ⓑ	0,00#,	-6789	-0,007
ⓒ	*-#,##0	6789	*-----6789
ⓓ	▲#;▼#;0	-6789	▼6789

① ⓐ　　② ⓑ　　③ ⓒ　　④ ⓓ

ⓐ # ???/??? : 정수 부분은 #으로, 분수 부분은 ?로 지정하여 분모와 분자 모두 각각 세 자리까지 표시할 수 있도록 설정하여 결과는 '3 3/4'이 된다.
ⓑ 0,00#, : 콤마(,)는 천 단위 이하를 생략하고 0은 0값을 표시하고 #은 0값을 무시하기 때문에 -6이 나와야 하지만, 백의 자리에서 반올림 되어 결과는 '-0,007'이 된다.

ⓒ *-#,##0 : '*'은 다음에 오는 문자를 셀 너비에 맞춰 반복하여 표시한다. 따라서 천 단위 구분기호가 적용되면서 '-'가 반복되는 '-----6,789'와 같이 표시된다.

ⓓ ▲#;▼#;0 : 입력 데이터가 양수, 음수, 0일 때의 값이 다르게 적용된 서식으로 값이 음수이기 때문에 결과는 '▼6789'이 된다.

31 다음 중 매크로 편집 및 삭제에 대한 설명으로 옳지 않은 것은?

① [매크로] 대화상자에서 편집할 매크로를 선택하고 [편집] 단추를 클릭하면 Visual Basic 편집기를 실행할 수 있다.

② <Alt> + <F8> 키를 눌러 Visual Basic 편집기를 실행하면 매크로를 수정할 수 있다.

③ PERSONAL.XLSB 파일을 삭제하면 통합 문서에 있는 모든 매크로를 삭제할 수 있다.

④ Visual Basic 편집기에서 삭제할 매크로의 코딩 부분을 범위로 지정한 뒤 <Delete> 키를 눌러 여러 매크로를 한 번에 삭제할 수 있다 .

Visual Basic 편집기를 실행하려면 <Alt> + <F8>이 아니라 <Alt> + <F11>을 눌러야 한다.

32 다음 중 아래의 워크시트에서 수식의 결과로 '부사장'을 출력하지 않는 것은?

	A	B	C	D
1	사원번호	성명	직함	생년월일
2	101	구민정	영업 과장	1980-12-08
3	102	강수영	부사장	1965-02-19
4	103	김진수	영업 사원	1991-08-30
5	104	박용만	영업 사원	1990-09-19
6	105	이순신	영업 부장	1971-09-20

① =CHOOSE(CELL("row",B3), C2, C3, C4, C5, C6)

② =CHOOSE(TYPE(B4), C2, C3, C4, C5, C6)

③ =OFFSET(A1:A6,2,2,1,1)

④ =INDEX(A2:D6,MATCH(A3, A2:A6, 0), 3)

=CHOOSE(CELL("row",B3), C2, C3, C4, C5, C6)	
CHOOSE(❶,C2,C3,C4,C5,C6)	❶의 순번에 맞는 값을 2번째 인수 이후에서 찾아 표시하므로 [C4] 셀의 값을 표시
❶ CELL("row",B3)	[B3] 셀의 "row"인 행 번호인 3을 반환

=CHOOSE(TYPE(B4), C2, C3, C4, C5, C6)	
CHOOSE(❶,C2,C3,C4,C5,C6)	❶의 순번에 맞는 값을 2번째 인수 이후에서 찾아 표시하므로 [C3] 셀의 값을 표시
❶ TYPE(B4)	[B4] 셀 값의 유형에 따라 해당 값을 반환 (숫자1, 텍스트2, 논리값4...)

=OFFSET(A1:A6,2,2,1,1)	
OFFSET(A1:A6,2,2,1,1)	[A1:A6] 영역의 첫 번째 셀을 기준으로 2행 아래쪽으로, 2열 오른쪽으로 이동한 [C3] 셀의 값을 반환

=INDEX(A2:D6,MATCH(A3, A2:A6, 0), 3)	
INDEX(A2:A6,❶,3)	[A2:A6] 영역에서 ❶행과 3열이 교차되는 지점인 [C3] 셀의 값을 표시
❶ MATCH(A3, A2:A6,0)	[A3] 셀을 [A2:A6] 영역에서 찾아 위치번호를 반환

33 다음 중 아래의 워크시트에서 작성한 수식으로 결과 값이 다른 것은?

	A	B	C
1	10	30	50
2	40	60	80
3	20	70	90

① =SMALL(B1:B3, COLUMN(C3))

② =SMALL(A1:B3, AVERAGE({1;2;3;4;5}))

③ =LARGE(A1:B3, ROW(A1))

④ =LARGE(A1:C3, AVERAGE({1;2;3;4;5}))

=SMALL(B1:B3, COLUMN(C3))	
SMALL(B1:B3,❶)	[B1:B3] 영역에서 ❶번째로 작은 값인 70을 찾아 표시
❶ COLUMN(C3)	[C3]셀의 열 번호인 3을 반환

=SMALL(A1:B3, AVERAGE({1;2;3;4;5}))	
SMALL(A1:B3,❶)	[A1:B3] 영역에서 ❶번째로 작은 값인 30을 찾아 표시
❶ AVERAGE({1;2;3;4;5})	{1;2;3;4;5}의 평균인 3을 반환

=LARGE(A1:B3, ROW(A1))	
LARGE(A1:B3,❶)	[A1:B3] 영역에서 ❶번째로 큰 값인 70을 찾아 표시

❶ ROW(A1)	[A1]셀의 행 번호인 1을 반환
=LARGE(A1:C3, AVERAGE({1;2;3;4;5}))	
LARGE(A1:C3,❶)	[A1:C3] 영역에서 ❶번째로 큰 값인 70을 찾아 표시
❶ AVERAGE({1;2;3;4;5})	{1;2;3;4;5}의 평균인 3을 반환

34 다음 중 통합 문서에 대한 설명으로 옳지 않은 것은?

① 시트 보호는 통합 문서 전체가 아닌 특정 시트만을 보호한다.

② 공유된 통합 문서는 여러 사용자가 동시에 변경 및 병합할 수 있다.

③ 통합 문서 보호 설정 시 암호를 지정하면 워크시트에 입력된 내용을 수정할 수 없다.

④ 사용자가 워크시트를 추가, 삭제하거나 숨겨진 워크시트를 표시하지 못하도록 통합 문서의 구조를 잠글 수 있다.

통합 문서 보호 설정 시 암호를 지정하더라도 워크시트에 입력된 내용을 수정할 수 있다.
워크시트의 입력된 내용을 보호하려면 통합 문서 보호가 아닌 시트 보호 기능을 사용해야 한다.

35 아래 시트에서 각 부서마다 직위별로 종합점수의 합계를 구하려고 한다. 다음 중 [B17] 셀에 입력된 수식으로 옳은 것은?

	A	B	C	D	E
1	부서명	직위	업무평가	구술평가	종합점수
2	영업부	사원	35	30	65
3	총무부	대리	38	33	71
4	총무부	과장	45	36	81
5	총무부	대리	35	40	75
6	영업부	과장	46	39	85
7	홍보부	과장	30	37	67
8	홍보부	부장	41	38	79
9	총무부	사원	33	29	62
10	영업부	대리	36	34	70
11	홍보부	대리	27	36	63
12	영업부	과장	42	39	81
13	영업부	부장	40	39	79
16	부서명	부장	과장	대리	
17	영업부				
18	총무부				
19	홍보부				

① {=SUMIFS($E$2:$E$13, $A$2:$A$13, $A$17, $B$2:$B$13, $B16)}

② {=SUM(($A$2:$A$13=A17) * ($B$2:$B$13=B16) * $E$2:$E$13)}

③ {=SUM(($A$2:$A$13=$A17) * ($B$2:$B$13=B$16) * $E$2:$E$13)}

④ {=SUM(($A$2:$A$13=A17) * ($B$2:$B$13=$B16) * $E$2:$E$13)}

해당 문제는 배열 수식을 사용하여 부서명과 직위 조건을 만족하는 종합점수의 합계를 계산하는 문제이다.
경우1 : {=SUM((조건)*(조건)*계산범위)}
경우2 : {=SUM(IF((조건)*(조건), 계산범위))}
이 문제는 결과 셀이 여럿이기 때문에 범위 지정 시 참조에 유의해야 한다. 부서명은 열을, 직위는 행을 고정해서 수식을 작성해야 한다.
따라서 모든 사항을 적용하여 작성 가능한 수식은 아래와 같다.
결과1 : {=SUM(($A$2:$A$13=$A17) * ($B$2:$B$13=B$16) * $E$2:$E$13)}
결과2 : {=SUM(IF(($A$2:$A$13=$A17) * ($B$2:$B$13=B$16), $E$2:$E$13))}

36 다음 중 셀에 수식을 입력하는 방법에 대한 설명으로 옳지 않은 것은?

① 통합 문서의 여러 워크시트에 있는 동일한 셀 범위 데이터를 이용하려면 수식에서 3차원 참조를 사용한다.

② 계산할 셀 범위를 선택하여 수식을 입력한 후 <Ctrl> + <Enter> 키를 누르면 선택한 영역에 수식을 한 번에 채울 수 있다.

③ 수식을 입력한 후 결과값이 상수로 입력되게 하려면 수식을 입력한 후 바로 <Alt> + <F9> 키를 누른다.

④ 배열 상수에는 숫자나 텍스트 외에 'TRUE', 'FALSE' 등의 논리값 또는 '#N/A'와 같은 오류값도 포함될 수 있다.

수식을 입력한 후 결과값이 상수로 입력되게 하려면 수식을 입력한 후 바로 <F9> 키를 눌러야 한다.

37 다음 중 아래 그림 [보기]탭 [창]그룹의 각 명령에 대한 설명으로 옳지 않은 것은?

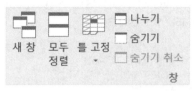

① [새 창]을 클릭하면 새로운 빈 통합문서가 표시된다.

② [모두 정렬]은 현재 열려 있는 통합문서를 바둑판 식, 계단식, 가로, 세로 등 4가지 형태로 배열한다.

③ [숨기기]는 현재 활성화된 통합문서 창을 보이지 않도록 숨긴다.

④ [나누기]를 클릭하면 워크시트를 최대 4개의 창으로 분할하여 멀리 떨어져 있는 여러 부분을 한 번에 볼 수 있다.

[새 창]을 클릭하면 새로운 빈 통합문서가 아닌 현재 작업하고 있는 통합문서를 새 창에 하나 더 열어 표시한다.

38 다음 중 엑셀의 상태 표시줄에 대한 설명으로 옳지 않은 것은?

① 상태 표시줄에서 워크시트의 보기 상태를 기본 보기, 페이지 레이아웃 보기, 페이지 나누기 미리 보기 중 선택하여 변경할 수 있다.

② 상태 표시줄에는 확대/축소 슬라이더가 기본적으로 표시된다.

③ 상태 표시줄의 바로 가기 메뉴를 이용하여 셀의 특정 범위에 대한 이름을 정의할 수 있다.

④ 상태 표시줄은 현재의 작업 상태에 대한 기본적인 정보가 표시되는 곳이다.

상태 표시줄에서는 워크시트의 보기 상태를 변경하거나, 확대/축소 슬라이드를 이용하여 화면을 조정할 수 있고, 작업 상태의 기본 정보를 확인할 수 있다.

하지만 바로 가기 메뉴를 이용하여 이름을 정의할 수는 없다.

39 다음 중 차트의 편집에 대한 설명으로 옳지 않은 것은?

① 차트와 연결된 워크시트의 데이터에 열을 추가하면 차트에 자동적으로 반영되지 않는다.

② 차트 크기를 조정하면 새로운 크기에 가장 적합하도록 차트 내의 텍스트의 크기 등이 자동적으로 조정된다.

③ 차트에 적용된 원본 데이터의 행이나 열을 숨겨도 차트에는 반영되지 않는다.

④ 데이터 계열의 순서가 변경되면 범례의 순서도 자동으로 변경된다.

차트에 적용된 원본 데이터의 행이나 열을 숨기면 차트에도 반영되어 표시되지 않는다.

만약 숨겨진 데이터를 차트에 표시하고자 한다면 [데이터 선택] 대화 상자 하단의 [숨겨진 셀/빈 셀]을 클릭하여 '숨겨진 행 및 열에 데이터 표시'를 선택하면 된다.

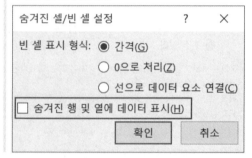

40 다음 중 엑셀의 인쇄 기능에 대한 설명으로 옳지 않은 것은?

① 차트만 제외하고 인쇄하기 위해서는 [차트 영역 서식] 대화상자에서 '개체 인쇄'의 체크를 해제한다.

② 시트에 표시된 오류 값을 제외하고 인쇄하기 위해서는 [페이지 설정] 대화 상자에서 '셀 오류 표시'를 <공백>으로 선택한다.

③ 인쇄 내용을 페이지의 가운데에 맞춰 인쇄하려면 [페이지 설정] 대화 상자에서 '문서에 맞게 배율 조정'을 체크한다.

④ 인쇄되는 모든 페이지에 특정 행을 반복하려면 [페이지설정] 대화 상자에서 '인쇄 제목'의 '반복 할 행'에 열 레이블이 포함된 행의 참조를 입력한다.

인쇄 내용을 페이지의 가운데에 맞춰 인쇄하려면 [페이지 설정] 대화 상자의 [여백]탭에서 '페이지 가운데 맞춤'을 설정해야 한다.

3과목 데이터베이스 일반

41 다음 중 관계형 데이터베이스 모델에 대한 설명으로 옳지 않은 것은?

① 도메인(Domain)은 하나의 애트리뷰트(Attribute)가 취할 수 있는 같은 타입의 원자값들의 집합이다.

② 한 릴레이션(Relation)에 포함된 튜플(Tuple)들은 모두 상이하며, 튜플(Tuple) 사이에는 순서가 있다.

③ 튜플(Tuple)의 수를 카디널리티(Cardinality), 애트리뷰트(Attribute)의 수를 디그리(Degree)라고 한다.

④ 애트리뷰트(Attribute)는 데이터베이스를 구성하는 가장 작은 논리적 단위이며, 파일 구조상의 데이터 필드에 해당된다.

한 릴레이션(Relation)에 포함된 튜플(Tuple)들 사이에서 순서는 중요하지 않다. 애트리뷰트(Attribute) 역시 순서가 중요하지 않다.

42 다음 중 입력 마스크 설정에 사용하는 사용자 정의 입력 마스크 기호에 대한 설명으로 옳은 것은?

① 9: 소문자로 변환

② >: 숫자나 공백을 입력받도록 설정

③ <: 영문 대문자로 변환하여 입력받도록 설정

④ L: 영문자와 한글만 입력받도록 설정

0: 숫자만 필수 입력, 공백 및 기호 사용 불가능
9: 숫자만 선택 입력, 공백 가능, 기호 사용 불가능
>: 영문 대문자 변환
<: 영문 소문자 변환
L: 영문자와 한글만 필수 입력
?: 영문자와 한글만 선택 입력

43 다음 중 데이터를 입력 또는 삭제 시 이상(anomaly) 현상이 일어나지 않도록 데이터베이스를 설계하기 위한 기술을 의미하는 용어는?

① 자동화
② 정규화
③ 순서화
④ 추상화

정규화의 목적
- 효과적인 검색 알고리즘 생성
- 데이터베이스에 중복 데이터 발생 방지
- 삽입, 삭제, 갱신 이상(anomaly) 발생 방지
- 데이터 삽입 시 테이블 재구성 필요 낮춤

44 다음 중 [관계 편집] 대화 상자에 대한 설명으로 옳지 않은 것은?

① 관계를 구성하는 어느 한쪽의 테이블 또는 필드 및 쿼리를 변경할 수 있다.

② 조인 유형을 내부 조인, 왼쪽 우선 외부 조인, 오른쪽 우선 외부 조인 중에서 선택할 수 있다.

③ '항상 참조 무결성 유지'를 선택한 경우 '관련 필드 모두 업데이트'와 '관련 레코드 모두 삭제' 옵션을 선택할 수 있다.

④ 관계의 종류를 일대다, 다대다, 일대일 중에서 선택할 수 있다.

[관계 편집] 대화 상자에서 관계 종류를 확인할 수는 있지만 이를 선택할 수는 없다.

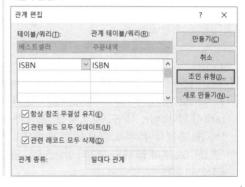

45 다음 중 테이블의 필드 속성 설정 시 사용하는 인덱스에 관한 설명으로 옳지 않은 것은?

① 인덱스를 설정하면 레코드의 검색과 정렬 속도가 빨라진다.
② 인덱스를 설정하면 레코드의 추가, 수정, 삭제 속도는 느려진다.
③ 데이터 형식이 OLE 개체인 필드에는 인덱스를 설정할 수 없다.
④ 인덱스는 한 개의 필드에만 설정 가능하므로 주로 기본 키에 설정한다.

인덱스를 설정하면 레코드의 검색과 정렬 속도는 빨라지지만 데이터를 추가하거나 변경하는 경우에는 속도가 느려진다. 인덱스는 한 개 이상의 필드에 설정할 수 있다.

46 다음 중 테이블의 [디자인 보기]에서 설정 가능한 작업에 해당하지 않는 것은?

① 폼 필터를 적용하여 조건에 맞는 레코드만 표시할 수 있다.
② 필드의 '설명'에 입력한 내용은 테이블 구조에 영향을 미치지 않고, 상태 표시줄에 표시된다.
③ 컨트롤 표시 속성은 텍스트 상자, 목록 상자, 콤보 상자 중 선택할 수 있다.
④ 한 개 이상의 필드를 선택하여 기본 키로 설정할 수 있다.

폼 필터를 적용하려면 테이블이 아닌 폼의 [디자인 보기]를 사용해야 한다.

47 아래와 같이 관계가 설정된 데이터베이스에 [Customer] 테이블에는 고객번호가 1004인 레코드만 있고, [Artist] 테이블에는 작가이름이 CAT인 레코드만 있다. 다음 중 이 데이터베이스에서 실행 가능한 SQL 문은? (단, SQL문에 입력되는 데이터 형식은 모두 올바르다고 간주함)

① INSERT INTO Artist VALUES ('ACE', '한국', Null, Null);
② INSERT INTO CINTA (고객번호, 작가이름) VALUES (1004, 'ACE');
③ INSERT INTO Customer (고객번호, 고객이름) VALUES (1004, 'ACE');
④ INSERT INTO CINTA VALUES (1234, 'CAT', '유화');

[Artist] 테이블과 [Customer] 테이블의 값은 중복 값을 가질 수 없고, 기본키로 지정된 필드는 Null값을 가질 수 없다. 또한 관계 설정으로 연결된 필드는 동일한 유형이어야 하며, 기본키 필드끼리 연결된 경우 양쪽 레코드는 누락되는 값이 없어야 한다.

②번의 경우 [Artist] 테이블의 '작가이름' 필드에 존재하지 않는 'ACE'를 입력할 수 없다.
③번의 경우 [Customer] 테이블의 '고객번호' 필드에 이미 '1004'가 존재하므로 동일한 값을 중복 입력할 수 없다.
④번의 경우 [Customer] 테이블의 '고객번호' 필드에 존재하지 않는 '1234'를 입력할 수 없다.

48 다음 중 주어진 [학생] 테이블을 참조하여 아래의 SQL 문을 실행한 결과로 옳은 것은?

SELECT AVG(나이) FROM 학생
WHERE 전공 NOT IN ('수학', '회계');

[학생] 테이블

학번	전공	학년	나이
100	국사	4	21
150	회계	2	19
200	수학	3	30
250	국사	3	31
300	회계	4	25
350	수학	2	19
400	국사	1	23

① 25
② 23
③ 21
④ 19

학생 테이블에서 전공이 수학 또는 회계가 아닌 학생들의 나이 평균을 계산하는 문제이다.
즉, 전공이 국사인 학생의 나이 평균을 계산하여 표시는 것이므로 (21+31+23)/3의 결과인 25가 된다.

49 아래와 같이 조회할 고객의 최소 나이를 입력받아 검색하는 매개 변수 쿼리를 작성하려고 한다. 다음 중 'Age' 필드의 조건식으로 옳은 것은?

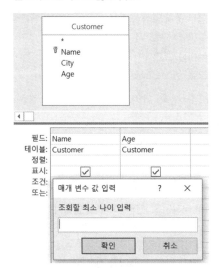

① >={조회할 최소 나이 입력}
② >="조회할 최소 나이 입력"
③ >=[조회할 최소 나이 입력]
④ >=(조회할 최소 나이 입력)

매개 변수 쿼리에서 필드에 조건을 지정하는 경우 해당 조건을 대괄호([ ])로 묶어서 입력해야 한다.

50 다음 중 아래의 이벤트 프로시저에 대한 설명으로 옳지 않은 것은?

```
Private Sub cmd재고_Click( )
    txt재고수량 = txt입고량 − txt총주문량
    DoCmd.OpenReport "제품별재고현황", _
    acViewDesign, ,"제품번호 = '" & cmb조회 &
    "'"
End Sub
```

① 'cmd재고' 컨트롤을 클릭했을 때 실행된다.
② 'txt재고수량' 컨트롤에는 'txt입고량' 컨트롤에 표시되는 값에서 'txt총주문량' 컨트롤에 표시되는 값을 차감한 값으로 표시된다.
③ '제품별재고현황' 보고서가 즉시 프린터로 출력된다.
④ '제품별재고현황' 보고서가 출력될 때 '제품번호' 필드 값이 'cmb조회' 컨트롤 값과 일치하는 데이터만 표시된다.

❶ Private Sub cmd재고_Click( )
❷ txt재고수량 = txt입고량 - txt총주문량
❸ DoCmd.OpenReport "제품별재고현황", _
acViewDesign, ,"제품번호='" & cmb조회 & "'"
❹ End Sub

----

❶ 'cmd재고'를 클릭했을 때 이벤트 실행
❷ 'txt재고수량' 컨트롤에는 'txt입고량'과 'txt총주문량'의 차이값이 표시
❸ 제품번호가 'cmb조회'에서 선택된 값과 일치하는 레코드만을 표시하는 "제품별재고현황" 보고서를 [디자인 보기] 상태로 열기
❹ 이벤트 종료

51 다음 중 주어진 [Customer] 테이블을 참조하여 아래의 SQL문을 실행한 결과로 옳은 것은?

```
SELECT Count(*)
FROM (SELECT Distinct City From Customer);
```

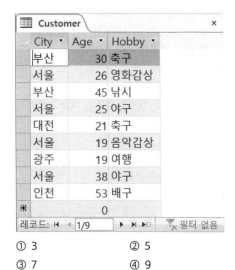

① 3   ② 5
③ 7   ④ 9

❶ SELECT Count(*)
❷ FROM (SELECT Distinct City From Customer);

----

❶ 선택된 모든 레코드에 개수를 구함
❷ [Customer] 테이블로부터 'City' 필드를 가져옴.
단, SELECT문에 'Distinct'를 입력하면 중복되는 레코드는 검색 시 한 번만 표시된다.
따라서 중복 값을 제외한 'City' 필드의 레코드 개수는 5이다.

52 다음 중 보고서에서 '텍스트 상자' 컨트롤의 속성 설정에 대한 설명으로 옳지 않은 것은?

① '상태 표시줄 텍스트' 속성은 컨트롤을 선택했을 때 상태 표시줄에 표시할 메시지를 설정한다.

② '컨트롤 원본' 속성에서 함수나 수식 사용 시 문자는 작은따옴표("), 필드명이나 컨트롤 이름은 큰따옴표("")를 사용하여 구분한다.

③ '사용 가능' 속성은 컨트롤에 포커스를 이동시킬 수 있는지의 여부를 설정한다.

④ '중복 내용 숨기기' 속성은 데이터가 이전 레코드와 같을 때 컨트롤의 숨김 여부를 설정한다.

텍스트 상자 컨트롤의 '컨트롤 원본' 속성에서 함수나 수식을 사용하는 경우 문자는 큰따옴표(""), 필드명은 대괄호([ ])를 사용하여 구분한다.

53 다음 중 보고서에서 [페이지 번호] 대화 상자를 이용한 페이지 번호 설정에 대한 설명으로 옳지 않은 것은?

① 첫 페이지에만 페이지 번호가 표시되거나 표시되지 않도록 설정할 수 있다.

② 페이지 번호의 표시 위치를 '페이지 위쪽', '페이지 아래쪽', '페이지 양쪽' 중 선택할 수 있다.

③ 페이지 번호의 형식을 'N 페이지'와 'N/M 페이지' 중 선택할 수 있다.

④ [페이지 번호] 대화 상자를 열 때마다 페이지 번호 표시를 위한 수식이 입력된 텍스트 상자가 자동으로 삽입된다.

페이지 번호의 표시 위치는 '페이지 위쪽[머리글]'과 '페이지 아래쪽[바닥글]' 중에 선택할 수 있다.

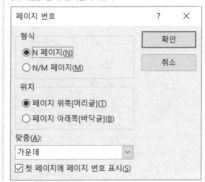

54 다음 중 서류봉투에 초대장을 넣어 발송하려는 경우 우편물에 사용할 수신자의 주소를 프린트하기에 가장 적합한 보고서는?

① 업무 문서 양식 보고서

② 우편엽서 보고서

③ 레이블 보고서

④ 크로스탭 보고서

우편물의 주소와 같이 다량의 레코드를 출력해야 하는 경우 레이블 보고서를 사용한다.
우편엽서 보고서는 주소를 출력하는 용도가 아니라 말 그대로 '우편엽서'를 출력할 때 사용한다.

55 다음 중 폼 작성에 대한 설명으로 옳지 않은 것은?

① [폼 디자인 도구]의 [디자인] 탭에서 [컨트롤 마법사 사용] 여부를 선택할 수 있다.

② [레이블] 컨트롤은 마법사를 이용한 만들기가 제공되지 않으며, 레이블 컨트롤을 추가한 후 내용을 입력하지 않으면 추가된 레이블 컨트롤이 자동으로 사라진다.

③ [텍스트 상자] 컨트롤을 지칭하는 이름은 중복 설정이 가능하다.

④ [단추] 컨트롤은 명령 단추 마법사를 이용하여 다양한 매크로 함수를 제공한다.

폼 또는 보고서 작성 시 컨트롤의 이름을 중복하여 적용할 수 없다.

56 다음 중 폼의 모달 속성에 관한 설명으로 옳지 않은 것은?

① 폼이 열려 있는 경우 다른 화면을 선택할 수 있다.

② VBA 코드를 이용하여 대화 상자의 모달 속성을 지정할 수 있다.

③ 폼이 모달 대화 상자이면 디자인 보기로 전환 후 데이터시트 보기로 전환이 가능하다.

④ 사용자 지정 대화 상자의 작성이 가능하다.

모달 속성이 적용되면 현재 작업 중인 폼을 종료하기 전에는 다른 작업을 진행할 수 없다.

57 다음 중 보고서에 대한 설명으로 옳지 않은 것은?

① 보고서에 포함할 필드가 모두 한 테이블에 있는 경우 해당 테이블을 레코드 원본으로 사용한다.

② 둘 이상의 테이블을 이용하여 보고서를 작성하는 경우 쿼리를 만들어 레코드 원본으로 사용한다.

③ '보고서' 도구를 사용하면 정보를 입력하지 않아도 바로 보고서가 생성되므로 매우 쉽고 빠르게 보고서를 만들 수 있다.

④ '보고서 마법사'를 이용하는 경우 필드 선택은 여러 개의 테이블 또는 하나의 쿼리에서만 가능하며, 데이터 그룹화 및 정렬 방법을 지정할 수도 있다.

보고서 작성 시 '보고서 디자인' 도구를 사용하는 경우뿐만 아니라 '보고서 마법사'를 사용하는 경우에도 레코드 원본으로 여러 테이블 또는 여러 쿼리를 조합하여 사용할 수 있다. 레코드 원본이 지정되면 보고서의 그룹화 및 정렬 방법을 지정할 수 있다.

58 다음 중 분할 표시 폼에 대한 설명으로 옳지 않은 것은?

① 분할 표시 폼은 [만들기] 탭의 [폼] 그룹에서 [기타 폼] - [폼 분할]을 클릭하여 만들 수 있다.

② 분할 표시 폼은 데이터시트 보기와 폼 보기를 동시에 표시하기 기능이며, 이 두 보기는 같은 데이터 원본에 연결되어 있어 항상 상호 동기화된다.

③ 분할 표시 폼을 만든 후에는 컨트롤의 크기 조정은 할 수 없으나, 새로운 필드의 추가는 가능하다.

④ 폼 속성 창의 '분할 표시 폼 방향' 항목을 이용하여 폼의 위쪽, 아래쪽, 왼쪽, 오른쪽 등 데이터시트가 표시되는 위치를 설정할 수 있다.

분할 표시 폼은 데이터시트 보기와 폼 보기를 동시에 표시하기 위한 기능이며, 이 두 보기는 같은 데이터 원본에 연결되어 있어 항상 상호 동기화된다.
분할 표시 폼에서 컨트롤의 크기를 조정하거나 이동할 수 있고, 새로운 필드를 추가할 수도 있다.

59 다음 중 매크로 함수에 대한 설명으로 옳지 않은 것은?

① FindRecord 함수는 필드, 컨트롤, 속성 등의 값을 설정한다.

② ApplyFilter 함수는 테이블이나 쿼리로부터 레코드를 필터링한다.

③ OpenReport 함수는 작성된 보고서를 호출하여 실행한다.

④ MessageBox 함수는 메시지 상자를 통해 경고나 알림 등의 정보를 표시한다.

FindRecord 함수는 지정된 조건을 만족하는 첫 번째 레코드를 검색하여 표시하는 함수이다.

60 다음 중 하위 폼에 대한 설명으로 옳지 않은 것은?

① 기본 폼과 하위 폼을 연결할 필드의 데이터 형식은 같거나 호환되어야 한다.

② 본 폼 내에 삽입된 다른 폼을 하위 폼이라 한다.

③ 일대다 관계가 설정되어 있는 테이블들을 효과적으로 표시하기 위해 사용된다.

④ '폼 분할' 도구를 이용하여 폼을 생성하면 하위 폼 컨트롤이 자동으로 삽입된다.

하위 폼은 [폼 디자인 도구] 메뉴의 [디자인]-[컨트롤] 영역에서 [하위 폼/하위 보고서]를 클릭하거나, '탐색'창에서 개체를 기본 폼으로 드래그해서 추가한다.

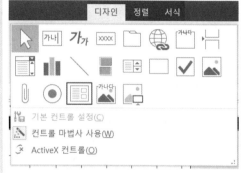

폼 분할 도구는 '분할 표시 폼'을 만드는 도구이며 하위 폼 컨트롤이 자동으로 삽입되지 않는다.

01	02	03	04	05	06	07	08	09	10
④	④	①	③	④	③	③	③	②	④
11	12	13	14	15	16	17	18	19	20
④	②	②	④	④	②	④	③	①	③
21	22	23	24	25	26	27	28	29	30
①	③	③	①	④	①	①	④	①	③
31	32	33	34	35	36	37	38	39	40
②	①	③	③	③	④	③	③	③	③
41	42	43	44	45	46	47	48	49	50
②	④	④	④	④	①	①	①	③	③
51	52	53	54	55	56	57	58	59	60
②	④	③	③	③	④	④	③	①	④

비밀키 암호화 기법의 특징
- 동일키로 암호화 및 복호화한다.
- 암호화와 복호화 속도가 빠르다.
- 알고리즘이 단순하고 파일의 크기가 작다.
- 사용자가 증가할수록 관리해야 하는 키가 상대적으로 많아진다.

01 다음 중 사운드의 압축 및 복원과 관련된 기술에 해당하지 않는 것은?

① FLAC　　② AIFF　　③ H.264　　④ WAV

그래픽 데이터: BMP, JPEG(JPG), GIF, PNG, TIFF...
오디오 데이터: WAVE, MIDI, MP3, AIFF, FLAC...
비디오 데이터: MPEG, DVI, AVI, MOV, H.264...

H.264 : 고화질 비디오의 녹화, 압축, 배포를 위한 고효율 비디오 코덱

02 다음 중 컴퓨터 게임이나 컴퓨터 기반 훈련과 같이 사용자와의 상호작용을 통해 진행 상황을 제어하는 멀티미디어의 특징을 나타내는 용어는?

① 선형 콘텐츠　　② 비선형 콘텐츠
③ VR 콘텐츠　　④ 4D 콘텐츠

멀티미디어의 특징
- 디지털화: 컴퓨터로 처리하기 위해 디지털 방식으로 변환한다.
- 쌍방향성: 일방적으로 데이터가 전달되는 것이 아니라 상호 대화하듯 작업을 처리한다.
- 비선형성: 일정한 방향을 띠지 않고 사용자와의 상호작용을 통해 작업을 처리한다.
- 통합성: 텍스트, 그래픽, 사운드, 동영상, 애니메이션 등의 여러 미디어를 통합하여 처리한다.

03 다음 중 정보 보안을 위한 비밀키 암호화 기법에 대한 설명으로 옳지 않은 것은?

① 비밀키 암호화 기법의 안전성은 키의 길이 및 키의 비밀성 유지 여부에 영향을 많이 받는다.
② 암호화와 복호화 시 사용하는 키가 동일한 암호화 기법이다.
③ 복잡한 알고리즘으로 인해 암호화와 복호화 속도가 느리다.
④ 사용자가 증가할 경우 상대적으로 관리해야 할 키의 수가 많아진다.

04 다음 중 분산 서비스 거부 공격(DDos)에 관한 설명으로 옳은 것은?

① 네트워크 주변을 돌아다니는 패킷을 엿보면서 계정과 패스워드를 알아내는 행위
② 검증된 사람이 네트워크를 통해 데이터를 보낸 것처럼 데이터를 변조하여 접속을 시도하는 행위
③ 여러 대의 장비를 이용하여 특정 서버에 대량의 데이터를 집중적으로 전송함으로써 서버의 정상적인 동작을 방해하는 행위
④ 키보드의 키 입력시 캐치 프로그램을 사용하여 ID나 암호 정보를 빼내는 행위

분산 서비스 거부 공격(DDos)는 여러 대의 장비를 이용하여 특정 서버에 대량의 데이터를 집중적으로 전송함으로써 서버의 정상적인 동작을 방해하는 행위를 말한다.
①번은 스니핑(Sniffing), ②번은 스푸핑(Spoofing), ④번은 키로거(Key Logger)에 대한 설명이다.

05 다음 중 VoIP에 대한 설명으로 옳지 않은 것은?

① 인터넷 IP 기술을 사용한 디지털 음성 전송 기술이다.
② 원거리 통화 시 PSTN(public switched telephone network)보다는 요금이 높지만 일정 수준의 통화 품질이 보장된다.
③ 기존 회선교환 방식과 달리 네트워크를 통해 음성을 패킷 형태로 전송한다.
④ 보컬텍(VocalTec)사의 인터넷폰으로 처음 소개되었으며, PC to PC, PC to Phone, Phone to Phone 방식으로 발전하였다.

VoIP는 음성 데이터를 인터넷 프로토콜 데이터 패킷으로 변환하여 인터넷을 통해 음성 통화가 가능하도록 하는 디지털 음성 전송 기술이다.

통화 시 기존 전화망인 PSTN(public switched telephone network)와 유사한 수준으로 원거리 통화를 사용할 수 있기 때문에 요금은 저렴한 편이지만, 트래픽이 몰릴 경우 통화 품질은 떨어질 수 있다.

않거나 인터넷 연결 속도가 느려지는 경우 어느 구간에서 문제가 발생했는지 확인할 수 있다.
④번은 'Netstat' 명령어에 관한 설명이다.

06 다음 중 대량의 데이터 안에서 일정한 패턴을 찾아내고, 이로부터 가치 있는 정보를 추출해내는 기술을 의미하는 것은?

① 데이터 웨어하우스(Data Warehouse)
② 데이터 마이닝(Data Mining)
③ 데이터 마이그레이션(Data Migration)
④ 메타데이터(Metadata)

① 데이터 웨어하우스(Data Warehouse): 다양한 데이터를 추출, 변환, 통합하여 축적한 데이터베이스
③ 데이터 마이그레이션(Data Migration): 데이터의 저장 공간을 이전하거나 저장 형태를 조정하는 것
④ 메타데이터(Metadata): 데이터에 관한 구조화된 데이터로, 다른 데이터를 설명하기 위한 데이터

07 다음 중 네트워크 프로토콜(Protocol)의 기능에 해당하지 않는 것은?

① 패킷 수를 조정하는 흐름 제어 기능
② 송/수신기를 같은 상태로 유지하는 동기화 기능
③ 데이터 전송 도중에 발생하는 에러 검출 기능
④ 네트워크 기반 하드웨어 연결문제 해결 기능

프로토콜(Protocol)은 네트워크에서 컴퓨터 사이의 정보 교환이 가능하도록 해주는 통신 규약으로 ① 흐름 제어 ② 동기화 ③ 에러 제어(검출) 기능이 있다.

08 다음 중 인터넷 서버까지의 경로를 추적하는 명령어인 'Tracert'의 실행 결과에 관한 설명으로 옳지 않은 것은?

① IP 주소, 목적지까지 거치는 경로의 수, 각 구간 사이의 데이터 왕복 속도를 확인할 수 있다.
② 특정 사이트가 열리지 않을 때 해당 서버가 문제인지 인터넷 망이 문제인지 확인할 수 있다.
③ 인터넷 속도가 느릴 때 어느 구간에서 정체를 일으키는지 확인할 수 있다.
④ 현재 자신의 컴퓨터에 연결된 다른 컴퓨터의 IP 주소나 포트 정보를 확인할 수 있다.

Tracert는 지정된 목적지에 도달할 때까지 거치는 경로의 정보와 각 경로에서의 지연 시간을 추적하는 명령으로 특정 사이트가 열리지

09 다음 중 IPv6 주소에 관한 설명으로 옳지 않은 것은?

① 16비트씩 8부분으로 총 128비트로 구성된다.
② 각 부분은 10진수로 표현되며, 세미콜론(;)으로 구분한다.
③ 주소 체계는 유니캐스트, 멀티캐스트, 애니캐스트로 나누어진다.
④ 실시간 흐름 제어로 향상된 멀티미디어 기능을 지원한다.

IPv6 주소는 각 부분을 16진수로 표현하며, 세미콜론(;)이 아닌 콜론(:)으로 구분한다.

10 다음 중 객체지향 프로그래밍 특징으로 옳은 것은?

① 객체에 대하여 절차적 프로그래밍의 장점을 사용할 수 있다.
② 객체지향 프로그램은 주로 인터프리터 번역 방식을 사용한다.
③ 객체지향 프로그램은 코드의 재사용과 유지보수가 용이하다.
④ 프로그램의 구조와 절차에 중점을 두고 작업을 진행한다.

객체지향 프로그래밍의 특징
- 객체를 중심으로 작업을 진행한다.
- 코드의 재사용 및 확장이 용이하다.
- 프로그램 개발이 빠르고 유지보수가 쉽다.
- 상속성, 캡슐화, 추상화, 다형성 등

11 다음 중 ASCII 코드에 대한 설명으로 옳지 않은 것은?

① 3개의 Zone 비트와 4개의 Digit 비트로 하나의 문자를 표현한다.
② 데이터 통신용으로 사용하며, 128가지 문자를 표현할 수 있다.
③ 2비트의 에러 검출 및 1비트의 에러 교정 비트를 포함한다.
④ 확장 ASCII 코드는 8비트를 사용하여 문자를 표현한다.

ASCII 코드는 데이터 통신용으로 사용하며, 3개의 Zone 비트와 4개

의 Digit 비트로 하나의 문자를 표현한다. $2^7 = 128$가지의 문자 표현이 가능하고 확장 ASCII 코드는 8비트를 사용하므로 $2^8 = 256$가지의 문자 표현이 가능하다.
③번은 에러 검출 코드 중 해밍코드(Hamming Code)에 관한 내용이다.

12 다음 중 하나의 컴퓨터에 여러 개의 중앙처리장치를 설치하여 주기억장치나 주변장치들을 공유하여 신뢰성과 연산능력을 향상시키는 시스템은?

① 시분할 처리 시스템(Time Sharing System)
② 다중 프로그래밍 시스템(Multi-Programming System)
③ 듀플렉스 시스템(Duplex System)
④ 다중 처리 시스템(Multi-Processing System)

① 시분할 처리 시스템(Time Sharing System): 하나의 시스템을 여러 사용자가 동시에 사용하는 방식
② 다중 프로그래밍 시스템(Multi-Programming System): 하나의 CPU로 여러 개의 프로그램을 동시에 처리하는 방식
③ 듀플렉스 시스템(Duplex System): 두 개의 시스템을 설치하여 한쪽이 가동되면 다른 한쪽은 대기시켜 문제 발생 시 사용되도록 하는 방식

13 다음 중 CPU의 제어장치를 구성하는 레지스터에 관한 설명으로 옳지 않은 것은?

① 프로그램 카운터: 프로그램의 실행된 명령어의 개수를 계산한다.
② 명령 레지스터: 현재 실행 중인 명령을 기억한다.
③ 부호기: 해독된 명령에 따라 각 장치로 보낼 제어 신호를 생성한다.
④ 메모리 주소 레지스터: 기억장치에 입출력되는 데이터의 번지를 기억한다.

프로그램 카운터(PC)는 다음번에 실행할 명령어의 번지를 기억하는 레지스터이다.

14 다음 중 프린터에서 출력할 파일의 해상도를 조절하거나 스캐너를 이용해 스캔한 파일의 해상도를 조절하기 위해 쓰는 단위는?

① CPS(Character Per Second)
② BPS(Bits Per Second)
③ PPM(Paper Per Minute)
④ DPI(Dots Per Inch)

해상도는 화면의 선명도와 관련되어 있기 때문에 너비와 관련된 단

위를 선택하면 된다.
Second는 초, Minute는 분을 의미하므로 속도와 관련된 단위이다.
① CPS는 초당 인쇄되는 문자 수, ② BPS는 초당 전송되는 비트, ③ PPM는 분당 인쇄되는 페이지 수를 의미한다.

15 다음 중 BIOS(Basic Input Output System)에 관한 설명으로 옳지 않은 것은?

① BIOS는 메인보드 상에 위치한 EPROM, 혹은 플래시 메모리 칩에 저장되어 있다.
② 컴퓨터의 전원을 켜면 자동으로 가장 먼저 기동되며, 기본 입출력 장치나 메모리 등 하드웨어의 이상 유무를 검사한다.
③ CMOS 셋업 프로그램을 이용하여 시스템의 날짜와 시간, 부팅 순서 등 일부 BIOS 정보를 설정할 수 있다.
④ 주기억장치의 접근 속도 개선을 위한 가상 메모리의 페이징 파일 크기를 설정할 수 있다.

바이오스(BIOS)는 컴퓨터의 기본 입·출력 장치나 메모리 등 하드웨어 작동에 필요한 명령을 모아놓은 프로그램으로 ROM에 저장되어 있어 ROM-BIOS라고도 부른다. 컴퓨터의 전원이 켜지면 POST를 통해 컴퓨터를 점검한 후 사용 가능한 장치들을 초기화한다.
가상 메모리의 페이징 파일 크기를 설정할 수 있는 것은 바이오스가 아닌 제어판의 [시스템] 메뉴이다.

16 다음 중 반도체를 이용한 컴퓨터 보조 기억 장치로 크기가 작고 충격에 강하며, 소음 발생이 없는 대용량 저장 장치는?

① HDD(Hard Disk Drive)
② DVD(Digital Versatile Disk)
③ SSD(Solid State Drive)
④ CD-RW(Compact Disc Rewritable)

SSD(Solid State Drive)는 HDD(Hard Disk Drive)와 비슷하게 동작하지만 자기 디스크가 아닌 반도체를 이용하여 저장하는 보조기억 장치이다.
고속으로 데이터를 기록할 수 있고, 발열과 소음, 전력 소모가 적어 소형화, 경량화가 가능하다.

17 다음 중 한글 Windows의 [시스템 구성]에 대한 설명으로 옳지 않은 것은?

① Windows가 제대로 시작되지 않는 문제를 식별하도록 도와주는 고급 도구이다.

② 시작 모드 선택에서 '선택 모드'는 기본 장치 및 서비스로만 Windows를 시작하여 발생된 문제를 진단하는데 유용하다.

③ 한 번에 하나씩 공용 서비스 및 시작 프로그램을 끈 상태에서 Windows를 재시작한 후 다시 켤 때 문제가 발생하면 해당 서비스가 문제의 원인임을 알 수 있다.

④ 부팅 옵션 중 '안전 부팅'의 '최소 설치'를 선택하면 중요한 시스템 서비스만 실행되는 안전 모드로 Windows를 시작하며, 네트워킹은 사용할 수 없다.

윈도우의 시작 모드는 '정상 모드', '진단 모드', '선택 모드'가 있는데 ②번은 '진단 모드'에 관한 내용이다.

18 다음 중 한글 Windows의 [폴더 옵션] 창에서 설정할 수 있는 작업으로 옳지 않은 것은?

① 탐색 창, 미리 보기 창, 세부 정보 창의 표시 여부를 선택할 수 있다.

② 숨김 파일이나 폴더의 표시 여부를 지정할 수 있다.

③ 폴더에서 시스템 파일을 검색할 때 색인의 사용 여부를 선택할 수 있다.

④ 알려진 파일 형식의 파일 확장명을 숨기도록 설정할 수 있다.

[폴더 옵션]에서는 파일이나 폴더의 보기형식을 변경하거나, 숨김 파일이나 폴더 그리고 파일 확장자의 표시 여부를 설정할 수 있다. 탐색 창, 미리 보기 창, 세부 정보 창의 표시 여부는 [폴더 옵션]이 아닌 파일 탐색기의 [보기] 탭의 [창] 그룹에서 설정할 수 있다.

19 다음 중 한글 Windows의 백업과 복원에 관한 설명으로 옳지 않은 것은?

① 특정 주기로 백업이 되도록 설정할 수 있다.

② 백업에서 사용되는 파일의 확장자는 '*.bkf'이다.

③ 백업된 파일을 복원할 때 복원 위치를 설정할 수 있다.

④ 직접 선택한 폴더에 있는 알려진 시스템 폴더나 파일도 백업할 수 있다.

- 특정 주기로 백업 주기를 설정할 수 있다.
- 사용자가 백업할 폴더를 추가/삭제할 수 있다.
- 백업 파일을 복원할 경우 복원될 위치를 지정할 수 있다.
- 복원 시 백업 파일이 여럿인 경우 원하는 파일을 선택하여 복원할 수 있다.
- 알려진 시스템 폴더나 파일은 선택된 폴더에 존재하더라도 백업되지 않는다.

20 다음 중 한글 Windows의 작업 표시줄에 대한 설명으로 옳지 않은 것은?

① 작업 표시줄의 위치나 크기를 변경할 수 있으며, 크기는 화면의 1/2까지만 늘릴 수 있다.

② 작업 표시줄에 있는 단추를 작은 아이콘으로 표시되도록 설정할 수 있다.

③ 작업 표시줄을 자동으로 숨길 것인지의 여부를 선택할 수 있다.

④ 작업 표시줄에 있는 시작 단추, 검색 상자(검색 아이콘), 작업 보기 단추의 표시 여부를 설정할 수 있다.

작업 표시줄의 검색 상자와 작업 보기 단추의 표시 여부는 설정을 변경할 수 있지만, 시작 단추는 숨길 수 없다.

2과목 스프레드시트 일반

21 다음 중 자동 필터와 고급 필터에 대한 설명으로 옳은 것은?

① 자동 필터는 각 열에 입력된 데이터의 종류가 혼합되어 있는 경우 날짜, 숫자, 텍스트 필터가 모두 표시된다.

② 고급 필터는 조건을 수식으로 작성할 수 있으며, 조건의 첫 셀은 반드시 필드명으로 입력해야 한다.

③ 자동 필터에서 여러 필드에 조건을 설정한 경우 필드간은 OR 조건으로 처리되어 결과가 표시된다.

④ 고급 필터는 필터링 한 결과를 원하는 위치에 별도의 표로 생성할 수 있다.

① 자동 필터에서는 각 열에 입력된 데이터의 종류가 혼합되어 있는 경우 가장 많은 종류의 데이터만 표시 된다.
② 고급 필터 조건에 수식을 이용하여 작성한 경우 조건의 첫 셀은 반드시 원본 데이터의 필드명과는 다른 필드명으로 입력해야 한다.
③ 자동 필터에서 여러 필드에 조건을 설정한 경우 필드간은 AND 조건으로 처리된다.

22 다음 중 데이터 정렬에 관한 설명으로 옳지 않은 것은?

① 대/소문자를 구분하여 정렬할 수 있다.

② 표 안에서 다른 열에는 영향을 주지 않고 선택한 한 열 내에서만 정렬하도록 할 수 있다.

③ 정렬 기준으로 '셀 아이콘'을 선택한 경우 기본 정렬 순서는 '위에 표시'이다.

④ 행을 기준으로 정렬하려면 [정렬] 대화상자의 [옵션]에서 정렬 옵션의 방향을 '위쪽에서 아래쪽'으로 선택한다.

데이터 정렬 기능에서 행을 기준으로 정렬하려면 [정렬] 대화 상자의 [옵션]에서 정렬 방향을 '왼쪽에서 오른쪽으로 선택해야 한다.

23 다음 중 시나리오에 대한 설명으로 옳지 않은 것은?

① 시나리오 요약 보고서를 만들 때에는 결과 셀을 반드시 지정해야 하지만, 시나리오 피벗 테이블 보고서를 만들 때에는 결과 셀을 지정하지 않아도 된다.

② 여러 시나리오를 비교하여 하나의 테이블로 요약하는 보고서를 만들 수 있다.

③ 시나리오 요약 보고서를 생성하기 전에 변경 셀과 결과 셀에 이름을 정의하면 셀 참조 주소 대신 정의된 이름이 보고서에 표시된다.

④ 시나리오 요약 보고서는 자동으로 다시 갱신되지 않으므로 변경된 값을 요약 보고서에 표시하려면 새 요약 보고서를 만들어야 한다.

시나리오 '요약 보고서'를 만들 때에는 결과 셀을 지정하지 않아도 되지만 시나리오 '피벗 테이블 보고서'를 만들 때에는 반드시 결과 셀을 지정해야 한다.

24 다음 중 셀 스타일에 대한 설명으로 옳지 않은 것은?

① 셀 스타일은 글꼴과 글꼴 크기, 숫자 서식, 셀 테두리, 셀 음영 등의 정의된 서식의 집합으로 셀 서식

을 일관성 있게 적용하는 경우 편리하다.

② 기본 제공 셀 스타일을 수정하거나 복제하여 사용자 지정 셀 스타일을 직접 만들 수 있다.

③ 사용 중인 셀 스타일을 수정한 경우 해당 셀에는 셀 스타일을 다시 적용해야 수정한 서식이 반영된다.

④ 특정 셀을 다른 사람이 변경할 수 없도록 셀을 잠그는 셀 스타일을 사용할 수도 있다.

사용 중인 셀 스타일을 수정하면 적용된 셀에 자동으로 수정된 셀 서식이 반영되기 때문에 다시 적용할 필요가 없다.

25 다음 중 피벗 테이블과 피벗 차트에 대한 설명으로 옳지 않은 것은?

① 새 워크시트에 피벗 테이블을 생성하면 보고서 필터의 위치는 [A1] 셀, 행 레이블은 [A3] 셀에서 시작한다.

② 피벗 테이블과 연결된 피벗 차트가 있는 경우 피벗 테이블에서 [피벗테이블 도구]의 [모두 지우기] 명령을 사용하면 피벗 테이블과 피벗 차트의 필드, 서식 및 필터가 제거된다.

③ 하위 데이터 집합에도 필터와 정렬을 적용하여 원하는 정보만 강조할 수 있으나 조건부 서식은 적용되지 않는다.

④ [피벗 테이블 옵션] 대화 상자에서 오류 값을 빈 셀로 표시하거나 빈 셀에 원하는 값을 지정하여 표시할 수도 있다.

하위 데이터 집합에도 필터, 정렬, 조건부 서식을 적용하여 원하는 정보만 강조할 수 있다.

26 다음 중 입력 데이터에 사용자 지정 표시 형식을 설정한 경우 그 표시 결과로 옳지 않은 것은?

	입력 데이터	표시 형식	표시 결과
①	0	#	
②	123.456	#.#	123.5
③	100	##.##	100.00
④	12345	#,###	12,345

① # : 유효한 숫자 부분만 표시하고, 유효하지 않은 0은 무시한다. 따라서 입력 값인 0이 무시되어 공란으로 표시된다.

② #.# : 소수 자리 이하 한 자리까지 표시되지만 값이 반올림되어 '123.5'로 표시된다.

③ ##.## : 소수 자리 이하 두 자리까지 표시되지만 #은 유효하지 않은 0은 무시하므로 '100.'과 같이 표시된다.

④ #,### : 천 단위 구분 기호로 표시되어 '12,345'와 같이 표시된다.

27 다음 중 데이터가 입력된 셀에서 채우기 핸들을 드래그하여 데이터를 채우는 경우에 대한 설명으로 옳은 것은?

① 일반적인 문자 데이터나 날짜 데이터는 그대로 복사되어 채워진다.

② 1개의 숫자와 문자가 조합된 텍스트 데이터는 숫자만 1씩 증가하고 문자는 그대로 복사되어 채워진다.

③ 숫자 데이터는 1씩 증가하면서 채워진다.

④ 숫자가 입력된 두 셀을 블록 설정하여 채우기 핸들을 드래그하면 두 숫자가 반복하여 채워진다.

① 문자는 입력 값 그대로 복사되지만 날짜는 1일씩 증가되면서 복사된다.
③ 숫자 데이터를 1씩 증가하면서 복사하려면 <Ctrl> 키를 누른 상태에서 드래그한다.
④ 숫자가 입력된 두 셀을 블록 설정하여 채우기 핸들을 드래그하면 두 셀의 차이 값만큼 증가되면서 복사되고, 만약 두 숫자가 반복하여 채워지길 원하면 <Ctrl> 키를 누른 상태에서 드래그한다.

28 다음 중 셀 포인터의 이동 작업에 대한 설명으로 옳지 않은 것은?

① <Alt> + <Page Down> 키를 눌러 현재 시트를 기준으로 오른쪽에 있는 다음 시트로 이동한다.

② 이름 상자에 셀 주소를 입력한 후 <Enter> 키를 눌러 원하는 셀의 위치로 이동한다.

③ <Ctrl> + <Home> 키를 눌러 [A1] 셀로 이동한다.

④ <Home> 키를 눌러 해당 행의 A 열로 이동한다.

<Alt> + <PgDn>/<PgUp> 키를 누르면 한 화면씩 좌/우로 이동한다.
<Ctrl> + <PgDn>/<PgUp> 키를 누르면 현재 시트의 앞/뒤 시트로 이동한다.

29 다음 중 아래 시트의 [A9] 셀에 수식 '=OFFSET(B3,-1,2)'을 입력한 경우 결과값은?

	A	B	C	D	E
1	학번	학과	학년	성명	주소
2	12123	국문과	2	박태훈	서울
3	15234	영문과	1	이경섭	인천
4	20621	수학과	3	윤혜주	고양
5	18542	국문과	1	민소정	김포
6	31260	수학과	2	함경표	부천
7					
8					
9					

① 윤혜주 ② 서울 ③ 고양 ④ 박태훈

=OFFSET(시작위치, 이동 행, 이동 열, 행 수, 열 수)
[B3] 셀을 기준으로 위쪽으로 한 칸, 오른쪽으로 두 칸 이동한 [D2] 셀의 값인 '박태훈'이 표시된다.

	A	B	C	D	E
1	학번	학과	학년	성명	주소
2	12123	국문과	2	박태훈	서울
3	15234	영문과	1	이경섭	인천
4	20621	수학과	3	윤혜주	고양

30 다음 중 [개발 도구] 탭의 [컨트롤] 그룹에 대한 설명으로 옳지 않은 것은?

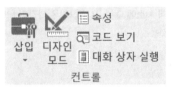

① 컨트롤 종류에는 텍스트 상자, 목록 상자, 옵션 단추, 명령 단추 등이 있다.

② ActiveX 컨트롤은 양식 컨트롤보다 다양한 이벤트에 반응할 수 있지만, 양식 컨트롤보다 호환성은 낮다.

③ [디자인 모드] 상태에서는 양식 컨트롤과 ActiveX 컨트롤 모두 매크로 등의 정해진 동작은 실행하지 않지만 컨트롤의 선택, 크기 조절, 이동 등의 작업을 할 수 있다.

④ 양식 컨트롤의 '단추(양식 컨트롤)'를 클릭하거나 드래그해서 추가하면 [매크로 지정] 대화상자가 자동으로 표시된다.

[디자인 모드] 상태에서 ActiveX 컨트롤은 매크로의 정해진 동작을 실행하지 않지만, 양식 컨트롤은 지정된 매크로를 실행한다.

31 다음 중 아래의 프로시저가 실행된 후 [A1] 셀에 입력되는 값으로 옳은 것은?

```
Sub 예제( )
    Test = 0
    Do Until Test > 10
        Test = Test + 1
    Loop
    Range("A1").Value = Test
End Sub
```

① 10 ② 11 ③ 0 ④ 55

❶ Test = 0
❷ Do Until Test > 10
❸　Test = Test + 1
　Loop
❹ Range("A").Value = Test
----
❶ Test 값은 0부터 시작한다.
❷ Test 값이 10보다 커질 때까지 반복한다.
❸ Test는 1씩 증가한다.
❹ [A1] 셀에 Test값이 표시된다.
따라서 Test값이 11이 되는 순간 반복문이 종료된다.

32 다음 중 아래 시트에 대한 각 수식의 결과값이 나머지 셋과 다른 것은?

▲	A	B	C	D	E	F	G
1	10	20	30	40	50	60	70

① =SMALL(A1:G1,{3})
② =AVERAGE(SMALL(A1:G1,{1;2;3;4;5}))
③ =LARGE(A1:G1,{5})
④ =SMALL(A1:G1,COLUMN(D1))

=SMALL(A1:G1,{3})	
SMALL(A1:G1,{3})	[A1:G1] 영역에서 3번째로 작은 값인 30을 찾아 표시
=AVERAGE(SMALL(A1:G1,{1;2;3;4;5}))	
AVERAGE(❶)	❶의 결과인 (10,20,30,40,50)의 평균인 30을 표시
❶ SMALL(A1:G1, {1;2;3;4;5})	[A1:G1] 영역에서 첫 번째부터 다섯 번째까지 작은 값을 차례대로 반환
=LARGE(A1:G1,{5})	
LARGE(A1:G1,{5})	[A1:G1] 영역에서 5번째로 큰 값인 30을 찾아 표시
=SMALL(A1:G1,COLUMN(D1))	
SMALL(A1:G1,❶)	[A1:G1] 영역에서 ❶번째로 작은 값인 40을 찾아 표시
❶ COLUMN(D1)	[D1] 셀의 열 번호인 4를 반환

33 아래 시트에서 주민등록번호의 여덟 번째 문자가 '1' 또는 '3'이면 '남', '2' 또는 '4'이면 '여'로 성별 정보를 알 수 있다. 다음 중 성별을 계산하기 위한 [D2] 셀의 수식으로 옳지 않은 것은? (단, [F2:F5] 영역은 숫자 데이터임)

▲	A	B	C	D	E	F	G
1	번호	성명	주민등록번호	성별		코드	성별
2	1	이경훈	940206-1******	남		1	남
3	2	서정연	920305-2******	여		2	여
4	3	이정재	971207-1******	남		3	남
5	4	이춘호	990528-1******	남		4	여
6	5	김지수	001128-4******	여			

① =IF(OR(MID(C2, 8, 1)="2", MID(C2, 8, 1)="4"), "여", "남")
② =CHOOSE(VALUE(MID(C2, 8, 1)), "남", "여", "남", "여")
③ =VLOOKUP(VALUE(MID(C2, 8, 1)), $F$2:$G$5, 2, 0)
④ =IF(MOD(VALUE(MID(C2, 8, 1)), 2)=0, "남", "여")

=IF(OR(MID(C2,8,1)="2",MID(C2,8,1)="4"),"여","남")	
IF(OR(❶,❷),"여","남")	❶, ❷ 조건 중 하나라도 TRUE면 "여" 아니라면 "남"이 표시
❶ MID(C2,8,1)="2"	[C2] 셀의 8번째 1글자가 "2"와 동일하면 TRUE
❷ MID(C2,8,1)="4"	[C2] 셀의 8번째 1글자가 "4"와 동일하면 TRUE
=CHOOSE(VALUE(MID(C2,8,1)),"남","여","남","여")	
CHOOSE(❶, "남", "여", "남", "여")	❶의 순번에 맞는 값을 2번째 인수 이후에서 찾아 표시
❶ VALUE(❷)	❷를 숫자 형식으로 변환
❷ MID(C2,8,1)	[C2] 셀의 8번째 1글자를 추출
=VLOOKUP(VALUE(MID(C2,8,1)),$F$2:$G$5,2,0)	
VLOOKUP (❶,$F$2:$G$5,2,0)	❶과 동일한 값을 [F2:G5] 범위의 2번째 열에서 찾아 표시
❶ VALUE(❷)	❷를 숫자 형식으로 변환
❷ MID(C2,8,1)	[C2] 셀의 8번째 1글자를 추출
=IF(MOD(VALUE(MID(C2,8,1)),2)=0,"남","여")	
IF(❶,"남","여")	❶이 TRUE면 "남" 아니면 "여"를 표시
❶ MOD(❷,2)=0	❷를 2로 나눈 나머지가 0이면 TRUE 아니면 FALSE 표시
❷ VALUE(❸)	❸을 숫자 형식으로 변환
❸ MID(C2,8,1)	[C2] 셀의 8번째 1글자를 추출

34 아래 시트에서 국적별 영화 장르의 편수를 계산하기 위해 [B12] 셀에 작성해야 할 배열수식으로 옳지 않은 것은?

	A	B	C	D	E
1					
2	No.	영화명	관객수	국적	장르
3	1	럭키	66,962	한국	코미디
4	2	허드슨상의 기적	33,317	미국	드라마
5	3	그물	9,103	한국	드라마
6	4	프리즘☆투어즈	2,778	한국	애니메이션
7	5	드림 쏭	1,729	미국	애니메이션
8	6	춘몽	382	한국	드라마
9	7	파수꾼	106	한국	드라마
10					
11		코미디	드라마	애니메이션	
12	한국	1	3	1	
13	미국	0	1	1	

① {=SUM(($D$2:$D$9=$A12) * ($E$2:$E$9=B$11))}

② {=SUM(IF($D$2:$D$9=$A12, IF($E$2:$E$9=B$11, 1)))}

③ {=COUNT(($D$2:$D$9=$A12) * ($E$2:$E$9=B$11))}

④ {=COUNT(IF(($D$2:$D$9=$A12) * ($E$2:$E$9=B$11), 1))}

해당 문제는 배열 수식을 사용하여 장르와 국적 조건을 만족하는 영화 편수(개수)를 계산하는 문제이다.
경우1 : {=SUM((조건)*(조건))}
경우2 : {=SUM(IF(조건, IF(조건, 1)))}
경우3 : {=COUNT(IF((조건)*(조건), 1))}
이 문제는 결과 셀이 여럿이기 때문에 범위 지정 시 참조에 유의해야 한다. 국적은 열을, 장르는 행을 고정해서 수식을 작성해야 한다. 또한 배열수식에서 COUNT 함수는 반드시 IF와 같이 사용해야 한다.
결과1 : {=SUM(($D$2:$D$9=$A12) * ($E$2:$E$9=B$11))}
결과2 : {=SUM(IF($D$2:$D$9=$A12, IF($E$2:$E$9=B$11, 1)))}
결과3 : {=COUNT(IF(($D$2:$D$9=$A12) * ($E$2:$E$9=B$11), 1))}

35 다음 중 이름 상자에 대한 설명으로 옳지 않은 것은?

① <Ctrl> 키를 누르고 여러 개의 셀을 선택한 경우 마지막 선택한 셀 주소가 표시된다.

② 셀이나 셀 범위에 이름을 정의해 놓은 경우 이름이 표시된다.

③ 차트가 선택되어 있는 경우 차트의 종류가 표시된다.

④ 수식을 작성 중인 경우 최근 사용한 함수 목록이 표시된다.

차트가 선택되어 있는 경우 이름 상자에는 차트의 종류가 표시되는 것이 아니라 "차트1", "차트2"와 같이 만들어진 순번이 표시된다.

36 다음 중 엑셀의 화면 확대/축소 작업에 관한 설명으로 옳지 않은 것은?

① 문서의 확대/축소는 10%에서 400%까지 설정할 수 있다.

② 설정한 확대/축소 배율은 통합 문서의 모든 시트에 자동으로 적용된다.

③ 화면의 확대/축소는 단지 화면에서 보이는 상태만을 확대/축소하는 것으로 인쇄 시 적용되지 않는다.

④ <Ctrl> 키를 누른 채 마우스의 스크롤을 위로 올리면 화면이 확대되고, 아래로 내리면 화면이 축소된다.

설정한 확대/축소 배율은 모든 시트가 아닌 선택된 시트에만 적용된다.

37 다음 중 인쇄 기능에 대한 설명으로 옳지 않은 것은?

① 기본적으로 워크시트의 눈금선은 인쇄되지 않으나 인쇄되도록 설정할 수 있다.

② [페이지 설정] 대화 상자의 [시트] 탭에서 '간단하게 인쇄'를 선택하면 셀의 테두리를 포함하여 인쇄할 수 있다.

③ [인쇄 미리 보기 및 인쇄] 화면을 표시하는 단축키는 <Ctrl> + <F2>이다.

④ [인쇄 미리 보기 및 인쇄]에서 '여백 표시'를 선택한 경우 마우스로 여백을 변경할 수 있다.

[페이지 설정] 대화 상자의 [시트] 탭에서 '간단하게 인쇄'를 선택하면 모든 그래픽 요소는 제외되고 텍스트만 인쇄된다.

38 다음 중 차트 도구의 [데이터 선택]에 대한 설명으로 옳지 않은 것은?

① [차트 데이터 범위]에서 차트에 사용하는 데이터 전체의 범위를 수정할 수 있다.

② [행/열 전환]을 클릭하여 가로 (항목) 축의 데이터 계열과 범례 항목(계열)을 바꿀 수 있다.

③ 범례에서 표시되는 데이터 계열의 순서를 바꿀 수 없다.

④ 데이터 범위 내에 숨겨진 행이나 열의 데이터도 차트에 표시할 수 있다.

[디자인]탭의 [데이터 선택] 메뉴에서 범례 항목(계열)의 순서를 바꿀 수 있다.

39 다음 중 아래 데이터를 차트로 작성하여 사원별로 각 분기의 실적을 비교·분석하려는 경우 가장 비효율적인 차트는?

사원	1분기	2분기	3분기	4분기
김수정	75	141	206	185
박덕진	264	288	383	353
이미영	305	110	303	353
구본후	65	569	227	332
안정인	246	483	120	204
정주리	209	59	137	317
유경철	230	50	116	239

① 누적 세로 막대형 차트
② 표식이 있는 꺾은 선형
③ 원형 대 가로 막대형
④ 묶은 가로 막대형

① 누적 세로 막대형: 각 항목 값을 막대 길이로 비교 분석하는 그래프로 자료가 누적되어 하나의 막대로 표시된다.
② 표식이 있는 꺾은 선형: 하나의 데이터 계열을 선 형식으로 표시하며 계열별 데이터의 변화 추세를 표시하는 그래프이다.
③ 원형 대 가로 막대형: 한 계열에 대한 그래프를 원형과 가로 막대형 그래프를 사용하여 표시하는 것으로 비교하는 용도로 사용하기에는 부적합하다.
④ 묶은 가로 막대형: 각 항목 값을 가로 막대 길이로 비교 분석하는 그래프이다.

40 다음 중 셀 영역을 선택한 후 상태 표시줄의 바로 가기 메뉴인 [상태 표시줄 사용자 지정]에서 선택할 수 있는 자동 계산에 해당되지 않는 것은?

① 선택한 영역 중 숫자 데이터가 입력된 셀의 수
② 선택한 영역 중 문자 데이터가 입력된 셀의 수
③ 선택한 영역 중 데이터가 입력된 셀의 수
④ 선택한 영역의 합계, 평균, 최소값, 최대값

자동 계산에서 사용 가능한 함수 목록
: 평균, 개수, 숫자 셀 수, 최소값, 최대값, 합계

41 다음 중 Access 파일에 암호를 설정하는 방법으로 옳은 것은?

① [데이터베이스 압축 및 복구] 도구에서 파일 암호를 설정할 수 있다.
② 데이터베이스를 단독 사용 모드(단독으로 열기)로 열어야 파일 암호를 설정할 수 있다.
③ 데이터베이스를 MDE 형식으로 저장한 후 파일을 열어야 파일 암호를 설정할 수 있다.
④ [Access 옵션] 창의 보안 센터에서 파일 암호를 설정할 수 있다.

액세스 프로그램에서 파일에 암호를 설정하거나 해제하려면 [단독으로 열기]로 열어야 한다.
[파일]-[열기] 메뉴를 사용하여 파일을 선택한 후 [열기]를 클릭하여 [단독으로 열기]를 선택한다.

42 다음 중 데이터 보안 및 회복, 무결성, 병행 수행 제어 등을 정의하는 데이터베이스 언어로 데이터베이스 관리자가 데이터 관리를 목적으로 주로 사용하는 언어는?

① 데이터 제어어(DCL) ② 데이터 부속어(DSL)
③ 데이터 정의어(DDL) ④ 데이터 조작어(DML)

데이터베이스 언어에는 데이터 제어어(DCL), 데이터 정의어(DDL), 데이터 조작어(DML)가 있다. 이중 해당 문제에서 언급한 것은 데이터 제어어(DCL)에 대한 설명이다.
- 데이터 정의어(DDL): 데이터베이스를 생성하거나 수정하는데 사용하는 언어
- 데이터 조작어(DML): 사용자가 데이터를 처리하는데 사용되는 언어

43 다음 중 SQL 질의에 대한 설명으로 옳지 않은 것은?

① ORDER BY절 사용 시 정렬방식을 별도로 지정하지 않으면 기본값은 'DESC'로 적용된다.
② GROUP BY절은 특정 필드를 기준으로 그룹화하여 검색할 때 사용한다.
③ FROM절에는 테이블 또는 쿼리 이름을 지정하며, WHERE절에는 조건을 지정한다.

④ SELECT DISTINCT문을 사용하면 중복 레코드를 제거할 수 있다.

ORDER BY절은 데이터를 정렬할 때 사용하는 명령문으로 별도의 정렬 방식을 지정하지 않으면 기본값은 오름차순(ASC)이 적용된다.

44 다음 중 보고서의 그룹화 및 정렬에 대한 설명으로 옳지 않은 것은?

① '그룹'은 머리글과 같은 소계 및 요약 정보와 함께 표시되는 레코드의 모음으로 그룹 머리글, 세부 레코드 및 그룹 바닥글로 구성된다.

② 그룹화할 필드가 날짜 데이터이면 전체 값(기본), 일, 주, 월, 분기, 연도 중 선택한 기준으로 그룹화할 수 있다.

③ Sum 함수를 사용하는 계산 컨트롤을 그룹 머리글에 추가하면 현재 그룹에 대한 합계를 표시할 수 있다.

④ 필드나 식을 기준으로 최대 5단계까지 그룹화할 수 있으며, 같은 필드나 식은 한 번씩만 그룹화할 수 있다.

보고서에서 그룹화를 설정할 때 필드나 식을 기준으로 최대 10단계까지 그룹화를 진행할 수 있으며, 같은 필드나 식에 대해서도 여러 번 그룹화를 진행할 수 있다.

45 다음 중 보고서 작업 시 필드 목록 창에서 선택한 필드를 본문 영역에 추가할 때 자동으로 생성되는 컨트롤은?

① 단추   ② 텍스트 상자

③ 하이퍼링크   ④ 언바운드 개체 틀

보고서 작업 시 필드 목록 창에서 선택한 필드를 본문 영역에 추가하면 해당 필드가 컨트롤 원본으로 설정된 텍스트 상자와 해당 필드의 필드명이 캡션으로 지정된 레이블이 자동으로 생성된다.

46 다음 중 보고서의 보기 형태에 대한 설명으로 옳지 않은 것은?

① [보고서 보기]는 출력되는 보고서를 화면 출력용으로 보여주며 페이지를 구분하여 표시한다.

② [디자인 보기]에서는 보고서에 삽입된 컨트롤의 속성, 맞춤, 위치 등을 설정할 수 있다.

③ [레이아웃 보기]는 출력될 보고서의 레이아웃을 보여주며 컨트롤의 크기 및 위치를 변경할 수도 있다.

④ [인쇄 미리 보기]에서는 종이에 출력되는 모양을 표시하며 인쇄를 위한 페이지 설정이 용이하다.

보고서를 [보고서 보기] 형식으로 확인하면 출력될 보고서를 화면 출력용으로 페이지 구분 없이 한 화면으로 표시한다.

47 다음 중 아래 보고서에 대한 설명으로 옳지 않은 것은?

대리점명:		서울지점		
순번	모델명	판매날짜	판매량	판매단가
1	PC4203	2018-07-31	7	₩1,350,000
2		2018-07-23	3	₩1,350,000
3	PC4204	2018-07-16	4	₩1,400,000
		서울지점 소계 :		**₩4,100,000**

대리점명:		충북지점		
순번	모델명	판매날짜	판매량	판매단가
1	PC3102	2018-07-13	6	₩830,000
2		2018-07-12	4	₩830,000
3		2018-07-31	4	₩1,300,000
4	PC4202	2018-07-07	1	₩1,300,000
		충북지점 소계 :		**₩4,260,000**

① '모델명' 필드를 기준으로 그룹이 설정되어 있다.

② '모델명' 필드에는 '중복 내용 숨기기' 속성을 '예'로 설정하였다.

③ 지점별 소계가 표시된 텍스트 상자는 그룹 바닥글에 삽입하였다.

④ 순번은 컨트롤 원본을 '=1'로 입력한 후 '누적 합계' 속성을 '그룹'으로 설정하였다.

해당 보고서는 '모델명'이 아닌 '대리점명'을 기준으로 그룹이 설정되어 있다.

48 다음 중 아래 <학생> 테이블에 대한 SQL문의 실행 결과로 옳은 것은?

학번	전공	학년	나이
1002	영문	SO	19
1004	통계	SN	23
1005	영문	SN	21
1008	수학	JR	20
1009	영문	FR	18
1010	통계	SN	25

```
SELECT AVG([나이]) FROM 학생
WHERE 학년="SN" GROUP BY 전공
HAVING COUNT(*)>=2
```

① 21 ② 22 ③ 23 ④ 24

❶ SELECT AVG([나이]) FROM 학생
　WHERE 학년="SN"
❷ GROUP BY 전공 HAVING COUNT(*)>=2
----
❶ 학생 테이블로부터 학년이 "SN"인 조건을 만족하는 나이 필드 값을 가져와 평균을 구한다.
❷ 전공별로 그룹한 후 해당 값이 2개 이상인 레코드만을 대상으로 한다.
따라서 "SN" 조건을 만족하면서 전공이 2개 이상인 것은 "통계"이고 해당 나이는 23과 25이므로 평균값은 24가 된다.

49 다음 중 선택 쿼리에서 사용자가 지정한 패턴과 일치하는 데이터를 찾고자 할 때 사용되는 연산자는?

① Match ② Some ③ Like ④ Any

Like 연산자는 대표 문자를 이용하여 값이 사용자가 지정한 패턴과 일치하는 데이터를 검색한다.

50 다음 중 아래 SQL문으로 생성된 테이블에서의 레코드 작업에 대한 설명으로 옳지 않은 것은? (단, 고객과 계좌 간의 관계는 1:M이다.)

```
CREATE TABLE 고객
    (고객ID    CHAR(20) NOT NULL,
    고객명    CHAR(20) NOT NULL,
    연락번호    CHAR(12),
    PRIMARY KEY (고객ID)
);
```

```
CREATE TABLE 계좌
    (계좌번호    CHAR(10) NOT NULL,
    고객ID    CHAR(20) NOT NULL,
    잔액 INTEGER DEFAULT 0,
    PRIMARY KEY (계좌번호),
    FOREIGN KEY (고객ID) REFERENCES 고객
);
```

① <고객> 테이블에서 '고객ID' 필드는 동일한 값을 입력할 수 없다.
② <계좌> 테이블에서 '계좌번호' 필드는 반드시 입력해야 한다.
③ <고객> 테이블에서 '연락번호' 필드는 원하는 값으로 수정하거나 생략할 수 있다.
④ <계좌> 테이블에서 '고객ID' 필드는 동일한 값을 입력할 수 없다.

<고객> 테이블의 '고객ID'와 <계좌> 테이블의 '계좌번호' 필드는 기본키로 설정되어 있기 때문에 동일한 값을 입력할 수 없고, 반드시 입력되어야 한다.
외래키로 지정된 경우에는 중복값을 입력할 수 있고, 별도의 속성이 지정되지 않은 경우 필드는 원하는 값으로 수정하거나 생략할 수 있다.

51 다음 중 테이블에서 입력 마스크를 "LA09?"로 설정한 경우 입력할 수 없는 값은?

① AA111 ② A11 ③ AA11 ④ A111A

0: 숫자만 필수 입력, 공백 및 기호 사용 불가능
9: 숫자만 선택 입력, 공백 가능, 기호 사용 불가능
A: 영문자, 한글, 숫자만 필수 입력
a: 영문자, 한글, 숫자만 선택 입력
L: 영문자와 한글만 필수 입력
?: 영문자와 한글만 선택 입력

52 다음 중 아래 <고객>과 <구매리스트> 테이블 관계에 참조 무결성이 항상 유지되도록 설정할 수 없는 경우는?

① <고객> 테이블의 '고객번호' 필드 값이 <구매리스트> 테이블의 '고객번호' 필드에 없는 경우

② <고객> 테이블의 '고객번호' 필드 값이 <구매리스트> 테이블의 '고객번호' 필드에 하나만 있는 경우

③ <구매리스트> 테이블의 '고객번호' 필드 값이 <고객> 테이블의 '고객번호' 필드에 없는 경우

④ <고객> 테이블의 '고객번호' 필드 값이 <구매리스트> 테이블의 '고객번호' 필드에 두 개 이상 있는 경우

<고객> 테이블의 '고객번호' 필드는 기본키이고 <구매리스트> 테이블의 '고객번호' 필드는 이를 참조하고 있는 외래키이다. 외래키는 참조하는 테이블의 기본키 값이나 NULL이어야 하기 때문에 <고객> 테이블의 '고객번호' 테이블에 존재하지 않는 값은 <구매리스트> 테이블의 '고객번호' 필드에 입력할 수 없다.

53 다음 중 외부 데이터 가져오기 기능에 대한 설명으로 옳지 않은 것은?

① 텍스트 파일을 가져와 기존 테이블의 레코드로 추가하려는 경우 기본 키에 해당하는 필드의 값들이 고유한 값이 되도록 데이터를 수정하며 가져올 수 있다.

② Excel 워크시트에서 정의된 이름의 영역을 Access의 새 테이블이나 기존 테이블에 데이터 복사본으로 만들 수 있다.

③ Access에서는 한 테이블에 256개 이상의 필드를 지원하지 않으므로 원본 데이터는 열의 개수가 255개를 초과하지 않아야 한다.

④ Excel 파일을 가져오는 경우 한 번에 하나의 워크시트만 가져올 수 있으므로 여러 워크시트에서 데이터를 가져오려면 각 워크시트에 대해 가져오기 명령을 반복해야 한다.

외부 데이터 가져오기 기능을 이용하는 경우 원본 데이터를 수정하면서 가져올 수는 없다.

54 다음 중 위쪽 구역에 데이터시트를 표시하는 열 형식의 폼을 만들고, 아래쪽 구역에 선택한 레코드에 대한 정보를 수정하거나 입력할 수 있는 데이터시트 형식의 폼을 자동으로 만들어 주는 도구는?

① 폼
② 폼 분할
③ 여러 항목
④ 폼 디자인

폼 분할은 하나의 원본 데이터를 이용하여 상단은 열 형식으로, 하단은 데이터시트 형식으로 2개의 폼이 한 화면에 표시되도록 구성하는 폼을 작성한다.

55 다음 중 이벤트 프로시저에서 쿼리를 실행 모드로 여는 명령은?

① DoCmd.OpenQuery
② DoCmd.SetQuery
③ DoCmd.QueryView
④ DoCmd.QueryTable

DoCmd는 매크로 함수를 실행시켜주는 개체이며, 이벤트 프로시저에서 쿼리(Query)를 실행 모드로 여는(Open) 매크로는 OpenQuery 명령이다.

56 다음 중 폼의 구성요소에 대한 설명으로 옳지 않은 것은?

① 폼 머리글은 인쇄할 때 모든 페이지의 상단에 매번 표시된다.

② 하위 폼은 폼 안에 있는 또 하나의 폼을 의미한다.

③ 폼 바닥글은 폼 요약 정보 등과 같이 각 레코드에 동일하게 표시될 정보가 입력되는 구역이다.

④ 본문은 사용할 실제 내용을 입력하는 구역으로 폼 보기 형식에 따라 하나의 레코드만 표시하거나 여러 개의 레코드를 표시한다.

폼 머리글 구역은 폼 제목과 같이 정보가 각 레코드에 동일하게 표시되는 구역으로 인쇄 미리 보기 상태에서 첫 페이지 상단에 한 번만 표시된다.

57 다음 중 폼 작성에 관한 설명으로 옳지 않은 것은?

① 여러 개의 컨트롤을 선택하여 자동 정렬할 수 있다.

② 컨트롤의 탭 순서는 자동으로 화면 위에서 아래로 설정된다.

③ 사각형, 선 등의 도형 컨트롤을 삽입할 수 있다.

④ 컨트롤 마법사를 사용하여 폼을 닫는 매크로를 실행시키는 단추를 만들 수 있다.

컨트롤의 탭 순서는 컨트롤이 만들어진 순서대로 지정된다. 하지만 [탭 순서] 대화 상자를 이용하여 사용자가 임의로 순서를 변경할 수 있고, [자동 순서]를 클릭하면 폼이나 보고서에 삽입된 컨트롤의 위치를 기준으로 위에서 아래, 왼쪽에서 오른쪽 순으로 탭 순서가 자동으로 설정된다.

58 다음 중 관계형 데이터베이스의 조인(JOIN)에 대한 설명으로 옳지 않은 것은?

① 쿼리에 여러 테이블을 포함할 때는 조인을 사용하여 원하는 결과를 얻을 수 있다.

② 내부 조인은 조인되는 두 테이블에서 조인하는 필드가 일치하는 행만을 반환하려는 경우에 사용한다.

③ 외부 조인은 조인되는 두 테이블에서 공통 값이 없는 데이터를 포함할지 여부를 지정할 수 있다.

④ 조인에 사용되는 기준 필드의 데이터 형식은 다르기나 호환되지 않아도 가능하다.

조인(JOIN)은 두 개 이상의 테이블에 저장되어 있는 데이터를 하나의 테이블에 있는 데이터처럼 사용하기 위해 기준 필드를 연결하여 사용하는 것으로, 이때 사용되는 기준 필드의 데이터 형식은 동일하거나 호환되어야 한다.

59 다음 중 폼 바닥글의 텍스트 상자의 컨트롤 원본으로 〈사원〉 테이블에서 직급이 '부장'인 레코드들의 급여 평균을 구하는 함수식으로 옳은 것은?

① =DAVG("[급여]", "[사원]", "[직급]='부장'")

② =DAVG("[사원]", "[급여]", "[직급]='부장'")

③ =AVG("[급여]", "[사원]", "[직급]='부장'")

④ =AVG("[사원]", "[급여]", "[직급]='부장'")

도메인 함수 기본 공식
=DAVG("필드명","테이블/쿼리명","조건")

해당 문제는 〈사원〉 테이블에 있는 '급여' 필드의 평균을 구해야 하기 때문에 =DAVG("[급여]", "[사원]", "조건")으로 수식을 시작해야 하며, '직급'이 '부장'이라는 조건을 만족해야 하기 때문에 최종 수식은 =DAVG("[급여]", "[사원]", "[직급]='부장'")과 같다.

60 다음 중 액세스의 매크로에 대한 설명으로 옳지 않은 것은?

① 반복적으로 수행되는 작업을 자동화하여 간단히 처리할 수 있도록 하는 기능이다.

② 매크로 함수 또는 매크로 함수 집합으로 구성되며, 각 매크로 함수의 수행 방식을 제어하는 인수를 추가할 수 있다.

③ 매크로를 이용하여 폼을 열고 닫거나 메시지 박스를 표시할 수도 있다.

④ 매크로는 주로 컨트롤의 이벤트에 연결하여 사용하며, 폼 개체 내에서만 사용할 수 있다.

매크로(Macro)는 반복적으로 수행되는 작업을 자동화하여 처리할 수 있는 기능으로 주로 컨트롤의 이벤트에 연결하여 사용한다. 매크로는 폼 및 보고서 개체에서도 사용할 수 있다.

컴퓨터활용능력 1급 필기

03 2019년 2회 기출문제

컴퓨터 일반

01 다음 중 2차원 또는 3차원 물체의 모형에 명암과 색상을 입혀 사실감을 더해주는 그래픽 기법은?

① 모델링(Modeling)
② 애니메이션(Animation)
③ 리터칭(Retouching)
④ 렌더링(Rendering)

- ① 모델링(Modeling): 렌더링 전에 이미지를 3차원 그래픽으로 표현하는 작업이다.
- ② 애니메이션(Animation): 정지 화면을 연결하여 마치 움직이는 듯 착시를 일으키는 작업이다.
- ③ 리터칭(Retouching): 기존의 이미지를 다른 형태로 새롭게 변형하는 작업이다.

02 다음 중 mp3 파일의 크기를 결정하는 요소에 해당하지 않는 것은?

① 표본 추출률(Hz)
② 샘플 크기(bit)
③ 재생 방식(mono, stereo)
④ 프레임 너비(pixel)

프레임 너비(pixel)는 화면을 구성하는 가로·세로 점의 수를 의미하며 음성 파일이 아닌 이미지 파일의 크기를 결정하는 요소이다.

03 다음 중 컴퓨터 통신에서 사용하는 프록시(Proxy) 서버의 기능으로 옳은 것은?

① 방화벽 기능과 캐시 기능
② 내부 불법 해킹 차단 기능
③ FTP 프로토콜 연결 해제 기능
④ 네트워크 병목현상 해결 기능

프록시(Proxy) 서버는 방화벽 기능으로 외부와 연결하여 통신이 가능하도록 도와주고, 캐시 기능으로 요청이 많은 접속 데이터를 프록시 서버에 저장해 두었다가 해당 데이터의 전송 요청이 있는 경우 이를 신속하게 전송한다.

04 다음 중 바이러스에 대한 설명으로 옳지 않은 것은?

① 감염 부위에 따라 부트 바이러스와 파일 바이러스로 구분한다.
② 사용자 몰래 스스로 복제하여 다른 프로그램을 감염시키고, 정상적인 프로그램이나 다른 데이터 파일 등을 파괴한다.
③ 주로 복제품을 사용하거나 통신 매체를 통하여 다운받은 프로그램에 의해 감염된다.
④ 컴퓨터 하드웨어와 무관하게 소프트웨어에만 영향을 미친다.

바이러스는 사용자 몰래 스스로 복제하여 다른 프로그램을 감염시키고, 정상적인 프로그램이나 다른 데이터 파일 등을 파괴하는데, 바이러스에 감염되면 소프트웨어뿐만 아니라 하드웨어의 성능에도 영향을 미칠 수 있다.

05 다음 중 사물인터넷(IoT)에 대한 설명으로 옳지 않은 것은?

① 모든 사물을 네트워크로 연결하여 소통하는 정보 통신환경을 의미한다.
② 스마트 센싱 기술과 무선통신 기술을 융합하여 실시간으로 데이터를 주고받는다.
③ 전기의 생산부터 소비까지의 전 과정에 정보통신 기술을 접목하여 에너지 효율성을 높인다.
④ 개방형 정보 공유에 대한 부작용을 최소화하기 위해 정보보안 기술의 적용이 필요하다.

사물인터넷(IoT): 모든 사물을 네트워크로 연결하여 소통하는 정보 통신환경을 의미하며 스마트 센싱 기술과 무선통신 기술을 융합하여 실시간으로 데이터를 주고받는다.
스마트 그리드: 기존의 전력망에 정보통신기술(IT)을 접목한 지능형 전력망으로 전기의 생산부터 소비까지의 전 관정에 정보 통신기술을 접목하여 에너지 사용을 최적화할 수 있도록 도와준다.

06 다음 중 IPv6 주소 체계에 관한 설명으로 옳지 않은 것은?

① IPv4 주소 체계의 주소 부족 문제를 해결하기 위하여 개발되었다.
② IPv6 주소는 16비트씩 8부분으로 총 128비트로 구성되어 있다.
③ 주소는 네트워크의 크기나 호스트의 수에 따라 A, B, C, D, E 클래스로 나누어진다.
④ 실시간 흐름 제어로 향상된 멀티미디어 기능을 지원한다.

네트워크의 크기나 호스트의 수에 따라 A, B, C, D, E 클래스로 나누어지는 주소체계는 IPv6가 아닌 IPv4이다.

07 다음 중 인터넷에서 사용하는 URL에 관한 설명으로 옳지 않은 것은?

① 인터넷 상에 존재하는 각종 자원의 위치를 나타내는 표준 주소 체계이다.
② URL의 일반적인 형식은 '프로토콜://호스트주소[:포트번호][/파일경로]'이다.
③ 계정이 있는 FTP의 경우 'http://사용자이름[:비밀번호]@서버이름:포트번호' 형식으로 사용한다.
④ mailto 프로토콜은 IP 정보 없이 받는 사람의 이메일 주소만 나타내면 된다.

계정이 있는 FTP의 경우 http프로토콜이 아닌 ftp 프로토콜을 사용한다. 따라서 'ftp://사용자이름[:비밀번호]@서버이름:포트번호' 형식으로 사용한다.

08 다음 중 컴퓨터 통신에서 사용하는 프로토콜 기능에 관한 설명으로 옳지 않은 것은?

① 통신망에 전송되는 패킷의 흐름을 제어해서 시스템 전체의 안전성을 유지한다.
② 정보를 전송하기 위해 송·수신기 사이에 같은 상태를 유지하도록 동기화 기능을 수행한다.
③ 데이터 전송 도중에 발생하는 오류를 검출한다.
④ 네트워크에 접속된 다양한 단말장치를 자동으로 인식 하여 호환성을 제공한다.

프로토콜은 네트워크에서 서로 다른 컴퓨터들 간에 정보를 교환할 수 있게 해주는 통신규약으로 흐름 제어, 동기화, 오류 검출 기능을 제공한다.

09 다음 중 객체 지향 프로그래밍 언어에 대한 설명으로 옳지 않은 것은?

① 소프트웨어의 재사용으로 프로그램의 개발 시간을 단축할 수 있다.
② 대표적인 객체지향언어로 C++, Java 등이 있다.
③ 상속성, 캡슐화, 추상화, 다형성 등의 특징이 있다.
④ 순차적인 처리가 중요시되며 프로그램 전체가 유기적으로 연결되도록 작성한다.

객체 지향 프로그래밍은 '객체'라는 단위를 이용하여 유지 보수가 용이하고 재사용이 가능하다. 상속성, 캡슐화, 추상화, 다형성 등의 특징을 갖으며 대표적인 언어로는 Smalltalk, C++, JAVA 등이 있다.
순차적인 처리가 중요시되며 프로그램 전체가 유기적으로 연결되도록 작성하는 것은 절차지향 언어이다.

10 다음 중 아래의 설명에 해당하는 한글 Windows 제공 기능은?

– 데이터와 데이터를 연결하여 원본 데이터를 수정할 때 연결된 데이터도 함께 수정되도록 지원하는 기능이다.
– 이 기능을 지원하는 그래픽 프로그램에서 그린 그림을 문서 편집기에 연결한 경우 그래픽 프로그램에서 그림을 수정하면 문서 편집기의 그림도 같이 변경된다.

① 선점형 멀티태스크(Preemptive Multitasking)
② GUI(Graphic User Interface)
③ PnP(Plug &Play)
④ OLE(Object Linking and Embedding)

① 선점형 멀티태스킹: 운영체제가 CPU를 미리 선점하여 응용프로그램의 사용 권한을 제어하고, 시스템 자원을 관리하여 안정성을 강화시키는 운영방식이다.
② GUI: 사용자가 컴퓨터와 정보를 교환할 때, 마우스와 그래픽(아이콘 등)을 통해 작업할 수 있는 환경을 말한다.
③ PnP: 컴퓨터에 주변기기를 추가할 때 별도의 설정 없이 자동으로 이를 감지하여 사용할 수 있도록 하는 기능이다.

11 다음 중 컴퓨터에서 사용하는 ASCII 코드에 관한 설명으로 옳지 않은 것은?

① 각 문자를 7비트로 표현하며, 총 128개의 문자 표현이 가능하다.
② 확장 ASCII 코드는 8비트를 사용한다.

③ 데이터 처리 및 통신 시스템 상호 간의 정보 교환
을 위해 사용된다.

④ 각 나라별 언어를 표현할 수 있다.

유니코드(Unicode)는 각 나라별 언어를 모두 표현하기 위해 나온 코드 체계이며, 완성형에 조합형을 반영하여 현대 한글의 모든 표현이 가능하다.

12 다음 중 컴퓨터의 펌웨어(Firmware)에 관한 설명으로 옳은 것은?

① 주로 하드 디스크에 저장되며 부팅 시 동작한다.

② 펌웨어 업데이트만으로도 시스템의 성능을 향상
시킬 수 있다.

③ 컴퓨터 바이러스 백신과 관련이 있는 프로그램이다.

④ 컴퓨터 연산 속도를 빠르게 도와주는 하드웨어이다.

펌웨어(Firmware)는 ROM에 저장되어 있으며 하드웨어의 동작을 지시하는 것으로 소프트웨어지만 하드웨어적으로 구성되어 있기 때문에 펌웨어의 업그레이드만으로도 시스템의 성능을 향상시킬 수 있다.

13 다음 중 컴퓨터 메인보드에 사용되는 칩셋(Chip Set)에 관한 설명으로 옳은 것은?

① 컴퓨터를 구성하는 모든 장치들이 장착되고 연결
되는 기판이다.

② 메인보드에 장착되어 있는 각 장치들을 제어하고
역할을 조율한다.

③ CPU와 주변장치 간의 데이터 전송에 사용되는 통
로 역할을 한다.

④ 메인보드에 주변장치를 연결하기 위한 접속 부분
을 말한다.

메인보드 칩셋(Chip Set)은 컴퓨터 메인 보드 내의 여러 장치를 통합적으로 제어한다.

14 다음 중 컴퓨터 보조 기억장치로 사용되는 SSD(Solid State Drive)에 관한 설명으로 옳은 것은?

① 고속으로 데이터를 입출력할 수 있으며, 배드섹터
가 발생하지 않는다.

② HDD와 같이 바로 덮어쓰기를 할 수 있으며, 읽기
/쓰기 성능이 비슷하다.

③ 650nm 파장의 적색 레이저를 사용하여 데이터
를 기록한다.

④ 소음이 없고 발열이 낮으나 HDD에 비해 외부 충
격에 약하다.

SSD(Solid State Drive)의 특징
- 발열, 소음, 전력 소모가 적다.
- 하드디스크(HDD)에 비해 외부 충격에 강하다.
- 반도체를 이용하여 정보를 저장하기 때문에 베드섹터가 발생하지 않는다.
- 고속으로 데이터를 입·출력할 수 있다.

15 다음 중 외부 인터럽트가 발생하는 경우에 해당하지 않는 것은?

① 컴퓨터의 전원 공급이 중단되었을 경우

② 실행할 수 없는 명령어가 사용된 경우

③ 타이머에 의해 의도적으로 프로그램이 중단된 경우

④ 입출력 장치의 입출력 준비 완료를 알리는 경우

- 외부 인터럽트: 입·출력장치, 타이밍장치, 전원장치 등의 외부적인 요인에 의해 발생하는 인터럽트이다.
- 내부 인터럽트: 잘못된 명령이나 데이터를 사용하는 경우 발생하는 인터럽트이다.

16 다음 중 레지스터에 관한 설명으로 옳은 것은?

① CPU 내부에서 특정한 목적에 사용되는 일시적인
기억 장소이다.

② 메모리 중에서 가장 속도가 느리며, 플립플롭이나
래치 등으로 구성된다.

③ 컴퓨터의 유지 보수를 위한 시스템 정보를 저장한다.

④ 시스템 부팅 시 운영체제가 로딩되는 메모리이다.

레지스터(Register)는 CPU 내부에서 처리할 명령어나 연산의 중간 값 등을 저장하는 일시적인 기억 장소이다. 메모리 중에서 속도가 가장 빠르며, 플립플롭이나 래치 등으로 구성된다.

17 다음 중 한글 Windows 운영체제에서 사용하는 NTFS 파일시스템에 관한 설명으로 옳지 않은 것은?

① FAT32 파일 시스템과 비교하여 성능 및 안전성
이 우수하다.

② 하드 디스크 논리 파티션의 크기에는 제한이 없다.

③ 비교적 큰 오버헤드가 있기 때문에 약 400MB 이
하의 볼륨에서 사용하는 것은 좋지 않다.

④ 파일 및 폴더에 대한 액세스 제어를 유지하고 제
한된 계정을 지원한다.

NTFS 파일 시스템의 특징
- 파티션 볼륨이 256TB로 FAT32에 비해 성능, 보안, 안정성 면에서 뛰어나며, Active Directory를 지원하는 기능을 제공한다.
- 파일 크기는 볼륨 크기에 의해서만 제한되고, 플로피디스크에서는 사용할 수 없다.
- 비교적 큰 오버헤드가 발생하기 때문에 약 400MB 보다 작은 볼륨에서는 사용하지 않는 것이 좋다.

행되지 않을 때
③ 누락되거나 손상된 데이터 파일을 이전 버전으로 되돌리고자 할 때
④ 파일의 단편화를 개선하여 디스크의 접근 속도를 향상시키고자 할 때

파일의 단편화를 개선하여 디스크의 접근 속도를 향상시키고자 할 때 사용하는 것은 '드라이브 조각 모음 및 최적화' 기능이다.

18 다음 중 한글 Windows의 관리 도구 중 [컴퓨터 관리]에서 수행 가능한 [디스크 관리] 작업에 해당하지 않는 것은?

① 볼륨을 확장하거나 축소할 수 있다.
② 드라이브 문자를 변경할 수 있다.
③ 포맷을 실행할 수 있다.
④ 분석 및 디버그 로그를 표시할 수 있다.

분석 및 디버그 로그를 확인 할 수 있는 것은 [컴퓨터 관리]-[이벤트 뷰어] 메뉴이다.

19 다음 중 폴더의 [속성] 창에서 설정할 수 없는 작업 내용은?

① 문서나 사진, 음악 등 폴더의 최적화 유형을 설정할 수 있다.
② 폴더에 대한 사용 권한과 공유 설정을 할 수 있다.
③ 폴더 안의 파일을 삭제할 수 있다.
④ 폴더 아이콘을 변경할 수 있다.

폴더 안의 파일을 삭제하려면 해당 파일을 선택한 후 [Delete] 버튼을 누르거나 바로 가기 메뉴에서 [삭제]를 클릭해야 한다.

20 다음 중 한글 Windows에서 시스템을 복원해야 하는 시기로 적절하지 않은 것은?

① 새 장치를 설치한 후 시스템이 불안정할 때
② 로그온 화면이 나타나지 않으며, Windows가 실

---

21 다음 중 아래의 피벗 테이블에 대한 설명으로 옳지 않은 것은?

	A	B	C	D	E	F	G
18		직위	(모두) ▼				
19							
20		평균 : 근속년수		부서명 ▼			
21		사원번호2 ▼	사원번호 ▼	기획팀	영업팀	총무팀	총합계
22		▣ A그룹	AC-300	7			7
23			AC-301	10			10
24		▣ B그룹	BY-400		12		12
25			BY-401	21			21
26			BY-402			8	8

① 피벗 테이블 보고서의 삽입 위치는 기존 워크시트의 [B20] 셀이다.
② 'A 그룹'과 'B 그룹'은 그룹화로 자동 생성된 이름이다.
③ 사원번호를 선택하여 사용자가 직접 그룹화를 설정 하였다.
④ 행 레이블 영역의 필드에 필터 조건이 설정되어 있다.

사원번호를 선택하여 사용자가 직접 그룹화하였는데, 그룹화가 지정되면 기본적으로 '그룹1', '그룹2'와 같이 이름이 부여된다. 문제 속 피벗 테이블은 사용자가 임의로 그룹 이름을 변경한 것이다.

22 다음 중 부분합에 대한 설명으로 옳지 않은 것은?

① 다중 함수를 이용하는 중첩 부분합을 작성하려면 '부분합' 대화 상자에서 매번 '새로운 값으로 대치' 항목을 선택해야 한다.
② 부분합을 제거하면 부분합과 함께 목록에 삽입된 윤곽 및 페이지 나누기도 제거된다.
③ 세부 정보가 있는 행 아래에 요약 행을 지정하려면 '데이터 아래에 요약 표시' 항목을 선택한다.
④ 중첩 부분합은 이미 작성된 부분합 그룹 내에 새로운 부분합 그룹을 추가하는 것이다.

중첩 부분합을 작성하는 경우 대화 상자 하단의 '새로운 값으로 대치' 항목의 체크 박스를 선택 해제한다. 그렇지 않으면 이전에 작업 된 부분합이 새로운 부분합으로 대치되어 사라지게 된다.

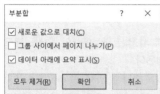

23 다음 중 자동 필터에 관한 설명으로 옳지 않은 것은?

① 날짜가 입력된 열에서 요일로 필터링하려면 '날짜 필터' 목록에서 필터링 기준으로 사용할 요일을 하나 이상 선택하거나 취소한다.

② 두 개 이상의 필드에 조건을 설정하는 경우 필드 간에는 AND 조건으로 결합되어 필터링된다.

③ 열 머리글에 표시되는 드롭다운 화살표에는 해당 열에서 가장 많이 나타나는 데이터 형식에 해당하는 필터 목록이 표시된다.

④ 검색 상자를 사용하여 텍스트와 숫자를 검색할 수 있으며, 배경 또는 텍스트에 색상 서식이 적용되어 있는 경우 셀의 색상을 기준으로 필터링할 수도 있다.

날짜가 입력된 열에서 '요일'은 필터링 기준으로 제공되지 않는다. [날짜 필터] 이용 시 사용 가능한 필터링 단위는 '일', '주', '달', '분기', '년', '연간 누계' 등이다.

24 다음 중 아래와 같이 왼쪽 그림의 [B2:B5] 영역에 [텍스트 나누기]를 실행하여 오른쪽 그림과 같이 소속이 분리되도록 실행하는 과정으로 옳지 않은 것은?

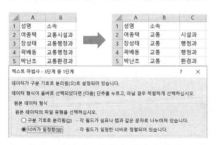

① 텍스트 마법사 2단계의 데이터 미리 보기에서 분할하려는 위치를 클릭하여 구분선을 넣는다.

② 분할하려는 행과 열에 삽입 가능한 구분선의 개수에는 제한이 없다.

③ 구분선을 삭제하려면 구분선을 마우스로 두 번 클릭한다.

④ 구분선을 옮기려면 선을 마우스로 클릭한 상태에서 드래그한다.

[텍스트 나누기] 기능은 필드(열)를 구분하는 것으로 열 구분선은 제한 없이 추가할 수 있지만 행 구분선은 추가할 수 없다.

25 다음 중 아래 워크시트의 [B2] 셀에 표시 형식을 '$#,##0;($#,##0)'으로 설정하였을 때 표시되는 결과로 옳은 것은?

B2	▼	:	×	✓	fx	-32767
▲	A	B	C	D	E
1					
2		-32767			

① $32,767 ② -$32,767

③ ($32,767) ④ (-$32,767)

사용자 지정 서식이 적용된 문제이다.

1단계	양수, 음수, 0
2단계	양수, 0 ; 음수
3단계	양수 ; 음수 ; 0
4단계	양수 ; 음수 ; 0 ; 텍스트

해당 문제는 '2단계' 서식이 적용된 상태이고, 입력 데이터가 '음수'면 '($#,##0)' 서식이 적용되어 ($32,767)과 같이 표시된다.

26 다음 중 데이터 입력에 대한 설명으로 옳지 않은 것은?

① 동일한 문자를 여러 개의 셀에 입력하려면 셀에 문자를 입력한 후 채우기 핸들을 드래그한다.

② 숫자 데이터의 경우 두 개의 셀을 선택하고 채우기 핸들을 선택 방향으로 드래그하면 두 값의 차이만큼 증가/감소하며 자동 입력된다.

③ 일정 범위 내에 동일한 데이터를 한 번에 입력하려면 범위를 지정하여 데이터를 입력한 후 바로 이어서 <Shift>+<Enter> 키를 누른다.

④ 사용자 지정 연속 데이터 채우기를 사용하여 데이터를 입력하는 경우 사용자 지정 목록에는 텍스트나 텍스트/숫자 조합만 포함될 수 있다.

일정 범위 내에 동일한 데이터를 한 번에 입력 하려면 범위를 지정하여 데이터를 입력한 후 바로 이어서 <Ctrl>+<Enter> 키를 눌러야 한다.

27 다음 중 날짜 데이터의 입력에 대한 설명으로 옳은 것은?

① 날짜는 1900년 1월 1일을 1로 시작하는 일련번호로 저장된다.
② 날짜 데이터는 슬래시(/)나 점(.) 또는 하이픈(-)으로 연, 월, 일을 구분하여 입력한다.
③ 수식에서 날짜 데이터를 직접 입력할 때에는 작은따옴표(")로 묶어서 입력한다.
④ 단축키 <Ctrl>+<Alt>+<;>을 누르면 오늘 날짜가 입력된다.

엑셀에서 날짜 데이터는 1900년 1월 1일을 1로 시작하는 일련번호로 저상된다.
날짜 데이터 입력 시 슬래시(/) 또는 하이픈(-)으로 연, 월, 일을 구분하여 입력해야 하며, <Ctrl>+<;> 키를 누르면 시스템 상의 오늘 날짜가 입력된다. 수식에서 날짜 데이터를 직접 입력할 때에는 큰따옴표("")로 묶어서 입력한다.

28 다음 중 아래 그림에서 바로 가기 메뉴 [삭제]의 삭제 옵션을 선택하여 실행한 결과로 가능하지 않은 것은?

	A	B
1	21	31
2	22	32
3	23	33
4	24	34
5	25	35

①

	A	B
1	21	31
2	32	
3	33	
4	34	
5	25	35

②

	A	B
1	21	31
2	25	32
3		33
4		34
5		35

③

	A	B
1	21	31
2		32
3		33
4		34
5	25	35

④

	A	B
1	31	
2	32	
3	33	
4	34	
5	35	

삭제 대화 상자에는 다음과 같이 4가지 옵션이 있다.

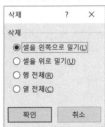

①번은 '셀을 왼쪽으로 밀기', ②번은 '셀을 위로 밀기', ④번은 '열 전체'를 선택 했을 때의 결과이다.

29 다음 중 매크로에 대한 설명으로 옳지 않은 것은?

① 매크로 기록 시 리본 메뉴에서의 탐색도 매크로 기록에 포함된다.
② 매크로 이름은 숫자나 공백으로 시작할 수 없다.
③ 매크로를 사용하면 반복적인 작업들을 빠르고 쉽게 실행할 수 있다.
④ 그래픽 개체에 매크로를 지정한 후 개체를 클릭하여 매크로를 실행할 수 있다.

매크로는 반복적인 작업들을 미리 등록해 두었다가 필요한 상황에서 빠르고 쉽게 실행할 수 있도록 하는 기능으로, 매크로 기록 시 리본 메뉴에서의 탐색은 매크로 기록에 포함되지 않는다.

30 다음 중 VBA에서 엑셀 프로그램은 종료하지 않고 현재 활성화된 통합 문서만 종료하기 위한 메서드는?

① ActiveWorkbook.Quit
② Application.Quit
③ Workbooks.Close
④ ActiveWindows.Close

Workbooks는 '통합 문서'를 뜻하고, Close는 '종료'를 위한 명령이다. 따라서 Workbooks.Close 명령은 현재 활성화된 통합문서를 종료하는 메서드이다.

31 아래 워크시트에서 순위[G2:G10]는 총점을 기준으로 구하되 동점자에 대해서는 국어를 기준으로 순위를 구하였다. 다음 중 [G2] 셀에 입력된 수식으로 옳은 것은?

	A	B	C	D	E	F	G
1	성명	국어	수학	영어	사회	총점	순위
2	홍길동	92	50	30	10	182	1
3	한미국	80	50	20	30	180	3
4	이대한	90	40	20	30	180	2
5	이나래	70	50	30	30	180	4
6	마상욱	80	50	30	10	170	7
7	박정인	90	40	20	20	170	6
8	사수영	70	40	30	30	170	8
9	고소영	85	40	30	20	175	5
10	장영수	70	50	10	5	135	9

① {=RANK.EQ($F2,$F$2:$F$10) + RANK.EQ($B$2,$B$2:$B$10)}
② {=RANK.EQ($B$2,$B$2:$B$10) * RANK.EQ($F2,$F$2:$F$10)}

③ {=RANK.EQ($F2,$F$2:$F$10) + SUM(($F$2:
$F$10=$F2) * ($B$2:$B$10 > $B2))}

④ {=SUM(($F$2:$F$10=$F2) * ($B$2:$B$10 >
$B2)) * RANK.EQ($F2, $F$2:$F$10)}

={❶+❷}

❶ RANK.EQ($F2,$F$2:$F$10)

❷ SUM(($F$2:$F$10=$F2)*($B$2:$B$10 > $B2))

----

❶ '총점'을 기준으로 순위를 구하여 표시한다.
　: 만약 동률이 나오는 경우 '국어' 점수가 높은 값이 상위 순위가
　되어야 한다.

❷ '총점' 점수가 같으면서 '국어' 점수가 비교값보다 높으면 '1'을 더
한다.
　: 배열 수식에서 (조건)*(조건)으로 지정하면 AND 조건이 되고,
　(조건)+(조건)으로 지정하면 OR 조건이 된다. 해당 문제는 '총점'
　과 '국어'가 AND 조건으로 적용되어야 하기 때문에 '*'를 사용해
　야 한다.

---

32 아래 시트와 같이 원본값에 LEFT(원본값,2) 함수를 적용하여 추출값을 뽑아낸 후 추출값들의 합계를 계산하려고 한다. 다음 중 이를 위한 계산 방법으로 옳지 않은 것은?

	A	B
1	원본값	추출값
2	10개	10
3	23개	23
4	15개	15
5	09개	09
6	24개	24
7	합계	

① =SUMPRODUCT(1*(B2:B6))

② =SUM(VALUE(B2), VALUE(B3), VALUE(B4),
VALUE(B5), VALUE(B6))

③ =SUMPRODUCT(++(B2:B6))

④ =SUMPRODUCT(--(B2:B6))

SUMPRODUCT 함수의 경우 텍스트 형식의 데이터를 숫자로 변환
하여 계산하려면 배열 앞에 '1*', '0+', '--'를 붙여주면 된다.
VALUE 함수는 텍스트 형식의 값을 숫자 형식으로 변환해주는 함수
이다.

---

33 다음 중 [A13] 셀에 수식 '=INDEX((A1:C6, A8:C11), 2, 2, 2)'를 입력한 결과는?

	A	B	C	D	E	F
	SUM				fx	=INDEX((A1:C6,A8:C11),2,2,2)
1	과일	가격	개수			
2	사과	690	40			
3	바나나	340	38			
4	레몬	550	15			
5	오렌지	250	25			
6	배	590	40			
7						
8	아몬드	2800	10			
9	캐슈넛	3550	16			
10	땅콩	1250	20			
11	호두	1750	12			
12						
13	=INDEX((A1:C6,A8:C11),2,2,2)					
14						

① 690　② 340　③ 2,800　④ 3,550

INDEX는 지정된 범위 내에서 행과 열이 교차되는 지점의 값을 찾아
표시하는 함수로서 인수는 'INDEX(범위, 행 번호, 열 번호, 참조 영역
번호)'와 같다.
이를 해당 수식에 적용해보면 '=INDEX((A1:C6, A8:C11), 2, 2, 2)'는
[A1:C6] 영역과 [A8:C11] 영역 중 2번째 구역인 [A8:C11] 영역 중 2
번째 행과 2번째 열이 교차되는 [B9] 셀의 값인 3550이 표시된다.

---

34 다음 중 수식의 결과가 나머지 셋과 다른 것은?

① =ABS(INT(-3/2))

② =MOD(-3,2)

③ =ROUNDUP(RAND(), 0)

④ =FACT(1.9)

=ABS(INT(-3/2))
-3/2 값보다 작은 정수를 구
하여 절대값으로 표시

=ABS(INT(-3/2))	
D	E
2	

=MOD(-3,2)
-3을 2로 나눈 나머지를 구
하여 표시

=MOD(-3,2)	
D	E
1	

=ROUNDUP(RAND(), 0)
0~1사이 임의 값을 정수로
올림하여 표시

=ROUNDUP(RAND(), 0)	
D	E
1	

=FACT(1.9)
1.9의 계승값을 구하여 표시

=FACT(1.9)	
D	E
1	

35 다음 중 Excel에서 리본 메뉴를 최소화하는 방법으로 옳지 않은 것은?

① 엑셀 창 오른쪽 위에 있는 '리본 메뉴 최소화 단추(⌃)'를 클릭한다.
② 단축키 <Alt>+<F1>을 누른다.
③ 리본 메뉴의 활성 탭 이름을 더블 클릭한다.
④ 리본 메뉴를 최소화하거나 원래 상태로 되돌리려면 단축키 <Ctrl>+<F1>을 누른다.

리본 메뉴 최소화 하는 방법
- 엑셀 창 오른쪽 위에 있는 '리본 메뉴 최소화 단추(⌃)'를 클릭한다.
- 리본 메뉴의 활성 탭 이름을 더블 클릭한다.
- <Ctrl>+<F1>을 누른다.

36 다음 중 아래 데이터를 이용하여 작성 가능한 차트 종류에 해당하지 않는 것은?

지역	A사	B사
동부	13%	39%
서부	35%	6%
남부	27%	27%
북부	25%	28%

① 분산형 차트
② 도넛형 차트
③ 영역형 차트
④ 주식형 차트

- 분산형 차트: XY 좌표로 이루어진 계열로 두 개의 숫자 그룹으로 표시하는 차트이며, 여러 종류의 데이터 값을 비교할 수 있다.
- 도넛형 차트: 원형 차트를 개선한 것으로 다양한 데이터 계열을 비교할 수 있다.
- 영역형 차트: 시간에 따라 값의 변화값을 비교할 때 사용한다.
- 주식형 차트: 주식의 거래량과 주가의 흐름을 파악하고자 할 때 사용하며, [거래량-시가]고가-저가-종가의 계열이 필요하기 때문에 최소한 3개 이상의 계열이 필요하다.

37 다음 중 엑셀 작업 중에 발생할 수 있는 만일의 사태에 대비하고 파일을 복구하기 위한 방법으로 옳지 않은 것은?

① 현재 작업 중인 파일의 백업 파일이 생성되도록 [다른 이름으로 저장] 대화상자의 [도구]-[일반 옵션]에서 '백업 파일 항상 만들기'를 체크한다.
② 자동 복구를 활성화하여 파일이 원하는 주기마다 자동 저장되도록 설정한다.
③ 자동 복구를 활성화한 경우 [검토] 탭 [정보]-[버전관리]에서 작업 중인 파일의 이전 버전을 검토할 수 있다.
④ 저장하지 않고 닫은 파일을 복구하려면 [Excel 옵션]창의 [저장]에서 '저장하지 않고 닫는 경우 마지막으로 자동 저장된 버전을 유지합니다.' 확인란이 선택되어 있어야 한다.

[검토] 탭에 [정보]-[버전관리] 메뉴가 존재하지 않으며, 작업 중인 파일의 이전 버전을 확인하고 복구하려면 [파일] 탭의 [정보] 영역을 확인해야 한다.

38 다음 중 아래의 <수정 전> 차트를 <수정 후> 차트로 변경하기 위한 작업으로 옳은 것은?

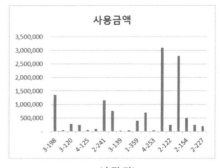

〈수정 전〉

〈수정 후〉

① 차트의 종류를 누적 세로 막대형으로 바꾼다.
② 세로 (값) 축의 표시 단위를 '10000000'으로 설정한다.
③ 세로 (값) 축의 [축 서식]에서 축 옵션 '값을 거꾸로'를 선택한다.
④ 세로 (값) 축의 [축 서식]에서 축 옵션 '로그 눈금 간격'의 기준을 '10'으로 설정한다.

<수정 후> 차트를 살펴보면 세로(값) 축의 눈금 간격이 10배씩 증가되고 있다. 해당 차트는 세로 (값) 축의 [축 서식]에서 축 옵션 '로그 눈금간격'의 기준이 '10'으로 설정되어 있다.

39 다음 중 오피스 2016의 [인쇄 미리 보기 및 인쇄]에 대한 설명으로 옳지 않은 것은?

① 인쇄 미리 보기를 끝내고 통합 문서로 돌아가려면 [Esc] 키를 누른다.

② 인쇄 및 미리 보기 할 대상을 선택 영역, 활성 시트, 전체 통합 문서 중 선택할 수 있다.

③ 페이지 여백 표시는 가능하나 페이지 여백의 변경은 [페이지 설정] 대화 상자에서만 설정할 수 있다.

④ 용지 방향을 가로 방향과 세로 방향으로 바꿔가며 미리 보기 할 수 있다.

==== 오피스 2016 버전에 따라 변형한 문제입니다.====

'인쇄 미리 보기 및 인쇄' 상태에서도 페이지 여백 설정이 가능하다. '마지막 사용자 지정 여백 설정', '기본(보통 여백)', '넓게', '좁게' 4가지 옵션 중 하나를 선택할 수 있으며, 값을 직접 입력하여 여백을 변경하려면 [페이지 설정] 대화 상자의 [여백] 탭을 이용해야 한다.

40 다음 중 워크시트의 인쇄 영역 설정에 대한 설명으로 옳지 않은 것은?

① 인쇄 영역은 리본 메뉴 [페이지 레이아웃] 탭이나 [페이지 설정] 대화 상자의 [시트] 탭에서 설정할 수 있다.

② 인쇄 영역을 설정했더라도 인쇄 시 활성 시트 전체가 인쇄되도록 설정할 수 있다.

③ 여러 시트에서 원하는 영역을 추가하여 인쇄 영역을 확대할 수 있다.

④ 여러 영역이 인쇄 영역으로 설정된 경우 설정한 순서대로 각기 다른 페이지에 인쇄된다.

인쇄 영역 설정은 여러 시트에서 추가할 수는 없고, 하나의 시트에서만 가능하다.

3과목 데이터베이스 일반

41 다음 중 매크로에 대한 설명으로 옳지 않은 것은?

① 매크로를 한 단계 씩 이동하면서 매크로의 흐름과 각 동작에 대한 정보를 확인할 수 있다.

② Access의 매크로는 작업을 자동화하고 양식, 보고서 및 컨트롤에 기능을 추가할 수 있게 해주는 도구이다.

③ 이미 매크로에 추가한 작업을 반복해야 하는 경우 매크로 동작을 복사하여 붙여 넣으면 된다.

④ 각 매크로는 하위 매크로를 포함할 수 없다.

각 매크로는 하위 매크로를 포함할 수 있다.

42 다음 중 아래의 이벤트 프로시저에서 [Command1] 단추를 클릭했을 때의 실행 결과로 옳은 것은?

```
Private Sub Commnad1_Click( )
    DoCmd.OpenForm "사원정보",acNormal
    DoCmd.GoToRecord , ,acNewRec
End Sub
```

① [사원정보] 테이블이 열리고, 가장 마지막 행의 새 레코드에 포커스가 표시된다.

② [사원정보] 폼이 열리고, 첫 번째 레코드의 가장 왼쪽 컨트롤에 포커스가 표시된다.

③ [사원정보] 폼이 열리고, 마지막 레코드의 가장 왼쪽 컨트롤에 포커스가 표시된다.

④ [사원정보] 폼이 열리고, 새 레코드를 입력할 수 있도록 비워진 폼이 표시된다.

❶ DoCmd.OpenForm "사원정보",acNormal
❷ DoCmd.GoToRecord , ,acNewRec
----
❶ [사원정보] 폼을 폼 보기 상태로 연다.
❷ 새 레코드를 입력할 수 있도록 빈 레코드로 커서가 이동된다.

43 다음 중 데이터 중복성에 대한 설명으로 옳지 않은 것은?

① 중복으로 인한 데이터 불일치 시 일관성을 잃게 된다.
② 중복된 값에 대해 같은 수준의 데이터 보안이 유지되어야 한다.
③ 중복이 많아질수록 갱신 비용이 높아질 수 있다.
④ 제어가 분산되어 데이터 무결성을 유지하기 쉬워진다.

데이터가 중복되면 제어가 분산되어 데이터 무결성을 유지하기 어려워진다. 네이터베이스는 중복을 최소화해야 데이터 무결성을 유지하기가 쉬워진다.

44 다음 중 관계 데이터 모델에 대한 설명으로 옳지 않은 것은?

① 애트리뷰트가 취할 수 있는 같은 타입의 모든 원자 값들의 집합을 도메인이라 한다.
② 관계형 데이터베이스에서 릴레이션은 데이터들을 표(table) 형태로 표현한 것이다.
③ 속성들로 구성된 튜플들 사이에는 순서가 없다.
④ 애트리뷰트는 널(null) 값을 가질 수 없다.

기본키(Primary Key)에 해당하는 속성(Attribute)은 널(Null) 값을 가질 수 없지만, 애트리뷰트는 널(Null) 값을 가질 수 있다.

45 다음 중 보고서에서 원본 데이터로 테이블이나 쿼리를 선택하기 위한 속성은?

① ODBC 데이터 원본
② 레코드 원본
③ OLE DB 원본
④ 컨트롤 원본

레코드 원본은 보고서 또는 폼에서 사용할 원본 데이터를 설정하기 위한 속성으로 테이블이나 쿼리 등을 원본으로 설정한다.

46 다음 중 보고서의 그룹화에 대한 설명으로 옳지 않은 것은?

① 그룹 머리글과 그룹 바닥글에는 그룹별 요약 정보를 삽입할 수 있다.
② 그룹화 기준이 되는 필드는 데이터가 정렬되어 표시된다.
③ 보고서 마법사를 이용하여 기본적인 그룹화 보고서를 작성할 수 있다.
④ 그룹화 기준은 한 개의 필드로만 지정할 수 있다.

그룹화 기준은 식 또는 필드를 기준으로 최대 10개까지 지정할 수 있다.

47 다음 중 보고서의 그룹 바닥글 구역에 '=COUNT(*)'를 입력했을 때 출력되는 결과로 옳은 것은?

① Null 필드를 포함한 그룹별 레코드 개수
② Null 필드를 포함한 전체 레코드 개수
③ Null 필드를 제외한 그룹별 레코드 개수
④ Null 필드를 제외한 전체 레코드 개수

'=COUNT(*)'과 같이 수식을 작성하면 Null을 포함한 레코드의 개수를 표시하고, '=COUNT(필드명)'과 같이 수식을 작성하면 Null을 제외한 레코드의 개수를 표시한다.
문제에서는 수식이 그룹 바닥글 구역에 입력되어 있기 때문에 출력되는 결과는 'Null 필드를 포함한 그룹별 레코드 개수'가 된다.

48 다음 중 보고서의 각 구역에 대한 설명으로 옳지 않은 것은?

① '페이지 머리글'은 인쇄 시 모든 페이지의 맨 위에 출력되며, 모든 페이지에 특정 내용을 반복하려는 경우 사용한다.
② '보고서 머리글'은 보고서의 맨 앞에 한 번 출력되며, 함수를 이용한 집계정보를 표시할 수 없다.
③ '그룹 머리글'은 각 새 레코드 그룹의 맨 앞에 출력되며, 그룹 이름이나 그룹별 계산결과를 표시할 때 사용한다.
④ '본문'은 레코드 원본의 모든 행에 대해 한 번씩 출력되며, 보고서의 본문을 구성하는 컨트롤이 추가된다.

'보고서 머리글'은 보고서의 맨 앞에 한 번 출력되며, 보고서의 제목이나 출력 날짜 등을 표시할 수 있는 구역이다. 해당 구역에서 SQL 집계 함수를 이용하여 정보를 표시할 수 있다.

49 [평균성적] 테이블에서 '평균' 필드 값이 90 이상인 학생들을 검색하여 '학년' 필드를 기준으로 내림차순, '반' 필드를 기준으로 오름차순 정렬하여 표시하고자 한다. 다음 중 아래 SQL문의 각 괄호 안에 넣을 예약어로 옳은 것은?

SELECT 학년, 반, 이름
FROM 평균성적
WHERE 평균>=90
(㉠) 학년 (㉡) 반 (㉢)

① ㉠ GROUP BY ㉡ DESC ㉢ ASC
② ㉠ GROUP BY ㉡ ASC ㉢ DESC
③ ㉠ ORDER BY ㉡ DESC ㉢ ASC
④ ㉠ ORDER BY ㉡ ASC ㉢ DESC

GROUP BY: 그룹화를 위한 명령어
ORDER BY: 정렬을 위한 명령어
정렬방식: ASC(오름차순), DESC(내림차순)
ORDER BY [필드명] 정렬방식;

50 다음 중 요약 데이터를 보다 쉽게 이해할 수 있도록 합계, 평균 등의 집계 함수를 계산한 다음 데이터시트의 측면과 위쪽에 두 세트의 값으로 그룹화하는 쿼리 유형은?

① 선택 쿼리
② 크로스탭 쿼리
③ 통합 쿼리
④ 업데이트 쿼리

합계나 평균 등의 집계 함수로 계산하고 데이터시트의 측면과 위쪽에 두 세트의 머리글로 그룹화하는 것으로 엑셀에서의 피벗 테이블과 유사한 것은 '크로스탭 쿼리'이다.

51 다음 중 아래 SQL 문에 대한 설명으로 옳은 것은?

UPDATE 학생 SET 주소='서울'
WHERE 학번=100;

① [학생] 테이블에 주소가 '서울'이고 학번이 100인 레코드를 추가한다.
② [학생] 테이블에서 주소가 '서울'이고 학번이 100인 레코드를 검색한다.

③ [학생] 테이블에서 학번이 100인 레코드의 주소를 '서울'로 갱신한다.
④ [학생] 테이블에서 주소가 '서울'인 레코드의 학번을 100으로 갱신한다.

❶ UPDATE 학생 SET 주소='서울'
❷ WHERE 학번=100;

52 다음 중 각 데이터 형식에 맞는 쿼리의 조건식으로 옳지 않은 것은?

① 숫자 데이터 형식인 경우: >=2000 AND <=4000
② 날짜 데이터 형식인 경우: < "2019-07-17"
③ 문자 데이터 형식인 경우: < > "성북구"
④ 문자 데이터 형식인 경우: In ("서울","부산")

데이터 형식별 조건식 작성 방법
- 숫자 데이터: 구분 없이 사용
ex) >=2000 And <=4000, Between 2000 And 4000
- 날짜 데이터: 양쪽을 #으로 묶어서 구분
ex) <#2019-07-17#
- 문자 데이터: 양쪽을 큰따옴표("")로 묶어 구분
ex) <>"성북구", In("서울","부산")

53 다음 중 두 테이블의 조인된 필드가 일치하는 행만 포함하여 보여주는 조인 방법은?

① 간접 조인   ② 내부 조인
③ 외부 조인   ④ 중복 조인

두 테이블에서 공통적으로 존재하는 레코드(행)만 포함하는 것은 내부 조인(INNER JOIN)이다.

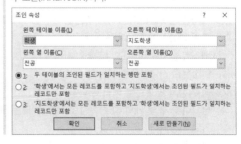

54 다음 중 Access의 기본 키에 대한 설명으로 옳지 않은 것은?

① 기본키는 테이블의 [디자인 보기] 상태에서 설정할 수 있다.

② 기본키로 설정된 필드에는 널(NULL) 값이 허용되지 않는다.

③ 기본키로 설정된 필드에는 항상 고유한 값이 입력되도록 자동으로 확인된다.

④ 관계가 설정되어 있는 테이블에서 기본키 설정을 해제하면 해당 테이블에 설정된 관계도 삭제된다.

관계가 설정되어 있는 테이블의 기본키는 설정을 해제할 수 없다. 만약 기본키 설정을 해제하려면 먼저 관계 설정을 해제해야 한다.

55 다음 중 '일련번호' 데이터 형식에 관한 설명으로 옳지 않은 것은?

① 새로운 레코드 추가 시 자동으로 번호가 부여된다.

② 해당 데이터 필드에 값이 입력되면 일련번호는 수정할 수 없다.

③ 삭제된 일련번호는 다시 부여되지 않는다.

④ 일련번호 형식의 필드 크기는 변경할 수 없다.

일련번호 형식의 특징
- 새 레코드가 추가될 때 1부터 시작하는 정수가 자동 입력된다.
- 한 번 지정된 번호는 다시 지정되지 않으며, 수정 및 삭제가 불가능하다.
- 기본적으로 필드 크기는 정수(Long)의 4바이트 형태이다.

56 다음 중 폼 작성 시 사용하는 컨트롤에 대한 설명으로 옳지 않은 것은?

① 레이블 컨트롤은 제목이나 캡션 등의 설명 텍스트를 표현하기 위해 많이 사용된다.

② 텍스트 상자는 바운드 컨트롤로 사용할 수 있으나 언바운드 컨트롤로는 사용할 수 없다.

③ 목록 상자 컨트롤은 여러 개의 데이터 행으로 구성되며 대개 몇 개의 행을 항상 표시할 수 있는 크기로 지정되어 있다.

④ 콤보 상자 컨트롤은 선택 항목 목록을 보다 간단한 방식으로 나타내기 위해 드롭다운 화살표를 클릭하기 전까지는 목록이 숨겨져 있다.

텍스트 상자는 기본적으로 언바운드 컨트롤로 만들어지고, '컨트롤 원본' 속성에 원본 데이터를 바운드 시키거나 함수를 사용하여 데이터를 표시할 수 있다.

57 다음 중 [학생] 테이블의 'S_Number' 필드 레이블이 [데이터시트 보기] 상태에서는 '학번'으로 표시하고자 할 때 설정해야 할 항목은?

① 형식   ② 캡션

③ 스마트 태그   ④ 입력 마스크

- 형식: 데이터가 표시되는 방법을 설정하는 것으로 미리 지정된 형식에서 선택하거나 사용자 지정 기호를 이용하여 형식을 만들 수 있다.
- 캡션: [보기] 상태에서 필드 이름을 대신하여 제목 표시줄에 표시될 텍스트를 지정한다.
- 입력 마스크: 필드에 데이터를 입력할 때 입력 방식을 지정한다.

58 다음 중 폼에서 < Tab > 키를 누를 때 특정 컨트롤에는 포커스가 이동하지 않도록 하기 위한 방법은?

① '탭 인덱스' 속성을 '0'으로 설정한다.

② '탭 정지' 속성을 '예'로 설정한다.

③ '탭 인덱스' 속성을 '-1'로 설정한다.

④ '탭 정지' 속성을 '아니오'로 설정한다.

'탭 정지' 속성을 '아니오'로 설정하면 <Tab> 키를 누를 때 해당 컨트롤에는 포커스가 이동되지 않는다.

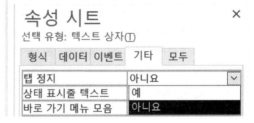

59 다음 중 폼 작성에 대한 설명으로 옳지 않은 것은?

① 컨트롤 마법사를 사용하여 폼을 닫는 매크로 함수를 실행하는 '명령 단추'를 삽입할 수 있다.

② 폼에서 연결된 테이블의 레코드를 삭제한 경우 영구적인 작업이므로 되돌릴 수 없다.

③ 폼에 컨트롤을 삽입하면 탭 순서가 위에서 아래로, 왼쪽에서 오른쪽 순으로 자동 지정된다.

④ 폼 디자인 도구를 이용하여 여러 컨트롤의 크기와 간격을 일정하게 설정할 수 있다.

폼에 컨트롤을 삽입하면 만들어진 순서대로 탭 순서가 정해진다. [탭 순서] 대화 상자에서 [자동 순서]를 클릭하면 화면상의 위에서 아래, 왼쪽에서 오른쪽 방향으로 탭 순서가 설정된다.

60 다음 중 폼에 대한 설명으로 옳지 않은 것은?

① 모든 폼은 기본적으로 테이블이나 쿼리와 연결되어 표시되는 바운드 폼이다.

② 폼 내에서 단추를 눌렀을 때 매크로와 모듈이 특정 기능을 수행하도록 할 수 있다

③ 일 대 다 관계에 있는 테이블이나 쿼리는 폼 안에 하위 폼을 작성할 수 있다.

④ 폼과 컨트롤의 속성은 [디자인 보기] 형식에서 [속성시트]를 이용하여 설정한다.

폼을 작성하면 기본적으로 언바운드 된 폼이 만들어진다. 이후 폼의 '레코드 원본' 속성에 테이블이나 쿼리 등을 원본 데이터로 지정하여 바운드된 폼으로 사용할 수 있다.

√ **정답**

01	02	03	04	05	06	07	08	09	10
④	④	①	④	③	③	③	④	④	④
11	12	13	14	15	16	17	18	19	20
④	②	②	①	②	①	②	④	③	④
21	22	23	24	25	26	27	28	29	30
②	①	①	②	③	③	①	③	①	③
31	32	33	34	35	36	37	38	39	40
③	③	④	①	②	④	③	④	③	③
41	42	43	44	45	46	47	48	49	50
④	④	④	④	②	④	①	②	③	②
51	52	53	54	55	56	57	58	59	60
③	②	②	④	④	②	②	④	③	①

01 다음 중 컴퓨터 시스템에서 사용하는 가상기억장치(Virtual memory)에 대한 설명으로 옳지 않은 것은?

① 보조기억장치 같은 큰 용량의 기억 장치를 주기억 장치처럼 사용하는 개념이다.
② 주기억장치의 용량보다 큰 프로그램의 실행을 가능하게 한다.
③ 주소 매핑(mapping)이라는 작업이 필요하다.
④ 주기억장치의 접근 시간을 최소화하여 시스템의 처리 속도가 빨라진다.

④번은 캐시 메모리에 관한 설명이다. 캐시 메모리는 주기억장치의 접근 시간을 최소화하여 시스템의 처리 속도를 높인다.

02 다음 중 멀티미디어에 대한 설명으로 옳지 않은 것은?

① 멀티미디어와 관련된 표준안은 그래픽, 오디오, 문서 등 매우 다양하다.
② 대표적인 정지화상 표준으로는 손실, 무손실 압축 기법을 다 사용할 수 있는 JPEG과 무손실 압축 기법을 사용하는 GIF가 있다.
③ MPEG은 Intel사가 개발한 동영상 압축 기술로 용량이 작고, 음질이 뛰어나다.
④ 스트리밍이 지원되는 파일 형식은 ASF, WMV, RAM 등이 있다.

MPEG는 동영상 압축 기술에 대한 국제 표준 규격으로서 동영상뿐만 아니라 오디오 압축도 가능하다.
Intel에서 개발한 동영상 압축 기술은 DVI이고, 용량이 작고, 음질이 뛰어난 것은 ASF이다.

03 다음 중 컴퓨터에서 사용하는 EBCDIC 코드에 대한 설명으로 옳지 않은 것은?

① 확장 이진화 10진 코드로 BCD 코드를 확장한 것이다.
② 특수 문자 및 소문자 표현이 가능하다.
③ 4비트의 존 부분과 4비트의 디지트 부분으로 구성된다.
④ 최대 64개의 문자 표현이 가능하다.

- BCD 코드: 6비트로 구성되어 64가지의 문자를 표현할 수 있고, 영문 소문자를 표현하지 못한다.
- EBCDIC 코드: 표준 이진화 10진 코드를 확장한 코드로 8비트로 구성되어 256가지의 문자를 표현할 수 있다.

04 다음 멀티미디어 용어 중 선택된 두 개의 이미지에 대해 하나의 이미지가 다른 이미지로 자연스럽게 변화하도록 하는 특수 효과를 뜻하는 것은?

① 렌더링(Rendering)
② 안티앨리어싱(Anti-Aliasing)
③ 모핑(Morphing)
④ 블러링(Bluring)

① 렌더링(Rendering): 3차원 이미지에 색이나 음영을 주어 입체감과 사실감을 더해 주는 것이다.
② 안티앨리어싱: 이미지의 가장 자리가 톱니 모양으로 표현되는 계단 현상을 없애기 위해 경계선을 부드럽게 하는 것이다.
④ 블러링(Bluring): 이미지가 선명하지 않도록 뿌옇게 만들어 주는 것이다.

05 다음 중 컴퓨터 통신과 관련하여 P2P 방식에 관한 설명으로 옳은 것은?

① 인터넷에서 이루어지는 개인 대 개인의 파일 공유를 위한 기술이다.
② 인터넷을 통해 MP3를 제공해 주는 기술 및 서비스이다.
③ 인터넷을 통해 동영상을 상영해 주는 기술 및 서비스이다.
④ 여러 사용자가 동시에 온라인 게임을 할 수 있도록 제공해 주는 기술이다.

P2P(동배간처리, Peer-To-Peer): 인터넷에서 개인과 개인의 컴퓨터가 동등하게 연결되어 파일을 공유하는 것을 말한다.

06 다음 중 소스 코드까지 제공되어 사용자들이 자유롭게 수정하거나 변경할 수 있는 소프트웨어를 의미하는 것은?

① 주문형 소프트웨어(Customized software)
② 오픈 소스 소프트웨어(Open source software)
③ 쉐어웨어(Shareware)
④ 프리웨어(Freeware)

① 주문형 소프트웨어(Customized software): 컴퓨터에 설치하지 않고 필요할 때마다 인터넷에 접속하여 사용하는 프로그램
③ 쉐어웨어(Shareware): 기능 또는 사용 기간에 제한을 두어 무료로 배포하는 프로그램
④ 프리웨어(Freeware): 무료로 배포 및 사용이 가능한 프로그램

07 다음 중 바탕 화면의 바로 가기 메뉴 [개인 설정]을 선택하여 설정할 수 있는 작업에 대한 설명으로 옳지 않은 것은?

① 바탕 화면의 배경, 창 색, 소리 등을 한 번에 변경할 수 있는 테마를 선택할 수 있다.
② 바탕 화면의 배경 이미지를 변경할 수 있다.
③ 바탕 화면에 시계, 일정, 날씨 등과 같은 가젯을 표시 하도록 설정할 수 있다.
④ 화면 보호기를 설정할 수 있다.

[개인 설정]을 사용하여 설정할 수 있는 항목은 다음과 같다. 가젯 기능은 한글 Windows 10버전에서는 사용할 수 없다.

개인 설정
배경 / 글꼴 / 색 / 시작 / 잠금 화면 / 작업 표시줄 / 테마

08 다음 중 한글 Windows에서 <Ctrl> 키를 사용해야 하는 작업으로 옳지 않은 것은?

① 마우스와 함께 사용하여 같은 드라이브 내의 다른 폴더로 파일이나 폴더를 복사할 때
② 마우스와 함께 사용하여 비연속적인 위치에 있는 여러 파일이나 폴더를 동시에 선택할 때
③ 마우스와 함께 사용하여 다른 드라이브로 파일을 이동시킬 때
④ <Esc> 키와 함께 사용하여 시작 메뉴를 표시하고자 할 때

다른 드라이브로 파일을 이동시킬 때는 마우스와 함께 <Shift> 키를 누른다.

09 다음 중 파일의 바로 가기 메뉴 [연결 프로그램]에 대한 설명으로 옳지 않은 것은?

① 문서나 그림 같은 데이터 파일을 더블 클릭할 때 자동으로 실행되는 응용 프로그램을 의미한다.
② 파일의 바로 가기 메뉴에서 [연결 프로그램]을 선택하면 연결 프로그램을 변경할 수 있다.
③ 연결 프로그램이 지정되지 않았을 경우 데이터 파일을 더블 클릭하면 연결 프로그램을 선택하기 위한 대화 상자가 표시된다.
④ [연결 프로그램] 대화상자에서 연결 프로그램을 삭제하면 연결된 데이터 파일도 함께 삭제된다.

[연결 프로그램] 대화상자에서 연결 프로그램을 삭제하면 연결 프로그램과 관련 정보만 삭제되고 연결된 파일은 그대로 유지된다.

10 다음 중 인터넷 서비스와 관련하여 FTP(File Transfer Protocol)에 관한 설명으로 옳지 않은 것은?

① 컴퓨터와 컴퓨터 사이에 파일을 주거나 받을 수 있는 원격 파일 전송 프로토콜이다.
② FTP 프로그램을 이용하여 FTP 서버에 파일을 전송하거나 수신하고, 파일의 삭제 및 이름 바꾸기 등을 할 수 있다.
③ Anonymous FTP는 FTP 서버에 계정이 없는 익명의 사용자도 접속하여 사용할 수 있는 서비스이다.
④ 그림, 동영상, 실행 파일, 압축 파일 등은 ASCII 모드로 전송한다.

FTP를 이용하여 파일을 송·수신 하는 경우 다음과 같이 두 가지의 모드를 사용한다.
- Binary모드: 그림 파일, 동영상 파일, 압축된 형태의 파일 등을 전송
- ASCII모드: 텍스트 파일 전송

11 다음 중 한글 Windows에서 하드 디스크에 적용하는 [오류 검사]에 관한 설명으로 옳지 않은 것은?

① 하드 디스크 자체의 물리적 오류를 찾아서 복구하므로 완료하는 데 시간이 더 오래 걸릴 수 있다.
② 하드 디스크 드라이브를 검사하는 동안에도 드라이브를 계속 사용할 수 있다.
③ 하드 디스크 문제로 인하여 컴퓨터 시스템이 오작동하는 경우나 바이러스의 감염을 예방할 수 있다.
④ 하드 디스크의 [속성] 창 [도구] 탭에서 오류 검사를 실행할 수 있다.

디스크 [오류 검사]는 하드 디스크의 물리적 오류를 검사하고, 복구 가능한 부분은 복구해 주는 기능으로 바이러스 예방과는 무관하다.

12 다음 중 웹 프로그래밍 언어인 JSP에 대한 설명으로 옳지 않은 것은?

① 웹 서버에서 동적으로 웹 브라우저를 관리하는 스크립트언어이다.

② 웹 환경에서 작동되는 웹 어플리케이션을 개발할 수 있다.

③ JAVA 언어를 기반으로 하여 윈도우즈 운영체제에서만 실행이 가능하다.

④ HTML 문서 내에서는 <% … %> 와 같은 형태로 작성된다.

JSP는 자바로 만들어진 서버 스크립트로 다양한 운영체제에서 사용 가능하다. MicroSoft에서 개발하였으며 Windows 계열의 운영체제에서만 사용 가능한 것은 ASP이다.

13 다음 중 한글 Windows에 설치된 기본 프린터에 관한 설명으로 옳지 않은 것은?

① 프로그램에서 사용할 프린터를 지정하지 않고 인쇄 명령을 내렸을 때 컴퓨터가 자동으로 문서를 보내는 프린터이다.

② 여러 개의 프린터가 설치된 경우 네트워크 프린터와 로컬 프린터 각각 1대씩을 기본 프린터로 설정할 수 있다.

③ 현재 설정되어 있는 기본 프린터를 다른 프린터로 변경할 수 있다.

④ 기본 프린터로 설정된 프린터도 삭제할 수 있다.

여러 개의 프린터가 설치된 경우 네트워크 프린터와 로컬 프린터 구분 없이 하나만 지정할 수 있으며, 현재 설정되어 있는 기본 프린터를 해제하려면 다른 프린터를 기본 프린터로 설정하면 된다.

14 다음 중 컴퓨터의 계산 속도 단위가 느린 것에서 빠른 순서대로 옳게 나열된 것은?

① ms -> ns -> ps -> μs

② ps -> ns -> ms -> μs

③ μs -> ms -> ns -> ps

④ ms -> μs -> ns -> ps

컴퓨터의 계산 속도 단위가 느린 것부터 빠른 것으로 나열하면 다음과 같다.
ms(milli second) → μs(micro second) → ns(nano second) → ps(pico second) → fs(femto second) → as(atto second)

15 다음 중 컴퓨터에서 중앙처리장치와 입출력장치 사이의 속도 차이로 인한 문제점을 해결해 주는 장치는?

① 레지스터(register)

② 인터럽트(interrupt)

③ 콘솔(console)

④ 채널(channel)

CPU와 입출력장치 사이의 속도 차이로 인해 발생되는 문제점을 해결하기 위한 장치는 채널(channel)이다.

16 다음 중 스마트폰을 모뎀처럼 활용하는 방법으로, 컴퓨터나 노트북 등의 IT 기기를 스마트폰에 연결하여 무선 인터넷을 사용할 수 있게 하는 기능은?

① 와이파이(WiFi)

② 블루투스(Bluetooth)

③ 테더링(Tethering)

④ 와이브로(WiBro)

① 와이파이(WiFi) : 무선접속장치가 설치된 일정 공간에서 무선인터넷의 사용이 가능한 근거리 무선 통신 기술

② 블루투스(Bluetooth) : 장치 간 양방향 정보 전송이 가능하도록 하는 근거리 무선 통신 기술

④ 와이브로(WiBro) : 무선 광대역 인터넷을 의미하며, 스마트 기기를 이용하여 언제 어디서나 정지 및 이동 중에 인터넷 접속이 가능한 서비스

17 다음 중 컴퓨터에 설치된 프린터에서 인쇄가 수행되지 않을 경우의 문제 해결 방법으로 옳지 않은 것은?

① 프린터 케이블의 연결 상태가 정상인지 확인한다.

② 프린터의 기종과 프린터의 등록정보가 올바르게 설정되어 있는지 확인한다.

③ 프린터의 스풀 공간이 부족하여 에러가 발생한 경우에는 하드 디스크에서 스풀 공간을 확보한다.

④ CMOS 셋업에서 프린터의 설정이 제대로 되어 있는지 시험 인쇄를 하여 확인한다.

CMOS 셋업은 컴퓨터 부팅 시 필요한 하드웨어의 정보들을 담고 있는 공간으로 프린터와는 관련이 없다.

18 다음 중 한글 Windows에서 [방화벽]이 수행하는 작업에 관한 설명으로 옳지 않은 것은?

① 권한이 없는 사용자가 네트워크를 통해 컴퓨터에 액세스하는 것을 방지한다.

② 특정 연결 요청을 차단하거나 차단 해제하기 위해 사용자의 허가를 요청한다.

③ 사용자가 원할 경우 기록을 만들어 컴퓨터에 대해 성공한 연결 시도와 실패한 연결 시도를 기록한다.

④ 위험한 첨부 파일이 있는 전자 메일을 사용자가 열지 못하게 한다.

방화벽은 외부의 불법 침입으로부터 내부의 정보 자산을 보호하고, 외부로부터의 유해 정보 유입을 차단하기 위한 정책 또는 이를 지원하는 하드웨어 및 소프트웨어이다. 따라서 바이러스가 포함된 파일인지 확인할 수는 없고, 해당 여부는 보안 프로그램의 실시간 감시 기능 또는 검사 기능을 이용해야 한다.

19 다음 중 정보 보안을 위협하는 분산 서비스 거부 공격에 관한 설명으로 옳은 것은?

① 네트워크 주변을 돌아다니는 패킷을 엿보면서 계정과 패스워드를 알아내는 행위

② 검증된 사람이 네트워크를 통해 데이터를 보낸 것처럼 데이터를 변조하여 접속을 시도하는 행위

③ 여러 장비를 이용하여 특정 서버에 대량의 데이터를 집중적으로 전송하여 정상적인 기능을 방해하는 행위

④ 키보드의 키 입력시 캐치 프로그램을 사용하여 ID나 암호 정보를 빼내는 행위

분산 서비스 거부 공격(DDos)는 여러 대의 장비를 이용하여 특정 서버에 대량의 데이터를 집중적으로 전송함으로써 서버의 정상적인 동작을 방해하는 행위를 말한다.
①번은 스니핑(Sniffing), ②번은 스푸핑(Spoofing), ④번은 키로거(Key Logger)에 대한 설명이다.

20 다음 중 컴퓨터의 CMOS에서 설정할 수 있는 항목으로 옳지 않은 것은?

① 시스템 날짜와 시간

② 칩셋 설정

③ 부팅 순서

④ Windows 로그인 암호 변경

CMOS 설정할 수 있는 항목으로는 시스템의 날짜와 시간, 하드디스크 타입, 부팅 순서, 칩셋 설정, 전원 관리, PNP 설정, 시스템 암호 설정 등이 있다.

2과목 ▶ 스프레드시트 일반

21 다음 중 셀에 수식을 입력하는 방법에 대한 설명으로 옳지 않은 것은?

① 수식에서 통합 문서의 여러 워크시트에 있는 동일한 셀 범위 데이터를 이용하려면 3차원 참조를 사용한다.

② 계산할 셀 범위를 선택하여 수식을 입력한 후 <Ctrl> + <Enter> 키를 누르면 선택한 영역에 수식을 한 번에 채울 수 있다.

③ 수식을 입력한 후 결과값이 수식이 아닌 상수로 입력되게 하려면 수식을 입력한 후 바로 <Alt> + <F9> 키를 누른다.

④ 배열 상수에는 숫자나 텍스트 외에 'TRUE', 'FALSE' 등의 논리값 또는 '#N/A'와 같은 오류 값도 포함될 수 있다.

셀에 수식을 입력한 후 수식의 결과가 수식인 아닌 상수로 입력되게 하려면 수식을 입력한 후 바로 <F9> 키를 누른다.

22 아래 워크시트에서 일자[A2:A7], 제품명[B2:B7], 수량[C2:C7], [A9:C13] 영역을 이용하여 금액[D2:D7]을 배열수식으로 계산하고자 한다. 다음 중 [D2] 셀에 입력된 수식으로 옳은 것은? (단, 금액은 단가*수량으로 계산하며, 단가는 [A9:C13] 영역을 참조하여 구함)

	A	B	C	D
1	일자	제품명	수량	금액
2	10월 03일	허브차	35	52,500
3	10월 05일	아로마비누	90	270,000
4	10월 05일	허브차	15	22,500
5	11월 01일	아로마비누	20	80,000
6	11월 20일	허브차	80	160,000
7	11월 30일	허브차	90	180,000
8				
9	제품명	월	단가	
10	허브차	10	1,500	
11	허브차	11	2,000	
12	아로마비누	10	3,000	
13	아로마비누	11	4,000	

① {=INDEX($C$10:$C$13, MATCH(MONTH(A2)&B2, $B$10:$B$13&$A$10:$A$13, 0)) *C2}

② {=INDEX($C$10:$C$13, MATCH(MONTH(A2)&B2, $A$10:$A$13,$A$10:$A$13, 0)) *C2}

③ {=INDEX($C$10:$C$13, MATCH(MONTH(A2),B2, $B$10:$B$13&$A$10:$A$13, 0)) *C2}

④ {=INDEX($C$10:$C$13, MATCH(MONTH(A2),B2, $A$10:$A$13&$B$10:$B$13, 0)) *C2}

해당 문제는 배열 수식을 사용하여 일자와 제품명에 맞춰 단가를 찾아 수량과의 곱을 계산하는 문제이다.
1) INDEX(범위, 행 번호, 열 번호)
  범위에서 행 번호와 열 번호가 교차되는 지점의 값을 찾아 표시한다.
2) MATCH(기준, 행/열 범위, 옵션)
  행/열 범위에서 기준의 위치번호를 찾아 표시한다.
3) MONTH(날짜)
  날짜에서 월을 추출하여 표시한다.

{=INDEX('단가'범위, MATCH(월&제품명, '월'범위&'제품명'범위,0) }

이 문제는 비교해야 하는 기준이 두 가지이기 때문에 연산자 &를 이용하여 연결하여 비교한다. INDEX의 첫 번째 인수로 '단가' 범위만 지정했기 때문에 '열 번호' 인수 값은 생략한다. 따라서 이를 수식으로 완성하면 최종 결과는 다음과 같다.

{=INDEX($C$10:$C$13, MATCH(MONTH(A2)&B2, $B$10:$B$13&$A$10:$A$13, 0)) * C2}

23 다음 중 워크시트 사용에 관한 설명으로 옳지 않은 것은?

① 현재 워크시트의 앞이나 뒤의 시트를 선택할 때에는 <Ctrl> + <Page Up> 키와 <Ctrl> + <Page Down> 키를 이용한다.
② 현재 워크시트의 왼쪽에 새로운 시트를 삽입할 때에는 <Shift> + <F11> 키를 누른다.
③ 연속된 여러 개의 시트를 선택할 때에는 첫 번째 시트를 선택하고 <Shift> 키를 누른 채 마지막 시트의 시트 탭을 클릭한다.
④ 그룹으로 묶은 시트에서 복사하거나 잘라낸 모든 데이터는 다른 한 개의 시트에 붙여 넣을 수 있다.

그룹으로 묶은 시트에서 복사하거나 잘라낸 데이터를 한 개의 시트에 붙여 넣을 경우 다음과 같은 오류가 발생한다.

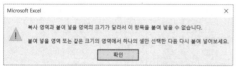

그룹으로 복사하거나 잘라낸 데이터는 동일하게 여러 개의 시트를 그룹화하여 붙여 넣어야 한다.

24 다음 중 차트에 포함할 수 있는 추세선에 대한 설명으로 옳은 것은?

① 추세선은 데이터의 추세를 그래픽으로 표시하고 예측 문제를 분석하는데 사용된다.
② 3차원 차트에 추세선을 표시하기 위해 2차원 차

트를 작성하여 추세선을 추가한 뒤에 3차원으로 변환한다.
③ 지수, 선형, 로그 등 3가지 추세선 유형이 있다.
④ 모든 종류의 차트에 추세선을 사용할 수 있다.

추세선의 특징
- 데이터 계열의 변화 추세를 그래픽으로 표현한 것이다.
- 차트를 3차원으로 변환하면 추세선은 삭제된다.
- 지수, 선형, 로그, 다항식, 거듭제곱, 이동 평균 총 6개의 추세선 유형이 있다.
- 3차원, 방사형, 원형, 표면형, 도넛형 차트에는 추세선을 추가할 수 없다.

25 다음 중 화면 제어에 관한 설명으로 옳은 것은?

① 틀 고정은 행 또는 열, 열과 행으로 모두 고정이 가능하다.
② 창 나누기는 항상 4개로 분할되며 분할된 창의 크기는 마우스를 드래그하여 변경 가능하다.
③ 틀 고정선은 마우스를 드래그하여 위치를 변경할 수 있다.
④ 창 나누기는 [실행 취소] 명령으로 나누기를 해제할 수 있다.

② 창 나누기 기능은 4개 또는 2개로 분할하여 작업할 수 있다.
③ 틀 고정선은 마우스로 드래그하여 위치를 변경할 수 없다. 위치 변경을 하려면 틀 고정을 해제한 후 재설정해야 한다.
④ 창 나누기 기능은 [실행 취소] 명령으로 해제할 수 없다.

26 다음 중 데이터의 필터 기능에 대한 설명으로 옳지 않은 것은?

① 필터 기능은 조건을 기술하는 방법에 따라 자동 필터와 고급 필터로 구분할 수 있다.
② 자동 필터에서 조건 지정 시 각 열에 설정된 조건들은 OR 조건으로 묶여 처리된다.
③ 필터 기능은 많은 양의 자료에서 설정된 조건에 맞는 자료만을 추출하여 나타내기 위한 기능이다.
④ 고급 필터를 이용하면 조건에 맞는 행에서 원하는 필드만 선택하여 다른 영역에 복사할 수 있다.

자동 필터에서 두 개 이상의 열에 조건이 지정되면 조건들은 AND 조건으로 묶여 처리된다.
자동 필터에서 서로 다른 필드간의 OR 조건은 설정할 수 없다.

27 다음 중 다음과 같은 수학식을 표현하기 위한 엑셀 수식으로 옳은 것은?

$$\sqrt{16}\times(|-2|+2^3)$$

① =POWER(16)*(ABS(-2)+SQRT(2,3))
② =SQRT(16)*(ABS(-2)+POWER(3,2))
③ =SQRT(16)*(ABS(-2)+POWER(2,3))
④ =POWER(16)*(ABS(-2)+SQRT(3,2))

$$\underset{❷}{\sqrt{16}}\times(\underset{❶}{|-2|+2^3})$$

❶ ABS(-2)+POWER(2,3)
❷ SQRT(16)

SQRT(값): 값의 제곱근을 표시
ABS(값): 값의 절대값을 표시
POWER(값1,값2): 값1을 값2만큼 거듭제곱하여 표시

28 다음 중 윤곽에 대한 설명으로 옳지 않은 것은?

① 윤곽 기호를 설정하면 그룹의 요약 정보만 또는 필요한 그룹의 데이터만 확인할 수 있어 편리하다.
② 그룹별로 요약된 데이터에서 [윤곽 지우기]를 실행하면 설정된 윤곽 기호와 함께 윤곽 설정에 사용된 요약 정보도 함께 제거된다.
③ [부분합]을 실행하면 각 정보 행 그룹의 바로 아래나 위에 요약 행이 삽입되고, 윤곽이 자동으로 만들어진다.
④ 그룹화하여 요약하려는 데이터 목록이 있는 경우데이터에 최대 8개 수준의 윤곽을 설정할 수 있으며 한 수준은 각 그룹에 해당한다.

윤곽 지우기를 실행하면 화면 왼쪽에 설정된 윤곽만 제거되고, 부분합 작성 시 생성된 요약 정보는 그대로 표시된다.

29 다음 중 아래의 피벗 테이블에 대한 설명으로 옳지 않는 것은?

	A	B	C	D
1	구분	(모두) ▾		
2	차종	(모두) ▾		
3				
4	합계 : 통근거리		부서 ▾	
5	이름 ▾	입사 ▾	영업부	총무부
6	⊟김연희		16	
7		1991	16	
8	⊟박은지		24	
9		1996	24	
10	⊟배철수			24
11		1991		24
12	⊟이지원			25
13		1995		25
14	총합계		40	49

① 보고서 필터로 사용된 필드는 '구분'과 '차종'이다.
② 행 레이블로 사용된 필드는 '이름'과 '입사'이다.
③ 이지원은 '총무부'이며 통근거리는 '25'이다.
④ 값 영역에 사용된 필드는 '부서'이다.

	A	B	C	D
❶	구분	(모두) ▾		
2	차종	(모두) ▾		
3				
❹	합계 : 통근거리		부서 ▾	
❷	이름 ▾	입사 ▾	영업부	총무부
6	⊟김연희		16	
7		1991	16	
8	⊟박은지		24	
9		1996	24	
10	⊟배철수			24
11		1991		❸ 24
12	⊟이지원			25
13		1995		25
14	총합계		40	49

문제 속 피벗 테이블의 레이아웃은 다음과 같다.

필터	열 레이블
구분 차종	부서
행 레이블	**값**
이름 입사	통근거리

30 다음 중 윗주에 대한 설명으로 옳지 않은 것은?

① 윗주는 셀에 대한 주석을 설정하는 것으로 문자열데이터가 입력되어 있는 셀에만 표시할 수 있다.
② 윗주는 삽입해도 바로 표시되지 않고 [홈] 탭 [글꼴]그룹의 [윗주 필드 표시]를 선택해야만 표시된다.
③ 윗주에 입력된 텍스트 중 일부분의 서식을 별도로변경할 수 있다.
④ 셀의 데이터를 삭제하면 윗주도 함께 삭제된다.

윗주 전체의 서식은 변경이 가능하지만 윗주에 입력된 텍스트 중 일부분의 서식을 별도로 변경할 수는 없다.

31 다음 중 바닥글 영역에 페이지 번호를 인쇄하도록 설정된 여러 개의 시트를 출력하면서 전체 출력물의 페이지 번호가 일련번호로 이어지게 하는 방법으로 옳지 않은 것은?

① [인쇄 미리 보기 및 인쇄]의 '설정'을 '전체 통합 문서 인쇄'로 선택하여 인쇄한다.

② 전체 시트를 그룹으로 설정한 후 인쇄한다.

③ 각 시트의 [페이지 설정] 대화 상자에서 '일련번호로 출력'을 선택한 후 인쇄한다.

④ 각 시트의 [페이지 설정] 대화상자에서 '시작 페이지 번호'를 일련번호에 맞게 설정한 후 인쇄한다.

[페이지 설정] 대화 상자에는 '일련번호로 출력' 기능이 존재하지 않는다.

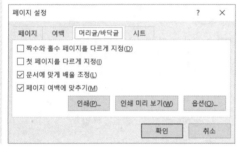

32 다음 중 아래의 VBA 코드에 대한 설명으로 옳지 않은 것은?

```
Private Sub Worksheet_Change(ByVal Target
    As Range)
If Target.Address=Range("a1").Address Then
    Target.Font.ColorIndex=5
    MsgBox Range("a1").Value & "입니다."
End If
End Sub
```

① 일반 모듈이 아닌 워크시트 이벤트를 사용한 코드이다.

② [A1] 셀을 선택하면 [A1] 셀의 값이 메시지 박스에 표시된다.

③ VBA 코드가 작성된 워크시트에서만 동작한다.

④ [A1] 셀이 변경되면 [A1] 셀의 글꼴 색이 ColorIndex가 5인 색으로 변경된다.

❶ Private Sub Worksheet_Change(ByVal Target As Range)
❷ If Target.Address=Range("a1").Address Then
❸ Target.Font.ColorIndex=5
❹ MsgBox Range("a1").Value & "입니다."
End If
----
❶ 워크시트가 변경(수정)되면 이벤트 발생
❷ 선택 값의 주소가 [A1] 셀과 같으면
❸ 선택 값의 글꼴 색을 '색5(파랑)'로 변경하고
❹ [A1] 셀의 값과 "입니다"를 연결하여 메시지 박스로 표시한다.
해당 코드는 셀을 '선택'했을 때가 아닌 셀이 '변경'됐을 때 발생하는 이벤트 코드이다.

33 다음 중 시트의 특정 범위만 항상 인쇄하는 경우에 대한 설명으로 옳지 않은 것은?

① 인쇄할 영역을 블록 설정한 후 [페이지 레이아웃] 탭 [페이지 설정] 그룹의 [인쇄 영역]-[인쇄 영역 설정]을 클릭한다.

② 인쇄 영역으로 설정되면 페이지 나누기 미리보기에서는 설정된 부분만 표시된다.

③ 인쇄 영역을 설정하면 자동으로 Print_Area라는 이름이 작성되며, 이름은 <Ctrl> + <F3> 키 혹은 [수식] 탭-[정의된 이름] 그룹-[이름 관리자]에서 확인할 수 있다.

④ 인쇄 영역 설정은 [페이지 설정] 대화상자의 [시트] 탭에서 지정할 수도 있다.

특정 부분이 인쇄 영역으로 설정되면 페이지 나누기 미리보기 상태에서 해당 영역을 제외한 나머지 영역은 어둡게 표시된다.

34 다음 중 아래 워크시트에서 [B1:B3] 영역의 문자열을 [B4] 셀에 목록으로 표시하여 입력하기 위한 키 조작으로 옳은 것은?

	A	B
1	A	오름세
2	B	보합세
3	C	내림세
4	D	
5	E	내림세
6	F	보합세
7	G	오름세

① 〈Tab〉 + 〈↓〉

② 〈Shift〉 + 〈↓〉

③ 〈Ctrl〉 + 〈↓〉

④ 〈Alt〉 + 〈↓〉

셀을 선택한 후 <ALT> + <↓> 키를 누르면 해당 열에 입력되어 있는 데이터가 목록으로 표시되어 원하는 데이터를 선택하여 입력할 수 있다.

35 다음 중 수식의 결과가 옳지 않은 것은?

① =FIXED(3456.789,1,FALSE) → 3,456.8

② =EOMONTH(DATE(2015,2,25),1) → 2015-03-31

③ =CHOOSE(ROW(A3:A6), "동", "서", "남", "북") → 남

④ =REPLACE("February", SEARCH("U", "Seoul-Unesco"),5,"") → Febru

=FIXED(3456.789,1,FALSE)	
3456.789를 소수 첫째 자리에서 반올림하여 텍스트 형식으로 표시하되 함수의 3번째 인수 값이 FALSE이므로 결과 값에 콤마 (,)로 구분자가 표시된다. 따라서 결과는 '3,456.8'이 된다.	

=EOMONTH(DATE(2015,2,25),1)	
EOMONTH(❶,1)	❶ 날짜로부터 1개월이 경과한 날짜의 마지막 일자를 표시 따라서 결과는 '2015-3-31'이 된다.
❶ DATE(2015,2,25)	지정된 인수들을 년,월,일로 사용하여 날짜로 변환

=CHOOSE(ROW(A3:A6), "동", "서", "남", "북")	
CHOOSE (❶, "동", "서", "남", "북")	❶의 순번에 맞는 값을 2번째 인수 이후에서 찾아 표시 따라서 결과는 '남'이 된다.
❶ ROW(A3:A6)	[A3:A6]의 행 번호를 표시 (인수가 범위인 경우 첫 셀의 행 번호를 표시)

=REPLACE("February",SEARCH("U","Seoul-Unesco"),5,"")	
REPLACE ("February", ❶,5,"")	"February"에서 ❶번째부터 5글자를 추출하여 공란("")으로 변환하여 표시 따라서 결과는 'Feb'이 된다.
❶ SEARCH ("U","Seoul-Unesco")	"Seoul-Unesco"에서 "U"의 위치 번호를 찾아 반환하는데 대 · 소문자를 구분하지 않아 4가 표시

36 다음 중 아래 차트에 대한 설명으로 옳지 않은 것은?

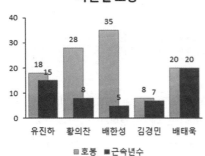

사원별 호봉

① 데이터 표식 항목 사이의 간격을 넓히기 위해서는 '간격너비' 옵션을 현재 값보다 더 큰 값으로 설정한다.

② 데이터 계열 항목 안에서 표식이 겹쳐 보이도록 '계열 겹치기' 옵션을 음수 값으로 설정하였다.

③ 세로 (값) 축의 '주 눈금선'이 표시되지 않도록 설정 하였다.

④ 레이블의 위치를 '바깥쪽 끝에'로 설정하였다.

데이터 계열 서식 창에서 '계열 겹치기' 옵션을 설정할 수 있다. 값은 -100~100까지 설정할 수 있으며, 값이 음수(-)로 작아지면 간격이 넓어지고 양수(+)로 커지면 간격이 좁아지고 겹쳐진다.

37 다음 중 아래 시트에서 부서별 인원수 [H3:H6]를 구하기 위하여 [H3] 셀에 입력되는 배열 수식으로 옳지 않은 것은?

	A	B	C	D	E	F	G	H
1								
2		사원명	부서명	직위	급여		부서별	인원수
3		홍길동	개발1부	부장	3500000		개발1부	3
4		이대한	영업2부	과장	2800000		개발2부	1
5		한미국	영업1부	대리	2500000		영업1부	1
6		이겨레	개발1부	과장	3000000		영업2부	2
7		김국수	개발1부	부장	3700000			
8		박미나	개발2부	대리	2800000			
9		최신호	영업2부	부장	3300000			

① {=SUM(($C$3:$C$9=G3) * 1)}

② {=DSUM(($C$3:$C$9=G3) * 1)}

③ {=SUM(IF($C$3:$C$9=G3, 1))}

④ {=COUNT(IF($C$3:$C$9=G3, 1))}

데이터베이스 함수는 범위 설정 시 필드명이 반드시 포함되어야 하며, 인수 형태가 'DSUM(전체범위,열제목/열번호,조건)'과 같기 때문에 ②와 같이 작성하면 오류가 발생한다.

38 다음 중 셀에 입력된 데이터에 사용자 지정 표시형식을 설정한 후의 표시 결과로 옳은 것은?

① 0.25 → 0#.#% → 0.25%

② 0.57 → #.# → 0.6

③ 90.86 → #,##0.0 → 90.9

④ 100 → #,###;@"점" → 100점

① 백분율이 적용되어 100을 곱한 값에 %기호가 붙어 표시된다. 유효하지 않은 0값은 생략되므로 '25.%'와 같이 표시된다.

② 소수 첫째 자리에서 반올림되어 표시되고, 유효하지 않은 0값은 생략되므로 '.6'과 같이 표시된다.

④ 숫자 서식이 적용되어 '100'으로 표시된다.

39 다음 중 매크로를 작성하고 사용하는 방법에 대한 설명으로 옳지 않은 것은?

① 매크로를 기록하는 경우 기본적으로 셀은 절대 참조로 기록되며, 상대 참조로 기록하고자 할 경우 '상대 참조로 기록'을 선택한 다음 매크로 기록을 실행한다.

② 매크로에 지정된 바로 가기 키가 엑셀 고유의 바로 가기 키와 중복될 경우 엑셀 고유의 바로 가기 키가 우선한다.

③ 매크로를 기록하는 경우 실행하려는 작업을 완료하는데 필요한 모든 단계가 매크로 레코더에 기록되며, 리본 메뉴에서의 탐색은 기록된 단계에 포함되지 않는다.

④ 개인용 매크로 통합 문서에 저장한 매크로는 엑셀을 시작할 때마다 자동으로 로드되므로 다른 통합 문서에서도 실행할 수 있다.

매크로에서 지정한 바로 가기 키가 엑셀 고유의 바로 가기 키와 중복될 경우 매크로에서 지정한 바로 가기 키가 우선한다.

40 다음 중 시나리오에 대한 설명으로 옳지 않은 것은?

① 시나리오는 별도의 파일로 저장하고 자동으로 바꿀 수 있는 값의 집합이다.

② 시나리오를 사용하여 워크시트 모델의 결과를 예측할 수 있다.

③ 여러 시나리오를 비교하기 위해 시나리오를 한 페이지의 피벗 테이블로 요약할 수 있다.

④ 시나리오 피벗 테이블 보고서에는 결과 셀이 반드시 있어야 한다.

시나리오는 별도의 파일로 저장되는 것이 아니라 시트에 작성되며, 변경 셀이 바뀌더라도 결과 셀에 자동적으로 반영되지 않는다.

---

41 다음 중 폼이나 보고서의 특정 컨트롤에서 '=[단가]*[수량]*(1-[할인률])'과 같은 계산식을 사용하고, 계산 결과를 소수점 이하 첫째자리까지 표시하고자 할 때 사용해야 할 함수는?

① Str( )   ② Val( )
③ Format( )   ④ DLookUp( )

① Str( ): 인수를 문자 속성으로 변환한다.
② Val( ): 인수를 숫자 속성으로 변환한다.
③ Format( ): 인수를 지정한 표시 형식에 맞춰 표시한다.
④ DLookUp( ): 조건에 맞는 값을 찾아 표시한다.

형식: Format(값, "표시형식")
ex) Format(1000, "#,##0원") → 1,000원

42 다음 중 참조 무결성에 대한 설명으로 옳지 않은 것은?

① 참조 무결성은 참조하고 참조되는 테이블 간의 참조 관계에 아무런 문제가 없는 상태를 의미한다.

② 다른 테이블을 참조하는 테이블, 즉 외래키 값이 있는 테이블의 레코드 삭제 시에는 참조 무결성이 위배될 수 있다.

③ 다른 테이블을 참조하는 테이블의 레코드 추가 시 외래키 값이 널(Null)인 경우에는 참조 무결성이 유지된다.

④ 다른 테이블에 의해 참조되는 테이블에서 레코드를 추가하는 경우에는 참조 무결성이 유지된다.

다른 테이블에 의해 참조되는 테이블(기본키로 지정된 필드가 존재하는 테이블)에서 레코드가 삭제되면 참조 무결성이 위배되지만, 외래키 값이 있는 테이블의 레코드는 삭제하더라도 참조 무결성이 위배되지 않는다.

43 다음 중 그룹화된 보고서의 그룹 머리글과 그룹 바닥글에 대한 설명으로 옳지 않은 것은?

① 그룹 머리글은 각 그룹의 첫 번째 레코드 위에 표시된다.

② 그룹 바닥글은 각 그룹의 마지막 레코드 아래에 표시된다.

③ 그룹 머리글에 계산 컨트롤을 추가하여 전체 보고서에 대한 요약 값을 계산할 수 있다.

④ 그룹 바닥글은 그룹 요약과 같은 항목을 나타내는 데 효과적이다.

그룹 머리글과 그룹 바닥글에서 계산 컨트롤을 추가하면 그룹별 요약 값을 계산할 수 있다.
전체 보고서에 대한 요약 값을 계산하여 표시하려면 보고서 머리글과 보고서 바닥글에서 작업해야 한다.

44 다음 중 하나의 필드에 할당되는 크기(바이트 수 기준)가 가장 작은 데이터 형식은?

① Yes/No   ② 날짜/시간
③ 통화   ④ 일련번호

데이터 종류별 필드 크기
- Yes/No: 1비트
- 날짜/시간: 8바이트
- 통화: 8바이트
- 일련 번호: 8바이트

45 다음 중 기본키(Primary Key)에 대한 설명으로 옳은 것은?

① 모든 테이블에는 기본키를 반드시 설정해야 한다.
② 액세스에서는 단일 필드 기본 키와 일련번호 기본키만 정의 가능하다.
③ 데이터가 이미 입력된 필드도 기본키로 지정할 수 있다.
④ OLE 개체나 첨부 파일 형식의 필드에도 기본키를 지정할 수 있다.

기본키(Primary Key)
- 후보키 중에서 식별자로 선택된 주 키를 의미한다.
- 데이터베이스에서 특정 레코드를 유일하게 구별할 수 있는 속성이다.
- 액세스에서는 단일 필드 기본키, 일련번호 기본키, 다중 필드 기본키 지정이 가능하다.
- 모든 테이블에서 기본키가 설정될 필요는 없다.
- OLE 개체, 첨부 파일 형식의 필드에는 기본키를 지정할 수 없다.
- 데이터가 이미 입력된 필드도 기본키로 지정할 수 있다.

46 다음 중 폼을 디자인 보기나 데이터시트 보기로 열기위해 사용하는 매크로 함수는?

① RunCommand   ② OpenForm
③ RunMacro   ④ RunSQL

폼을 디자인 보기나 데이터시트 보기로 열기 위해서는 OpenForm 함수를 사용한다.
① RunCommand: 지시한 명령을 수행한다.
③ RunMacro: 지정한 매크로를 실행한다.
④ RunSQL: 작성한 SQL구문을 실행한다.

47 다음 중 직원(사원번호, 부서명, 이름, 나이, 근무연수, 급여) 테이블에서 '근무연수'가 3 이상인 직원들을 나이가 많은 순서대로 조회하되, 같은 나이일 경우 급여의 오름차순으로 모든 필드를 표시하는 SQL문은?

① select * from 직원 where 근무연수 >= 3 order by 나이, 급여
② select * from 직원 order by 나이, 급여 where 근무연수 >= 3
③ select * from 직원 order by 나이 desc, 급여 asc where 근무연수 >= 3
④ select * from 직원 where 근무연수 >= 3 order by 나이 desc, 급여 asc

❶ SELECT * FROM 직원
❷ WHERE 근무연수>=3
❸ ORDER BY 나이 DESC, 급여 ASC

---

❶ <직원> 테이블의 모든 필드를 선택한다.
❷ '근무연수'가 3년 이상인 조건을 만족하고
❸ '나이'는 내림차순(DESC), '급여'는 오름차순(ASC)로 정렬하여 표시한다.

48 다음 중 하위 폼에 관한 설명으로 옳지 않은 것은?

① 하위 폼은 기본 폼 내에서만 존재하며 별도의 독립된 폼으로 열 수 없다.
② 일대다 관계가 설정되어 있는 테이블이나 쿼리를 효과적으로 사용하기 위하여 사용한다.
③ 하위 폼은 보통 일대다 관계에서 '다'에 해당하는 테이블이나 쿼리를 원본으로 한다.
④ 연결 필드의 데이터 형식과 필드 크기는 같거나 호환되어야 한다.

하위 폼은 기본 폼 내에서 새롭게 컨트롤을 작성하여 만들 수도 있고, 기존에 존재하는 폼을 이용하여 작성할 수도 있다. 기존에 존재하는 폼을 사용한 경우에는 별도로 독립된 폼을 열어서 사용할 수 있다.

49 다음 중 현재 폼에서 'cmd숨기기' 단추를 클릭하는 경우, DateDue 컨트롤이 표시되지 않도록 하기 위한 이벤트 프로시저로 옳은 것은?

① Private Sub cmd숨기기_Click( )
　　 Me.[DateDue]!Visible = False
　 End Sub
② Private Sub cmd숨기기_DblClick( )
　　 Me!DateDue.Visible = True
　 End Sub
③ Private Sub cmd숨기기_Click( )
　　 Me![DateDue].Visible = False
　 End Sub
④ Private Sub cmd숨기기_DblClick( )
　　 Me.DateDue!Visible = True
　 End Sub

```
❶ Private Sub cmd숨기기_Click( )
❷   Me![DateDue].Visible = False
❸ End Sub
---------------------------------------------------
❶ 'cmd숨기기' 컨트롤을 클릭하면 이벤트가 실행된다.
❷ [DateDue] 컨트롤을 표시하지 않는다(False)
❸ 이벤트가 종료된다.
```

50 다음 중 크로스탭 쿼리에 대한 설명으로 옳지 않은 것은?

① 쿼리 결과를 Excel 워크시트와 비슷한 표 형태로
  표시하는 특수한 형식의 쿼리이다.
② 맨 왼쪽에 세로로 표시되는 행 머리글과 맨 위에
  가로 방향으로 표시되는 열 머리글로 구분하여 데
  이터를 그룹화한다.
③ 그룹화한 데이터에 대해 레코드 개수, 합계, 평균
  등을 계산할 수 있다.
④ 열 머리글로 사용될 필드는 여러 개를 지정할 수
  있지만, 행 머리글로 사용할 필드는 하나만 지정
  할 수 있다.

행 머리글로 사용될 필드는 최대 3개까지 여러 개를 지정할 수 있지
만, 열 머리글로 사용할 필드는 하나만 지정할 수 있다.

51 다음 중 실행 쿼리의 삽입(INSERT)문에 대한 설명으
로 옳지 않은 것은?

① 한 개의 INSERT문으로 여러 개의 레코드를 여러
  개의 테이블에 동일하게 추가할 수 있다.
② 필드 값을 직접 지정하거나 다른 테이블의 레코드
  를 추출하여 추가할 수 있다.
③ 레코드의 전체 필드를 추가할 경우 필드 이름을
  생략할 수 있다.
④ 하나의 INSERT문을 이용해 여러 개의 레코드와
  필드를 삽입할 수 있다.

한 개의 INSERT문으로 여러 개의 레코드와 필드를 하나의 테이블에
삽입할 수는 있지만 동시에 여러 개의 테이블에 추가할 수는 없다.

52 다음 중 쿼리에서 사용하는 문자열 조건에 대한 설명으
로 옳지 않은 것은?

① "수학" or "영어" : "수학"이나 "영어"인 레코드를
  찾는다.
② LIKE "서울*" : "서울"이라는 문자열로 시작하는
  필드를 찾는다.

③ LIKE "*신림*" : 문자열의 두 번째가 "신"이고 세
  번째가 "림"인 문자열을 찾는다.
④ NOT "전산과" : 문자열의 값이 "전산과"가 아닌
  문자열을 찾는다.

와일드 카드
- * : 모든 문자를 대표
- ? : 한 자리의 문자를 대표

LIKE 연산자를 사용한 질의
-경우1: LIKE "경영*" : "경영"으로 시작하는 문자열
-경우2: LIKE "*경영*" : "경영"을 포함하는 문자열
-경우3: LIKE "*경영" : "경영"으로 끝나는 문자열

따라서 ③번은 "신림"을 포함하는 문자열을 찾는다.

53 입사 지원자의 정보를 DB화하기 위해 테이블을 설계하
고자 한다. 다음 중 한명의 지원자가 여러 개의 이력이
나 경력 사항을 갖는 경우 가장 적절한 테이블 구조는?

① 지원자(지원자ID, 이름, 성별, 생년월일, 연락처)
  경력(경력ID, 회사, 직무, 근무기간)
② 지원자(지원자ID, 이름, 성별, 생년월일, 연락처)
  경력(경력ID, 지원자ID, 회사, 직무, 근무기간)
③ 지원자(지원자ID, 이름, 성별, 생년월일, 연락처,
  회사, 직무, 근무기간)
④ 지원자(지원자ID, 이름, 성별, 생년월일, 연락처,
  회사1, 직무1, 근무기간1, 회사2, 직무2, 근무기간
  2, 회사3, 직무3, 근무기간3)

한 명의 지원자가 여러 개의 이력이나 경력 사항을 갖는 경우 적절한
테이블 구조는 다음과 같다.

지원자(지원자ID(기본키), 이름, 성별, 생년월일, 연락처)
경력(경력ID(외래키), 회사, 직무, 근무기간)

54 다음 중 동아리 회원 목록을 표시하는 [동아리회원] 폼
에서 아래 그림과 같이 여자 회원인 경우 본문 영역의
모든 컨트롤들의 글꼴 서식을 굵게, 기울임꼴로 표시
하는 방법으로 적절한 것은?

① 본문 영역에서 '성별' 컨트롤을 선택한 후 조건부 서식에서 규칙으로 필드 값이 다음 값과 같음, 값을 '여자'로 지정한 후 서식을 설정한다.

② 본문 영역의 모든 컨트롤들을 선택한 후 조건부 서식에서 규칙으로 조건식을 [성별]='여자'로 지정한 후 서식을 설정한다.

③ 본문 영역의 모든 컨트롤들을 선택한 후 조건부 서식에서 규칙으로 필드 값이 다음 값과 같음, 값을 '여자'로 지정한 후 서식을 설정한다.

④ 테이블의 데이터시트 보기에서 여자 회원 레코드들을 모두 선택한 후 서식을 설정한다.

해당 문제는 폼 본문의 모든 컨트롤에 서식이 적용되어 있다. 조건부 서식에서 모든 컨트롤에 서식을 적용하려면 '식이'를 선택한 후 규칙을 지정해야 한다.

따라서 이 경우에는 본문 영역의 모든 컨트롤들을 선택한 후 조건부 서식에서 규칙으로 식을 [성별]='여자'로 지정한 후 서식을 설정한다.

55 폼의 각 컨트롤에 포커스가 위치할 때 입력모드를 '한글' 또는 '영숫자 반자'로 각각 지정하고자 한다. 다음 중 이를 위해 설정해야 할 컨트롤 속성은?

① 엔터키 기능(EnterKey Behavior)

② 상태 표시줄(StatusBar Text)

③ 탭 인덱스(Tab Index)

④ IME 모드(IME Mode)

IME 모드는 컨트롤에 포커스를 삽입하여 데이터를 입력할 때 한글, 영숫자 등의 입력 상태를 설정하는 속성이다.

56 아래와 같이 보고서의 그룹 바닥글에 도서의 총 권수와 정가의 합계를 인쇄하고자 한다. 다음 중 총 권수와 정가 합계 두 컨트롤의 수식으로 옳은 것은?

출판사: 다림[(02)860-2000]

도서코드	도서명	저자	정가
A547	자전거 도둑	박완서	7000
A914	와인	김준철	25000
	총 권수 : 2권	정가합계 :	32000

① =Count([정가]) & "권", =Total([정가])

② =CountA([정가]) & "권", =Sum([정가])

③ =CountA([도서명]) & "권", =Total([정가])

④ =Count(*) & "권", =Sum([정가])

COUNT( ) : 레코드의 개수를 계산하는 함수
SUM( ) : 필드의 합계를 계산하는 함수

액세스에는 COUNTA( ) 또는 TOTAL( ) 함수는 존재하지 않는다.

57 다음 중 정규화에 대한 설명으로 옳지 않은 것은?

① 대체로 더 작은 필드를 갖는 테이블로 분해하는 과정이다.

② 데이터 중복을 최소화하기 위한 작업이다.

③ 정규화를 통해 테이블 간의 종속성을 높이기 위한 것이다.

④ 추가, 갱신, 삭제 등 작업 시의 이상(Anomaly) 현상이 발생하지 않도록 하기 위한 것이다.

정규화의 역할과 특징

- 추가, 갱신, 삭제 등 작업 시의 이상(Anomaly) 현상의 발생을 방지한다.
- 데이터 삽입 시 테이블 재구성의 필요성을 줄일 수 있다.
- 모든 릴레이션이 데이터베이스 내에서 모든 개체 간의 관계를 표현 가능하도록 한다.
- 정규화를 통해 중복을 완전히 제거할 수는 없지만 이를 최소화한다.
- 대체로 더 작은 필드를 갖는 테이블로 분해하는 과정이라 데이터를 관리하기 용이하다.
- 정규화를 실행하면 테이블이 나누어져 최종적으로는 일관성을 유지하게 된다.
- 테이블 속성들 사이의 종속성을 최대한 배제한다.

58 다음 중 Access의 개체에 대한 설명으로 옳지 않은 것은?

① 쿼리는 폼이나 보고서의 원본 데이터로 사용할 수 있다.
② 폼은 테이블이나 쿼리 데이터의 입출력 화면을 작성한다.
③ 매크로는 모듈에 비해 복잡한 작업을 처리하기 위해 프로그램을 직접 작성하는 것이다.
④ 테이블은 데이터를 저장하는 데 사용하는 데이터베이스 개체로, 레코드 및 필드로 구성된다.

매크로는 액세스의 개체를 이용하여 명령을 효율적으로 자동화할 수 있도록 미리 정의한 기능이다. 매크로보다 복잡한 작업을 처리하기 위해 프로그램을 직접 작성하는 것은 모듈이다.

59 다음 중 보고서에서 '페이지 번호'를 표현하는 식과 그 결과의 연결이 옳은 것은? (단, 전체 페이지는 3이고, 현재 페이지는 1이다.)

① =[Page] → 3
② =[Page] & "페이지" → 1 & 페이지
③ =Format([Page], "000") → 1000
④ =[Page] & "/" & [Pages] & "페이지" → 1/3페이지

① =[Page] → 1
② =[Page] & "페이지" → 1페이지
③ =Format([Page], "000") → 001

- [PAGE] : 현재 페이지를 의미 → 1
- [PAGES] : 전체 페이지를 의미 → 3
- "문자열" : 표시하고자 하는 문자열

60 다음 중 액세스의 보고서에 대한 설명으로 옳은 것은?

① 보고서 머리글과 보고서 바닥글의 내용은 모든 페이지에 출력된다.
② 보고서에서도 폼에서와 같이 이벤트 프로시저를 작성 할 수 있다.
③ 보고서의 레코드 원본으로 테이블, 쿼리, 엑셀과 같은 외부 데이터, 매크로 등을 지정할 수 있다.
④ 컨트롤을 이용하지 않고도 보고서에 테이블의 데이터를 표시할 수 있다.

① 모든 페이지에 출력되는 것은 페이지 머리글과 페이지 바닥글의 내용이다.

③ 보고서의 레코드 원본으로 지정 가능한 개체는 테이블, 쿼리, SQL문 등이 있다.
④ 보고서에서 데이터를 표시하려면 반드시 여러 유형의 컨트롤을 이용해야 한다.

✓ **정답**

01	02	03	04	05	06	07	08	09	10
④	③	④	③	①	②	③	③	④	④
11	12	13	14	15	16	17	18	19	20
③	③	②	④	④	③	④	④	③	④
21	22	23	24	25	26	27	28	29	30
③	①	④	①	①	②	③	②	④	③
31	32	33	34	35	36	37	38	39	40
③	②	②	④	④	②	②	③	②	①
41	42	43	44	45	46	47	48	49	50
③	②	③	①	③	②	④	①	③	④
51	52	53	54	55	56	57	58	59	60
①	③	④	②	④	④	③	③	④	②

05 # 2018년 2회 기출문제

컴퓨터 일반

01 다음 중 마이크로프로세서(Microprocessor)에 관한 설명으로 옳지 않은 것은?

① 제어장치, 연산장치, 주기억장치가 하나의 반도체 칩에 내장된 장치이다.
② 클럭 주파수와 내부 버스의 폭(bandwidth)으로 성능을 평가한다.
③ 개인용 컴퓨터의 중앙처리장치로 사용된다.
④ 작은 규모의 임베디드 시스템이나 휴대용 기기에도 사용된다.

마이크로프로세서(Microprocessor)는 제어장치, 연산장치 그리고 주기억장치가 아닌 레지스터가 하나의 반도체 칩에 내장된 장치이다.

02 다음 중 컴퓨터의 연산 장치에 있는 레지스터에 관한 설명으로 옳지 않은 것은?

① 2진수 덧셈을 수행하는 가산기(Adder)가 있다.
② 뺄셈을 수행하기 위해 입력된 값을 보수로 변환하는 보수기(Complementor)가 있다.
③ 연산 결과를 일시적으로 저장하는 누산기(Accumulator)가 있다.
④ 연산에 사용될 데이터를 기억하는 상태 레지스터(Status Register)가 있다.

- 가산기(Adder): 2진수 덧셈을 수행
- 보수기(Complementor): 감산을 위해 보수로 변환
- 누산기(Accumulator): 연산 결과를 일시적으로 기억
- 데이터 레지스터(Data Register): 연산에 사용될 데이터를 임시기억
- 상태 레지스터(Status Register): 연산 중 발생하는 여러 상태 값을 기억
- 인덱스 레지스터(Data Register): 주소 변경을 위해 사용

03 다음 중 한글 Windows 방화벽 기능에 대한 설명으로 옳지 않은 것은?

① 통신을 허용할 프로그램 및 기능에 대한 설정을 할 수 있다.

② 각 네트워크 위치 유형에 따른 외부 연결의 차단과 알림을 설정할 수 있다.
③ 내 컴퓨터에서 외부로 나가는 패킷의 내용을 체크하여 인증된 패킷만 내보내도록 설정할 수 있다.
④ 역추적 기능으로 외부 침입자의 흔적을 찾을 수 있다.

방화벽은 보안이 필요한 네트워크의 통로를 단일화하여 외부로부터의 불법적인 접근을 차단하기 위한 시스템이다. 외부로부터 유입되는 요소들은 확인하고 관리할 수 있지만, 내부에서 발생되는 위험요소는 처리할 수 없다.

04 다음 중 한글 Windows 10의 [설정]-[시스템]에서 실행 가능한 작업에 대한 설명으로 옳지 않은 것은?

① Windows의 버전과 시스템에 대한 기본 정보를 확인할 수 있다.
② Windows 정품 인증을 위한 제품키를 변경할 수 있다.
③ 네트워크에서 확인 가능한 사용자 컴퓨터 이름을 변경할 수 있다.
④ 컴퓨터에 설치된 앱을 설치하거나 제거할 수 있다.

===== 윈도우 10 버전에 따라 변형한 문제입니다.=====

컴퓨터에 설치된 앱을 제거하는 것은 [설정]-[앱]-[앱 및 기능] 메뉴에서 작업한다.

05 다음 중 한글 Windows에서 하드 디스크의 용량 부족 문제가 발생하였을 때의 해결 방법으로 적절하지 않은 것은?

① 사용 빈도가 낮은 파일은 백업한 후 하드 디스크에서 삭제한다.
② 바이러스에 감염된 파일을 모두 삭제한다.
③ 사용하지 않는 Windows 구성 요소를 제거한다.
④ 디스크 정리를 수행하여 불필요한 파일을 삭제한다.

하드 디스크의 용량 부족 시 해결방안
- 불필요한 파일은 백업 후 하드 디스크에서 삭제
- 사용하지 않는 앱 제거
- 사용하지 않는 window 구성 요소 제거
- 휴지통 비우기
- 디스크 정리를 수행하여 불필요한 파일 삭제

06 다음 중 한글 Windows의 파일 탐색기에서 검색 상자를 사용하여 파일이나 폴더를 찾는 방법으로 옳지 않은 것은?

① 검색 상자에서 찾으려는 파일이나 폴더명을 입력하면 자동으로 필터링되어 결과가 표시된다.
② 검색 내용에 '$'를 붙이면 해당 내용이 포함되지 않은 파일이나 폴더를 검색한다.
③ '*'나 '?' 등의 와일드카드 문자를 사용하여 파일이나 폴더를 검색할 수 있다.
④ 특정 파일 그룹을 정기적으로 검색하는 경우 검색 저장 기능을 이용하면 다음에 사용할 때 원래 검색과 일치하는 최신 파일을 표시해 준다.

검색 상자에서 개체 찾는 방법
- 검색어가 포함된 파일, 폴더, 앱을 검색한다.
- 데이터를 검색한 후 검색 기준을 저장할 수 있고, 저장된 검색을 열기만 하면 원래 검색과 일치하는 최신 결과가 표시된다.
- '색인 옵션'을 사용하면 빠른 검색이 가능하다.
- 검색어 앞에 '-'를 붙여 해당 내용이 포함되지 않은 개체만을 검색할 수 있다.
- 와일드카드(*, ?)를 사용하여 검색어 일부가 포함된 개체를 검색할 수 있다.

07 다음 중 한글 Windows의 레지스트리에 관한 설명으로 옳지 않은 것은?

① 컴퓨터에 설치된 모든 하드웨어와 소프트웨어의 실행 정보를 관리하는 데이터베이스이다.
② 레지스트리 정보는 Windows가 작동하는 동안 지속적으로 참조된다.
③ Windows에 탑재된 레지스트리 편집기는 'reg.exe' 이다.
④ 레지스트리에 문제가 발생하면 시스템 부팅이 안 될 수도 있다.

레지스트리(Registry)는 컴퓨터 사용자에 대한 프로필, 설치된 모든 하드웨어와 소프트웨어의 실행 정보, 사용 중인 포트 등에 관한 정보를 모아 관리하는 데이터베이스이다. Windows에 탑재된 레지스트리 편집기는 'regedit.exe' 명령어로 실행한다.

08 다음 중 서버에 데이터를 전송하기 전 아이디나 비밀번호의 입력 여부 또는 수량 입력과 같은 입력 사항을 확인할 때 사용하는 웹 프로그래밍 언어로 가장 적절한 것은?

① CSS   ② UML
③ Java Script   ④ VRML

① CSS(Cascading Style Sheets): HTML의 단점을 보완한 것으로 전체 웹 문서에 적용될 스타일을 미리 저장하여 사용하는 스타일 시트이다.
② UML(Unified Modeling Language): 분석 및 설계를 위해 사용되는 모델링 언어의 하나이다.
④ VRML(Virtual Reality Modeling Language): 웹상에서 3차원 가상공간을 표현하고 조작할 수 있는 모델링 언어의 하나이다.

09 다음 중 컴퓨터에서 사용되는 운영체제의 목적에 관한 설명으로 옳지 않은 것은?

① 시스템에 작업을 의뢰한 시간부터 처리가 완료될 때까지 걸린 시간을 의미하는 반환 시간의 단축이 요구된다.
② 일정 시간 내에 시스템이 처리하는 일의 양을 의미하는 처리 능력의 향상이 요구된다.
③ 시스템이 주어진 문제를 정확하게 해결하는 정도를 의미하는 신뢰도의 향상이 요구된다.
④ 시스템을 사용할 수 있는 사용자의 수를 의미하는 사용 가능도의 향상이 요구된다.

'사용 가능도'는 시스템을 사용해야 하는 상황에서 필요에 따라 즉시 사용 가능한지를 나타내는 것이지 사용할 수 있는 사용자의 수를 의미하는 것이 아니다.

10 다음 중 컴퓨터에서 하드 디스크를 연결하는 SATA 방식에 관한 설명으로 옳지 않은 것은?

① 직렬 인터페이스 방식을 사용한다.
② PATA 방식보다 데이터 전송 속도가 빠르다.
③ 핫 플러그인 기능을 지원한다.
④ EIDE는 일반적으로 SATA를 의미한다.

S(Serial)ATA
- 직렬 인터페이스 방식이다.
- 데이터 전송 속도가 빠르다.
- 핫 플러그인 기능을 지원한다.

P(Prarallel)ATA
- 병렬 인터페이스 방식이다.
- EIDE는 일반적으로 PATA를 의미한다.

11 다음 중 유비쿼터스 컴퓨팅 기반 기술에 대한 설명으로 옳지 않은 것은?

① 유비쿼터스 컴퓨팅이 가능하기 위한 고속의 네트워크 전송기술

② 휴대성을 위한 초소형, 초경량의 하드웨어 제조 기술

③ 개인별 최적화된 소프트웨어의 제작, 유통기술

④ 기본적으로 사람이 정보를 수집하는 작업이 요구되는 기술

유비쿼터스 컴퓨팅은 초소형 칩을 내장시킨 초경량화된 하드웨어를 이용하여 고속의 네트워크 기술과 최적화된 소프트웨어를 이용하여 정보를 수집하고 이를 활용하는 기술이다.
유비쿼터스 컴퓨팅은 기본적으로 사람이 아닌 사물이 정보를 수집하는 작업이 요구되는 기술이다.

12 다음 중 컴퓨터를 이용한 정보처리 방식에서 분산처리 시스템에 관한 설명으로 적절한 것은?

① 여러 개의 CPU와 하나의 주기억장치를 이용하여 여러 프로그램을 동시에 처리하는 방식이다.

② 여러 명의 사용자가 사용하는 시스템에서 시간을 분할하여 프로그램을 실행하는 시스템이다.

③ 여러 대의 컴퓨터들에 의해 작업한 결과를 통신망을 이용하여 상호 교환할 수 있도록 연결되어 있는 시스템이다.

④ 하나의 CPU와 주기억장치를 이용하여 여러 개의 프로그램을 동시에 처리하는 방식이다.

①번은 다중처리, ②번은 시분할 시스템, ④번은 다중 프로그래밍에 관한 설명이다.

13 다음 중 멀티미디어에서 사용되는 그래픽 기법에 관한 설명으로 옳지 않은 것은?

① 렌더링(Rendering)은 3차원 애니메이션을 만드는 작업의 일부이다.

② 모핑(Morphing)은 두 개의 이미지를 부드럽게 연결하여 변화하거나 통합하는 작업이다.

③ 앨리어싱(Aliasing)은 이미지 표현에 계단 현상을 제거하는 작업이다.

④ 디더링(Dithering)은 제한된 색상을 조합하여 새로운 색을 만드는 작업이다.

앨리어싱은 비트맵 이미지를 확대할 때 이미지 외곽이 계단처럼 거칠게 나타나는 현상을 말한다. 이 앨리어싱 현상을 완화시키기 위해 비트맵 이미지의 가장자리를 부드럽게 처리하여 계단 현상을 제거하는 것이 '안티앨리어싱'이다.

14 다음 중 JPEG 파일 형식에 대한 설명으로 옳지 않은 것은?

① 저장 시 사용자가 임의로 압축률을 조정할 수 있다.

② 사진과 같이 다양한 색을 가진 정지영상을 표현하기에 적합하다.

③ 8비트 알파 채널을 이용하여 부드러운 투명층을 표현할 수 있다.

④ 압축률이 높을수록 보다 많은 정보를 지우므로 이미지의 질이 낮아진다.

JPEG 파일 형식의 특징
- 정지영상을 위한 국제 표준 압축 방식이다.
- 24비트 컬러를 사용하여 16,777,216가지의 색을 표현할 수 있다.
- 주로 인터넷에서 이미지를 전송하는 용도로 사용된다.
- 손실 압축 기법과 무손실 압축 기법을 사용한다.

15 다음 중 정보통신기술 관련 용어에 대한 설명으로 옳지 않은 것은?

① IoT: 사물에 센서를 부착하여 실시간으로 정보를 모은 후 인터넷을 통해 개별 사물들 간에 정보를 주고 받게 하는 기술

② Wibro: 고정된 장소에서 초고속 인터넷을 이용할 수 있게 하는 무선 인터넷 서비스

③ VoIP: 음성 데이터를 인터넷 프로토콜 네트워크를 통해 전송하여 통화할 수 있게 하는 음성 통신 기술

④ RFID: 제품 식별, 출입 관리 등 다양한 분야에서 활용되는 기술로 전파를 이용하여 정보를 인식하는 기술

와이브로(Wibro)는 고정된 장소가 아니라 휴대성 모바일 기기를 이용하여 언제 어디서나 이동하면서 고속으로 무선 인터넷 접속이 가능하도록 도와주는 서비스이다.

16 다음 중 정보사회에서 정보 보안을 위협하는 스니핑 (S niffing)에 관한 설명으로 옳은 것은?

① 네트워크를 통해 연속적으로 자기를 복제하여 시 스템 부하를 높여 결국 시스템을 다운시킨다.

② 자기복제 능력은 없으나 프로그램 내에 숨어 있다 가 해당 프로그램이 실행될 때 활성화 되어 부작 용을 일으킨다.

③ 정상적으로 실행되거나 검증된 데이터인 것처럼 속여 접속을 시도하거나 권한을 얻는 것을 말한다.

④ 사용자가 전송하는 데이터를 훔쳐보는 것으로 네 트워크의 패킷을 엿보면서 계정과 패스워드를 알 아낸다.

①번은 웜 바이러스, ②번은 트로이 목마, ③번은 스푸핑에 관한 설명이다.

17 다음 중 인터넷 주소와 관련된 설명으로 옳지 않은 것은?

① IPv4는 클래스별로 주소 부여체계가 달라지며, A Class는 소규모 통신망에 사용된다.

② URL은 인터넷 상에 존재하는 각종 자원이 있는 위치를 나타내는 표준 주소 체계이다.

③ IPv6은 128비트, IPv4는 32비트로 구성된 주소 체계 방식이다.

④ DNS는 도메인 네임을 IP 주소로 변환하거나 그 반대의 변환을 수행하는 시스템이다.

IPv4는 클래스별로 주소 부여체계가 달라지며, A Class는 국가나 대형 통신에 사용된다.

분류	특징	IP주소	호스트수
A	국가나 대형 통신망용	0~127	16,777,214
B	중대형 통신망용	128~191	65,534
C	소규모 통신망용	192~223	254
D	멀티캐스트용	224~239	
E	실험용	240~254	

18 다음 중 TCP/IP를 구성하는 각 계층에 관한 설명으로 옳지 않은 것은?

① 응용 계층은 응용 프로그램 간의 데이터 송수신을 담당한다.

② 전송 계층은 호스트들 간의 신뢰성 있는 통신을 지원한다.

③ 인터넷 계층은 데이터 전송을 위한 주소지정 및 경로 설정을 지원한다.

④ 링크 계층은 사용자가 컴퓨터에 접근할 수 있도록 서비스를 제공한다.

TCP/IP	특징
응용 계층	- OSI : 응용, 표현, 세션 - 응용 프로그램 간의 데이터 송 · 수신을 담당한다.
전송 계층	- OSI : 전송 - 호스트들 간의 신뢰성 있는 통신을 지원한다.
인터넷 계층	- OSI : 네트워크 - 데이터 전송을 위한 주소지정 및 경로 설정을 지원한다.
링크 계층	- OSI : 데이터 링크, 물리 - 실제 데이터를 송 · 수신하는 역할을 담당한다.

19 다음 중 정보보안을 위해 사용하는 공개키 암호화 기법에 대한 설명으로 옳지 않은 것은?

① 알고리즘이 복잡하며 암호화와 복호화 속도가 느리다.

② 키의 분배가 용이하고 관리해야 할 키의 수가 적다.

③ 비대칭 암호화 기법이라고도 하며 대표적으로 D ES가 있다.

④ 데이터를 암호화할 때 사용하는 키를 공개하고 복호화할 때 키는 비밀로 한다.

공개키 암호화 기법의 특징
- 데이터를 암호화할 때 사용하는 키를 공개하고 복호화할 때 키는 비밀로 한다.
- 알고리즘이 복잡하면 암호화와 복호화 속도가 느리다.
- 키의 분배가 용이하고 관리해야 할 키의 수가 적다.

20 다음 중 네트워크 운영 방식 중 하나인 클라이언트/서버 방식에 관한 설명으로 옳은 것은?

① 서버와 클라이언트가 모두 처리 능력을 가지며, 분산처리 환경에 적합하다.

② 중앙 컴퓨터가 모든 단말기에서 요구하는 데이터 처리를 전담한다.

③ 모든 단말기가 동등한 계층으로 연결되어 모두 클라이언트와 서버 역할을 할 수 있다.

④ 단방향 통신 방식으로 데이터 처리를 위한 대기시간이 필요하다.

③ 다양한 함수와 식을 혼합하여 조건을 지정할 수
있다.

④ 텍스트 데이터를 필터링할 때 대/소문자는 구분
되지 않으나 수식으로 대/소문자를 구분하여 검색
할 수 있다.

함수를 사용하여 조건을 입력하는 경우 원본 필드명과 동일한 필드
명을 조건 레이블로 사용할 수 없다. 반드시 다른 필드명을 입력하여
사용하거나 생략해야 한다.

---

21 다음 중 아래의 괄호 안에 들어갈 기능명으로 옳은 것은?

(㉠)은/는 특정 값의 변화에 따른 결과값의 변화
과정을 한 번의 연산으로 빠르게 계산하여 표의 형
태로 표시해 주는 도구이고, (㉡)은/는 비슷한 형
식의 여러 데이터의 결과를 하나의 표로 통합하여
요약해 주는 도구이다.

① ㉠: 데이터 표   ㉡: 통합
② ㉠: 정렬   ㉡: 시나리오 관리자
③ ㉠: 부분합   ㉡: 피벗 테이블
④ ㉠: 목표값 찾기   ㉡: 데이터 유효성 검사

- 데이터 표 : 수식이 적용된 행/열 값의 변화에 따른 결과값의 변화
를 표의 형태로 보여주는 기능이다.
- 통합 : 비슷한 형식의 여러 데이터를 하나의 표로 요약하여 보여주
는 기능이다.
- 정렬 : 데이터를 특정 필드를 기준으로 재배치하여 표시한다.
- 시나리오 관리자 : 변경 셀의 변화에 따른 결과 셀의 요약을 별도의
시트에 표시해주는 기능이다.
- 부분합 : 정렬된 데이터를 지정된 필드를 기준으로 그룹화하고 각
그룹별 요약 함수를 적용하여 표시하는 기능이다.
- 피벗 테이블 : 입력된 데이터를 항목별로 구분하여 계산, 요약 및
분석하여 표시하는 기능이다.
- 목표값 찾기 : 원하는 목표값을 구하기 위해 기준값이 얼마가 되어
야 하는지를 찾아 수식 셀에 표시해주는 기능이다.
- 데이터 유효성 검사 : 셀에 입력된 혹은 입력될 데이터가 유효한 값
인지 아닌지를 검사하는 기능이다.

**22 다음 중 고급 필터 실행을 위한 조건 지정 방법에 대한
설명으로 옳지 않은 것은?**

① 함수나 식을 사용하여 조건을 입력하면 셀에는 비
교되는 현재 대상의 값에 따라 TRUE나 FALSE가
표시된다.

② 함수를 사용하여 조건을 입력하는 경우 원본 필드명
과 동일한 필드명을 조건 레이블로 사용해야 한다.

**23 다음 중 피벗 테이블 보고서와 피벗 차트 보고서에 대
한 설명으로 옳지 않은 것은?**

① 피벗 테이블 보고서에서는 값 영역에 표시된 데이
터 일부를 삭제하거나 추가할 수 없다.

② 피벗 차트 보고서를 만들 때마다 동일한 데이터로
관련된 피벗 테이블 보고서가 자동으로 생성된다.

③ 피벗 차트 보고서는 분산형, 주식형, 거품형 등 다
양한 차트 종류로 변경할 수 있다.

④ 행 또는 열 레이블에서의 데이터 정렬은 수동(항
목을 끌어 다시 정렬), 오름차순, 내림차순 중 선택
할 수 있다.

피벗 차트는 피벗 테이블을 원본으로 한 차트로 피벗 테이블을 삭제
하면 일반 차트로 자동 전환된다. 피벗 차트 보고서의 기본형은 세로
막대형 차트이며, 분산형, 거품형, 주식형은 사용할 수 없다.

**24 다음 중 [외부 데이터 가져오기] 기능을 이용하여 텍스
트 파일을 불러오는 경우에 대한 설명으로 옳은 것은?**

① 가져온 데이터는 원본 텍스트 파일이 수정되면 즉
시 수정된 내용이 자동으로 반영된다.

② 데이터의 구분 기호로 탭, 세미콜론, 쉼표, 공백 등
이 기본으로 제공되며, 사용자가 원하는 구분 기
호를 설정할 수도 있다.

③ 텍스트 파일에서 특정 열(column)만 선택하여 가
져올 수는 없다.

④ 기본적으로 사용되는 텍스트 파일의 형식은 *.txt,
*.prn, *.hwp이다.

① 원본 텍스트 파일이 수정되어도 수정된 내용은 자동으로 반영되
지 않는다.
③ 특정 열만 제외하거나 선택하여 가져올 수 있다.
④ *.hwp는 엑셀에서 호환되지 않는다.

클라이언트/서버 방식의 특징
- 서버와 클라이언트가 모두 처리 능력을 가지며, 분산처리 환경에
적합하다.
- 정보를 제공하는 서버와 정보를 요청하는 클라이언트로 구성된다.

25 다음 중 작성된 매크로를 엑셀이 실행될 때마다 모든 통합 문서에서 실행할 수 있도록 하는 방법으로 옳은 것은?

① 작성된 매크로를 Office 설치 폴더 내 [XLSTART] 폴더에 Auto.xlsb로 저장한다.

② 작성된 매크로를 임의의 폴더에 Personal.xlsb로 저장한다.

③ 작성된 매크로를 Office 설치 폴더 내 [XLSTART] 폴더에 Personal.xlsb로 저장한다.

④ 작성된 매크로를 임의의 폴더에 Auto.xlsb로 저장한다.

작성된 매크로를 엑셀이 실행될 때마다 모든 통합 문서에서 실행할 수 있도록 하려면 개인용 매크로 통합 문서인 XLSTART 폴더 안의 Personal.xlsb로 저장해야 한다. XLSTART 폴더에 있는 모든 파일은 엑셀을 실행하면 자동으로 열린다.

26 다음 중 아래의 시트에서 주어진 표 전체만 선택하는 방법으로 옳지 않은 것은?

	A	B	C	D	E
1	성명	직위	근무년수	월기본급	성과급
2	이준기	과장	8	2070000	800000
3	박지영	부장	15	2200000	1000000
4	정희철	사원	2	1840000	600000
5	박준원	사원	4	1980000	600000
6	황유리	과장	10	2160000	800000
7	최보미	부장	19	2300000	1000000
8	강만구	과장	15	1980000	800000

① 행 머리글과 열 머리글이 만나는 워크시트 왼쪽 맨 위의 [모두 선택] 단추(◢)를 클릭한다.

② [A1] 셀을 클릭하고 <Shift> 키를 누른 채 [E8] 셀을 클릭한다.

③ [B4] 셀을 클릭하고 <Ctrl>+<A> 키를 누른다.

④ [A1] 셀을 클릭하고 <F8> 키를 누른 뒤에 <→> 키를 눌러 E열까지 이동하고 <↓> 키를 눌러 8행까지 선택한다.

①번처럼 [모두 선택] 단추(◢)를 클릭하면 제시된 표를 포함하여 시트 전체가 선택된다.

27 아래는 워크시트 [A1] 셀에서 [매크로 기록]을 클릭하고 작업을 수행한 과정을 Visual Basic Editor의 코드 창에서 확인한 결과이다. 다음 중 이에 대한 설명으로 옳지 않은 것은?

	A	B	C
1		성적현황	
2	학번	학과	이름
3			

```
(일반)
Sub 매크로2()
'
' 매크로2 Macro

    ActiveCell.Offset(0, 1).Range("A1").Select
    ActiveCell.FormulaR1C1 = "성적현황"
    ActiveCell.Offset(1, -1).Range("A1").Select
    ActiveCell.FormulaR1C1 = "학번"
    ActiveCell.Offset(0, 1).Range("A1").Select
    ActiveCell.FormulaR1C1 = "학과"
    Range("C2").Select
    ActiveCell.FormulaR1C1 = "이름"
    Range("A3").Select

End Sub
```

① 매크로의 이름은 '매크로2'이다.

② '성적현황', '학번', '학과'는 상대 참조로 기록되었다.

③ [A3] 셀을 클릭하고 매크로를 실행한 후의 셀 포인터 위치는 [A5] 셀이다.

④ [B3] 셀을 클릭하고 매크로를 실행한 후의 [C3] 셀의 값은 '성적현황'이다.

Sub 매크로2( )
'
❶ ' 매크로2 Macro

❷ ActiveCell.Offset(0,1).Range("A1").Select
❸ ActiveCell.FormulaR1C1="성적현황"
  ActiveCell.Offset(1,-1).Range("A1").Select
  ActiveCell.FormulaR1C1="학번"
  ActiveCell.Offset(0,1).Range("A1").Select
  ActiveCell.FormulaR1C1="학과"
❹ Range("C2").Select
  ActiveCell.FormulaR1C1="이름"
  Range("A3").Select

End Sub
----

❶ 매크로의 이름은 '매크로2'이다.
❷ ActiveCell은 활성화된 셀(선택 셀)을 의미한다.
  Offset(이동 행,이동 열)은 선택 셀로부터 지정된 행/열 수만큼 이동한다. 행의 경우 값이 양수면 아래쪽, 음수면 위쪽으로 이동하고, 열의 경우 양수면 오른쪽, 음수면 왼쪽으로 이동한다.
  ActiveCell.Offset(0,1).Range("A1").Select가 실행되면 활성화된 셀로부터 오른쪽으로 한 칸 이동한 셀 값을 기준 셀([A1])로 선택한다.
  ActiveCell.Offset( ) 명령어가 기록되었다는 것은 해당 매크로는 상대 참조로 기록되었다는 의미이다.
❸ 활성화된 셀에 지정된 값을 입력한다.
❹ Range(셀 또는 범위).Select가 실행되면 Range 함수 안에 입력된 셀 또는 범위가 선택된다.

28 다음 중 엑셀의 상태 표시줄에 대한 설명으로 옳지 않은 것은?

① 엑셀의 현재 작업 상태를 표시하며, 선택 영역에 대한 평균, 개수, 합계 등의 옵션을 선택하여 다양한 계산 결과를 표시할 수 있다.

② 확대/축소 컨트롤을 이용하면 10%~400% 범위 내에서 문서를 쉽게 확대/축소할 수 있다.

③ 자주 사용하는 도구들을 모아서 간단히 추가하거나 제거할 수 있으며, 리본 메뉴 아래에 표시할 수도 있다.

④ 기본적으로 상태 표시줄 왼쪽에는 매크로 기록 아이콘 (🔲)이 있으며, 매크로 기록 중에는 기록 중지 아이콘 (⬛)으로 변경된다.

> 자주 사용하는 도구들을 모아서 간단히 추가하거나 제거할 수 있는 것은 '빠른 실행 도구 모음'으로 리본 메뉴에 표시할 수도 있다. 또한 상태 표시줄은 리본 메뉴 아래쪽에 표시할 수 없다.

29 다음 중 워크시트의 이름 작성에 관한 설명으로 옳지 않은 것은?

① 시트 탭의 시트 이름을 더블 클릭하여 이름을 수정할 수 있다.

② 시트 이름은 영문 기준으로 대·소문자 구분 없이 최대 255자까지 지정할 수 있다.

③ 하나의 통합 문서 안에서는 동일한 시트 이름을 지정할 수 없다.

④ 시트 이름 입력 시 *, ?, /, [ ] 등의 기호는 입력되지 않는다.

> 시트 이름은 최대 31자까지 지정 가능하다. 이름을 최대 255자로 지정할 수 있는 것은 파일 이름이다.

30 다음 중 엑셀의 화면 설정에 대한 설명으로 옳은 것은?

① 워크시트 화면의 확대/축소 배율 지정은 모든 시트에 같은 배율로 적용된다.

② 틀 고정과 창 나누기를 동시에 수행할 수 있다.

③ 화면에 표시되는 틀 고정 형태는 인쇄 시 적용되지 않는다.

④ 틀 고정 구분선은 마우스 드래그로 위치를 변경할 수 있다.

> ① 워크시트 화면의 확대/축소 배율 지정은 해당 시트에만 적용된다.
> ② 틀 고정과 창 나누기는 동시에 수행할 수 없다.

④ 틀 고정 구분선은 해제 후 재설정하는 방식으로 위치를 변경한다. 마우스 드래그로 위치를 변경할 수 있는 것은 창 나누기의 구분선이다.

31 다음 중 '선택하여 붙여넣기' 기능에 대한 설명으로 옳지 않은 것은?

① 선택하여 붙여넣기 명령을 사용하면 워크시트에서 클립보드의 특정 셀 내용이나 수식, 서식, 메모 등을 복사하여 붙여 넣을 수 있다.

② 선택하여 붙여넣기의 바로 가기 키는 <Ctrl> + <Alt> + <V>이다.

③ 잘라 낸 데이터 범위에서 서식을 제외하고 내용만 붙여 넣으려면 '내용 있는 셀만 붙여넣기'를 선택한다.

④ '연결하여 붙여넣기'를 선택하면 원본 셀의 값이 변경 되었을 때 붙여넣기 한 셀의 내용도 자동 변경된다.

> 잘라낸 데이터를 붙여 넣을 경우에는 선택하여 붙여넣기 기능을 사용할 수 없고, 복사한 경우에만 사용할 수 있다.

32 아래 그림과 같이 조건부 서식의 수식을 사용하여 표의 홀수 행마다 배경색을 노랑색으로 채우고자 한다. 다음 중 조건부 서식에서 작성해야 할 수식으로 옳은 것은?

	A	B	C	D
1	부서별 비품관리			
2	부서	보유량	요청량	합계
3	기획팀	25	5	30
4	관리팀	15	20	35
5	총무팀	32	9	41
6	인사팀	22	25	47
7	회계팀	18	5	23
8	경영지원팀	15	18	33
9	감사팀	25	19	44
10	합계	152	101	253

① =MOD(COLUMN(),2)=1

② =MOD(ROW(),2)=1

③ =COLUMN()/2=1

④ =ROW()/2=1

> ① =MOD(COLUMN(),2)=1
> : [A3] 셀의 열 번호를 2로 나눈 나머지가 1이면(열 번호가 홀수라면) 조건을 적용한다.
> ② =MOD(ROW(),2)=1
> : [A3] 셀의 행 번호를 2로 나눈 나머지가 1이면(행 번호가 홀수라면) 조건을 적용한다.

③ =COLUMN()/2=1
: [A3] 셀의 열 번호를 2로 나눈 값이 1이면 조건을 적용한다.
④ =ROW()/2=1
: [A3] 셀의 행 번호를 2로 나눈 값이 1이면 조건을 적용한다.

33 다음 중 데이터 입력 및 편집에 대한 설명으로 옳지 않은 것은?

① 숫자 데이터를 문자 데이터로 입력하려면 숫자 앞에 문자 접두어(인용 부호')를 먼저 입력한 후 이어서 입력한다.

② 한 셀 내에서 줄을 바꾸어 입력하려면 <Alt> + <Enter> 키를 이용한다.

③ 여러 셀을 선택하여 동일한 데이터를 한 번에 입력하려면 입력하자마자 <Shift> + <Enter> 키를 누른다.

④ [홈] 탭 [편집] 그룹의 [지우기]를 이용하면 셀에 입력된 데이터나 서식, 메모 등을 선택하여 지울 수 있다.

여러 셀을 선택하여 동일한 데이터를 한 번에 입력하려면 <Ctrl> + <Enter> 키를 누른다. <Shift> + <Enter>를 누르면 활성 셀이 위로 한 칸 이동한다.

34 다음 중 정보 함수에 대한 설명으로 옳은 것은?

① ISBLANK 함수: 값이 '0' 이면 TRUE를 반환한다.

② ISERR 함수: 값이 #N/A를 제외한 오류 값이면 TRUE를 반환한다.

③ ISODD 함수: 숫자가 짝수이면 TRUE를 반환한다.

④ TYPE 함수: 값의 데이터 형식을 나타내는 문자를 반환 한다.

- ISBLANK 함수: 값이 빈 셀이면 TRUE를 반환한다.
- ISODD 함수: 숫자가 홀수이면 TRUE를 반환한다.
- ISEVEN 함수: 숫자가 짝수이면 TRUE를 반환한다.
- TYPE 함수: 값의 데이터 형식을 나타내는 숫자를 반환한다.

35 다음 중 각 차트 종류에 대한 설명으로 적절하지 않은 것은?

① 영역형 차트: 워크시트의 여러 열이나 행에 있는 데이터에서 시간에 따른 변동의 크기를 강조하여 합계 값을 추세와 함께 살펴볼 때 사용된다.

② 표면형 차트: 일반적인 척도를 기준으로 연속적인 데이터를 표시할 수 있으므로 일정 간격에 따른 데이터의 추세를 표시할 때 사용된다.

③ 도넛형 차트: 여러 열이나 행에 있는 데이터에서 전체에 대한 각 부분의 관계를 비율로 나타내어 각 부분을 비교할 때 사용된다.

④ 분산형 차트: 여러 데이터 계열에 있는 숫자 값 사이의 관계를 보여 주거나 두 개의 숫자 그룹을 xy 좌표로 이루어진 하나의 계열로 표시할 때 사용된다.

- 영역형 차트: 시간에 따라 값의 변화값을 비교할 때 사용한다.
- 표면형 차트: 두 개의 데이터 집합에서 최적의 조합을 찾을 때 사용한다.
- 꺾은선형 차트: 일반적인 척도를 기준으로 연속적인 데이터를 표시할 수 있으므로 일정 간격에 따른 데이터의 추세를 표시할 때 사용된다.
- 도넛형 차트: 원형 차트를 개선한 것으로 다양한 데이터 계열을 비교할 수 있다.
- 분산형 차트: XY 좌표로 이루어진 계열로 두 개의 숫자 그룹으로 표시하는 차트이며, 여러 종류의 데이터 값을 비교할 수 있다.

36 다음 중 아래 차트에 대한 설명으로 옳지 않은 것은?

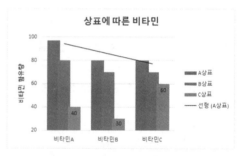

상표에 따른 비타민

① [데이터 계열 서식] 창에서 '계열 겹치기' 값이 0보다 작게 설정되었다.

② 'A상표' 계열에 선형 추세선이 추가되었고, 'C상표' 계열에는 데이터 레이블이 추가되었다.

③ 세로(값) 축의 주 단위는 20이고, 최소값과 최대값은 각각 20과 100으로 설정되었다.

④ 기본 세로 축 제목은 '제목 회전'으로 "비타민함유량"이 입력되었다.

[데이터 계열 서식] 창에서 '계열 겹치기' 옵션을 설정할 수 있다. 값은 -100~ 100까지 설정할 수 있으며, 값이 음수(-)로 작아지면 간격이 넓어지고 양수(+)로 커지면 간격이 좁아지고 겹쳐진다.
해당 차트의 '계열 겹치기' 값은 0보다 크게 설정되어 있다.

37 다음 중 [페이지 레이아웃] 보기 상태에서 설정 가능한 설명으로 옳지 않은 것은?

① 눈금자, 눈금선, 머리글 등을 표시하거나 숨길 수 있다.

② 마우스로 페이지 구분선을 클릭하여 페이지 나누

기 위치를 조정할 수 있다.

③ 기본 보기에서와 같이 셀 서식을 변경하거나 수식 작업을 할 수 있다.

④ 머리글과 바닥글을 짝수 페이지와 홀수 페이지에 각각 다르게 지정할 수 있다.

[페이지 레이아웃] 상태에서는 페이지 구분선을 마우스로 조정할 수 없다. 해당 작업은 [페이지 나누기 미리보기] 상태에서 설정이 가능하다.

---

38 다음 중 아래와 같이 워크시트에 데이터가 입력되어 있는 경우, 보기의 수식과 그 결과값으로 옳지 않은 것은?

	A
1	
2	한국 대한민국
3	분기 수익
4	수익
5	아름다운 설악산

① =MID(A5,SEARCHB(A1,A5)+5,3) → 설악산

② =REPLACE(A5,SEARCHB("한",A2),5,"") → 설악산

③ =MID(A2,SEARCHB(A4,A3),2) → 민국

④ =REPLACE(A3,SEARCHB(A4,A3),2,"명세서") → 분기명세서

=MID(A5,SEARCHB(A1,A5)+5,3)	
MID(A5,❶+5,3)	[A5] 문자열의 ❶+5번째부터 3글자를 추출하여 표시
❶ SEARCHB(A1,A5)	[A1] 문자를 [A5] 문자열에서 찾아 위치번호를 반환하지만, 첫 번째 인수에 공란을 지정하거나 값이 없는 경우 1을 반환

=REPLACE(A5,SEARCHB("한",A2),5,"")	
REPLACE(A5,❶,5,"")	[A5] 문자열에서 ❶번째부터 5글자를 찾아 공란("")으로 변환
❶ SEARCHB ("한",A2)	"한"을 [A2] 문자열에서 찾아 위치번호를 반환

=MID(A2,SEARCHB(A4,A3),2)	
MID(A2,❶,2)	[A2] 문자열의 ❶번째부터 2글자를 추출하여 표시
❶ SEARCHB(A4,A3)	[A4] 문자를 [A3] 문자열에서 찾아 위치번호를 반환

=REPLACE(A3,SEARCHB(A4,A3),2,"명세서")	
REPLACE(A3,❶,2, "명세서")	[A3] 문자열에서 ❶번째부터 2글자를 찾아 "명세서"로 변환
❶ SEARCHB(A4,A3)	[A4] 문자를 [A3] 문자열에서 찾아 위치번호를 반환

---

39 아래 시트에서 [D2:D5] 영역을 선택한 후 배열 수식으로 한 번에 금액을 구하려고 한다. 다음 중 이를 위한 수식으로 옳은 것은? (금액 = 수량 * 단가)

	A	B	C	D
1	제품명	수량	단가	금액
2	디지털카메라	10	350,000	
3	전자사전	15	205,000	
4	모니터	20	155,000	
5	태블릿	5	550,000	

① {=B2*C2}

② {=B2:B5*C2:C5}

③ {=B2*C2:B5*C5}

④ {=SUMPRODUCT(B2:B5,C2:C5)}

해당 문제처럼 배열 수식을 활용하여 한꺼번에 수식을 입력하는 경우에는 인수를 범위 단위로 작업해야 제대로 된 연산이 가능하다.

따라서 B2:B5 영역과 C2:C5 영역을 각각의 인수로 지정하여 곱하기 연산을 수행한 뒤 <Ctrl> + <Shift> + <Enter>를 눌러 마무리한다.

---

40 아래 워크시트의 [C3:C15] 영역을 이용하여 출신지역별로 인원수를 [G3:G7] 영역에 계산하려고 한다. 다음 중 [G3] 셀에 수식을 작성한 뒤 채우기 핸들을 사용하여 [G7] 셀까지 수식 복사를 할 경우 [G3] 셀에 입력할 수식으로 옳은 것은?

	A	B	C	D	E	F	G	H
1								
2		성명	출신지역	나이			인원	
3		김광철	서울	32		서울 지역	3	
4		김다나	경기	35		경기 지역	2	
5		고준영	서울	36		호남 지역	3	
6		성영주	호남	38		영남 지역	3	
7		김철수	경기	38		제주 지역	2	
8		정석중	호남	42				
9		이진주	영남	44				
10		박성수	제주	45				
11		최미나	영남	48				
12		강희수	제주	50				
13		조광식	서울	52				
14		원춘배	호남	52				
15		지민주	영남	54				

① =SUM(IF($C$3:$C$15=LEFT(F3,2),1,0))

② {=SUM(IF($C$3:$C$15=LEFT(F3,2),1,0))}

③ =SUM(IF($C$3:$C$15=LEFT(F3,2),1,1))

④ {=SUM(IF($C$3:$C$15=LEFT(F3,2),1,1))}

배열 수식을 사용하는 경우 <Ctrl>+<Shift>+<Enter>를 눌러 마무리하면 중괄호({})가 표시된다.

해당 문제에서는 조건을 만족하면 1씩 값을 증가시켜 인원수를 계산한다.

경우1) {SUM((조건)*1)}
경우2) {SUM(IF(조건,1))}
경우3) {COUNT(IF(조건,1))}

이를 문제에 적용해보면 최종 수식은 아래와 같다.

결과1) {SUM(($C$3:$C$15=LEFT(F3,2))*1)}
결과2) {SUM(IF($C$3:$C$15=LEFT(F3,2),1))}
결과3) {COUNT(IF($C$3:$C$15=LEFT(F3,2),1))}

배열 수식의 IF수식에서 거짓 값은 생략 가능하지만 0을 입력해도 결과는 동일하다.

3과목 데이터베이스 일반

41 다음 중 테이블의 '디자인 보기'에서 필드마다 <한/영> 키를 사용하지 않고도 데이터 입력 시의 한글이나 영문 입력 상태를 정할 수 있는 필드 속성은?

① 캡션
② 문장 입력 시스템 모드
③ IME 모드
④ 스마트 태그

IME 모드는 컨트롤에 포커스를 삽입하여 데이터를 입력할 때 한글, 영숫자 등의 입력 상태를 설정하는 속성이다.

42 다음 중 테이블의 조회 속성에 대한 설명으로 옳지 않은 것은?

① 조회 속성을 이용하면 사용자가 직접 값을 입력하는 과정에서 발생하는 오류를 줄일 수 있다.
② 조회 열에서 다른 테이블이나 쿼리에 있는 값을 조회 하도록 설정할 수 있다.
③ 원하는 값을 직접 입력하여 조회 목록을 만들 수 있다.
④ 조회 목록으로 표시할 열의 개수는 변경할 수 없으며, 행 원본에 맞추어 자동으로 설정된다.

조회 목록으로 표시할 열의 개수는 사용자가 임의로 변경할 수 있다.

일반 조회	
컨트롤 표시	콤보 상자
행 원본 유형	테이블/쿼리
행 원본	
바운드 열	1
열 개수	1
열 이름	아니요
열 너비	
행 수	16
목록 너비	자동
목록 값만 허용	아니요
여러 값 허용	아니요
값 목록 편집 허용	아니요
목록 항목 편집 폼	
행 원본 값만 표시	아니요

43 다음 중 특정 필드의 입력 마스크를 'LA09#'으로 설정하였을 때 입력 가능한 데이터로 옳은 것은?

① 12345
② A상345
③ A123A
④ A1BCD

0: 숫자만 필수 입력, 공백 및 기호 사용 불가능
9: 숫자만 선택 입력, 공백 가능, 기호 사용 불가능
#: 숫자만 선택 입력, 공백 및 기호 사용 가능
A: 영문자, 한글, 숫자만 필수 입력
L: 영문자와 한글만 필수 입력

44 다음 중 하위 보고서 작성에 대한 설명으로 옳지 않은 것은?

① 하위 보고서를 통해서 기본 보고서 내용을 보강한 보고서를 만들 수 있다.
② 디자인 보기 화면에서는 삽입된 하위 보고서의 크기를 조절할 수 없다.
③ 일대다 관계에 있는 테이블이나 쿼리를 효과적으로 표시할 수 있다.
④ 일반적으로 하위 보고서의 개수에는 제한이 없으나 하위 보고서를 중첩하는 경우 7개의 수준까지 중첩시킬 수 있다.

하위 보고서 역시 컨트롤이기 때문에 디자인 보기 상태에서 크기를 조절할 수 있다.

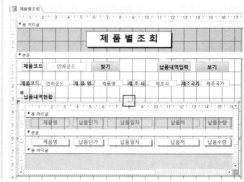

45 '부서코드'를 기본 키로 하는 [부서] 테이블과 '부서 코드'를 포함한 사원정보가 있는 [사원] 테이블을 이용하여 관계를 설정하였다. 다음 중 이와 관련된 관계 설정에 대한 설명으로 옳은 것은? (단, 한 부서에는 여러 명의 사원이 소속되어 있으며, 한 사원은 하나의 부서에 소속된다.)

① '항상 참조 무결성 유지'를 설정하면 [사원] 테이

블에 입력하려는 '사원'의 '부서코드'는 반드시 [부서] 테이블에 존재해야만 한다.

② '항상 참조 무결성 유지'를 설정하면 [사원] 테이블에서 '부서코드'를 수정하는 경우 [부서] 테이블의 해당 '부서코드'도 자동으로 수정된다.

③ '항상 참조 무결성 유지'를 설정하지 않더라도 [사원] 테이블에 입력하려는 '사원'의 '부서코드'는 반드시 [부서] 테이블에 존재해야만 한다.

④ '항상 참조 무결성 유지'를 설정하지 않더라도 [사원] 테이블에서 사용 중인 '부서코드'는 [부서] 테이블에서 삭제할 수 없다.

'항상 참조 무결성 유지' 속성이 설정되면 기본키 테이블에 존재하지 않는 부서코드를 외래키 테이블에 추가할 수 없고, 기본키 테이블의 레코드를 삭제하거나 수정할 수도 없다. 수정이나 삭제를 하려면 '관련 필드 모두 업데이트'와 '관련 레코드 모두 삭제'를 설정해야 한다. 해당 문제에서는 [부서]가 기본키 테이블이고, [사원]이 외래키 테이블이기 때문에 [사원] 테이블에 입력하려는 값은 반드시 [부서] 테이블에 존재하는 값이어야 한다.

☑ 항상 참조 무결성 유지(E)
☑ 관련 필드 모두 업데이트(U)
☐ 관련 레코드 모두 삭제(D)

46 다음 중 아래 VBA 코드를 실행했을 때 MsgBox에 표시되는 값은?

```
Dim i As Integer
Dim Num As Integer
For i = 0 To 7 Step 2
    Num = Num + i
Next i
MsgBox Str(Num)
```

① 7   ② 12
③ 24   ④ 28

❶ Dim i As Integer
❷ Dim Num As Integer
❸ For i = 0 To 7 Step 2
❹   Num = Num + i
❺ Next i
❻ MsgBox Str(Num)

----

❶ 변수 i를 정수형으로 정의한다.
❷ 변수 Num을 정수형으로 정의한다.
❸ i가 0부터 7까지 2씩 증가한다.

❹ Num에 i를 더한 값을 Num에 대치한다.
❺ 구간이 끝날 때까지 i를 반복한다.
❻ 메시지 박스에 Num값을 문자타입으로 출력한다.

47 다음 중 매크로에 대한 설명으로 옳지 않은 것은?

① 매크로는 작업을 자동화하고 폼, 보고서 및 컨트롤에 기능을 추가하는 데 사용되는 도구이다.

② 특정 조건이 참일 때에만 매크로 함수를 실행하도록 설정할 수 있다.

③ 하나의 매크로에는 하나의 매크로 함수만 포함될 수 있다.

④ 매크로를 컨트롤의 이벤트 속성에 포함시킬 수 있다.

매크로는 자주 사용하는 작업을 자동화하는 도구로서 하나의 매크로에 여러 개의 매크로 함수를 포함하여 작성할 수 있다.

48 다음 중 데이터베이스의 3단계 구조 중 하나로 데이터베이스 전체의 논리적인 구조를 보여주는 스키마는?

① 외부 스키마   ② 서브 스키마
③ 개념 스키마   ④ 내부 스키마

- 개념 스키마 : 데이터베이스 전체의 논리적인 구조를 보여주는 스키마로 기관이나 조직체의 관점에서 본 스키마이다.
- 외부 스키마 : 서브 스키마라고도 하며 사용자 또는 응용 프로그래머의 관점에서 본 스키마이다.
- 내부 스키마 : 물리적 구조로서 시스템 설계자의 관점에서 본 구조이다.

49 다음 중 정규화에 대한 설명으로 옳지 않은 것은?

① 한 테이블에 너무 많은 정보를 포함해서 발생하는 이상 현상을 제거한다.

② 정규화를 실행하면 모든 테이블의 필드 수가 동일해진다.

③ 정규화를 실행하면 테이블이 나누어져 최종적으로는 일관성을 유지하게 된다.

④ 정규화를 실행하는 목적 중 하나는 데이터 중복의 최소화이다.

정규화는 이상 현상이 발생하지 않도록 중복성 및 종속성을 배제하는 것으로 데이터베이스의 논리적 설계단계에서 진행된다. 정규화를 진행하면 테이블과 필드 수의 변화가 발생할 수 있지만, 모든 테이블의 필드 수가 동일해지지는 않는다.

50 다음 중 보고서를 작성하는 방법으로 옳지 않은 것은?

① [보고서] 도구를 사용하여 보고서 만들기
② [보고서 디자인] 도구를 사용하여 보고서 만들기
③ [새 보고서] 도구를 사용하여 보고서 만들기
④ [데이터] 도구를 사용하여 보고서 만들기

보고서는 [만들기] 탭의 보고서 그룹의 메뉴들을 이용하여 작성할 수 있다. [보고서], [보고서 디자인], [새 보고서], [보고서 마법사] 도구를 이용하여 작성할 수 있으나 [데이터] 도구는 존재하지 않는다.

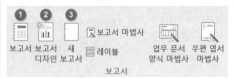

51 다음 중 보고서의 각 구역에 대한 설명으로 옳지 않은 것은?

① 보고서 바닥글 영역에는 로고, 보고서 제목, 날짜 등을 삽입하며, 보고서의 모든 페이지에 출력된다.
② 페이지 머리글 영역에는 열 제목 등을 삽입하며, 모든 페이지의 맨 위에 출력된다.
③ 그룹 머리글/바닥글 영역에는 일반적으로 그룹별 이름, 요약 정보 등을 삽입한다.
④ 본문 영역은 실제 데이터가 레코드 단위로 반복 출력되는 부분이다.

보고서 머리글 영역에는 로고, 보고서 제목, 날짜 등을 삽입하며, 보고서의 첫 페이지 상단에 한 번만 표시된다.
보고서 바닥글 영역에는 함수 등을 사용하여 보고서 레코드의 요약값을 표시하며, 보고서의 마지막 페이지에 한 번만 표시된다.

52 다음 중 보고서에서 페이지 번호를 표시하는 컨트롤 원본과 그 표시 결과가 옳은 것은? (단, 현재 페이지는 1페이지이고, 전체 페이지는 5페이지임)

① ="Page" & [Page] & "/" & [Pages] → 1/5 Page
② =[Page] & "페이지" → 5페이지
③ =[Page] & "/" & [Pages] & " Page" → Page1/5
④ =Format([Page], "00") → 01

① ="Page" & [Page] & "/" & [Pages] → Page1/5
② =[Page] & "페이지" → 1페이지
③ =[Page] & "/" & [Pages] & " Page" → 1/5 Page

- [PAGE] : 현재 페이지를 의미 → 1
- [PAGES] : 전체 페이지를 의미 → 5
- "문자열" : 표시하고자 하는 문자열

53 아래는 쿼리의 '디자인 보기'이다. 다음 중 아래 쿼리의 실행 결과로 옳은 것은?

① 2018년 전에 입학했거나 컴퓨터공학을 전공하는 지도 학생들의 이름과 전공을 표시
② 2018년 전에 입학하여 컴퓨터공학을 전공하는 지도 학생들의 이름과 전공을 표시
③ 2018년 전에 입학했거나 컴퓨터공학을 전공하는 지도 학생들의 이름, 전공, 입학연도를 표시
④ 2018년 전에 입학하여 컴퓨터공학을 전공하는 지도 학생의 이름, 전공, 입학연도를 표시

〈AND조건〉	
전공	입학연도
컴퓨터공학	<2018

〈OR조건〉	
전공	입학연도
컴퓨터공학	
	<2018

쿼리에서 조건 설정 시 AND 조건은 같은 행, OR 조건은 다른 행에 입력한다. 해당 문제에서는 같은 행에 조건이 입력되어 있기 때문에 '2018년 전에 입학하여 컴퓨터공학을 전공하는 지도 학생들'의 정보를 추출한다. '입학연도' 필드의 경우 표시의 체크박스가 해제되어 있으므로 결과에 표시되지는 않는다.

54 다음 중 SELECT문에 대한 설명으로 옳지 않은 것은?

① FROM 절에는 SELECT 문에 나열된 필드를 포함하는 테이블이나 쿼리를 지정한다.
② 검색 결과에 중복되는 레코드를 없애기 위해서는 'DISTINCT' 조건자를 사용한다.

③ AS 문은 필드 이름이나 테이블 이름에 별명을 지정할 때 사용한다.

④ GROUP BY 문으로 레코드를 결합한 후에 WHERE 절을 사용하면 그룹화된 레코드 중 WHERE 절의 조건을 만족하는 모든 레코드가 표시된다.

SELECT [DISTINCT] 필드명 AS 별명
FROM 테이블명/쿼리명
WHERE 조건식
GROUP BY 그룹화 기준 필드명
HAVING 그룹 조건식

GROUP BY 문으로 레코드를 그룹화한 후, 그룹 조건은 HAVING절을 사용한다.

55 다음 중 분할 표시 폼에 대한 설명으로 옳지 않은 것은?

① 분할된 화면에서 데이터를 [폼 보기]와 [데이터시트 보기]로 동시에 볼 수 있다.

② 폼의 두 보기 중 하나에서 필드를 선택하면 다른 보기에서도 동일한 필드가 선택된다.

③ 데이터 원본을 변경하는 경우 데이터시트 보기에서만 데이터를 변경할 수 있다.

④ 데이터시트가 표시되는 위치를 폼의 위쪽, 아래쪽, 왼쪽, 오른쪽 중에서 선택할 수 있다.

분할 표시 폼은 데이터시트 보기와 폼 보기를 동시에 표시하기 위한 기능으로, 데이터 원본을 변경하고자 하면 '폼 보기'나 '데이터시트 보기' 상태에서 데이터를 변경하면 된다.

56 다음 중 [학생] 테이블에서 '학년' 필드가 1인 레코드의 개수를 계산하고자 할 때의 수식으로 옳은 것은? 단, [학생] 테이블의 기본 키는 '학번' 필드이다.

① =DLookup("*","학생","학년=1")

② =DLookup(*,학생,학년=1)

③ =DCount(학번,학생,학년=1)

④ =DCount("*","학생","학년=1")

조건을 만족하는 레코드의 개수를 표시하는 문제이므로 DCOUNT( ) 함수를 사용해야 한다. 도메인 함수는 모든 인수를 쌍따옴표("")로 묶어서 마무리해야 한다. 도메인 함수의 인수 형태는 다음과 같다.
=DCOUNT("필드명", "테이블명/쿼리명", "조건")

이를 문제에 적용하면 결과 수식은 다음과 같다.
=DCOUNT("*","학생","학년=1")

57 다음 중 아래 SQL문에 대한 설명으로 옳은 것은?

SELECT T1.품번, T2.제조사
FROM T1, T2
WHERE T2.소재지 IN ('서울', '수원') AND
T1.품번 = T2.품번;

① 테이블 T2에서 소재지가 서울 또는 수원이거나 T1과 품번이 일치하는 레코드들만 선택된다.

② 테이블 T1과 T2의 품번이 일치하면서 소재지는 서울과 수원을 제외한 레코드들만 선택된다.

③ 테이블 T1의 품번 필드와 테이블 T2의 소재지 필드만 SQL 실행 결과로 표시된다.

④ 테이블 T1의 품번 필드와 테이블 T2의 제조사 필드만 SQL 실행 결과로 표시된다.

❶ SELECT T1.품번, T2.제조사
❷ FROM T1, T2
❸ WHERE T2.소재지 IN ('서울', '수원') AND
  T1.품번 = T2.품번;
----
❶ T1테이블의 품번 필드와 T2테이블의 제조사 필드를 선택한다.
❷ T1과 T2 테이블로부터 가져온다.
❸ T2테이블의 소재지가 '서울'이나 '수원'이면서 두 테이블의 품번이 일치하는 레코드만을 검색한다.

58 다음 중 아래와 같은 결과를 표시하는 SQL문은?

도서명	저자	출판사	출간연도
컴퓨터과학	이연산	두빛	2011
자바	고자바	IT	2012
C#	윤피디	가람	2017
액세스	김디비	IT	2018
엑셀	이연산	화요	2018

① SELECT * FROM book ORDER BY [저자], [출간연도];

② SELECT * FROM book ORDER BY [출간연도] DESC, [출판사] DESC;

③ SELECT * FROM book ORDER BY [출간연도] ASC, [저자] ASC;

④ SELECT * FROM book ORDER BY [저자] DESC, [출간 연도] ASC;

ORDER BY: 정렬을 위한 명령어
정렬방식: ASC(오름차순), DESC(내림차순)

해당 문제는 [출간연도] 필드를 기준으로 1차 오름차순 정렬이 되었고, [저자] 필드를 기준으로 2차 오름차순 정렬이 되었다.

59 다음 중 폼의 속성에 대한 설명으로 옳은 것은?

① 팝업 속성을 설정하면 포커스를 다른 개체로 이동하기 위해서는 반드시 폼을 닫아야 한다.

② '레코드 잠금' 속성의 기본값은 '잠그지 않음'이며, 이 경우 레코드 편집 작업이 완료되기 전에 다른 사용자가 레코드를 변경할 수 있다.

③ 그림 맞춤 속성은 폼의 크기가 이미지의 원래 크기와 다른 경우 다양한 확대/축소 유형을 선택할 수 있다.

④ 레코드 집합 종류 속성의 값이 '다이너셋'인 경우 원본 테이블의 업데이트는 안되며, 조회만 가능하다.

①번은 모달, ③번은 그림 크기 조정 모드에 대한 설명이고, ④번은 레코드 집합 종류 속성의 값이 '다이너셋'인 경우 원본 테이블의 업데이트가 가능하다.

60 다음 중 폼에서 컨트롤의 탭 순서를 변경하는 방법으로 옳지 않은 것은?

① 마법사 또는 레이아웃과 같은 도구를 사용하여 폼을 만든 경우 컨트롤이 폼에 표시되는 순서(위쪽에서 아래쪽 및 왼쪽에서 오른쪽)와 같은 순서로 탭 순서가 설정된다.

② 기본적으로는 컨트롤을 작성한 순서대로 탭 순서가 설정되며, 레이블에는 설정할 수 없다.

③ [탭 순서] 대화상자를 이용하면 컨트롤의 탭 순서를 컨트롤 이름 행을 드래그해서 조정할 수 있다.

④ 탭 순서에서 컨트롤을 제거하려면 컨트롤의 탭 정지 속성을 '예'로 설정한다.

컨트롤의 탭 정지 속성을 '아니오'로 설정하면 <Tab> 키를 눌렀을 때 해당 컨트롤에는 커서가 정지하지 않는다.

√ 정답

01	02	03	04	05	06	07	08	09	10
①	④	③	④	②	②	③	③	④	④
11	12	13	14	15	16	17	18	19	20
④	③	③	③	②	④	①	④	③	①
21	22	23	24	25	26	27	28	29	30
①	②	③	②	③	①	③	③	②	③
31	32	33	34	35	36	37	38	39	40
③	②	③	②	②	①	②	④	②	②
41	42	43	44	45	46	47	48	49	50
③	④	②	②	①	②	③	③	②	④
51	52	53	54	55	56	57	58	59	60
①	④	②	④	③	④	④	③	②	④

1과목 ▶ 컴퓨터 일반

01 다음 중 사운드 데이터의 샘플링(Sampling)에 관한 설명으로 옳지 않은 것은?

① 디지털 신호를 아날로그 신호로 변환해 주는 작업이다.
② 샘플링 레이트(Sampling Rate)가 높을수록 원음에 가깝다.
③ 샘플링 레이트는 초당 샘플링 횟수를 의미한다.
④ 샘플링 레이트의 단위는 Hz(헤르츠)를 사용한다.

> 샘플링(Sampling)은 아날로그 사운드 신호를 일정한 주기로 측정한 다음 그 값을 디지털 신호로 변화시키는 작업이다.

02 다음 중 이미지 데이터의 표현 방식에서 벡터(Vector) 방식에 관한 설명으로 옳지 않은 것은?

① 벡터 방식의 그림 파일 형식에는 wmf, ai 등이 있다.
② 이미지를 점과 선을 이용하여 표현하는 방식이다.
③ 그림을 확대하거나 축소할 때 계단 현상이 발생하지 않는다.
④ 포토샵, 그림판 등의 소프트웨어로 그림을 편집할 수 있다.

> 벡터(Vector) 이미지의 특징
> - 점과 점을 연결하는 직선이나 곡선을 이용하여 이미지를 표현하는 방식
> - 이미지를 확대해도 테두리가 거칠어지지 않음
> - 단순한 도형과 같이 개체를 표현하기에 적합
> - 파일형식 : .dxf , .ai , .cdr , .wmf ...
> - 프로그램 : 일러스트레이터, 코렐드로우…

03 다음 중 컴퓨터의 정상적인 작동을 방해하여 운영체제나 저장된 데이터에 손상을 입힐 수 있는 보안 위협의 종류는?

① 바이러스　　② 키로거
③ 애드웨어　　④ 스파이웨어

> 바이러스의 감염 경로와 특징
> - 바이러스(Virus)는 컴퓨터의 정상적인 작동을 방해하여 운영체제나 저장된 데이터에 손상을 입힐 수 있는 프로그램이다.
> - 자신을 복제할 수 있으며, 다른 프로그램을 감염시킬 수 있다.
> - 소프트웨어뿐만 아니라 하드웨어의 성능에도 영향을 미칠 수 있다.
> - 주로 복제품을 사용하거나 통신 매체를 통하여 다운받은 프로그램에 의해 감염된다.

04 다음 중 방화벽(Firewall)에 대한 설명으로 옳지 않은 것은?

① 보안이 필요한 네트워크의 통로를 단일화하여 관리한다.
② 내부 네트워크에서 외부로 나가는 패킷을 체크하여 인증된 패킷만 통과시킨다.
③ 역추적 기능으로 외부 침입자의 흔적을 찾을 수 있다.
④ 방화벽은 외부 네트워크와 내부 네트워크 사이에 위치한다.

> 방화벽은 보안이 필요한 네트워크의 통로를 단일화하여 외부로부터의 불법적인 접근을 차단하기 위한 시스템이다. 외부로부터 유입되는 요소들은 확인하고 관리할 수 있지만, 내부에서 발생되는 위험요소는 처리할 수 없다.

05 다음 중 인터넷에서 사용하는 TCP/IP에 대한 설명으로 옳지 않은 것은?

① 서로 다른 기종의 컴퓨터들 간 데이터를 송/수신하기 위한 표준 프로토콜이다.
② 일부 망에 장애가 있어도 다른 망으로 통신이 가능한 신뢰성을 제공한다.
③ TCP는 패킷 주소를 해석하고 최적의 경로를 결정하여 전송하는 역할을 한다.
④ IP는 OSI 7계층 중 네트워크 계층에 해당하는 프로토콜이다.

TCP	- 메시지를 송·수신자의 주소와 정보로 묶어 패킷 단위로 나눈다. - 전송 데이터의 흐름을 제어하고 데이터 손상 및 에러 유무를 검사한다. - OSI 7계층 중 전송(Transport) 계층에 해당한다.
IP	- 패킷 주소를 해석하고 메시지를 전송할 수 있는 경로를 결정한다. - OSI 7계층 네트워크(Network) 계층에 해당한다.

06 다음 중 유비쿼터스 센서 네트워크(USN)의 활용 분야에 속하는 것은?

① 테더링 　　　　② 텔레매틱스
③ 블루투스 　　　　④ 고퍼

① 테더링: 스마트폰을 모뎀처럼 활용하는 방법으로, 컴퓨터나 노트북 등의 IT 기기를 스마트폰에 연결하여 무선 인터넷을 사용할 수 있도록 하는 기능이다.
③ 블루투스: 전 세계적으로 사용할 수 있는 주파수 대역에서 송수신 가능한 마이크로 칩을 창작한 근거리 무선 접속을 지원하는 통신기술이다.
④ 고퍼: 인터넷의 정보를 체계적으로 구조화하고 이를 메뉴 형식을 이용해 손쉽게 정부 검색을 할 수 있도록 하는 서비스이다.

07 다음 중 전자우편에서 사용하는 POP3 프로토콜에 관한 설명으로 옳은 것은?

① 사용자가 작성한 이메일을 다른 사람의 계정으로 전송해주는 역할을 한다.
② 메일 서버의 이메일을 사용자의 컴퓨터로 가져올 수 있도록 메일 서버에서 제공하는 프로토콜이다.
③ 멀티미디어 전자우편을 주고받기 위한 인터넷 메일의 표준 프로토콜이다.
④ 웹 브라우저에서 제공하지 않는 멀티미디어 파일을 확인하여 실행시켜주는 프로토콜이다.

SMTP	전자우편을 송신하기 위한 프로토콜
POP3	전자우편을 수신하기 위한 프로토콜 메일 서버에서 제공하는 프로토콜
MIME	멀티미디어 파일을 확인하고 실행하는 프로토콜
IMAP	메일 서버의 메일을 관리하고 액세스 하기 위한 표준 프로토콜

08 다음 중 인터넷을 사용하기 위한 IPv6 주소 체계에 대한 설명으로 옳지 않은 것은?

① IPv4의 업그레이드 버전으로 주소 구조가 64비트로 확장되었다.
② 주소의 각 부분은 콜론(:)으로 구분하여 16진수로 표현한다.
③ IPv4에 비해 주소의 확장성, 융통성, 연동성이 뛰어나다.
④ 실시간 흐름 제어로 향상된 멀티미디어 기능을 지원한다.

IPv6 주소 체계의 기능
- 16비트씩 8부분, 총 128비트로 구성
- 각 부분은 16진수로 표현하고, 콜론(:)으로 구분
- 유니캐스트, 멀티캐스트, 애니캐스트 3가지 주소 체계를 가짐
- 실시간 흐름 제어로 향상된 멀티미디어 기능 제공
- 주소의 확장성, 융통성, 연동성이 뛰어남
- 인증성, 기밀성, 데이터 무결성의 지원으로 보안이 보다 안전함
- IPv4와 호환성이 뛰어남
- 자료 전송 속도가 빨라졌고, 품질 보증이 용이함

09 다음 중 컴퓨터 메인보드의 버스(Bus)에 관한 설명으로 옳지 않은 것은?

① 컴퓨터에서 데이터를 주고받는 통로로 사용 용도에 따라 내부 버스, 외부 버스, 확장 버스로 구분된다.
② 내부 버스는 CPU와 주변장치 간의 데이터 전송에 사용되는 통로이다.
③ 외부 버스는 전달하는 신호의 형태에 따라 데이터 버스, 주소 버스, 제어 버스로 구분된다.
④ 확장 버스는 메인보드에서 지원하는 기능 외에 다른 기능을 지원하는 장치를 연결하는 부분으로 끼울 수 있는 형태이기에 확장 슬롯이라고도 한다.

버스(Bus)는 메인보드 내에서 프로세서, 메모리, 주변장치들을 서로 연결하여 시스템이 원활하게 구동되도록 하며, 데이터를 전송하는 역할을 하는 일종의 통로로 사용 용도에 따라 내부 버스, 외부 버스, 확장 버스로 구분된다.

- 내부버스: CPU 내부에서 레지스터 간의 데이터 전송에 사용되는 통로이다.
- 외부버스: CPU와 주변장치 간의 데이터 전송에 사용되는 통로이다.
- 확장버스: 메인보드 지원 기능 외에 다른 기능을 지원하는 장치를 연결하는 부분이다.

10 다음 중 웹 프로그래밍 언어에 대한 설명으로 옳지 않은 것은?

① ASP는 서버 측에서 동적으로 수행되는 페이지를 만들기 위한 언어로 Windows 계열의 운영체제에서 실행 가능하다.
② PHP는 클라이언트 측에서 동적으로 수행되는 스크립트언어로 Unix 운영체제에서 실행 가능하다.
③ XML은 HTML의 단점을 보완하여 웹에서 구조화된 폭넓고 다양한 문서들을 상호 교환할 수 있도록 설계된 언어이다.
④ JSP는 자바로 만들어진 서버 스크립트로 다양한 운영체제에서 사용 가능하다.

11 다음 중 임베디드 시스템에 관한 설명으로 옳은 것은?

① 지역적으로 다른 위치에 있는 여러 대의 컴퓨터를 연결하여 분산 처리하는 시스템이다.
② 처리할 데이터를 일정시간 동안 모아서 일괄 처리하는 방식의 시스템이다.
③ 특정 기능을 수행하기 위하여 전체 장치의 일부분으로 내장되는 전자 시스템이다.
④ 두 개의 CPU가 동시에 같은 업무를 처리하는 방식으로 업무의 신뢰도를 높이는 작업에 이용된다.

12 다음 중 컴퓨터 운영체제의 성능 평가 기준에 해당하지 않는 것은?

① 일정 시간 내에 시스템이 처리하는 양을 의미하는 처리능력(Throughput)
② 작업을 의뢰한 시간부터 처리가 완료된 시간까지의 반환시간(Turn Around Time)
③ 중앙처리장치의 사용 정도를 측정하는 사용 가능도(Availability)
④ 주어진 문제를 정확하게 해결하는 정도를 의미하는 신뢰도(Reliability)

13 다음 중 컴퓨터의 발전 과정으로 3세대 이후의 특징에 해당하지 않는 것은?

① 개인용 컴퓨터의 사용
② 전문가 시스템
③ 일괄처리 시스템
④ 집적회로의 사용

1세대	진공관, 일괄처리 시스템
2세대	트랜지스터(TR), 다이오드(Diode) 운영체제 및 고급언어 등장 온라인 실시간 처리 시스템
3세대	직접 회로(IC) BASIC, LISP, PL-1 등의 언어 사용 경영정보 시스템 다중처리 및 시분할 처리 시스템
4세대	고밀도 직접 회로(LSI) 개인용 컴퓨터의 사용 시뮬레이션, 분산처리 시스템
5세대	초고밀도 직접 회로(VLSI) 인공지능(AI), 전문가 시스템

14 다음 중 CMOS 셋업 프로그램에서 설정할 수 없는 항목은?

① 시스템 암호 설정
② 하드 디스크의 타입
③ 멀티부팅 시 사용하려는 BIOS의 종류
④ 하드 디스크나 USB 등의 부팅 순서

15 다음 중 컴퓨터 업그레이드에 관한 설명으로 적절하지 않은 것은?

① 컴퓨터 처리 성능의 개선을 위해 하드웨어 업그레이드를 한다.
② 장치 제어기를 업그레이드하면 하드웨어를 교체하지 않더라도 보다 향상된 기능으로 하드웨어를 사용할 수 있다.
③ 하드 디스크 업그레이드의 경우에는 부족한 공간 확보를 위해 파티션이 여러 개로 나뉘는 제품을 선택한다.
④ 고사양을 요구하는 소프트웨어가 늘어남에 따라 컴퓨터의 처리 속도가 느려지거나 제대로 동작하지 않을 경우 가장 먼저 고려하는 것은 RAM 업그레이드이다.

16 다음 중 한글 Windows [제어판]의 [프로그램] 범주에서 할 수 있는 작업에 관한 설명으로 옳지 않은 것은?

① [프로그램 제거]를 이용하여 프로그램을 제거할 수 있으며, 삭제된 프로그램 파일을 복원할 수도 있다.

② [설치된 업데이트 보기]를 이용하면 설치된 업데이트를 제거할 수 있다.

③ [Windows 기능 사용/사용 안 함(켜기/끄기)]을 이용하여 Windows에 포함되어 있는 인터넷 정보 서비스 같은 일부 프로그램 및 기능을 사용하도록 설정하거나 해제할 수 있다.

④ [기본 프로그램 설정]을 이용하면 모든 파일 형식 및 프로토콜을 열 수 있는 기본 프로그램을 설정할 수 있다.

[프로그램 및 기능]에서 프로그램을 제거할 수는 있지만 이미 삭제된 파일을 복원할 수는 없다.

17 다음 중 NTFS 파일 시스템에 관한 설명으로 옳지 않은 것은?

① 파일 및 폴더에 대한 액세스 제어를 유지하고 제한된 계정을 지원한다.

② Active Directory 서비스를 제공한다.

③ 하드 디스크의 파티션(볼륨) 크기를 100GB까지 지원한다.

④ FAT나 FAT32 파일 시스템보다 성능, 보안, 안전성이 높다.

NTFS 파일 시스템의 특징
- 파티션 볼륨이 256TB로 FAT32에 비해 성능, 보안, 안정성 면에서 뛰어나며, Active Directory를 지원하는 기능을 제공한다.
- 파일 크기는 볼륨 크기에 의해서만 제한되고, 플로피디스크에서는 사용할 수 없다.
- 비교적 큰 오버헤드가 발생하기 때문에 약 400MB 보다 작은 볼륨에서는 사용하지 않는 것이 좋다.

18 다음 중 한글 Windows에서 네트워크 연결 시 IP설정이 자동으로 할당되지 않을 경우 직접 설정해야 하는 TCP/IP 속성에 해당하지 않는 것은?

① IP 주소
② 기본 게이트웨이
③ 서브넷 마스크
④ 라우터 주소

TCP/IPv4 : IP 주소, 서브넷 마스크, 기본 게이트웨이, DNS 서버 주소

TCP/IPv6 : IP 주소, 서브넷 접두사 길이, 기본 게이트웨이, DNS 서버 주소

19 다음 중 한글 Windows의 [제어판]-[키보드]에서 설정할 수 있는 것으로 옳지 않은 것은?

① 입력 위치를 표시하는 커서의 모양을 선택할 수 있다.

② 키 반복 속도를 조절할 수 있다.

③ 커서 깜박임 속도를 조절할 수 있다.

④ 키 재입력 시간을 조절할 수 있다.

[제어판]-[키보드] 메뉴에서는 커서의 모양을 변경할 수는 없다. 나머지 항목은 설정이 가능하다.

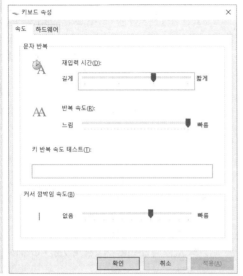

20 다음 중 한글 Windows에서 설치된 기본 프린터의 인쇄 관리자 창에서 실행할 수 있는 작업으로 옳지 않은 것은?

① 인쇄 작업이 시작된 문서도 중간에 강제로 인쇄를 종료 할 수 있으며 잠시 중지시켰다가 다시 인쇄할 수 있다.
② [프린터] 메뉴에서 [모든 문서 취소]를 선택하면 스풀러에 저장되어 있는 모든 인쇄 작업을 취소할 수 있다.
③ 인쇄 대기 중인 문서를 삭제하거나 출력 대기 순서를 임의로 조정할 수 있다.
④ 인쇄 중인 문서나 오류가 발생한 문서를 다른 프린터로 전송할 수 있다.

인쇄 대기 중인 문서는 다른 프린터로 보낼 수 있지만 인쇄 중이거나 인쇄 중 오류가 발생한 문서는 다른 프린터로 보낼 수 없다.

2과목 ▶ 스프레드시트 일반

21 다음 중 아래 워크시트의 '사번' 필드에 그림과 같이 사용자 지정 자동 필터를 적용하는 경우 표시되는 결과 행은?

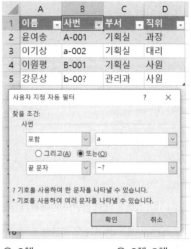

① 3행
② 2행, 3행
③ 3행, 5행
④ 2행, 3행, 5행

사용자 지정 자동 필터의 찾을 조건을 보면 첫 번째 사번에 'a(A)'를 포함하거나 두 번째 끝 문자가 '?'로 끝나는 행들을 선택한다.

22 다음 중 [데이터] 탭 [외부 데이터 가져오기] 그룹의 각 명령에 대한 설명으로 옳지 않은 것은?

① [기타 원본]-[Microsoft Query]를 이용하면 여러 테이블을 조인(join)한 결과를 워크시트로 가져올 수 있다.
② [기존 연결]을 이용하면 Microsoft Query에서 작성한 쿼리 파일(*.dqy)의 실행 결과를 워크시트로 가져올 수 있다.
③ [웹]을 이용하면 웹 페이지의 모든 데이터를 원본 그대로 가져올 수 있다.
④ [Access]를 이용하면 원본 데이터의 변경 사항이 워크시트에 반영되도록 설정할 수 있다.

[웹]을 이용하면 웹 페이지의 텍스트, 서식이 설정된 텍스트 영역, 테이블의 텍스트 등은 가져올 수 있지만, 그림과 스크립트의 내용은 가져올 수 없다.

23 다음 중 날짜 데이터의 자동 채우기 옵션에 포함되지 않는 내용은?

① 일 단위 채우기　② 주 단위 채우기
③ 월 단위 채우기　④ 평일 단위 채우기

날짜 데이터의 자동 채우기는 일, 평일, 월, 연 단위로 가능하다.

○ 셀 복사(C)
◉ 연속 데이터 채우기(S)
○ 서식만 채우기(F)
○ 서식 없이 채우기(O)
○ 일 단위 채우기(D)
○ 평일 단위 채우기(W)
○ 월 단위 채우기(M)
○ 연 단위 채우기(Y)
○ 빠른 채우기(F)

24 다음 중 데이터 정렬에 대한 설명으로 옳지 않은 것은?

① 정렬 조건을 최대 64개까지 지정할 수 있어 다양한 조건으로 정렬할 수 있다.
② 숨겨진 열이나 행은 정렬 시 이동되지 않으므로 데이터를 정렬하기 전에 숨겨진 열과 행을 표시하는 것이 좋다.
③ 정렬 기준을 글꼴 색이나 셀 색으로 선택한 경우의 기본 정렬 순서는 오름차순의 경우 밝은 색에서 어두운 색 순으로 정렬된다.
④ 첫째 기준뿐만 아니라 모든 정렬 기준에서 사용자 지정 목록을 정렬 기준으로 사용할 수 있다.

정렬 기준이 '값'이면 기본 정렬 순서는 오름차순이지만, 나머지 항목은 기본 정렬 순서가 선택한 색이나 아이콘 순서대로 목록의 위 또는 아래에 표시된다.

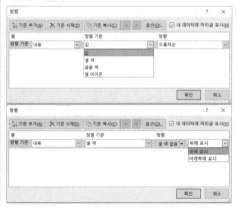

25 다음 중 Excel에서 Access와의 데이터 교환 방법에 대한 설명으로 적절하지 않은 것은?

① Excel 통합 문서를 열 때 Access 데이터에 연결하려면 보안 센터 표시줄을 사용하거나 통합 문서를 신뢰할 수 있는 위치에 둠으로써 데이터 연결을 사용할 수 있도록 설정해야 한다.
② [데이터] 탭 [외부 데이터 가져오기] 그룹에서 [기타 원본]-[Microsoft Query]를 선택하면 Access 파일의 특정 테이블의 특정 필드만 선택하여 가져올 수도 있다.
③ [데이터] 탭 [외부 데이터 가져오기] 그룹에서 [Access]를 선택하면 특정 Access 파일에서 테이블을 선택하여 피벗 테이블 보고서로 가져올 수도 있다.
④ [데이터] 탭 [연결] 그룹에서 [속성]을 클릭하면 기존 Access 파일의 연결을 추가하거나 제거할 수 있다.

[데이터] 탭 [연결] 그룹에서 [속성]을 클릭하면 나타나는 대화상자에서는 기존 Access 파일의 연결을 변경할 수는 있어도 새로 추가하거나 제거할 수는 없다.

26 다음 중 아래 워크시트에서 [C2:C4] 영역을 선택하여 작업한 결과가 다른 것은?

	A	B	C	D	E
1	이름	국어	영어	수학	평균
2	홍길동	83	90	73	82
3	이대한	65	87	91	81
4	한민국	80	75	100	85
5	평균	76	84	88	82.6667

① <Delete> 키를 누른 경우
② <Backspace> 키를 누른 경우
③ 마우스 오른쪽 버튼의 바로 가기 메뉴에서 [내용 지우기]를 선택한 경우
④ [홈] 탭 [편집] 그룹에서 [지우기]-[내용 지우기]를 선택한 경우

①, ③, ④ 항목들은 선택된 범위 전체의 셀 내용이 삭제되지만, ②번의 <Backspace> 키를 누른 경우는 선택된 범위의 첫 셀의 내용만 지워진다.

	A	B	C	D	E
1	이름	국어	영어	수학	평균
2	홍길동	83		73	82
3	이대한	65	87	91	81
4	한민국	80	75	100	85
5	평균	76	84	88	82.66667

27 아래 워크시트에서 부서명 [E2:E4]을 번호 [A2:A11] 순서대로 반복하여 발령부서 [C2:C11]에 배정하고자 한다. 다음 중 [C2] 셀에 입력할 수식으로 옳은 것은?

	A	B	C	D	E
1	번호	이름	발령부서		부서명
2	1	황현아	기획팀		기획팀
3	2	김지민	재무팀		재무팀
4	3	정미주	총무팀		총무팀
5	4	오민아	기획팀		
6	5	김혜린	재무팀		
7	6	김윤중	총무팀		
8	7	박유미	기획팀		
9	8	김영주	재무팀		
10	9	한상미	총무팀		
11	10	서은정	기획팀		

① =INDEX($E$2:$E$4, MOD(A2,3))
② =INDEX($E$2:$E$4, MOD(A2,3)+1)
③ =INDEX($E$2:$E$4, MOD(A2-1,3)+1)
④ =INDEX($E$2:$E$4, MOD(A2-1,3))

=INDEX($E$2:$E$4, MOD(A2-1,3)+1)	
=INDEX($E$2:$E$4,❶)	[E2:E4] 범위에서 ❶행의 값을 찾아 표시
❶ MOD(A2-1,3)+1	[A2]-1값을 3으로 나눈 나머지에 1을 더한 값을 표시

[E2:E4] 범위에서 '기획팀'은 1행, '재무팀'은 2행, '총무팀'은 3행이다. '발령부서' 범위의 값들을 [E2:E4] 범위와 비교할 수 있도록 만들어야 하기 때문에 나머지에 1을 더하여 계산한다.
ex) [A2]의 값은 '1'이다. 따라서 수식에 적용하면 MOD(A2-1,3)+1과 같다.

28 아래 워크시트에서 매출액[B3:B9]을 이용하여 매출 구간별 빈도수를 [F3:F6] 영역에 계산하고자 한다. 다음 중 이를 위한 배열수식으로 옳은 것은?

	A	B	C	D	E	F
1						
2		매출액		매출구간		빈도수
3		75		0	50	1
4		93		51	100	2
5		130		101	200	3
6		32		201	300	1
7		123				
8		257				
9		169				

① {=PERCENTILE(B3:B9,E3:E6)}
② {=PERCENTILE(E3:E6,B3:B9)}
③ {=FREQUENCY(B3:B9,E3:E6)}
④ {=FREQUENCY(E3:E6,B3:B9)}

PERCENTILE(범위, 백분위) 함수는 범위에서 지정한 백분위수 값을 표시해주는 함수고, FREQUENCY(범위1, 범위2) 함수는 범위2 구간별 범위1의 빈도수를 표시해주는 함수이다. 해당 문제는 빈도수를 계산하는 문제이기 때문에 FREQUENCY 함수를 사용한다.
FREQUENCY(범위1,범위2) 함수의 '범위1'에는 원본 데이터 범위를 입력하고, '범위2'에는 비교 범위를 입력한다. 따라서 결과 수식은 ③번이 된다.

29 다음 중 아래 워크시트의 [A1] 셀에 사용자 지정 표시 형식 '#,###,'을 적용했을 때 표시되는 값은?

	A	B
1	2451648.81	

① 2,451   ② 2,452
③ 2   ④ 2.4

#,###, 형식은 천 단위 구분 기호로 백 단위 이하의 숫자가 생략된 값이 반올림되어 표시된다.
따라서 2451648.81의 숫자가 천 단위 구분 기호로 표시되니 2,451,648.81이 되고, 이를 백 단위 이하에서 절삭하여 반올림하여 표시하면 최종 결과는 2,452가 된다.

30 다음 중 [매크로] 대화상자에 대한 설명으로 옳지 않은 것은?

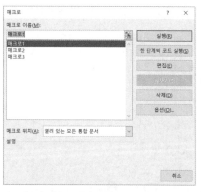

① 매크로 이름 상자에서는 매크로의 이름을 선택하여 변경할 수 있다.
② [한 단계씩 코드 실행] 단추를 클릭하면 선택한 매크로를 한 줄씩 실행한다.
③ [편집] 단추를 클릭하면 선택한 매크로를 수정할 수 있도록 VBA가 실행된다.
④ [옵션] 단추를 클릭하면 바로 가기 키를 설정하거나 변경할 수 있다.

매크로의 이름이나 기록 내용을 변경하려면 매크로 대화상자가 아닌 [편집]을 클릭하면 나타나는 VBA 코드 창에서 변경해야 한다.

31 다음 중 [머리글/바닥글] 기능에 대한 설명으로 옳지 않은 것은?

① 머리글이나 바닥글의 텍스트에 앰퍼샌드(&) 문자 한 개를 포함시키려면 앰퍼샌드(&) 문자를 두 번 입력한다.

② 여러 워크시트에 동일한 [머리글/바닥글]을 한 번에 추가하려면 여러 워크시트를 선택하여 그룹화한 후 설정한다.

③ [페이지 나누기 미리 보기] 상태에서는 워크시트에 머리글과 바닥글 영역이 함께 표시되어 간단히 머리글/바닥글을 추가할 수 있다.

④ 차트 시트인 경우 [페이지 설정] 대화 상자의 [머리글/바닥글] 탭에서 머리글/바닥글을 추가할 수 있다.

[페이지 나누기 미리 보기]가 아니라 [페이지 레이아웃] 상태에서 워크시트에 머리글과 바닥글 영역이 함께 표시되며, 간단히 머리글/바닥글을 추가할 수 있다.

32 아래의 워크시트에서 [D2] 셀에 SUM 함수를 사용하여 총점을 계산한 후 채우기 핸들을 [D5] 셀까지 드래그 하여 총점을 계산하는 '총점' 매크로를 생성하였다. 다음 중 아래 '총점' 매크로의 VBA 코드 창에서 괄호( ) 안에 해당하는 값을 올바르게 나열한 것은?

	A	B	C	D
1	성명	국어	영어	총점
2	강동식	81	89	
3	최서민	78	97	
4	박동수	87	88	
5	박두식	67	78	

```
Sub 총점( )
  Range(" ⓐ ").Select
  ActiveCell.FormulaR1C1="=SUM( ⓑ )"
  Range("D2").Select
  Selection.AutoFill Destination:=Range(" ⓒ
  "), _
  Type:=xlFillDefault
  Range(" ⓓ ").Select
  Range("D6").Select
End Sub
```

① ⓐ D2, ⓑ (RC[-1]:RC[-1]), ⓒ D5, ⓓ D5

② ⓐ A6, ⓑ (RC[-1]:RC[-0]), ⓒ D2:D5, ⓓ D5

③ ⓐ D2, ⓑ (RC[-2]:RC[-0]), ⓒ D5, ⓓ D2:D5

④ ⓐ D2, ⓑ (RC[-2]:RC[-1]), ⓒ D2:D5, ⓓ D2:D5

```
Sub 총점( )
❶ Range("ⓐ").Select
❷ ActiveCell.FormulaR1C1="=SUM(ⓑ)"
  Range("D2").Select
❸ Selection.AutoFill Destination:=Range("ⓒ"), _
  Type:=xlFillDefault
❹ Range("ⓓ").Select
  Range("D6").Select
End Sub
```
----
❶ "D2" 셀을 선택한다.
❷ 결과 셀의 앞 두(RC[-2]:RC[-0])칸의 합을 구하여 표시한다. (이동 행, 이동 열) 입력 시 행은 양수면 오른쪽, 음수면 왼쪽으로 이동하고, 열은 양수면 아래쪽, 음수면 위쪽으로 이동한다.
❸ "D2:D5" 범위에 합계를 자동 채우기 한다.
❹ "D2:D5" 범위를 선택한다.

33 다음 중 아래 워크시트에서 수식 '=SUM($B$2:C2)'이 입력된 [D2] 셀을 [D4] 셀에 복사하여 붙여 넣었을 때의 결과값은?

D2		× ✓ fx	=SUM($B$2:C2)	
	A	B	C	D	E

	A	B	C	D	E
1					
2		5	10	15	
3		7	14		
4		9	18		

① 15   ② 27   ③ 42   ④ 63

범위 중 [B2] 셀은 절대 참조로 고정된 상태고, [C2] 셀은 상대 참조가 적용된 상태이다. 수식을 복사하여 [D4] 셀로 복사할 경우 [C2] 셀은 [C4] 셀로 상대 참조되어 최종 수식은 '=SUM($B$2:C4)'과 같이 적용 된다. 따라서 [B2:C4] 영역이 SUM의 계산 범위가 되어 합계는 63이 된다.

34 다음 중 아래의 워크시트에서 [B3] 셀이 선택되어 있는 경우 각 키의 사용 결과로 옳지 않은 것은?

	A	B	C
1		물품명	수량
2	Fruit_01	사과	12
3	Fruit_02	배	22
4	Fruit_03	감귤	19
5	Fruit_04	포도	24
6	Fruit_05	메론	11

① <Home> 키를 눌러서 현재 열의 첫 행인 [B1] 셀로 이동한다.

② <Ctrl> + <Home> 키를 눌러서 [A1] 셀로 이동한다.

③ <Ctrl> + <End> 키를 눌러서 데이터가 포함된 마지막 행/열에 해당하는 [C6] 셀로 이동한다.

④ <Shift> + <Enter> 키를 눌러서 한 행 위인 [B2] 셀로 이동한다.

<Home> 키를 누르면 현재 셀의 해당 행 맨 첫 번째 셀로 이동하기 때문에 [A3] 셀로 이동된다.

35 다음 중 아래 워크시트에서 [A6] 셀에 수식 '=VLOOKUP("C",A2:C5,3,0)'을 입력한 경우의 결과로 옳은 것은?

SUM	▼	:	×	✓	fx	=VLOOKUP("C",A2:C5,3,0)	

	A	B	C	D	E	F
1	코드	품목	가격			
2	A	연필	1000			
3	B	볼펜	2000			
4	D	지우개	3000			
5	E	샤프	4000			
6	=VLOOKU					

① #N/A   ② #Name?

③ B   ④ 2000

[A2:C5] 영역에 기준열인 첫 번째 열에 코드 "C"는 존재하지 않는다. 하지만 VLOOKUP의 마지막 인수인 찾기 옵션은 '0(정확하게 일치)' 으로 설정되어 있기 때문에 대응되는 값을 찾을 수 없어 오류(#N/A) 가 표시된다.

36 다음 중 아래의 워크시트에서 작성한 수식으로 결과값 이 다른 것은?

	A	B	C
1	1	30	
2	2	20	
3	3	10	
4			

① {=SUM((A1:A3*B1:B3))}

② {=SUM(A1:A3*{30;20;10})}

③ {=SUM(A1:A3*{30,20,10})}

④ =SUMPRODUCT(A1:A3, B1:B3)

{=SUM((A1:A3*B1:B3))}
[A1:A3] 범위와 [B1:B3] 범위의 각 대응값끼리 곱한 후 합계를 구하여 표시하므로 100이 된다.
{=SUM(A1:A3*{30;20;10})}
[A1:A3] 범위와 배열 상수인 {30;20;10} 열 범위의 각 대응값끼리 곱한 후 합계를 구하여 표시하므로 100이 된다.
배열 상수 작성 시 구분자가 세미콜론(;)이면 열 범위를 의미한다.
{=SUM(A1:A3*{30,20,10})}
[A1:A3] 범위와 배열 상수인 {30,20,10} 행 범위의 모든 수와 곱한 후 합계를 구하여 표시하므로 360이 된다.

배열 상수 작성 시 구분자가 콤마(,)이면 행 범위를 의미한다.
=SUMPRODUCT(A1:A3, B1:B3)
[A1:A3] 범위와 [B1:B3] 범위의 각 대응값끼리 곱한 후 합계를 구하여 표시하므로 100이 된다.

37 다음 중 아래 그림에서의 각 기능에 대한 설명으로 옳지 않은 것은?

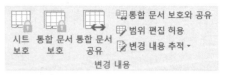

① [시트 보호]를 설정하면 기본적으로 셀의 선택만 가능하다.

② 시트 보호 시 특정 셀의 내용만 수정 가능하도록 하려면 해당 셀의 [셀 서식]에서 '잠금' 설정을 해제한다.

③ [통합 문서 보호]를 설정하면 포함된 차트, 도형 등의 그래픽 개체를 변경할 수 없다.

④ [범위 편집 허용]을 이용하면 보호된 워크시트에서 특정 사용자가 범위를 편집할 수 있도록 허용할 수 있다.

[시트 보호] 기능은 시트의 셀 값, 차트나 도형 등의 개체, 분석 기능의 사용 가능 여부를 설정할 수 있다.
[통합 문서 보호] 기능은 시트의 추가, 제거, 이동, 복사, 이름 바꾸기 등의 항목을 설정할 수 있다.

38 다음 중 아래 차트와 같이 가로(X)축을 위쪽에 표시하기 위한 방법으로 옳은 것은?

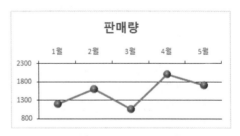

① 가로 축을 선택한 후 [축 서식]의 축 옵션에서 세로 축 교차를 '최대 항목'으로 설정한다.

② 가로 축을 선택한 후 [축 서식]의 축 옵션에서 '항목을 거꾸로'를 설정한다.

③ 세로 축을 선택한 후 [축 서식]의 축 옵션에서 가로 축 교차를 '축의 최대값'으로 설정한다.

④ 세로 축을 선택한 후 [축 서식]의 축 옵션에서 '값을 거꾸로'를 설정한다.

그림과 같이 가로(X)축을 위쪽에 표시하기 위해서는 [축 서식]의 축 옵션에서 가로 축 교차를 '축의 최대값'으로 설정해야 한다.

가로 축 교차

○ 자동(O)

○ 축 값(E)   0.0

● 축의 최대값(M)

[축 서식]의 축 옵션에서 '값을 거꾸로'를 설정하는 것으로 오판하기 쉽지만, 값을 거꾸로 설정하면 세로(Y)축까지 역순이 되므로 적절치 않다.

39 다음 중 차트 만들기에 관한 설명으로 옳지 않은 것은?

① 워크시트에 삽입된 차트는 [차트 이동] 기능을 이용하여 새 통합 문서의 차트 시트로 배치할 수 있다.

② 차트를 만들 데이터를 선택하고 <F11> 키를 누르면 별도의 차트 시트(Chart1)에 기본 차트가 만들어진다.

③ 차트에서 사용할 데이터가 들어 있는 셀을 하나만 선택하고 차트를 만들면 해당 셀을 직접 둘러싸는 셀의 데이터가 모두 차트에 표시된다.

④ 차트로 만들 데이터를 선택하고 <Alt> + <F1> 키를 누르면 현재 시트에 기본 차트가 만들어진다.

차트 이동 기능은 동일한 문서의 기존 워크시트 또는 새로운 시트에 추가하여 배치할 수 있다. 새 통합 문서의 차트 시트로 배치할 수는 없다.

40 다음 중 [페이지 레이아웃] 보기 상태에 대한 설명으로 옳지 않은 것은?

① 페이지 레이아웃 보기에서도 기본 보기와 같이 데이터 형식과 레이아웃을 변경할 수 있다.

② 페이지 레이아웃 보기에서 표시되는 눈금자의 단위는 [Excel 옵션]의 '고급' 범주에서 변경할 수 있다.

③ 마우스를 이용하여 페이지 여백과 머리글과 바닥글 여백을 조정할 수 있다.

④ 페이지 나누기를 조정하는 페이지 구분선을 마우스로 드래그하여 페이지 나누기를 빠르게 조정할 수 있다.

[페이지 레이아웃] 상태에서는 페이지 구분선을 마우스로 조정할 수 없다. 해당 작업은 [페이지 나누기 미리보기] 상태에서 설정이 가능하다.

41 다음 중 VBA에서 [프로시저 추가] 대화상자의 각 옵션에 대한 설명으로 옳지 않은 것은?

① Sub와 Public을 선택한 경우 Sub 프로시저는 모듈 내의 모든 프로시저에서 해당 Sub 프로시저를 호출할 수 있다.

② Sub와 Private를 선택한 경우 Sub 프로시저는 선언된 모듈 내의 다른 프로시저에서만 호출할 수 있다.

③ Function과 Public을 선택한 경우 Function 프로시저는 모든 모듈의 모든 프로시저에 액세스할 수 있다.

④ Function과 Private를 선택한 경우 Function 프로시저는 모든 모듈의 다른 프로시저에서만 액세스할 수 있다.

형식
- Sub: 코드를 실행하고, 결과값을 반환하지 않는다.
- Function: 코드를 실행하고 실행된 결과값을 반환한다.
- Property: 개체의 속성을 새로 정의할 때 사용되는 것으로 반환값이 있다.
범위
- Public: 모든 모듈에서 사용가능하다.
- Private: 선언된 모듈 내의 프로시저에서 사용가능하다.

42 다음 중 하위 보고서에 대한 설명으로 옳지 않은 것은?

① 관계 설정에 문제가 있을 경우, 하위 보고서가 제대로 표시되지 않을 수 있다.

② 디자인 보기 상태에서 하위 보고서의 크기 조절 및 이동이 가능하다.

③ 테이블, 쿼리, 폼 또는 다른 보고서를 이용하여 하위 보고서를 작성할 수 있다.

④ 하위 보고서에는 그룹화 및 정렬 기능을 설정할 수 없다.

하위 보고서에도 그룹화 및 정렬 기능을 설정할 수 있다.

43 다음 중 액세스의 작업을 자동화하고 폼이나 보고서의 컨트롤에 기능들을 미리 정의하여 사용할 수 있도록 하는 기능은?

① 매크로
② 응용 프로그램 요소
③ 업무 문서 양식 마법사
④ 성능 분석 마법사

액세스 작업을 자동화하고 폼이나 보고서의 컨트롤에 기능들을 미리 정의하여 사용할 수 있게 하는 기능은 매크로이다.

44 다음 중 관계형 데이터 모델에서 데이터의 정확성과 일관성을 보장하기 위한 것은?

① 릴레이션　　　② 관계 연산자
③ 무결성 제약조건　④ 속성의 집합

무결성 제약조건이란 테이블에 원치 않은 데이터를 입력하거나, 입력된 데이터를 임의로 수정 및 삭제하지 못하게 제약하는 것으로, 데이터의 정확성과 유효성을 유지할 수 있도록 해주는 기능이다.
무결성 제약조건은 데이터베이스의 일관성, 유효성, 정확성, 안정성을 유지할 수 있도록 하기 위한 기능이다.

45 다음 중 E-R 다이어그램 표기법의 기호와 의미가 바르게 연결된 것은?

① 사각형 - 속성(Attribute) 타입
② 마름모 - 관계(Relationship) 타입
③ 타원 - 개체(Entity) 타입
④ 밑줄 - 의존 개체 타입

기호	명칭	의미
□	사각형	개체(Entity) 타입
◯	타원	속성(Attribute) 타입
◇	마름모	관계(Relation) 타입
——	실선	개체와 속성 연결(링크)

46 다음 중 보고서의 시작 부분에 한 번만 표시되며 일반적으로 회사의 로고나 제목 등을 표시하는 구역은?

① 보고서 머리글　② 페이지 머리글
③ 그룹 머리글　　④ 그룹 바닥글

보고서 머리글 영역에는 로고, 보고서 제목, 날짜 등을 삽입하며, 보고서의 첫 페이지 상단에 한 번만 표시된다.
보고서 바닥글 영역에는 함수 등을 사용하여 보고서 레코드의 요약 값을 표시하며, 보고서의 마지막 페이지에 한 번만 표시된다.

47 다음 중 폼이나 보고서에서 사용되는 [조건부 서식]에 대한 설명으로 옳은 것은?

① 하나의 컨트롤에 여러 규칙이 설정되어 있는 경우 목록에서 규칙을 위/아래로 이동해 우선순위를 변경할 수 있다.
② 레이블 컨트롤에는 필드 값을 기준으로 하는 규칙만 설정할 수 있다.
③ 하나의 컨트롤에 대해 규칙을 3개까지 지정할 수 있으며, 규칙별로 다양한 서식을 지정할 수 있다.
④ 규칙 유형에서 '다른 레코드와 비교'를 선택하면 적용할 형식으로 아이콘 집합을 적용할 수 있다.

② 레이블 컨트롤에는 조건부 서식을 설정할 수 없으며, 필드 값 이외의 조건을 지정해서 서식을 지정할 수 있다.
③ 조건을 50개까지 지정할 수 있으며, 조건별로 다른 서식을 적용할 수 있다.
④ 액세스에서는 아이콘 집합을 적용할 수 없다.

48 다음 중 보고서의 레코드 원본에 대한 설명으로 옳지 않은 것은?

① [보고서 마법사]를 통해 원하는 필드들을 손쉽게 선택하여 레코드 원본으로 지정할 수 있다.
② 하나의 테이블에서만 필요한 필드를 선택하여 레코드 원본으로 지정할 수 있다.
③ [속성 시트]의 '레코드 원본' 드롭다운 목록에서 테이블이나 쿼리를 선택하여 지정할 수 있다.
④ 쿼리 작성기를 통해 쿼리를 작성하여 레코드 원본으로 지정할 수 있다.

하나의 테이블뿐만 아니라 2개 이상의 테이블에서 필요한 필드를 선택하여 레코드 원본으로 지정할 수 있다. 쿼리를 레코드 원본으로 이용하거나 쿼리에서 필요한 필드만을 선택하여 사용할 수도 있다.

49 부서별 제품별 영업 실적을 관리하는 테이블에서 부서별로 영업 실적이 1억 원 이상인 제품의 합계를 구하고자 한다. 다음 중 이를 위한 SQL문에서 반드시 사용해야 할 구문에 해당하지 않는 것은?

① SELECT 문　　② GROUP BY 절
③ HAVING 절　　④ ORDER BY 절

부서별로 제품의 합계를 구해야하기 때문에 그룹화(GROUP BY)가 진행되어야 한다. 영업 실적이 1억 원 이상인 조건(HAVING)이 적용된 레코드를 선택(SELECT)하여 계산을 수행해야 한다.
ORDER BY 구문은 정렬할 때 사용하는 구문이므로 해당 문제에서는 언급되지 않은 사항이다.

50 다음 중 크로스탭 쿼리에 관한 설명으로 옳지 않은 것은?

① 레코드의 요약 결과를 열과 행 방향으로 그룹화하여 표시할 때 사용한다.

② 쿼리 데이터시트에서 데이터를 직접 편집할 수 없다.

③ 2개 이상의 열 머리글 옵션과 행 머리글 옵션, 값옵션 등을 지정해야 한다.

④ 행과 열이 교차하는 곳의 숫자 필드는 합계, 평균, 분산, 표준 편차 등을 계산할 수 있다.

크로스탭 쿼리는 행 머리글을 최대 3개까지 지정할 수 있지만, 열 머리글은 1개만 지정할 수 있다.

51 다음 중 쿼리의 [디자인 보기]에서 아래와 같이 설정한 경우 동일한 결과를 표시하는 SQL 문은?

필드:	모집인원	지역
테이블:	Table1	Table1
업데이트:	2000	
조건:		"서울"
또는:	>1000	

① UPDATE Table1 SET 모집인원>1000 WHERE 지역="서울" AND 모집인원=2000;

② UPDATE Table1 SET 모집인원=2000 WHERE 지역="서울" AND 모집인원>1000;

③ UPDATE Table1 SET 모집인원>1000 WHERE 지역="서울" OR 모집인원=2000;

④ UPDATE Table1 SET 모집인원=2000 WHERE 지역="서울" OR 모집인원>1000;

❶ UPDATE Table1 SET 모집인원=2000
❷ WHERE 지역="서울" OR 모집인원>1000;
❶ Table1의 모집인원을 2000으로 변경한다.
❷ 지역이 "서울"이거나 모집인원이 1000을 초과하는 조건을 만족하는 레코드에만 적용한다.

52 다음 중 각 연산식에 대한 결과값이 옳지 않은 것은?

① IIF(1,2,3)　　　　→ 결과값: 2

② MID("123456",3,2)　→ 결과값: 34

③ "A" & "B"　　　　→ 결과값: "AB"

④ 4 MOD 2　　　　→ 결과값: 2

① IIF(1,2,3)
　IIF(조건,참,거짓)이므로 조건이 TRUE(1)이면 참 값이, FALSE(0)이면 거짓값이 표시된다. 따라서 결과는 2가 표시된다.
② MID("123456",3,2)
　MID(문자열,시작위치,추출갯수)이므로 "123456"의 3번째 글자

부터 2글자를 추출하여 표시한다. 따라서 결과는 34가 표시된다.
③ "A" & "B"
　연산자 &는 앞 뒤를 연결하여 표시하는 역할을 한다. 따라서 결과는 AB가 표시된다.
④ 4 MOD 2
　MOD는 몫이 아닌 나머지를 구하여 표시한다. 4를 2로 나눈 나머지인 0이 표시된다.

53 다음 중 외부 데이터인 Excel 통합 문서를 가져오거나 연결하기 위한 방법으로 옳지 않은 것은?

① 새 테이블로 추가하여 원본 데이터 가져오기

② 현재 데이터베이스의 테이블 중 하나를 지정하여 레코드로 추가하기

③ 테이블, 쿼리, 매크로 등 원하는 개체를 지정하여 가져오기

④ Excel의 원본 데이터에 대한 링크를 유지 관리하는 테이블로 만들기

외부 데이터인 Excel 통합 문서를 가져오거나 연결하고자 할 때 테이블이나 쿼리로는 가져오거나 연결할 수 있지만 매크로로는 불가능하다. ③번 내용은 액세스 파일로 가져오기 할 때의 선택사항이다.

54 다음 중 <학생> 테이블의 '나이' 필드에 유효성 검사 규칙을 아래와 같이 지정한 경우 데이터 입력 상황에 대한 설명으로 옳은 것은?

유효성 검사 규칙	>20
유효성 검사 텍스트	숫자는 >20으로 입력합니다.

① 데이터를 입력하려고 하면 항상 '숫자는 >20으로 입력합니다.'라는 메시지가 먼저 표시된다.

② 20을 입력하면 '숫자는 >20으로 입력합니다.'라는 메시지가 표시된 후 입력 값이 정상적으로 저장된다.

③ 20을 입력하면 '숫자는 >20으로 입력합니다.'라는 메시지가 표시되며, 값을 다시 입력을 해야만 한다.

④ 30을 입력하면 '유효성 검사 규칙에 맞습니다.'라는 메시지가 표시된 후 입력 값이 정상적으로 저장된다.

유효성 검사 규칙이 '>20'와 같이 지정되어 있기 때문에 20보다 큰 수를 입력해야 한다.
유효성 검사 텍스트는 입력 값이 유효성 검사 규칙에 어긋나며 표시되는 값이다. 따라서 20을 입력하면 규칙에 맞지 않기 때문에 '숫자는 >20으로 입력합니다.'라는 메시지가 나타나고 값을 다시 입력해야 한다.

55 다음 중 기본 키에 대한 설명으로 옳지 않은 것은?

① 기본 키는 테이블 내 모든 레코드들을 고유하게 식별 할 수 있는 필드에 지정한다.

② 테이블에서 기본 키는 반드시 지정해야 하며, 한 개의 필드에만 지정할 수 있다.

③ 데이터시트 보기에서 새 테이블을 만들면 기본 키가 자동으로 만들어지고 일련번호 데이터 형식이 할당된다.

④ 하나 이상의 관계가 있는 테이블의 기본 키를 제거하려면 관계를 먼저 삭제해야 한다.

테이블에 기본키를 지정하지 않고 저장할 수 있다. 또한 기본키는 한 개의 필드에 지정할 수도 있지만, 두 개 이상의 필드를 기본키로 지정할 수도 있다.

56 다음 중 [만들기] 탭 - [폼] 그룹에서 폼 보기와 데이터시트 보기를 동시에 표시하는 폼을 만들 때 가장 적절한 명령은?

① 여러 항목　　② 폼 분할
③ 폼 마법사　　④ 모달 대화 상자

폼 분할은 하나의 원본 데이터를 이용하여 상단은 열 형식으로, 하단은 데이터시트 형식으로 2개의 폼이 한 화면에 표시되도록 구성하는 폼을 작성한다.

57 다음 중 폼의 레코드 원본으로 사용할 수 없는 것은?

① 테이블　　② 쿼리
③ SQL문　　④ 매크로

폼의 레코드 원본으로 사용 가능한 개체는 테이블, 쿼리, SQL문만 가능하고 매크로는 폼의 레코드 원본으로 사용할 수 없다.

58 다음 중 필드의 각 데이터 형식에 대한 설명으로 옳지 않은 것은?

① 통화 형식은 소수점 이하 4자리까지의 숫자를 저장할 수 있으며, 기본 필드 크기는 8바이트이다.

② Yes/No 형식은 Yes/No, True/False, On/Off 등과 같이 두 값 중 하나만 입력하는 경우에 사용하는 것으로 기본 필드 크기는 1비트이다.

③ 일련번호 형식은 새 레코드를 만들 때 1부터 시작하는 정수가 자동 입력된다.

④ 긴 텍스트 형식은 텍스트 및 숫자 데이터가 최대 255자까지 저장된다.

==== 오피스 2016 버전에 따라 변형한 문제입니다.====

④번은 짧은 텍스트 형식에 대한 설명이다. 긴 텍스트 형식은 최대 65,535자까지 입력이 가능하다.

59 다음 중 아래와 같이 표시된 폼의 탐색 단추에 대한 설명으로 옳지 않은 것은?

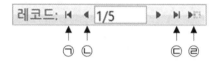

① ㉠ 첫 레코드로 이동한다.

② ㉡ 이전 레코드로 이동한다.

③ ㉢ 마지막 레코드로 이동한다.

④ ㉣ 이동할 레코드 번호를 입력하여 이동한다.

㉣을 클릭하면 새로운 레코드를 추가할 수 있도록 마지막에 빈 레코드가 삽입되고, 추가된 빈 레코드로 커서가 이동된다.

60 다음 중 폼에 관련된 설명으로 옳지 않은 것은?

① 폼을 구성하는 컨트롤들은 마법사를 이용하여 손쉽게 작성할 수도 있다.

② 모달 폼은 다른 폼 안에 컨트롤로 삽입되어 연결된 폼을 의미한다.

③ 폼은 매크로나 이벤트 프로시저를 이용하여 작업을 자동화할 수 있다.

④ 폼의 디자인 작업 시 눈금과 눈금자는 필요에 따라 표시하거나 숨길 수 있다.

②번은 하위 폼에 관한 설명이다. 폼에 모달 속성을 적용하면 해당 폼이 활성화되어 있는 상태에서는 다른 폼을 실행할 수 없다.

✓ 정답

01	02	03	04	05	06	07	08	09	10
①	④	①	②	③	②	②	①	②	②
11	12	13	14	15	16	17	18	19	20
③	③	③	③	③	①	③	④	①	④
21	22	23	24	25	26	27	28	29	30
④	③	②	③	④	②	③	③	②	①
31	32	33	34	35	36	37	38	39	40
③	④	④	④	①	③	③	③	①	④
41	42	43	44	45	46	47	48	49	50
④	④	④	②	①	②	①	②	④	③
51	52	53	54	55	56	57	58	59	60
④	④	④	④	②	②	④	④	④	②

컴퓨터
활용능력
1급 필기

CHAPTER

03

실전 모의고사

1과목 ▶ 컴퓨터 일반

01 다음 중 한글 Windows에서 파일 시스템으로 사용하는 NTFS에 관한 설명으로 옳지 않은 것은?

① FAT 또는 FAT32에 비해 성능, 보안, 안정성 면에서 뛰어난 시스템이다.
② 2TB보다 큰 파티션(볼륨)도 가능하다.
③ 비교적 큰 오버헤드가 있기 때문에 400MB 이하의 볼륨에서는 사용하지 않는 것이 좋다.
④ 하드디스크의 최대 볼륨 크기에 제한이 없다.

02 다음 중 한글 Windows에서 바로 가기 아이콘에 대한 설명으로 옳지 않은 것은?

① 바로 가기 아이콘을 실행하면 연결된 원본 파일이 실행된다.
② 바로 가기 아이콘을 삭제하면 원본 파일도 함께 제거된다.
③ 아이콘 왼쪽 아랫부분에 화살표가 표시되어 일반 아이콘과 구분된다.
④ 하나의 원본 파일에 대해 여러 개의 바로 가기 아이콘을 만들 수 있다.

03 다음 중 한글 Windows에서 [휴지통]에 관한 설명으로 옳지 않은 것은?

① 하드디스크의 파일이나 폴더를 <Delete>를 눌러서 삭제하면 [휴지통]에 들어가고, [휴지통] 아이콘은 휴지가 가득 찬 아이콘으로 변경된다.
② [휴지통]에 담겨진 실행 파일은 복원하기 전이라도 실행이 가능하다.
③ 파티션 된 각 하드디스크 드라이브마다 [휴지통]을 한 개씩 만들 수 있다.
④ [휴지통]에 있는 항목은 사용자가 컴퓨터에서 영구적으로 삭제하기 전까지는 원래의 위치로 복원할 수 있다.

04 다음 중 한글 Windows의 [설정]→[접근성]에서 설정할 수 있는 기능에 대한 설명으로 옳지 않은 것은?

① [필터 키] 기능을 사용하면 너무 짧게 누르거나 반복되는 키 입력을 자동으로 무시할 수 있으며 반복 속도도 조정할 수 있다.
② [고정 키] 기능을 사용하면 <CapLock>, <NumLock>, <ScrollLock>을 누를 때 신호음을 들을 수 있다.
③ [고대비] 기능을 사용하여 읽기 쉽게 구성된 색상 및 글꼴을 사용할 수 있다.
④ 화면의 모든 텍스트를 내레이터가 소리 내어 읽어주도록 설정할 수 있다.

05 다음 중 한글 Windows의 인쇄 작업에 대한 설명으로 옳지 않은 것은?

① 여러 개의 파일들이 출력 대기 중인 경우 출력 순서를 변경할 수 있다.
② 문서 아이콘을 인쇄 관리자 창 위로 끌어다 놓으면 인쇄가 가능하다.
③ 인쇄가 진행 중인 파일은 강제로 종료시킬 수 없다.
④ 문서를 인쇄하는 동안 작업 표시줄에 프린터 아이콘이 표시되며, 인쇄가 종료되면 프린터 아이콘은 사라진다.

06 다음 중 한글 Windows의 '작업 관리자' 대화상자에서 수행할 수 있는 작업으로 옳지 않은 것은?

① 컴퓨터를 이용하는 사용자 계정의 추가와 삭제를 수행할 수 있다.
② 현재 실행 중인 앱을 강제로 종료시킬 수 있다.
③ 시스템의 CPU 사용 내용이나 할당된 메모리의 크기를 파악할 수 있다.
④ 현재 네트워크 상태를 보고 네트워크 처리량을 확인할 수 있다.

07 다음 중 한글 Windows에서 네트워크 연결 시 IP 설정이 자동으로 할당되지 않을 경우 직접 설정해야 하는 TCP/IP 속성에 해당하지 않는 것은?

① IP주소
② 기본 게이트웨이
③ 서브넷 마스크
④ 라우터 주소

08 다음 중 컴퓨터 및 정보기기에서 사용하는 펌웨어(Firmware)에 관한 설명으로 옳은 것은?

① 주로 하드디스크의 부트 레코드 부분에 저장된다.
② 인터프리터 방식으로 번역되어 실행된다.
③ 운영체제의 일부로 입·출력을 전담한다.
④ 소프트웨어의 업그레이드만으로도 기능을 향상시킬 수 있다.

09 다음 중 컴퓨터 기억장치와 관련하여 캐시 메모리(Cache Memory)와 관한 설명으로 옳지 않은 것은?

① 비휘발성 메모리로 구성되며 컴퓨터의 CPU 내부의 고속 액세스가 가능한 기억장치이다.
② 캐시 메모리는 DRAM보다 접근 속도가 빠른 SRAM 등이 사용되며 주기억장치보다 소용량으로 구성된다.
③ 속도가 빠른 중앙처리장치와 상대적으로 속도가 느린 주기억장치 사이에 위치하며 컴퓨터 처리의 속도를 향상시키는 역할을 한다.
④ 캐시 메모리의 효율성은 적중률(Hit Ratio)로 나타낼 수 있으며, 적중률이 높을수록 시스템의 전체적인 속도가 향상된다.

10 중앙처리장치와 입·출력장치 사이의 속도 차이로 인한 문제점을 해결해주는 장치는 무엇인가?

① 범용 레지스터 장치
② 터미널 장치
③ 콘솔 장치
④ 채널 제어장치

11 다음 중 CMOS와 BIOS에 대한 설명으로 옳지 않은 것은?

① 일반적으로 부팅 시 <Delete> 또는 <F2> 등을 눌러 CMOS 셋업 프로그램을 실행할 수 있다.
② BIOS는 POST, 시스템 초기화, 시스템 부트 등을 수행하는 제어 프로그램이다.
③ BIOS는 CMOS에 저장되어 있다.
④ CMOS는 부팅 시에 필요한 하드웨어 정보를 담고 있는 반도체이다.

12 다음 중 컴퓨터의 소프트웨어 관련 용어에 대한 설명으로 옳지 않은 것은?

① 셰어웨어(Shareware)는 일정기간 무료 사용 후 원하면 정식 프로그램을 구입할 수 있는 형태의 프로그램이다.
② 프리웨어(Freeware)는 누구나 자유롭게 사용할 수 있는 프로그램으로 기간 및 기능에 제한이 없다.
③ 패치 프로그램(Patch Program)은 기능을 알리기 위해 기간이나 기능에 제한을 두어 무료 배포하는 프로그램이다.
④ 베타버전(Beta Version)은 정식 프로그램을 발표하기 전에 프로그램의 문제 발견이나 기능 향상을 위해 무료로 배포하는 프로그램이다.

13 다음 중 객체 지향 프로그래밍 언어에 대한 설명으로 옳지 않은 것은?

① 소프트웨어의 재사용으로 프로그램의 개발 시간을 단축할 수 있다.
② 대표적인 객체 지향 언어로 C++, Java 등이 있다.
③ 상속성, 캡슐화, 추상화, 다형성 등의 특징이 있다.
④ 순차적인 처리가 중요시되며 프로그램 전체가 유기적으로 연결되도록 작성한다.

14 장거리 전송을 위하여 전송 신호를 재생시키거나 출력 전압을 높여 주는 방법 등을 통해 증폭시켜 전달해 주는 중계 장치는 무엇인가?

① 허브(Hub)
② 라우터(Router)
③ 게이트웨어(Gateway)
④ 리피터(Repeater)

15 다음 중 인터넷 주소 체계에서 IPv6에 관한 설명으로 옳지 않은 것은?

① 128 비트의 주소를 사용하여 IPv4의 주소 부족 문제를 해결하였다.

② IPv4와 비교하였을 때 자료 전송 속도가 늦지만, 주소의 확장성과 융통성이 우수하다.

③ 인증성, 기밀성, 데이터 무결성의 지원으로 보안 기능을 포함한다.

④ IPv4와 호환성이 있으며, 실시간 흐름 제어가 가능하다.

16 다음 중 정보통신과 관련하여 OSI 7계층 참조 모델에서 네트워크 계층의 주요 기능에 관한 설명으로 옳은 것은?

① 정보 교환 및 중계 기능, 경로 설정 기능을 제공한다.

② 전송 매체에서의 전기 신호 전송 기능과 제어 및 클럭 신호를 제공한다.

③ 송·수신 시스템 간의 논리적 안정과 균일한 서비스를 제공한다.

④ 응용 프로세스 간의 정보 교환, 파일 전송 등을 제공한다.

17 다음 중 용어에 대한 설명으로 옳지 않은 것은?

① Ubiquitous: 시간과 장소에 상관없이 자유롭게 네트워크에 접속할 수 있는 정보 통신 환경

② Wibro: 고정된 장소에서 초고속 인터넷을 이용할 수 있는 무선 휴대 인터넷 서비스

③ VoIP: 음성 데이터를 인터넷 프로토콜 데이터 패킷으로 변화하여 일반 데이터 망에서 통화를 가능하게 해주는 통신 서비스 기술

④ RFID: 전파를 이용해 정보를 인식하는 기술로 출입관리, 주차관리에 주로 사용

18 다음에서 설명하는 그래픽 기법으로 적절한 것은 무엇인가?

> 그림 파일을 표시할 때 이미지의 대략적인 모습을 먼저 보여준 다음 점차 자세한 모습을 보여주는 기법

① 인터레이싱(Interlacing)

② 필터링(Filtering)

③ 메조틴트(Mezzotint)

④ 모핑(Morphing)

19 다음 중 바이러스에 대한 설명으로 옳지 않은 것은?

① 감염 부위에 따라 부트 바이러스와 파일 바이러스로 구분한다.

② 사용자 몰래 스스로 복제하여 다른 프로그램을 감염시키고, 정상적인 프로그램이나 다른 데이터 파일 등을 파괴한다.

③ 주로 복제품을 사용하거나 통신 매체에서 다운받은 프로그램에 의해 감염된다.

④ 컴퓨터 하드웨어와 무관하게 소프트웨어에만 영향을 미친다.

20 인터넷에서 방화벽을 사용하는 이유로 틀린 것은?

① 보안이 필요한 네트워크의 통로를 단일화하여 관리함으로써 외부의 불법 침입으로부터 내부 정보 자산을 보호하기 위해 사용한다.

② 역추적 기능이 있어서 외부의 침입자를 역추적하여 흔적을 찾을 수 있다.

③ 방화벽 시스템을 이용하면 보안에 완벽하며, 특히 내부로부터의 불법적인 해킹도 막을 수 있다.

④ 외부에서 내부 네트워크로 들어오는 패킷은 내용을 엄밀히 체크하여 인증된 패킷만 통과시키는 구조이다.

2과목 ▶ 스프레드시트 일반

21 다음 중 빠른 실행 도구 모음에 대한 설명으로 옳지 않은 것은?

① [빠른 실행 도구 모음 사용자 지정(▾)]을 클릭한 후 추가할 도구를 선택한다.

② 리본 메뉴에서 추가할 도구를 선택한 후 마우스 오른쪽 버튼을 눌러 [빠른 실행 도구 모음에 추가]를 클릭한다.

③ [빠른 실행 도구 모음]에서 삭제할 도구를 선택한

후 마우스 오른쪽 버튼을 눌러 [빠른 실행 도구 모음에서 제거]를 클릭한다.

④ [보기] 탭 [표시] 그룹에서 [기타] 명령을 선택하여 [빠른 실행 도구 모음]을 편집한다.

22 아래의 시트에서 채우기 핸들을 드래그했을 때 [A3] 셀에 입력되는 값으로 올바른 것은?

	A	B
1	10.2	
2	10	
3		
4		

① 10.2
② 10
③ 9.8
④ 11

23 다음 중 '선택하여 붙여넣기' 기능에 대한 설명으로 옳지 않은 것은?

① 선택하여 붙여넣기 명령을 사용하면 워크시트에서 클립보드의 특정 셀 내용이나 수식, 서식, 메모 등을 복사하여 붙여 넣을 수 있다.

② 선택하여 붙여넣기의 바로 가기 키는 <Ctrl> + <Alt> + <V>이다.

③ 잘라 낸 데이터 범위에서 서식을 제외하고 내용만 붙여 넣으려면 '내용 있는 셀만 붙여넣기'를 선택한다.

④ '연결하여 붙여넣기'를 선택하면 원본 셀의 값이 변경되었을 때 붙여넣기 한 셀의 내용도 자동 변경된다.

24 다음 중 입력한 데이터에 지정된 표시 형식에 따른 결과가 옳은 것은?

	입력자료	표시형식	결과
①	24678	#.##	24678
②	14500	[DBNum2]G/표준	壹萬四阡伍百
③	2004-04-05	mmm-dd	Apr-04
④	0.457	0%	45.7%

25 다음 중 조건부 서식에 대한 설명으로 옳지 않은 것은?

① 수식으로 규칙을 입력할 경우 수식 앞에는 등호(=)를 입력한다.

② 지정한 규칙이 어느 것도 참이 아닐 경우 셀은 우선순위가 낮은 규칙의 서식이 적용된다.

③ 참인 규칙이 여럿이면 지정된 서식이 모두 적용되나, 서식이 충돌한 경우에는 우선순위가 높은 규칙의 서식만 적용된다.

④ '조건부 서식 규칙 관리자'를 이용하여 조건부 서식을 추가, 삭제, 수정할 수 있다.

26 다음 중 작업에 필요한 여러 개의 통합 문서를 한 화면에 함께 표시하여 비교하면서 작업하기에 편리한 기능은?

① 창 나누기
② 창 정렬
③ 틀 고정
④ 페이지 나누기

27 다음 중 워크시트의 셀 구분선을 그대로 인쇄하기 위한 설정 방법으로 옳은 것은?

① '페이지 설정' 대화상자의 [시트] 탭에서 '눈금선'을 선택한다.

② '페이지 설정' 대화상자의 [페이지] 탭에서 '눈금선'을 선택한다.

③ '페이지 설정' 대화상자의 [여백] 탭에서 '눈금선'을 선택한다.

④ '페이지 설정' 대화상자의 [머리글/바닥글] 탭에서 '눈금선'을 선택한다.

28 아래의 시트 [F2] 셀에서 '총점'에 대한 '순위'를 구한 후 채우기 핸들을 이용하여 [F2] 셀의 수식을 [F3:F5] 셀로 복사하려고 할 때 [F2] 셀의 올바른 수식은?

	A	B	C	D	E	F
1	성명	국어	영어	수학	총점	순위
2	윤유빈	89	78	86	253	
3	김승현	60	70	89	219	
4	박샛별	90	67	70	227	
5	임채영	77	90	77	244	

① RANK.EQ(E2,$E$2:$E$5)
② RANK.EQ($E$2,$E$2:$E$5)
③ RANK.EQ(E2,E2:E5)
④ RANK.EQ($E$2,E2:E5)

29 [A1] 셀의 값 "TR-A-80"을 [B1] 셀에 "TR-A80"으로 바꾸어 표시하고자 할 때, 다음 중 옳지 않은 결과가 나오는 수식은 무엇인가?

① =REPLACE(A1,5,1," ")

② =CONCATENATE(LEFT(A1,4),MID(A1,6,2))

③ =SUBSTITUTE(A1,"-"," ",5)

④ =LEFT(A1,4)&RIGHT(A1,2)

30 아래의 시트에서 [A8] 셀에 =INDEX(A1:C6,MATCH(12,B1:B6,1),MATCH(3,A3:C3,1)) 수식을 입력했을 때의 계산 결과로 올바른 것은?

	A	B	C
1	1	10	20
2	2	11	21
3	3	12	22
4	4	13	23
5	5	14	24
6	6	15	25

① 12

② 14

③ 3

④ 20

31 다음 중 정보 함수에 대한 설명으로 옳은 것은?

① ISBLANK 함수 : 값이 '0'이면 TRUE를 반환한다.

② ISERR 함수 : 값이 #N/A를 제외한 오류 값이면 TRUE를 반환한다.

③ ISODD 함수 : 숫자가 짝수이면 TRUE를 반환한다.

④ TYPE 함수 : 값의 데이터 형식을 나타내는 문자를 반환한다.

32 다음 중 아래 시트에서 자격증 응시자에 대한 과목별 평균을 구하려고 할 때, [C1] 셀에 입력해야 할 배열 수식으로 옳은 것은?

	A	B	C
1	자격증 응시 결과		
2	응시자	과목	점수
3	김미현	1과목	80
4		2과목	86
5	이미라	1과목	90
6		2과목	80
7	최수진	1과목	78
8		2과목	88
9			
10		과목	점수
11		1과목	
12		2과목	

① {=AVERAGE(IF(MOD(ROW(C3:C8),2)=0,C3:C8))}

② {=AVERAGE(IF(MOD(ROW(C3:C8),2)=1,C3:C8))}

③ {=AVERAGE(IF(MOD(ROWS(C3:C8),2)=0,C3:C8))}

④ {=AVERAGE(IF(MOD(ROWS(C3:C8),2)=1,C3:C8))}

33 다음 중 데이터 정렬 기능에 대한 설명으로 옳지 않은 것은?

① 원칙적으로 숨겨진 행이나 열에 있는 데이터는 정렬에 포함되지 않는다.

② 정렬은 기본적으로 왼쪽에서 오른쪽으로 열 단위로 정렬한다.

③ 영문자는 대/소문자를 구분하여 정렬할 수 있다.

④ 빈 셀은 오름차순/내림차순 정렬 방법에 상관없이 항상 가장 마지막으로 정렬된다.

34 다음 중 아래의 고급 필터 조건에 대한 설명으로 옳은 것은?

국사	영어	평균
〉=80	〉=85	
		〉=85

① 국사가 80 이상이거나, 영어가 85 이상이거나, 평균이 85 이상인 경우

② 국사가 80 이상이거나, 영어가 85 이상이면서 평균이 85 이상인 경우

③ 국사가 80 이상이면서 영어가 85 이상이거나, 평균이 85 이상인 경우

④ 국사가 80 이상이면서 영어가 85 이상이면서 평균이 85 이상인 경우

35 데이터를 분석하기 위한 방법 중 부분합에 대한 설명으로 옳지 않은 것은?

① 부분합은 SUBTOTAL 함수를 사용하여 합계나 평균 등의 요약 함수를 계산한다.

② 첫 행에는 열 이름표가 있어야 하며 부분합을 구하려는 항목을 기준으로 정렬한다.

③ 같은 열에 있는 자료에 대하여 여러 개의 함수를 중복 사용할 수 없다.

④ 부분합을 제거하면 부분합과 함께 표에 삽입된 윤곽 및 페이지 나누기도 제거된다.

36 다음 중 아래 그림의 시나리오 요약 보고서에 대한 설명으로 옳지 않은 것은?

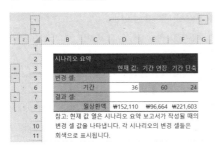

① '기간' 값의 변화에 따른 '월상환액'의 변화 값을 확인할 수 있다.

② '기간 연장'과 '기간 단축' 시나리오에 대한 시나리오 요약 보고서이다.

③ 시나리오의 값을 변경하면 해당 변경 내용이 기존 요약 보고서에 자동으로 다시 계산되어 표시된다.

④ 시나리오 요약 보고서를 실행하기 전에 변경 셀과 결과 셀에 대해 이름을 정의하였다.

37 다음 중 VBA 주요 명령문에 대한 설명으로 옳지 않은 것은?

① Function ~ End Function : 사용자 정의 함수 만들기

② Sub ~ End Sub : Sub 프로시저 만들기

③ Do While ~ Loop : 조건을 만족하지 않는 동안 실행하는 제어문

④ For ~ Next : 지정한 횟수만큼 반복하여 실행하는 제어문

38 다음 중 아래 차트에 대한 설명으로 옳은 것은?

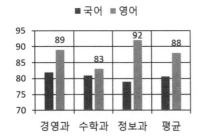

① 세로(값) 축의 [축 서식]에서 주 단위 간격을 '95'로 설정하였다.

② 데이터 계열 서식의 '계열 겹치기' 값을 0보다 작은 음수 값으로 설정하였다.

③ '영어'의 데이터 레이블은 안쪽 끝에 표시되어 있다.

④ 가로(항목) 축의 주 눈금선과 보조 눈금선이 함께 표시되고 있다.

39 다음 중 매크로에 대한 설명으로 가장 옳지 않은 것은?

① 매크로의 이름에는 공백도 사용할 수 있다.

② [매크로 기록] 수행 시 이미 존재하는 매크로 이름이 있으면 이를 변경할 것인지 여부를 묻는 메시지 창이 나타난다.

③ 매크로 실행의 바로 가기 키가 엑셀의 바로 가기 키보다 우선이다.

④ 매크로 이름의 첫 글자를 제외하고는 문자, 숫자 등을 혼합하여 사용할 수 있다.

40 다음 보기의 프로그램이 수행되었을 때 변수 Sum의 값은 얼마인가?

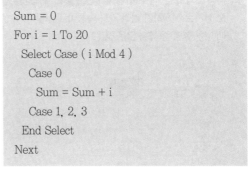

① 45   ② 55   ③ 60   ④ 70

3과목 데이터베이스 일반

41 다음 중 데이터베이스의 특징으로 옳지 않은 것은?

① 다수의 이용자들이 서로 상이한 목적으로 동일 데이터를 공유

② 데이터의 검색이나 갱신이 효율적으로 이루어질 수 있도록 데이터의 중복을 최대화

③ 특정 조직에서 필요한 정보를 얻기 위하여 필요한 데이터를 저장

④ 효과적인 데이터 처리를 위한 구조화

42 서로 관계를 맺고 있는 릴레이션 R1, R2에서 릴레이션 R2의 한 속성이나 속성의 조합이 릴레이션 R1의 기본 키인 것을 무엇이라고 하는가?

① 대체키(Alternate Key)

② 슈퍼키(Super Key)

③ 후보키(Candidate Key)

④ 외래키(Foreign Key)

43 다음 중 테이블에서 사원들이 부모님과 함께 살고 있는 지의 여부를 입력받고자 할 때, 설정할 데이터 형식으로 가장 적절한 것은?

① 짧은 텍스트　　② Yes/No

③ 일련 번호　　④ 하이퍼링크

44 다음 그림과 같이 [조회]탭에서 컨트롤 표시 속성을 콤보 상자로 선택하면 여러 가지 속성이 표시된다. 속성에 대한 설명 중 옳지 않은 것은?

일반　조회	
컨트롤 표시	콤보 상자
행 원본 유형	테이블/쿼리
행 원본	
바운드 열	1
열 개수	1
열 이름	아니요
열 너비	
행 수	16
목록 너비	자동
목록 값만 허용	아니요
여러 값 허용	아니요
값 목록 편집 허용	아니요
목록 항목 편집 폼	
행 원본 값만 표시	아니요

① 행 원본 : 원본으로 사용될 데이터를 지정한다.

② 바운드 열 : 콤보 상자나 목록 상자에 표시되는 열의 수를 지정한다.

③ 행 수 : 콤보 상자의 목록에 표시되는 행의 수를 지정한다.

④ 목록 너비 : 콤보 상자에 나타나는 목록의 전체 너비를 cm와 같은 형식으로 지정한다.

45 다음 중 Access 데이터를 텍스트 파일로 내보내는 과정에 대한 설명으로 옳지 않은 것은?

① Excel, Word 등 다양한 형식으로 내보낼 수 있다.

② 테이블, 쿼리, 폼 및 보고서를 텍스트 파일로 내보낼 수 있다.

③ 쿼리를 텍스트 파일로 내보낼 경우 텍스트 파일에는 쿼리의 SQL문이 저장된다.

④ 테이블 및 쿼리를 내보내는 경우 전체 개체를 내보내거나 추가 서식 없이 데이터만 내보내도록 선택할 수 있다.

46 다음 중 직원(사원번호, 부서명, 이름, 나이, 근무연수, 급여) 테이블에서 '근무연수'가 3 이상인 직원들을 나이가 많은 순서대로 조회하되, 같은 나이일 경우 급여의 오름차순으로 모든 필드를 표시하는 SQL문은?

① select * from 직원 where 근무연수 >=3 order by 나이, 급여

② select * from 직원 order by 나이, 급여 where 근무연수 >=3

③ select * from 직원 order by 나이 desc, 급여 asc where 근무연수 >=3

④ select * from 직원 where 근무연수 >=3 order by 나이 desc, 급여 asc

47 다음 중 아래와 같은 필드로 구성된 <MEMBER> 테이블에서 실행 가능한 쿼리로 가장 적절하지 않은 것은?

필드 이름	데이터 형식
이름	짧은 텍스트
나이	숫자
🔑 ID	짧은 텍스트

① INSERT INTO MEMBER (이름, 나이) VALUES ("홍길동", 20);

② INSERT INTO MEMBER (이름, 나이, ID) VALUES ("홍길동", 20, "123");

③ UPDATE MEMBER SET 나이=20 WHERE ID LIKE "123*";

④ DELETE MEMBER WHERE 나이>=20;

48 다음 중 폼을 작성할 수 있는 [만들기] 탭의 [폼] 그룹에서 선택 가능한 명령에 해당하지 않는 것은?

① 폼 디자인   ② 여러 항목

③ 매크로   ④ 모달 대화 상자

49 다음은 폼에서 컨트롤 작업에 대한 설명이다. 이 중 옳지 않은 것은?

① 폼의 컨트롤을 특정 필드에 바운드 시키려면 컨트롤 원본 속성을 이용한다.

② 작성된 목록 상자나 콤보 상자는 특정 필드에 바운드 시킬 수 없다.

③ 필드 목록에서 특정 필드 이름을 끌어와 폼에 드롭시키면 자동적으로 해당 필드에 바운드시킨다.

④ 컨트롤에 표시된 값을 수정하면 바운드 된 필드의 값도 변경된다.

50 다음 중 폼이나 보고서에서 조건에 맞는 특정 컨트롤에만 서식을 적용하는 조건부 서식에 대한 설명으로 옳은 것은?

> ㉠ 조건부 서식은 식이 아닌 필드 값으로만 설정이 가능하다.
> ㉡ 컨트롤 값이 변경되어 조건을 만족하지 않으면, 적용된 서식이 해제된다.
> ㉢ 조건은 50개까지 지정할 수 있으며, 조건별로 다른 서식을 적용할 수 있다.
> ㉣ 지정한 조건 중 2개 이상이 참이면, 조건이 참인 서식이 모두 적용된다.

① ㉠, ㉡   ② ㉡, ㉢

③ ㉢, ㉣   ④ ㉠, ㉣

51 다음 중 보고서에 대한 설명을 옳지 않은 것은?

① 보고서는 데이터를 출력하기 위한 개체이다.

② 레코드 원본에 SQL 문장을 입력하면 질의 결과를 대상으로 하는 보고서를 작성할 수 있다.

③ 보고서의 컨트롤에서는 컨트롤 원본을 사용하여 특정 필드에 바운드시킬 수 있다.

④ 보고서에서 데이터를 입력 혹은 수정하려면 텍스트 상자 컨트롤을 이용해야 한다.

52 다음 페이지 번호식을 이용하여 출력되는 예로 옳은 것은? (단, 현재 페이지는 12이고, 전체 페이지 수는 50이다.)

> =[page] & "pages"

① 12 & 50   ② 1250

③ 12pages   ④ 50pages

53 다음 중 보고서 머리글과 바닥글에 대한 설명으로 옳지 않은 것은?

① 보고서 머리글은 보고서의 첫 페이지에 한 번만 출력된다.

② 보고서 바닥글은 전체 데이터에 대한 합계와 같은 요약 정보를 나타내는데 사용된다.

③ 보고서 첫 페이지의 윗부분에는 보고서 머리글이 먼저 나타나고 다음에 페이지 머리글이 출력된다.

④ 보고서를 인쇄하거나 미리 보는 경우에는 보고서 바닥글이 페이지 바닥글 아래에 표시된다.

54 다음 중 '영동1단지'에서 숫자로 된 단지정보 '1'을 추출하기 위한 함수로 옳은 것은?

① LEFT("영동1단지",3)

② RIGHT("영동1단지",3)

③ MID("영동1단지",3,1)

④ INSTR("영동1단지",3,1)

55 다음 중 액세스에서 매크로 작성에 대한 설명으로 옳지 않은 것은?

① 하나의 매크로 그룹에 여러 개의 매크로를 만들 수 있다.

② 하나의 매크로에 여러 개의 매크로 함수를 지정할 수 있다.

③ 모듈을 작성하면 이를 자동적으로 매크로로 변환할 수 있다.

④ 매크로 실행 시에 필요한 정보, 즉 인수를 지정할 수 있다.

56 다음 중 실행 쿼리에 해당하지 않는 것은?

① 테이블 만들기 쿼리　② 추가 쿼리
③ 업데이트 쿼리　　　④ 선택 쿼리

57 다음 중 현재 폼에서 'cmd숨기기' 단추를 클릭하는 경우, DateDue 컨트롤이 표시되지 않도록 하기 위한 이벤트 프로시저로 옳은 것은?

①
```
Private Sub cmd숨기기_Click( )
    Me.[DateDue]!Visible = False
End Sub
```

②
```
Private Sub cmd숨기기_DblClick( )
    Me![DateDue].Visible = True
End Sub
```

③
```
Private Sub cmd숨기기_Click( )
    Me![DateDue].Visible = False
End Sub
```

④
```
Private Sub cmd숨기기_DblClick( )
    Me.[DateDue]!Visible = True
End Sub
```

58 <사원> 테이블에서 '입사일자' 필드에 2022년 1월 1일부터 2022년 12월 31일까지의 날짜만 입력되도록 하는 유효성 검사 규칙으로 가장 옳은 것은?

① In(#2022/01/01#,#2022/12/31#)
② Between #2022/01/01# and #2022/12/31#
③ In(#2022/01/01#-#2022/12/31#)
④ Between #2022/01/01# or #2022/12/31#

59 다음 중 Select문에서 사용되는 Group By와 관련된 설명으로 옳지 않은 것은?

① Group By절을 이용하면 Sum 또는 Count와 같은 집계 함수를 사용하여 요약 값을 생성할 수 있다.
② Group By절에 대한 조건식은 Where절을 사용한다.
③ Group By절에서 지정한 필드 목록의 값이 같은 레코드를 단일 레코드로 결합한다.
④ Group By절을 이용하면 설정한 그룹별로 분석할 수 있다.

60 다음 중 현재 레코드에 대한 내용을 수정하는 Record Set 개체의 메서드로 옳은 것은?

① AddNew　　② Delete
③ Update　　④ Insert

1과목 컴퓨터 일반

01 다음 중 한글 Windows의 멀티 부팅 기능에 대한 설명으로 옳지 않은 것은?

① 컴퓨터의 디스크 공간이 충분한 경우 새 버전의 Windows를 별도의 파티션에 설치하고 이전 버전의 Windows를 컴퓨터에 유지할 수 있게 하는 기능이다.

② 멀티 부팅을 위해서는 컴퓨터의 하드디스크에 각 운영체제에 사용할 개별 파티션이 필요하다.

③ 멀티 부팅은 2개의 Windows 중에서 최신 버전을 먼저 설치하고 이전 버전을 다음에 설치해야 정상적으로 부팅된다.

④ 컴퓨터를 시작할 때마다 실행할 Windows 버전을 선택할 수 있다.

02 다음 중 한글 Windows의 작업 표시줄에서 설정할 수 있는 항목에 대한 설명으로 옳지 않은 것은?

① 사용자가 일정 시간 동안 컴퓨터를 사용하지 않았을 때 작업 표시줄을 통해 앱을 선택하거나 실행하는 것을 방지하도록 설정할 수 있다.

② 작업 표시줄 위치로 마우스를 가져오면 작업 표시줄이 나타나고, 다른 곳으로 이동하면 작업 표시줄이 사라지도록 설정할 수 있다.

③ 각 항목을 레이블이 있는 개별 단추로 표시하다가 작업 표시줄이 꽉 차면 같은 앱을 그룹으로 묶어 하나의 단추로 표시하도록 설정할 수 있다.

④ 작업 표시줄의 오른쪽 끝에 있는 [바탕화면 보기] 단추 위로 마우스 포인터를 이동하면 열려 있는 모든 창이 투명해져 바탕화면이 표시되도록 설정할 수 있다.

03 다음 중 한글 Windows에서 [파일 탐색기]의 '폴더 옵션'에서 할 수 있는 작업으로 옳지 않은 것은?

① 메뉴 모음이 항상 표시되도록 설정할 수 있다.

② 파일 및 폴더의 '보호된 운영 체제 파일 열기(권장)' 기능을 설정할 수 있다.

③ '보호된 운영 체제 파일 숨기기'를 설정할 수 있다.

④ 폴더 팁에 파일 크기 정보 표시를 설정할 수 있다.

04 다음 중 한글 Windows에서 비연속적인 여러 개의 파일을 선택하고자 할 때 사용하는 방법으로 적절한 것은?

① <Ctrl>을 누른 상태에서 해당 개체를 하나씩 선택한다.

② <Alt>을 누른 상태에서 해당 개체를 하나씩 선택한다.

③ <Shift>을 누른 상태에서 해당 개체를 하나씩 선택한다.

④ <Tab>을 누른 상태에서 해당 개체를 하나씩 선택한다.

05 다음 중 바탕화면의 바로 가기 메뉴에서 [개인 설정]을 선택하여 설정할 수 있는 작업에 대한 설명으로 옳지 않은 것은?

① 바탕화면의 배경, 창 색, 소리 등을 한 번에 변경할 수 있는 테마를 선택할 수 있다.

② 바탕화면의 배경 이미지를 변경할 수 있다.

③ 바탕화면의 시계, 일정, 날씨 등과 같은 가젯을 표시하도록 설정할 수 있다.

④ 화면 보호기를 설정할 수 있다.

06 다음 중 한글 Windows의 [장치 관리자] 창에서 설정 가능한 하드웨어 관리에 대한 설명으로 옳지 않은 것은?

① 장치들의 드라이버를 식별하고, 설치된 장치 드라이버에 대한 정보를 알 수 있다.

② 가상 메모리에 대한 정보를 확인하고, 설정 값을 변경할 수 있다.

③ 장치 드라이버를 업데이트할 수 있다.

④ 하드웨어가 올바르게 작동하는지 확인할 수 있다.

07 한글 Windows에서 프린터 스풀(SPOOL) 기능에 대한 설명으로 올바른 것은?

① 스풀링은 인쇄할 문서 전체 단위로만 가능하다.

② 프린터가 인쇄 중이라도 다른 앱 실행이 가능하다.

③ 스풀링은 인쇄할 내용을 프린터로 직접 전송한다.

④ 저속의 프린터 사용 시 컴퓨터 효율이 크게 저하된다.

08 다음 중 컴퓨터 사용 도중 발생하는 문제들을 해결하는 방법으로 옳지 않은 것은?

① 시스템 속도가 느린 경우 : [디스크 정리]를 통해 임시 파일들을 지운다.

② 네트워크 통신이 되지 않을 경우 : 케이블 연결과 프로토콜 설정을 확인하여 수정한다.

③ 메모리가 부족한 경우 : 메모리를 추가하거나 불필요한 앱을 종료한다.

④ 제대로 동작하지 않는 하드웨어가 있을 경우 : 올바른 장치 드라이버를 재설치한다.

09 자료 구성의 단위를 논리적 단위 부분으로 올바르게 묶은 것은?

① 비트, 바이트, 워드, 필드

② 바이트, 워드, 필드, 레코드

③ 워드, 필드, 레코드, 파일

④ 필드, 레코드, 파일, 데이터베이스

10 다음 중 컴퓨터의 제어장치에 있는 레지스터에 관한 설명으로 옳지 않은 것은?

① 다음번에 실행할 명령어의 번지를 기억하는 프로그램 카운터(PC)가 있다.

② 현재 실행 중인 명령어를 기억하는 명령 레지스터(IR)가 있다.

③ 명령 레지스터에 있는 명령어를 해독하는 명령 해독기(Decoder)가 있다.

④ 해독된 데이터의 음수 부호를 검사하는 부호기(Encoder)가 있다.

11 다음 중 컴퓨터 시스템을 효율적으로 관리하기 위한 유의 사항으로 적절하지 않은 것은?

① 모니터의 번인 현상을 방지하기 위하여 화면 보호기를 사용한다.

② 주기적으로 자주 시스템을 재부팅하여 부품의 수명을 연장시킨다.

③ 컴퓨터를 끌 때에는 작업 중인 문서를 먼저 저장한 후 종료시킨다.

④ 정기적으로 시스템 최적화 프로그램을 사용하여 컴퓨터를 점검한다.

12 다음 중 컴퓨터의 운영체제에 대한 설명으로 거리가 먼 것은?

① 운영체제(OS)는 시스템 소프트웨어에서 가장 중요한 요소이다.

② 운영체제는 키보드, 모니터, 디스크 드라이브 등 필수적인 주변장치들을 관리하는 BIOS를 포함한다.

③ 컴퓨터의 기본적인 동작들을 관리하는 주요 프로그램들을 슈퍼바이저(Supervisor)라고 부른다.

④ 운영체제 프로그램은 컴퓨터가 동작하는 동안 하드디스크에 위치하여 여러 종류의 자원 관리 서비스를 제공한다.

13 다음 중 웹 프로그래밍 언어에 속하지 않는 것은?

① LISP ② JSP

③ PHP ④ ASP

14 다음 중 인트라넷(Intranet)에 대한 설명으로 옳은 것은?

① 여러 대의 컴퓨터를 연결하여 하나의 서버로 사용하는 기술이다.

② 인터넷 기술을 이용하여 조직 내의 각종 업무를 수행할 수 있도록 만든 네트워크 환경이다.

③ 이동 전화 단말기에서 개인용 컴퓨터의 운영체제와 같은 역할을 하는 소프트웨어이다.

④ 기업체가 협력업체와 고객 간의 정보 공유를 목적으로 구성한 네트워크이다.

15 다음 중 인터넷에서 사용하는 표준 주소 체계인 URL (Uniform Resource Locator)의 4가지 구성요소를 순서대로 옳게 나열한 것은?

① 프로토콜, 서버 주소, 포트 번호, 파일 경로
② 서버 주소, 프로토콜, 포트 번호, 파일 경로
③ 프로토콜, 서버 주소, 파일 경로, 포트 번호
④ 포트 번호, 프로토콜, 서버 주소, 파일 경로

16 다음 중 웹 사이트에 접속했던 기록 및 사용자의 기본 설정에 대한 정보를 저장하고 있는 텍스트 파일로 옳은 것은?

① 스팸(Spam)
② 패스워드(Password)
③ 쿠키(Cookie)
④ 애플릿(Applet)

17 다음 중 컴퓨터에서 사용하는 멀티미디어의 특징에 관한 설명으로 옳지 않은 것은?

① 다양한 아날로그 데이터를 디지털 데이터로 변환하여 통합 처리하는 디지털화의 특징이 있다.
② 정보 제공자와 사용자 간의 의견을 통한 상호 작용에 의해 데이터가 전달되는 쌍방향성의 특징이 있다.
③ 데이터가 사용자의 선택에 따라 다양하게 처리되는 것이 아니라 일정한 방향으로 순차적으로 처리되는 선형성의 특징이 있다.
④ 텍스트, 그래픽, 사운드, 동영상, 애니메이션 등의 여러 미디어를 통합하는 정보의 통합성 특징이 있다.

18 다음 중 컴퓨터 그래픽과 관련하여 벡터(Vector) 이미지에 관한 설명으로 옳지 않은 것은?

① 이미지의 크기를 확대하여도 화질에 손상이 없다.
② 점과 점을 연결하는 직선이나 곡선을 이용하여 이미지를 구성한다.
③ 대표적으로 WMF 파일 형식이 있다.
④ 픽셀로 이미지를 표현하며, 래스터(Raster) 이미지라고도 한다.

19 다음 중 저작권에 대한 설명으로 옳지 않은 것은?

① 원 프로그램을 개작한 2차적 프로그램은 독자적인 프로그램으로 보호받지 못한다.
② 이 법은 프로그램을 작성하기 위하여 사용하고 있는 프로그램 언어, 규약 및 해법에는 적용하지 않는다.
③ 이 법은 컴퓨터 프로그램 저작자의 권리를 보호하는데 목적이 있다.
④ 프로그램 저작권은 프로그램이 창작된 시점부터 발생한다.

20 다음 중 정보보안을 위해 사용하는 공개키 암호화 기법에 대한 설명으로 옳지 않은 것은?

① 알고리즘이 복잡하며 암호화와 복호화 속도가 느리다.
② 키의 분배가 용이하고 관리해야 할 키의 수가 적다.
③ 비대칭 암호화 기법이라고도 하며 대표적으로 DES가 있다.
④ 데이터를 암호화할 때 사용하는 키를 공개하고 복호화할 때 키는 비밀로 한다.

2과목 스프레드시트 일반

21 다음 중 워크시트에 대한 설명으로 옳은 것은?

① 워크시트 복사는 <Alt>를 누르면서 원본 워크시트 탭을 마우스로 드래그 앤 드롭하면 된다.
② 시트를 삭제하려면 시트 탭에서 마우스 오른쪽 단추를 클릭한 후 표시되는 [삭제] 메뉴를 선택하면 되지만, 삭제된 시트는 되살릴 수 없으므로 유의하여야 한다.
③ 연속된 여러 개의 시트를 선택할 때는 첫 번째 시트를 선택하고 <Ctrl>을 누른 상태에서 마지막 워크시트의 시트 탭을 클릭하면 된다.
④ 떨어져 있는 여러 개의 시트를 선택할 때는 먼저 <Shift>를 누른 상태에서 원하는 워크시트의 시트 탭을 차례로 누르면 된다.

22 다음 중 엑셀의 데이터 입력에 관한 설명으로 옳지 않은 것은?

① 한 셀에 여러 줄의 데이터를 입력하려면 <Alt> + <Enter>를 사용한다.

② 워크시트에서 <Tab>을 누르면 오른쪽으로 한 셀씩 이동한다.

③ 같은 데이터를 여러 셀에 한 번에 입력하려면 <Ctrl> + <Enter>를 사용한다.

④ 숫자나 날짜 데이터의 경우 입력 시 앞의 몇 글자가 해당 열의 기존 내용과 일치하면 자동으로 입력된다.

23 다음 중 실행 취소 및 다시 실행 명령에 대한 설명으로 옳지 않은 것은?

① 작업을 취소하려면 빠른 실행 도구 모음에서 [실행 취소(↩)]를 선택하거나 <Ctrl> + <Z>를 누른다.

② 작업을 취소한 경우 <Ctrl> + <D>를 눌러 원래대로 되돌릴 수 있다.

③ 시트 이름 변경, 시트 위치 이동, 시트 복사와 같은 작업은 취소할 수 없다.

④ 빠른 실행 도구 모음에서 [실행 취소] 옆의 화살표(▼)를 클릭하여 여러 작업을 한 번에 취소할 수도 있다.

24 숫자 '24600'을 입력한 후 아래의 표시 형식을 적용했을 때 표시되는 결과로 맞는 것은?

> #0.0,"천 원";(#0.0,"천 원");0.0;@"님"

① 24.6천 원   ② 24,600
③ 25,000천 원   ④ (25.0천 원)

25 다음 시트에서 [A2:C6] 영역을 선택한 후 응시인원수가 10 이상이고, 평균 점수가 80 이상이면 글꼴 스타일 '기울임꼴', 채우기색 '노랑'으로 설정하는 조건부 서식을 지정하려고 한다. 다음 중 '새 서식 규칙'의 수식 입력란에 입력해야 할 수식으로 옳은 것은?

	A	B	C
1	과목	응시인원수	평균점수
2	*국어*	*15*	*92*
3	국사	7	95
4	*영어*	*15*	*89*
5	화학	8	78
6	생물	8	65

① =AND(B$2>=10,C$2>=80)
② =AND($B2>=10,$C2>=80)
③ =AND($B$2>=10,$C$2>=80)
④ =AND(B2>=10,C2>=80)

26 다음 중 엑셀에서 사용하는 이름에 대한 설명으로 옳지 않은 것은?

① 'A1'처럼 셀 주소와 같은 형태의 이름을 사용할 수 있다.

② 이름의 첫 글자는 문자나 밑줄(_)을 사용할 수 있고, 나머지 글자는 문자, 숫자, 밑줄(_), 마침표(.)를 사용할 수 있다.

③ 같은 통합 문서에서 동일한 이름을 중복하여 사용할 수 없다.

④ 이름 상자의 화살표 단추를 누르고 정의된 이름 중 하나를 클릭하면 해당 셀 또는 셀 범위가 선택된다.

27 다음 중 [A1] 셀에 수식 =SUMPRODUCT({1,2;3,1}, {1,2;3,1})을 입력하고 <Enter>를 눌렀을 때의 결과값으로 옳은 것은?

① 24   ② 15   ③ 36   ④ 70

28 다음 중 아래 워크시트에서 '직무'가 90 이상이거나, '국사'와 '상식'이 모두 80 이상이면 '평가'에 "통과"를 표시하고 그렇지 않으면 공백을 [E2] 셀에 표시하는 수식으로 옳은 것은?

	A	B	C	D	E
1	이름	직무	국사	상식	평가
2	이몽룡	87	92	84	
3	성춘향	91	86	77	
4	조방자	78	80	75	

① =IF(AND(B2>=90,OR(C2>=80,D2>=80)),"통과","")

② =IF(OR(AND(B2>=90,D2>=80),D2>=80),"통과","")

③ =IF(OR(B2>=90,AND(C2>=80,D2>=80)),"통과","")

④ =IF(AND(OR(B2>=90,C2>=80),D2>=80)),"통과","")

29 연이율 5%로 3년 만기 저축을 매월 초 50,000원씩 저축, 복리 이자율로 계산하여 만기에 찾을 수 있는 금액을 구하기 위한 수식으로 적당한 것은?

① =FV(5%,3,-50000,,1)

② =FV(5%,3,-50000)

③ =FV(5%/12,3*12,-50000,,1)

④ =FV(5%/12,3*12,-50000)

30 아래의 시트에서 [F2:F4] 영역에 [A2:C7] 영역의 표를 참조하는 배열 수식을 사용하여 납품업체별 수량의 합계를 구하였다. 다음 중 [F2] 셀의 수식 입력줄에 표시된 함수식으로 옳은 것은?

	A	B	C	D	E	F
1	상품	수량	납품업체		납품업체	수량 합계
2	바나나	10	한성상회		한성상회	30
3	오렌지	15	일류청과		일류청과	45
4	사과	20	달콤상회		달콤상회	35
5	배	20	한성상회			
6	귤	30	일류청과			
7	복숭아	15	달콤상회			

① {=SUMIF($C$2:$C$7=E2)}

② {=SUMIF($C$2:$C$7=E2,$B$2:$B$7)}

③ {=SUM(IF($C$2:$C$7=E2,1))}

④ {=SUM(IF($C$2:$C$7=E2,$B$2:$B$7))}

31 다음 중 데이터의 자동 필터 기능에 대한 설명으로 옳지 않은 것은?

① 같은 열에 여러 개의 항목을 동시에 선택하여 데이터를 추출할 수 있다.

② 숫자로만 구성된 하나의 열에 색 기준 필터와 숫자 필터를 동시에 적용할 수 없다.

③ 같은 열에 날짜, 숫자, 텍스트가 섞여 있으면 텍스트 필터가 적용된다.

④ 필터를 이용하여 추출한 데이터는 항상 레코드(행) 단위로 표시된다.

32 다음 중 엑셀의 [데이터] 탭의 [외부 데이터 가져오기] 그룹을 이용하여 가져올 수 없는 파일 형식은?

① Access(*.accdb)

② 웹(*.htm)

③ XML 데이터(*.xml)

④ MS-Word(*.docx)

33 다음 중 피벗 테이블에 대한 설명으로 옳지 않은 것은?

① 피벗 차트 보고서는 피벗 테이블 보고서를 만들지 않고는 만들 수 없으며, 피벗 테이블과 피벗 차트를 함께 만든 후 피벗 테이블을 삭제하면 피벗 차트는 일반 차트로 변경된다.

② 피벗 테이블 보고서에서 필드 단추를 다른 열이나 행의 위치로 끌어다 놓으면 데이터 표시 형식이 달라진다.

③ 피벗 테이블 보고서는 엑셀에서 작성된 데이터를 대상으로 새로운 대화형 테이블을 만드는데 사용하며, 외부 액세스 데이터베이스에서 만들어진 데이터는 호환되지 않으므로 사용할 수 없다.

④ 피벗 테이블 보고서를 이용하면 일정한 그룹별로 집계가 가능하다.

34 다음 중 아래 그림과 같이 목표값 찾기를 설정했을 때, 이에 대한 의미로 옳은 것은?

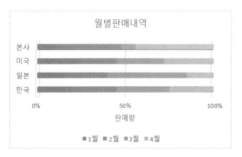

	A	B	C	D	E
1	제품별 판매현황				
2	품목	노트북	프린터	스캐너	평균
3	판매량	60	35	15	36.67

목표값 찾기 ? ✕

수식 셀(E): $E$3

찾는 값(V): 40

값을 바꿀 셀(C): $B$3

확인   취소

① 평균이 40이 되려면 노트북 판매량이 얼마가 되어야 하는가?
② 노트북 판매량이 40이 되려면 평균이 얼마가 되어야 하는가?
③ 노트북 판매량을 40으로 변경하였을 때 평균은 얼마가 되어야 하는가?
④ 평균이 40이 되려면 노트북을 제외한 나머지 제품의 판매량이 얼마가 되어야 하는가?

35 다음 중 아래 차트에 대한 설명으로 옳지 않은 것은?

월별판매내역

본사
미국
일본
한국

0%   50%   100%

판매량

■1월 ■2월 ■3월 ■4월

① 범례 서식의 배치는 아래쪽으로 설정되어 있다.
② 세로 축 제목은 판매량으로 설정되어 있다.
③ 차트 종류는 '3차원 100% 기준 누적 가로 막대형'이다.
④ 3차원 회전값을 설정할 수 있다.

36 다음 중 차트에서 3차원 막대 그래프에 적용할 수 없는 기능은?

① 상하 회전   ② 원근감 조절
③ 추세선   ④ 데이터 표 표시

37 다음 중 매크로 기록에 관한 설명으로 옳지 않은 것은?

① 작업에 영향을 끼칠 수 있는 동작이 기록되며, 틀린 동작과 불필요한 동작까지 함께 기록된다.
② 기본적으로 상대 참조로 기록되므로 절대 참조를 해야 할 경우 '절대 참조로 기록'을 클릭하여 전환한다.
③ 매크로의 작성에 소요된 시간은 기록되지 않는다.
④ 미리 어떤 동작, 어떤 기능을 기록할 것인지 순서를 정하여 두고 작업하는 것이 좋다.

38 다음 중 아래 괄호( )에 해당하는 바로 가기 키의 연결이 옳은 것은?

> Visual Basic Editor에서 매크로를 한 단계씩 실행하기 위한 바로 가기 키는 (㉠)이고, 모듈 창의 커서 위치까지 실행하기 위한 바로 가기 키는 (㉡)이며, 매크로를 바로 실행하기 위한 바로 가기 키는 (㉢) 이다.

① ㉠ \<F5>   ㉡ \<Ctrl> + \<F5>   ㉢ \<F8>
② ㉠ \<F5>   ㉡ \<Ctrl> + \<F8>   ㉢ \<F8>
③ ㉠ \<F8>   ㉡ \<Ctrl> + \<F5>   ㉢ \<F5>
④ ㉠ \<F8>   ㉡ \<Ctrl> + \<F8>   ㉢ \<F5>

39 아래는 Do...Loop 문을 이용하여 1에서부터 100까지의 홀수 합을 메시지 상자에 표시하는 코드이다. 다음 중 ㉠과 ㉡에 들어갈 코드로 옳은 것은?

```
Sub ODD( )
  Count = 1
  Total = 0
  Do ( ㉠ )
    Total = Total + Count
    ( ㉡ )
  Loop
  MsgBox Total
End Sub
```

	㉠	㉡	㉢	㉣
①	\<table split>			

①	㉠ While Count 〈 100
	㉡ Count = Count + 2

②	㉠ Until Count 〈 100
	㉡ Count = Count + 2

③	㉠ Until Count 〉 100
	㉡ Count = Count + 1

④	㉠ While Count 〉 100
	㉡ Count = Count + 1

40 다음과 같이 Sheet1의 [A1:C10] 영역에 70을 입력한 후 글꼴 스타일을 '굵게', 글꼴 색을 '빨강'으로 설정하는 프로시저를 완성하기 위해 밑줄(_) 부분에 입력할 내용을 순서대로 옳게 나열한 것은?

```
Sub 컴활매크로( )
  __㉠__Worksheets("Sheet1").__㉡__("A1:C10")
  .__㉢__ = 70
  .Font.__㉣__ = True
  .Font.Color = RGB(255,0,0)
End With
End Sub
```

	㉠	㉡	㉢	㉣
①	Sub	Cell	Range	Bold
②	Sub	Cell	Value	Bold
③	With	Cell	Value	Bold
④	With	Range	Value	Bold

41 다음 중 데이터베이스 모델에 대한 설명으로 옳지 않은 것은?

① 계층형 모델은 하나의 루트 레코드 타입과 종속된 레코드 타입으로 구성된 트리 구조를 가진다.

② 네트워크형 모델은 그래프 표현을 이용하여 레코드 간의 관계를 다대다 관계(N:M)로 표현할 수 있다.

③ 관계형 모델은 행과 열로 구성되는 테이블로 표시되고, 각 테이블 간에는 공통 속성을 통해 관계가 성립된다.

④ 객체지향형 모델은 데이터를 개체와 관계로 표현하며, 일반화, 집단화 등의 개념을 추가하여 복잡한 데이터를 나타낸다.

42 다음 중 정규화에 대한 설명으로 옳지 않은 것은?

① 한 테이블에 너무 많은 정보를 포함해서 발생하는 이상현상을 제거한다.

② 정규화를 실행하면 모든 테이블의 필드 수가 동일해진다.

③ 정규화를 실행하면 테이블이 나누어져 최종적으로는 일관성을 유지하게 된다.

④ 정규화를 실행하는 목적 중 하나는 데이터 중복의 최소화이다.

43 테이블의 작성 시 필드에 관한 설명 중 가장 옳은 것은?

① 테이블 이름과 필드 이름이 동일해서는 안 된다.

② 필드의 이름에는 공백 문자나 숫자가 포함될 수 있다.

③ 하나의 테이블에 같은 이름을 갖는 여러 필드가 존재할 수 있다.

④ 필드 이름은 영문으로만 작성하여야 한다.

44 다음 중 입력 마스크에서 사용되는 기호 문자에 대한 설명으로 옳은 것은?

① 0 : 선택 요소로서 숫자나 공백을 입력

② 9 : 필수 요소로서 0~9까지의 숫자를 입력

③ # : 선택 요소로서 A~Z까지의 영문자를 입력

④ & : 필수 요소로서 단일 문자나 공백을 입력

45 다음 중 테이블의 관계 설정에 관한 내용으로 옳지 않은 것은?

① 두 테이블을 직접 다대다 관계로 설정할 수 있다.
② 일대다 관계는 하나의 테이블에 저장된 대표 값을 다른 테이블에서 여러 번 참조하는 작업에 적합하다.
③ 일대일 관계에서 한 테이블의 각 레코드는 다른 테이블의 한 레코드에만 대응된다.
④ 참조 무결성 유지를 설정하면 기본 테이블의 기본 키 필드에 없는 값은 관련된 테이블의 외래키 필드에 입력할 수 없다.

46 다음 SQL문으로 알 수 있는 사항이 아닌 것은?

Select 학과, 이름, 데이터베이스, 운영체제, 평균
From 성적
Where 평균>=60
ORDER BY 학과, 평균 DESC

① 성적 테이블에서 검색을 수행한다.
② 평균 60점 이상인 학생만 검색 대상이 된다.
③ 검색 결과를 학과와 평균의 내림차순으로 정렬한다.
④ 학과, 이름, 데이터베이스, 운영체제, 평균 열을 검색한다.

47 다음 중 사원 테이블에서 호봉이 6인 사원의 연봉을 3% 인상된 값으로 수정하는 실행 쿼리를 작성하고자 할 때, 아래의 각 괄호에 넣어야 할 용어를 순서대로 나열한 것으로 옳은 것은?

UPDATE 사원
(　) 연봉 = 연봉 * 1.03
(　) 호봉 = 6 ;

① FROM - WHERE
② SET - WHERE
③ VALUE - SELECT
④ INTO - VALUE

48 다음 중 폼의 모달 속성에 관한 설명으로 옳지 않은 것은?

① 폼이 열려 있는 경우 다른 화면을 선택할 수 있다.
② VBA 코드를 이용하여 대화상자의 모달 속성을 지정할 수 있다.
③ 폼이 모달 대화상자이면 디자인 보기로 전환 후 데이터 시트 보기로 전환이 가능하다.
④ 사용자 지정 대화상자의 작성이 가능하다.

49 그림과 같이 <납품내역현황> 폼에서 '납품수량' 필드의 평균을 계산하여 표시하는 컨트롤에 대한 설명으로 가장 적절하지 않은 것은?

① 컨트롤은 폼 바닥글 영역에 위치한다.
② 컨트롤 원본에 'Average([납품수량])'이라 입력한다.
③ 컨트롤은 텍스트 상자를 사용한다.
④ 컨트롤의 형식은 '표준', 소수 자릿수는 '0'으로 설정되었다.

50 다음 중 폼 작업 시 탭 순서에서 제외되는 컨트롤로 옳은 것은?

① 레이블
② 언바운드 개체 틀
③ 명령 단추
④ 토글 단추

51 다음 중 보고서 마법사로 보고서를 생성하는 과정에서 지정할 수 있는 요약 정보에 대한 설명으로 옳지 않은 것은?

① 텍스트 속성인 필드만으로 구성된 테이블에는 요약 옵션을 사용할 수 없다.
② 요약 옵션은 정렬 순서 지정 단계에서 지정하는 것으로 그룹 수준과는 무관하다.
③ 요약 옵션은 지정된 필드의 합계, 평균, 최대값, 최소값을 구할 수 있다.

④ 테이블 간의 관계를 미리 지정해 둔 경우 둘 이상의 테이블에 있는 필드를 사용할 수 있다.

52 다음 중 보고서에 표시될 원본 데이터로 테이블이나 쿼리를 선택하기 위한 속성은 무엇인가?

① ODBC 데이터 원본
② 레코드 원본
③ 컨트롤 원본
④ 행 원본

53 다음 중 보고서에서 그룹 머리글의 '반복 실행 구역' 속성을 '예'로 설정한 경우에 대한 설명으로 가장 적절한 것은?

① 해당 머리글이 매 레코드마다 표시된다.
② 해당 머리글이 매 그룹의 시작과 끝 부분에 표시된다.
③ 해당 머리글이 매 페이지마다 맨 위에 표시된다.
④ 해당 머리글이 보고서의 시작과 끝 부분에 표시된다.

54 텍스트 상자 컨트롤에 다음과 같은 식을 입력하였다. 다음 식에 대한 설명으로 옳은 것은?

=DLookup("[금액]", "[주문량]", "[교재]='데이터베이스'")

① 금액 테이블에서 데이터베이스 교재의 주문량을 표시
② 금액 테이블에서 데이터베이스 교재의 주문량과 금액을 표시
③ 주문량 테이블에서 데이터베이스 교재의 주문량을 표시
④ 주문량 테이블에서 데이터베이스 교재의 금액을 표시

55 다음 중 매크로 함수와 그에 대한 설명으로 옳지 않은 것은?

① ApplyFilter : 필터, 쿼리, SQL WHERE절을 테이블, 폼, 보고서에 적용하여 테이블의 레코드, 폼이나 보고서의 원본이 되는 테이블이나 쿼리의 레코드를 제한하거나 정렬할 수 있다.
② FindRecord : 지정한 조건에 맞는 데이터의 첫째 인스턴스를 찾을 수 있다.
③ RunSQL : Microsoft Access 안에서 Microsoft Excel, Microsoft Word, Microsoft PowerPoint와 같은 Windows 기반 또는 MS-DOS 기반 응용 프로그램을 실행할 수 있다.
④ Requery : 현재 개체의 지정한 컨트롤의 데이터를 업데이트할 수 있으며, 컨트롤을 지정하지 않으면 개체 원본 자체를 다시 쿼리한다.

56 다음 중 크로스탭 쿼리에 관한 설명으로 옳지 않은 것은?

① 레코드의 요약 결과를 열과 행 방향으로 그룹화하여 표시할 때 사용한다.
② 쿼리 데이터시트에서 데이터를 직접 편집할 수 없다.
③ 2개 이상의 열 머리글 옵션과 행 머리글 옵션, 값옵션 등을 지정해야 한다.
④ 행과 열이 교차하는 곳의 숫자 필드는 합계, 평균, 분산, 표준편차 등을 계산할 수 있다.

57 다음 중 이름이 'txt제목'인 텍스트 상자 컨트롤에 "매출내역"이라는 내용을 입력하는 VBA 명령으로 옳지 않은 것은?

① txt제목="매출내역"
② txt제목.text="매출내역"
③ txt제목.value="매출내역"
④ txt제목.caption="매출내역"

58 다음은 기본키(Primary Key)에 대한 설명이다. 가장 옳게 설명된 것은?

① 테이블에 기본키를 반드시 설정해야 한다.
② 기본키를 설정하지 않고는 다른 테이블과의 관계를 설정할 수 없다.
③ 레코드의 추가 시에 기본키 필드에 값을 입력하지 않아도 된다.
④ 여러 필드를 혼합하여 하나의 기본키로 설정할 수 있다.

59 다음 중 폼 바닥글 영역의 텍스트 상자 컨트롤에 <학생> 테이블에서 전공이 '컴퓨터공학'인 레코드들의 학점 평균을 구하는 함수식으로 옳은 것은?

① =DAVG("[학생]","[학점]","[전공]='컴퓨터공학'")
② =DAVG("[학점]","[학생]","[전공]='컴퓨터공학'")
③ =AVG("[학생]","[학점]","[전공]='컴퓨터공학'")
④ =AVG("[학점]","[학생]","[전공]='컴퓨터공학'")

60 다음 중 하위 보고서 작성에 대한 설명으로 옳지 않은 것은?

① 디자인 보기 화면에서 하위 보고서 컨트롤에 포함된 레이블은 삭제가 가능하다.
② 디자인 보기 화면에서 삽입된 하위 보고서의 크기 조절은 가능하지 않다.
③ "일대다" 관계에서 하위 보고서는 "다"쪽에 해당하는 데이터가 표시된다.
④ 하위 보고서 마법사를 이용하여 작성할 수 있다.

03 3회 실전 모의고사

1과목 ▶ 컴퓨터 일반

01 다음 중 아래의 설명에 해당하는 한글 Windows의 기능으로 적절한 것은?

– 데이터와 데이터를 연결하여 원본 데이터를 수정할 때 연결된 데이터도 함께 수정되도록 지원하는 기능이다.
– 이 기능을 지원하는 그래픽 앱에서 그린 그림을 문서 편집기에 연결한 경우 그래픽 앱에서 그림을 수정하면 문서 편집기의 그림도 같이 변경된다.

① 선점형 멀티태스크(Preemptive Multitasking)
② OLE(Object Linking and Embedding)
③ 플러그 앤 플레이(PnP: Plug and Play)
④ GUI(Graphic User Interface)

02 다음 중 특정한 파일이나 폴더를 마우스 오른쪽 단추를 누른 채 끌면 나타나는 단축 메뉴가 아닌 것은?

① 여기에 복사
② 여기로 이동
③ 휴지통으로 바로 가기
④ 여기에 바로 가기 만들기

03 다음 중 한글 Windows에서 [파일 탐색기] 창의 기능과 구조에 대한 설명으로 옳지 않은 것은?

① 탐색 창과 파일 영역의 크기를 조절하려면 양쪽 영역을 구분하는 경계선을 좌우로 드래그한다.
② 탐색 창에서 폴더를 선택한 후에 숫자 키패드의 '/'를 누르면 선택된 폴더의 모든 하위 폴더를 표시한다.
③ 탐색 창에서 폴더를 선택한 후에 왼쪽 방향키(←)를 누르면 선택된 폴더가 열려 있을 때는 닫고, 닫혀 있으면 상위 폴더가 선택된다.
④ 탐색 창에서 폴더를 선택한 후 <BackSpace>를 누르면 상위 폴더가 선택된다.

04 다음 중 한글 Windows의 [그림판]에 관한 설명으로 옳지 않은 것은?

① [그림판]으로 작성된 파일의 형식은 bmp, jpg, gif 등으로 저장할 수 있다.
② 레이어 기능으로 그림의 작성과 편집 과정을 편리하게 해준다.
③ 배경색을 설정하려면 [홈]→[색]그룹에서 [색2]를 클릭한 후 선택한다.
④ 정원 또는 정사각형을 그리려면 타원이나 직사각형을 선택한 후에 <Shift>를 누른 상태로 그리면 된다.

05 다음 중 한글 Windows에서 [계정]에 관한 설명으로 옳지 않은 것은?

① 컴퓨터의 관리자 계정은 반드시 하나 이상이 존재해야 한다.
② 표준 사용자 계정은 다른 사용자의 암호를 변경하거나 제거할 수 없다.
③ 관리자 계정은 다른 사용자 계정을 추가하거나 삭제할 수 있다.
④ 표준 사용자 계정은 소프트웨어나 하드웨어 설치 및 보안 설정 등을 수행할 수 있다.

06 한글 Windows에서 모든 구성 데이터의 중앙 저장소라고 할 수 있는 레지스트리(Registry)에 관한 설명 중 거리가 먼 것은 무엇인가?

① 레지스트리는 윈도우가 작동하는 데 필요한 수많은 정보들을 저장하고 있다.
② 윈도우의 시스템 구성, 하드웨어 구성, 앱에 대한 구성 정보, 사용자 정보 등이 모두 이 레지스트리에 기록된다.
③ 컴퓨터에 설치된 모든 하드웨어와 소프트웨어의 실행 정보를 한군데 모아 관리하는 단층적인 데이터베이스이다.
④ 레지스트리 파일은 사용자와 관련된 정보를 담고 있는 파일과 하드웨어나 컴퓨터와 관련된 초기화 설정 파일 등으로 구성되어 있다.

07 다음 중 컴퓨터에서 사용하는 유니코드(Unicode)에 관한 설명으로 옳지 않은 것은?

① 세계 각국의 언어를 통일된 방법으로 표현할 수 있게 제안된 국제적인 코드 규약의 이름이다.
② 8비트 문자코드인 아스키(ASCII) 코드를 32비트로 확장하여 전 세계의 모든 문자를 표현하는 표준코드이다.
③ 한글은 조합형, 완성형, 옛글자 모두를 표현할 수 있다.
④ 최대 65,536자의 글자를 코드화할 수 있다.

08 다음 중 컴퓨터에서 정상적인 프로그램을 처리하고 있는 도중에 특수한 상태가 발생했을 때 현재 실행하고 있는 프로그램을 일시 중단하고, 그 특수한 상태를 처리한 후 다시 원래의 프로그램을 처리하는 과정을 무엇이라 하는가?

① 채널(Channel)   ② 인터럽트(Interrupt)
③ 데드락(Deadlock)   ④ 스풀(Spool)

09 다음 중 한글 Windows에서 하드디스크의 파티션에 관한 설명으로 옳지 않은 것은?

① 하나의 물리적인 하드디스크를 여러 개의 논리적인 파티션으로 나누어 사용할 수 있다.
② 하나의 파티션에는 한 가지의 파일 시스템만을 사용할 수 있다.
③ 파티션으로 나누더라도 하나의 물리적인 하드디스크는 하나의 운영체제만 사용할 수 있다.
④ 하드디스크 한 개의 공간을 여러 개로 나눠 사용하는 것을 의미하며, 파티션에는 기본 파티션과 확장 파티션이 있다.

10 다음 중 컴퓨터 고장으로 인한 작업 중단에 대비하고, 업무 처리의 신뢰도를 높이기 위해 2개의 CPU가 같은 업무를 동시에 처리하여 그 결과를 상호 점검하면서 운영하는 시스템은?

① 듀플렉스 시스템   ② 클러스터링 시스템
③ 듀얼 시스템   ④ 다중 처리 시스템

11 다음 중 인터넷 통신 장비인 게이트웨이(Gateway)의 기본적인 역할에 관한 설명으로 옳은 것은?

① 현재 위치한 네트워크에서 다른 네트워크로 연결할 때 사용된다.
② 인터넷 신호를 증폭하며 먼 거리로 정보를 전달할 때 사용된다.
③ 네트워크 계층의 연동장치로 경로 설정에 사용된다.
④ 문자로 된 도메인 이름을 숫자로 이루어진 실제 IP주소로 변환하는데 사용된다.

12 다음 중 도메인 네임(Domain Name)에 관한 설명 중 거리가 먼 것은?

① 국가기관(정부기관)의 경우 'org' 또는 'or' 도메인을 사용한다.
② 도메인 구조는 오른쪽으로 갈수록 범위가 넓어지는 계층적 구조를 갖는다.
③ 도메인 네임은 컴퓨터를 인식하기 위해 숫자로 표시된 IP주소의 사용을 쉽게 하기 위해 문자 형태로 표현한 것이다.
④ 도메인 네임은 도메인 네임 서버(DNS)에 의해 IP주소로 매핑된다.

13 인터넷 서비스에 대한 설명으로 옳지 않은 것은?

① Telnet: 인터넷상의 다른 컴퓨터에 로그인(Log-In)하여 사용할 수 있게 하는 서비스
② WAIS(Wide Area Information Service): 인터넷에 흩어져 있는 여러 곳의 데이터베이스로부터 데이터를 검색할 수 있는 서비스
③ PING(Packer InterNet Gopher): 원격 컴퓨터의 사용자 ID와 password를 알아보기 위해 사용되는 서비스
④ IRC(Internet Relay Chat): 인터넷을 통해 채팅을 할 수 있도록 하는 서비스

14 다음 중 인터넷에서 사용하는 URL에 관한 설명으로 옳지 않은 것은?

① 인터넷상에 존재하는 각종 자원의 위치를 나타내는 표준 주소 체계이다.

② URL의 일반적인 형식은 '프로토콜://서버 주소[:포트 번호][/파일 경로]'이다.

③ FTP 계정이 있는 경우의 URL은 'http://user_name:server_name:port_number'와 같이 사용한다.

④ 프로토콜의 종류로 HTTP(WWW), FTP(FTP), TELNET(Telnet) 등이 있다.

15 다음 중 인터넷에서 사용하는 TCP/IP에 대한 설명으로 옳지 않은 것은?

① 서로 다른 기종의 컴퓨터들 간 데이터를 송/수신하기 위한 표준 프로토콜이다.

② 일부 망에 장애가 있어도 다른 망으로 통신이 가능한 신뢰성을 제공한다.

③ TCP는 패킷 주소를 해석하고 최적의 경로를 결정하여 전송하는 역할을 한다.

④ IP는 OSI 7계층 중 네트워크 계층에 해당하는 프로토콜이다.

16 다음 중 멀티미디어 관련하여 그래픽 처리 기법에 관한 설명으로 옳은 것은?

① 제한된 색상을 조합하여 복잡한 색이나 새로운 색을 만드는 작업을 필터링(Filtering)이라고 한다.

② 3차원 애니메이션을 만드는 과정 중의 하나로 물체의 모형에 명암과 색상을 입혀서 사실감을 더해주는 작업을 렌더링(Rendering)이라고 한다.

③ 2개의 이미지를 부드럽게 연결하여 변환하거나 통합하는 작업을 모델링(Modeling)이라고 한다.

④ 이미지의 가장자리 부분에 발생된 계산 현상을 제거하는 것을 디더링(Dithering)이라고 한다.

17 다음 중 MPEG에 관한 설명으로 옳지 않은 것은?

① 1988년 설립된 동화상 전문가 그룹을 의미하는 Motion Picture Experts Group의 약자로 동영상을 압축하는 방법을 연구하고 표준안을 제정하고 있다.

② 현재 제정된 표준안으로 MPEG1, MPEG2, MPEG4, MPEG7, MPEG21 등이 있다.

③ MPEG4는 멀티미디어 통신을 전제로 만들어진 영상 압축 기술로서 낮은 전송률로 동영상을 보내고자 개발된 데이터 압축과 복원 기술이다.

④ MPEG7은 ISO 13818로 규격화된 영상 압축 기술로 디지털 TV, 대화형 TV, DVD 등은 높은 화질과 음질을 필요로 하는 분야의 압축 기술이다.

18 다음 중 외부로부터의 데이터 침입행위에 관한 유형의 위조(Fabrication)에 대한 설명으로 옳은 것은?

① 자료가 수신측으로 전달되는 것을 방해하는 행위

② 전송한 자료가 수신지로 가는 도중에 몰래 보거나 도청하는 행위

③ 원래의 자료를 다른 내용으로 바꾸는 행위

④ 자료가 다른 송신자로부터 전송된 것처럼 꾸미는 행위

19 통신 기술과 GPS, 그리고 컴퓨터에 저장된 데이터베이스를 이용하여 주변의 위치와 부가 서비스를 제공하는 기술은?

① 사물 인터넷(IoT)

② 빅 데이터(Big Data)

③ 위치 기반 서비스(LBS)

④ 시맨틱 웹(Semantic Web)

20 인터넷 정보 검색 엔진에 관한 설명으로 거리가 먼 것은?

① 인터넷 검색 엔진은 로봇, 스파이더, 에이전트, 크롤러 등 정보 수집 프로그램을 이용해 대량으로 정보를 수집하고 하이퍼텍스트 기법을 통해 편리하게 정보를 찾아갈 수 있도록 하는 것을 가리킨다.

② 주제별 검색 엔진은 예술, 정치, 경제, 스포츠 등 각 분야별로 분류되어 있는 항목을 마우스로 클릭하여 그 분야의 세부 항목으로 들어가서 원하는 정보를 찾는 방식이다.

③ 키워드형 검색 엔진은 찾으려는 정보에 대한 키워드를 입력하여 정보를 검색할 수 있는 방법으로 키워드가 정확하지 않을 때도 정보를 신속하게 찾을 수 있다.

④ 메타 검색 엔진이란 로봇 에이전트를 이용하여 여러 검색 엔진을 참조해 정보를 찾아주는 검색 엔진을 말한다.

327

21 다음 그림의 [A1] 셀을 <Ctrl>을 누른 상태에서 채우기 핸들을 드래그했을 때 [A4] 셀에 입력되는 값으로 올바른 것은?

	A	B
1	10.2	
2		
3		
4		
5		

① 10.2

② 10.8

③ 13.2

④ 10.5

22 다음 중 메모 기능에 대한 설명으로 옳지 않은 것은?

① 새 메모를 작성하려면 <Shift> + <F2>를 누른다.

② 작성된 메모가 표시되는 위치를 자유롭게 지정할 수 있고, 메모가 항상 표시되도록 설정할 수 있다.

③ 삽입된 메모는 시트에 표시된 대로 인쇄하거나 시트 끝에 모아서 인쇄할 수 있다.

④ 메모의 텍스트 서식을 변경할 수 있지만 텍스트에 맞게 사이즈를 자동으로 조절할 수는 없다.

23 다음 중 셀에 23-12-25와 같이 입력한 후 결과가 December 25, 2023으로 표시되도록 하기 위한 사용자 지정 표시 형식으로 옳은 것은?

① mm dd, yyyy

② mmm dd, yyyy

③ mmmm dd, yyyy

④ mmmmm dd, yyyy

24 다음 중 엑셀의 [페이지 설정] 대화상자에 대한 설명으로 옳은 것은?

① 인쇄 배율을 수동으로 설정할 수 있으며, 배율은 워크시트 표준 크기의 10%에서 200%까지 설정 가능하다.

② [시트] 탭에서 머리글/바닥글과 행/열 머리글이 인쇄되도록 설정할 수 있다.

③ [페이지] 탭에서 '자동 맞춤'의 용지 너비와 용지 높이를 각각 1로 지정하면 여러 페이지가 한 페이지에 인쇄된다.

④ 셀에 설정된 메모는 시트에 표시된 대로 인쇄할 수는 없으나 시트 끝에 인쇄되도록 설정할 수 있다.

25 다음 중 [찾기 및 바꾸기] 대화상자에 대한 설명으로 옳지 않은 것은?

① 특정 서식이 있는 텍스트나 숫자를 찾을 수 있다.

② 데이터를 뒤에서부터 앞으로 검색하려면 <Ctrl>을 누른 상태에서 <다음 찾기>를 클릭한다.

③ 영문자의 경우 대/소문자를 구분하여 찾을 수 있다.

④ 찾는 위치를 수식, 값, 메모 중에서 선택하여 지정할 수 있다.

26 아래와 같은 수식의 결과값으로 올바른 것은?

=ROUND(87995,−3)+ROUND(32.7,0)

① 88033

② 88032.7

③ 88032

④ 87033

27 다음 중 학점[B3:B10]을 이용하여 [E3:E7] 영역에 학점별 학생수만큼 '♥' 기호를 표시하고자 할 때, [E3] 셀에 입력해야 할 수식으로 옳은 것은?

	A	B	C	D	E
1	스프레드시트 성적 현황				
2	이름	학점		학점	성적그래프
3	이상아	A		A	♥
4	김미현	B		B	♥♥♥♥
5	최진주	F		C	♥
6	김호창	C		D	
7	안수현	B		F	♥♥
8	서은지	F			
9	박성룡	B			
10	차성준	B			

① =REPT("♥",COUNTIF(D3,$B$3:$B$10))

② =REPT(COUNTIF(D3,$B$3:$B$10),"♥")

③ =REPT("♥",COUNTIF($B$3:$B$10,D3))

④ =REPT(COUNTIF($B$3:$B$10,D3),"♥")

28 아래의 데이터에서 윤보영의 근속연수를 2020년을 기준으로 구하고자 한다. [E11] 셀에 입력할 수식은?

▲	A	B	C	D
1	이름	입사일	부서	연봉
2	김미현	2000-03-01	영업부	3,000만원
3	남보라	2008-03-02	총무부	2,500만원
4	김재용	2013-03-02	총무부	3,200만원
5	윤보영	2011-03-02	영업부	2,000만원
6	이연희	2012-11-26	총무부	1,800만원
7	김희선	2010-10-08	총무부	2,200만원
8	박승현	2013-06-17	영업부	1,500만원
9				
10	이름	윤보영	근속년	9

① =2020+YEAR(HLOOKUP(B10,$A$2:$D$8,2, 0))

② =2020-YEAR(HLOOKUP(B10,$A$2:$D$8,2, 1))

③ =2020+YEAR(VLOOKUP(B10,$A$2:$D$8,2, 0))

④ =2020-YEAR(VLOOKUP(B10,$A$2:$D$8,2, 0))

29 다음 중 배열 수식에 관한 설명으로 옳지 않은 것은?

① 잘못된 인수나 피연산자를 사용했을 때 "#VALUE" 에러가 발생한다.

② 빈 칸은 0으로 계산된다.

③ 수식을 입력하고 <Ctrl> + <Shift> + <Enter>를 누르면 수식의 앞뒤에 중괄호({})가 자동으로 입력된다.

④ 배열식을 사용하여 워크시트에 아직 입력되지 않은 값들의 결과를 구할 수 있으나, 배열식에 상수를 사용할 수 없다.

30 다음 중 데이터 정렬에 관한 설명으로 옳지 않은 것은?

① 머리글 행이 없는 데이터도 원하는 기준으로 정렬이 가능하다.

② 영문자의 경우 대/소문자를 구분하여 정렬할 수 있으며, 오름차순으로 정렬하면 소문자가 우선순위를 갖는다.

③ 글꼴에 지정된 색을 기준으로 정렬하려면 정렬 기준을 '셀 색'으로 설정한다.

④ 기본 내림차순 정렬은 오류값 > 논리값 > 문자 > 숫자 > 빈 셀 순으로 정렬된다.

31 다음 중 아래 그림과 같이 사원에 대한 근속년수 데이터에 주어진 조건으로 고급 필터를 실행한 경우의 결과로 옳은 것은?

▲	A	B	C	D	E	F	G
1	사원명	직위	근속년수		사원명	직위	근속년수
2	이명민	부장	20		이*		>=10
3	이대한	사원	4			사원	<5
4	한민국	과장	12				
5	최민석	부장	14				
6	안효진	사원	2				
7	김민지	사원	11				

①
사원명	직위	근속년수
이명민	부장	20
이대한	사원	4

②
사원명	직위	근속년수
이명민	부장	20
이대한	사원	4
한민국	과장	12
최민석	부장	14
안효진	사원	2
김민지	사원	11

③
사원명	직위	근속년수
이명민	부장	20
이대한	사원	4
안효진	사원	2

④
사원명	직위	근속년수
이명민	부장	20
이대한	사원	4
안효진	사원	2
김민지	사원	11

32 MS Access를 이용하여 만들어진 테이블의 데이터를 가져오려고 한다. 옳지 않은 것은?

① 리본 메뉴에서 [데이터]→[외부 데이터 가져오기]→[기타 원본에서 데이터 가져오기]→[Microsoft Query]에서 'MS Access Database'를 선택한다.

② Access로 저장된 테이블 내의 필드를 골라서 가져올 수 있다.

③ SQL문을 사용하여 쿼리를 이용하면 조건에 맞는 레코드만을 가져올 수 있다.

④ 외부 데이터 가져오기를 할 때 가져올 위치의 엑셀 시트 데이터는 외부 데이터로 수정된다.

33 다음 중 아래의 부분합 대화상자에 대한 설명으로 옳지 않은 것은?

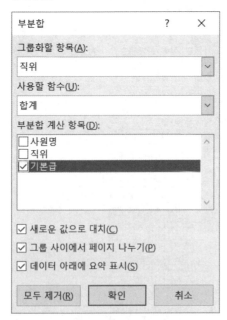

① 부분합을 실행하기 전에 직급 항목으로 정렬되어 있어야 올바른 결과를 얻을 수 있다.
② 부분합의 실행 결과는 직급별로 급여 항목에 대한 합계가 표시된다.
③ 인쇄 시 직급별로 다른 페이지에 인쇄된다.
④ 계산 결과는 그룹별로 각 그룹의 위쪽에 표시된다.

34 다음 중 데이터 표에 대한 설명으로 옳지 않은 것은?

① 데이터 표 기능은 특정한 값이나 수식을 입력한 후 이를 이용하여 표를 자동으로 만들어 주는 기능이다.
② 데이터 표 기능은 수식이 입력될 범위를 설정한 후 데이터 표 기능을 실행해야 한다.
③ 데이터 표 기능을 이용하여 수식을 입력하는 방법에는 [열 입력 셀]만 지정하는 경우, [행 입력 셀]만 지정하는 경우, [행 입력 셀]과 [열 입력 셀]을 모두 지정하는 경우가 있다.
④ 데이터 표 기능을 통해 입력된 셀 중에서 표 범위의 일부분만 수정할 수 있다.

35 다음 중 차트의 데이터 레이블 추가/제거에 대한 설명으로 옳지 않은 것은?

① 데이터 레이블이 겹치지 않고 읽기 쉽도록 차트에서 데이터 레이블의 위치를 조정할 수 있다.
② 레이블 내용은 셀 값, 계열 이름, 항목 이름, 차트 이름, 값 중에서 한 가지를 선택하여 표시할 수 있다.
③ 기본적으로 데이터 레이블은 워크시트의 값에 연결되며 변경될 때 자동으로 업데이트된다.
④ 계열별 데이터 레이블 제거는 삭제를 원하는 계열의 데이터 레이블을 한 번 클릭하여 선택한 후 <Delete>를 누른다.

36 다음 중 아래 차트에 대한 설명으로 옳지 않은 것은?

	A	B	C	D
1	구분	남	여	합계
2	1반	23	21	44
3	2반	22	25	47
4	3반	20	17	37
5	4반	21	19	40
6	합계	86	82	168

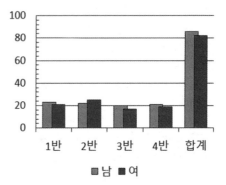

① 차트의 종류는 묶은 세로 막대형으로 계열 옵션의 '계열 겹치기'가 적용되었다.
② 세로(값) 축의 [축 서식]에는 주 눈금과 보조 눈금이 '안쪽'으로 표시되도록 설정되었다.
③ 데이터 계열로 '남'과 '여'가 사용되고 있다.
④ 표 전체 영역을 데이터 원본으로 사용하여 차트를 작성하였다.

37 다음 중 매크로의 바로 가기 키에 대한 설명으로 옳지 않은 것은?

① 매크로 생성 시 설정한 바로 가기 키는 [매크로] 대화상자의 [옵션]에서 변경할 수 있다.

② 기본적으로 바로 가기 키는 <Ctrl>키와 조합하여 사용하지만 대문자로 지정하면 <Shift>키가 자동으로 덧붙는다.

③ 바로 가기 키의 조합 문자는 영문자만 가능하고, 바로 가기 키를 설정하지 않아도 매크로를 생성할 수 있다.

④ 엑셀에서 기본적으로 지정되어 있는 바로 가기 키는 매크로의 바로 가기 키로 지정할 수 없다.

38 다음 중 VBA의 모듈에 대한 설명으로 적절하지 않은 것은?

① 모듈은 여러 개의 프로시저로 구성할 수 있다.

② 전역변수 선언을 위해서는 PUBLIC으로 변수명 앞에 지정해 주어야 한다.

③ SUB는 결과값을 SUB를 호출한 곳으로 반환한다.

④ 선언문에서 변수에 데이터 형식을 생략하면 변수는 VARIANT 형식을 가진다.

39 다음의 If구문에서 괄호( ) 안에 들어갈 내용으로 옳은 것은?

```
If A>=B Then
   MsgBox "True"
Else
   MsgBox "False"
(        )
```

① Else　　② Else If　　③ End If　　④ MsgBox

40 다음 중 아래의 프로시저를 실행한 결과에 대한 설명으로 옳은 것은?

```
Sub Procedure( )
   Range("C1:E3").Select
   Selection.ClearFormats
End Sub
```

① [C1:E3] 영역의 내용이 지워진다.

② [C1:E3] 영역의 서식이 지워진다.

③ [C1:E3] 영역의 메모가 지워진다.

④ [C1:E3] 영역의 내용과 서식이 모두 지워진다.

3과목　데이터베이스 일반

41 다음 중 관계 데이터 모델에 대한 설명으로 옳지 않은 것은?

① 애트리뷰트가 취할 수 있는 같은 타입의 모든 원자 값들의 집합을 도메인이라 한다.

② 관계형 데이터베이스에서 릴레이션은 데이터들을 표(Table) 형태로 표현한 것이다.

③ 속성들로 구성된 튜플들 사이에는 순서가 없다.

④ 애트리뷰트는 널(Null) 값을 가질 수 없다.

42 다음 중 데이터 중복성에 대한 설명으로 옳지 않은 것은?

① 중복으로 인한 데이터 불일치 시 일관성을 잃게 된다.

② 중복된 값에 대해 같은 수준의 데이터 보안이 유지되어야 한다.

③ 중복이 많아질수록 갱신 비용이 높아질 수 있다.

④ 제어가 분산되어 데이터 무결성을 유지하기 쉬워진다.

43 다음 중 사용자가 응용 프로그램을 통해 데이터베이스에 저장된 데이터를 검색, 삽입, 삭제, 변경 등의 실질적 처리를 위해 사용되는 언어는?

① 데이터 제어어(DCL)　② 데이터 부속어(DSL)

③ 데이터 정의어(DDL)　④ 데이터 조작어(DML)

44 다음 중 데이터의 형식에 관한 설명으로 옳지 않은 것은?

① 숫자 형식을 선택하면 기본적으로 실수가 지정된다.

② Yes/No 형식은 'Yes' 값에는 '-1'이 사용되고, 'No' 값에는 '0'이 사용된다.

③ 일련 번호 형식의 필드는 사용자가 임의로 입력하거나 수정할 수 있다.

④ 짧은 텍스트 형식은 문자를 최대 255자까지 지정할 수 있다.

45 다음 중 기본키(Primary Key)에 대한 설명으로 옳지 않은 것은?

① 기본키는 테이블의 [디자인 보기] 상태에서 설정할 수 있다.
② OLE 개체, 첨부 파일 형식의 필드에는 기본키를 설정할 수 없다.
③ 여러 개의 필드를 조합하여 기본키를 지정할 수 없다.
④ 기본키로 설정된 필드에는 널(Null) 값이 허용되지 않는다.

46 액세스에서 외부 파일에 대해 할 수 있는 작업으로 가장 거리가 먼 것은?

① 가져오기를 이용하여 외부 파일의 내용을 불러들여 새로운 테이블을 만들 수 있다.
② 내보내기로 테이블의 내용을 외부 파일로 만들어 저장할 수 있다.
③ 테이블 연결을 이용하여 외부 파일의 내용을 불러들여 액세스에서 수정하면 원본 파일도 수정된다.
④ 가져오기를 이용하여 외부 파일의 내용을 불러들여 액세스에서 수정하면 원본 파일도 수정된다.

47 아래의 기본 테이블을 이용한 질의의 결과 레코드가 3개인 것은 무엇인가?

판매현황			
이름 ·	부서 ·	성별 ·	판매액 ·
이진식	개발부	남	₩1,000,000
차혜진	영업부	여	₩1,500,000
이소름	총무부	남	₩500,000
박찬홍	개발부	남	₩600,000
조만식	총무부	남	₩900,000
김대만	개발부	남	₩800,000
*			₩0

① Select 부서, Sum(판매액) AS 판매합계 From 판매현황 Group By 부서;
② Select 성별, Avg(판매액) AS 판매평균 From 판매현황 Group By 성별;
③ Select 부서, Count(부서) AS 사원수 From 판매현황 Group By 부서 Having COUNT(부서)>2;
④ Select 부서, Count(판매액) AS 사원수 From 판매현황 WHERE 판매액>=1000000 Group By 부서;

48 다음 질의문에 대한 설명으로 알맞은 것은?

DELETE * FROM 회원 WHERE 회원번호=300;

① 회원 테이블에서 회원번호가 300인 회원의 레코드를 검색한다.
② 회원 테이블에서 회원번호가 300인 필드의 값을 검색한다.
③ 회원 테이블에서 회원번호가 300인 회원의 레코드를 삭제한다.
④ 회원 테이블에서 회원번호가 300인 필드의 값을 삭제한다.

49 다음은 폼에 관한 설명이다. 괄호( ) 안에 들어갈 내용으로 알맞은 것은?

( )은 일반적으로 바운드 컨트롤이 표시되는 영역으로 단일 폼에서는 한 화면에 하나의 레코드가 표시되지만, 연속 폼과 데이터시트 폼에서는 한 화면에 여러 개의 레코드가 표시된다.

① 본문 영역
② 폼 머리글 영역
③ 폼 바닥글 영역
④ 페이지 머리글 영역

50 다음 중 폼의 컨트롤에 대한 설명으로 가장 적절하지 않은 것은?

① 여러 컨트롤을 선택하여 한꺼번에 동일한 속성을 지정할 수 있다.
② 여러 컨트롤을 그룹화하여 사용할 수 있다.
③ <Alt>를 이용하여 여러 개의 컨트롤을 선택할 수 있다.
④ 여러 컨트롤을 선택하여 한꺼번에 위치를 이동할 수 있다.

51 다음 중 다른 폼에 삽입된 하위 폼에 대한 설명으로 적절하지 않은 것은?

① 기본이 되는 폼을 기본 폼, 기본 폼 안에 들어 있는 폼을 하위 폼이라고 한다.
② 하위 폼을 사용하면 일대다 관계에 있는 테이블을 효과적으로 표시할 수 있다.
③ 하위 폼에는 기본 폼의 현재 레코드와 관련된 레코드만 표시된다.
④ 하위 폼은 일대다 관계의 일 쪽에 있는 데이터를 표시한다.

52 다음 중 보고서 마법사를 통하여 보고서를 작성할 때 설정할 수 없는 사항은 무엇인가?

① 형식 속성 지정
② 그룹 수준 지정
③ 용지 방향 지정
④ 스타일 유형 지정

53 보고서의 머리글 영역에 다음과 같이 현재의 날짜와 시간이 출력되게 하고 싶다. 이 경우 사용해야 할 함수로 적절한 것은?

> 23-01-12 오전 10:22:43

① TODAY( )
② DATE( )
③ TIME( )
④ NOW( )

54 '페이지 설정' 대화상자에 대한 설명으로 옳지 않은 것은?

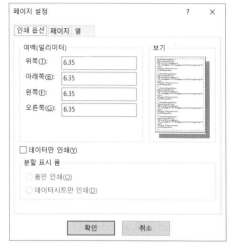

① '테두리만 인쇄' 옵션을 선택하면 레이블과 컨트롤의 테두리, 눈금선이나 선, 사각형과 같은 그래픽 요소들은 인쇄되지 않는다.
② 데이터시트를 인쇄할 경우에는 '데이터만 인쇄' 옵션이 표시되지 않고 '머리글 인쇄' 옵션이 표시된다.
③ 보고서에서의 페이지 설정은 저장이 되지 않으므로 인쇄할 때마다 설정을 해주어야 한다.
④ '페이지 설정' 대화상자를 표시하려면 인쇄 미리 보기 상태에서 [인쇄 미리 보기] → [페이지 레이아웃] → [페이지 설정]을 클릭한다.

55 다음 중 액세스에서 매크로에 대한 설명으로 옳지 않은 것은?

① 매크로 이름 다음에 점을 입력한 후 하위 매크로 이름을 입력하여 이벤트나 이벤트 프로시저에서 매크로를 실행할 수 있다.
② 하나의 매크로에 여러 개의 매크로 함수를 지정할 수 있다.
③ 하위 매크로가 포함된 매크로를 실행시키면 매크로 안의 하위 매크로 중 가장 나중에 지정한 하위 매크로만 실행된다.
④ 특정 조건이 참일 때만 매크로 함수를 실행하도록 할 수 있다.

56 다음 중 매개 변수 쿼리를 작성하기 위한 설명으로 옳지 않은 것은?

① 매개 변수 쿼리는 쿼리 실행 시 조건을 입력받아 조건에 맞는 레코드만 반환하는 쿼리이다.
② 매개 변수를 적용할 필드의 조건 행에서 매개 변수 대화상자에 표시할 텍스트를 중괄호({})로 묶어 입력한다.
③ Like 키워드와 와일드카드 문자를 사용하여 필드 값의 일부로 검색할 수 있는 조건을 만들 수 있다.
④ 매개 변수 대화상자에 표시할 텍스트에 마침표(.), 느낌표(!), 대괄호([])와 같은 특수 문자는 포함시키면 안 된다.

57 다음의 모듈에 대한 설명으로 가장 옳지 않은 것은?

```
Private Sub Form_Load( )
    Msgbox Me.Name & "폼을 엽니다."
End Sub
```

① 서브루틴의 이름은 Form_Load이다.
② 폼을 디자인 보기로 열 때 자동적으로 실행된다.
③ 폼 이름이 '회원목록'이면 "회원목록 폼을 엽니다."라는 메시지를 표시한다.
④ 폼의 이름을 바꾸거나 폼을 복사해도 동일한 기능을 수행한다.

58 다음 중 아래 '학과코드' 필드에 대한 설명으로 옳지 않은 것은?

필드 이름	데이터 형식
학과코드	숫자

일반 조회	
필드 크기	바이트
형식	
소수 자릿수	자동
입력 마스크	999;0;0
캡션	
기본값	10
유효성 검사 규칙	<=200
유효성 검사 텍스트	
필수	예
인덱스	예(중복 불가능)
텍스트 맞춤	일반

① 동일한 학과코드는 입력될 수 없으며, 학과코드는 반드시 입력되어야 한다.
② 문자나 4자리 이상의 숫자는 입력할 수 없다.
③ 필드 크기가 바이트이므로 필드의 값은 최대 255까지 입력할 수 있다.
④ 레코드가 새로 생성되는 경우, 10이 자동으로 입력된다.

59 다음 중 폼에서 [Tab]을 누를 때 특정 컨트롤에는 포커스가 이동하지 않도록 하기 위해 사용하는 속성과 설정 방법으로 적절한 것은?

① '탭 인덱스' 속성을 '0'으로 설정한다.
② '탭 정지' 속성을 '예'로 설정한다.
③ '탭 인덱스' 속성을 '-1'로 설정한다.
④ '탭 정지' 속성을 '아니오'로 설정한다.

60 다음 중 데이터베이스에 저장된 데이터를 실제 처리하는데 사용되는 데이터 조작어에 해당하는 SQL문은?

① COMMIT
② SELECT
③ DROP
④ CREATE

1과목 컴퓨터 일반

01 다음 중 한글 Windows 10의 특징에 관한 설명으로 옳지 않은 것은?

① 컴퓨터 시스템에 하드웨어를 설치하면 운영체제가 시스템 환경을 자동으로 구성한다.

② OLE로 연결된 이미지를 수정하면 삽입된 문서의 해당 내용에도 반영된다.

③ 최대 255자의 긴 파일 이름을 지정할 수 있다.

④ 32비트로 데이터를 처리하여 빠르고 효율적이다.

02 다음 중 한글 Windows의 바로 가기 키에 대한 설명으로 적절하지 않은 것은?

① <Alt> + <Spacebar> : [시작(⊞)] 메뉴를 표시한다.

② <Alt> + <PrintScreen> : 활성 창을 갈무리(Capture)하여 클립보드에 복사한다.

③ <Alt> + <Tab> : 실행 중인 앱 간에 작업 전환을 한다. <Alt>를 누른 상태에서 <Tab>을 누르면 화면 가운데에 현재 실행 중인 앱의 아이콘이 표시된다.

④ <Alt> + <Esc> : 실행 중인 앱 사이에 작업 전환을 한다. 한 번씩 누를 때마다 열려 있는 앱의 창이 바뀐다.

03 다음 중 한글 Windows의 시작 메뉴에 관한 설명으로 옳지 않은 것은?

① 시작 메뉴를 표시하기 위한 바로 가기 키는 <Alt> + <Esc>이다.

② 시작 메뉴의 높이와 너비를 조절할 수 있다.

③ 한글 Windows에 설치된 앱들이 메뉴 형태로 등록되어 있다.

④ 시작 메뉴는 작업 표시줄의 가장 왼쪽에 있는 단추를 늘렸을 때 표시된다.

04 다음 중 한글 Windows에서 [휴지통]에 대한 설명으로 옳지 않은 것은?

① 삭제된 파일이나 폴더가 임시 보관되는 장소로 [휴지통]에 들어 있는 파일은 필요할 때 복원할 수 있다.

② [휴지통]의 크기는 기본적으로 각 드라이브 용량의 5%~10% 범위로 설정되며 변경할 수 없다.

③ [휴지통]의 용량을 초과하여 사용하면 [휴지통]의 모든 내용은 삭제된다.

④ [휴지통]에 들어 있는 문서 파일은 복원하기 전까지 편집할 수 없다.

05 한글 Windows에서 [마우스 속성] 대화상자에서 설정할 수 없는 것은 무엇인가?

① 마우스 포인터의 속도

② 마우스 포인터 모양

③ 키보드의 숫자 키를 사용하여 마우스 포인터를 이동

④ 왼손잡이를 위한 마우스 단추 변경

06 다음 중 한글 Windows에서 새로운 프린터의 설치에 관한 설명으로 옳지 않은 것은?

① [프린터 및 스캐너] 창에서 [프린터 또는 스캐너 추가]를 클릭하여 설치한다.

② 설치한 프린터를 다른 이름으로 다시 설치할 수 없으며, 프린터마다 개별적으로 이름을 부여하여 설치한다.

③ 한 대의 컴퓨터에 여러 개의 로컬 프린터를 설치할 수 있으며, 한 대의 프린터를 네트워크로 공유하여 여러 대의 컴퓨터에서 사용할 수 있다.

④ 기본 프린터는 1대만 지정할 수 있으며, 네트워크 프린터도 기본 프린터로 설정할 수 있다.

07 한글 Windows에서 하드디스크를 효율적으로 사용하기 위하여 [디스크 정리]를 이용하려고 할 때 제거할 수 있는 대상 파일로 옳지 않은 것은?

① 임시 파일
② 다운로드 한 프로그램 파일
③ 확장명이 DAT나 TXT인 일반 파일
④ 휴지통 파일

08 다음 중 1952년 폰 노이만의 프로그램 내장 방식과 2진 연산 방식을 적용하여 제작한 초창기 전자식 계산기는?

① 에니악(ENIAC)
② 에드삭(EDSAC)
③ 유니박(UNIVAC)
④ 에드박(EDVAC)

09 다음 중 컴퓨터의 연산장치에 관한 설명으로 옳지 않은 것은?

① 연산장치가 수행하는 연산에는 산술, 논리, 관계, 이동(Shift) 연산 등이 있다.
② 연산장치에는 뺄셈을 수행하기 위하여 입력된 값을 보수로 변환하는 보수기(Complementor)와 2진수 덧셈을 수행하는 가산기(Adder)가 있다.
③ 누산기(Accumulator)는 연산된 결과를 일시적으로 저장하는 레지스터이다.
④ 연산장치에는 다음 번 연산에 필요한 명령어의 번지를 기억하는 프로그램 카운터(PC)를 포함한다.

10 다음 중 RAM(Random Access Memory)에 대한 설명으로 옳은 것은?

① 주로 펌웨어(Firmware)를 저장한다.
② 주기적으로 재충전(Refresh)이 필요한 DRAM은 주기억장치로 사용된다.
③ 전원이 꺼져도 기억된 내용이 사라지지 않는 비휘발성 메모리로 읽기만 가능하다.
④ 컴퓨터의 기본적인 입출력 프로그램, 자가진단 프로그램 등이 저장되어 있어 부팅 시 실행된다.

11 다음 중 컴퓨터에서 사용하는 마이크로프로세서(Microprocessor)에 관한 설명으로 옳지 않은 것은?

① 마이크로프로세서의 기본적인 처리 속도는 트랜지스터의 집적도에 의해 결정된다.
② 작은 규모의 시스템이나 개인용 휴대 기기에는 사용되지 않고, 주로 슈퍼컴퓨터에서 사용된다.
③ 설계 방식에 따라 RISC와 CISC로 구분된다.
④ 클럭 주파수와 내부 버스의 폭으로 성능을 평가한다.

12 다음 중 아래에서 설명하는 내용으로 옳은 것은?

> 컴퓨터를 사용하기 위해 근본적으로 필요한 소프트웨어를 의미하며, 여기에 운영체제, 각종 언어의 컴파일러, 어셈블로, 라이브러리 프로그램 등이 있다.

① 응용 소프트웨어
② 임베디드 소프트웨어
③ 시스템 소프트웨어
④ 멀티미디어 소프트웨어

13 다음 중 컴퓨터 언어와 관련하여 객체 지향 언어(Object Oriented Language)에 관한 설명으로 옳지 않은 것은?

① 객체 내부의 데이터 구조에 데이터형 뿐만 아니라 사용되는 함수까지 함께 정의한 것을 클래스(Class)라고 한다.
② 객체는 속성과 메소드의 상속뿐만 아니라 재사용이 가능하다.
③ 객체는 GOTO문을 사용하여 순서, 선택, 반복의 3가지 물리적 구조에 의해서 프로그래밍 된다.
④ 객체가 수행할 수 있는 특정한 작업을 메소드라고 한다.

14 다음 중 컴퓨터 운영체제의 운영방식에 대한 설명으로 옳지 않은 것은?

① 다중 처리(Muti-Processing): 한 개의 CPU로 여러 개의 프로그램을 동시에 처리하는 방식이다.
② 실시간 처리(Real Time Processing): 처리할 데이터가 입력될 때마다 즉시 처리하는 방식으로, 각종 예약 시스템이나 은행 업무 등에서 사용한다.

컴퓨터활용능력 1급 필기

336

③ 일괄 처리(Batch Processing): 컴퓨터에 입력하는 데이터를 일정량 또는 일정시간 동안 모았다가 한꺼번에 처리하는 방식이다.
④ 시분할 시스템(Time Sharing System): 한 대의 시스템을 여러 사용자가 동시에 사용하는 방식으로, 처리 시간을 짧은 시간 단위로 나누어 각 사용자에게 순차적으로 할당하여 실행한다.

15 다음 중 네트워크의 구성(Topology)에서 성형(Star)에 관한 설명으로 옳지 않은 것은?

① Point-to-Point 방식으로 회선을 연결한다.
② 각 단말장치는 중앙 컴퓨터를 통하여 데이터를 교환한다.
③ 하나의 단말장치가 고장 나면 전체 통신망에 영향을 줄 수 있다.
④ 단말장치의 추가와 제거가 쉽다.

16 다음 중 인터넷 주소 체계인 IPv6에 관한 설명으로 옳지 않은 것은?

① 주소의 확장성, 융통성, 연동성이 향상되어 실시간 흐름제어로 향상된 멀티미디어 기능을 제공할 수 있다.
② 실시간 흐름 제어로 향상된 멀티미디어 기능을 지원한다.
③ 64비트의 주소를 사용하여 IP주소의 부족 문제를 해결할 수 있다.
④ 인증성, 기밀성, 데이터 무결성의 지원으로 보안 문제를 해결할 수 있다.

17 다음 중 FTP 서비스에 대한 설명으로 옳지 않은 것은?

① 파일의 업로드나 다운로드를 가능하게 하는 인터넷 서비스이다.
② 그림 파일을 전송할 때는 Binary Mode를 사용한다.
③ 그림 파일을 전송할 때는 BCD Code를 사용한다.
④ Anonymous FTP란 계정이 없는 사용자도 접근하여 사용할 수 있는 FTP 서비스이다.

18 동영상 파일을 다운로드한 후 이를 재생하기 위해 많은 시간을 기다려야 하는 문제점이 있다. 다음 중 이 문제를 해결하기 위해 별도의 다운로드 절차 없이 실시간으로 재생해주는 리얼 네트워크사의 개발 기술은?

① 필터링(Filtering)
② 모핑(Morphing)
③ 스트리밍(Streaming)
④ 랜더링(Rendering)

19 다음 중 멀티미디어와 관련하여 그래픽 파일 형식에 관한 설명으로 옳지 않은 것은?

① BMP 파일 형식은 Windows 표준 비트맵 파일 형식으로 고해상도 이미지를 표현하지만 무손실 압축을 사용하기 때문에 파일의 크기가 작다.
② GIF 파일 형식은 인터넷 표준 그래픽 형식으로 8비트 컬러를 사용하여 256가지의 색을 표현할 수 있다.
③ JPEG 파일 형식은 사진과 같은 정지영상을 표현하기 위한 국제 표준 압축 방식으로 주로 인터넷에서 사용한다.
④ WMF 파일 형식은 점과 점을 연결하는 직선이나 곡선을 이용하여 이미지를 표현하는 벡터 파일 형식이다.

20 다음 중 인터넷상의 보안을 위협하는 행위에 대한 설명으로 옳은 것은?

① 어떤 프로그램이 정상적으로 실행되는 것처럼 속임수를 사용하는 것은 Sniffing이다.
② 네트워크 주변을 지나다니는 패킷을 엿보면서 아이디와 패스워드를 알아내는 것은 Spoofing이다.
③ 크래킹의 도구로 키보드의 입력을 문서 파일로 저장하거나 주기적으로 전송하여 ID나 암호 등의 개인 정보를 빼내는 것은 Key Logger이다.
④ 특정 사이트에 오버플로우를 일으켜서 시스템이 서비스를 거부하도록 만드는 것은 Trap Door이다.

21 다음 중 날짜 및 시간 데이터 입력에 대한 설명으로 옳지 않은 것은?

① 날짜 입력에는 슬래시(/) 또는 하이픈(-)을 이용하여 년, 월, 일을 구분한다.

② 날짜와 시간을 같은 셀에 입력할 때는 날짜 뒤에 한 칸 띄우고 시간을 입력한다.

③ 현재 시간 입력은 <Ctrl>+<Shift>+<;>을, 오늘 날짜 입력은 <Ctrl>+<;>을 사용한다.

④ 시간 입력은 24시간 기준으로만 시간이 입력되어 오전(am)/오후(pm)로 표시할 수 없다.

22 다음 중 셀 서식 관련 바로 가기 키에 대한 설명으로 옳지 않은 것은?

① <Ctrl>+<1> : 셀 서식 대화상자가 표시된다.

② <Ctrl>+<2> : 선택한 셀에 글꼴 스타일 '굵게'가 적용되며, 다시 누르면 적용이 취소된다.

③ <Ctrl>+<3> : 선택한 셀에 '밑줄'이 적용되며, 다시 누르면 적용이 취소된다.

④ <Ctrl>+<5> : 선택한 셀에 '취소선'이 적용되며, 다시 누르면 적용이 취소된다.

23 다음 중 워크시트에 숫자 '2234543'을 입력한 후 사용자 지정 표시 형식을 설정하였을 때, 화면에 표시되는 결과로 옳지 않은 것은?

① 형식 : #,##0.00   결과 : 2,264,543.00

② 형식 : 0.00   결과 : 2234543.00

③ 형식 : #,###,"천 원"   결과 : 2,234천 원

④ 형식 : #%   결과 : 223454300%

24 아래 워크시트와 같이 짝수 행에만 배경색 '노랑'과 글꼴 스타일 '굵게'를 설정하는 조건부 서식을 지정하고자 한다. 다음 중 이를 위해 아래의 [새 서식 규칙] 대화상자에 입력할 수식으로 옳은 것은?

	A	B	C
1	사원번호	성명	직급
2	**101**	**김은혜**	**사원**
3	102	최민수	차장
4	**103**	**박상호**	**부장**
5	104	이연희	과장
6	**105**	**서은주**	**부사장**

새 서식 규칙   ?   ×

규칙 유형 선택(S):
▶ 셀 값을 기준으로 모든 셀의 서식 지정
▶ 다음을 포함하는 셀만 서식 지정
▶ 상위 또는 하위 값만 서식 지정
▶ 평균보다 크거나 작은 값만 서식 지정
▶ 고유 또는 중복 값만 서식 지정
▶ 수식을 사용하여 서식을 지정할 셀 결정

규칙 설명 편집(E):
다음 수식이 참인 값의 서식 사성(O):
[   ]

① =MOD(ROW(),2)=1

② =MOD(ROW(),2)=0

③ =MOD(COLUMN(),2)=1

④ =MOD(COLUMN(),2)=0

25 다음 중 엑셀의 인쇄 기능에 대한 설명으로 올바른 것은?

① 워크시트에서 숨긴 열이나 숨긴 행도 인쇄 시에는 모두 출력된다.

② 인쇄되는 모든 쪽에 제목으로 열 제목 행을 표시하려면 [페이지 레이아웃]→[페이지 설정의 □]를 클릭하여 [인쇄] 탭에서 [반복할 행]을 지정한다.

③ 워크시트에 자료가 많을 경우 자동으로 페이지 구분선이 삽입되어 인쇄된다. 임의의 위치에서 페이지를 나누려면 [페이지 레이아웃]→[페이지 설정]→[나누기]→[페이지 나누기 삽입]을 설정한다.

④ [페이지 설정] 대화상자의 [페이지] 탭에서 인쇄 배율을 지정하거나 자동 맞춤을 지정해도 페이지 구분은 사용자가 지정한 페이지 구분대로 인쇄된다.

26 다음 중 페이지 나누기에 관한 설명으로 옳지 않은 것은?

① [페이지 나누기 미리 보기] 상태에서 페이지 나누기 선을 마우스로 드래그하여 이동할 수 없다.

② [파일]→[옵션]→[고급] 탭의 '이 워크시트의 표시 옵션' 항목에서 '페이지 나누기 표시' 옵션을 체크하면 [기본] 보기에서도 각 페이지를 구분할 수 있도록 페이지 나누기 선을 표시해 준다.

③ 사용자가 강제로 페이지를 구분할 셀을 선택하고 바로 가기 메뉴의 [페이지 나누기 삽입]을 선택하면 된다.

④ [페이지 나누기 미리 보기] 상태에서도 데이터의 입력이나 편집을 할 수 있다.

27 다음 중 수식에서 어떤 값을 0으로 나누었을 때 표시되는 오류 메시지로 옳은 것은?

① NAME?
② #NUM!
③ #DIV/0!
④ #VALUE!

28 아래 그림에서 [A1:D5] 영역의 데이터를 대상으로, [A8:A16] 영역의 구간을 기준으로 [B8:B16] 영역의 구간별 빈도수를 구하는 수식으로 올바른 것은?

	A	B	C	D
1	65	70	73	76
2	93	85	82	74
3	90	77	74	81
4	57	78	79	89
5	88	84	81	67
6				
7	구간	빈도		
8	55	0		
9	60	1		
10	65	1		
11	70	2		
12	75	3		
13	80	4		
14	85	5		
15	90	3		
16	95	1		

① {=FREQUENCY(A1:D5,A8:A16)}
② {=FREQUENCY(A8:A16,A1:D5)}
③ =FREQUENCY(A1:D5,A8:A16)
④ =FREQUENCY(A8:A16,A1:D5)

29 급여일이 홀수 달이면 기본급의 50%를 지급하고, 짝수 달이면 기본급의 100%를 보너스로 지급하고자 한다. [C2] 셀에 입력해야 할 올바른 함수식은? (단, [C3:C6]까지 채우기 핸들을 사용할 예정이다.)

	A	B	C
1	급여일	기본급	보너스
2	01월 31일	850,000	
3	02월 27일	850,000	
4	03월 31일	850,000	
5	04월 30일	850,000	
6	05월 31일	850,000	
7			
8	보너스 지급율		
9	홀수달	짝수달	
10	50%	100%	

① =IF(MOD(MONTH(A2),2)=1,B2*$A$10,B2*$B$10)
② =IF(MOD(A2)=1,B2*$A$10,B2*$B$10)
③ =IF(MONTH(A2)=1,B2*$A10,B2*$B10)
④ =IF(MOD(A2)=1,B2*$A10,B2*$B10)

30 워크시트에서 [A1:D2] 영역을 블록 설정하고, '={1,2,3,4;5,6,7,8}'을 입력한 후 <Ctrl> + <Shift> + <Enter>를 눌렀다. 다음 중 [B2] 셀에 입력되는 값은?

① 0
② 4
③ 6
④ 없다.

31 다음 중 자동 필터와 고급 필터에 대한 설명으로 옳은 것은?

① 자동 필터는 추출 대상을 전체 필드를 대상으로 하지만, 고급 필터는 특정 필드만으로 대상을 제한할 수 있다.

② 자동 필터는 다른 필드와 AND와 OR 조건으로 결합할 수 있으나, 고급 필터는 AND만 결합할 수 있다.

③ 정렬과 같이 필터는 목록을 다시 배열하여 표시한다.

④ 자동 필터는 추출한 결과를 다른 셀이나 워크시트에 표시할 수 있으나, 고급 필터는 원본 데이터 위치에만 표시할 수 있다.

32 다음 중 텍스트 나누기에 대한 설명으로 옳지 않은 것은?

① 한 셀에 입력되어 있는 데이터를 여러 셀로 분리시킬 수 있다.

② 워크시트에 입력된 데이터를 범위로 지정한 후 [데이터] → [데이터 도구] → [텍스트 나누기]를 클릭한다.

③ 범위는 반드시 같은 행에 있어야 하지만 범위의 열 수에는 제한이 없다.

④ 원본 데이터 형식으로는 '구분 기호로 분리됨'과 '너비가 일정함'이 있다.

33 다음 중 부분합에 대한 설명으로 옳지 않은 것은?

① 부분합을 작성하려면 첫 행에는 열 이름표가 있어야 하며, 그룹화할 항목을 기준으로 반드시 정렬해야 제대로 된 결과를 얻을 수 있다.

② 그룹화를 위한 데이터의 정렬을 오름차순으로 할 때와 내림차순으로 할 때의 그룹별 부분합의 계산 결과는 서로 다르다.

③ 부분합을 제거하면 부분합과 함께 표에 삽입된 윤곽 및 페이지 나누기도 모두 제거된다.

④ 부분합 대화상자에서 '새로운 값으로 대치'를 해제하지 않고 부분합을 실행하면 이전에 작성한 부분합은 삭제되고 새롭게 작성한 부분합만 표시된다.

34 아래는 연이율 6%의 대출금 5,000,000원을 36개월, 60개월, 24개월로 상환 시 월상환액에 따른 시나리오 요약 보고서를 작성한 것이다. 다음 중 이에 관한 설명으로 옳지 않은 것은?

	A	B
1	원금	5,000,000
2	연이율	6%
3	기간	36
4		
5	월 상환액	₩152,110
6	총 상환액	₩5,983,403

시나리오 요약			
	현재 값:	기간 연장	기간 단축
변경 셀:			
기간	36	60	24
결과 셀:			
월상환액	₩152,110	₩96,664	₩221,603

참고: 현재 값 열은 시나리오 요약 보고서가 작성될 때의 변경 셀 값을 나타냅니다. 각 시나리오의 변경 셀들은 회색으로 표시됩니다.

① 시나리오 추가 시 사용된 [변경 셀]은 [B3] 셀이다.

② [B3] 셀은 '기간'으로 [B5] 셀은 '월상환액'으로 이름이 정의되어 있다.

③ 일반적으로 시나리오를 만들 때 [변경 셀]에는 사용자가 값을 입력할 수는 있으나 여러 개의 셀을 참조할 수는 없다.

④ [B5] 셀은 시나리오 요약 시 [결과 셀]로 사용되었으며, 수식이 포함되어 있다.

35 다음의 데이터 [통합] 대화상자에 대한 설명으로 옳지 않은 것은?

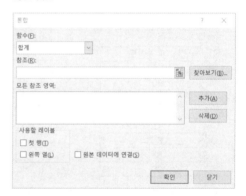

① 함수 : 합계, 평균, 곱, 개수, 숫자 개수, 최대값, 최소값, 분산, 표본분산, 표준편차, 표본표준편차 중에서 선택할 수 있다.

② 사용할 레이블 : 원본 영역에서와 다르게 레이블을 배열하여 통합할 때에만 '첫 행'이나 '왼쪽 열' 상자를 선택한다.

③ 모든 참조 영역 : 참조에서 범위를 지정하고 <추가> 버튼을 누르면 여기에 원본 목록이 표시된다.

④ 원본 데이터에 연결 : 통합 영역의 데이터 변경 시 원본 영역의 데이터도 자동으로 변경된다.

36 다음 중 차트 기능에 대한 설명으로 올바른 것은?

① 차트로 작성할 데이터를 범위로 지정한 상태에서 [삽입] → [차트] 그룹에서 차트 종류를 선택하면 워크시트의 가운데에 차트가 삽입된다.

② 혼합형 차트의 구현은 2차원, 3차원 차트 다 가능하다.

③ 분산형 차트, 표면형 차트, 주식형 차트는 3차원 차트로 작성할 수 없다.

④ '범례 서식' 창의 '범례 옵션'에서 범례 위치로 지정할 수 있는 항목으로는 위쪽, 아래쪽, 왼쪽, 오른쪽 이렇게 4가지 항목이 있다.

37 다음 중 차트 편집에 관한 설명으로 옳지 않은 것은?

① 차트 제목이나 축 문자열의 각도를 바꿀 수 있다.

② 작성된 차트의 데이터 계열 위치를 행에서 열로 바꾸려면 [차트 도구] → [디자인] → [차트 레이아웃] → [데이터 선택]에서 가능하다.

③ 차트에 표시된 범례를 [차트 도구] → [디자인] → [차트 레이아웃] → [차트 요소 추가] → [범례]에서 표시되지 않도록 할 수 있다.

④ [3차원 회전]은 3차원 형태의 차트에서만 실행 가능하다.

38 다음 중 매크로의 실행 방법에 대한 설명으로 옳지 않은 것은?

① 매크로 작성 시 바로 가기 키를 지정해 두었다면 바로 가기 키를 눌러 매크로를 실행할 수 있다.

② 양식 컨트롤의 단추를 이용하여 실행 단추를 만든 후 해당 단추를 누르면 미리 설정한 매크로를 실행하도록 만들 수 있다.

③ <Ctrl> + <F8>의 조합을 통해 매크로 이름을 선택한 후 실행 단추로 실행할 수 있다.

④ [개발 도구] → [코드] → [매크로]를 실행하여 매크로 이름을 선택한 후 <실행> 단추로 실행할 수 있다.

39 다음 중 프로시저에 대한 설명으로 옳지 않은 것은?

① 프로시저는 연산을 수행하거나 값을 계산하는 일련의 명령문과 메서드로 구성된다.

② 명령문은 대체로 프로시저나 선언 구역에서 한 줄로 표현되면 명령문의 끝에는 세미콜론(;)을 찍어 구분한다.

③ 이벤트 프로시저는 특정 객체에 해당 이벤트가 발생하면 자동적으로 실행되나 다른 프로시저에서도 이를 호출하여 실행할 수 있다.

④ Function 프로시저는 Function문으로 함수를 선언하고 End Function문으로 함수를 끝낸다.

40 다음 중 매크로에 대한 설명으로 옳지 않은 것은?

①	ActiveCell.Interior.ColorIndex=3
	→ 활성 셀의 채우기를 빨강으로 지정한다.

②	Worksheets.Add
	→ 새로운 워크시트를 삽입한다.

③	Range("A5").Select
	→ A5 셀로 셀 포인터를 이동한다.

④	Range("A1").Formula="3*4"
	→ A1 셀에 3*4를 계산한 값인 12를 입력한다.

3과목 데이터베이스 일반

41 다음 중 데이터베이스 관리 시스템(DBMS)의 장점에 해당하지 않는 것은?

① 데이터의 일관성 유지

② 데이터의 무결성 유지

③ 데이터의 보안 보장

④ 데이터 간의 종속성 유지

42 다음 중 테이블을 데이터시트 형태로 열었을 때의 메뉴 항목에 대한 설명으로 가장 옳지 않은 것은?

① 찾기 : 데이터시트 전체 또는 특정 필드의 데이터에서 원하는 문자열을 찾음

② 내보내기 : 테이블을 다른 액세스 데이터베이스나 다른 파일 형식으로 출력

③ 디자인 보기 : 이 테이블과 다른 테이블과의 관계를 도형의 형태로 표시하고 수정

④ 바꾸기 : 검색한 문자열을 다른 문자열로 바꾸는 것

43 다음 중 테이블에서 각 데이터 형식의 필드 속성에 대한 설명으로 옳지 않은 것은?

① 짧은 텍스트의 필드 크기는 최대 255자까지 지정할 수 있다.
② 날짜/시간은 미리 정의된 형식을 선택하거나 사용자 지정 형식을 입력할 수 있다.
③ 숫자는 필드 크기 속성에서 바이트, 정수, 실수, 통화 중 선택할 수 있다.
④ 입력 마스크는 데이터 저장 시 입력 마스크 기호와 함께 저장할 것인지의 여부를 설정할 수 있다.

44 테이블에 잘못된 데이터가 입력되면 이후 많은 문제가 발생한다. 이런 문제를 해결하기 위한 방안으로 점검을 필요로 하는 필드에 요구 사항이나 조건 또는 입력이 가능한 데이터 등을 미리 지정한 후 데이터 입력 시 이를 점검하도록 하는 기능은 무엇인가?

① 유니코드 압축
② 필수
③ 인덱스(Index)
④ 유효성 검사 규칙

45 다음 중 인덱스에 대한 설명으로 옳지 않은 것은?

① 인덱스 속성은 아니오, 예(중복 불가능), 예(중복 가능) 중 한 개의 값을 갖는다.
② 인덱스는 데이터의 검색, 정렬 등 속도를 향상시키기 위하여 사용하는 방법이다.
③ OLE 개체 데이터 형식의 필드에는 인덱스를 설정할 수 없다.
④ 인덱스는 여러 개의 필드에 설정할 수 없다.

46 테이블에서 데이터 입력과 수정 작업 시 레코드 편집 작업에 관련된 설명이다. 옳지 않은 것은?

① 레코드는 한 번 삭제되면 되살릴 수 없다.
② 레코드와 레코드 경계선을 마우스로 드래그하여 레코드 높이를 변경할 수 있다.
③ 특정한 하나의 레코드 높이만을 변경할 수 있다.
④ 여러 개의 레코드를 동시에 삭제할 수 있다.

47 회원(회원번호, 이름, 나이, 주소) 테이블에서 회원수가 몇 명인가를 알아보기 위한 질의문으로 옳은 것은? (단, 회원번호는 <회원> 테이블의 기본키이다.)

① SELECT COUNT(*) AS 회원수 FROM 회원
② SELECT SUM(회원번호) AS 회원수 FROM 회원
③ INSERT COUNT(회원번호) AS 회원수 FROM 회원
④ INSERT SUM(*) AS 회원수 FROM 회원

48 액세스에서 다음 질의에 대한 설명으로 가장 옳지 않은 것은?

①	DELETE * FROM 매출 : 〈매출〉 테이블을 완전히 삭제한다.
②	UPDATE 사원 SET 급여=급여*1.1 WHERE 사번 IN(2, 3, 4) : 사번이 2, 3, 4인 사원의 급여를 10% 인상한다.
③	INSERT INTO 학생(학번, 이름, 나이) VALUE(1, '홍길동', 20) : 학번, 이름, 나이가 각각 1, "홍길동", 20인 레코드를 〈학생〉 테이블에 추가한다.
④	INSERT INTO 졸업생(학번, 이름, 나이) SELETE 학번, 이름, 나이 FROM 학생 WHERE 상태='졸업' : 〈학생〉 테이블에서 상태 필드의 값이 "졸업"인 학생의 목록을 〈졸업생〉 테이블에 추가한다.

49 다음 중 폼에 대한 설명으로 옳지 않은 것은?

① 입력 및 편집 작업을 위한 인터페이스이다.
② 폼을 작성하기 위한 원본으로는 테이블만 가능하다.
③ 폼을 이용하면 여러 개의 테이블에 데이터를 한 번에 입력할 수 있다.
④ 바운드(Bound) 폼과 언바운드(Unbound) 폼이 있다.

50 폼에서 적은 공간을 차지하면서 데이터 입력이나 검색에 유용하게 사용할 수 있으며 목록의 값과 일치하는 문자열만 입력하도록 제어할 수 있는 것은?

① 도구 상자
② 콤보 상자
③ 텍스트 상자
④ 개체 상자

51 다음 중 기본 폼과 하위 폼을 연결하기 위한 기본 조건에 대한 설명으로 옳지 않은 것은?

① 기본 필드와 하위 필드의 데이터 형식과 필드의 크기는 같거나 호환되어야 한다.
② 중첩된 하위 폼은 최대 2개 수준까지 만들 수 있다.
③ 테이블 간에 관계가 설정되어 있지 않은 경우에도 하위 폼으로 연결할 수 있다.
④ 하위 폼의 '기본 필드 연결' 속성은 기본 폼을 하위 폼에 연결해 주는 기본 폼의 필드를 지정하는 속성이다.

52 다음 중 보고서의 그룹 바닥글 구역에 '=COUNT(*)'를 입력했을 때 출력되는 결과로 옳은 것은?

① Null 필드를 포함한 그룹별 레코드 개수
② Null 필드를 포함한 전체 레코드 개수
③ Null 필드를 제외한 그룹별 레코드 개수
④ Null 필드를 제외한 전체 레코드 개수

53 다음 보고서에서의 '거래처(거래처코드)'와 같이 컨트롤의 데이터가 이전 레코드와 동일한 경우에는 해당 내용이 표시(혹은 인쇄)되지 않도록 설정하는 방법으로 가장 적절한 것은?

지역별주문내역

주문지역 : 강남

순번	거래처(거래처코드)	제품명	주문자	수량	매출
1	극동무역(C005)	아쌈 티백	장성원	30	261,900
2		아쌈 티백	강석주	30	261,900
3		아쌈 티백	이윤형	30	261,900

지역별 총 주문건수 : ● 총 : 3건 ●

① 해당 컨트롤의 '확장 가능' 속성을 '예'로 설정한다.
② 해당 컨트롤의 '중복 내용 숨기기' 속성을 '예'로 설정한다.

③ 해당 컨트롤의 '표시' 속성을 '아니오'로 설정한다.
④ 해당 컨트롤의 '누적 합계' 속성을 '모두'로 설정한다.

54 다음 중 보고서 마법사를 이용하여 아래와 같은 모양의 보고서를 작성하기 위해 선택해야 할 모양으로 옳은 것은?

① 열 형식
② 테이블 형식
③ 맞춤
④ 외곽선

55 다음 중 <학생> 테이블에서 '점수'가 60 이상인 학생들의 인원수를 구하는 식으로 옳은 것은? (단, '학번' 필드는 <학생> 테이블의 기본키이다.)

① =DCount("[학생]","[학번]","[점수]>=60")
② =DCount("[학번]","[학생]","[점수]>=60")
③ =DLookup("[학생]","[학번]","[점수]>=60")
④ =DLookup("*","[학생]","[점수]>=60")

56 다음 중 데이터를 내보내거나 가져오는 작업과 관련이 없는 매크로 함수는 무엇인가?

① ExportWithFormatting
② EMailDatabaseObject
③ RunApplication
④ ImportExportData

57 다음 중 쿼리에 대한 설명으로 옳지 않은 것은?

① 쿼리는 테이블의 데이터를 이용하여 사용자가 원하는 형식으로 가공하여 보여줄 수 있다.

② 테이블이나 다른 쿼리를 이용하여 새로운 쿼리를 생성할 수 있다.

③ 쿼리는 단순한 조회 이외에도 데이터의 추가, 삭제, 수정 등을 수행할 수 있다.

④ 쿼리를 이용하여 추출한 결과는 폼과 보고서에서만 사용할 수 있다.

58 다음 중 VBA 코드로 작성한 모듈에서 txt날짜_DblClick()인 프로시저가 실행되는 시점으로 옳은 것은?

① 다른 프로시저에서 이 프로시저를 호출해야 실행된다.

② 해당 폼을 열면 폼에 속해 있는 모든 프로시저가 실행된다.

③ txt날짜 컨트롤이 더블 클릭될 때 실행된다.

④ 해당 폼의 txt날짜 컨트롤에 값이 입력되면 실행된다.

59 다음 중 보고서에서 '텍스트 상자' 컨트롤의 속성 설정에 대한 설명으로 옳지 않은 것은?

① '상태 표시줄 텍스트' 속성은 컨트롤을 선택했을 때 상태 표시줄에 표시할 메시지를 설정한다.

② '컨트롤 원본' 속성에서 함수나 수식 사용 시 문자는 작은 따옴표("), 필드명이나 컨트롤 이름은 큰 따옴표("")를 사용하여 구분한다.

③ '사용 가능' 속성은 컨트롤에 포커스를 이동시킬 수 있는지의 여부를 설정한다.

④ '중복 내용 숨기기' 속성은 데이터가 이전 레코드와 같을 때 컨트롤의 숨김 여부를 설정한다.

60 다음 중 아래의 설명에 해당하는 쿼리로 적절한 것은?

- 레코드의 합계나 평균 등의 요약을 계산한 다음, 데이터시트의 왼쪽 세로 방향과 위쪽 가로 방향 두 종류로 결과를 그룹화하는 쿼리로 데이터를 쉽게 분석할 수 있게 해준다.
- 스프레드시트 프로그램의 피벗테이블과 유사하다.

① 선택 쿼리   ② 매개변수 쿼리
③ 크로스탭 쿼리   ④ 불일치 검색 쿼리

1과목 컴퓨터 일반

01 한글 Windows에서 여러 개의 창을 이용하여 작업할 때 창의 전환에 사용하는 바로 가기 키로 적절한 것은?

① \<Alt\> + \<F4\>
② \<Alt\> + \<Tab\>
③ \<Ctrl\> + \<Esc\>
④ \<Ctrl\> + \<Shift\> + \<Esc\>

02 다음 중 한글 Windows의 바탕화면에 대한 설명으로 잘못된 것은?

① 배경화면으로 사용 가능한 파일 형식은 '*.PNG', '*.JPG', '*.HWP' 등이다.
② 배경화면을 표시하는 형식을 사용자의 취향에 맞게 변경할 수 있다.
③ 여러 장의 이미지 파일을 이용하여 슬라이드 형식의 바탕화면을 설정할 수 있다.
④ 한글 Windows에서는 미리 만들어 놓은 바탕화면 테마를 제공한다.

03 다음 중 한글 Windows에서 네트워크를 통한 공유에 관한 설명으로 옳지 않은 것은?

① 네트워크를 통해서 폴더도 공유할 수 있다.
② 다른 사용자가 공유 여부를 모르게 하려면 폴더나 드라이브의 공유 이름 뒤에 '₩'을 붙인다.
③ 파일 탐색기에서 공유시키려는 폴더를 선택한 후에 마우스의 오른쪽 버튼을 눌러서 나오는 팝업 메뉴에서 [속성] 항목을 선택하여 공유를 설정할 수 있다.
④ 네트워크를 통해서 프린터도 공유할 수 있다.

04 다음 중 한글 Windows의 공유에 대한 설명으로 옳지 않은 것은?

① 프린터, 앱, 문서, 비디오 등의 데이터를 모두 공유할 수 있다.
② 공용 폴더 공유 시 폴더 내의 일부 파일에 대해 사용자별로 접근 권한을 다르게 설정할 수 있다.
③ 공유 대상 메뉴를 사용하면 개별 파일과 폴더를 선택하고 다른 사용자와 공유할 수 있다.
④ 공유 이름 뒤에 '$'를 붙이면 네트워크의 다른 사용자가 공유 여부를 알 수 없다.

05 다음 중 [메모장]에 대한 설명으로 맞지 않는 것은?

① 메모장은 크기가 1MB 크기 이상인 텍스트 파일만 저장할 수 있다.
② 용지 크기와 용지 출력 방향, 여백, 머리글, 바닥글을 변경할 수 있다.
③ ASCII 형식의 문자열을 작성하여 저장할 수 있고, 기본 저장 파일의 확장자는 '*.txt'이다.
④ OLE 개체 삽입, 그림이나 차트 등의 고급 기능은 사용할 수 없다.

06 다음 중 한글 Windows의 글꼴에 대한 설명으로 잘못된 것은? (단, Windows는 C:₩Windows에 설치되어 있는 것으로 가정한다.)

① 글꼴 추가 시 새로운 글꼴 파일들을 'C:₩Windows₩Fonts' 폴더에 복사하기만 하면 된다.
② 글꼴 파일은 PNG 또는 TXT 확장자를 갖는다.
③ 설치된 글꼴을 삭제할 때에는 'C:₩Windows₩Fonts' 폴더에서 삭제할 글꼴을 선택한 다음 삭제하면 된다.
④ 글꼴을 추가하려면 설치할 글꼴의 바로 가기 메뉴에서 '설치'를 선택한다.

07 다음 중 한글 Windows의 인쇄 작업에 대한 설명으로 옳지 않은 것은?

① 프린터에서 인쇄 작업이 시작된 경우라도 잠시 중지 시켰다가 다시 이어서 인쇄할 수 있다.
② 인쇄 대기열에는 인쇄 대기 중인 문서가 표시되며, 목록의 각 항목에는 인쇄 상태 및 페이지 수와 같은 정보가 제공된다.
③ 인쇄 대기열에서 프린터의 작동을 일시 중지하거나 계속할 수 있으며, 인쇄 대기 중인 모든 문서의 인쇄를 취소할 수 있다.
④ 인쇄 대기 중인 문서에 대해서 용지 방향, 용지 공급 및 인쇄 매수 등을 인쇄 창에서 변경할 수 있다.

08 다음 중 한글 Windows에서 '드라이브 조각 모음 및 최적화'에 관한 설명으로 옳지 않은 것은?

① 결과적으로 시스템은 파일과 폴더를 더 효율적으로 액세스할 수 있다.
② '드라이브 조각 모음 및 최적화'를 수행하면 드라이브의 여유 공간이 늘어난다.
③ '드라이브 조각 모음 및 최적화'의 작업을 수행하려면 관리자 계정이 필요하다.
④ 하드디스크의 조각난 파일과 폴더를 인접한 공간을 차지하도록 통합한다.

09 다음 중 한글 Windows 운영체제의 모든 구성 데이터의 중앙 저장소라고 할 수 있는 레지스트리(Registry)에 관한 설명으로 가장 옳지 않은 것은?

① 레지스트리 편집기를 사용하여 레지스트리를 잘못 변경하면 시스템을 손상시킬 수 있으므로 중요한 정보를 모두 백업한 후 레지스트리를 변경하는 것이 좋다.
② 레지스트리에는 각 사용자의 프로필과 시스템 하드웨어, 설치된 앱 및 속성 설정에 대한 정보가 들어 있다.
③ 레지스트리 편집기 실행은 파일 탐색기의 '검색 상자'에 'Regedit'를 입력하고 <Enter>를 누른다.
④ 레지스트리 편집기를 사용하면 컴퓨터 실행 방법에 대한 정보가 들어 있는 시스템 레지스트리의 설정을 검색하고 변경할 수 있다.

10 한글 Windows에서 "하드디스크 여유 공간이 부족합니다"는 메시지가 표시되는 경우의 해결 방법으로 가장 적절치 않은 것은?

① [휴지통 비우기]를 수행하여 여유 공간을 확보한다.
② [디스크 정리]를 통해 임시 파일들을 지운다.
③ 시스템에서 사용하지 않는 응용 앱을 하드디스크에서 삭제하여 여유 공간을 확보한다.
④ 시스템을 완전히 종료하고 다시 부팅한다.

11 다음 중 정보 단위의 개념이 작은 단위에서 큰 단위로 바르게 나열된 것은?

① File - Record - Field - Word
② Record - Field - Word - File
③ Word - Field - Record - File
④ Character - Record - Field - File

12 다음 중 운영체제에서 관리하는 가상 메모리는 실제로 어떤 장치에 존재하는가?

① 주기억장치   ② 캐시 기억장치
③ 프로세서 장치   ④ 하드디스크 장치

13 다음 중 컴퓨터에서 사용하는 모니터에 관한 설명으로 옳지 않은 것은?

① 모니터 해상도는 픽셀(Pixel) 수에 따라 결정된다.
② 모니터 크기는 화면의 가로와 세로 길이를 더한 값이다.
③ 재생률(Refresh Rate)이 높을수록 모니터의 깜빡임이 줄어든다.
④ 플리커 프리(Flicker Free)가 적용된 모니터의 경우 눈의 피로를 줄일 수 있다.

14 다음 중 컴퓨터의 메인보드(Main Board)와 관련된 설명으로 옳지 않은 것은?

① 칩셋(Chip Set)은 사우스 브리지와 노스 브리지 칩셋으로 구성되며 메인보드를 관리하기 위한 정보와 각 장치를 지원하기 위한 정보가 들어 있다.

② 메인보드의 버스(Bus)는 컴퓨터에서 데이터를 주고받는 통로로, 사용 용도에 따라 내부 버스, 외부 버스, 확장 버스가 있다.

③ 포트(Port)는 메인보드와 주변장치를 연결하기 위한 접속 장치로 직렬 포트, 병렬 포트, PS/2 포트, USB 포트 등이 있다.

④ 바이오스(BIOS)는 컴퓨터의 기본 입·출력장치나 메모리 등의 하드웨어 작동에 필요한 명령을 모아 놓은 프로그램으로 RAM에 위치한다.

15 다음 중 컴퓨터의 하드디스크와 관련하여 RAID(Redundant Array of Inexpensive Disk) 기술에 관한 설명으로 옳지 않은 것은?

① 여러 개의 하드디스크를 모아서 하나의 하드디스크처럼 사용할 수 있도록 하는 기술이다.

② 하드디스크의 모음뿐만 아니라 자동으로 복제해 백업 정책을 구현해 주는 기술이다.

③ 미러링과 스트라이핑 기술을 결합하여 안정성과 속도를 향상시킨 디스크 연결 기술이다.

④ 하드디스크, CD-ROM, 스캐너 등을 통합적으로 연결해주는 기술이다.

16 다음 중 PC 하드웨어의 업그레이드와 관련된 설명으로 옳지 않은 것은?

① 기존의 메인보드가 새로 교체할 CPU를 지원하지 않을 경우 메인보드도 함께 교체해야 한다.

② 램(RAM)은 접근 속도의 단위인 ns(나노 초)의 수치가 작을수록 성능이 좋다.

③ 하드디스크는 RPM의 수치가 작은 것이 성능이 좋다.

④ 하드웨어 업그레이드 시에는 반드시 전원을 끄고 작업한다.

17 다음 중 컴퓨터에서 사용하는 운영체제에 관한 설명으로 옳지 않은 것은?

① 운영체제는 컴퓨터가 동작하는 동안 하드디스크에 위치하며, 프로세스, 기억장치, 입·출력장치, 파일 등의 자원을 관리한다.

② 운영체제의 목적은 처리 능력의 향상, 응답 시간의 단축, 사용 가능도의 향상, 신뢰도 향상 등이다.

③ 운영체제의 구성 요소인 제어 프로그램에는 감시 프로그램, 작업 관리 프로그램, 데이터 관리 프로그램 등이 있다.

④ 운영체제의 방식에는 일괄 처리, 실시간 처리, 분산 처리 등이 있다.

18 웹 상에서 구조적 데이터를 표현하기 위한 형식을 제공하는 메타태그 언어로 콘텐츠에 대하여 정확히 선언할 수 있도록 해주며, 여러 플랫폼에서 의미 있는 검색 결과가 나오도록 한다. 또한 차세대 웹 기반 데이터 보기 및 조작 응용 프로그램을 사용할 수 있도록 하는 것은?

① HTML   ② VRML
③ SGML   ④ XML

19 인터넷상에 있는 모든 시스템은 인터넷 주소라고 불리는 고유의 IP주소를 할당받는다. IP주소는 4개의 필드로 구성되어 있으며, 이 4개의 필드는 마침표로 구분된 숫자로 표시된다. 이렇게 숫자로 부여된 IP주소를 사용자가 알아보기 쉽도록 단어 형태로 표현한 것을 무엇이라 하는가?

① 게이트웨이(Gateway)
② 유즈넷(Usenet)
③ 도메인 네임(Domain Name)
④ 코덱(CODEC)

20 다음은 외부로부터의 데이터 침입행위에 관한 유형이다. 다음 중 가로채기(Interception)에 관한 설명으로 옳은 것은?

① 자료가 수신측으로 전달되는 것을 방해하는 행위
② 전송한 자료가 수신지로 가는 도중에 몰래 보거나 도청하는 행위
③ 원래의 자료를 다른 내용으로 바꾸는 행위
④ 자료가 다른 송신자로부터 전송된 것처럼 꾸미는 행위

21 다음 중 메모 기능에 대한 설명으로 옳지 않은 것은?

① 새 메모를 작성하려면 <Shift> + <F2>를 누른다.

② 작성된 메모가 표시되는 위치를 자유롭게 지정할 수 있고, 메모가 항상 표시되도록 설정할 수 있다.

③ 삽입된 메모는 시트에 표시된 대로 인쇄하거나 시트 끝에 모아서 인쇄할 수 있다.

④ 메모의 텍스트 서식을 변경할 수는 있지만 텍스트에 맞게 사이즈를 자동으로 조절할 수는 없다.

22 다음 중 [파일] → [옵션] → [고급] 탭에서 설정할 수 없는 것은?

① 셀에 데이터를 입력한 후 <Enter> 키를 누를 때 포인터의 이동 방향을 오른쪽, 왼쪽, 아래쪽, 위쪽 중의 하나로 지정할 수 있다.

② 페이지 나누기 선의 표시 여부를 지정할 수 있다.

③ 눈금선의 표시 여부를 지정할 수 있다.

④ 새 통합 문서를 열었을 때 적용할 표준 글꼴과 글꼴 크기, 새 시트의 기본 보기를 지정할 수 있다.

23 다음 중 통합 문서 공유에 대한 설명으로 옳지 않은 것은?

① 병합된 셀, 조건부 서식, 데이터 유효성 검사, 차트, 그림과 같은 일부 기능은 공유 통합 문서에서 추가하거나 변경할 수 없다.

② 공유된 통합 문서는 여러 사용자가 동시에 변경할 수 없다.

③ 통합 문서를 공유하는 경우 저장 위치는 웹 서버가 아니라 공유 네트워크 폴더를 사용해야 한다.

④ 셀을 잠그고 워크시트를 보호하여 액세스를 제한하지 않으면 네트워크 공유에 액세스할 수 있는 모든 사용자가 공유 통합 문서에 대한 모든 액세스 권한을 갖게 된다.

24 입력된 숫자 데이터를 소수점 이하 둘째 자리까지 표시하며, 양수는 빨강, 음수는 파랑으로 표시하고 싶다. 사용자 지정 표시 형식으로 옳은 것은?

① [파랑][<=0]#.00;[빨강][<=0]#.00;#.00

② [파랑][<0]#.00;[빨강][>0]#.00;#.00

③ (파랑)(<0)#.00;(빨강)(>0)#.00;#.00

④ (빨강)(<0)#.00;(파랑)(>0)#.00;#.00

25 다음 중 [틀 고정]에 대한 기능 설명으로 옳지 않은 것은?

① 데이터의 양이 많은 경우, 특정한 범위의 열 또는 행을 고정시켜 셀 포인터의 이동과 상관없이 화면에 항상 표시할 수 있도록 하는 기능이다.

② 틀 고정 기준은 마우스로 위치를 조정할 수 있다.

③ 화면에 틀이 고정되어 있어도 인쇄에는 적용되지 않는다.

④ 틀 고정을 수행하면 셀 포인터의 왼쪽과 위쪽으로 틀 고정선이 표시된다.

26 다음 중 워크시트에 포함된 도형을 인쇄하고 싶지 않을 때의 작업 과정으로 올바른 것은?

① 인쇄하지 않을 도형을 마우스 오른쪽 버튼을 클릭하여 단축 메뉴에서 [크기 및 속성]을 선택한 후 '크기 및 속성(⊞)'에서 '개체 인쇄'의 체크 표시를 없앤다.

② 인쇄하지 않을 도형을 마우스 오른쪽 버튼을 클릭하여 단축 메뉴에서 [도형 서식]을 선택한 후 '채우기 및 선(◇)'에서 '채우기 없음'을 선택한다.

③ [페이지 레이아웃] → [페이지 설정의 ▣]를 클릭하여 [시트] 탭에서 '도형 숨기기'를 선택한다.

④ [페이지 레이아웃] → [페이지 설정의 ▣]를 클릭하여 [시트] 탭에서 '흑백으로'를 선택한다.

27 다음 그림에서 [A2:B3] 셀을 범위로 설정한 후 이름을 '수량'이라고 지정하였다. 이후 [C1] 셀에 '=SUM(MAX (수량), A1)'을 입력하였을 때 결과값으로 올바른 것은?

	A	B	C
1	4	6	
2	3	7	
3	6	8	

① 8　　② 12　　③ 16　　④ 28

28 아래의 시트에서 주민등록번호로 성별을 나타내고자 할 때 [B2] 셀에 맞는 수식은 무엇인가?

	A	B
1	주민등록번호	성별
2	8607272118802	여자
3	8312211118802	남자

① =IF(LEFT(7,1)="1","남자","여자")

② =IF(MID(A2,7,1)="2","남자","여자")

③ =IF(RIGHT(A2,5)="1","남자","여자")

④ =IF(MID(A2,7,1)="1","남자","여자")

29 다음 그림에서 [B7] 셀에 입력된 수식 "=VLOOKUP(18 0000,B3:C6,2,TRUE)"의 결과값으로 올바른 것은?

× ✓ fx	=VLOOKUP(180000,B3:C6,2,TRUE)			
	A	B	C	D	E
1					
2		대출액	연체료		
3		40000	400		
4		200000	1000		
5		400000	1200		
6		1100000	20000		
7		=VLOOKUP(180000,B3:C6,2,TRUE)			

① 20000　　② 1200

③ 1000　　④ 400

30 아래의 워크시트에서 [D9] 셀에 "직급이 대리이면서 기본급이 10000 이상인 직원들의 평균 나이"를 나타내고자 한다. 다음 중 [D9] 셀에 들어갈 수식으로 옳은 것은?

	A	B	C	D
1	이름	직급	기본급	나이
2	김철수	대리	8000	25
3	나문희	과장	15000	30
4	김민아	부장	20000	46
5	정철희	대리	13000	28
6	박재성	대리	14000	29
7				
8	직급	기본급		평균나이
9	대리	>=10000		

① =DAVERAGE(A1:D6,D1,A8:A9)

② =DAVERAGE(A8:B9,D1,A1:D6)

③ =DAVERAGE(A1:D6,D1,A8:B9)

④ =DAVERAGE(A8:A9,D1,A1:D6)

31 다음 중 배열 상수의 특징에 대한 설명으로 잘못된 것은?

① 배열 상수값은 수식이 아닌 상수이어야 한다.

② 배열 상수로 숫자, 텍스트, TRUE나 FALSE와 같은 논리 값, #N/A와 같은 오류값 등을 사용할 수 있다.

③ 배열 상수에 정수, 실수, 지수형 서식의 숫자를 사용할 수 있다.

④ 같은 배열 상수에 다른 종류의 값을 사용할 수 없다.

32 다음 중 [외부데이터 가져오기] 기능을 이용하여 텍스트 파일을 불러오는 경우에 대한 설명으로 옳은 것은?

① 가져온 데이터는 원본 텍스트 파일이 수정되면 즉시 수정된 내용이 자동으로 반영된다.

② 데이터의 구분 기호로 탭, 세미콜론, 쉼표, 공백 등이 기본으로 제공되며, 사용자가 원하는 구분 기호를 설정할 수도 있다.

③ 텍스트 파일에서 특정 열(column)만 선택하여 가져올 수는 없다.

④ 기본적으로 사용되는 텍스트 파일의 형식은 *.txt, *.prn, *.hwp이다.

33 다음 중 부분합에 대한 설명으로 옳지 않은 것은?

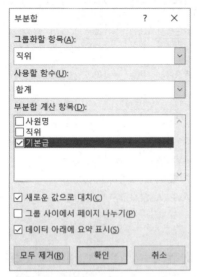

① 부분합을 실행하면 각 부분합에 대한 정보 행을 표시하고 숨길 수 있도록 목록에 윤곽이 자동으로 설정된다.

② 부분합은 한 번에 한 개의 함수만 계산할 수 있으므로 두 개 이상의 함수를 이용하려면 함수의 개수만큼 부분합을 중첩해서 삽입해야 한다.

③ '새로운 값으로 대치'를 선택하면 이전 부분합의 결과는 제거되고 새로운 부분합의 결과로 변경된다.

④ 그룹화할 항목으로 선택된 필드는 자동으로 오름차순 정렬하여 부분합이 계산된다.

34 다음 중 아래와 같은 피벗 테이블을 작성하기 위한 작업으로 옳지 않은 것은?

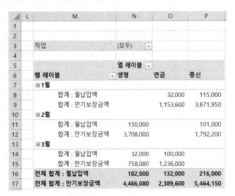

① 피벗 테이블 보고서를 넣을 위치로 기존 워크시트의 [M3] 셀을 선택하였다.

② '직업' 필드를 필터 영역에 설정하였다.

③ 총합계는 열의 총합계만 표시되도록 설정하였다.

④ 행 레이블의 필드에 그룹화를 설정하였다.

35 다음 [목표값 찾기] 대화상자에 대한 설명으로 옳지 않은 것은?

① [찾는 값]에는 구할 목표 값을 입력한다.

② [수식 셀]에는 [값을 바꿀 셀]이 참조하고 있는 수식이 들어 있는 셀을 선택한다.

③ [찾는 값]에는 셀 주소를 입력할 수 없다.

④ [값을 바꿀 셀]에는 하나 이상의 셀을 입력할 수 있다.

36 다음 중 차트 도구의 [데이터 선택]에 대한 설명으로 옳지 않은 것은?

① [차트 데이터 범위]에서 차트에 사용하는 데이터 전체의 범위를 수정할 수 있다.

② [행/열 전환]을 클릭하여 가로(항목) 축의 데이터 계열과 범례 항목(계열)을 바꿀 수 있다.

③ 데이터 계열이 범례에서 표시되는 순서를 바꿀 수 있다.

④ 데이터 범위 내에 숨겨진 행이나 열의 데이터도 차트에 표시된다.

37 다음 중 전체 데이터를 이용하여 대리점별로 1분기, 2분기, 3분기, 4분기의 매출액을 비교하여 하나의 차트로 나타내고자 할 때 적합하지 않은 차트는 어느 것인가?

	A	B	C	D	E
1	대리점	1분기	2분기	3분기	4분기
2	강남	3,000,000	3,500,000	4,000,000	3,600,000
3	강서	2,300,000	3,000,000	3,200,000	3,000,000
4	강동	3,400,000	2,300,000	1,900,000	2,500,000
5	강북	3,500,000	3,600,000	4,500,000	6,000,000

① 분산형   ② 원형

③ 도넛형   ④ 막대형

38 다음 중 매크로에 관한 설명으로 옳지 않은 것은?

① 같은 통합 문서 내에서 시트가 다르면 동일한 매크로 이름으로 기록할 수 있다.
② [매크로 기록] 대화상자에서 바로 가기 키 지정 시 영문 대문자를 사용하면 <Shift> 키가 자동으로 덧붙는다.
③ 엑셀을 실행할 때마다 매크로를 사용할 수 있게 하려면 [매크로 기록] 대화상자에서 매크로 저장 위치를 '개인용 매크로 통합 문서'로 선택한다.
④ 통합 문서를 열 때 어떤 상황에서 어떤 매크로를 실행할지 매크로 보안 설정을 변경하여 제어할 수 있다.

39 다음 프로시저를 실행한 결과에 대한 설명으로 옳은 것은?

```
Sub EnterValue( )
Worksheets("Sales").Cells(6,1).Value="korea"
End Sub
```

① Sales 시트의 [A1] 셀에 korea를 입력한다.
② Sales 시트의 [A1:A6] 셀에 korea를 입력한다.
③ Sales 시트의 [A6] 셀에 korea를 입력한다.
④ Sales 시트의 [F1] 셀에 korea를 입력한다.

40 다음 사용자 정의 폼에서 '결과보기(cmd결과)' 버튼을 클릭하면 1에서 50까지의 합계가 아래의 텍스트 상자(txt합계)에 표시되는 프로시저를 다음과 같이 작성하였을 때, 오류가 발생하는 부분은 어느 부분인가?

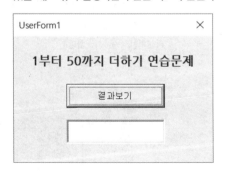

```
Private Sub cmd결과_Click( )
  Dim NUM As Integer
  Dim SUM As Integer
  Do While NUM < 50
    NUM = NUM + 1
    SUM = SUM + NUM
  Loop
  txt합계.Caption = SUM
End Sub
```

① Do While NUM < 50
② SUM = SUM + NUM
③ Loop
④ txt합계.Caption = SUM

데이터베이스 일반

41 다음 중 관계형 데이터베이스의 구성 요소에 대한 설명으로 옳지 않은 것은?

① 튜플은 속성의 모임으로 구성된다.
② 속성은 데이터의 가장 작은 논리적 단위이다.
③ 속성의 수를 차수(Degree)라고 하고, 튜플의 수를 기수(Cardinality)라고 한다.
④ 도메인은 하나의 튜플이 가질 수 있는 모든 값의 범위를 말한다.

42 다음 중 정규화에 대한 설명으로 옳지 않은 것은?

① 정규화를 통해 삽입, 삭제, 갱신 이상의 발생을 방지할 수 있다.
② 정규화를 통해 데이터 삽입 시 테이블 재구성의 필요성을 줄일 수 있다.
③ 정규화는 테이블 속성들 사이의 종속성을 최대한 배제하는 과정으로 볼 수 있다.
④ 정규화를 수행하여 데이터의 중복을 완전히 제거할 수 있다.

43 테이블에서 이미 작성된 필드의 순서를 변경하려고 할 때 옳지 않은 것은?

① 데이터시트 보기에서 이동시킬 필드를 선택한 후 새로운 위치로 드래그 앤 드롭하여 필드를 이동시킬 수 있다.

② 디자인 보기에서 이동시킬 필드를 선택한 후 새로운 위치로 드래그 앤 드롭하여 필드를 이동시킬 수 있다.

③ 디자인 보기에서 한 번에 여러 개의 필드를 선택한 후 이동시킬 수 있다.

④ 데이터시트 보기에서 [잘라내기]와 [붙여넣기]를 이용하여 필드를 이동시킬 수 있다.

44 다음 중 입력 마스크의 속성에 관한 설명으로 옳지 않은 것은?

① 두 번째 부분은 선택 사항으로 서식 문자를 저장하는지를 정의한다. 값이 "1"이나 공백이면 저장하고, "0"이면 저장하지 않는다.

② 첫 번째 부분은 마스크 정의 문자와 마스크 문자열을 정의한다.

③ 입력 마스크는 세미콜론(;)으로 나눈 세 개의 부분으로 구성된다.

④ 세 번째 부분도 선택 사항이며 입력하는 위치를 가리키는 자리 표시를 정의한다.

45 다음은 색인(Index)에 대한 설명이다. 가장 옳지 않은 것은?

① 하나의 필드나 필드 조합에 인덱스를 만들어 레코드 찾기와 정렬을 효과적으로 수행할 수 있게 한다.

② 색인을 많이 설정하면 테이블의 변경 속도가 저하될 수 있다.

③ 인덱스를 삭제하면 필드나 필드 데이터도 함께 삭제된다.

④ 레코드를 변경하거나 추가할 때마다 자동으로 업데이트 된다.

46 '관계 편집' 대화상자에서 다음 그림과 같이 설정한 경우에 대한 설명으로 가장 옳은 것은?

① <판매> 테이블의 '대리점코드'를 변경하면 이에 관련된 <대리점> 테이블의 '대리점코드' 필드 값도 모두 변경된다.

② <대리점> 테이블의 '대리점코드'를 변경하면 이를 참조하는 <판매> 테이블의 '대리점코드' 필드 값도 모두 변경된다.

③ <대리점> 테이블의 특정 레코드를 삭제하면 이를 참조하는 <판매> 테이블의 레코드도 삭제된다.

④ <판매> 테이블에서 참조하고 있는 <대리점> 테이블의 '대리점코드' 필드의 값을 변경할 수 없다.

47 다음 SQL문에서 DISTINCT의 의미는?

> SELECT DISTINCT 학과 FROM 학생

① 중복되는 학과는 한 번만 표시

② 모든 학과를 표시

③ 학과 순서대로 정렬하여 표시

④ 중복적으로 존재하는 학과만 표시

48 아래의 두 테이블을 다음과 같이 조인하여 질의를 수행한 경우의 결과에 대한 설명으로 가장 옳지 않은 것은?

〈거래처〉 테이블

거래처번호	거래처명
1	갑을상사
2	영광상회
3	갑자무역

〈매출〉 테이블

번호	매출거래처	매출일
1	1	5월 1일
2	2	5월 3일
3	1	5월 3일
4	NULL	5월 4일

> SELECT * FROM 거래처 INNER JOIN 매출 ON
> 거래처.거래처번호 = 매출.매출거래처;

① 조회 결과의 필드 수는 5개이다.

② 조회 결과의 레코드 수는 4개이다.

③ 3번 거래처에 대한 정보는 나타나지 않는다.

④ 4번 매출에 대한 정보는 나타나지 않는다.

49 다음 중 사원 테이블(사원번호, 이름, 직급, 급여, 부서명)에서 직급이 관리자인 사원의 급여를 20%씩 인상하는 SQL문으로 옳은 것은?

① UPDATE FROM 사원 SET 급여=급여*1.2 WHERE 직급='관리자'

② UPDATE 사원 SET 급여=급여*1.2 WHERE 직급='관리자'

③ UPDATE 급여 SET 급여=급여*1.2 FROM 사원 WHERE 직급='관리자'

④ UPDATE 급여=급여*1.2 SET 사원 WHERE 직급='관리자'

50 다음 중 폼에 관한 설명으로 틀린 것은?

① 폼은 데이터의 입력, 편집 작업 등을 위한 사용자와의 인터페이스로 테이블, 쿼리, SQL문 등을 원본으로 하여 작성한다.

② '캡션' 속성을 이용하여 폼의 이름을 변경할 수 있다.

③ '그림' 속성을 이용하여 그림을 폼의 배경으로 넣을 수 있다.

④ '기본 보기' 속성에는 단일 폼, 연속 폼, 데이터시트 등이 있다.

51 다음 중 조건부 서식에 관한 설명으로 옳지 않은 것은?

① 하나 이상의 조건에 따라 폼과 보고서의 컨트롤 서식 또는 컨트롤 값의 서식을 변경할 수 있다.

② 필드 값이나 식, 포커스를 가지고 있는 컨트롤을 기준으로 조건부 서식을 설정할 수 있다.

③ 서식으로는 굵게, 글꼴 색, 글꼴 이름, 채우기 색, 테두리 색 등을 지정할 수 있다.

④ 지정한 조건 중 두 개 이상이 참이면 첫 번째 조건의 서식만 적용된다.

52 다음 중 보고서 작업에 대한 설명으로 가장 옳지 않은 것은?

① 폼에서와는 달리 보고서에서는 컨트롤에 데이터를 입력할 수 없다.

② 보고서의 컨트롤에서는 컨트롤 원본을 이용하여 특정 필드에 바운드시킬 수 없다.

③ 특정 컨트롤의 확장 가능 속성을 '예'로 설정하면 인쇄 시에 텍스트의 데이터의 크기에 맞게 세로 길이가 확장되어 표시된다.

④ 보고서 바닥글에 요약 정보를 표시할 수 있다.

53 다음 중 보고서의 원본으로 사용할 수 없는 것은?

① 폼   ② 쿼리

③ 테이블   ④ SQL 구문

54 다음 중 아래 보고서에 대한 설명으로 옳지 않은 것은? (단, 이 보고서는 전체 4페이지이며, 현재 페이지는 1페이지이다.)

지역별주문내역

주문지역 : 강남

순번	거래처	제품명	주문자	수량	매출
1	극동무역	아쌈 티백	장성원	30	261,900
2		아쌈 티백	강석주	30	261,900
3		아쌈 티백	이윤형	30	261,900

지역별 총 주문건수 : ● 총 : 3건 ●

~ 중략 ~

1/4

① '거래처'를 표시하는 컨트롤은 '중복 내용 숨기기' 속성이 '예'로 설정되어 있다.

② '거래처'에 대한 그룹 머리글 영역이 만들어져 있고, '페이지 바꿈' 속성이 '예'로 설정되어 있다.

③ '주문지역'에 대한 그룹 바닥글 영역이 설정되어 있고, 요약 정보를 표시하고 있다.

④ 페이지 바닥글 영역에 페이지 번호를 표시하는 텍스트 상자가 만들어져 있다.

55 다음 중 보고서의 보기 형태에 대한 설명으로 옳지 않은 것은?

① '보고서 보기'는 인쇄 미리 보기와 비슷하지만 페이지의 구분 없이 한 화면에 보고서를 표시한다.
② '인쇄 미리 보기'에서는 페이지 레이아웃의 설정이 용이하며, 보고서가 인쇄되었을 때의 모양을 확인할 수 있다.
③ '디자인 보기'에서는 보고서에 삽입된 컨트롤의 속성, 맞춤, 위치 등을 설정할 수 있다.
④ '레이아웃 보기'는 '보고서 보기'와 '인쇄 미리 보기'를 혼합한 형태로 데이터를 임시로 변경하려는 경우 사용한다.

56 다음 중 아래와 같은 형식의 보고서에 대한 설명으로 옳지 않은 것은?

```
100-785
서울특별시 중구 정동 34-5
121-757
서울특별시 마포구 공덕동 370-4
```

① 우편 발송을 위해 편지봉투에 붙일 주소 레이블을 작성하는 보고서이다.
② 우편 레이블 마법사를 이용하여 작성할 수 있다.
③ 조건에 따라 다르게 표현되도록 필요한 조건식을 입력할 수 있다.
④ 출력할 글꼴 이름, 크기, 두께 등을 지정할 수 있다.

57 다음 중 매크로에 대한 설명으로 옳지 않은 것은?

① 매크로는 작업을 자동화하고 폼, 보고서 및 컨트롤에 기능을 추가하는데 사용되는 도구이다.
② 특정 조건이 참일 때에만 매크로 함수를 실행하도록 설정할 수 있다.
③ 하나의 매크로에는 하나의 매크로 함수만 포함될 수 있다.
④ 매크로를 컨트롤의 이벤트 속성에 포함시킬 수 있다.

58 다음 쿼리에 설정된 조건에 대한 설명으로 옳은 것은?

필드:	한글이름	도시명(거주지)
테이블:	방문자	방문자
정렬:		
표시:	✓	✓
조건:	Like "김*"	"서울시"
또는:		"경기도"

① 한글이름이 '김'으로 시작하는 레코드 중 도시명(거주지)이 '서울시' 또는 '경기도'인 레코드 검색
② 한글이름이 '김'으로 시작하거나 도시명(거주지)이 '서울시'이거나 '경기도'인 레코드 검색
③ 한글이름이 '김'으로 시작하는 레코드 중 도시명(거주지)이 '서울시'이거나, 도시명(거주지)이 '경기도'인 레코드 검색
④ 한글이름이 '김'으로 시작하는 레코드 중 도시명(거주지)이 '경기도'는 제외하고 '서울시'인 레코드 검색

59 다음 중 액세스에서 보고서를 출력(미리보기/인쇄)하기 위한 VBA 개체와 메서드로 옳은 것은?

① Docmd.OpenReport
② Report
③ Docmd.RunReport
④ Report.Open

60 다음 중 보고서에서 [페이지 번호] 대화상자를 이용한 페이지 번호 설정에 대한 설명으로 옳지 않은 것은?

① 첫 페이지에만 페이지 번호가 표시되거나 표시되지 않도록 설정할 수 있다.
② 페이지 번호의 표시 위치를 '페이지 위쪽', '페이지 아래쪽', '페이지 양쪽' 중에서 선택할 수 있다.
③ 페이지 번호의 형식을 'N 페이지'와 'N/M 페이지' 중에서 선택할 수 있다.
④ [페이지 번호] 대화상자를 열 때마다 페이지 번호 표시를 위한 수식이 입력된 텍스트 상자가 자동으로 삽입된다.

06 6회 실전 모의고사

1과목 컴퓨터 일반

01 다음 중 한글 Windows의 단축키에 대한 설명으로 적절하지 않은 것은?

① 파일 탐색기에서 <F4>를 누르면 주소 표시줄 목록을 표시한다.
② 바탕화면에서 아이콘을 선택한 다음 <Alt> + <Enter>를 누르면, 폴더의 내용을 표시하거나 실행 파일이 실행된다.
③ 바탕화면이나 파일 탐색기에서 <F2>를 누르면 선택한 파일이나 폴더 등의 이름을 변경할 수 있다.
④ 파일 탐색기나 폴더 창에서 <Ctrl> + <A>를 누르면 특정 폴더 내의 모든 파일이나 폴더를 선택할 수 있다.

02 다음 중 한글 Windows에서 바로 가기 아이콘을 만드는 방법으로 옳지 않은 것은?

① 개체를 선택한 후 바로 가기 메뉴에서 [바로 가기 만들기]를 선택한다.
② 바탕화면 또는 폴더의 빈 공간에서 바로 가기 메뉴를 호출하여 [새로 만들기] → [바로 가기]를 선택한다.
③ 개체를 마우스 오른쪽 버튼으로 선택한 상태에서 원하는 위치로 끌어다 놓으면 나타나는 바로 가기 메뉴에서 [여기에 바로 가기 만들기]를 선택한다.
④ 개체를 선택한 후 <Shift> + <Alt>를 누른 채 원하는 위치로 끌어다 놓는다.

03 다음 중 한글 Windows에서 [파일 탐색기]에 대한 설명으로 옳지 않은 것은?

① [파일 탐색기] 창에서 조건에 만족하는 파일이나 폴더를 찾을 수 있다.
② [파일 탐색기]의 '세부 정보 창'에는 디스크 여유 공간, 선택된 파일의 크기 등이 표시된다.
③ 바탕화면에서 <Alt> + <Enter>를 누르면 [파일 탐색기] 창이 표시된다.
④ [파일 탐색기] 창에서 [네트워크]를 이용하여 네트워크에 공유된 컴퓨터 자원을 액세스할 수 있다.

04 다음 중 파일 탐색기에서 파일과 폴더의 삭제 방법으로 잘못된 것은?

① 파일이나 폴더를 선택한 다음 바로 가기 메뉴에서 [삭제]를 선택한다.
② 파일이나 폴더를 선택한 후 <Shift>와 <Delete>를 함께 누른다.
③ 파일 선택 후 키보드의 <Delete>를 누른다.
④ 파일과 폴더를 선택한 다음 <Ctrl>과 <Delete>를 누른다.

05 다음 중 한글 Windows에서 연결 프로그램에 대한 설명으로 옳지 않은 것은?

① 문서나 그림 같은 데이터 파일을 더블클릭하면 자동으로 실행되는 앱이다.
② 데이터 파일의 바로 가기 메뉴에서 [연결 프로그램]을 선택하면 연결 프로그램을 변경할 수 있다.
③ 연결 프로그램이 지정되지 않았을 경우 데이터 파일을 더블클릭하면 연결 프로그램을 선택하기 위한 창이 표시된다.
④ 연결 프로그램을 지정하는 창에서 연결 프로그램을 삭제하면 연결된 데이터 파일도 함께 삭제된다.

06 다음 중 한글 Windows 운영체제에서의 백업과 복원에 관한 설명으로 옳지 않은 것은?

① 특정 시간마다 백업할 수 있도록 백업 주기를 예약할 수 있다.
② 파일 히스토리를 사용하여 파일을 백업한다.
③ 백업 파일을 복원할 경우 복원 위치를 지정할 수 있다.
④ 여러 파일이 백업되어 있는 경우 원하는 파일을 선택하여 복원할 수 없다.

07 다음 중 하드웨어를 추가하여 설치하는 방법에 대한 설명으로 옳지 않은 것은?

① [장치 관리자]에서 [동작] → [레거시 하드웨어 추가] 메뉴를 이용하여 설치할 수 있다.
② [하드웨어 추가 마법사]를 이용하여 설치할 수 있다.
③ 플러그 앤 플레이(PnP)가 지원되는 하드웨어를 장착하고 Windows를 실행하면 새로 장착한 하드웨어를 자동으로 인식하고 설치한다.
④ 키보드와 마우스 등은 [설정] → [시스템]을 이용하여 설치할 수 있다.

08 다음 중 한글 Windows에서 프린터를 이용한 인쇄 기능의 설명으로 옳지 않은 것은?

① 문서가 인쇄되는 동안 프린터 아이콘이 알림 영역에 표시되며, 인쇄가 완료되면 아이콘이 사라진다.
② 여러 개의 출력 파일들의 출력 대기 상태를 확인할 수 있다.
③ 여러 개의 출력 파일들이 출력 대기 상태일 때 출력 순서를 임의로 조정할 수 있다.
④ 일단 프린터에서 인쇄 작업에 들어간 것은 프린터 전원을 끄기 전에는 강제로 종료시킬 수 없다.

09 다음 중 네트워크와 관련하여 Ping 서비스에 대한 설명으로 옳은 것은?

① 인터넷의 기원, 구성, 사용 가능한 인터넷 서비스 등 기초적인 정보를 제공하는 서비스이다.
② 웹 브라우저와 웹 서버 사이의 정보 전달을 위한 인터페이스를 제공해 주는 서비스이다.
③ 지정된 호스트에 대해 네트워크층의 통신이 가능한지의 여부를 확인하는 서비스이다.
④ DNS가 가지고 있는 특정 도메인의 IP 주소를 검색해 주는 서비스이다.

10 다음 중 펌웨어(Firmware)에 대한 설명으로 옳지 않은 것은?

① 하드웨어의 동작을 지시하는 소프트웨어이지만 하드웨어적으로 구성되어 하드웨어의 일부분으로도 볼 수 있다.
② 하드웨어 교체없이 소프트웨어의 업그레이드만으로 시스템의 성능을 높일 수 있다.
③ 시스템의 효율을 높이기 위해 RAM에 저장되어

관리되므로 휘발성의 특징을 갖는다.
④ 기계어 처리, 데이터 전송, 부동 소수점 연산, 채널 제어 등의 처리 루틴을 가지고 있다.

11 다음 중 문자를 표현하는 코드 체계에 대한 설명으로 옳지 않은 것은?

① BCD 코드 : 64가지의 문자를 표현할 수 있으나 영문 소문자는 표현이 불가능하다.
② Unicode : 세계 각 국의 언어를 3바이트 체계로 통일한 국제 표준 코드이다.
③ ASCII 코드 : 128가지의 문자를 표현할 수 있으며, 주로 데이터 통신용이나 PC에서 많이 사용한다.
④ EBCDIC 코드 : BCD 코드를 확상한 코드 체계로 256가지의 문자를 표현할 수 있다.

12 다음 중 보조기억장치인 SSD에 대한 설명으로 옳지 않은 것은?

① SSD는 Solid State Drive(또는 Disk)의 약자로 HDD에 비해 속도가 빠르고, 발열 및 소음이 적으며, 소형화 및 경량화할 수 있는 장점이 있다.
② 기억매체로 플래시 메모리나 DRAM을 사용하나 DRAM은 제품 규격이나 가격, 휘발성의 문제로 많이 사용하지는 않는다.
③ SSD는 HDD에 비해 외부의 충격에 강하며, 디스크가 아닌 메모리에 데이터를 기록하므로 베드섹터가 발생하지 않는다.
④ SSD는 HDD에 비해 저장 용량당 가격이 저렴하여 향후 빠르게 하드디스크를 대체할 것으로 전망된다.

13 다음 중 3D 프린터에 관한 설명으로 옳지 않은 것은?

① 입력한 도면을 바탕으로 3차원 입체 물품을 만들어 내는 프린터이다.
② 인쇄 방식은 레이어로 쌓아 입체 형상을 만드는 적층형과 작은 덩어리를 뭉쳐서 만드는 모델링형이 있다.
③ 인쇄 원리는 잉크를 종이 표면에 분사하여 2D 이미지를 인쇄하는 잉크젯 프린터의 원리와 같다.
④ 기계, 건축, 예술, 우주 등 많은 분야에서 응용되고 있으며, 의료 분야에서도 활발히 활용되고 있다.

14 다음 중 컴퓨터에서 하드디스크를 연결하는 Serial ATA 방식의 장점으로 옳지 않은 것은?

① 데이터 선이 얇아 내부의 통풍이 잘 된다.
② 핫 플로그인(Hot Plug In) 기능을 지원한다.
③ CMOS를 통해 지정하면 자동으로 Master/Slave가 설정된다.
④ 병렬 인터페이스 방식으로 데이터의 전송 속도가 빠르다.

15 다음 중 저작권에 따른 소프트웨어의 분류에 대한 설명으로 틀린 것은?

① 애드웨어(Adware) : 광고를 보는 대가로 무료로 사용하는 소프트웨어이다.
② 셰어웨어(Shareware) : 정식 버전이 출시되기 전에 프로그램에 대한 일반인의 평가를 수행하고자 제작된 소프트웨어이다.
③ 번들(Bundle) : 특정한 하드웨어나 소프트웨어를 구매하였을 때 끼워주는 소프트웨어이다.
④ 프리웨어(Freeware) : 개발자가 무료로 사용을 허가한 소프트웨어이다.

16 다음 중 웹 프로그래밍 언어에 대한 설명이 잘못된 것은?

① ASP: MS 사에서 제작하였고, 클라이언트 측에서 동적으로 수행되는 페이지를 만드는 언어이다.
② JSP: 자바를 기반으로 하고 서버 측에서 동적으로 수행하는 페이지를 만드는 언어이다.
③ PHP: Linux, Unix, Window 운영체제에서 사용 가능하다.
④ XML: 기존 HTML 단점을 보완하여 문서의 구조적인 특성들을 고려하여 문서들을 상호 교환할 수 있도록 설계된 언어이다.

17 다음 장치 중에서 서로 다른 네트워크 간에 자료가 전송될 최적의 길을 찾아주는 역할을 해주는 장치는 무엇인가?

① 리피터(Repeater) ② 허브(Hub)
③ 라우터(Router) ④ LAN 카드

18 다음 중 IPv6 주소에 관한 설명으로 옳지 않은 것은?

① 16비트씩 8부분으로 총 128비트로 구성된다.
② 각 부분은 10진수로 표현되며, 세미콜론(;)으로 구분된다.
③ 주소 체계는 유니캐스트, 멀티캐스트, 애니캐스트로 나누어진다.
④ 실시간 흐름 제어로 향상된 멀티미디어 기능을 지원한다.

19 다음 중 사운드 데이터의 샘플링(Sampling)에 관한 설명으로 옳지 않은 것은?

① 디지털 신호를 아날로그 신호로 변환해 주는 작업이다.
② 샘플링 레이트(Sampling Rate)가 높을수록 원음에 가깝다.
③ 샘플링 레이트는 초당 샘플링 횟수를 의미한다.
④ 샘플링 레이트의 단위는 Hz(헤르츠)를 사용한다.

20 다음 중 방화벽에 대한 설명으로 적절하지 않은 것은?

① 방화벽 시스템에는 확실히 허가받지 않은 것을 금지하는 애플리케이션 게이트웨이 방식과 확실히 금지되지 않은 것을 허가하는 패킷 필터링 게이트웨이 방식이 있다.
② 방화벽 시스템은 내부와 외부로부터 불법적인 해킹을 완전히 차단할 수 있다.
③ 방화벽이 제공하는 기능에는 접근 제어, 인증, 감시 추적, 암호화 등이 있다.
④ 프록시 서버는 네트워크 캐시 기능과 방화벽 기능을 동시에 제공해 주는 서버이다.

21 다음 중 여러 워크시트를 선택하여 그룹으로 설정한 경우에 대한 설명으로 옳지 않은 것은?

① 엑셀 창의 맨 위 제목 표시줄에 [그룹]이라고 표시된다.

② 그룹 상태에서 도형이나 차트 등의 그래픽 개체는 삽입되지 않는다.

③ 그룹으로 설정된 임의의 시트에서 입력하거나 편집한 데이터는 그룹으로 설정된 모든 시트에 반영된다.

④ 그룹 상태에서 여러 개의 시트에 정렬 및 필터 기능을 수행할 수 있다.

22 다음 중 [파일] → [옵션] → [고급] 탭에서 설정할 수 없는 것은?

① 셀에 데이터를 입력한 후 <Enter> 키를 누를 때 포인터의 이동 방향을 오른쪽, 왼쪽, 아래쪽, 위쪽 중의 하나로 지정할 수 있다.

② 페이지 나누기 선의 표시 여부를 지정할 수 있다.

③ 눈금선의 표시 여부를 지정할 수 있다.

④ 새 통합 문서를 열었을 때 적용할 표준 글꼴과 글꼴 크기, 새 시트의 기본 보기를 지정할 수 있다.

23 다음 중 [셀 서식] 대화상자의 [맞춤] 탭에 '텍스트 방향'에서 설정할 수 없는 항목은 무엇인가?

① 텍스트 방향대로　　② 텍스트 반대방향으로
③ 왼쪽에서 오른쪽　　④ 오른쪽에서 왼쪽

24 다음 중 입력한 데이터에 지정된 표시 형식에 따른 결과가 옳지 않은 것은?

	입력자료	표시형식	결과
①	314826	#,##0,	314,826,
②	281476	#,##0.0	281,476.0
③	12:00 AM	0	0
④	2023-03-25	yyyy-mmmm	2023-March

25 다음 중 워크시트의 화면 [확대/축소]에 관한 설명으로 옳지 않은 것은?

① 여러 워크시트가 선택된 상태에서 확대/축소 배율을 변경하면 선택된 워크시트 모두 확대/축소 배율이 적용된다.

② [보기] 탭 [확대/축소] 그룹의 [선택 영역 확대/축소] 명령은 선택된 영역으로 전체 창을 채우도록 워크시트를 확대하거나 축소한다.

③ 확대/축소 배율은 최소 10%에서 최대 400%까지 설정할 수 있다.

④ [확대/축소] 대화상자에서 지정한 배율은 인쇄 시 [페이지 설정]의 확대/축소 배율에 반영된다.

26 다음 중 [보기] 탭의 [페이지 나누기 미리 보기]에 대한 설명으로 옳지 않은 것은?

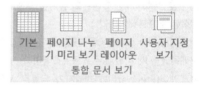

① 페이지 나누기는 구분선을 이용하여 인쇄를 위한 페이지 나누기를 빠르게 조정하는 기능이다.

② 행 높이와 열 너비를 변경하면 자동 페이지 나누기의 위치도 변경된다.

③ [페이지 나누기 미리 보기]에서 수동으로 삽입된 페이지 나누기는 파선으로 표시되고 자동으로 추가된 페이지 나누기는 실선으로 표시된다.

④ 용지 크기, 여백 설정, 배율 옵션 등에 따라 자동 페이지 나누기가 삽입된다.

27 다음 중 아래 워크시트에서 '부산' 대리점의 판매수량의 합계를 [D11] 셀에 구하기 위한 수식으로 옳지 않은 것은?

	A	B	C	D
1	대리점	단가	공급단가	판매수량
2	부산	500	450	120
3	인천	500	420	150
4	부산	500	450	170
5	서울	500	410	250
6	대전	500	440	300
7	광주	500	420	260
8	대구	500	440	310
9	부산	500	450	290
10				
11	부산 판매수량 합계			

① =SUM(D2,D4,D9)

② =SUMIF(A2:A9,A2,D2:D9)

③ =DSUM(A1:D9,D1,A2)

④ ={SUM((A2:A9=A2)*D2:D9)}

28 다음 중 환자번호[C2:C5]를 이용하여 성별[D2:D5]을 표시하기 위해 [D2] 셀에 입력할 수식으로 옳지 않은 것은? (단, 환자번호의 4번째 문자가 'M'이면 "남", 'F'이면 "여"이다.)

	A	B	C	D
1	번호	이름	환자번호	성별
2	1	박동훈	01-M0001	
3	2	김소정	07-F1002	
4	3	최진경	02-F5111	
5	4	이현아	03-M0224	
6				
7	코드	성별		
8	M	남		
9	F	여		

① =IF(MID(C2,4,1)="M","남","여")

② =INDEX($A$8:$B$9,MATCH(MID(C2,4,1),$A$8:$A$9,0),2)

③ =VLOOKUP(MID(C2,4,1),$A$8:$B$9,2,FALSE)

④ =IFERROR(IF(SEARCH(C2,"M"),"남"),"여")

29 다음 워크시트에 대해서 [A6] 셀과 [A7] 셀에 아래와 같이 입력하였다. [A6] 셀과 [A7] 셀의 결과값을 순서대로 바르게 나타낸 것은?

[A6] 셀 : =HLOOKUP("전기세",A1:C5,2,FALSE)
[A7] 셀 : =VLOOKUP("101-301",A2:C5,3,TRUE)

	A	B	C
1	동호수	전력사용량	전기세
2	101-201	289	32000
3	101-202	300	34500
4	101-301	255	29000
5	101-302	400	58000

① [A6] 32000   [A7] 29000

② [A6] 255   [A7] 29000

③ [A6] 29000   [A7] 255

④ [A6] 29000   [A7] 32000

30 아래 시트에서 수식을 실행했을 때 화면에 표시되는 결과가 다른 것은?

	A	B
1	상품	개수
2	바나나	1
3	오렌지	#N/A
4	사과	3
5	배	TRUE
6	귤	5

① =IFERROR(ISERR(B3),"ERROR")

② =IFERROR(ISERROR(B3),"ERROR")

③ =IFERROR(ISLOGICAL(B5),"ERROR")

④ =IF(ISNUMBER(B4),TRUE,"ERROR")

31 다음 시트에서 [D2] 셀에 일류청과의 납품 건수를 구하는 수식으로 옳지 않은 것은?

	A	B	C	D
1	상품	납품업체		일류청과 건수
2	바나나	한성상회		
3	오렌지	일류청과		
4	사과	달콤상회		
5	배	한성상회		
6	귤	일류청과		
7	복숭아	달콤상회		

① {=COUNT(IF(B2:B7="일류청과",1))}

② {=SUM(IF(B2:B7="일류청과",1))}

③ {=SUM((B2:B7="일류청과"),1)}

④ =COUNTIF(B2:B7,"일류청과")

32 다음 중 엑셀의 정렬 기능에 대한 설명으로 옳지 않은 것은?

① 오름차순 정렬과 내림차순 정렬 모두 빈 셀은 항상 마지막으로 정렬된다.

② 영·숫자 텍스트는 왼쪽에서 오른쪽 방향으로 문자 단위로 정렬된다.

③ 사용자가 [정렬 옵션] 대화상자에서 대/소문자를 구분하도록 변경하여, 오름차순으로 정렬하면 대문자가 소문자보다 우선순위를 갖는다.

④ 공백으로 시작하는 문자열은 오름차순 정렬일 때 숫자 바로 다음에 정렬되고, 내림차순 정렬일 때는 숫자 바로 앞에 정렬된다.

33 데이터베이스에서 주문수량의 평균보다 주문수량이 많은 자료를 필터링하기 위한 고급 필터의 조건으로 옳은 것은?

	A	B	C	D
1	제품명	대리점명	주문수량	판매액
2	전기포트	잠실점	10	32,000
3	토스터기	을지로점	20	28,000
4	블루투스 스피커	을지로점	60	56,000
5	에어프라이어	잠실점	50	58,000
6	전자레인지	을지로점	40	42,000

①
평균주문수량
=C2>AVERAGE($C$2:$C$6)

②
평균주문수량
=C$2>AVERAGE($C$2:$C$6)

③
주문수량
=C2>AVERAGE($C$2:$C$6)

④
주문수량
=C$2>AVERAGE($C$2:$C$6)

34 다음 중 워크시트의 데이터 목록 윤곽 설정에 대한 설명으로 옳지 않은 것은?

① 그룹화하여 요약하려는 데이터 목록이 있는 경우 데이터에 최대 8개 수준의 윤곽을 설정할 수 있다.

② ⟨1 2 3⟩, ⟨+⟩, ⟨－⟩ 등의 윤곽 기호가 표시되지 않는 경우 [Excel 옵션]에서 표시되도록 설정할 수 있다.

③ 그룹별로 요약된 데이터에 설정된 윤곽을 제거하면 윤곽 기호와 함께 요약 정보가 표시된 원본 데이터도 삭제된다.

④ 윤곽을 만들 때나 만든 후에 윤곽에 스타일을 적용할 수 있다.

35 다음 중 데이터 [통합] 도구에 대한 설명으로 옳지 않은 것은?

① '모든 참조 영역'에 다른 통합 문서의 워크시트를 추가하여 통합할 수 있다.

② '사용할 레이블'을 모두 선택한 경우 각 참조 영역의 레이블과 일치하지 않는 레이블이 있으면 통합 결과표에서 제외된 채 만들어진다.

③ 지정한 영역에 계산될 요약 함수는 '함수' 목록에서 선택하며, 요약 함수로는 합계, 개수, 평균, 최대값, 최소값 등이 있다.

④ '원본 데이터에 연결' 확인란을 선택하여 통합한 경우 통합에 참조된 영역에서의 값이 변경되면 통합된 데이터 결과도 자동으로 업데이트 된다.

36 다음 중 엑셀 차트의 추세선에 관한 설명으로 옳지 않은 것은?

① 추세선은 지수, 선형, 로그, 다항식, 거듭제곱, 이동 평균 등 6가지의 종류가 있다.

② 하나의 데이터 계열에 두 개 이상의 추세선을 동시에 표시할 수는 없다.

③ 추세선이 추가된 데이터 계열의 차트 종류를 3차원 차트로 변경하면 추세선은 자동으로 삭제된다.

④ 추세선을 삭제하려면 차트에 표시된 추세선을 선택한 후 <Delete>를 누르거나 추세선의 바로 가기 메뉴에서 [삭제]를 선택한다.

37 다음 중 아래 차트에 관한 설명으로 옳지 않은 것은?

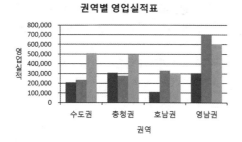

권역별 영업실적표

① 범례가 표시되어 있다.
② 차트 제목이 표시되어 있다.
③ 차트 종류는 묶은 세로 막대형이다.
④ 기본 세로 축 제목이 표시되어 있다.

38 다음 중 아래 그림의 [매크로 기록] 대화상자에 대한 설명으로 옳지 않은 것은?

매크로 기록	? ×

매크로 이름(M):

매크로1

바로 가기 키(K):

Ctrl+

매크로 저장 위치(I):

개인용 매크로 통합 문서

설명(D):

확인   취소

① 매크로 이름의 첫 글자는 문자, 숫자, 밑줄(_) 등을 사용할 수 있으며, 공백은 사용할 수 없다.
② 바로 가기 키 상자에서 @나 #과 같은 특수 문자나 숫자는 사용할 수 없으며, 영문 대소문자는 모두 입력할 수 있다.
③ 개인용 매크로 통합 문서에 저장된 매크로는 엑셀을 시작할 때마다 모든 통합 문서에서 사용할 수 있다.
④ 설명 상자에 매크로에 관한 설명을 입력할 수 있으며, 입력된 내용은 매크로 실행에 영향을 주지 않는다.

39 다음 중 VBA에서 각 영역 선택을 위한 Range 속성 관련 코드로 옳지 않은 것은?

① Range("A1:D10").Select
→ [A1:A10] 영역을 선택한다.

② Range("판매량").Select
→ "판매량"으로 정의된 이름 영역을 선택한다.

③ Range("A1", "A5").Select
→ [A1] 셀과 [A5] 셀을 선택한다.

④ Range(Cells(1,1), Cells(5,3)).Select
→ [A1:C5] 영역을 선택한다.

40 다음 중 현재 선택된 셀을 기준으로 왼쪽 두 번째 셀과 바로 왼쪽 셀을 곱하는 수식을 입력하는 VBA 코드로 옳은 것은?

① ActiveCell.FormulaR1C1 = "=RC[2]*RC[1]"
② ActiveCell.FormulaR1C1 = "=RC[-2]*RC[-1]"
③ ActiveCell.Value = RC[2]*RC[1]
④ ActiveCell.Value = RC[-2]*RC[-1]

3과목 데이터베이스 일반

41 다음 중 키의 개념에 대한 설명으로 옳지 않은 것은?

① 후보키(Candidate Key)는 유일성과 최소성을 만족한다.
② 슈퍼키(Super Key)는 유일성은 가지지만 최소성을 가지지 않는 키이다.
③ 기본키(Primary Key)로 지정된 속성은 모든 튜플에 대해 널(Null) 값을 가질 수 없다.
④ 외래키(Foreign Key)는 후보키 중에서 기본키로 정의되지 않은 나머지 후보키를 말한다.

42 다음 중 DBMS의 단점에 대한 설명으로 옳지 않은 것은?

① 하드웨어나 DBMS 구입 비용, 전산화 비용 등이 증가한다.
② DBMS와 데이터베이스 언어를 조작할 수 있는 고급 프로그래머가 필요하다.
③ 데이터를 통합하는 중앙 집중 관리가 어렵다.
④ 데이터의 백업과 복구에 많은 비용과 시간이 소요된다.

43 다음 중 테이블의 특정 필드에서 텍스트 길이와 상관없이 '가'로 시작하는 데이터만 입력할 수 있도록 제한하는 유효성 검사 규칙으로 옳은 것은?

① ="가?"
② ="가"
③ Like "가*"
④ Like "가?"

44 다음 중 레코드가 추가될 때마다 필드에 자동으로 부여되는 기본값의 설정식과 자동으로 입력되는 값에 대한 설명으로 가장 옳지 않은 것은?

① 기본값을 '1'로 지정하면 자동적으로 1이 입력된다.
② 기본값을 '서울'로 지정하면 서울이라는 문자열이 입력된다.
③ 기본값을 '0'으로 지정하면 빈 문자열(Zero Space)이 입력된다.
④ 기본값을 '=Date( )'와 같이 지정하면 오늘 날짜가 입력된다.

45 조회 속성에 대한 다음 설명 중 가장 옳지 않은 것은?

일반 조회	
컨트롤 표시	콤보 상자
행 원본 유형	테이블/쿼리
행 원본	
바운드 열	1
열 개수	1
열 이름	아니요
열 너비	
행 수	16
목록 너비	자동
목록 값만 허용	아니요
여러 값 허용	아니요
값 목록 편집 허용	아니요
목록 항목 편집 폼	
행 원본 값만 표시	아니요

① 다른 테이블에 있는 내용을 목록으로 표시하려면 '행 원본 유형'을 '테이블/쿼리'로 설정한다.
② '서울', '부산', '대전', '광주'와 같은 목록을 직접 지정하려면 '행 원본 유형'을 '값 목록'으로 설정한다.
③ 열의 개수가 여러 개인 경우에 두 번째 열을 표시하고자 한다면 '바운드 열'을 2로 지정한다.
④ '목록 값만 허용' 속성을 '예'로 지정하면, 목록 이외의 값은 입력할 수 없다.

46 다음 중 외래키 값을 관련된 테이블의 기본키 값과 동일하게 유지해 주는 제약 조건은?

① 동시 제어성
② 관련성
③ 참조 무결성
④ 동일성

47 다음 중 직원(사원번호, 이름, 나이, 주소, 직급) 테이블에서 '주소' 필드가 '서울'로 시작하거나 '경기'로 시작하는 직원을 검색하는 질의문으로 가장 옳은 것은?

① select * from 직원 where 주소 between "서울*" and "경기*"
② select * from 직원 where 주소 Like "서울*" and 주소 Like "경기*"
③ select * from 직원 where 주소 in ("서울*", "경기*")
④ select * from 직원 where 주소 Like "서울*" or 주소 Like "경기*"

48 사원관리 데이터베이스에는 <부서정보> 테이블과 실적 정보를 포함한 <사원정보> 테이블이 관계로 연결되어 있다. 다음 중 아래의 SQL문의 실행 결과에 대한 설명으로 옳은 것은? (단, 부서에는 여러 사원이 있으며, 한 사원은 하나의 부서에 소속되는 일대다 관계이다.)

SELECT 부서정보.부서번호, 부서명, 번호, 이름, 실적
FROM 부서정보 RIGHT JOIN 사원정보
ON 부서정보.부서번호=사원정보.부서번호;

① 두 테이블에서 부서번호가 일치되는 레코드의 부서번호, 부서명, 번호, 이름, 실적 필드를 표시한다.
② <부서정보> 테이블의 레코드는 모두 포함하고,

<사원정보> 테이블에서는 실적이 있는 레코드만 포함하여 결과를 표시한다.

③ <부서정보> 테이블의 레코드는 <사원정보> 테이블의 부서번호와 일치되는 것만 포함하고, <사원정보> 테이블에서는 실적이 있는 레코드만 포함하여 결과를 표시한다.

④ <부서정보> 테이블의 레코드는 <사원정보> 테이블의 부서번호와 일치되는 것만 포함하고, <사원정보> 테이블에서는 모든 레코드가 포함하여 결과를 표시한다.

49 다음 화면에서 설정되어 있는 폼의 속성 값으로 옳지 않은 것은?

① 레코드 선택기 - 예   ② 탐색 단추 - 예
③ 기본 보기 - 단일 폼   ④ 캡션 - 상품정보

50 다음 중 텍스트 상자(Text Box) 컨트롤에 대한 설명으로 가장 적절한 것은?

① 제목, 캡션 등과 같은 문자열을 나타낼 때 주로 사용한다.
② 항상 언바운드(Unbound) 상태이다.
③ 다른 폼을 여는 명령 단추를 만드는 데에 주로 사용된다.
④ 테이블의 필드 값을 표시하거나 저장할 수 있다.

51 컨트롤의 크기를 조절하려고 할 때 바르지 못한 방법은?

① 컨트롤을 선택한 후 조절점을 드래그하여 크기를 조절한다.
② 컨트롤은 선택한 후 <Shift>를 누른 상태로 방향키를 눌러 크기를 조절한다.
③ [폼 디자인 도구] → [정렬] → [크기 및 순서 조정] → [크기/공간]을 이용하여 크기를 조절한다.
④ 컨트롤을 선택한 후 <Ctrl>을 누른 상태로 방향키를 눌러 크기를 조절한다.

52 다음 중 보고서의 레코드 원본에 대한 설명으로 옳지 않은 것은?

① [보고서 마법사]를 통해 원하는 필드들을 손쉽게 선택하여 레코드 원본으로 지정할 수 있다.
② 기본적으로 하나의 테이블에서만 필요한 필드를 선택하여 레코드 원본으로 지정할 수 있다.
③ [속성 시트]의 '레코드 원본' 드롭다운 목록에서 테이블이나 쿼리를 선택하여 지정할 수 있다.
④ 쿼리 작성기를 통해 새 쿼리를 작성하여 레코드 원본으로 지정할 수 있다.

53 보고서에서 페이지 번호를 인쇄하려고 한다. 페이지 번호식과 각 페이지에 나타나는 결과가 옳지 못한 것은? (단, 현재 페이지는 1페이지이고, 전체 페이지는 3페이지로 가정한다.)

① =[page] → 1
② =[pages] & "page" → 1page
③ =[page] & "/" & [pages] → 1/3
④ ="전체 " & [pages] & "페이지" → 전체 3페이지

54 다음 중 보고서에 표시될 원본 데이터로 테이블이나 쿼리를 선택하기 위한 속성은 무엇인가?

① ODBC 데이터 원본   ② 레코드 원본
③ 컨트롤 원본   ④ 행 원본

55 다음 중 보고서의 각 구역에 대한 설명으로 옳지 않은 것은?

① '페이지 머리글'은 인쇄 시 모든 페이지의 맨 위에 출력되며, 모든 페이지에 특정 내용을 반복하려는 경우 사용한다.

② '보고서 머리글'은 보고서의 맨 앞에 한 번 출력되며, 일반적으로 그룹별 요약정보를 표시할 때 사용한다.

③ '그룹 머리글'은 각 새 레코드 그룹의 맨 앞에 출력되며, 그룹 이름이나 그룹별 계산결과를 표시할 때 사용한다.

④ '본문'은 레코드 원본의 모든 행에 대해 한 번씩 출력되며, 보고서의 본문을 구성하는 컨트롤이 추가된다.

56 다음 중 보고서 마법사를 이용하여 숫자로 된 필드에 요약 값을 나타내는 과정에 대한 설명으로 옳지 않은 것은?

① 그룹 수준을 지정해야만 요약 옵션을 사용할 수 있다.

② 그룹화 수준에서 앞의 두 문자만 가지고 그룹화를 지정할 수도 있다.

③ 정렬 순서와 무관하게 요약 옵션을 사용할 수 있다.

④ 요약 옵션은 합계, 평균, 최대, 최소 중 한 가지 계산 값만 선택할 수 있다.

57 다음 중 함수에 대한 설명으로 옳지 않은 것은?

① ROUND( ) : 인수로 입력한 숫자를 지정한 자리수로 반올림하여 표시한다.

② DSUM( ) : 지정된 레코드 집합에서 해당 필드 값의 합계를 계산하여 표시한다.

③ INSTR( ) : 문자열에서 특정한 문자 또는 문자열이 존재하는 위치를 반환하여 표시한다.

④ VALUE( ) : 문자열에 포함된 숫자를 적절한 형식의 숫자 값으로 반환하여 표시한다.

58 다음 중 액세스에서 매크로의 실행 방법에 대한 설명으로 옳지 않은 것은?

① 매크로를 직접 실행하는 경우 매크로 이름을 'Autoexec'로 저장하면 매크로를 더블클릭하여 실행할 수 있다.

② 바로 가기 키를 이용한 실행 : 기능키나 키의 조합에 매크로를 할당하는 것으로, 특정 키를 누르면 매크로가 실행된다.

③ 빠른 실행 도구 모음에 연결하기 : 작성된 매크로를 빠른 실행 도구 모음줄에 등록하여 실행할 수 있다.

④ 컨트롤을 이용한 매크로 실행 : 폼이나 보고서에 연결된 컨트롤의 이벤트에 매크로를 연결하여 실행한다.

59 다음 중 아래의 OpenForm 매크로 함수의 인수 설명으로 옳지 않은 것은?

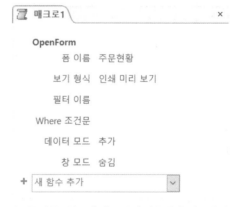

① 폼 이름 : 열고자 하는 폼의 이름이며, 필수가 아닌 선택 사항이다.

② 보기 형식 : '폼', '디자인', '인쇄 미리 보기', '데이터 시트', '레이아웃' 중 하나를 선택하며 기본값은 '폼'이다.

③ 데이터 모드 : '추가', '편집', '읽기 전용' 중 하나를 선택할 수 있다.

④ 창 모드 : 폼을 여는 창 모드로 '기본', '숨김', '아이콘', '대화 상자' 중에서 하나를 선택하며, 기본값은 '기본'이다.

60 다음 중 각 쿼리 유형에 대한 설명으로 옳지 않은 것은?

① 매개 변수 쿼리 : 쿼리를 실행할 때마다 값이나 패턴을 묻는 메시지를 표시하여 조건에 맞는 필드만 반환한다.

② 크로스탭 쿼리 : 레코드의 합계나 평균 등의 요약을 계산한 다음, 데이터시트의 왼쪽 세로 방향과 위쪽 가로 방향 두 종류로 결과를 그룹화하는 쿼리로 데이터를 쉽게 분석할 수 있게 해준다.

③ 추가 쿼리 : 테이블의 데이터를 복사하거나 데이터를 보관해야 하는 경우에 사용되며, 새로운 테이블을 생성한다.

④ 선택 쿼리 : 하나 이상의 테이블, 기존 쿼리 또는 이 두 가지의 조합에서 데이터를 가져올 수 있다.

1회 실전 모의고사 정답 및 해설

01	02	03	04	05	06	07	08	09	10	11	12	13	14	15	16	17	18	19	20
④	②	②	②	③	①	④	④	①	④	③	③	④	④	②	①	②	①	④	③
21	22	23	24	25	26	27	28	29	30	31	32	33	34	35	36	37	38	39	40
④	③	③	②	②	②	①	①	③	③	②	②	②	③	③	③	③	②	①	③
41	42	43	44	45	46	47	48	49	50	51	52	53	54	55	56	57	58	59	60
②	④	②	②	③	④	①	②	③	②	④	③	④	③	③	④	③	②	②	③

정답

1과목 ▶ 컴퓨터 일반

01 정답 ④

하드디스크의 파티션(볼륨) 크기는 최대 256TB까지 가능하다.

02 정답 ②

바로 가기 아이콘을 삭제/이동하더라도 원본 파일은 삭제/이동되지 않는다. 원본 파일을 삭제하면 삭제된 파일의 바로 가기 아이콘은 실행되지 않는다.

03 정답 ②

휴지통에 담겨있는 파일은 복원하기 전까지는 실행이 불가능하다.

04 정답 ②

②번은 [토글 키]에 대한 설명이다. [고정 키]는 동시에 두 개 이상의 키를 누르기 힘든 경우 특정 키가 눌러진 상태로 고정시켜주는 기능이다.

05 정답 ③

인쇄가 진행 중이더라도 일시적으로 중지시키거나, 강제로 종료시킬 수 있다.

06 정답 ①

사용자 계정의 추가와 삭제는 [설정]→[계정] 메뉴를 사용해야 한다.

07 정답 ④

네트워크 연결 시 IP 설정이 자동으로 할당되지 않을 경우 아래의 항목들을 직접 설정해야 한다.
: IP주소, 서브넷 접두사 길이, 서브넷 마스크, 게이트웨이, DNS 서버 주소

08 정답 ④

펌웨어의 특징
- 하드웨어와 소프트웨어의 중간적 성격에 해당된다.
- 소프트웨어지만 하드웨어의 일부로도 볼 수 있어 소프트웨어의 업그레이드만으로도 시스템의 성능을 높일 수 있다.
- 주로 ROM에 저장되어 하드웨어를 관리하는 역할을 수행한다.

09 정답 ①

캐시 메모리는 접근 속도가 빠른 SRAM을 사용하는 휘발성 메모리이다.

10 정답 ④

채널은 주변 장치에 대한 제어 권한을 CPU로부터 넘겨받아 CPU를 대신하여 입·출력을 관리하는 장치이다.

11 정답 ③

BIOS는 ROM에 저장되어 있어 일반적으로 롬바이오스(ROM-BIOS)라고 부른다.

12 정답 ③

③번은 데모 버전에 대한 설명이다. 패치 프로그램(Patch Program)은 이미 배포되어 있는 프로그램의 오류를 수정하거나 기능의 향상을 목적으로 추가적으로 배포되는 파일이다.

13 정답 ④

지정된 규칙에 따른 순차적인 처리가 중요시되며 프로그램 전체가 유기적으로 연결되도록 기술해 나가는 것은 절차적 프로그래밍 언어이다.

14 정답 ④

리피터(Repeater)는 전송 거리가 증가할수록 감쇠하는 디지털 신호를 재생시키거나 출력 전압을 높여 전송하는 장치이다.

15   정답 ②

IPv6는 IPv4와 비교하였을 때 주소의 확장성, 융통성, 연동성이 우수하고, 자료 전송 속도가 빠르다.

16   정답 ①

②번은 물리 계층, ③번은 전송 계층, ④번은 응용 계층에 관한 설명이다.

17   정답 ②

와이브로(Wibro)는 고정된 장소가 아닌 휴대형 무선 단말기를 이용하여 언제 어디서나 이동하면서 고속으로 무선 인터넷에 접속할 수 있는 서비스이다.

18   정답 ①

② 필터링(Filtering): 기존의 작성된 이미지를 필터 기능을 이용하여 다양한 형태의 이미지로 바꿔주는 것
③ 메조틴트(Mezzotint): 판화 기법의 하나로 점과 선을 이용하여 이미지를 찍어내듯 표현하는 것
④ 모핑(Morphing): 2개의 이미지를 부드럽게 연결하여 변환하거나 통합하는 것으로 영화 등에서 많이 사용

19   정답 ④

바이러스는 소프트웨어뿐만 아니라 베드 섹터를 만드는 등 하드웨어에도 영향을 미칠 수 있다.

20   정답 ③

방화벽의 특징
- 방화벽(Firewall)은 외부의 불법 침입으로부터 내부의 정보 자산을 보호하고, 외부로부터의 유해 정보 유입을 차단하기 위한 정책 또는 이를 지원하는 하드웨어 및 소프트웨어이다.
- 보안이 필요한 네트워크의 통로를 단일화하여 출입구를 관리함으로써 외부로부터 불법적인 접근을 막을 수 있다.
- 시스템 내부에서 일어나는 해킹은 막을 수 없다.
- 역추적 기능으로 외부의 침입자를 역추적해 흔적을 찾을 수 있다.
- 특정 연결 요청을 차단하거나 차단 해제하기 위해 사용자의 허가를 요청할 수 있다.

2과목 ▶ 스프레드시트 일반

21   정답 ④

[보기] 탭 [표시] 그룹에는 [빠른 실행 도구 모음]을 편집할 수 있는 메뉴가 존재하지 않는다.

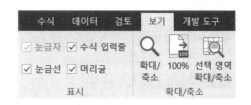

22   정답 ③

두 셀을 선택한 상태에서 채우기 핸들을 드래그하면 두 셀의 차이 값만큼 증가/감소되며 복사된다. 따라서 두 셀의 차이 값인 0.2만큼이 감소되며 입력된다.

23   정답 ③

'잘라내기'를 한 경우에는 '선택하여 붙여넣기' 기능을 적용할 수 없다.

24   정답 ②

①번은 24678., ③번은 Apr-05, ④번은 46%로 표시된다.

25   정답 ②

지정한 규칙이 어느 것도 참이 아닐 경우에는 어떤 서식도 적용되지 않는다.

26   정답 ②

창 정렬은 작업에 필요한 여러 개의 통합 문서를 한 화면에 함께 표시하여 비교하면서 작업할 수 있으며, 바둑판식, 가로, 세로, 계단식 등 네 가지 형태로 창을 정렬할 수 있다.

27   정답 ①

시트의 셀 구분선을 그대로 인쇄하기 위해서는 [페이지 설정] 대화상자의 [시트] 탭에서 '눈금선'을 선택한다.

28   정답 ①

순위를 구할 때 사용하는 함수인 RANK.EQ는 인수가 RANK.EQ(기준, 기준범위,[옵션])와 같다. 기준에 해당하는 총점은 바뀌더라도 기준 범위는 고정되어야 하므로 절대 참조를 사용한다.

29   정답 ③

① =REPLACE(A1,5,1,“ ”)	
[A1] 셀의 5번째부터 1글자를 추출하여 공란(“ ”)으로 변경	

② =CONCATENATE(LEFT(A1,4),MID(A1,6,2))	
CONCATENATE(❶,❷)	❶과 ❷를 연결하여 표시
❶ LEFT(A1,4)	[A1] 셀의 왼쪽 4글자를 추출
❷ MID(A1,6,2)	[A1] 셀의 6번째부터 2글자를 추출

③ =SUBSTITUTE(A1,“-”,“ ”,5)	
[A1] 셀에서 5번째 “-”를 찾아 공란(“ ”)으로 변경한다. 해당 문제에서는 5번째 “-”가 없으므로 값의 변화가 없다.	

④ =LEFT(A1,4)&RIGHT(A1,2)	
❶&❷	❶과 ❷를 연결하여 표시
❶ LEFT(A1,4)	[A1] 셀의 왼쪽 4글자를 추출
❷ RIGHT(A1,2)	[A1] 셀의 오른쪽 2글자를 추출

30   정답 ③

=INDEX(A1:C6,MATCH(12,B1:B6,1),MATCH(3,A3:C3,1))	
=INDEX(A1:C6,❶,❷)	[A1:C6] 영역에서 ❶행과 ❷열의 교차 값을 표시
❶ MATCH(12,B1:B6,1)	[B1:B6] 영역에서 12의 위치 값을 반환
❷ MATCH(3,A3:C3,1)	[A3:C3] 영역에서 3의 위치 값을 반환

31   정답 ②

- ISBLANK 함수 : 값이 공란이면 TRUE를 반환한다.
- ISODD 함수 : 숫자가 홀수이면 TRUE를 반환한다.
- TYPE 함수 : 값의 데이터 형식을 나타내는 숫자를 반환한다.

32   정답 ②

해당 문제는 '1과목' 조건을 만족하는 값들의 평균을 구하여 표시하는 문제이다. 1과목은 3, 5, 7행에 위치하고 있으며 모두 홀수행이다. 따라서 행 번호가 홀수인 조건은 'MOD(ROW(C3:C8),2)=1'와 같이 설정할 수 있으며, 점수의 평균을 구하는 수식이므로 '{=AVERAGE(IF(MOD(ROW(C3:C8),2)=1,C3:C8))}'와 같이 입력한다.

33   정답 ②

정렬의 방향은 [옵션] 메뉴를 이용하여 변경할 수 있지만, 기본적으로 위쪽에서 아래쪽이며 행 단위로 정렬한다.

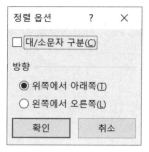

34   정답 ③

조건을 같은 행에 입력하면 AND조건, 다른 행에 입력하면 OR조건이 된다. 해당 문제에서는 국사와 영어가 같은 행에 입력되어 있고, 평균은 다른 행에 입력되이 있다.

35   정답 ③

같은 열에 있는 자료에 대하여 여러 개의 함수를 중복하여 사용할 수 있다. 단, 중복 적용할 경우 '새로운 값으로 대치'의 체크를 해제해야 이전 함수 결과와 함께 표시된다.

36   정답 ③

데이터가 변경되더라도 해당 내용이 요약 보고서에 자동으로 반영되지 않는다.

37   정답 ③

- Do Until ~ Loop : 조건식의 결과가 거짓인 동안 실행문을 반복
- Do While ~ Loop : 조건식의 결과가 참인 동안 실행문을 반복

38   정답 ②

세로(값) 축의 주 단위의 최대값이 '95'로 설정되어 있고, '영어' 데이터의 레이블은 바깥쪽 끝에 표시되어 있다. 가로(항목) 축은 주 눈금선만 표시되어 있다.

39   정답 ①

매크로 이름의 첫 글자는 반드시 문자로 지정되어야 하며, 두 번째 이후 글자부터는 문자, 숫자, 밑줄(_) 등을 사용할 수 있다. 하지만 매크로 이름에 공백은 사용할 수 없다.

40   정답 ③

❶ Sum = 0
❷ For i = 1 To 20
❸   Select Case (i Mod 4)
❹   Case 0
      Sum = Sum + i
❺   Case 1, 2, 3

End Select

❻ Next

----

❶ Sum 변수에 0을 치환한다.

❷ i가 1에서 20이 될 때까지 1씩 증가하면 실행문을 반복한다.

❸ i를 4로 나눈 나머지가

❹ 0이면 Sum 변수에 Sum + i값을 치환한다.

❺ 1, 2, 3이면 Select문을 종료한다.

❻ 반복문을 종료한다.

따라서 1에서 20 범위 중에서 4로 나눈 나머지가 0인 숫자는 4, 8, 12, 16, 20이므로 이 모든 값을 더한 60이 결과로 반환된다.

3과목 데이터베이스 일반

41   정답 ②

데이터베이스는 자료의 중복을 배제한 통합된 데이터이다. 따라서 데이터 중복의 최대화가 아닌 최소화의 특징을 갖는다.

42   정답 ④

① 대체키(Alternate Key) : 후보키 중에서 기본키로 정의되지 않은 나머지 후보키

② 슈퍼키(Super Key) : 한 릴레이션 내에 있는 속성들의 집합으로 구성된 키

③ 후보키(Candidate Key) : 튜플을 유일하게 식별하기 위해 사용하는 속성들의 집합으로 기본키로 사용할 수 있는 키

43   정답 ②

둘 중 하나의 값을 선택해야 하는 데이터 형식으로 적절한 것은 'Yes/No'이다.

44   정답 ②

'바운드 열'은 콤보 상자나 목록 상자에 표시되는 열 목록 중 컨트롤에 저장되는 열을 의미한다.

45   정답 ③

쿼리를 텍스트 파일로 내보낼 경우 텍스트 파일에는 쿼리의 SQL문이 아닌 실행 결과가 저장된다.

46   정답 ④

- ORDER BY절은 특정 필드를 기준으로 검색 테이블을 오름차순(ASC) 또는 내림차순(DESC)으로 정렬하여 표시할 때 사용한다.

- 정렬 시 정렬방식을 생략하면 기본값은 오름차순(ASC)으로 적용된다.

```
SELECT [DISTINCT] 필드이름
FROM 테이블이름/쿼리이름
[WHERE 조건]
[ORDER BY 필드이름 정렬방식,...];
```

47   정답 ①

데이터가 추가되는 대상이 되는 테이블에 기본키가 있는 경우 해당 기본키 필드에는 Null이 아닌 고유값이 입력되어야 한다. 현재 <MEMBER> 테이블의 ID 필드가 기본키로 설정되어 있기 때문에 값이 비워져 있는 상태에서는 입력되지 않는다.

48   정답 ③

[만들기] 탭의 [폼] 그룹에서 선택 가능한 명령의 종류는 아래 그림과 같다.

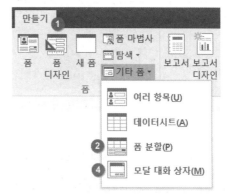

49   정답 ②

목록 상자나 콤보 상자는 '컨트롤 원본' 속성을 이용하여 특정 필드에 바운드 시켜 사용할 수 있다.

50   정답 ②

조건부 서식은 식뿐만 아니라 필드 값으로도 설정이 가능하며, 지정한 조건 중 2개 이상이 참이면 첫 번째 조건의 서식이 적용된다.

51   정답 ④

보고서의 경우 컨트롤에서 데이터를 임의로 변경할 수 없다. 보고서의 레코드 원본으로 설정된 테이블, 쿼리 등의 원본을 직접 변경해야 한다.

52   정답 ③

- [Page] : 현재 페이지

- [Pages] : 전체 페이지

- & : 개체를 연결할 때 사용

- Format(값, 형식) : 값을 형식에 맞춰 표시

이외에 표시하고자 하는 문자열은 쌍따옴표("")로 묶어 표시한다.

53 정답 ④

보고서를 인쇄하거나 보고서 보기 상태로 미리 보는 경우에는 보고서 바닥글이 페이지 바닥글의 아래가 아닌 위에 표시된다.

54 정답 ③

MID()함수의 인수 형태는 'MID(문자열,시작위치,추출개수)'와 같고 '영동1단지'의 3번째 1글자를 추출한다.

55 정답 ③

매크로를 VBA 모듈로 변환할 수는 있지만 모듈을 매크로로 변환하는 작업은 할 수 없다.

56 정답 ④

실행 쿼리의 경우 쿼리 아이콘에 느낌표(!)가 표시된다. 실행 쿼리의 종류는 아래 그림과 같이 테이블 만들기, 추가, 업데이트, 삭제 쿼리가 있다.

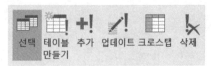

57 정답 ③

'cmd숨기기' 단추를 클릭하는 경우이기 때문에 'DblClick'이 아닌 'Click' 이벤트를 사용해야 한다.

현재 폼의 DateDue 컨트롤은 'Me![DateDue].Visible'와 같이 설정하고, 표시되지 않도록 하기 위해 False로 설정한다.

58 정답 ②

기간과 같은 범위 조건을 만족시키려면 다음과 같이 유효성 검사 규칙을 설정해야 한다.

경우1) >=#2022/01/01# and <=#2022/12/31#

경우2) Between #2022/01/01# and #2022/12/31#

59 정답 ②

Group By절에 대한 조건식은 Having절을 사용한다.

60 정답 ③

Update 메서드는 RecordSet 개체의 현재 행에 대한 수정 사항을 저장한다.

02 2회 실전 모의고사

정답 및 해설

정답	01	02	03	04	05	06	07	08	09	10	11	12	13	14	15	16	17	18	19	20
	③	①	②	①	③	②	②	①	④	④	④	②	④	①	③	①	③	④	①	③
	21	22	23	24	25	26	27	28	29	30	31	32	33	34	35	36	37	38	39	40
	②	④	②	①	②	①	②	③	③	④	②	④	③	①	③	②	④	①	④	
	41	42	43	44	45	46	47	48	49	50	51	52	53	54	55	56	57	58	59	60
	④	②	②	④	①	②	③	②	①	②	①	②	②	③	④	③	④	④	②	②

1과목 ▶ 컴퓨터 일반

01 정답 ③
멀티 부팅 기능 설정 시 Windows의 설치 순서는 상관이 없다.

02 정답 ①
해당 기능은 작업 표시줄 설정 창에서 제공하지 않는다.

작업 표시줄

작업 표시줄 잠금
● 켬

데스크톱 모드에서 작업 표시줄 자동 숨기기
○ 끔

태블릿 모드에서 작업 표시줄 자동으로 숨기기
○ 끔

작은 작업 표시줄 단추 사용
○ 끔

작업 표시줄 끝에 있는 바탕 화면 보기 단추로 마우스를 이동할 때 미리 보기를 사용하여 바탕 화면 미리 보기
○ 끔

시작 단추를 마우스 오른쪽 단추로 누르거나 Windows 키+X를 누르면 표시되는 메뉴에서 명령 프롬프트를 Windows PowerShell로 바꾸기
● 켬

작업 표시줄 단추에 배지 표시
● 켬

화면에서의 작업 표시줄 위치
아래쪽 ∨

작업 표시줄 단추 하나로 표시
항상, 레이블 숨기기 ∨

03 정답 ②
보호된 운영 체제를 여는 것을 권장하는 것은 논리적으로 맞지 않다. 해당 항목은 폴더 옵션 설정 창에 존재하지 않는다.

04 정답 ①
비연속적인 개체를 선택할 때는 <Ctrl>, 연속적인 개체를 선택할 때는 <Shift>를 사용한다.

05 정답 ③
한글 Windows 10 버전에서는 가젯 기능을 제공하지 않는다.

06 정답 ②
가상 메모리에 대한 현황과 성능에 대한 정보는 [시스템 속성] 대화상자에서 확인할 수 있다.

07 정답 ②
스풀 기능을 사용하면 인쇄 속도는 느려지지만, 포그라운드(Foreground) 작업이 가능하기 때문에 프린터가 인쇄 중이라도 다른 앱을 실행할 수 있다.

08 정답 ①
[디스크 정리]는 불필요한 파일을 정리하여 디스크의 여유 공간을 확보하는 것으로 하드디스크의 저장 공간이 부족한 경우에 해결 방법 중 하나이다. 시스템 속도가 느린 경우에는 [디스크 조각 모음 및 최적화]를 진행해야 한다.

09 정답 ④
물리적 단위는 컴퓨터가 사용하는 단위로 비트, 바이트, 워드이며, 논리적 단위는 사람이 사용하는 단위로 필드, 레코드, 파일, 데이터베이스이다.

10 정답 ④
부호기(Encoder)는 해독된 명령에 따라 각 장치로 전송할 신호를 생성하는 회로이다.

11 　　　　　　　　　　　　　　　정답 ②

컴퓨터를 너무 자주 켜고 끄는 것은 시스템에 충격을 가해 부품의 수명을 단축시킬 수 있다.

12 　　　　　　　　　　　　　　　정답 ④

운영체제(OS)는 컴퓨터가 동작하는 동안 주기억장치에 위치하며, 컴퓨터가 구동되는데 필수적인 주변장치와 여러 자원들을 관리한다.

13 　　　　　　　　　　　　　　　정답 ①

LISP는 웹 프로그래밍이 아닌 인공지능 분야에서 사용되는 언어이다.

14 　　　　　　　　　　　　　　　정답 ②

인트라넷(Intranet)은 인터넷 기술과 통신 규약을 기업 내의 전자우편, 전자결재 등과 같은 정보시스템에 적용한 기업용 네트워크 환경이다.

15 　　　　　　　　　　　　　　　정답 ①

URL은 인터넷에 존재하는 자원의 위치를 나타내는 주소 체계로 형식은 다음과 같다.

> 프로토콜://서버 주소[:포트 번호][/파일 경로]

16 　　　　　　　　　　　　　　　정답 ③

쿠키(Cookie)는 인터넷에서 사용자가 방문했던 웹 사이트의 접속 정보를 저장하고 있는 파일이다.

17 　　　　　　　　　　　　　　　정답 ③

멀티미디어의 특징
- 디지털화: 컴퓨터로 처리하기 위해 아날로그 데이터를 디지털 데이터로 변환하여 처리한다.
- 쌍방향성: 정보 제공자와 사용자 간의 서로 대화하듯 상호 작용을 통해 데이터가 전달된다.
- 비선형성: 일정한 방향성을 보이지 않고 사용자의 선택에 따라 다양한 방향으로 처리된다.
- 통합성: 텍스트, 그래픽, 사운드, 동영상 등의 여러 매체를 통합적으로 처리한다.

18 　　　　　　　　　　　　　　　정답 ④

비트맵(Bitmap) 이미지는 점(Pixel)으로 이미지를 표현하며, 래스터(Raster) 이미지라고도 한다.

19 　　　　　　　　　　　　　　　정답 ①

원저작물을 여러 방법으로 작성한 창작물(2차 창작물)은 독자적인 저작물로서 보호된다.

20 　　　　　　　　　　　　　　　정답 ③

공개키(비대칭키) 암호화 기법
- 암호화와 복호화 속도가 느리며, 알고리즘이 복잡하다.
- 암호화 키와 복호화 키가 서로 다르다.
- 키의 분배가 용이하고 관리할 키의 수가 적다.
- 공개키로 암호화한 것을 비밀키로 복호화하고, 비밀키로 암호화한 것은 공개키로 복호화하는 기법이다.
- 대표적으로 RSA가 있다.

2과목 ▶ 스프레드시트 일반

21 　　　　　　　　　　　　　　　정답 ②

①번은 <Ctrl>, ③번은 <Shift>, ④번은 <Ctrl>을 눌러야 한다.

22 　　　　　　　　　　　　　　　정답 ④

문자 또는 문자와 숫자 혼합 데이터의 경우 입력 시 앞의 몇 글자가 해당 열의 기존 내용과 일치하면 자동으로 입력된다.

23 　　　　　　　　　　　　　　　정답 ②

작업을 취소한 경우 <Ctrl> + <Y>를 눌러 원래대로 되돌릴 수 있다.

24 　　　　　　　　　　　　　　　정답 ①

#0.0,와 같이 표시 형식을 지정하면 숫자 뒤 3자리를 절삭하여 표시하고, 소수점 이하 첫째 자리까지 표시하므로 24.6이라는 숫자 뒤에 "천원"이 함께 표시된다.

25 　　　　　　　　　　　　　　　정답 ②

행 단위로 서식을 지정하는 경우에는 열 이름 앞에 '$'를 붙여 고정해야 한다.

26 　　　　　　　　　　　　　　　정답 ①

셀 주소와 같은 형태의 이름은 사용할 수 없다.

27 　　　　　　　　　　　　　　　정답 ②

SUMPRODUCT 함수는 인수 범위의 각 대응값들을 곱한 후 전체 합계를 구하여 표시하면 인수는 SUMPRODUCT(범위1,범위2)와 같다. 배열 상수 작성 시 열 범위는 세미콜론(;), 행 범위는 콤마(,)로 구분한다. 따라서 해당 수식은 다음 그림과 같이 대응되는 값끼리 곱한 값을 모두 더한 '15'가 된다.

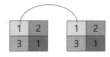

28 정답 ③

③ =IF(OR(B2>=90,AND(C2>=80,D2>=80)),"통과","")

=IF(❶,"통과","")	❶조건을 만족하면 "통과" 아니면 공백("")을 표시
❶ OR(B2>=90,❷)	[B2] 셀이 90 이상이거나, ❷조건을 만족하면 TRUE
❷ AND(C2>=80,D2>=80)	[C2], [D2] 셀 모두 80 이상이면 TRUE

29 정답 ③

연이율과 월 단위를 맞춰주기 위해 이율은 12로 나누고, 기간은 12로 곱한 값으로 계산해야 한다.

30 정답 ④

해당 문제에서 납품업체별 수량의 합계를 구할 수 있는 경우는 다음과 같다.

경우1 : {=SUM((조건) * 계산범위)}

경우2 : {=SUM(IF(조건, 계산범위))}

31 정답 ③

하나의 열에 여러 형태의 데이터가 혼합되어 있는 경우에는 가장 많은 항목의 데이터 유형의 필터가 적용된다.

32 정답 ④

MS-Word(*.docx) 워드 파일은 [외부 데이터 가져오기] 기능에서 사용할 수 없는 형태의 파일이다.

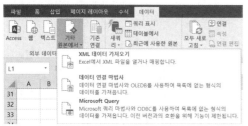

33 정답 ③

피벗 테이블 보고서는 엑셀에 입력된 데이터뿐만 아니라 외부 액세스 데이터베이스에서 만들어진 데이터를 이용하여 작성할 수 있다.

34 정답 ①

목표값 찾기는 '수식 셀(평균)'이 '찾는 값(40)'이 되려면 '값을 바꿀 셀(평균)'이 얼마가 되어야 하는지를 찾아 표시한다.

35 정답 ②

해당 차트는 '가로 축 제목'이 '판매량'으로 설정되어 있다.

36 정답 ③

3차원 차트, 원형 차트, 도넛형 차트, 표면형 차트에는 추세선을 추가할 수 없다.

37 정답 ②

매크로는 기본적으로 절대 참조로 기록된다. 따라서 상대 참조로 기록하길 원하면 '상대 참조로 기록'을 클릭하여 전환해야 한다.

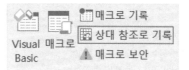

38 정답 ④

- 매크로를 단계별로 실행하는 키는 <F8>
- Visual Basic Editor를 실행하는 키는 <Alt> + <F11>
- Visual Basic Editor에서 매크로를 실행하는 키는 <F5>
- 모듈 창의 커서 위치까지 실행하는 키는 <Ctrl> + <F8>

39 정답 ①

홀수의 합을 구하기 위해서 최초 Count 변수 값인 1에 2를 반복적으로 더한 값을 누적 합계로 구한다. 100까지 반복되어야 하기 때문에 가능한 코드는 다음과 같다.

경우1) ㉠ While Count < 100   ㉡ Count = Count + 2

경우2) ㉠ Until Count > 100   ㉡ Count = Count + 2

40 정답 ④

㉠ End With가 있다는 것은 명령문 초입에 With가 있어야 한다는 의미이다.

㉡ [A1:C10]은 하나의 셀(Cell)이 아닌 범위(Randge)이다.

㉢ 값을 숫자로 인식시켜 주는 함수이다.

㉣ 글꼴 스타일을 '굵게' 설정하려면 Bold 명령어를 사용한다.

3과목 ▶ 데이터베이스 일반

41 정답 ④

데이터를 개체와 관계로 표현하는 것은 관계형 모델이다. 객체지향형 모델은 객체 개념을 데이터베이스에 도입한 것으로 복잡한 관계를 가진 데이터를 표현하기에 적합하다.

42
정답 ②

정규화를 진행하면 테이블이 늘어나거나, 필드 수가 줄어들 수는 있지만 모든 테이블의 필드 수가 동일하게 변경되지는 않는다.

43
정답 ②

개체 이름 지정 시 마침표(.), 느낌표(!), 대괄호([]) 등을 제외한 특수 기호, 공백, 숫자, 문자를 조합하여 사용할 수 있고, 공백은 이름의 첫 글자만 아니라면 사용할 수 있다.

테이블 이름과 필드 이름은 동일할 수 있지만 하나의 테이블에서 같은 이름의 필드가 두 개 이상 존재할 수는 없다.

44
정답 ①

입력 마스크 사용자 지정 형식

0 : 0~9까지의 숫자만 필수 입력, 기호 사용 불가능

9 : 숫자, 공백 선택 입력, 기호 사용 불가능

: 숫자, 공백 선택 입력, 기호 사용 가능

& : 모든 문자나 공백을 필수 입력

C : 모든 문자나 공백을 선택 입력

45
정답 ③

관계형 데이터베이스에서는 두 테이블의 직접적인 다대다 관계는 설정할 수 없다. 이런 경우 3개의 테이블을 가지고 일대다 관계를 2개 연결하여 사용한다.

46
정답 ③

ORDER BY절은 특정 필드를 기준으로 검색 테이블을 오름차순(ASC) 또는 내림차순(DESC)으로 정렬하여 표시할 때 사용한다. 정렬 시 정렬 방식을 생략하면 기본값은 오름차순(ASC)으로 적용되므로 학과는 오름차순, 평균은 내림차순으로 정렬된다.

47
정답 ②

UPDATE 구문을 사용하면 조건을 지정하여 한 번에 여러 레코드의 필드 값을 변경할 수 있으며, 문법은 아래와 같다.

```
UPDATE 테이블 이름
SET 필드이름1=값1, 필드이름2=값2...
WHERE 조건;
```

48
정답 ①

폼에 모달 속성이 설정되면 해당 폼이 열려 있는 상태에서는 다음 폼을 선택하거나 열 수 없다.

49
정답 ②

액세스에서 평균을 구하기 위해서는 Avg([필드명]) 함수를 사용하며, 컨트롤 원본 속성에 값을 입력하는 경우에는 수식 앞에 '='을 붙여야 한다.

50
정답 ①

레이블은 단순히 지정된 텍스트를 표시하는 컨트롤이며, 사용자가 입력하거나 선택하는 작업을 진행하지 않기 때문에 탭 순서에서 제외된다.

51
정답 ②

요약 옵션은 정렬 순서 지정 단계에서 지정하는 것으로 그룹을 지정하지 않으면 표시되지 않는다.

- 그룹을 지정하지 않은 경우

- 그룹을 지정을 한 경우

52
정답 ②

보고서의 레코드 원본 속성으로 테이블, 쿼리, SQL 구문을 사용할 수 있으며, 설정된 속성은 보고서의 원본으로 표시된다.

53
정답 ③

그룹 머리글 영역의 '반복 실행 구역'의 속성을 '예'로 설정하면 그룹의 레코드가 많아 페이지가 넘어가는 경우 새로운 페이지에도 그룹 머리글의 내용이 반복적으로 표시된다.

54
정답 ④

조건을 만족하는 필드의 찾아 표시하는 문제이므로 DLOOKUP( ) 함수를 사용해야 한다. 도메인 함수는 모든 인수를 쌍따옴표("")로 묶어서 마무리해야 하며 인수 형태는 다음과 같다.

=DLOOKUP("필드명", "테이블명/쿼리명", "조건")

55
정답 ③

RunSQL은 SQL구문을 실행(Run)하는 명령이고, Microsoft 관련 프로그램을 실행하는 명령어는 RunApplication이다.

56   정답 ③

행 머리글은 2개 이상 지정할 수 있지만, 열 머리글은 하나의 필드만 지정할 수 있다.

57   정답 ④

텍스트 상자 컨트롤에는 caption 속성이 존재하지 않는다.

58   정답 ④

테이블에 기본키는 반드시 지정될 필요는 없으며, 기본키가 설정되어 있지 않더라도 다른 테이블과 관계를 설정할 수 있다. 기본키에는 중복된 값이나 널(Null) 값을 입력할 수 없다.

59   정답 ②

도메인 함수 기본 공식은 'DAVG("필드명", "테이블/쿼리명", "조건")'과 같다.

해당 문제 적용하면, <학생> 테이블에 있는 '학점' 필드의 평균을 구해야 하기 때문에 =DAVG("[학점]", "[학생]", "[전공]='컴퓨터공학'")과 같이 수식을 작성한다.

60   정답 ②

디자인 보기 화면에서는 삽입된 하위 보고서도 하나의 컨트롤로 여겨지기 때문에 다른 컨트롤과 마찬가지로 크기 조절이 가능하다.

01	02	03	04	05	06	07	08	09	10	11	12	13	14	15	16	17	18	19	20
②	③	②	②	④	③	②	②	③	③	①	①	③	③	③	②	④	④	③	③
21	22	23	24	25	26	27	28	29	30	31	32	33	34	35	36	37	38	39	40
③	④	③	③	②	①	③	④	④	③	③	④	④	④	②	④	④	③	③	②
41	42	43	44	45	46	47	48	49	50	51	52	53	54	55	56	57	58	59	60
④	④	④	①	③	④	①	③	①	③	④	①	④	③	③	②	②	③	④	②

정답

1과목 ▶ 컴퓨터 일반

01   정답 ②
해당 문제는 OLE 기능에 대한 설명이다.

02   정답 ③
특정한 파일이나 폴더를 마우스 오른쪽 단추를 누른 채 끌면 다음과 같은 바로 가기 메뉴가 표시된다.

> 여기에 복사(C)
> **여기로 이동(M)**
> 여기에 바로 가기 만들기(S)
>
> 취소

03   정답 ②
탐색 창에서 선택된 폴더의 모든 하위 폴더를 표시하는 키는 '*'이다.

04   정답 ②
[그림판]에서는 레이어 기능은 제공하지 않는다. 레이어 기능을 사용하려면 포토샵, 일러스트와 같은 전문적인 그래픽 프로그램을 사용해야 한다.

05   정답 ④
관리자 계정
- 제한 없이 컴퓨터의 설정을 변경할 수 있다.
- 사용자 계정을 생성, 삭제, 만들어진 사용자 계정에 접근할 수 있다.

표준 사용자 계정
- 앱, 하드웨어 등을 설치하거나 주요 파일을 삭제할 수 없다.
- 계정 이름 및 계정 유형을 변경할 수는 없지만 계정에 암호를 설정할 수는 있다.
- 이미 설치된 앱을 실행하거나 바탕화면, 테마 등을 설정할 수 있다.

06   정답 ③
레지스트리(Registry)는 컴퓨터에 설치된 모든 하드웨어와 소프트웨어의 실행 정보를 한군데 모아 관리하는 계층적인 데이터베이스이다.

07   정답 ②
UNICODE(유니코드)의 특징
- 8비트 문자코드인 ASCII 코드를 16비트로 확장하여 전 세계의 모든 문자를 표현하는 표준 코드 방식
- 완성형에 조합형을 반영하여 현대 한글과 옛글자의 모든 표현이 가능
- 최대 65,536자의 문자를 수용
- 한글, 한자, 영문, 숫자 모두를 2바이트로 표시
- 정보 처리/정보 교환용으로 사용

08   정답 ②
인터럽트(Interrupt)는 프로그램 사용 중 돌발 상황이 발생하는 경우 처리 중인 작업을 일시 중단하고, 돌발 상황을 우선적으로 해결한 후 다시 처리 중이던 작업으로 복구하는 과정을 말한다.

09   정답 ③
파티션은 특정 데이터만 별도로 저장하기 위한 공간을 확보하거나, 파티션 된 각 영역에 서로 다른 운영체제를 설치하여 사용하기 위해 사용한다.

10   정답 ③
듀얼 시스템(Dual System)은 두 개의 컴퓨터가 같은 업무를 동시에 처리하면서 한쪽 컴퓨터가 고장이 나면 다른 컴퓨터가 계속 업무를 처리하여 업무가 중단되는 것을 방지하는 시스템이다.

11   정답 ①
게이트웨이(Gateway)는 네트워크 간의 데이터를 전송할 때 사용되는 출입구(Gate)와 같은 역할이다.

12 정답 ①

정부기관의 경우 'gov' 또는 'go' 도메인을 사용한다. 'org' 또는 'or' 도메인을 비영리 기관에서 사용된다.

13 정답 ③

③번은 Finger 서비스에 대한 설명이다. PING(Packer InterNet Gopher)은 원격 컴퓨터가 정상적으로 작동하고 있는지 확인하기 위한 서비스이다.

14 정답 ③

FTP계정인 경우에는 'ftp://~'와 같이 'ftp' 프로토콜로 주소를 시작한다.

15 정답 ③

③번은 IP에 관한 설명이다. TCP는 전송 데이터의 흐름을 제어하고 데이터의 에러 유무를 검사하는 역할을 한다.

16 정답 ②

①번은 디더링(Dithering), ③번은 모핑(Morphing), ④번은 안티앨리어싱(Anti-Aliasing)에 관한 설명이다.

17 정답 ④

④번은 MPEG2에 대한 설명이며, MPEG7은 멀티미디어 정보 검색이 가능한 동영상 데이터 검색 및 전자상거래 등에 사용되도록 개발된 기술이다.

18 정답 ④

①번은 가로막기, ②번은 가로채기, ③번은 수정에 관한 설명이다.

19 정답 ③

① 사물 인터넷(IoT): 인터넷 기반으로 다양한 사물, 사람, 공간을 긴밀하게 연결하고 상황을 분석, 예측, 판단해서 지능화된 서비스를 자율 제공하는 제반 인프라 및 융복합 기술로 개인 맞춤형 스마트 서비스
② 빅 데이터(Big Data): 디지털 환경에서 생성되는 규모가 방대하고, 생성 주기도 짧고, 형태도 다양한 데이터
④ 시맨틱 웹(Semantic Web): 컴퓨터가 이해할 수 있는 언어를 사용하여 기계들끼리 서로 정보를 공유하고 이를 처리할 수 있는 지능형 웹

20 정답 ③

키워드형 검색 엔진은 단어를 입력하여 원하는 결과를 찾는 방법이기 때문에 검색어가 정확하지 않으면 신속하고 정확한 결과를 얻을 수 없다.

---

21 정답 ③

숫자 데이터가 입력된 셀을 선택한 후 채우기 핸들을 드래그하면 동일한 데이터가 복사되고, <Ctrl>을 누른 상태에서 채우기 핸들을 드래그하면 1씩 증가되며 복사된다.

22 정답 ④

'메모서식' 대화상자의 [맞춤] 메뉴 중 '자동 크기'를 이용하면 텍스트의 사이즈에 맞춰 메모의 크기를 자동으로 조절할 수 있다.

23 정답 ③

- Decemner → mmmm
- 25 → dd
- 2023 → yyyy

24 정답 ③

인쇄 배율은 10%에서 400%까지 설정이 가능하며, 머리글/바닥글 설정은 [머리글/바닥글] 탭에서 작업한다. 셀에 설정된 메모는 시트에 표시된 대로 인쇄할 수 있고, 시트 끝에 인쇄되도록 설정할 수도 있다.

25 정답 ②

데이터를 뒤에서부터 앞으로 검색하려면 <Shift>를 누른 상태에서 <다음 찾기>를 클릭한다.

26 정답 ①

=ROUND(87995,-3)은 백의 자리 이하를 절삭한 후 반올림하여 표시하므로 88000이 표시된다.
=ROUND(32.7,0)은 정수 자리까지 반올림하여 표시하므로 33이 표시된다.
따라서 88000 + 33 = 88033이 된다.

27 정답 ③

③ =REPT("♥",COUNTIF($B$3:$B$10,D3))	
=REPT("♥",❶)	"♥"을 ❶번만큼 반복해서 표시
❶ OUNTIF($B$3:$B$10,D3)	[D3] 값을 [B3:B10] 영역에서 찾아 개수를 표시

28 정답 ④

근속년을 구해야 하므로 기준연도인 2020과 입사연도의 차이를 계산해야 한다. 따라서 ①번과 ③번은 제외되고, 표의 데이터 입력 방법이 열 방향이기 때문에 HLOOKUP() 함수가 아닌 VLOOKUP() 함수를 선택해야 한다.

29 정답 ④
배열식에서 입력되지 않은 값들을 대신해서 상수를 사용할 수 있다.

30 정답 ③
글꼴에 지정된 색을 기준으로 정렬하려면 정렬 기준을 '글꼴 색'으로 설정한다.

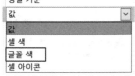

31 정답 ③
조건1) 사원명이 '이'로 시작하면서 근속년수가 10 이상인 데이터
조건2) 직위가 사원이면서 근속년수가 5 미만인 데이터
위 두 가지 조건 중 하나라도 만족하면 필터링된다.

32 정답 ④
기존 데이터는 밀리면서 외부 데이터가 삽입되므로 기존의 데이터는 그대로 유지된다.

33 정답 ④
'데이터 아래에 요약 표시' 항목에 체크가 되어 있기 때문에 계산 결과는 각 그룹의 아래쪽에 표시된다.

☑ 새로운 값으로 대치(C)
☑ 그룹 사이에서 페이지 나누기(P)
☑ 데이터 아래에 요약 표시(S)

34 정답 ④
데이터 표 기능을 통해 입력된 셀 범위의 내용 중 일부분만을 수정할 수는 없다. 수정을 원하면 데이터 표 범위 전체를 수정해야 한다.

35 정답 ②
차트 이름은 레이블로 작업할 수 없고, 레이블에 여러 항목을 선택하여 표시할 수 있다.

36 정답 ④
데이터 원본으로 D열을 제외한 [A1:C6] 영역이 사용되었다.

37 정답 ④
엑셀에 이미 지정되어 있는 바로 가기 키도 매크로의 바로 가기 키로 지정할 수 없다.

38 정답 ③
SUB는 프로시저 내에 작성된 코드를 실행하는 가장 일반적인 형태이며 결과값을 반환하지 않는다.

39 정답 ③
If구문의 마무리는 End If이다.

40 정답 ②
Selection.ClearFormats은 선택 영역(Selection)의 서식(Formats)을 제거(Clear)하는 메서드이다.

3과목 ▶ 데이터베이스 일반

41 정답 ④
애트리뷰트는 데이터베이스를 구성하는 가장 작은 논리적 단위로 파일 구조상 열(필드)에 해당한다. 기본키로 지정되지 않은 애트리뷰트는 널(Null) 값을 가질 수 있다.

42 정답 ④
데이터가 중복되면 데이터의 통일성과 무결성, 보안 등을 유지하기가 어려워진다.

43 정답 ④
- 데이터 정의어(DDL) : 데이터베이스 관리자나 응용 프로그래머가 데이터베이스의 구조, 데이터 형식, 접근 방식 설정 등 데이터베이스를 생성하거나 수정하기 위해 사용하는 언어
- 데이터 제어어(DCL) : 데이터 보안, 무결성 유지, 시스템 장애로 인한 데이터 회복, 병행 제어 등 주로 데이터를 관리하기 위한 언어

44 정답 ①
숫자 형식을 선택하면 필드 크기가 기본적으로 '정수(Long)'로 지정된다.

45 정답 ③
여러 개의 필드를 합쳐 기본키로 지정할 수 있다.

46 정답 ④
'테이블 연결'로 외부 데이터를 가져오면 원본 데이터에도 수정 사항이 반영되지만, '가져오기'를 사용하면 원본 데이터에는 아무런 변화도 일어나지 않는다.

47 정답 ①

①번은 부서별로 판매액의 합계가 3개(개발부, 영업부, 총무부)의 레코드로 표시된다.

②번은 성별별로 판매액의 평균이 2개(남, 여)의 레코드로 표시된다.

③번은 부서의 개수가 2를 초과하는 부서의 개수가 1개(개발부)의 레코드로 표시된다.

④번은 판매액이 1000000 이상인 레코드의 개수가 2개(이진식, 차혜진)의 레코드로 표시된다.

48 정답 ③

DELETE문 다음에 필드 이름을 생략하고 대신 '*'을 입력하면 전체 필드를 의미한다. 따라서 해당 질의문의 결과는 회원번호가 300과 일치하는 회원의 레코드를 삭제한다.

49 정답 ①

실제 표시될 내용이 입력되어 있는 구역이며, 일반적으로 한 화면에 하나의 레코드가 표시되는 단일 폼, 한 화면에 여러 개의 레코드가 표시되는 연속 폼의 상태로 표시된다.

50 정답 ③

폼에서 여러 개의 컨트롤을 선택할 때는 <Ctrl>이나 <Shift>를 사용한다.

51 정답 ④

일대다 관계에 있는 테이블 중 '일'은 기본 폼에, '다'는 하위 폼에 해당된다.

52 정답 ①

형식 속성 지정은 보고서를 생성하는 단계가 아닌, 보고서 작성 이후 보고서 속성을 사용하여 지정한다.

53 정답 ④

DATE( )는 날짜(23-01-12)만 표시되고, TIME( )은 시간(오전 10:22:43)만 표시된다. 날짜와 시간이 함께 표시되는 함수는 NOW( )이다.

54 정답 ③

보고서에서 설정된 페이지 설정 사항은 해당 액세스 파일에 저장된다.

55 정답 ③

하위 매크로가 포함된 매크로를 실행시키면 매크로 안의 하위 매크로 중 가장 먼저 지정한 하위 매크로만 실행된다.

56 정답 ②

매개 변수 대화상자에 표시할 텍스트는 중괄호({})가 아닌 대괄호([])로 묶어 입력해야 한다.

57 정답 ②

해당 모듈은 폼을 '폼 보기' 상태로 열 때 자동적으로 실행된다.

58 정답 ③

'필드 크기'가 바이트로 설정되어 있지만, '유효성 검사 규칙'이 200보다 작거나 같은 값만 입력되도록 설정되어 있기 때문에 최대 200까지만 입력할 수 있다.

59 정답 ④

폼에서 [Tab]을 누를 때 특정 컨트롤에는 포커스가 이동하지 않도록 하기 위해서는 '탭 정지' 속성을 '아니오'로 설정한다.

60 정답 ②

액세스에서 사용되는 데이터 조작어의 종류는 SELECT(검색), INSERT(삽입), UPDATE(수정), DELETE(삭제)가 있다.

정답

01	02	03	04	05	06	07	08	09	10	11	12	13	14	15	16	17	18	19	20
④	①	①	③	③	②	③	④	④	②	②	③	③	①	③	③	③	③	①	③
21	22	23	24	25	26	27	28	29	30	31	32	33	34	35	36	37	38	39	40
④	③	③	②	③	①	③	①	①	③	①	③	②	③	④	①	②	③	②	④
41	42	43	44	45	46	47	48	49	50	51	52	53	54	55	56	57	58	59	60
④	③	③	④	④	③	①	①	②	②	②	①	②	②	②	②	④	③	②	③

01 정답 ④

32비트는 Windows 10버전에서는 작동되지 않는다. 완전한 64비트로 데이터를 처리한다.

02 정답 ①

<Alt> + <Spacebar>는 활성 창의 바로 가기 메뉴를 표시한다. [시작(⊞)] 메뉴를 표시하려면 <Ctrl> + <Esc>를 누른다.

03 정답 ①

시작 메뉴를 표시하기 위한 바로 가기 키는 <Ctrl> + <Esc>이다.

04 정답 ③

용량을 초과하여 사용하면 가장 오래된 파일부터 자동적으로 삭제된다.

05 정답 ③

③번은 [마우스 속성]이 아닌 [접근성]→[마우스] 메뉴에서 설정할 수 있는 항목이다.

접근성

키패드로 마우스 제어

상호 작용
마우스 키의 숫자 키패드를 사용하여 마우스 포인터 이동

◯● 끔

□ 마우스
다른 마우스 옵션 변경

06 정답 ②

이미 설치된 프린터라고 하더라도 다른 이름으로 다시 설치할 수 있으며, 프린터마다 개별적으로 이름을 지정할 수 있다.

07 정답 ③

디스크 정리 대상: 다운로드 한 프로그램 파일, 임시 인터넷 파일, Windows 오류 보고서 및 피드백 진단, 휴지통, 임시 파일, 미리 보기 사진 등이다.

08 정답 ④

①번은 최초의 전자계산기, ②번은 최초로 프로그램 내장 방식을 도입, ③번은 폰 노이만, ④번은 최초의 상업용 컴퓨터라는 특징이 있다.

09 정답 ④

프로그램 카운터(PC)는 연산 장치가 아니라 제어 장치의 하나이다.

10 정답 ②

②번을 제외한 나머지 항목은 ROM에 대한 설명이다.

11 정답 ②

마이크로프로세서는 작은 규모의 임베디드 시스템이나 휴대용 기기에서부터 메인 프레임, 슈퍼 컴퓨터에 이르기까지 다양하게 사용되고 있다.

12 정답 ③

시스템 소프트웨어는 컴퓨터를 작동시키는 것으로, 대표적인 시스템 소프트웨어의 종류에는 운영체제가 있다.

13 정답 ③

순서, 선택, 반복의 3가지 논리 구조를 사용하여 프로그래밍 하는 것은 구조적 프로그래밍 언어이다.

14 정답 ①

①번은 다중 프로그래밍(Muti Programing)에 대한 설명이다.

15
정답 ③

성형(중앙 집중형) 방식의 특징

- 각 컴퓨터를 허브와 점 대 점으로 연결한 형태
- 통신망의 처리 능력 및 신뢰성이 중앙 노드의 제어장치에 의해 좌우됨
- 고장 발견이 쉽고 유지 보수 및 확장이 용이한 편

16
정답 ③

IPv6 주소는 16비트씩 8부분으로 총 128비트로 구성된다.

17
정답 ③

그림, 동영상, 실행 파일 등을 전송할 때는 Binary Mode를 사용하고, 텍스트 파일을 전송할 때는 ASCII Mode를 사용한다.

18
정답 ③

① 필터링(Filtering): 기존의 작성된 이미지를 필터 기능을 이용하여 다양한 형태의 이미지로 바꿔주는 것
② 모핑(Morphing): 2개의 이미지를 부드럽게 연결하여 변환하거나 통합하는 것으로 영화 등에서 많이 사용
④ 렌더링(Rendering): 3차원 이미지에 색이나 음영을 주어 입체감과 사실감을 더해 주는 것

19
정답 ①

BMP 파일 형식은 고해상도의 이미지를 표현할 수 있지만 압축을 하지 않아 파일의 크기가 크다.

20
정답 ③

①번은 눈속임(Spoof), ②번은 스니핑(Sniffing), ④번은 분산 서비스 공격(DDoS)에 대한 설명이다.

2과목 ▶ 스프레드시트 일반

21
정답 ④

시간 입력은 12시간제, 24시간제 모두 입력 및 표현이 가능하다.

22
정답 ③

<Ctrl>+<3>을 누르면 '기울임꼴'이 적용되고, <Ctrl>+<4>를 누르면 '밑줄'이 적용된다.

23
정답 ③

#,###,과 같이 표시 형식을 지정하면 천 단위 구분 기호와 함께 숫자 뒤 3자리를 절삭한 후 반올림하여 표시한다. 따라서 2,235 숫자 뒤에 "천 원"이 함께 표시된다.

24
정답 ②

선택된 범위의 행 번호를 ROW() 함수로 찾아, 이를 2로 나눈 나머지를 MOD() 함수로 구한다. 결과값이 0이라는 것은 짝수라는 의미가 되므로 해당되는 값은 지정된 서식이 적용된다.

25
정답 ③

숨긴 열이나 행에 대한 내용은 인쇄 시 출력되지 않는다. 인쇄 제목을 설정하려면 [인쇄] 탭이 아닌 [시트] 탭을 사용해야 하며, 인쇄 배율을 지정하면 페이지 구분도 그에 맞게 변경된다.

26
정답 ①

[페이지 나누기 미리 보기] 상태에서 페이지 나누기 선을 마우스로 드래그하여 이동할 수 있다.

27
정답 ③

③번은 값을 0으로 나누었을 때 표시되는 오류이다.

28
정답 ①

데이터의 구간별 빈도수를 표시해주는 FREQUENCY 함수는 인수가 FREQUENCY(원본 범위,비교 범위)와 같다. FREQUENCY 함수는 배열 함수와 마찬가지로 <Ctrl>+<Shift>+<Enter>로 마무리되어야 하며, 수식이 완성되면 앞뒤에 중괄호({})로 묶여 표시된다.

29
정답 ①

① =IF(MOD(MONTH(A2),2)=1,B2*$A$10,B2*$B$10)	
=IF(❶,B2*$A$10,B2*$B$10)	❶조건을 만족하면 기본급에 50%를 곱하고 아니면 100%를 곱하여 계산
❶ MOD(❷,2)=1	❷를 2로 나눈 나머지가 1(홀수)이라면 TRUE
❷ MONTH(A2)	[A2] 셀의 월을 표시

30
정답 ③

배열 상수 작업 시 행 범위는 콤마(,)로, 열 범위는 세미콜론(;)으로 구분하여 입력한다. 문제 속 수식을 실행하면 아래 화면과 같이 데이터가 입력된다.

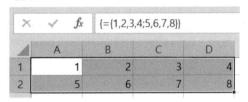

31
정답 ①

②번과 ④번은 자동 필터와 고급 필터가 서로 반대되는 설명이며, ③번은 필터에 해당되는 내용이 아니다.

32
정답 ③

범위는 반드시 같은 행이 아니라 열에 있어야 한다.

33
정답 ②

정렬 방식이 달라지면 표시되는 순서는 바뀔 수 있지만 부분합의 계산 결과가 달라지지는 않는다.

34
정답 ③

시나리오를 만들 때 [변경 셀]은 최대 32개까지 참조할 수 있다.

35
정답 ④

'원본 데이터에 연결' 항목이 선택되면 원본 영역의 데이터 변경 시 통합된 데이터도 자동으로 변경된다.

36
정답 ①

혼합형 차트, 분산형 차트, 주식형 차트는 3차원 구현이 불가능하며, '범례 옵션'에서 범례 위치로 지정 가능한 항목은 다음과 같다.

범례 위치
- ○ 위쪽(T)
- ◉ 아래쪽(B)
- ○ 왼쪽(L)
- ○ 오른쪽(R)
- ○ 오른쪽 위(O)

37
정답 ②

작성된 차트의 데이터 계열 위치를 행에서 열로 바꾸려면 [차트 도구] → [디자인] → [데이터] → [행/열 전환] 메뉴를 클릭하면 가능하다.

38
정답 ③

[매크로] 대화상자를 호출하는 바로 가기 키는 <Alt> + <F8>이다.

39
정답 ②

프로시저의 경우 명령문의 끝에 세미콜론(;)을 입력하지 않는다.

40
정답 ④

해당 수식과 같이 입력하면 [A1] 셀에 "3*4"가 문자 그대로 입력된다. 결과값인 12가 입력되게 하려면 'Range("A1").Formula="=3*4"'와 같이 입력해야 한다.

3과목 **데이터베이스 일반**

41
정답 ④

DBMS의 장점 : 데이터의 중복 최소화, 데이터의 공유, 데이터의 일관성 유지, 데이터의 무결성 유지, 데이터 보안성 유지, 데이터의 표준화 등

42
정답 ③

③ '디자인 보기'는 [데이터베이스 도구] 탭 [관계] 그룹의 [관계] 메뉴를 통해 작업할 수 있는 기능이다.

43
정답 ③

숫자의 필드 크기 속성에서 선택할 수 있는 항목 값은 다음과 같다.

필드 크기	정수(Long) ▼
형식	바이트
소수 자릿수	정수
입력 마스크	정수(Long)
캡션	실수(Single)
기본값	실수(Double)
유효성 검사 규칙	복제 ID
유효성 검사 텍스트	10진수

44
정답 ④

유효성 검사 규칙은 입력받는 데이터의 범위를 지정하여 입력 값을 제한하는 기능으로, 데이터의 정확도를 높이기 위해 설정하는 속성이다.

45
정답 ④

하나의 테이블에 32개까지 인덱스를 만들 수 있으며, 하나의 인덱스에는 10개의 필드를 사용할 수 있다.

46
정답 ③

테이블 작업 시 필드는 개별적으로 너비 조절을 할 수 있지만, 레코드는 개별적으로 높이 조절을 할 수 없다. 만약 특정 레코드의 높이를 변경하면 모든 레코드에 공통적으로 적용된다.

47 정답 ①

원하는 레코드를 검색하는 명령어는 SELECT 문이고, 회원수(개수)를 구할 수 있는 COUNT() 함수를 사용한 질의문을 선택한다.

48 정답 ①

<매출> 테이블은 유지되고 저장되어 있는 모든 레코드를 삭제한다.

49 정답 ②

폼을 작성하기 위한 원본으로 테이블뿐만 아니라 쿼리, SQL 구문도 사용이 가능하다.

50 정답 ②

콤보 상자는 텍스트 상자와 목록 상자가 결합된 형태의 컨트롤로 적은 공간을 활용하여 데이터를 입력할 수 있다. 데이터를 목록에서 선택하여 입력하거나 직접 입력할 수 있다.

51 정답 ②

중첩된 하위 폼은 최대 7개 수준까지 만들 수 있다.

52 정답 ①

그룹 바닥글 구역에 입력되어 있으므로 '그룹별' 레코드의 개수를 표시하는데, 인수로 [필드명]이 아닌 '*'이 사용되었기 때문에 Null 값을 포함한 그룹별 레코드 개수를 표시한다.

53 정답 ②

'중복 내용 숨기기' 속성을 '예'로 설정하면 해당 컨트롤의 내용이 이전 레코드와 동일한 경우에는 중복된 내용이 표시되지 않고 숨겨진다.

54 정답 ②

보고서 마법사 대화상자에서 보고서의 모양을 선택하면 다음과 같이 미리보기 된다.

① 열 형식

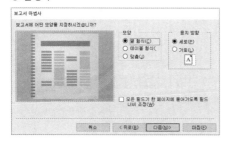

② 맞춤

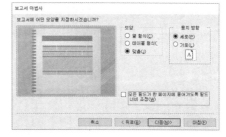

④ 외곽선

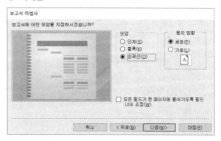

55 정답 ②

조건을 만족하는 레코드의 개수를 표시하는 문제이므로 DCOUNT( ) 함수를 사용해야 한다. 도메인 함수는 모든 인수를 쌍따옴표("")로 묶어서 마무리해야 한다. 도메인 함수의 인수 형태는 다음과 같다.

=DCOUNT("필드명", "테이블명/쿼리명", "조건")

56 정답 ③

Import는 가져오기, Export는 내보내기 명령과 관련이 있고, Run은 실행 명령과 관련이 있다. ③번은 응용프로그램(Application)을 실행(Run)시키는 명령어로 관련이 없다.

57 정답 ④

쿼리를 이용하여 새로운 쿼리를 생성할 수 있고, 쿼리의 결과를 이용하여 다른 쿼리에서 사용할 수도 있다.

58 정답 ③

Dblclick는 더블 클릭을 의미하므로 txt날짜 컨트롤을 더블 클릭하면 작성된 프로시저가 실행된다.

59 정답 ②

'컨트롤 원본' 속성에서 함수나 수식 사용 시 문자는 큰따옴표(""), 필드명은 대괄호([])를 사용하여 구분한다.

60 정답 ③

해당 문제는 크로스탭 쿼리에 대한 설명이다.

	01	02	03	04	05	06	07	08	09	10	11	12	13	14	15	16	17	18	19	20
정답	②	①	②	②	①	②	④	②	③	④	③	④	②	④	④	③	①	④	③	②
	21	22	23	24	25	26	27	28	29	30	31	32	33	34	35	36	37	38	39	40
	④	④	②	②	②	①	②	④	④	③	④	②	④	①	④	④	②	①	③	④
	41	42	43	44	45	46	47	48	49	50	51	52	53	54	55	56	57	58	59	60
	④	④	④	①	③	④	①	②	①	②	③	②	①	②	③	③	③	③	①	②

1과목 컴퓨터 일반

01 정답 ②

①번은 활성 창을 종료할 때, ③번은 [시작(⊞)] 메뉴를 표시할 때, ④번은 '작업 관리자' 대화상자를 호출할 때 사용하는 바로 가기 키이다.

02 정답 ①

배경화면은 변경할 수 있으며 사용 가능한 이미지 파일 형식의 종류는 bmp, png, jpg, gif 등이다.

03 정답 ②

다른 사용자가 공유 여부를 모르게 하려면 폴더나 드라이브의 공유 이름 뒤에 '$'을 붙인다.

04 정답 ②

공유 폴더 공유 시 해당 폴더에 대한 접근 권한을 사용자별로 다르게 설정할 수 있다. 하지만 폴더 내의 파일에 대한 접근 권한을 다르게 설정할 수는 없다.

05 정답 ①

메모장의 문서 크기는 제한이 없으며, 텍스트 파일 이외에 html 웹 문서 형식 등도 저장이 가능하다.

06 정답 ②

글꼴 파일의 확장자는 OTF, TTC, TTF, FON 등이 있다. PNG는 이미지 파일, TXT는 텍스트 파일의 확장자이다.

07 정답 ④

문서의 용지 방향, 용지 공급 및 인쇄 매수 등은 인쇄를 실행하기 전 지정해야 한다.

08 정답 ②

'드라이브 조각 모음 및 최적화'는 드라이브에 대한 접근 속도를 향상시키기 기능이며, 드라이브의 용량이 늘어나는 것은 아니다.

09 정답 ③

레지스트리 편집기 실행은 작업 표시줄의 '검색 상자'에 'Regedit'를 입력하고 <Enter>를 누른다.

10 정답 ④

④번은 주기억장치의 메모리 용량이 부족한 경우의 문제 해결 방법이다.

11 정답 ③

자료 표현 단위의 크기(작은 것에서 큰 것 순으로 정렬)
: 비트(Bit) - 니블(Nibble) - 바이트(Byte) - 워드(Word) - 필드(Field) - 레코드(Record) - 블록(Block) - 파일(File) - 데이터베이스(Database)

12 정답 ④

가상 메모리는 보조기억장치(하드디스크)의 일부를 주기억장치처럼 사용한다.

13 정답 ②

모니터 크기는 화면의 대각선 길이로 표시한다.

14 정답 ④

BIOS는 ROM에 저장되어 있어 일반적으로 롬바이오스(ROM-BIOS)라고 부른다.

15 정답 ④

④번은 RAID가 아닌 SCSI에 관한 설명이다.

16 정답 ③

하드디스크 회전수인 RPM은 수치가 클수록 성능이 좋은 것이다.

17 정답 ①

운영체제(OS)는 컴퓨터가 동작하는 동안 주기억장치에 위치하며, 컴퓨터가 구동되는데 필수적인 주변장치와 여러 자원들을 관리한다.

18 정답 ④

① HTML은 인터넷의 표준 문서인 하이퍼텍스트를 만들기 위한 언어이고, ② VRML은 가상현실 모델링 언어이며, ③ SGML은 멀티미디어 전자문서를 기기 간 손실없이 전송하기 위한 언어이다.

19 정답 ③

인터넷 주소를 숫자 형태로 표현한 것은 'IP주소', 문자 형태로 표현한 것은 '도메인 네임(Domain Name)', 도메인 네임을 IP주소로 변환해 주는 것은 'DNS'이다.

20 정답 ②

①번은 가로막기, ③번은 수정, ④번은 위조에 관한 설명이다.

2과목 ▶ 스프레드시트 일반

21 정답 ④

'메모서식' 대화상자의 [맞춤] 메뉴 중 '자동 크기'를 이용하면 텍스트의 길이에 맞춰 메모의 크기를 자동으로 조절할 수 있다.

22 정답 ④

새 통합 문서를 열었을 때 적용할 표준 글꼴과 글꼴 크기, 새 시트의 기본 보기를 설정할 수 있는 것은 [일반] 탭이다.

23 정답 ②

공유된 통합 문서를 여러 사용자가 동시에 변경할 수 있다.

24 정답 ②

사용자 지정 서식 작성 시 범위 조건이나 글꼴색은 대괄호([]) 안에 입력한다. 양수와 음수를 구분하기 위해 다음과 같이 '양수 또는 0 구역 ; 음수 구역 ; 나머지 구역'으로 나누어 사용한다.

25 정답 ②

틀 고정선은 마우스로 드래그하여 위치를 변경할 수 없다. 위치 변경을 하려면 틀 고정을 해제한 후 재설정해야 한다.

26 정답 ①

워크시트에 포함된 도형을 인쇄하고 싶지 않을 때는 해당 도형의 바로 가기 메뉴에서 [크기 및 속성]을 선택한 후 '크기 및 속성(⊞)'에서 '개체 인쇄'의 체크를 해제한다.

27 정답 ②

MAX(수량)의 결과는 8이고, SUM을 사용하여 8과 [A1] 셀의 값인 4의 합계를 구하여 표시하므로 12가 된다.

28 정답 ④

④ =IF(MID(A2,7)="1","남자","여자")	
=IF(❶,"남자","여자")	❶이 TRUE면 "남자" 아니라면 "여자"로 표시
❶ MID(A2,7,1)="1"	[A2] 셀의 7번째 1글자가 "1"과 같으면 TRUE

29 정답 ④

VLOOKUP() 함수의 인수 형태는 VLOOKUP(기준, 범위, 열번호, 옵션)과 같다. 첫 번째 인수인 '180000'과 유사한(옵션이 'FALSE'이면 정확한 값을, 'TRUE'이면 유사한 값을 찾음) 값을 'B3:C6' 범위의 첫 번째 열에서 찾아 위치 번호를 기억한 후, 'B3:C6' 영역의 2번째 열에서 같은 위치에 해당하는 값을 찾아 표시한다.

30 정답 ③

데이터베이스 함수는 인수 형태가 DAVERAGE(전체범위, 열제목, 조건)과 같다. 따라서 [A1:D6] 영역에서 [A8:B9] 조건을 만족하는 '나이'의 평균을 구해야 하므로 '=DAVERAGE(A1:D6,D1,A8:B9)'와 같이 수식을 작성한다.

31 정답 ④

같은 배열 상수에 다른 종류의 값을 사용할 수 있다.

32
정답 ②

원본 텍스트 파일이 수정되더라도 자동으로 반영되지 않으며, 텍스트 파일에서 원하는 특정 열만 가져올 수 있다. [외부데이터 가져오기] 기능에서 사용되는 텍스트 파일 형식은 *.txt, *.prn, *.csv이다.

33
정답 ④

그룹화할 항목으로 선택된 필드를 기준으로 정렬이 선행되어야만 제대로 된 계산 결과가 표시된다. 부분합을 실행하기 이전에 정렬을 먼저 수행해야 하며, 자동으로 정렬되어 계산되지 않는다.

34
정답 ①

해당 문제 속 피벗 테이블 보고서의 위치는 기존 워크시트의 [M5] 셀을 선택하였다. 필터 항목은 시작 위치로 취급하지 않는다.

35
정답 ④

목표값 찾기 대화상자에서 [값을 바꿀 셀]에 하나 이상의 셀을 입력하면 다음과 같은 경고창이 나타난다.

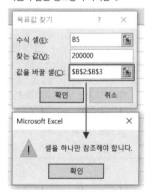

36
정답 ④

데이터 범위 내에 숨겨진 행이나 열의 데이터는 기본적으로 차트에 표시되지 않는다. 아래 그림과 같이 '숨겨진 행 및 열에 데이터 표시' 항목에 체크해야만 표시된다.

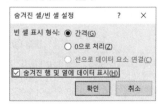

37
정답 ②

원형 차트는 항상 한 개의 데이터 계열만 가지고 작성한다. 따라서 해당 문제처럼 여러 항목을 비교해야 하는 경우에는 적합하지 않다.

38
정답 ①

시트가 다르더라도 같은 통합 문서 내에서 동일한 이름으로 매크로를 기록할 수는 없다.

39
정답 ③

Worksheets("Sales")는 Sales 시트를 의미하고, Cells(6,1)은 Cells(행, 열) 형식으로 사용되어 [A6] 셀을 의미한다.

40
정답 ④

SUM을 출력해야 하는 텍스트 상자 컨트롤에는 Caption 속성이 존재하지 않는다. 따라서 오류 없이 실행되려면 수식이 'txt합계.Text = SUM'와 같이 수정되어야 한다.

41
정답 ④

도메인(Domain)은 하나의 속성에서 취할 수 있는 같은 타입의 원자값들의 집합으로, 실제 속성 값이 나타날 때 그 값의 적합 여부를 검사하는 역할로 사용이 가능하다.

42
정답 ④

정규화를 수행하면 중복을 최소화할 수는 있지만 완전히 제거할 수는 없다.

43
정답 ④

데이터시트 보기 상태에서는 [잘라내기] 기능을 사용할 수 없다.

44
정답 ①

서식 문자를 저장하려면 두 번째 부분에 "0"을 입력하고, "1"이나 공백을 지정하면 저장되지 않는다.

45
정답 ③

인덱스를 삭제하면 인덱스 설정이 해제되기만 할 뿐 필드나 필드의 데이터는 그대로 유지된다.

46
정답 ②

주 테이블인 <대리점>의 해당 필드가 변경되면 이를 참조하는 테이블인 <판매>의 해당 필드 값도 변경된다.

47
정답 ①

SELECT 구문에서 DISTINCT를 입력하면 중복되어 나타나는 조회 결과는 한 번만 표시된다.

48 정답 ②

내부 조인(INNER JOIN)이 되면 두 테이블의 조인된 필드가 일치하는
레코드만 표시된다. 따라서 레코드는 4개가 아닌 3개가 출력된다.

거래처번호	거래처명	번호	매출거래처	매출일
1	갑을상사	3	1	5월 3일
1	갑을상사	1	1	5월 1일
2	영광상회	2	2	5월 3일

49 정답 ①

UPDATE 구문을 사용하면 조건을 지정하여 한 번에 여러 레코드의 필
드 값을 변경할 수 있으며, 문법은 아래와 같다.

```
UPDATE 테이블 이름
    SET 필드이름1=값1, 필드이름2=값2...
    WHERE 조건;
```

50 정답 ②

'캡션' 속성은 제목 표시줄에 표시될 텍스트를 설정한다.

51 정답 ③

액세스의 조건부 서식에서는 조건을 만족하는 경우 굵게, 기울임꼴, 밑
줄, 채우기 색, 글꼴 색은 지정할 수 있지만, 글꼴 이름이나 테두리 색은
지정할 수 없다.

52 정답 ②

폼과 마찬가지로 보고서 컨트롤의 컨트롤 원본 속성을 이용하여 특정
필드에 바운드시킬 수 있다.

53 정답 ①

보고서의 레코드 원본으로 사용 가능한 것은 테이블, 쿼리, SQL 구문이
다.

54 정답 ②

②번과 ③번은 관련된 기능으로 해당 보고서는 '주문지역' 필드를 기준
으로 그룹화가 설정되어 있다. 따라서 '거래처'가 아닌 '주문지역'에 대
한 그룹 머리글과 그룹 바닥글이 만들어져 있다.

55 정답 ④

보고서의 경우 데이터를 임의로 변경할 수 없다. 보고서의 레코드 원본
으로 설정된 테이블, 쿼리 등의 원본을 직접 변경해야 한다.

보고서 보기(**R**)

인쇄 미리 보기(**V**)

레이아웃 보기(**Y**)

디자인 보기(**D**)

56 정답 ③

해당 보고서 형식은 우편 발송을 위한 주소 레이블로 우편 레이블 마법
사를 이용하여 작성할 수 있다.
③번은 조건부 서식에 관한 설명이다.

57 정답 ③

매크로는 자주 사용하는 작업을 자동화하는 도구로서 하나의 매크로에
여러 개의 매크로 함수를 포함하여 작성할 수 있다.

58 정답 ③

조건 작업 시 같은 행에 입력하면 AND조건, 다른 행에 입력하면 OR조
건으로 적용된다.

59 정답 ①

액세스에서 보고서를 출력하기 위해 여는 메서드는 Docmd.OpenRep
ort이다.

60 정답 ②

[페이지 번호] 대화상자에서 선택할 수 있는 페이지 번호의 표시 위치는
'페이지 위쪽'과 '페이지 아래쪽'이다.

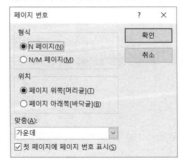

정답

01	02	03	04	05	06	07	08	09	10	11	12	13	14	15	16	17	18	19	20
②	④	③	④	④	④	④	④	③	③	②	④	②	④	②	①	③	②	①	②
21	22	23	24	25	26	27	28	29	30	31	32	33	34	35	36	37	38	39	40
④	④	②	①	④	③	③	④	①	①	③	③	①	③	②	②	①	①	③	②
41	42	43	44	45	46	47	48	49	50	51	52	53	54	55	56	57	58	59	60
④	③	③	③	③	③	④	④	④	④	④	②	②	②	②	④	④	①	①	③

1과목 컴퓨터 일반

01 정답 ②

아이콘을 선택한 다음 <Alt> + <Enter>를 누르면 해당 아이콘의 속성 대화상자가 나타난다.

02 정답 ④

바로 가기 아이콘을 만들기 위해서는 개체를 선택한 후 <Ctrl> + <Shift>를 누른 채 원하는 위치로 끌어다 놓는다.

03 정답 ③

개체를 선택한 후 <Alt> + <Enter>를 누르면 해당 개체의 속성 창을 호출한다. 바탕화면에서 [파일 탐색기] 창을 표시하려면 <윈도우(⊞)> + <E>를 누른다.

04 정답 ④

파일이나 폴더를 삭제하는 방법
- 삭제 대상의 바로 가기 메뉴에서 [삭제]를 클릭한다.
- 삭제 대상을 선택한 후 <Delete>를 누른다.
- 삭제 대상을 선택한 후 <Shift> + <Delete>를 누른다. <Shift>를 누른 채 삭제하면 휴지통을 거치지 않고 바로 삭제된다.
- 삭제 대상을 마우스 오른쪽으로 선택한 채 휴지통으로 끌어다 놓는다.

05 정답 ④

연결 프로그램을 지정하는 창에서 연결 프로그램을 삭제하더라도 원본 데이터 파일은 유지된다.

06 정답 ④

백업 파일을 복원할 경우 복원 위치를 지정할 수 있고, 원하는 파일을 선택하여 복원할 수도 있다.

07 정답 ④

🖥 **시스템**
디스플레이, 소리, 알림, 전원

[시스템] 메뉴에서는 디스플레이, 소리, 알림 및 작업, 집중 지원 등에 관한 설정을 지정하는 곳으로 하드웨어를 추가하여 설치하는 메뉴가 아니다.

08 정답 ④

인쇄가 진행 중이더라도 일시적으로 중지시키거나, 강제로 종료시킬 수 있다.

09 정답 ③

ping은 네트워크의 현재 상태나 다른 컴퓨터의 네트워크 접속 여부를 확인하는 명령이다.

10 정답 ③

펌웨어의 특징
- 하드웨어와 소프트웨어의 중간적 성격에 해당된다.
- 소프트웨어이지만 하드웨어의 일부로도 볼 수 있어 소프트웨어의 업그레이드만으로도 시스템의 성능을 높일 수 있다.
- 주로 ROM에 저장되어 하드웨어를 관리하는 역할을 수행한다.

11 정답 ②

UNICODE(유니코드)의 특징
- 8비트 문자코드인 ASCII 코드를 16비트로 확장하여 전 세계의 모든 문자를 표현하는 표준 코드 방식
- 완성형에 조합형을 반영하여 현대 한글과 옛글자의 모든 표현이 가능
- 최대 65,536자의 문자를 수용
- 한글, 한자, 영문, 숫자 모두를 2바이트로 표시
- 정보 처리/정보 교환용으로 사용

12 정답 ④

HDD에 비해 여러 면에서 성능이 우수하기 때문에 저장 용량당 가격은
더 비싸다.

13 정답 ②

3D 프린터의 인쇄 방식은 적층형과 절삭형이 있다.
- 적층형 : 얇은 층으로 겹겹이 쌓는 방식이다.
- 절삭형 : 덩어리를 둥근 날로 깎아서 모양을 만들어 가는 방식이다.

14 정답 ④

PATA (Parallel ATA)
- 병렬(Parallel) 인터페이스 방식이다.
- EIDE는 일반적으로 PATA를 의미한다.
SATA (Serial ATA)
- 직렬(Serial) 인터페이스 방식이다.
- 데이터 전송 속도가 빠르다.
- CMOS에서 지정하면 자동으로 Master와 Slave 가 지정된다.
- 핫 플러그인 기능을 지원한다.

15 정답 ②

②번은 베타 버전(Beta Version)에 대한 설명이다.
셰어웨어(Shareware)는 일정기간 무료 사용 후 원하면 정식 프로그램
을 구입할 수 있는 형태의 프로그램이다.

16 정답 ①

서버 측에서 동적으로 수행되는 페이지를 만들기 위한 언어이다.

17 정답 ③

라우터(Router)는 서로 다른 네트워크를 연결할 때 사용되는 장비로 자
료가 전송되는 최적의 경로를 설정하는 역할을 한다.

18 정답 ②

IPv6 주소는 각 부분을 16진수로 표현하고, 콜론(:)으로 구분한다.

19 정답 ①

샘플링(Sampling)은 아날로그 신호를 디지털 신호로 변환해 주는 작업
이다.

20 정답 ②

방화벽의 특징
- 방화벽(Firewall)은 외부의 불법 침입으로부터 내부의 정보 자산을 보
  호하고, 외부로부터의 유해 정보 유입을 차단하기 위한 정책 또는 이
  를 지원하는 하드웨어 및 소프트웨어이다.

- 보안이 필요한 네트워크의 통로를 단일화하여 출입구를 관리함으로
  써 외부로부터 불법적인 접근을 막을 수 있다.
- 시스템 내부에서 일어나는 해킹은 막을 수 없다.
- 역추적 기능으로 외부의 침입자를 역추적해 흔적을 찾을 수 있다.
- 특정 연결 요청을 차단하거나 차단 해제하기 위해 사용자의 허가를 요
  청할 수 있다.

2과목 ▶ 스프레드시트 일반

21 정답 ④

그룹 상태에서는 정렬이나 필터 기능을 수행할 수 없다.

22 정답 ④

새 통합 문서를 열었을 때 적용할 표준 글꼴과 글꼴 크기, 새 시트의 기
본 보기를 설정할 수 있는 것은 [일반] 탭이다.

23 정답 ②

[맞춤] 탭에 '텍스트 방향'에서 설정할 수 없는 항목은 다음과 같다.

24 정답 ①

①번은 315로 표시되고 나머지 항목은 모두 옳다.

25 정답 ④

[확대/축소] 대화상자에서 지정한 배율은 인쇄 시 [페이지 설정]의 확대
/축소 배율에 반영되지 않는다.

26 정답 ③

[페이지 나누기 미리 보기]에서 수동으로 삽입된 페이지 나누기는 실선
으로 표시되고 자동으로 추가된 페이지 나누기는 파선으로 표시된다.

27 정답 ③

데이터베이스 함수는 인수 형태가 DSUM(전체범위,열제목,조건)과
같다. 단 모든 인수에 제목이 포함되어야 하기 때문에
'=DSUM(A1:D9,D1,A1:A2)'과 같이 입력되어야 맞다.

28
정답 ④

④ =IFERROR(IF(SEARCH(C2,"M"),"남"),"여")	
=IFERROR(❶,"여")	❶값이 오류라면 "여"로 표시
❶ IF(❷,"남")	❷값이 TRUE라면 "남"으로 표시되지만 아닌 경우에 대한 값이 없어 오류가 표시됨
❷ SEARCH(C2,"M")	[C2] 셀에서 "M"의 위치 번호를 찾아 표시

29
정답 ①

- [A6] 셀 : '전기세'를 [A1:C5] 영역의 첫 행 범위에서 찾아 2번째 행에서 정확하게 일치(FALSE)하는 값을 찾아 표시한다. 따라서 결과는 320000이다.
- [A7] 셀 : '101-301'을 [A2:C5] 영역외 첫 열 범위에서 찾아 3번째 열에서 유사한(TRUE) 값을 찾아 표시한다. 따라서 결과는 29000이다.

30
정답 ①

- IFERROR(인수) : 인수 값이 오류이면 TRUE를 반환한다.
- IFERR(인수) : 인수 값이 #N/A를 제외한 오류이면 TRUE를 반환한다.
- ISLOGICAL(인수) : 인수 값이 논리값이면 TRUE를 반환한다.
- ISNUMBER(인수) : 인수 값이 숫자이면 TRUE를 반환한다.

31
정답 ③

해당 문제에서 "일류청과"의 납품 건수를 구할 수 있는 경우는 다음과 같다.
경우1 : {=SUM((조건) * 1)}
경우2 : {=SUM(IF(조건, 1))}
경우3 : {=COUNT(IF(조건, 1))}
따라서 ③번 수식은 {=SUM((B2:B7="일류청과")*1)}과 같이 변경되는 것이 옳다.

32
정답 ③

사용자가 [정렬 옵션] 대화상자에서 대/소문자를 구분하도록 변경하여, 오름차순으로 정렬하면 소문자가 대문자보다 우선순위를 갖는다.

33
정답 ①

고급 필터 조건에 함수 또는 연산자를 사용하여 그 결과가 TRUE 또는 FALSE로 나오는 경우 조건의 제목은 반드시 변경 또는 삭제되어야 한다. 또한 판매수량은 참조가 고정되면 비교를 할 수 없기 때문에 상대 참조로 작성하는 것이 맞다.

34
정답 ③

윤곽을 제거하면 윤곽 기호만 제거되고, 요약 정보는 그대로 유지된다. 요약 정보를 제거하려면 부분합 대화상자에서 [모두 제거]를 클릭하여 부분합을 해제해야 한다.

35
정답 ②

'사용할 레이블'을 모두 선택한 경우 각 참조 영역의 레이블과 일치하지 않는 레이블이 있으면 통합 결과 표에 별도로 해당 행이나 열이 만들어진다.

36
정답 ②

하나의 데이터 계열에 두 개 이상의 추세선을 동시에 표시할 수도 있다.

37
정답 ①

해당 차트에는 '범례' 항목이 존재하지 않는다.

38
정답 ①

매크로 이름의 첫 글자는 반드시 문자로 지정되어야 하며, 두 번째 이후 글자부터는 문자, 숫자, 밑줄(_) 등을 사용할 수 있다.

39
정답 ③

③번 코드의 결과는 [A1:C5] 영역이 선택된다. [A1] 셀과 [A5] 셀을 선택하려면 'Range("A1,A5").Select'와 같이 코드가 수정되어야 한다.

40
정답 ②

C는 Column(열)을 의미하며 양수는 오른쪽, 음수는 왼쪽으로 이동한다. 따라서 행 방향으로의 이동없이 열 방향으로만 왼쪽 2칸, 왼쪽 1칸을 이동하기 때문에 RC[-2]*RC[-1]과 같이 입력한다. 수식을 계산하여 값을 표시해야 하므로 Formula를 사용한다.

3과목 ▶ 데이터베이스 일반

41
정답 ④

④번은 대체키(Alternate Key)에 대한 설명이다.

42
정답 ③

DBMS의 단점 : 관련 비용 및 운영비의 증가, 데이터베이스 전문가의 부족, 자료의 백업과 복구가 어려움, 시스템의 복잡성 등

43
정답 ③

만능 문자인 '*'과 '?'를 사용하는 경우 Like 연산자를 사용한다. 해당 문제에서는 텍스트 길이와 상관없이 '가'로 시작하는 데이터를 입력받도록 제한해야 하기 때문에 '*'을 사용해야 한다.
- * : 모든 문자 자리를 대신할 수 있다
- ? : 한 자리의 문자를 대신할 수 있다.

44 　　　　　　　　　　　　　　　　정답 ③

기본값을 '0'으로 지정하면 0이 입력된다.

45 　　　　　　　　　　　　　　　　정답 ③

'바운드 열'은 콤보 상자나 목록 상자에 표시되는 열 목록 중 컨트롤에 저장되는 열을 의미한다. 열을 표시하는 것과 관련된 속성은 '열 개수'와 '열 너비' 속성이다.

46 　　　　　　　　　　　　　　　　정답 ③

참조 무결성은 관련 테이블들 간의 관계를 유지하고, 데이터의 정확성을 유지할 수 있도록 도와주는 기능이다.

47 　　　　　　　　　　　　　　　　정답 ④

만능 문자인 '*' 또는 '?'를 사용하는 경우에는 Like 연산자를 함께 사용한다. '서울'로 시작하거나 '경기'로 시작하는 레코드를 검색해야 하기 때문에 '주소 Like "서울*" or 주소 Like "경기*"'와 같이 조건을 설정한다.

48 　　　　　　　　　　　　　　　　정답 ④

오른쪽 테이블(사원정보)에서는 모든 레코드를 포함하고, 왼쪽 테이블 (부서정보)에서는 조인된 필드가 일치하는 레코드만 질의에 포함된다.

```
SELECT 필드이름
FROM 테이블이름1 RIGHT JOIN 테이블이름2
ON 테이블이름1.필드이름=테이블이름2.필드이름;
```

49 　　　　　　　　　　　　　　　　정답 ③

그림과 같이 본문이 여러 번 연속적으로 표시되는 것은 '연속 폼' 상태이다.

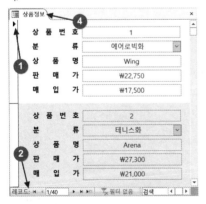

50 　　　　　　　　　　　　　　　　정답 ④

①번과 ②번은 레이블(Label), ③번은 명령 단추(Command Button)에 관한 설명이다.

51 　　　　　　　　　　　　　　　　정답 ④

크기를 조절하고자 하는 컨트롤을 선택한 후 <Shift>를 누른 상태에서 방향키를 눌러 조절한다.

52 　　　　　　　　　　　　　　　　정답 ②

하나의 테이블뿐만 아니라 쿼리나 SQL 구문을 레코드 원본으로 지정할 수 있고, 여러 테이블에서 필드를 조합하여 레코드 원본으로 지정할 수도 있다.

53 　　　　　　　　　　　　　　　　정답 ②

- [PAGE] : 현재 페이지를 의미 → 1
- [PAGES] : 전체 페이지를 의미 → 3
- "문자열" : 표시하고자 하는 문자열
따라서 ②번은 3page와 같이 표시된다.

54 　　　　　　　　　　　　　　　　정답 ②

보고서의 레코드 원본 속성으로 테이블, 쿼리, SQL 구문을 사용할 수 있으며, 설정된 속성은 보고서의 원본으로 표시된다.

55 　　　　　　　　　　　　　　　　정답 ②

그룹별 요약 정보를 표시하는 구역은 '보고서 머리글'이 아니라 '그룹 머리글' 또는 '그룹 바닥글' 영역이다.

56 　　　　　　　　　　　　　　　　정답 ④

요약 옵션은 합계, 평균, 최대, 최소 등의 항목에서 선택할 수 있고, 하나의 필드에 여러 계산 값을 적용할 수 있다.

57 　　　　　　　　　　　　　　　　정답 ④

문자열에 포함된 숫자를 적절한 형식의 숫자 값으로 반환하는 함수는 VAL( )이다.

58 　　　　　　　　　　　　　　　　정답 ①

매크로 이름을 'Autoexec'로 저장하면 자동 실행 매크로로 설정된다. 따라서 데이터베이스가 실행될 때 자동으로 실행되는 매크로이기 때문에 더블클릭을 할 필요가 없다.

59 　　　　　　　　　　　　　　　　정답 ①

폼 이름 항목을 지정하지 않으면 OpenForm 명령은 제대로 실행될 수 없다. 선택이 아닌 필수 지정 항목이다.

60 　　　　　　　　　　　　　　　　정답 ③

③은 실행 쿼리 중 하나인 '테이블 만들기 쿼리'에 관한 설명이다.